范仲淹传

滕非——著

第二部 忧乐人生

U0883241

中国出版集团 现代出版社

图书在版编目（CIP）数据

庙堂与江湖：范仲淹传．第二部，忧乐人生 / 滕非著．-- 北京：现代出版社，2022.10

ISBN 978-7-5143-9958-5

Ⅰ．①庙… Ⅱ．①滕… Ⅲ．①范仲淹（989-1052）—传记 Ⅳ．① K827=441

中国版本图书馆 CIP 数据核字 (2022) 第 167168 号

庙堂与江湖：范仲淹传．第二部，忧乐人生

作　　者	滕　非
责任编辑	姜　军　王志标
出版发行	现代出版社
地　　址	北京市安定门外安华里 504 号
邮政编码	100011
电　　话	010-64267325　64245264（传真）
网　　址	www.1980xd.com
印　　刷	三河市宏盛印务有限公司
开　　本	710mm × 1000mm　1/16
印　　张	28.25
字　　数	490 千字
版　　次	2022 年 10 月第 1 版　2022 年 10 月第 1 次印刷
书　　号	978-7-5143-9958-5
定　　价	58.00 元

版权所有，翻印必究；未经许可，不得转载

目录 Contents

第二卷　剑胆琴心

第二卷　剑胆琴心

第三章　笃学砥砺

身世之疑

范仲淹之所以会有那次足以改变他人生的宝贵游学，这里面还有一段曲折的故事。

在长山，朱家是一个重新组合起来的大家庭，因此兄弟姐妹的数量相当多。据后来的《朱氏三支二门支谱世表》记载：朱文瀚（亦多有“朱文翰”之说，本书用“朱文瀚”一说），子元文，原配初氏，生二子，继配谢观音，又生三子。由此可见，加上初氏还生下三个女儿，范仲淹当时在朱家总排行第六。后来，谢氏又为朱文瀚生下三个儿子，因此可以推断当时朱家最少有九个孩子。

在这样一个人员构成复杂的大家庭里，人际关系必然复杂难处。而一个家庭人际关系的复杂，往往会让一个人的成长过程变得异常复杂。父母兄弟之间平日难免会有一些小摩擦，这也是人之常情。也不知从哪天起，范仲淹突然产生了一种被边缘化的感觉。

兄弟们之间的边缘化尚可理解，人一多难免拉帮结派，但母亲对他不由分说的严厉，让范仲淹越来越感觉家庭氛围有些不太正常。在日常生活中，心高气傲的范仲淹时常会觉察到一丝异样，比如大家都犯了同一个错误，不管哥哥还是弟弟，母亲总是一言带过，甚至还会在父亲面前替他们说话。而如果犯错的是他，母亲总是严肃得不近人情，不但不会轻易原谅，而且是有错必究，绝不放过。特别是读书一事，平日里兄弟们都有逃课偷懒的行为，对几个哥哥，母亲几乎很少训斥，而自己一旦有所懈怠，母亲不但不给予宽容，而且每次都是不依不饶地责备，不但要监督改正，甚至还要严格地进行惩罚。

这种异样的感觉到底是什么，范仲淹虽说不出来，但能够明显地感觉到。一开始，他认为这是一种不公平。家中有比他年长的哥哥，同样也有比他年幼的弟弟。不管对哥哥、弟弟还是姐姐，母亲一向都是慈眉善目、嘘寒问暖，一举一动之间都很是客气，母亲平时甚至也很少支派他们去做什么。家里不管有什么事情，母亲总是会第一个支派自己。即使兄弟间争执受了委屈，母亲也不会顺着他说一句话。

随着这种不公平越来越多，范仲淹发现，这根本就不是什么不公平。

这到底是什么原因呢？范仲淹百思不得其解。于是，他喜欢上了一个人独处。在一个人默默地待在一边的时候，范仲淹便总是回忆起母亲当年对自己的各种好。他分明记得，母亲原来不是这个样子。于是，在不经意间，天平山那段生活如梦境般在他心头闪现。那些遥远的记忆虽然模糊，却是越想越分明。

范仲淹记忆中的母亲不是这个样子！

可是，无论如何他也找不到回忆和今天之间的逻辑。虽然那时候只有三四岁，可每当这些零星的碎片在少年范仲淹深感落寞的时候进入他的心灵，他总是感觉内心某个看不见的地方开始疼痛。那些事情的影子无论如何都挥之不去，那些记忆虽模糊，在他心头却是如此的清晰。

于是，当时名字还叫作朱说的范仲淹问母亲："娘，我怎么记得，小时候我们住在一座山上？"

"傻孩子，你是在做梦吧！"每当问到这一问题，谢氏总是尴尬地一笑，闪烁其词并含糊着将话题转到别处，"小时候，你爹在平江府当官，我们都随着你爹住在平江府，哪里在什么山上住过？"

母亲越是这么说，范仲淹越感觉母亲一定有什么事情在瞒着他。他相信，当年的事情自己绝不会记错。

而与母亲表现不同的是，父亲对自己却总是比母亲更加宽容。在少年范仲淹眼里，父亲对待自己总是客客气气，那样子就像一个温厚的长者在招待他尊贵的客人。他从不会责备自己，哪怕兄弟间因玩闹起了争执，父亲也总是先去训斥哥哥或弟弟。他还注意到，父亲尽管严厉，但不管自己有什么想法和要求，只要说出来他从来没有拒绝过，这一待遇让兄弟们忌妒。

这种感觉当时很美好，但过后却让人很不舒服。虽然找不到原因，但他却越来越感觉自己就像一个客人、一个外人，而不是亲密无间的家人。

每当想到这里，他就不敢再往深处想了。

母亲的闪烁其词和讳莫如深加重了少年范仲淹的好奇心，虽然他已经决定暂时把这些事情深埋在心里。随着一天天长大，他学会了用自己的眼睛去看身边的世界。因此，一有时间他就跑出家门，悄悄地去寻访一些自己感觉有用的信息。这一行动虽大多是无功而返或悻悻而归，但他总是乐此不疲、苦苦坚持。

当一个人陷入一件事情，越是找不到答案就越是好奇。

他也曾尝试着是不是要去问问父亲，可范仲淹实在没有这个勇气。不管在谁面前，父亲永远板着一副让人尊敬的面孔。之所以不敢去问他，范仲淹不是害怕这张严肃的面孔，而是担心自己一旦提出这个话题，会让大家都将无法面对。他不知道，一旦提起记忆中那些模糊的往事，这个自己一直敬重的人会不会面临尴尬。

因为他分明清楚地记得，自己小时候就生活在一个山清水秀的地方，那座山叫天平山，当时自己和母亲就住在天平山下的一座尼姑庵里，母亲还经常拿着一根树枝教自己在地上写字。

记忆和现实无法联系在一起，这些疑问在少年范仲淹心中越积越重，最终结成了盘桓在他心头的一个梗。然而时间一长，越是这样他越是感觉难与人言。这些事情的纠缠，几乎贯穿了范仲淹整个懵懂的少年时代。

如今，他已经是一个十六七岁的少年，就在不久之前，他还考取了学究的身份。考中学究以后，范仲淹感觉自己是个大人了。就在考中的第二天，范仲淹来到母亲房间，再次向母亲问起了这个一直困扰在他心头的问题。

不想，一听到他问起这个问题，母亲的脸唰的一下变了。

“娘，我没有记错。”范仲淹认真地看着母亲，他已经决定，今天无论如何都要把这件事情搞清楚。

“娘，可能有些话您不便告诉我。说实话，很多事情我早就看出来了。能告诉我这是为什么吗？我只想知道为什么我像个外人？如今我已经有功名在身，我不再是个孩子了。”范仲淹尽量让自己的语气更柔和一些，生怕惊到心事重重的母亲。

母亲垂着头，还是没有说话，气氛让范仲淹感到一阵阵心慌。屋内一灯如豆，谢氏双手环在胸前，她恍惚的神情仿佛回到了十几年前的岁月。

看到母亲落寞而忧伤的表情，范仲淹越发感觉其中必有隐情。他索性双膝一弯，跪在母亲面前：“高平村，娘，我记得您说过高平村才是我们的家乡，这句话我一直没忘。您告诉我高平村是什么地方，娘，今天您一定要告诉我！”

范仲淹不提高平村还好，一提起“高平村”这三个字，谢氏身子突然一抖，两行泪水终于再也忍不住，顺着双颊哗哗地流下。她激动得有些抽搐，直到用力咬着自己的嘴唇。

“娘，您快告诉我！”见状范仲淹使劲抱着母亲的双腿，用力摇晃着，“我记得小时候您常带着我去大路边烧纸，还告诉我说咱们是高平村的人。娘，您快告诉我，这到底是怎么回事？”

然而，谢氏就是低着头不肯回答。

范仲淹还要纠缠，这时门外传来朱文瀚沉重的脚步声。母子二人迅速擦擦眼泪，做出一副若无其事的样子。

朱文瀚进屋，范仲淹忙找个理由退去，他依旧不敢在父亲面前提起这些事情。看到神情落寞的妻子强作欢颜的样子，朱文瀚张了张嘴，却又叹了口气，什么都没说。

母亲不说，范仲淹决定自己去寻找真相。他清楚地记得，自己一提到“高平村”三个字的时候母亲的反应。高平村，这个地方一定跟自己有着重要的关系。想到这里，他决定以天平山和高平村这两个地名为线索，去寻找那些多年以来自己不曾知道的真相。他去父亲的官衙翻遍了山舆地图，却一直没能找到那个叫高平村的地方。不过，他在地图上却找到了平江府，也找到了天平山。

高平村啊，你到底是个什么样的地方？

恩父如山

之所以对这件事情如此执着，是因为范仲淹已经隐约对自己的身世起了疑心。那段日子，他像着了魔一样，一有时间就往母亲房间里跑。而谢氏总是有意无意地避开了单独与他相处的机会。

谢氏当然知道儿子想知道的那些事情是什么。每当想起那些陈年旧事，特别是苏州范氏的绝情，她的心里满满的全是不可抹平的痛楚。谢氏很清楚，自己拥有的这个大家庭能走到今天真是太不容易了，她心疼自己的儿子，但她同样更珍惜当下的生活。儿子还小，她决定不让儿子过早知道这些让人不堪面对的事情。

见母亲总躲着他，终于有一天范仲淹爆发了。

那一天，范仲淹像一头野兽一样，不顾一切地闯进母亲房间里，瞪着眼睛恨恨地说：“娘，您信不信，早晚有一天我会把这件事情搞清楚？即使您不告诉我，我也一定要搞明白！”

说完，范仲淹摔门而去。他那副坚决的态度和坚定的眼神，让谢氏背后生出阵阵凉意。

本来，她以为儿子跟她闹上两天，一个小孩子哄上几句，这件事就过去了，她没想到儿子竟不依不饶地纠缠起来没完。

自从改嫁朱文瀚以后，她已经习惯了现在的生活。如果儿子不提，徐州和苏州那段不堪的往事她几乎快忘光了。她不愿意再将这段往事重提，是因为她不知道一旦将真相讲出来，在这个家庭中会出现什么样的局面。这些年来，谢氏一直小心翼翼地经营着这个拼凑起来的大家庭，随着和朱文瀚的孩子一个个出生，她已经彻底融入这个家庭。这些年来，她一直处处留心、事事宽让，因此，她跟朱文瀚前妻所生的几个孩子关系都处得很好。朱文瀚很照顾自己，同时也很喜爱这个自己带过来的孩子，她很知足。

她十分害怕再度失去自己目前拥有的一切。

接下来，范仲淹开始跟母亲赌气。他时常反锁房门，一个人关在屋里，任凭谁呼叫都不吃不喝。看出他们母子间的尴尬，朱文瀚也隐约猜出了什么，他和谢氏商量了半天，决定亲自去找范仲淹谈谈。

这天晚上，父子二人在朱文瀚的书房里进行了一番促膝长谈。

朱文瀚当然知道面前的这个年轻人心里想知道的是什么，出于礼貌和尊重，同时也是为了缓解气氛，他先是若无其事地问了范仲淹几件生活中的小事，以示父亲对儿子的关心，然后，又提问了他几个《大学》里的问题，进一步了解了他这段时间的读书情况。

范仲淹硬着头皮回答着父亲的问话。见父亲既没有批评他的绝食行为，也没有责备他跟母亲怄气的举动，范仲淹心中多少有些心虚，他不知今天父亲葫芦里卖的是什么药。

闲聊之后，朱文瀚打开一张地图，指着地图上的山川河流，问范仲淹说："你知道吗？这里，这里，这些都是我当年去过的地方。想想这都是二十多年前的事啦。那时候我还年轻，背着长剑游遍了天下。来，过来，你看看这里是东京，这里是西京，这里是长安，这里是终南山……"

范仲淹忐忑而又平静地听着。

将地图合上，朱文瀚语重心长地对范仲淹说："孩子，如今你已经考取了功名，我真是替你感到高兴。可是，人生的路很长，有句话我一直没说，但我觉得今天应该告诉你。"

说到这里，朱文瀚的神情突然严肃起来。范仲淹小心地听着，却紧张得心怦怦直跳。他不知道，接下来父亲要告诉他的，会是一句什么样的话。

朱文瀚叹了口气，平缓地说："虽然考取了功名，但跟你的同龄人比，其实你已经落后了很多，我希望你对此要有一个清楚的认识。爹希望，你以后的人生能够有所作为，而不是满足现在的状况。"

朱文瀚背着手，一边说着，一边慢慢地踱步转身，走到范仲淹面前。他像是自言自语，却又语重心长地说："你根本不知道，像你这个年龄，很多人都已经功成名就了。爹知道，你不是一个没有志向的人；爹也知道，这段时间你一直在跟你娘生气。爹不批评你，也不问为什么，只是想告诉你你需要走的路还很远。虽然很多人都已经跑在你前面了，虽然他们跑得快，但我相信你跑得稳。"

范仲淹万万没想到父亲今天跟自己说的竟是这些，本来憋了一肚子的话，但他发现一到父亲面前，自己竟还是没有勇气开口。

朱文瀚走到范仲淹面前，用手按了按他瘦弱的肩膀："孩子，别的不多说，爹劝你走出你现在的圈子吧。想想我年轻的时候，也曾心怀天下，那是何等的豪情万丈！爹在中进士以前，没有哪一天不是以天下为己任的！那时候，我常背着这把剑四处游学。"

说着，朱文瀚从墙上取下一把宝剑，家里的孩子都知道，那是他多年以来视若珍宝的一把宝剑。这把剑平日里就挂在他书房的墙上，谁也不敢动一下。

朱文瀚郑重地将这把剑交到范仲淹手上："孩子，今天我把这把剑传给你，希望它能对你的人生有所帮助。"

说着，他又指了指早就放在桌子上的一个包裹："那里面是一些川资。走出去吧，别总跟你娘较劲，这些年她过得很是不易。走吧，出去看看外面的世界。只有走到外面，你才知道这个世界有多大。"

范仲淹愣住了。

他不自觉地将那把剑接在手里，范仲淹突然感觉到一股沉甸甸的分量。这股沉甸甸的分量让他的身子为之一倾。说实话，当时他真不知道自己是怎么接过这把剑的，他神情恍惚地甚至忘了自己正在跟一家人赌气。

朱文瀚这番话彻底打动了这个还处于懵懂期的少年，它彻底激活并点亮了范仲淹内心深处最敏感同时也是最有活力的地方。

两个男人之间的对话，简单而且有效。在这之前，范仲淹并不知道，也从没关注过长山之外是一个怎样的世界，同时他也不清楚，在这个世界上，那些同他一样的年轻人都是怎么生活的。朱文瀚的话如醍醐灌顶，将范仲淹从头到脚浇了个通透。在这之前，他以为自己的人生已经足够优秀。他并不知道，自己的人生距离优秀的标准，还有很远很远。

于是，他迅速忘记了自己内心的痛苦，哽了哽喉头，一股永不服输的力量在心底喷薄而出，让他浑身上下突然充满了必胜的斗志。

如果不是今天，他一定不知道自己和那些优秀的人物竟然存在差距；如果不是今天，他一定不知道在这个世界上还有着那么多不为人知的存在。

或许，自己真的需要重新去面对自己的人生了，范仲淹告诉自己。

就这样，在父亲朱文瀚的鼓励与支持下，范仲淹得以开始了那次对他人生至关重要的终南山游学。

三尺男儿

自终南山游学归来以后，回到长山的范仲淹像换了一个人。他不再理会家中那些杂务杂事，也不再理会兄弟间的你争我夺，他把自己关在书房里，唯一能做的事情除了读书，还是读书。

朱文瀚说得没错，差不多在范仲淹当时这个年龄，宋代很多大名臣如李昉、寇準、王旦、王曾、吕夷简、文彦博、韩琦、欧阳修等都已经考中了进士。而此时范仲淹的功名，却还只是区区一个学究。

在读万卷书行万里路的洗礼中，范仲淹开始不停地寻找自己的人生方向。他也曾一度想过像种放一样，成为一个名扬天下的隐士，但长者王衮的话再次拨动了他内心那根不甘平庸的弦。当用自己的双脚丈量过神州大地的广阔，当自己目睹了世间的繁华疾苦，当亲自见识过那些大贤高德，范仲淹才发现，那些好高骛远的梦想终不真实，自己需要做的事情唯有精进。

眼界大开以后，范仲淹的精进日见成效。

见儿子归来，母亲谢氏的爱惜之情溢于言表。而在范仲淹心中，幼年时期那些零碎模糊的记忆也早已释然。

是呀，凡事问个究竟又能如何？

范仲淹不再纠结那些心头的猜疑，清醒的人生无须提示，迷惘的生活坐困愁城。不得不说，范仲淹从小时候起就是一个极其自律的人，这或许与母亲早期给他的启蒙教育有关。和那些与他同时代的大人物相比，范仲淹算是幸运的。虽幼年丧父，但他并不缺少父爱，因为他遇到了朱文瀚这样一个伟大的父亲，这位伟大的父亲在给他提供优裕生活的同时，还开明、宽容，不但教会了他很多做人做事的道理，还给他指明了人生的方向。

此时，他的名字还叫朱说。从安乡正式读书起，到现在他已经读了整整七个年头。终南山的游学让他眼界大开，他发现，尽管读了那么多书，在此之前自己却什么都没读明白。回到长山以后，他已放下心头的一切杂念，人生的头等大事还是读书。很快，长山县学已经不能满足他对知识的渴求。如今，如何找到一个好的学校，是亟须解决的当务之急。

然而，树欲静而风不止。当范仲淹一心埋头苦学的时候，朱家却发生了一件事情。这件事情不但差点儿让范仲淹荒废学业，同时也让那个一直困扰他的问题找到了答案。

真宗大中祥符二年（1009），朱文瀚退休了。

退休以后，一家人决定定居在朱文瀚为官的长山。宋代，退休官员俸禄减半，可支配收入突然少了一半，这给朱文瀚一家的生活带来了不小的压力。

在谢氏的严格要求下，从小就过惯艰苦生活的范仲淹自然知道处处节俭，但朱家其他几位兄弟却不一样了。朱文瀚为县令时，朱家是长山有名的富户，多年以来过着养尊处优生活的朱氏兄弟们从小就奢侈惯了，父亲朱文瀚退休以后，朱氏兄弟还像以前一样不但不知节俭，甚至比以前更加挥霍无度。

终于有一天，范仲淹看不惯了。

看着朱氏兄弟一天天一副不思进取的样子，范仲淹曾多次对他们进行规劝。不料，朱家兄弟对此却并不以为意。有一次，范仲淹话说得有点儿重，终于把朱家兄弟搞烦了。不服气的朱家长子翻着眼皮看着范仲淹，不假思索地脱口而出："我花的是我们朱家的钱，关你何事？"

范仲淹一怔，他当然听出了大哥话中有话。

范仲淹追问起来，有嘴快的人告诉他说："你不是朱家的人，你本是苏州范氏之子，是你母亲改嫁带你来到朱家的。"

范仲淹惊呆了。

关于自己的身世范仲淹一直有所猜测，甚至各种各样的可能他都臆想过，但范仲淹万万没想到自己竟然不是朱家的孩子。

直到此时，范仲淹才终于知道自己的身世。他想起了记忆中关于天平山印象的碎片，想起母亲说过的高平村……认真想想，这一切已经确认无疑，一种难与人言的屈辱感在他心头倏地升起。

原来，这件事情大家早就知道了，只有自己一个人被蒙在鼓里。

得知自己的身世以后，少年范仲淹默默地一个人走到了一个离家很远的地方。那一天，一直到天黑他都没再说一句话，他只是自己静静地想啊想啊，就像一个在野外迷路找不到家门的孩子。

远方传来家人呼唤的声音，他没做任何回应。他的内心就像田野上空飘荡的呼喊，随着漫无目的的寻找越来越远，同时也越来越空。

宋代宗族观念很重，改名换姓的耻辱是每个人都无法忍受的难堪。这件事情发生不久，范仲淹就做了一个决定：无论如何都要脱离朱家，去过属于自己的生活。

这一想法最初他跟谁都没说，范仲淹只是悄悄地开始收拾自己的行囊。属于朱家的物品，他一件都不准备带走。朱文瀚和谢氏见他这样，默默地站在门口，也是双双无语。他们都看到了范仲淹眼中深藏的那丝倔强。他们没有阻拦，等他将东西收拾好要出门的时候，朱文瀚才拦住了范仲淹的去路。

两个人对望着。

范仲淹不争气地流下两行长泪。他想恨，却恨不起来。他发现自己在这个男人面前瞬间崩溃。

那一夜，范仲淹整夜没睡。母亲在他房间陪着，两个人相对而坐，默默流泪。最终，谢氏的挽留也没能改变范仲淹脱离朱家的决心，他宁肯废弃学业也要脱身自立的想法已经不可更改。

见他决意如此，谢氏只好托人在镇上给范仲淹找了一份工作。

范仲淹第一份工作是跟人学习经商。等心绪慢慢稳定下来以后，范仲淹才发现，每天柴米油盐小商小贩的生活根本就不是自己所愿。如果这么下去，自己一辈子最多只能当一个每天去关注蝇头小利的小商人。

于是，范仲淹终于开始后悔自己当初一气之下的举动。

只有及时止损才是面对错误最好的选择，范仲淹慢慢悟出了这个道理。在当学徒的那段时间，他经常于深夜反思。小商人的虚伪和奸诈让他心生嫌弃，自己绝对不能甘心做一个这样的人，把人生的理想埋没在这庸俗的市井街铺。于是，勉强干了一个多月，范仲淹突然改变了主意，他断然做出了一个谁也没有料到的决定：回家。

当初，范仲淹离家时的决绝并没有让朱家对他产生多少成见。相反，见范仲淹回来，朱文瀚宽容地接纳了这个知错就改的孩子。

父子二人相见一笑，此时已经无须多言。

范仲淹请求母亲允许他继续求学读书，母亲告诉他说：你应该先去给父亲认错才是。结果，朱文瀚见范仲淹来给自己认错，忙告诉他说你应该先去给母亲认错。这对了不起的夫妻，此时已经将人性伟大的善良和宽容做到了极致。

“你娘最不容易，孩子。我不重要，凡事多想想你娘就好，以后你一定要多想想她的不易。你能知错就改继续读书，这是件好事。你放心，我会支持你的每一个决定。”当范仲淹提出自己要继续读书求学时，已经白发苍苍的朱文瀚说。

经历这场风波以后，范仲淹内心又成熟了很多。朱文瀚说做就做，开始四下张罗着为范仲淹寻找合适的求学之地。北宋官学很少，朱文瀚一直找了很久，都没找到一个合适的地方。后来，范仲淹听说长白山醴泉寺来了一位京城的高僧，名叫宝志，据说很有学问。范仲淹将这一消息告诉了朱文瀚。朱文瀚一听大喜，他早就听说过宝志的大名，朱文瀚当即给宝志写了一封信，让范仲淹前往长白山求学。

少年爱财

范仲淹与一位刘姓青年为伴，两个人赶了五十多里山路来到长白山下。醴泉寺内，二人一起拜见了高僧宝志。

一番交谈之后，宝志对这个志向远大、谈吐不俗的青年产生了好感。当见到朱文瀚的推荐信，虽然不曾相识，但宝志也听说过朱文瀚的大名，于是便将范仲淹求学的事情答应下来，决定收留二人在寺中读书。

这时，醴泉寺的住持却告诉他们说，在这里读书可以，他们必须自己解决吃饭问题。

见肯收留自己，二人已是喜出望外，其他事情已不敢奢求。可是，生活问题是必须首要解决的问题。寺内的僧人们几乎每天都填不饱肚子，寺内不可能管饭，自己的生活问题怎么解决呢？两个人傻了。

最终，范仲淹和刘生一起跟住持商量说，能不能先从家中拿了粮食，然后交到寺院厨房，允许他们每日和僧人一起吃饭？在功课之余，他们会主动帮寺里做一些打更、报时、巡逻护寺之类的工作以示报答。

见二位读书人这么诚恳，住持才勉强答应下来。

就这样，范仲淹和刘生开始了长白山读书的生活。当时的长白山今仍称长白山，位于山东邹平、长山、淄川和章丘四县的交界处。醴泉寺，始建于南北朝后期。唐中宗时寺僧仁万重建寺院，东山有一泉水涌出，中宗赐其名为“醴泉”，醴泉寺也因此得名。据后世《嘉庆一统志》记载：

长白山，在邹平县南二十里，山阿有醴泉寺，相传志公卓锡之地，宋范文正公读书寺中，有上下二书堂，在黉塘岭下，皆宋代所建……醴泉寺，相传僧宝志卓锡于此，又曰范公泉，盖宋范仲淹读书处也。

然而僧人们早晚课诵，开饭时间时常和读书学习时间冲突。再加上僧人们过午不食，而苦读的两位学子却经常熬夜，导致两位学生经常吃不上饭。少年正是长身体的时候，饭量奇大。总这么饿着肚子不吃饭不是办法，范仲淹决定不再跟随僧人们吃饭，自己动手开伙做饭。

体恤到家中诸多难处，范仲淹不愿向家里多要开支，于是，他坚持每天只煮一罐粥来填饱肚子。为了节省时间，每天早晨范仲淹早早地把粥煮好，等粥凉下来以后，将它划为四块，撒上一点儿盐和野菜末，再拌上点醋。每天早晚，他各吃两块，这也正是“划粥断齑”这一成语的由来。

在跟随宝志学习的同时，范仲淹深知，自己不但要趁着这个机会学习安邦治国的知识，同时还要磨炼自己的意志。寺中生活清苦，范仲淹每天都给自己制订下严格的学习计划，平日一言一行，皆以圣人之道自处。

关于范仲淹那位刘姓同学，史料再无后续记载。想必刘同学或许中途受不了这种苦而半路退学，或者最终没能学有所成。

范仲淹的刻苦精神不仅感动了高僧宝志，寺院的僧人们也都被感动了。见他生活实在清苦，住持决定每天奖励范仲淹四个烧饼。有了这四个烧饼，他就不用每天都“划粥断齑”饿着肚子读书了。

范仲淹一面感激住持恩德，一面在学习上更加用功。这天，读书读到半夜，范仲淹饿了。想起傍晚时分僧人刚刚送来的四个烧饼，范仲淹决定吃个烧饼解饿。奇怪的是，范仲淹发现烧饼竟然少了一个。

就在这时，他发现一只白毛大老鼠正叼着一个烧饼往门外逃窜，范仲淹忙追了过去。那只大老鼠竟一直跑到院子里，然后钻进了地下一个窟窿。

夜深人静，范仲淹取来工具，寺僧的馈赠，他可不能便宜了这只老鼠。

哪知道才挖了一尺多，范仲淹就碰到一块青石板。用力掀开石板，范仲淹竟发现鼠洞里藏着不少白花花的银子。

范仲淹大吃一惊。这突如其来的惊喜打蒙了穷困潦倒的范仲淹，他兴奋得竟一时不知如何是好。兴奋过后，范仲淹立即又冷静下来，他认真地想了想，不动声色地用泥土和石板将鼠洞重新填好。

这件事范仲淹跟谁都没说，对他来说就像一切都没发生过一样。数年以后，长白山醴泉寺遭遇大火，殿宇焚毁，亟须重修。寺庙住持想修复大殿，却苦于没有足够的银两。这时，僧人们不约而同地想起了当年曾在这里读书的范仲淹。此时范仲淹已经身居高位，寺僧们便派一名年老的和尚到京城前去拜访。

来人道明身份和来意，范仲淹只是热情地款待，既没有赠予什么银两，也没有给地方官写信支援。临别之时，却送给来人茶叶一包，托其带给住持。

僧人失望地回寺以后，将范仲淹的答复告诉了大家。一时之间，众说纷纭，都认为范仲淹忘恩负义，不知报答。又过了数日，寺里来了客人，住持用范仲淹所赠的茶叶待客，惊讶地发现茶中留有一个字条，字条上写：东院有地穴，中藏一匣银。半数修寺庙，半数施孤贫。

僧人们半信半疑，取来工具，果然从地下掘出白银数百两。于是，醴泉寺得以重修。寺庙修好以后，为了纪念这件事情，僧人还在寺旁盖了一座“范公祠”以作纪念。

求学之路

在长白山求学期间，范仲淹考取了他人生第一个功名。

据相关史料记载，当年范仲淹参加的是明经科的考试，他考取的是“学究”这一身份，而不是进士。

学究，古代科举科目名。唐代取士，在明经一科有“学究一经”的科目，宋代称其为“学究”，为礼部贡举十科之一，举学究者往往以博闻强识为长。学究虽然也属功名，但它不同于进士，一个人考中学究不能成为朝廷官员。

考中学究以后，范仲淹仍坚持在长白山读书。在范仲淹刻苦学习的影响下，朱家的子弟也陆续都考上了学究。弟兄们同举学究，齐头并进，这在当时是个惊动方圆百里的消息，也因此，朱家兄弟以博闻强识在长山一带名声大振。

一个人要想始终保持进步，不但要好好读书，还得不断认识比自己更优秀的人。范仲淹一生特别注意把握这方面的机会，很快，又一个机会来了。

据史料记载，范仲淹考取学究以后不久，适逢长山籍大人物姜遵罢官返乡。久慕姜遵大名，在朱文瀚的带领下，范仲淹和朱姓兄弟一起去拜访了这个日后会对他人生产生重大影响的大人物——姜遵。

此事详记于司马光的《涑水记闻》：范仲淹字希文，早孤，从其母适朱氏，因冒其姓，与朱氏兄弟俱举学究。少尪瘠（瘦弱），尝与众客同见谏议大夫姜遵，遵素以刚严著名，与人不款曲，众客退，独留仲淹，引入中堂，谓其夫人曰：“朱学究年虽少，奇士也。他日不唯为显官，当立盛名于世。”遂参坐置酒，待之如骨肉，人莫测其何以知之也。年二十余，始改科举进士。

姜遵（963—1030），字从式，淄州长山（今山东省邹平市）人。宋咸平三年（1000）进士，初为蓬莱尉，于大中祥符年间累迁监察御史，知滑州，充京东路转运使，后改任京西路。天圣四年（1026），姜遵拜右谏议大夫、知永兴军。天圣六年，又拜枢密副使，成为朝廷重臣。天圣七年，姜遵迁给事中。于天圣八年卒，年六十八岁。

刚刚从监察御史任上被罢职的姜遵，老家就是淄州长山。平日里，不管对人对己，姜遵一向都十分严肃，这次失意返乡，姜遵是因为进言冒犯了朝廷。大宋朝的官员升贬如家常便饭，因此并不稀奇。虽已被贬，但此人却有着十分独到的识人之明，也是因此，已经致仕在家的前父母官朱文瀚决定带儿子们前来拜访这位被贬的朝廷大员。

这一年，姜遵回到长山故乡，退休官员朱文瀚带着范仲淹等几个儿子前来拜访。姜遵一眼就看出这个名叫朱说的年轻人相貌非凡，前程远大。集体接见结束以后，他单独留下了范仲淹，并命人将他带到了后堂。

姜遵郑重地将朱说介绍给自己的夫人，而且还备酒菜盛情款待，待范仲淹简直如同亲生骨肉。

谁也不知道脾气很大、一向待人不怎么友好的姜遵为什么如此青睐这位弱冠少年，直到后来范仲淹功成名就，人们才发现姜遵果真是慧眼识才。

这是怎么回事呢？

原来，在谈话中姜遵给了范仲淹一个非常宝贵的指点：改考进士。慧眼识才的姜遵认为，不考进士就埋没了范仲淹这样一个人才。因此他建议范仲淹：虽然你已是明经科学究，但这不是你的人生终点。你不能满足于去当一名学究，而是该改考进士。

在宋朝，只要考中进士，就可以直接入朝为官。一个读书人，只有考中进士，才有机会为国家、为人民多做一些事情。他不能满足于成为一名低级官吏，而是一定要通过自己的奋斗，为国为民做出一番伟大的业绩。

正是姜遵这次宝贵的指点，范仲淹才决定改考进士，并将为国为民当作自己的人生理想。

重新规划目标以后，范仲淹的进步是神速的。然而，长白山的教育环境和宝志的学识毕竟有限，要想考进士，必须进入一所好的学校接受系统正规的教育，宝志的学问已经不能满足范仲淹的需求。

就在范仲淹苦于无处求学的时候，长白山来了一位尊贵的客人。

戚舜宾，北宋初年大教育家、应天府书院奠基人戚同文的孙子。戚舜宾的父亲是当时担任杭州知州的戚纶，当时他担任着应天府书院主事。宝志知识渊博、德高望重，醴泉寺经常有人慕名来访，当时戚舜宾就是有事路过长山，特意到寺里来拜访高僧宝志的。

让我们先介绍一下当时的应天府书院。

应天府书院原址位于今天的河南省商丘市，后晋时期，当地大学问家杨悫曾于此建造学舍，教授生徒。在此就读的戚同文在杨悫逝世以后，继承了老师的衣钵继续于此地讲学。戚同文学问很大，名气也很大，一时之间聚徒百余，时称睢阳学舍。

宋大中祥符元年（1008），应天府人曹诚“请以金三百万建学于（杨悫）先生之庐”。大中祥符二年（1009），曹诚和戚同文的孙子戚舜宾决定重建睢阳学舍，他们于旧址新建房间一百五十余间，聚书一千五百余卷，广招生徒，并愿以学舍入官。朝廷感动其诚，同意将其定为应天府府学，该府学由戚舜宾主院，应天府监管，曹诚为助教。

大中祥符二年，学舍建成以后，真宗皇帝亲自为其赐额为“应天府书院”。1011 年，应天府书院作为官办书院开始招生。

范仲淹当然不会错过这个千载难逢的好机会。很快，通过僧人的介绍，戚舜宾认识了这个好学上进的年轻人。能在求学路上意外结识戚舜宾这样一个名校校长，对范仲淹来说绝对是一个可遇而不可求的宝贵机会。

最终，在戚舜宾的影响下，在长白山读书的范仲淹就拜别父母，决定随戚舜宾去应天府求学读书。

临行前，母亲谢氏自是不舍。范仲淹看着泪水涟涟的母亲，紧紧地拉着母亲的手：“娘，你放心，十年之后我当功成名就，到时候我一定前来接你！”

由此可见，虽然早已不将和朱家子弟的争执放在心上，但在范仲淹内心，他还没有彻底与这段往事和解，他不想让自己和母亲继续再过寄人篱下的生活。

慈悲而善良的母亲当然知道，以儿子的性格，他这一去很可能不会再轻易回来。于是，她将早年在安乡置地的契约交给儿子，让他自己去管理这份家产。继父朱文瀚非常支持范仲淹去应天府读书，他修书一封，让范仲淹有时间携带此书信去一趟池州青阳，那里是朱文瀚的老家，他让养子去帮他分一下朱氏族里的家产。

果然，这次离家直到高中进士，范仲淹没有再回过长山。

在应天府书院入学以后，范仲淹将自己勤学严谨的作风带到了这里。受人之托，忠人之事。在勤学苦读的同时，范仲淹没有忘记继父的嘱托。趁书院放假期间，范仲淹赶到了池州青阳，拿着继父的书信，在朱氏族人的主持下，范仲淹将朱文瀚在朱家庄族中的家产分割清楚。

逗留青阳的这段时间，范仲淹留下了很多广为人知的故事。他曾住在当地一座山上读书，并在此结识了一个伴随他一生、最为意气相投、声气相求、最为重要同时也最为交心的好朋友——滕宗谅。后来，他们读书的这座山被当地人称作读山。

若干年后，滕宗谅被贬岳州（今湖南省岳阳市），他在此筑堤修楼，为政一方。为纪念好朋友重修的岳阳楼，范仲淹受邀写下了千古名篇《岳阳楼记》。滕宗谅一生对山清水秀的青阳念念不忘，更是对他们当初这块相识之地眷恋不舍，甚至死后都把自己葬到了这里。

据《江南通志》记载："读山，在青阳县东二十里，有洞如垂钟，石皆青黛色，宋范仲淹读书于此，故名。"

"范仲淹书堂，在青阳县东二十里读山之阳。"

"范公祠，在青阳县学内，祀宋范仲淹。"

而据《嘉庆一统志》记载："读山，在青阳县东二十里，相传宋范仲淹读书于此，上有读山、秀岩二洞，其北为长山。滕宗谅墓，在青阳县东十里金龟原。三贤祠，在贵池县城内，元郡守王兴祖创祠，以祀宋范仲淹、包拯、赵昂发。"

砥砺笃学

范仲淹和母亲自此一别，就是数年。

求学的路上从来都没有"容易"二字。姜遵的教导范仲淹时刻记在心上，他利用自己一切可能的时间，除了用功，还是用功。在应天府书院，尽管怀中揣着安乡的田产地契，但他丝毫没把这些东西放在心上，也没有因此过上优裕的生活。范仲淹清楚地知道，一个像自己这样身世的人，要想出人头地，要想实现自己的理想，除了刻苦读书之外，别无其他选择。

在离家之前，母亲谢氏也终于将当年的事情一一向他讲清。直到此时，范仲淹才知道自己的真实身份。对于苏州族人的薄情，范仲淹也深感无可奈何。

范仲淹在应天府书院求学期间，身居长山的母亲谢氏一直保持着吃斋念佛的习惯，每逢初一、十五，她就祈求观世音菩萨保佑儿子平平安安。因为思虑过度，长期吃素又缺乏营养，导致谢氏神经衰弱常睡不好觉，以致双眼几乎失明。她很快就白了头发，因此看上去异常衰老。而随着收入越来越少，孩子们一个个长大，朱家的生活条件开始越来越差。

关于范仲淹在应天府书院求学这段经历，大文豪欧阳修是这么记载的：公生二岁而孤，母夫人贫无依，再适长山朱氏。既长，知其世家，感泣去之南郡。入学舍，扫一室，昼夜讲诵，其起居饮食，人所不堪，而公自刻益苦。居五年，大通六经之旨，为文章论说必本于仁义。

而元丞相脱脱主持编写的《宋史·范仲淹传》中关于这段往事是这么记述的：仲淹二岁而孤，母更适长山朱氏，从其姓，名说。少有志操，既长，知其世家，乃感泣辞母，去之应天府，依戚同文学。昼夜不息，冬月惫甚，以水沃面；食不给，至以糜粥继之，人不能堪，仲淹不苦也。

求学之苦自不必细说，有了醴泉寺那段划粥断齑的经历，相信范仲淹一切都应付得来。在应天府书院，可以明显地看出范仲淹几乎每天都在刻意地磨炼着自己的意志，生活条件虽然艰苦，但他从来没降低过对自己的要求，史料记载他“昼夜不息，冬月惫甚，以水沃面；食不给，至以糜粥继之”，尽管他怀里就揣着安乡丰厚的田产地契。

一个外地学生，既没有收入来源，又没有家庭支持，其生活状况可想而知。在应天府书院读书那段时间，很多时候范仲淹每天只能吃一顿饭。这种生活状况一般人是无法忍受的，但范仲淹却并不在意。他一心扑在学习上，以颜回自励，“飘思颜于心还乐”；他效法颜真卿“馇粥不继”的精神，发愤刻苦，“昼夜苦学，五年未尝解衣就枕。或夜昏怠，辄以水沃面。往往馇粥不充，日昃始食”；“其起居饮食，人所不堪者，公自刻益苦”。

有位关系不错的同学，是应天府留守的儿子，有次回家把范仲淹的情况告诉了父亲。这位同学的父亲很受感动，他关照差人给儿子送饭时也给范仲淹捎上一份。当同学把捎来的饭菜拿给范仲淹时，范仲淹虽十分感激，但却再三婉言谢绝，说什么也不肯吃。他对那位好同学说：“我吃粥吃惯了，过去在醴泉寺三年，我就是这样度过的。如今一旦吃上好饭，怕是粥就吃不下了，那怎么能行呢？请您向伯父转达我的谢意。”

由此可见，在应天府书院苦读的五年，范仲淹始终坚持着清贫刻苦的生活。在发愤读书的同时，范仲淹还养成了一个良好的习惯。因为终南山那次游学的眼界大开，范仲淹在读书之余，不断尝试着进一步积累自己的阅历。一有时间，他就背上自己心爱的古琴，还有继父朱文瀚赠给他的宝剑，在商丘一带游历。

少不出门是废人。如果不走出去，你看到的永远是你身边那方小小的世界。

应天府北通黄河，南达谯郡，东临徐州，西接汴京，上古时期帝颛顼曾于此建都，后其成为宋国都城，时称宋城。隋开皇十六年（596），改置宋州，北宋初年改称应天府，太祖皇帝曾于此地发迹，千百年来，应天府本地有着悠久的历史和灿烂的文化。应天府厚重的历史和人文积淀让范仲淹增长了不少见识，同时他也看到了一个庞大王朝真正的民生百态。

就这样，随着知识的一点点丰富，青年范仲淹坚持着自己独特而顽强的成长。五年苦读，为他以后的人生打下了坚实的基础。终于，在大中祥符四年（1011），范仲淹参加了这一年进士科的资格考试。

这次考试即人们通常所说的省试，范仲淹名列礼部第一。三年以后，宋大中祥符七年（1014）秋，范仲淹进京参加了殿试。

直到这时，历经五年苦读的范仲淹才恋恋不舍地离开了应天府。若干年后，他还会与这里发生一段不解的因缘，这是后话，暂且不提。

大中祥符七年的殿试考题还是老三样：赋、诗、论各一篇，这一年的具体考题为“置天下如置器”赋、“君子以恐惧修省”诗和“顺时慎微其用何先”论。科举虽难，但对饱学日久的范仲淹来说，早已经举重若轻、游刃有余了。

考完之后，范仲淹没有留在京城，而是和好朋友滕宗谅一起再次回到了青阳。他们一面继续在读山读书，一面关切地等待着朝廷发榜。如今，这个有志气的青年尽管早已同往事和解，但内心强烈的自尊让他实在不愿意再回到长山朱家那个让他不想面对的地方。

客观地说，范仲淹虽自幼人生坎坷，起点低、起步晚，但命运对范仲淹好像还算眷顾，因为他考中了。

宋大中祥符八年（1015）春，范仲淹登蔡齐榜，中乙科第九十七名进士。

宋代皇榜以状元之名命名，山东人蔡齐是这一年的状元，此后，范仲淹和蔡齐一生都保持着良好的友谊。后来，范仲淹还把自己的大女儿嫁给了蔡齐的小弟弟蔡交，二人好上加好，结成了亲家。

这一年，与范仲淹同科的进士人才辈出，能叫得上名字且后来成为一代名人的，除了蔡齐和范仲淹，还有庞籍、滕宗谅、谢绛、吴育、吴遵路、魏介之、明镐、周骙、王丝、王渎、王焕、朱贯、沈周、沈严、郭维、张昇、王益、欧静等人。

金榜题名的喜悦可想而知，而范仲淹的内心却异常平静。虽名次不高，算不上一鸣惊人，但这也是自己多年努力水到渠成的结果。当想到自己马上可以成为一名朝廷官员，也终于可以脱身自立时，范仲淹内心方有一丝收获之后的喜悦。

在崇政殿参加御试时，范仲淹第一次见到了年近五旬的真宗皇帝。后来，这科进士还集体参加了由皇帝御赐的宴席。而早在两年之前的大中祥符六年（1013），真宗皇帝赵恒率领百官到亳州（今安徽省亳州市）拜谒太清宫，范仲淹曾经与他有过一面之缘。

商丘到亳州仅一百六十多里，皇帝出行，应天府书院的同学们都争着去目睹皇上尊容，只有范仲淹一个人埋头读书，不为之所动。有人询问，他只是淡然地说：“日后自会相见，要见皇帝，就得在金銮殿见。”

这就是范仲淹在应天府书院读书时“独不见皇帝”这一典故的由来。

二月的汴京（今河南省开封市），牡丹盛开，琳琅满目。新科进士们长鞭骏马，在一片鼓乐声中游街庆贺。在等待朝廷任命期间，范仲淹偕同科好友滕宗谅告别京城，再次回到了青阳。范、滕二人此时已倾心相交，无话不谈。后来，他们这一友谊保持了整整一生。

滕宗谅（990—1047），字子京，洛阳人，大中祥符八年（1015）进士，范仲淹一生最好的朋友。

滕宗谅小范仲淹一岁，中进士后先授泰州军事判官，后任大理寺丞，又贬至闽北邵武。后奉调入京任掌殿中丞，调尚书祠部员外郎，知信州（今江西省上饶市）。景祐二年（1035），调池州监酒。宝元元年（1038），调江宁（今江苏省南京市）府通判，徙湖州（今浙江省湖州市）知州，官刑部员外郎、职直集贤院、任泾州（今甘肃省泾川县北）知州，立有战功，任庆州知州，贬知凤翔府（今陕西省宝鸡市），后又贬知虢州（今河南省灵宝市）。

庆历四年，滕宗谅被贬岳州（今湖南省岳阳市）。在谪守岳州的三年任期内，滕宗谅广施仁政，治理有方，曾于洞庭湖畔重修岳阳楼。据司马光《涑水记闻》记载，因修楼无钱，滕宗谅便向民间欠钱不还者讨债，将讨来的钱约一万缗用于重修岳阳楼。另据《岳阳县志》记载，新修好的楼台规模宏大，极为壮丽。岳阳楼修好以后，滕宗谅写信给范仲淹，请他作记，并随信附上《洞庭秋晚图》一幅。当时也同样被贬的范仲淹触景伤情，即应邀执笔，写下了广为后世传诵的《岳阳楼记》。

第四章　朝堂风云

景德四年

范仲淹在应天府书院砥砺求学的那几年，大宋王朝发生了许多重大而深刻的变化。

1007 年，史称景德四年。景德，是宋真宗皇帝使用的第二个年号。真宗皇帝赵恒执政二十六年，他一共使用过五个年号。这五个年号分别是咸平、景德、大中祥符、天禧和乾兴。

就在真宗皇帝将年号改为景德以后，大宋朝发生了一件虽不很重要，但在历史上影响深远的事件。这一年，皇帝赵恒派人来到盛产瓷器的江西，将这里的一个小镇钦定为皇家御用瓷器的制造基地。从那以后，这里出产的皇家瓷器底部皆书以“景德年制”四字，这也是如今以瓷器闻名世界的景德镇的由来。

景德四年开春，真宗皇帝决定要去祭拜一下他的祖先们。宋初，皇帝陵园设于巩县，巩县虽离京城不远，但皇帝出行不是件小事。一是要有一定的仪式和规制；二是朝中文武百官都要一同跟随。

临行之前，真宗皇帝对朝廷的大小事务都进行了安排。他先是任命大臣陈尧叟为东京留守，负责处理京城的一应事务，同时又任命宦官刘承珪勾当皇城大内公事。将一内一外所有的事情都安排好后，皇帝又任命代理三司使丁谓为随驾三司使，负责他出行的后勤保障工作。

这年正月初，真宗皇帝一行浩浩荡荡地从京城出发。

帝辇发于京师，没几天便经中牟到达巩县。到达巩县以后，真宗皇帝便住在了永安镇的行宫。稍作休整，第二天凌晨时分，皇帝一行便乘马出发前往皇家陵园。在陵园，他先是拜祭了伯父、太祖皇帝赵匡胤的永昌陵，然后到父亲太宗皇帝赵炅的永熙陵进行了拜祭。随后，真宗皇帝又逐一到各位皇后以及前辈王爷的陵寝进行了拜祭。

祭奠完成之后，真宗皇帝并没有直接回京，而是去了一趟西京洛阳。

也许是在皇城待久了，也想看看京城之外的景色，到达西京之后，他在这里多住了几天。

住在洛阳城的真宗皇帝没闲着，他到洛阳各大景点转了转。皇帝先是专程到龙门进行了游览，参观了龙门石窟，并差人寻到了曾在此为官的唐代大诗人白居易的后人，对其进行了厚赏。另外，他还到汉代大将军纪信的陵墓和东汉名人鲁恭的祭庙进行了参观。在游玩之余，真宗皇帝命人在西京建太祖皇帝神殿一座，并下令在西京设国子监和武成王庙，以示对先人的尊重。

西京之行结束以后，真宗皇帝没有原路返回，他又去了一趟郑州，然后才返回京城。

这次出行，出发时间是正月初，返回京城的时间是三月。真宗皇帝这一行一出京整整转了两个月，皇帝的身体和心灵都得到了一定的放松。

帝王无小事，这次巡游，真宗皇帝的本意是祭祖尊先，见帝意如此，群臣争相迎合，致使真宗皇帝沉浸在一个崇天信古的怪圈里。真宗皇帝的一心执着，无意间却给大宋朝朝廷上下释放了一个极其重要的政治信号，大宋朝上上下下开始重新研判朝廷的政治走向。

郭皇后于这年的四月末去世。按照常制，真宗皇帝任命宰相王旦为园陵使，总负责郭皇后的陵墓及下葬工作。此时，朝臣们还没从皇帝那里捕捉到什么敏感的政治迹象。

这年八月，朝廷还下令正式改用了林特、李溥等人的新茶法。在改法的前一年，旧茶法年收茶税七十三万八千零五贯。改法以后，两年共收了七百零九万二千九百六十五贯。朝廷收入大大增加，举朝上下皆大欢喜。因此，新茶法的建议者和执行者三司盐铁副使林特、江淮都大制置茶盐发运副使李溥都得到了升迁。

总体看来，这是大宋朝风调雨顺、国泰民安的一年。本来天下太平，大家都活得好好的。但也就是在这一年，看到国家治理有方、百姓安居乐业，真宗皇帝却觉得自己还该做点儿什么。郭皇后死后，他心里一直觉得空落落的。想来想去，他想起了年初祭拜皇陵的事情。真宗皇帝眼前一亮，他终于为自己找到一件有意义的事：为太祖、太宗两位皇帝修史。

修史可不是一件小事，首先得安排得力的人员。他将人选的范围定在了自己的宰相班子。几经考虑，真宗皇帝钦命宰相王旦挂帅监修，由知枢密院事王钦若、陈尧叟，参知政事赵安仁，翰林学士晁迥、杨亿一起为本朝修史。

顺便说一下，因为这次挂帅监修国史，王旦大宰相的身份得以正式明确。

在宋代，宰臣们都要身兼馆职。两年前宰相毕士安去世时，王旦的身份虽然只是参知政事，但已经代理国史馆的职务，实际上已经成为宰相，只是没有正式任命。如今，随着这一任命的正式下达，王旦大宰相的身份得到了正式的明确。自此时起，真宗一朝王旦为相的时代正式启幕。

在朝中，相信任何一个对政治敏感的人都会随时随地地关注着皇帝的一举一动。从祭拜皇陵开始，到皇后去世，再到诏令修史，真宗皇帝种种举动的内在联系引起了很多大臣的关注，只是此时还没把它上升到政治现象的高度。皇帝对此类事件的热衷，大部分人只是把它们当成了单个事件，并未引起更多的关心。很多人没有过多地去揣摩皇帝的心思，因此也没有太多迎合圣意的举动。

但是，不是所有的人都对政治不敏感，很快就有一个人跳了出来。

就在这年十一月，发生了一件对大宋王朝国运影响极其深远的大事。而事情的发起人，却是一个微不足道的小人物。

这个微不足道的小人物名叫赵湘。说其微不足道，是因为他在历史上没留下什么大名，既不是我们耳熟能详的人物，也没留下什么让人瞩目的成就，而且这个人当时的身份和职务也实在不高：殿中侍御史。

这位赵湘是一个极善投机的人，擅长揣摩上意，在第一时间做出反应并把握机会。这一天，赵湘放着好好的本职工作不做，操心起了皇族和国运的大事。

看到大宋朝国泰民安、风调雨顺的太平盛世，同时又看到真宗皇帝对于祭拜、神道的热衷，景德四年（1007）十一月，这名从八品下、办公室连座位都没有的殿中侍御史突然上言，请求真宗皇帝封禅。

一时之间，朝堂哗然。

先看看什么是封禅。

顾名思义，封为“祭天”，禅为“祭地”，古代帝王在太平盛世或天降祥瑞之时祭祀天地的大型典礼称之为封禅。封禅活动一般由帝王亲自到泰山举行，其声势之浩大，一般都被看作朝廷彰耀文治武功的表现。

赵湘虽人微言轻，但他这一请求却对大宋王朝产生了极其深远同时也极其重要的意义。他的想法虽然荒唐，但真宗皇帝真就答应了。

赵湘这一建议虽然荒唐，却极大迎合了真宗皇帝的心意。客观地说，大宋朝当时并不是真正的太平盛世，真宗皇帝也难说是一代圣主，难道满朝文武没一个头脑清醒的吗？

当然有。赵湘的建议一提出，就遭到了无数人的反对。

首先反对他的是宰相王旦。王旦说：封禅之礼，旷废已久，若非圣朝承平，岂能振举？

真宗皇帝也说：朕之不德，安能轻议？

说实话，真宗皇帝这么说只是自谦。他不是没有动心，他表态的味道怪怪的，很耐人寻味。一个“朕之不德”，便把反对的所有声音全部都压下去了，细品一下不难看出他对此事的态度：你们反对封禅，是不是认为朕“不德”呢？

祥符元年

结果，因真宗皇帝这么一说，进行泰山封禅的事很快就定下来了。

当然，事情中间还有些曲折，比如大宰相王旦。真宗皇帝搞定王旦的办法也很奇葩：行贿。

天下哪有皇帝向大臣行贿的道理？

不管你信不信，这事儿还真有。说实话，皇帝想给大臣送礼，直接以赏赐的名义就行了。但这次不行，真宗皇帝不敢明着做，怕德高望重的王旦反对，于是便提前做足了功夫。当然，他这一行贿的举动也是以赏赐的名义进行的。

这一事件的具体过程是某天真宗皇帝赏给王旦一壶御酒，御酒接到手里，王旦总觉得不对，因为这壶御酒怎么这么沉啊。回到家里一看，壶里装得满满的居然都是珠宝。真宗皇帝能这么做，也真难为了这位真龙天子。王旦当然知道好大喜功、一心封禅的真宗皇帝是什么意思，尽管满心反对，王旦也只好装聋作哑。

王旦心里苦哇，可他这种苦无处诉说。按说，如此重大的国家盛典，即使没达到“爱育黎首，臣服戎羌，遐迩一体，率宾归王”，至少也得是“坐朝问道，垂拱平章”或“鸣凤在竹，白驹食场”才敢举行。王旦深知，如果轻率地举行封禅，百年之后，身为宰相的自己会得到一个什么样的评价。

可是，事情已经这样，除了装聋作哑，他已经没有任何办法。

见皇帝执意如此，百官们也有一些反对的声音。然而，偏偏就是赵湘这样一个小吏的提议，满朝大员竟都反驳不了。

因为问题的根源是在真宗皇帝那里。

群臣不但不敢再提反对意见，而且更多的人都在纷纷后悔：自己当初怎么就没想到提这个建议呢？

真宗皇帝决定以此让自己和大宋王朝重树信心，可见他成为一代圣主的愿望是多么的强烈。从生出这个念头那天起，在真宗皇帝赵恒的领导下，整个大宋王朝便开始偏离了正确的发展方向。

先不说封禅，先说说这个赵湘。提了一个这么好的建议，赵湘最终有没有升官呢？

答案是：升了。赵湘不但升了，而且很快就升了。史载：未几，命管勾南宫北宅事。东封泰山，为东京留守推官，礼成，迁侍御史。

最终，这位赵湘做到了应天府知府，并光荣地升任了集贤院大学士。

在历史上，赵湘的身份和地位并不重要，但他这一建议却很关键。就是这个小人物打开了大宋朝的潘多拉魔盒。

因一言换取一生荣华，赵湘不是个简单的人。

后来，在为害大宋王朝多年的天书运动中，虽然赵湘的作用有限，但小人之恶，往往是因一己之私毁了天下。虽然自此以后，真正推进并促成真宗封禅的人并不是他，导演轰轰烈烈天书事件的也不是他，但是，就是因为他这一个小小的建议，导致大宋王朝以举国之力陷入极端迷信的狂热之中。

北宋真宗年间的天书事件真正的幕后推手，却不是赵湘，而是大名鼎鼎的五鬼之首、宰相王钦若。

事情还要从几年前说起。王钦若因与寇準不和，一心想扳倒在“澶渊之盟”立下大功的寇準。因平时经常在皇帝身边，王钦若时不时地诋毁寇準几句。好话坏话都禁不住说三遍，一来二去真宗便对寇準有了一些看法。见此计可行，王钦若变本加厉，开始试着在真宗面前诋毁“澶渊之盟”的历史意义。王钦若认为，“澶渊之盟”是纯粹的城下之盟，是朝廷的屈辱，而非人们传说的那么光明正大。

之所以敢否定“澶渊之盟”的历史意义，是因为王钦若很清楚，“澶渊之盟”是真宗皇帝心头的一块阴影。堂堂大国的皇帝，被寇準逼着亲临前线督战，这是何等的被动和尴尬？朝廷的颜面何在？皇帝的尊严何在？尽管因为御驾亲征，宋军一鼓作气，逼着辽国签订了“澶渊之盟”，但从另一个角度看，贵为皇帝，被大臣逼上前线，这绝对是一种屈辱和没有威望的表现。寇準出尽了风头，将皇帝的尊严置于何地？

本来就是心病，架不住王钦若三天两头的提，这件事终于成了真宗皇帝的心病。见皇帝总是闷闷不乐，王钦若又开始变着法儿让皇帝开心。知道盐在哪儿咸、醋在哪儿酸，王钦若告诉真宗皇帝说，如果想在这件事上挽回颜面，还有一个好办法。

明知道真宗皇帝讨厌战争，王钦若故意说，出兵取下幽州、蓟州，应该可以洗刷这一耻辱。

真宗果然说：河朔生灵，始得休息，吾不忍复驱之死地，卿盍思其次。

王钦若曰：陛下苟不用兵，则当为大功业，庶可以镇服四海，夸示戎狄也。

上曰：何谓大功业？

钦若曰：封禅是已。

因为王钦若不断的怂恿，一心想挽回颜面的真宗皇帝基本打定了进行封禅的主意。

至于赵湘，很可能是听从王钦若的安排才提出封禅这一建议的，这一点虽已无从考证，但基本可以推断。历史上每一个事件的出现，都必然有其相互关联的因素，任何一个事件都不是独立出现的。

帝意如此，群臣岂敢不从？接下来，为了给封禅造势，王钦若开始带着他的团队进行必要的配合表演。很快，宫中天书降临，各地也有祥瑞不断出现，泰山封禅已成定局。

接下来的1008年，因各地祥瑞不断出现，朝廷大喜，真宗皇帝诏令改元。本来应该名为“景德五年”，这一年被改为“大中祥符元年”。

这年春天，不但各地都有天书降临，甚至还不断有一些瑞兽、瑞鸟出现，还有很多本来干涸的地方神奇般地涌出了泉水，这些都是前所未有的盛事。各地官员争相将这些神迹报告给朝廷，相关官员都得到了皇帝的奖赏。随着各类祥瑞越来越多，连真宗皇帝自己也有些搞不清哪些是真的，哪些是假的了。

身为百官之首，宰相王旦只是冷眼观看。这时候，来了一个凑热闹的。

见大宋国泰民安，祥瑞不断涌现，西夏国想趁机打打大宋的秋风，便派使者向大宋借粮。大家都很清楚，西夏借粮名义是借，实际上根本就没想还。群臣商量来商量去，都不知如何是好。借吧，大宋自己的粮食都不一定够用。不借吧，自己明明已经国泰民安、物阜民丰，岂不打脸？

好在王旦头脑清醒，他一眼就看透了西夏人的目的。王旦告诉西夏使者说，我们的粮食多得吃不完，都在粮仓里存着呢。借粮可以，你们自己派兵来取吧。

西夏距大宋粮仓千里之遥，亲自来运这点儿粮食恐怕连运费都不够。王旦机智地将事情处理得滴水不漏。西夏使者知难而退，只好悻悻地说，朝廷有人！

不要小看当时这一细节，它形象地说明了当时宋夏之间的关系。三十年后，随着这一微妙关系的不断变化，它将成为景祐五年宋夏之战最终爆发的根本原因。

受了皇帝贿赂的王旦没能及时地阻止真宗皇帝这一好大喜功的想法。上有所好，下必甚焉。很快，随着各地进献祥瑞活动愈演愈烈，泰山封禅已经势在必行。

也就是这一年，二十岁的范仲淹离家千里，游学陕西、问道终南。在那里，他结交了自己人生第一帮好朋友王镐、周德宝和屈元应。因为这次宝贵的游历，回到淄州长山后，范仲淹立志求学，重新规划了自己的人生。

祥符三年

自东封起，为迎合圣意，先是自泰山一带发起，全国各地都开始大规模地修建各类道教宫观，而各地进献各种祥瑞的热情越发高涨。为了存放天书，东封完成的第二年的五月，即1009年，经与众臣商议，真宗皇帝决定在皇城修建一座规模空前的宫殿，算是对他封禅活动的纪念。

而在更早的这年开春，真宗皇帝便已经颁布命令，将拜祭天书升格成为国家举办各类活动前常规的礼仪。为了纪念天书降临，他还下令将开封府浚仪县改名为祥符县。当时的浚仪县位于开封府，它和开封县同为开封府的治所，如今祥符县早已废置。

随之而来的，与天书、东封事件有关的人员都无一例外得到了晋升和奖赏。据史料记载，东封完成以后，因进献祥瑞和东封升官的各类人员竟有一千多人。

第五章　江湖不远

江湖

大宋真宗大中祥符八年（1015）三月的东京城，春光明媚、繁花似锦。在经历了数轮惊心动魄的激烈角逐以后，最激动人心的时刻终于来到了。

国子监外面的高墙上贴出了这一年的进士榜。每到发榜之时，国子监便成了万众瞩目的焦点。不管朝廷大员、翘首以盼的士林学子还是喜欢热闹的京城百姓，都急切关注着这里的一举一动，以求在第一时间获知这一年金榜题名的消息。

因为皇帝的格外重视，这一年的进士科平民出身的举子们得到了史无前例的尊重，为了保证录取的公平性，主考官专门委派了天下最德高望重的大臣来担任，还专门设置了誊录院。也因此，这一年的进士考试在民间也受到了史无前例的关注。早在揭榜之前，国子监外早已人潮涌动，挤得水泄不通。

随着皇榜开榜，大中祥符八年的殿试结果即将揭开神秘的面纱，这一年朝廷录用人才的最高机密将昭示于众。在这之前，虽然各类小道消息甚嚣尘上，但大家都知道只有这道皇榜才是最终的谜底。

这一年，来自四面八方的举子都不负众望，他们格外珍惜这次来之不易的机会，不但争先恐后地将文章完成得精彩绝伦，而且在由皇帝亲自主持的殿试中，也都无一例外地对答如流、从容不迫。这一争先恐后的局面，让一心想成为一代圣主的真宗皇帝龙颜大悦。

皇帝开心，天下万福。因此，这一年发榜后的庆贺仪式也搞得格外隆重。真宗皇帝史无前例地允许新科状元带领众举子披红挂彩跨马游街，以彰显他对天下才俊独特的厚爱。也因此，这一年的新科状元、山东人蔡齐光荣地成为历史上中状元后跨马游街的第一人。

因提前设置了誊录院，又加上众主考官的公正无私，这一年高中的举子全是寒俊之士，几乎没有一个人出身名门。皇帝在进一步了解录取情况以后，特意对各位主考官进行了不同程度的奖赏。

三月的春风还未在京城的大街小巷散去，新科进士范仲淹和滕宗谅早已双双出现在千里之外的池州青阳。

这年春天，两位金榜题名的年轻人春风得意，无不成欢。双双高中之后，他们相约青阳，再次来到了金榜题名前他们曾一起读书的地方。虽然两个人皇榜上的名次都不是很靠前，但能够双双考中，已经让这一对好朋友有了锦绣般的前程。他们住在了读山脚下，尽情地享受着这里的山山水水。在每一个如沐春风的日子里，他们结伴同游，谈古论今，抚琴舞剑，好不快哉。因为朝廷的任命迟迟没有下达，在等待任命的日子里，他们一起度过了人生中最惬意的一段时光。

青阳山下，两位年轻人徜徉于青山绿水之间，同游同乐，共诗共读，无话不说，美丽的青阳山记下了这段令人难忘的往事。

不久，随着朝廷任命的下达，范仲淹迎来了他人生第一个职务：广德军司理参军。

广德军属江南路，治所位于广德县（今安徽省广德市）一带。司理参军又称司理，从九品的官职。宋初各州设有马步院，以军人为判官来掌管狱讼。太祖开宝六年（973），改各州马步院为司寇院，以文臣为司寇参军。太宗太平兴国四年（979）诸州司寇改置司理，掌管本州讼狱勘鞫之事。不难看出，范仲淹进入官场的第一份工作是专职刑狱官。

而好朋友滕宗谅的第一份工作是“潍州从事”。“从事”这一工作职责和司理参军类似，但滕宗谅的工作地点在京东东路的潍州（今山东省潍坊市）。两个人同年中的进士，同年参加的工作，事业的起点基本相同，连第一份工作也大同小异。两个人唯一的区别是一个人编制在地方政府，另一个人的编制属于军队。

任命下达以后，这一对好朋友开始收拾行装，各奔前程。从此以后，信心勃勃的范仲淹将会在基层奋斗很长一段时间。一个人实现他梦想的地方，不是在庙堂就是在江湖。庙堂虽高，只要肯努力一切都不是没有可能；江湖虽远，只要踏实用心，照样能做出一番惊天动地的业绩。

然而，在送走滕宗谅以后，范仲淹并没有急着去广德军上任，他还有两件非常重要的事情要做。

范仲淹要做的第一件事就是将母亲接到自己身边。

这是他五年前离开朱家时向母亲许下的诺言。记得当初自己决意去应天府读书，母亲哭着拉着他的手，执意不肯让他走。已经知道自己身世的范仲淹对朱家已经心灰意懒，他决然而又伤心地安慰母亲说，娘，儿子不是个没志气的人。您放心，十年之后我当功成名就，到那时我一定会回来接您。

据楼钥《范文正公年谱》记载：（四年辛亥，年二十三）询知世家，感泣去，之南都，入学舍，扫一室，昼夜讲诵。其起居饮食，人所不堪。而公自刻益苦。按《家录》云：公以朱氏兄弟浪费不节，数劝止之。朱兄弟不乐，曰：“吾自用朱氏钱，何预汝事？”公闻此疑骇，有告者曰，公乃姑苏范氏子也，太夫人携公适朱氏。公感愤自立，决欲自树门户。佩琴剑，径趋南都。谢夫人亟使人追之，既及，公语之故，期十年登第来迎亲。

如今，这一幕再次涌上心头。今天的自己虽然还谈不上功成名就，但也基本可以算作出人头地，将母亲接到身边赡养是他当下最刻不容缓的任务。

为了能顺利接回并安置好母亲，离开青阳以后，范仲淹取道应天府，提前做了一番充足的准备。

宋代官员俸禄优厚，考虑到外任官员的不易，真宗咸平二年（999）朝廷沿唐制复置职田，专门授予外任官员。外任官员职田分配具体数额为：两京、大藩府四十顷，次藩镇三十五顷，防御、团练州三十顷，中、上刺史州二十顷，下州及军监十五顷，边远小州、上县十顷，中县八顷，下县七顷，转运使、副使十顷。其中，州县长吏得百分之五十，以次官差减。

在选定职田时，范仲淹思来想去，决定将自己的职田选在应天府。

他将自己职田选在应天府是有原因的。

自从知道自己的身世以后，他便把自己当成了一个没有家的人。在选择职田时，他思来想去，既没有选择父亲的老家苏州，也没有选择继父的家乡长山。在范仲淹眼里，这两个地方都不属于自己真正的家。苏州族人的凉薄和朱氏子弟的排外一直是范仲淹内心深处的痛，也是因此，他将职田选在了跟自己感情最深的应天府，他觉得唯有这里，才是离自己心灵最近的地方。

因官职太小，没有资格挑选好地，范仲淹只好将职田选在相对偏僻的宁陵（今河南省宁陵市）一带。从选定职田的那天起，范仲淹等于正式把自己的家安到了宁陵。

选好职田并将宁陵的事情安排妥当以后，范仲淹才回到淄州长山，他准备将母亲接到宁陵居住。哪承想，哪怕是这么一个小小的愿望，范仲淹都没能顺利地实现。

回到长山后范仲淹才知道，继父朱文瀚已于不久前去世。

原来，在他回来之前，他已经金榜题名的消息在第一时间传到了长山。老迈多病的继父朱文瀚大喜过望，乐极生悲竟离世而去。继父去世的消息让范仲淹有些措手不及，他心中早已谋划好的事情竟不知该如何进行下去了。

本来他已经想好，回到长山以后，拜谢一下继父这些年来的养育之恩，他便带着母亲离开这个曾经让他伤心的家庭。不料，继父的去世将一切打乱了。住在朱家的旧房子里，他想起了自己在这里成长的那些岁月，进而又想起了早年随继父和母亲在苏州和湖南的生活。范仲淹很难过，继父是个好人，他不但是自己的继父，还是自己的人生导师。如果不是他的宽容、善良，如果不是他的指点和支持，自己绝对不可能走到今天。如今，随着继父的撒手西去，原来心中的那些不平、愤懑和委屈，竟在一瞬间烟消云散了。

而再次见到母亲时，范仲淹又心疼得无以复加。五年不见，老母亲已满头白发，身形佝偻。范仲淹知道，在自己离家以后，母亲一定一直牵挂着自己这个贫无所依、不堪寄人篱下同时又倔强自尊的儿子。笃信佛教的母亲日日流泪，天天求佛，以求保佑儿子在外的平安。看着神形消瘦、双眼已经模糊得几乎看不清东西的母亲，范仲淹的心都要碎了。

范仲淹身披重孝，在母亲的带领下来到继父坟前。他跪了下去，不知不觉间泪水已经打湿长衫。跪在这个对自己深有大恩的人坟前，范仲淹重重地叩了几个头。想起和朱家子弟旧日间的恩恩怨怨，范仲淹不知何时竟已经全部释然。

接下来，面对朱家子弟们的不冷不热，范仲淹已经毫不在意。他耐心地帮助母亲收拾旧物，准备返回他位于宁陵的新家。范仲淹无论如何都没有想到的是，母亲居然拒绝了随他去宁陵的要求。

看着不停地忙来忙去的儿子，谢氏说，孩子，别收拾了。我不能随你走，我要在这里守孝。

范仲淹突然愣住了。

母亲这句话让他在瞬间明白了一个重大的人生道理，以至于范仲淹突然羞愧难当，甚至开始有些恼恨自己。多年以来，母亲一直是个有情有义的人。自己只是一味顾及自己的想法，为什么没有站在母亲的角度替她想想呢？

范仲淹记起了当年在天平山，母亲艰难地带着自己为父亲守孝的情形。见是如此，他只好咬咬牙，含着泪表示尊重母亲的选择。临行之前，他已经和母亲约好，只等守孝期满自己便专程前来接她。

擦干眼泪，范仲淹背上一生从不离身的琴和剑，只身赴广德军上任去了。

广德

真宗大中祥符八年（1015），尽管迎母以养的愿望暂时没能实现，让范仲淹的心情多少有些低落，但他思来想去，实在不忍心再给刚刚失去丈夫的母亲雪上加霜，提出自己一直想做的第二件事。

本来，范仲淹想改回自己的本姓。在知道自己的身世以后，范仲淹就已经下定决心，总有一天，自己一定要改回本姓。

比起母亲的伟大，范仲淹看到了自己人格上的渺小。见母亲如此伤心，范仲淹决定将复姓归宗的事情暂时放放再说。

广德古称桐汭，东汉建安初年，孙吴置广德县，意在标榜“皇恩浩荡，帝德广大”之义。广德现为安徽省辖县级市，由宣城市代管，位于长江三角洲西部，安徽省东南、苏浙皖三省的交界之处。北宋初年废制置司，太宗太平兴国四年（979）改置广德军，治所位于今天的广德县。宋端拱元年（988），宋廷又析广德西北桐乡、昭德、临湖、原通、妙泉五乡独置建平县。建平县也隶属广德军管辖，它们共同归属于江南路管理。

到达广德军以后，范仲淹很快便结识了一位新朋友：同科进士、崇安人刘夔。

刘夔是大中祥符八年进士中比较有作为的代表人物。

在宋代，同年是士大夫之间最重要的一种人际关系。“同时登第者，指呼为同年。其情爱相视如兄弟”，加之参加工作又是同一个单位，两个人之间的感情是可想而知的。

刘夔，字道元，建州崇安（今福建省武夷山）人。大中祥符八年进士及第，补广德军判官，累迁尚书屯田员外郎，权侍御史。后任三司户部判官、转运使，知陕州、广州。后权三司度支副使、知潭州兼湖南安抚使。再后来，又权判吏部流内铨、知审刑院。晚年的刘夔以工部侍郎的身份知福州、建州，最终以户部侍郎致仕。

同年加同事，刘夔和范仲淹志趣相投、意气相通，很快就成了无话不说的朋友。虽然他们在一起工作的时间不长，后来两个人走的是不同的人生道路，而且离开原单位之后两个人也没有进一步的深交，但在广德军中共事的这段友谊，却非常值得怀念和珍惜。

广德是吴文化兴起和发源地之一，其锁三吴而襟两浙，山清水秀，川谷盘纡。在工作之余，范仲淹继续保持着自己游历山水开阔眼界的好习惯。他时常和刘夔一起，利用公余之闲寄情于桐川汭水之间。他们溯石溪、登天宝，无话不谈。在这期间，范仲淹曾作《瀑布》诗一首，表达了自己的孤高清直和敢于同邪恶势力斗争的性格与勇气。

广德山中有一处非常著名的景点太极洞，一次雪后，范仲淹单独秉火炬而探古洞。在幽深的古洞里，范仲淹因火把燃尽而迷路，多亏僧人看到雪后他留下的脚印，燃起火把前来寻他。在一片漆黑中，绝望的范仲淹听到了头顶洞外僧人的脚步声，最终才绝处逢生。因这次冒险，范仲淹为太极洞留下“豁然岩”

三个大字，后来这三个字被刻在太极洞的巨石上。

千年之后的今天，这一遗迹仍完好地保存于广德太极洞。如果身到广德，你不但能像范仲淹一样感受太极洞的幽奥深邃，而且还能看到这一千年之前的印迹，不过这一遗迹的署名却是“宋进士朱说”，因为那一年范仲淹还没有改回本姓。

在广德，范仲淹给自己新交的好朋友刘夔写了一首诗，这首诗的名字叫“次韵和刘夔判官对雪”。在这首诗中，既体现了两个人当时的生存状态，又写出了两个初入官场的年轻人志同道合的情趣和各自远大的理想与抱负：

萩萩楼台外，新辉溢四遐。云中凋玉叶，星际落榆花。
岳色参差露，松声仿佛加。风流裁赋苑，清苦读书家。
霜女惭轻格，蟾娥让素华。孤鸿迷鸟道，万马忆龙沙。
净拂王恭氅，香滋陆羽茶。载歌劳郢谢，一奏待钟牙。
几处和梅赏，何人为鬓嗟。含毫看不足，诗社好生涯。

初到广德，范仲淹即显示出他卓越的理政才能和高尚的人格品德。他将和好友滕宗谅的约定牢牢记在心里，虽然身为基层官员，主管的都是一些具体琐碎的工作，但他将这份工作看得十分重要。

这一年，范仲淹二十七岁，他以民为念，公平执法，自上任头一天起便仔细审阅诉讼案件。很多时候，为了查清案情他不但经常微服私访，有时还会亲自到狱中了解犯人的情况。凡发现案情可疑者，范仲淹一律重新审理。因此，在广德任期内，范仲淹经常会对各类案件提出不同的意见，惹得知州大人很不开心。

官大一级的知州并没将这个年轻人放在眼里，因意见相左，知州经常以势压人，对范仲淹大发雷霆。遇到这种情况，坚持自己观点的范仲淹便据理力争、寸步不让。每当争到面红耳赤时，两个人常常是不欢而散。让人叫绝的是，回到住处以后，范仲淹便将与知州辩论的案情与各自的言论主张一一记录在迎门的屏风之上。

范仲淹这一记录在案并昭示于众的做法让知州很难受。闻听此事，知州开始忐忑不安，行为自然也收敛了很多。据说后来等范仲淹离任时，偌大的一个屏风已经被他密密麻麻地写满了字。

在认真做事的同时，琴剑不离左右的范仲淹还始终坚持着一个非常好的习惯，读万卷书，行万里路。一有时间，他就去广德附近的名山大川游历。二十岁那年的终南山之行让他广开眼界并开阔了胸怀，从那之后他便爱上了游学。此后的范仲淹不管走到哪里，只要一有时间都会去丰富自己的阅历，饱阅当地的风土人情、山山水水，这一习惯也伴随了他整整一生。

在广德，基层工作繁杂辛苦，范司理没有太多空余的时间，只能将自己游历的范围选择在附近一带。只要一有暇余，他立即放松身心，置身于广阔的天地之间。范仲淹相信，唯有心怀天下，方能利益苍生。

宋代官员任期一般都是三年，范仲淹在广德任职三年，他廉洁自守、两袖清风的作风得到了相关部门的一致认可。和上司的争执没能影响范仲淹的升迁，任期结束后，范仲淹被调到亳州，迎来了他人生的第二个职务：集庆军节度推官。然而，在他离任时，相当于一地检察院检察长兼法院院长的范仲淹居然穷得连出行的盘缠都没有。他只好将自己仅有的一匹老马卖掉以作盘缠。

从安徽东南的广德到西北的亳州，行程一千多里，范仲淹只能徒步赴任。

政声人去后，民意闲谈中。在广德任职期间，在处理纷杂公务的同时，范参军还做了许多原本不属于他负责的事情，比如凿井修田和兴学建学。

虽然有着深厚的吴文化基础，但经历了唐末和五代十国的战乱，广德一带早已学风凋敝。范仲淹到任以后，在当地积极地带头兴学建学，以致后来广德学风日盛，史载“初，广德人未知学，仲淹得名师三人为师，郡人之擢进士第者相继于时”。

自实行科举制度以来，在隋唐两朝的三百多年间，广德尚无一人“金榜题名”，经过范仲淹为官广德时的大力提倡和努力，十九年后，到了北宋景祐元年（1034），广德的陈南第一个考取了进士。在北宋后的九十年中，广德相继考中进士者二十二人；南宋百余年中，擢取进士者有三十人。到了明清时期，广德已经是文化发达地区，据《明清进士题名碑录索引》记载，广德考取进士的人数列为安徽第十五位，从宋至清，广德荣登“金榜”共有九十二人（其中两名武进士），明清两朝考中举人者一百三十一人，考选贡生者达四百人。元至正十四年（1354），广德南乡人钱用壬还摘取了“状元”桂冠。

这些成绩应该归功于范仲淹为广德教育事业所做的开创性的工作，这些都是范仲淹以一己之力开创了广德千年文运的先河，才结出的丰硕成果。

后来，每到一地就大力兴学办学伴随了范仲淹整整一生。从广德军入职起，几乎每到一个地方，兴学办学都会是范仲淹必须要做的事情之一。

离开广德以后，当地的人们仍对范仲淹追慕不已。他所凿的义井被人们称为“范公井”，他所构建的狱亭被人称作“范公亭”，他洗涤笔砚之处被人们称作“砚池”。千年之后的今天，这些遗迹和“跫然岩”一起，作为广德当地一道供世人瞻仰的人文胜景，范仲淹和他的故事直到今天仍是当地人们耳熟能详、津津乐道的历史佳话。

真宗天禧元年（1017），范仲淹官升两级，升文林郎，由从九品的广德军司理参军提拔为从九品上的集庆军节度推官，史载：擢文林郎、权集庆军（今安徽省亳州市）节度推官。

他的同年、同事兼好友刘夔离开广德，具体时间不详。按照宋朝官制，理论上刘夔也应于此年改任。刘夔也升职了，他被调到了中央，担任三司户部判官。

改姓

接到朝廷的任命以后，范仲淹很快便到达了亳州。如今，这位已经入职三年的基层小官员，已经熟知官场的各种规矩和礼制，并将一切处理得井井有条、得心应手。然而，此时大宋的朝堂内外并不平静。一心想有所作为的真宗皇帝继续沉迷于“天书”事件。眼见朝政的走向越来越偏，诸大臣苦不堪言，但谁也不敢发出反对的声音。

这年二月，先是真宗皇帝身边的得力助手、号称“九尾野狐”的文学侍从陈彭年死了。因为总能迅速揣摩并迎合皇帝的想法，并将其写成圣旨昭告天下，这几年陈彭年不但颇受恩宠，而且还光荣地担任了参知政事。陈彭年死后，真宗皇帝很伤心，决定追赠其“右仆射”的荣誉称号，因为大臣的反对，陈彭年最终得到的谥号却只是“文僖”。

陈彭年的死让真宗皇帝颇感伤怀。随着他的身体状况越来越差，真宗皇帝不但对神道的沉迷越来越深，而且还对自己治下的各类文治武功越来越迷恋。此时，他身边最得力的干将“北宋五鬼”已经五去其二。刘承规（原名刘承珪，后因体弱，皇帝为其改为刘承规）和陈彭年死后，朝中能正确理解他意图并且唯命是从的人只剩下王钦若、丁谓和林特了。尽管近几年他有些后悔，天书事件搞得太大了，但人生没有回头路，一旦走上这条道路他就再也不能回头。

老宰相王旦身体不好，这段时间一直闹着要辞职，真宗皇帝知道，身体不好只是理由，王旦最真实的想法是不愿意再委曲求全地跟着自己表演下去了。也是因此，虽然王旦一辞再辞，皇帝却一拒再拒。他心里很清楚，只有王旦才是自己可以无条件信赖的国之干臣。但他心里还很清楚，当下最紧要的事情，是尽快为王旦找一个接班人，来担任这个庞大的王朝总管的角色。

可是，这又谈何容易？真宗知道，没有一个人能真正取代王旦。没有一个人有他那么崇高的人望，也没有一个人拥有他那么宽广的胸怀，更没有一个人具有他那么卓越的治国才能。每当想到这里，真宗皇帝就叹气伤心。不管是谁，最终都会老去。不管他一生经历过什么样的辉煌，尘归尘，土归土，这些成就终究会化作往事。抚摩着皇城内的一棵斑驳的老树，真宗皇帝感慨万千。他想起了东晋大司马桓温那句著名的话，“木犹如此，人何以堪”。只要有王旦在，朝政自己基本可以不用操心，很快这一局面就不复存在了，当下之际自己该如何是好？

放眼身边，竟没有一个合适的人。王钦若虽然在朝中工作多年，但他只是一心唯上，太顾及个人利益以致树敌太多，一个缺点太明显的人不能得到大臣们的普遍尊重。这几年一心在自己身边埋头苦干的丁谓倒还是个人才，可是这个人太聪明，一般太聪明的人都不可靠。放眼朝中，能担任这一职务的还有谁呢？

结果，没等真宗皇帝做出选择，这年九月，他最为信任、最为依赖同时也是大宋朝中流砥柱的老宰相王旦去世了。

王旦死后，朝廷无人可选，真宗皇帝只好将人称“瘿相”的王钦若升任宰相。自此，王钦若终于身列相位，和原来协助王旦处理朝政的老臣向敏中一起担任宰相。升任宰相以后，王钦若恨恨地对人说：**为王子明（王旦）故，误我十年为宰相！**

虽然没有满意的人选，但真宗皇帝也很快就搭建好了自己新的两府班子。东府宰相向敏中、王钦若，副宰相、参知政事张知白、李迪。担任西府长官、枢密使的是名臣马知节，枢密副使为在澶渊城立下大功的赵州宁晋人曹利用，同知枢密院事的是任中正和周起。

两府官员的洗牌不会影响到范仲淹这样的基层小官。在广德赶往亳州上任的路上，关于自己的人生，范仲淹思考了很多。自祥符八年进士及第起，这已经是他步入仕途的第三个年头。回过头来想一想，自己在这三年的时间里都做了些什么呢？

每当想到这里，范仲淹就有些沮丧。本来，中进士以后，他以为自己马上就能开启辉煌的人生，他甚至还告诉过自己，不管在哪个位置上自己都要放开手脚，大干一番。现实中的情形却不是自己想象的样子。

他想起了三年前和好朋友滕宗谅在青阳的那段岁月。当时，两个人豪情万丈，立志都要做出一番事业。进入官场之后才发现，他们当初的想法是多么的荒唐可笑。区区一介小官，几乎不入流的从九品下，人微言轻，不但没什么权力，而且连说话的机会都没有，这样下去，何年何月才能施展自己的抱负？

如今，不但工作和事业看不到希望，连自己的个人生活范仲淹也感觉很失败。不久之前，他已经将母亲谢氏接到宁陵。为了照顾母亲，他还特意将同母所生的一个朱姓弟弟也带到了宁陵。虽衣食无忧，母亲看上去也很开心，但母亲最近一直在催促自己的婚事。是呀，自己已经二十九岁，却连个家都还没成，母亲的催促不是没有道理。可是自己的意中人在哪里？自己的未来又在哪里呢？

亳州虽远，路程不是问题，最重要的是要找到自己的人生方向。以后自己该怎么做，又怎么才能获得人生突破呢？范仲淹很清楚，千里之外的亳州，那个名为节度推官的九品小官并不是自己的人生终点。这一次看似升了两级，实际上自己还只是个不入流的小官，难道自己就这样在基层打拼一辈子吗？

三年以来，自己不可谓不努力，也不可谓不辛苦，但越努力似乎离自己的梦想越遥远。也该成个家了，范仲淹叹道，也许成家对自己来说会是一个改变。

范仲淹突然觉得，自己不能再这么下去了，必须得有所改变才能得到更大的进取。

一路上，范仲淹一直都在考虑这个问题。范仲淹深知，如果按部就班地走下去，自己想出人头地是何等之难。当面对现实时，他发现自己确实找不到方向，这一困惑几乎伴随了范仲淹整个上任的行程。他沿着官道一路北上，整整走了一个多月才抵达集庆军的驻地。让他感到多少有一丝安慰的是亳州离宁陵不远，离母亲更近一点，尽孝倒是更方便了。

到达亳州以后，范仲淹先是住进了驿馆，然后准备向长官报到。在驿馆里，他认真地坐下来，一笔一画地书写着报到文书。文书写完，末尾要署上自己的名字，范仲淹心头突然一动。

虽然此时他对朱家的子弟已不再耿耿于怀，但只要想起那些往事，只要想起母亲，只要想起姑苏族人的薄情寡义，这股强烈的屈辱感就会涌上范仲淹的心头。继父新死，改姓回宗的事范仲淹一直不忍向母亲提及。如今母亲已经在新家安定下来，是时候提一提这件事了。

想到这里，他认真地在文末写下“朱说”这个他用了三十几年的名字。与此同时，一个想法已经在范仲淹心中暗暗拿定。他决定从今改头换面换个活法，一切从恢复本姓开始。

范仲淹的想法不错，可是，当他试着跟苏州族人沟通回归本姓的想法时，苏州族人却对他这个新科进士、低级官员并不感冒，以至于有人怀疑他是为了图谋范氏在苏州的家产。见是这样，范仲淹苦苦相求，甚至做出了“止归本姓，他无所觊”的保证，姑苏范家却始终不肯接纳这个一心想改回本姓的人。

族人的拒绝再次深深伤害了范仲淹。

顺势

在讲究出身的宋代，改姓可不是件小事。

一个人的姓名代表的是他的出身，民间如此，朝廷官员更是重视。那时候，官员如果想改名换姓，不但需要征求家族的同意，而且还必须要征得朝廷的同意。遭到族人拒绝的范仲淹很快生出了一个大胆的想法，他决定将这件事上奏朝廷。

集庆军的工作安定下来以后，范仲淹立即写了一封奏表。在这封言辞恳切的奏表中，为了表达自己迫切想回姓归宗的强烈愿望，他用了一句足以流传千秋的话：“**名非霸越，乘舟偶效于陶朱；志在投秦，入境遂称于张禄。**”

这句话前半句引用的是范姓大名人范蠡的故事。范蠡，春秋末期越国人，著名政治家、军事家、谋略家、经济学家，越国相国。

相越时，范蠡帮助越王勾践出谋划策，卧薪尝胆二十年，终于灭掉吴国。灭掉吴国以后，越王勾践一雪前耻并称霸于诸侯。范蠡深知大名之下难以久居，他很清楚勾践是一个可与之共同患难、不可与之共同安乐的人。在越国成就霸业以后，范蠡功成身退，易姓改名，泛舟五湖一去不返。

后来，范蠡化名鸱夷子皮，带着儿子在齐国海边耕种治产。这时，齐王又聘他为齐国相国。范蠡退还相印，散尽家财，逃至陶地（今山东定陶）做生意，再次化名为陶朱公。没过多久，范蠡又获金百万，天下闻名。

范蠡三次迁徙，三次成名于天下，是一位知进知退的范氏先祖。

这段话后半句写的则是另一位范姓先祖范雎。范雎，战国时期魏国人，著名政治家、纵横家、军事谋略家、战略家、外交家，秦国相国。

范雎自幼家贫，本为魏国大夫须贾的门客。有一次，范雎随须贾出使齐国，齐王十分欣赏范雎的才华，便赐赏于他。须贾却认为范雎受赏是因为出卖了魏国。归国以后，须贾诬陷范雎通齐卖魏，导致范雎差点儿被魏国相国魏齐鞭笞致死。

后来，在郑安平和王稽的帮助下，范雎易名为张禄，藏在秦国使者队伍中逃入秦国。入秦以后，范雎力佐秦昭王，采取远交近攻的战略，秦国因此日渐强盛。

后来范雎拜相封侯，显赫于世。再后来，对范雎深有大恩的郑安平降赵，王稽私通诸侯被杀，情势对于范雎非常不利。于是，他主动为秦王选好接班人，然后辞职而去。

范雎是一位历经磨难、奋发有为且知进知退的范氏先人。拿两位范姓大名人举例，范仲淹表明了自己改名复姓的理由和决心。

没过多久，范仲淹改姓归宗的奏请便获得了批准。既然有了皇帝的批准，族人同意不同意已经不重要了。从那天起，中国历史上才终于有了范仲淹这个名字。

1017 年是大宋改元的一年，真宗皇帝诏令将年号由“大中祥符”改为“天禧”，因此这一年又称天禧元年。

一个人要想进步、要想出人头地，必须不断结识比自己更优秀的人，同时还必须得到能决定自己命运的人的赏识。

宰相王旦虽然已经去世，但他高尚的品德和人望仍光辉地照耀着整个大宋朝的上上下下。范仲淹非常仰慕王旦，但王家的门第太高，他知道自己这么一个小官员根本就高攀不上。尽管如此，范仲淹还是下定决心，日后如果有机会一定结交一下王家的后人，未来他一定要做一个像王旦那样的人。

老臣寇準在官场起起伏伏，虽然很佩服他的所作所为，但范仲淹不想成为他那样的人。除了这两位老相，范仲淹一时真还找不到自己崇拜的偶像和目标。

朝堂太远，范仲淹决定从身边做起。范仲淹很清楚，要想进步，扎扎实实做好本职工作才是一切前提。于是，他沉下心来，将关注的目光放在自己身边，以及比身边更高位置一些的人。他决定改变在广德军处处与长官作对的工作策略，做好和上司及同事们的团结工作。

很快他就发现，自己身边可以结交的人并不少。

当时，与范仲淹直接共事的是州官上官佖和通判杨日严。事实证明，换了活法、不再处处跟上司对着干的范仲淹在调整人生方向之后果然如鱼得水。在亳州的几年里，他和上司、同事们的关系都处理得很好。因为和上司的良好关系，在亳州工作期间，他曾不止一次得到借调到朝廷工作的机会。

州官上官佖有个儿子叫上官融，和范仲淹关系处得也不错。后来上官融成了京城文化圈的名人，可惜才子多不长寿，上官融只活了四十九岁就死了。上官融死后，为了怀念旧人，后来位高权重的范仲淹专门为他写过墓志，不过这是多年以后的事情了。

既能踏踏实实地埋头工作，又能做出成绩，这是对一名基层公务员的基本要求。一个人应该通过努力工作去不断实现自己的价值，而不是靠一味钻营去获取更高的职务，范仲淹这一点做得很好。

好同事杨日严是一名官声和民声都比较不错的人，后来他一路升迁，做到了开封府尹。杨日严职业生涯最出名的事迹就是审理了日后成为范仲淹好朋友的欧阳修的盗甥案。虽然在亳州共为同事时就与范仲淹交好，但杨日严一生都与欧阳修交恶。后来他在益州做官时，杨日严曾因遭到时任谏官的欧阳修弹劾而罢官。虽然官声不错，但杨日严不是个胸怀宽广的人。在开封府任上，见公报私仇的机会来了，杨日严对欧阳修毫不客气。他下令对欧阳修的外甥女张氏刑讯逼供，直接导致欧阳修被罢去龙图阁直学士、河北都转运使，然后被贬滁州。杨日严这一功绩却间接成就了千古名篇《醉翁亭记》的诞生，这是后话暂且不提。

目标选对了，方向正确了，再加上个人的努力，一个人进步并不难。在亳州勤勤恳恳工作了三年多，积累了丰富的基层工作经验以后，职场大龄青年范仲淹在他三十三岁这年再次被朝廷委以重任。这一次，他被调往的地方是淮南路的泰州（今江苏省泰州市），职务是西溪盐仓监，具体工作是监管朝廷的盐税。

官场

范仲淹离开集庆军之前的天禧二年（1018）八月，真宗皇帝的第六个儿子、九岁的升王赵受益改名赵祯，被立为皇太子。

沉迷于天书和各类祥瑞事件的真宗皇帝，如今身体已一天不如一天。在生命最后的岁月里，老迈糊涂的他身边最信任的人只剩下了三个，这三个人分别是他的皇后刘娥、因修建玉清宫立下大功即将相继担任参知政事和枢密使的丁谓，以及入内押班、大宦官周怀政。

皇帝立太子是件普天同庆的大事，大臣们纷纷上表致贺。集庆军节度推官范仲淹虽人微言轻，却也在第一时间向朝廷进献了《皇储资圣颂》一篇，以示对国家和太子的祝贺，可惜他这篇文章没能引起任何人的注意。

随着太子身份的确立，真宗皇帝还为太子配置了相应的东宫官员。

最先，景德二年状元、参知政事李迪被任命为太子宾客。

太子宾客，即太子的顾问兼老师。据说，真宗皇帝对一身正气且学问过人的李迪非常器重，一开始想任命李迪为太子太傅。因太傅的位置过于显要，被李迪推辞掉了。李迪说，太宗时就没为当今皇帝立太保或太傅，他不敢领受这一名分。见是这样，真宗皇帝不再坚持，但仍正式下令对太子说，李迪虽然身为宾客，但你一定要像尊敬师傅一样尊敬他。

接着，皇帝又对其他一些人员进行了任命。担任太子左右二庶子的分别是开封府尹乐黄目和昭文馆大学士、右谏议大夫张士逊。礼部郎中、史馆大学士崔遵度担任太子左谕德，记室参军、左正言、史官大学士晏殊担任太子舍人。右正言、户部员外郎鲁宗道担任太子右谕德。入内押班周怀政担任左骐骥使、入内副都知，管勾左右春坊事。

以上人员皆为太子近臣，他们在太子身边组成了一个类似“小朝廷”的机构，真宗皇帝有意开始让太子熟悉宫廷的礼仪、规章和制度，同时也开始临习一些简单的朝政。而在朝中，老臣寇準也终于得以再次进入大宋朝的权力中枢。

有意思的是，寇準再度担任宰相的原因再简单不过：他向皇帝服软了。

大家都知道，寇準不认可真宗皇帝发起的天书运动，更不相信各种从天而降的祥瑞，又加上性子急躁，好跟人争强斗胜，因此在官场起起伏伏，屡遭贬谪。寇準虽是个犟人，心眼儿却一点儿都不死。他很清楚，一个人不能总吃眼前亏。人到晚年，寇準也终于开始后悔：解决问题的办法有很多种，自己为什么事事总是唱反调呢？

这一年，因为工作出色，在基层工作的范仲淹在上司的推荐下被借调到中央工作，同时也多了一个身份：秘书省校书郎。它虽然不是范仲淹所担任的实际职务，这一身份的取得，却会对范仲淹有着极其重要的意义，这是后话暂且不提。

范仲淹借调的具体部门是秘书省，也称芸省。虽然只是借调，但从另一个角度不难看出朝廷和上司对他工作的认可。虽然借调到了朝廷，但范仲淹的编制还在集庆军。

在中央工作的这段日子，范仲淹埋头工作的同时，努力寻找着一切与各类出色人物结识的机会。范仲淹第一个拜访的人是蔡齐，因为是同榜进士，而且志趣相投，范种淹和蔡齐相互欣赏，迅速结下了深厚的友谊。中状元以后，蔡齐进步很快，他先是在基层任职，担任兖州、潍州通判。一年之前，蔡齐已经回朝担任著作郎、直集贤院。这位大范仲淹一岁的状元哥为人友善，见识远大且不入俗流。此后，范仲淹一生都和蔡齐保持着良好的关系，后来他还和状元哥结成了亲家，把自己的女儿嫁给了蔡齐的弟弟蔡交。

除了蔡齐，范仲淹在工作中还认识了一些志同道合的同事。他积极地与同事们保持着良好的关系，争取做到广结善缘，而且谦逊有礼。他最大的愿望是有机会结交一下王旦家的子弟，可惜不是缘分不到，就是机会不成熟。

在秘书省借调的这段日子，接触的人群不一样了，一个人的境界和格局也不一样了。范仲淹进步很快。

在接下来的一年里，庙堂至高的朝廷中枢一直难以稳定。

天禧四年（1020），先是宰相向敏中因病去世，东府宰相只剩下寇準一个人。很快，见真宗皇帝病入膏肓，寇準密谋太子监国被罢，太子宾客李迪和有才无德的丁谓登上了相位。

李迪当上宰相的原因绝对是一次偶然。

先是这年六月，刚刚当了一年宰相的寇準因密谋太子监国被罢。在被罢之前，恼恨太子宾客李迪对自己坐视不救，寇準恶狠狠地在皇帝面前告了李迪一状。寇準对真宗皇帝说，皇帝您罢免我我没意见，但你不应该只罢免我一个人，李迪也应该一起罢免。哪知道，不声不响的李迪不但没有被罢免，反倒受皇帝的重用升为宰相。自己被贬就算了，还要拉李迪垫背，这也是寇準为人诟病的人生污点之一。

当上宰相以后，李迪没有记恨寇準。然而好人总是斗不过坏人，李迪也是个短命宰相。因为看不惯丁谓一再陷害寇準的行为，有次上朝的时候，李迪和丁谓吵了起来。怒火中烧的李迪当着皇帝和大臣们的面，狠狠地拿手中的笏板击向了丁谓的脑袋。

李迪这一不冷静的举动导致他和丁谓双双被罢免。

丁谓和李迪被罢免后，枢密使冯拯升任宰相。真宗皇帝将丁谓贬至河南府（今河南省洛阳市），但心眼儿活泛的丁谓只在河南府转了一圈儿就官复原职了。正直冲动的李迪却被一棍子打到了郓州（今山东省郓城县），而且一直在基层奋斗了好几年，才得以再次回到朝堂。

除了位极人臣的宰相们，这段时间其他朝廷大员的命运也起落沉浮、飘忽不定。一直身体不好、让真宗皇帝又爱又恨的文学侍从杨亿死了。在临死之前，贵为天下文人领袖的他又在真宗皇帝面前耍了一次小脾气。

事情发生在李迪和丁谓双双被罢免之后。两名宰相同时被罢免，朝中已无宰相，真宗皇帝不得不为自己寻找合适的宰相人选。本来，他想任命冯拯为参知政事，安排杨亿草拟诏书时，也许对皇帝这一任命不能认同，杨亿以不合规制为由将皇帝怼了回去。杨亿说，这不是该我干的事儿。

真宗皇帝蒙了：啥是你该干的事儿？

杨亿说，任命宰相才是我该干的事儿。

皇帝气呼呼地说，那就任命他为宰相。

看来，在真宗皇帝眼中任命冯拯什么职务并不重要，重要的是任命冯拯的诏书得由杨亿起草。真宗啊真宗，他也许真的被杨亿气晕了。

这件事情过后不久杨亿就死了，杨亿只活了四十七岁，也算是英年早逝。

另外，真宗皇帝还在这一年下令设立了天章阁。二十三年后，他的儿子仁宗皇帝赵祯召对范仲淹就是在这个地方。千百年后，那次意义非凡的召对仍让人津津乐道、心驰神往。正是因为这次召对，大宋朝才正式拉开庆历新政的序幕。

西溪

范仲淹在秘书省的借调期很快就到了，因借调期间工作出色，真宗天禧五年（1021），三十三岁的范仲淹被派往淮南路的泰州西溪（今江苏省东台市），担任西溪盐仓监，这是范仲淹一生中的第四个职务。

西溪即今天的江苏东台，东台一带不但是我国历史上盐税的主要征集地，同时它还是神话传说《天仙配》里孝子董永的故乡，相传这里就是董永和七仙女共同生活的地方。美丽的传说承载着人们许多美好的愿望，同时也孕育了这里物华天宝、人杰地灵的人文环境。

西溪虽小，但对范仲淹这样一位有远大志向的年轻官员来说，又怎么能禁锢住他为国为民的高尚情怀？

有旧闻说，在范仲淹到西溪上任以前，有多位同僚曾劝他不要到西溪这个小地方来，但范仲淹不以为意。来到西溪以后，他专门写了一首诗来表达自己此时的心情：

谁道西溪小，西溪出大才。

参知两丞相，曾向此间来。

范仲淹所说的参知两丞相，指的是在他之前曾在西溪工作过的两位前辈吕夷简和晏殊。吕夷简在西溪的故事前文我们已经讲过，他是咸平三年（1000）的进士，中进士以后吕夷简先担任的是绛州军事推官，然后于大中祥符元年（1008）被调到西溪任职的。吕夷简和他的牡丹诗名闻天下的时候，范仲淹还是一个年方弱冠的游学少年。

范仲淹到西溪上任时，吕夷简早已经调回朝中，而且已经步入了他人生和事业的快速上升期。此后不久，在王曾的推荐下，吕夷简将会担任参知政事，跻身于大宋宰相的行列。

晏殊则是大中祥符七年（1014）来西溪任职的。在这里，他创建了著名的西溪书院，并写下了那阕流传千古的《浣溪沙》：

一曲新词酒一杯，去年天气旧亭台。夕阳西下几时回？

无可奈何花落去，似曾相识燕归来。小园香径独徘徊。

据说有一天，晏殊由一位名叫王奇的后生陪着在寓所的庭院里散步。看到落花满地，晏殊不无感慨地说，填一首好词真不容易呀！今年春天，我写了一句“无可奈何花落去”，直到现在还没有想到合适的下句。

王奇聚精会神地听着，猛然间他看到了园中剪柳穿花的燕子。王奇灵机一动，脱口应道：似曾相识燕归来。

晏殊大喜，遂以此句完成了他这首流传后世的宋词佳作，其中“无可奈何花落去，似曾相识燕归来”两句更是工巧浑成、流利含蓄，不但声韵和谐，而且寓意深婉。这一脍炙人口、神来之笔的对偶很快成为宋词中难得一见的佳句。

这些都是七年前的旧事了。

范仲淹到达西溪这一年，晏殊早已在朝中担任了翰林学士兼太子左庶子。这些年，带着神童的光环，晏殊的官运一直青云直上。很明显，真宗皇帝早就开始把他当作辅佐太子的宰相来培养了。只可惜晏殊后劲不足，久负才名、年纪轻轻就身居高位的他却迟迟没能当上宰相。直到二十年后的庆历二年（1042），担任枢密使多年的晏殊才正式拜相。

和晏殊形成鲜明对比的是，在他离开西溪七年之后，比晏殊大两岁的范仲淹才磕磕绊绊地来到西溪。我们不难发现，跟同时代那批人相比，范仲淹既起点不高，而且起步不早，他人生每段路都是一步一个脚印、扎扎实实地走过来的。

范仲淹刚到西溪的时候，无论吕夷简还是晏殊，当时都还没有担任宰相。所以这阕词作应该不是他上任时写的，或者根本就不是他写的，而是后人根据他们三个人相继在此为官的故事杜撰出来的。尽管如此，这三位大人物传花接力的工作经历，还是成就了西溪历史上一段辉煌无两的美好佳话。

不难看出，当年小小的西溪在大宋初年的政坛上有多么的辉煌。如今，江苏东台还保留着许多这三位宰相在此工作时留下的遗迹。与吕夷简有关的有思贤亭、靖公堂；与晏殊有关的有西溪书院、晏溪亭、晏溪河以及名列“西溪八景”之一的晏溪晓翠；和范仲淹相关的古迹更多：仰止亭、三贤祠、拴马桩、棠斋、忠孝祠等，都是为了纪念范仲淹保留的古迹。如今这些古迹历历在目，它们承载着的那些美丽的故事，和东台古城一起见证着中华历史上千年的风雨。

西溪紧靠海边，因此生活条件特别艰苦，夏天的蚊子特别多。范仲淹到达这里以后，既不堪其苦，却又不以之为苦，他在一首《咏蚊诗》中写道：

饱似樱桃重，饥如柳絮轻。

但知从此去，不要问前程。

除了《咏蚊诗》，范仲淹为此地还留下了一首非常有名的《西溪见牡丹》：

阳和不择地，海角亦逢春。

忆得上林色，相看如故人。

在这首诗作中我们不难看出，在那个时候范仲淹已经有了以苦为乐、不以进退为意的豁达胸怀，这为他日后不断精进的人生打下了良好而坚实的基础。

范仲淹在西溪工作时间并不是很长，却为西溪的百姓们办了许多好事、实事。史载：西溪镇内的雄河（又称鱼行河）和晏溪河（南仓河）成“丁”字形穿镇而过，随着水流的走向，它们将古镇分割为了三块。为了方便两河三岸百姓的往来，范仲淹与工匠们一起精心设计，独具匠心地建成了一座八字桥。八字桥构思奇巧，将实用性和观赏性合二为一，不但将周围的环境巧妙地利用起来，还实现了“两桥通三岸，一步两顶桥”的设计理念。在我国桥梁建筑史上，范仲淹主持修建的八字桥成为一座具有独特意义的历史珍品。

范仲淹延续了自己在广德兴学助教的传统，到达西溪以后，他取晏殊讲学西溪之遗意，在当地大力倡导严谨的读书讲书之风。西溪西南有一处四周环水的地方，范仲淹命人在此筑亭一座，并亲书“仰止亭”三个大字，以奖后学。亭旁翠竹环绕，流水潺潺。范仲淹常在亭内读书，并约西溪的读书人一起讲学、聚会、散步，畅谈他的报国之愿。在他的影响下，西溪人读书很快便蔚然成风。范仲淹离任以后，为了纪念他，当地的人们把仰止亭称为“范公读书亭”。

年轻的范盐官在西溪还留下了不少文章，现有据可查的就有《晏溪驯鸥》《西溪解嘲》《西溪书事》《西溪见牡丹》等诗篇。

随着吕夷简、晏殊、范仲淹三个人物相继来到这里，又相继入阁拜相，西溪牡丹一时之间名扬天下。与这段往事相映成趣的是，二十四年后，距离西溪二百里之外的广陵（今江苏省扬州市），也发生了一段与花有关的美丽佳话。那段佳话的主角也同样是大宋朝的宰相团队：他们的名字分别是韩琦、王安石、王珪和陈升之。

仁宗庆历五年（1045），因推行庆历新政失败，韩琦贬任扬州太守。扬州自古以芍药闻名，南人多雅趣，当地人给芍药起了不少佳名。其中有一种花形和花色尤为特别的品种，花朵上下为红色，中间有一圈黄蕊，形似身穿红色官袍、腰系金色腰带的宋朝官员，人们称此芍药为“金缠腰”，又称“金带围”。按朝廷规定，当时只有宰相才有资格穿红色官袍、系金色腰带，因此，官员们都以能观赏到“金缠腰”为升官的吉兆。据民间传言，只要此花一开，城中便会有人当上宰相。

在韩琦官署的后花园中，就有这种“金缠腰”。

那一年，韩琦后花园中的芍药尤为奇特，竟一连长出了四枝，而且每枝都开了一朵花。此花开放以后，不仅花色美丽、奇特，再加上其独特的寓意，让被贬的韩琦心情大好。恰巧当时同在大理寺供职的王珪和王安石路过扬州，韩琦便邀请他们一同观赏。因为花开四朵，韩琦又邀请了时任州黔辖诸司使也前来观赏。不巧此人身体不适，便临时改邀了路过扬州、同时也在大理寺供职的陈升之。

饮酒赏花之际，韩琦剪下这四朵“金缠腰”，给每人头上都插了一朵。说来也怪，此后的三十年中，参加这次赏花的四个人竟先后都做上了宰相。这就是史上有名的“四相簪花”的故事。

曾做过扬州司理参军的北宋科学家沈括将这一故事记载在他的《梦溪笔谈》中。后来，清代号称“扬州八怪”之一的大画家黄慎深感其奇，数次以此为题，为后世留下了多幅《四相簪花图》。

芍药妖娆艳丽，花中之相；牡丹雍容华贵，花中之王；二者并称花中二绝，其一草一木、一雄一雌，伴随着两个流传千古的精彩故事，牡丹和芍药始终为历代皇族、士大夫和文人学士所倾慕。

范仲淹踏踏实实地在泰州努力地为朝廷收着盐税，在他到任西溪的第二年，朝廷发生了一件影响了整个北宋历史，甚至改变了大宋朝命运的大事。

乾兴元年即 1022 年，病入膏肓的真宗皇帝久治不愈，于这年二月一命归天。一心想成为一代圣主的他晚年笃信神道、大兴土木、劳民伤财，给大宋朝留下了一个烂摊子。

相信在临死之前，将大宋王朝一手好牌打烂的真宗皇帝一定不会瞑目，因为继承他皇位的太子赵祯那一年才十三岁。

堂堂大宋王朝的命运将何去何从？

如果地下有知，相信真宗皇帝一定会对自己晚年神道设教、迷信天书的种种行为后悔不迭。可惜，接下来的事情已经不由他了。

上书

皇帝去世，太子年幼，一个庞大的王朝需要当机立断地决定它将何去何从。这一高难度的事情，不但需要落实该由谁来执掌最高权力，同时还要考虑各种复杂局面出现的可能性。不过，这些都是高层需要考虑的问题。对于正在基层努力奋斗的范仲淹来说，当下他最需要考虑的事情只有一件，那就是如何踏踏实实把自己的本职工作做好。

朝廷突发变故，大臣们都在观望，谁也不敢在这个时候贸然出头。很快，根据先皇遗旨，众臣尊皇后刘娥为皇太后，由她和十三岁的太子赵祯一起执掌朝政。自此，这个名叫刘娥的女人开始在大宋朝临朝称制。这个不简单的女人是中国历史上有名的女强人之一，在成为皇后之前，她的个人奋斗史足以让大宋朝的每个男人汗颜。而她在临朝听政以后所表现出来的种种强硬手段和高明的政治手腕，更是让这帮才华横溢的大臣心服口服。

真宗死后，刘娥先是利用丁谓的聪明稳定住了朝政，然后再利用正直的王曾将一心想独揽大权的丁谓干掉。与此同时，她还恩威并施，一面将前朝老臣的代表人物寇準等人一贬再贬，一面又赏识提拔了很多听话的年轻人。

将位高权重的前朝大臣们一个个收拾完以后，刘娥重用了一些自己信得过的人。文臣方面，一身正气的王曾和满腹才华的晏殊自然不在话下，吕夷简、鲁宗道、张知白也都相继得到了重用。对于西府枢密院，刘太后却基本没有大动，她只是不断地给枢密使曹利用增加荣誉性的官衔，以满足这位功勋武夫的虚荣心。这个女人似乎天生就知道，只要军心不乱，天下就能牢牢地掌握在自己手里。

既合情合理又让人大跌眼镜的是，朝政稳定下来以后，刘太后在第一时间便迫不及待地提拔了一批人，这些人有一个共同的特点：太后的娘家人。

刘太后的前夫、后来和她以兄妹相称的刘美（龚美），一家凡是能提拔的几乎都得到了重用。最先，刘美获赠侍中的身份，他的妻子钱氏也被封为越国太夫人。没过几天，刘太后觉得对自己的前夫回报还不够，刘美又被加封中书令，妻子钱氏获封郓国太夫人。刘美有个女婿名叫马季良，原本是一名茶商，居然被提拔担任了馆职。

马季良胸无点墨，肚子里根本就没有什么学问。刘太后当然知道担任馆职必须要有真才实学，为了服众，她还像模像样地安排人对马季良进行了一次考试。据说在考试的时候，担心出意外，刘太后一再催促主考官早点收卷。为了实现刘太后提拔马季良的意图，考官们只好分头帮马季良答题。

不声不响地，大中祥符八年状元蔡齐开始在官场崭露头角，此时的蔡齐已经在朝中担任御史台的副长官——侍御史知杂事。真宗皇帝当政期间，几乎每位状元郎都升迁很快。真宗皇帝在有生之年，一直在用自己的方式彰显这个国家对人才的尊重和厚爱。在蔡齐担任侍御史知杂事之前，参知政事吕夷简也曾经担任过这一职务。

侍御史知杂事品级为从六品，而此时以文林郎身份担任西溪盐仓监的范仲淹的官职还只是从八品，此时两个人的职级已经整整差了四级。

进入官场以后，范仲淹一直以蔡齐为自己的偶像和目标。跟蔡齐比起来，范仲淹已经明显跑得太慢了。

尽管这样，范仲淹并没有气馁。他相信自己只要努力，就一定能找到机会。这些年的基层工作让范仲淹积累了丰富的经验，同时发现了很多问题，也找到了一些解决这些问题的办法，范仲淹决定把这个想法说给执政大臣。

乾兴元年十一月，范仲淹鼓起勇气，给刚刚担任枢密副使的张知白写了一封信。

在这封信里，范仲淹先是赞扬了张知白的盛名和高风亮节，然后话锋一转，委婉地表达了自己的想法：

天下才士，莫不稽颡，仰望光明，但仲尼日月之阶，难为其升尔。某何人也，可预陶甄之末？其大幸者，生四民中，识书学文，为衣冠礼乐之士；研精覃思，粗闻圣人之道。知忠孝可以奉上，仁义可以施下，功名可存于不朽，文章可贻于无穷，莫不感激而兴，慨然有益天下之心，垂千古之志，岂所谓不知量也。

又昔人云，一卷之书，必立之师。岂天下之道，无从而正之，而可得其指要乎！某所以鸡鸣孜孜，望其有获于此。而当世大君子，以某雕虫之技而怜之者有矣，未有谓某之诚，可言天下之道者。

今复吏于海隅葭菼之中，与国家补锱铢之利，缓则罹咎，猛且贼民，穷荒绝岛，人不堪其忧，尚何道之可进！自惜属文未达，见书未传。三十为学，未获事大贤人之师；周旋其心，未能受大君子之道。

其愚不已，尚徨徨乎听于大人之门。恭惟右丞，播洪钧之仁，矜其不肖，以一言置于左右。至于稼穑之难，狱讼之情，政教之繁简，货殖之利病，虽不能辩，亦尝有闻焉，似可备僚俊之末议，且使朝夕执事于前，观之可否？

如得其诚，愿预教育，然后天下之道可得而明，阿衡之心可得而传。使某会遇之日，有益于当时，有垂于将来，乃右丞之道传传而不朽矣。

宋代官场等级森严，尤重礼制，官员不但不允许越级上言，而且不允许越职进言。做这件事之前范仲淹犹豫了很久，思来想去，范仲淹才决定冒险一试。张知白新官上任，早就听说他不但颇有见识，而且也一定会有所举措。他渴望看到这封信后，张知白能认可自己这些想法，同时也能对自己有一个新的认识。

范仲淹之所以选择投书张知白也是有深层原因的。其实，范仲淹心目中最理想的投书人并不是张知白，而是大宰相王曾。可惜一身正气、刚刚当上宰相便将权相丁谓拉下马的王曾太忙了，他有太多的国家大事要处理，顾不上倾听这些来自下层官员的声音。原本担任翰林侍读学士、尚书右丞张知白新官上任，又是寒门出身，范仲淹相信他一定会看到自己这封信，而且一定会被这封信打动的。

范仲淹没有想到的是，这封信发出之后便如石沉大海，不见任何动静。

一直耐心地等了很长时间，范仲淹对自己给张知白的上书仍抱着微末的希望。随着希望一天天越来越渺茫，直到过去了好几个月，还是没有任何动静。范仲淹知道，自己的愿望落空了。

虽然失落，范仲淹并没有气馁。

听说老臣寇凖被一贬再贬，范仲淹决定站出来替寇凖说话。

范仲淹不是不知道，寇凖犯的是大逆之罪，当初之所以被贬是因为密谋太子监国，朝廷没有深追已经是法外开恩。可是，眼见这位社稷老臣一再被人诬陷，范仲淹实在看不下去了。

为此，范仲淹上书朝廷，他认为寇凖不该受到这一待遇。范仲淹说："寇莱公当国，真宗有澶渊之幸，而能左右天子，如山不动，却戎狄，保宗社，天下谓之大忠。"尽管此前他与寇凖从未谋面，但路见不平，他不能眼睁睁地看着这位朝廷老臣受到如此的排挤。

最终，不知范仲淹这封奏书是被人压下了，还是朝廷根本就不会理会这名基层小官的声音，范仲淹这次上书也没有收到任何回复。

此时，从一封接连一封的上书不难看出，此时范仲淹具备了一定的谏官素质。

泰州东临大海，当时的泰州一带并不像今天这么富庶，自然条件可以说非常恶劣。每年尤其是到雨季，海潮的侵袭一再危害沿海的百姓。本来雨水就大，再加上潮水涌入，泰州几乎每年会形成严重的内涝。内涝严重时，不但数万亩良田颗粒无收，连盐场也大都被大水冲垮。近两年，国家的岁赋收入一直在减少。

朝廷当然渴望增加收入，不知为什么这个问题一直没有解决。如果长期这么下去，怕是潮患和内涝会一天比一天严重。这个问题他想了很久，之所以没敢贸然上报，是因为他心有顾忌。

范仲淹的顾忌是什么呢？

答案是：这些事情不是他的本职工作。

朝廷禁止越级言事，禁止越职言事。可话不能不说，这些想法在心中积压的时间越长，范仲淹越是觉得不吐不快。为了收集第一手资料，范仲淹趁工作之余，换上朴素的行装，深入田间乡下，沿着海边实地走访了很多次。每到一处，他都对当地因潮水带来的灾害进行进一步的了解，并将它们一一记录下来。随着了解的步步深入，他还冒着危险进行了实地观察，在翻阅大量资料以后，一个大胆的想法在他脑海里形成。

解决这一问题的办法只有一个，那就是筑堤修堰。

思路形成以后，范仲淹很快便整理好了这篇重要的奏疏。有了前两次的教训，范仲淹没有贸然向朝廷上书，而是把这封奏疏交给了一个名叫张纶的人。

张纶是谁？范仲淹为什么要把自己的奏疏交给他呢？

多磨

张纶，字公信，颍州汝阴（今安徽省阜阳市）人。北宋大臣，时任江淮制置发运副使，范仲淹顶头上司的顶头上司。

张纶比范仲淹大二十七岁，毫不夸张地说，张纶是范仲淹从政早年遇到的一位难得的贵人，范仲淹第一次被载入史册的政绩，就是在张纶的大力支持下完成的。

事情还需要从为患泰州多年的潮患说起。

从古代起，泰州海边的百姓几乎每年都要饱受海潮的祸患。每到秋天海潮泛滥，如遇大风，潮水就会咆哮怒吼着扑向海滩。汹涌的潮水不但冲毁了盐田和庄稼，甚至还会伤害人畜和田舍。每次潮水过后，粮田碱化，米稻无收，严重时百姓无以生计。据史料记载，当时被迫流落他乡的流民已有三千多户。

泰州的潮患由来已久，为了防范这一巨患，历朝历代的地方官都想尽了办法。唐大历年间，淮南节度判官李承为政泰州，沿海修筑了一道名为常丰堰的堤堰。常丰堰又称捍海堰，它北起楚州高湾，南至扬州海陵，全长一百四十余公里。捍海堰修好以后，一度有效防止了当地的潮患。堤东产盐，堤西种粮，泰州一带的百姓终于得以安康自足。

不幸的是，经历了唐末五代一百多年的战乱，李承修建的这条堤堰早已颓坏不堪。宋统一天下后，开宝年间，泰州知事王文祐曾对捍海堰进行过修复，如今又近五十年过去了，随着年深日久和潮水的侵蚀，这座堤堰早已倒塌毁掉。陆地和大海之间几乎没有了屏障，海潮屡屡肆虐泛滥，泰州沿海一带的百姓因此流离失所、苦不堪言。

这一年，八品盐官范仲淹给朝廷写了一封奏折，请朝廷重修海堤、增置盐田、改造农田，召回流民。考虑到自己人微言轻，范仲淹没有把自己的奏折直接交给朝廷，而是赶往州城，找到了时任江淮制置发运副使的张纶。

要知道，范仲淹此举已经犯了官场的两条大忌：一是越级言事；二是越职言事。幸运的是，范仲淹这一次选对人了。朝廷重臣、江淮制置发运副使张纶十分欣赏这位敢想敢为的年轻手下，不但当即就表示支持范仲淹的想法，而且还答应与他联名具奏。

范仲淹喜出望外。五品大员能和自己一起联名上奏，效果肯定是不一样的。

然而，上奏过程却不是我们想象的那么顺利。

对于重筑海堤，泰州的大部分官员有着不同的看法。更多的人认为，泰州夏、秋两季雨水众多，内涝严重。如重修海堤很容易会造成内涝。堤堰修好以后，潮患虽然解决了，内涝怎么办？

在决定上奏之前，为了统一认识张纶召集了很多人进行商讨论证，大家坐在一起讨论得失，权衡利弊，这次商讨的形式大概类似于我们今天的可行性研究会议。在讨论会上，众口不一，议论纷纷。最终，最高领导张纶力排众议说：涛之患十之九，潦之患十之一。护九而亡一，不亦可乎！

最终，因为张纶这句话，向朝廷申请修复堤堰的奏请才算正式通过。

五品官奏事和八品官奏事，效果肯定是不同的。事实证明，范仲淹这次走的路是对的。因为时间不长，朝廷同意修堰的诏令就发下来了。

诏令一下，张纶大喜，他没有看错这个年轻人。

这年秋天，范仲淹接到了一纸调令。在张纶的保举下，他由西溪盐仓监调泰州任兴化县令，总领捍海堰的修复工作。

这是他步入仕途以后的第五个职务。

为了支持范仲淹，张纶还特意任命滕宗谅和范仲淹一起去完成这项艰巨的工作。此前不久，滕宗谅刚刚调到泰州工作，他的职务是泰州军事判官。

虽然朝廷已经批准开工建设，但泰州当地各类反对修堰的声音却一直没有停止。为了实现自己的计划，范仲淹顶着压力来到兴化，开始和好朋友滕宗谅一起着手安排修复捍海堰的准备工作。

自进士及第后，二人分别已有十年。人生何处不相逢！在此之前他们都没有想到会在这里再次相遇，而且还会成为同事。再次相逢的喜悦不必细说，好朋友之间无须磨合。经过一番紧张而充足的准备，这年秋后，在张纶领导下范仲淹发动泰州（今江苏省泰州市）、海州（今江苏省连云港市）、楚州（今江苏省淮安市）、通州（今江苏省南通市）四个州的民夫役工四万余人，声势浩大、信心百倍地开始了修复捍海堰的工作。

这项伟大的工程北起今天江苏省盐城市大丰镇刘庄，南至泰州市东台市的富安镇，全长约一百四十公里。动用民工四万余人，工程规模之大、征调人力之多在当地前所未有。

这是范仲淹第一次主持这么大的任务，他必须无条件地把这件事情做好。开工以后，范仲淹和滕宗谅立即投入到紧张的工作之中。他们以身作则，身先士卒，和役工们一起沐风栉雨地日夜奋战在施工一线。二人不但严格控制着工程的质量，还同寒共暖地关怀着役工们的生活。

可以说，工程一开始进行得比较顺利。

在范仲淹和滕宗谅的带领下，捍海堰修复工程有条不紊地紧张进行着。

谁也没有想到的是，工程立项获批的过程虽然艰难曲折，但跟开工以后的一波三折、九死一生相比，最初那些困难不过是九牛一毛。

尽管日夜坚守在工地，事先还准备了很多应急预案，但工程开工没多久就出事了，而且出的还是大事。

事故的起因是一次罕见的大雨雪。

那是秋冬之交的一个傍晚，寒流陡降，海面上突然刮起了大风。大风夹着雨雪带动浪潮向岸边咆哮汹涌而来，天突然黑了下来，突发的天气变化和铺天盖地的浪潮将数万役工吓得不知所措。惊吓之下，役工们四散奔逃，连管理工地的官员也开始跟着四下逃命。虽然范仲淹和滕宗谅临危不惧、神色镇定地带队指挥，但局面已经不是人力能够控制的了。

四散奔逃的役工们辨不清方向，冒着风雪在泥泞的工地上冲来撞去，最终导致了一场非常严重的踩踏事件。

在那个风雪之夜，海潮卷走了一百多名民工，还冲毁了部分已经完成的工程。

消息传来，举朝震惊。

关于这次突发事件史书是这么记载的：

役既兴，会大雨雪，惊涛汹汹且至，役夫散走，旋泞而死者百余人，从劝言堰不可复，诏遣中使按视，将罢之。

不难看出，这是一次造成了大规模人员伤亡的重大安全生产事故。事故上报到朝廷以后，修堰反对派借机将这次伤亡事故无限夸大，说在这场事故中仅死亡的就有一千多人。不但如此，他们还翻出了旧账，说修筑捍海堰本来就是一个错误的决定，请求朝廷立即予以叫停。

因伤亡和争议过大，不明真相的朝廷下令专门成立了一个调查组，亲临现场查清事故原因，并追究相关人员的责任。

张纶和范仲淹顶着压力，一面向调查组人员认真反映当时的真实情况，一面恳请调查组上报朝廷，千万不能将这项利国利民的大工程叫停。

范仲淹和张纶的运气不错，他们遇上了一个好官，这个人就是担任此次事故调查组组长的胡令仪。

胡令仪，时任淮南转运使，淮南路最高行政长官，三品大员。为什么说胡令仪是个好官呢？因为他不但责任心强，而且很善于倾听。他早年曾经担任过东台县知县，不但对当地有着深厚的感情，同时也比较了解当地的情况，这次他是以地方最高长官的身份担任调查组组长的。

胡令仪很清楚捍海堰对泰州的意义，到达泰州以后，他亲自将工程总负责人范仲淹叫来问话，并深入民间，实地了解了事故发生的详细过程。

兴化县级官员范仲淹当然不会放过和省级官员解释的宝贵机会，不过他没有过多地为自己辩解，而是力陈利弊，向胡令仪表达了自己坚持复修捍海堰的想法和理由。

最终，胡令仪认可了范仲淹的主张，他向朝廷如实汇报了这次事故发生的原因以及造成的损失，同时还向朝廷汇报了张纶和范仲淹一心为民的苦心，以及之前做出的辛苦努力。最后，胡令仪没忘记向朝廷重申了修建捍海堰的意义，并建议朝廷应该将这项工作继续下去。

自叫停以后，修复捍海堰的工作停了下来。调查的过程是漫长的，等待批复的过程更加漫长。虽然胡令仪的调查报告第一时间就交给了朝廷，但朝廷好像对此事并没有那么关注。又是很长一段时间过去了，胡令仪的调查报告还没得到批复。

范仲淹和张纶心乱如麻，他们不知道朝廷为什么迟迟不肯表态，他们可不想看着这项利国利民的好事变成一个烂尾项目。范仲淹忧心忡忡，捍海堰就像压在他心头的一块沉重的巨石，工程是否能重新启动，将直接影响到泰州百姓们的生活。

见范仲淹如此，滕宗谅也不知如何是好。为了安抚两位年轻的下属，张纶经常将范仲淹和滕宗谅叫到自己府中谈话。当听说范仲淹三十几岁还没有成婚，张纶劝范仲淹说，估计朝廷的命令一时还下不来，工程一时半会儿也难以开工。不如趁着这个机会，你先回家完婚吧。

这些年，一心忙于工作的范仲淹还没有成亲。不久前，又有人给他提了一门亲事。这次给范仲淹提亲的人名叫李纮，是他应天书院的同学。李纮是太宗时代参知政事李昌龄的侄子，他给好同学、大龄青年范仲淹所提的这门亲事也不是别人，女方是他叔叔李昌言的女儿。

范仲淹一见女方是好朋友的堂妹，也是官宦之家，门当户对，这门亲事还算不错，两家便交换了聘礼。定亲以后，范仲淹曾向张纶提起过这件事，还特意征求了他的意见。好领导张纶也觉得这门亲事不错，就曾劝他抽个时间早点儿把婚结了，只是近段日子一心忙于工程上的事情，无暇顾及自己的婚姻大事。如今工程停了下来，什么时候能够开工也未可知，与其这么心神不宁地等，不如先回宁陵把婚结了，然后再慢慢等待朝廷的消息。

范堤

从兴化回到宁陵，范仲淹并没有将太多时间和精力花在自己的婚事上。母亲接到宁陵已经有一段时间了，她也十分认可这个未过门的儿媳。简单地操办了自己的婚事，范仲淹的一门心思还是在修堰上。新婚不久，他便急匆匆地赶回了兴化。

李氏过门以后，知书达理的她低眉顺眼、任劳任怨，一直很好地侍奉婆婆，这让工作失意的范仲淹找到了人生的另一种慰藉。

万万没想到的是，回到兴化以后，范仲淹不但没等来工程重新启动的批复，反倒先接到了朝廷的一纸调令。受修堰事故的影响，作为第一责任人，范仲淹由八品的兴化县令被调往楚州（今江苏省淮安市）担任粮料院，主管当地的官俸及军饷。

工作虽然调动了，他的职级却没有变化，此时范仲淹还挂着文林郎的京官身份。一年以后，仍担任楚州粮料院的他由文林郎迁大理寺丞，这一官职也只是一个荣誉性的称号，宋初的大理寺丞并无实职。那几年，范仲淹的官职一直在八品左右徘徊。

随着调离兴化，范仲淹的情绪越来越失落。好不容易创造了一个能让自己建功立业的机会，还没有大展身手就半途而废，这种打击不是什么人都能接受的。

事实上直到停工两年之后，朝廷关于重启捍海堰工程的请示才正式批复。然而此日已非昨日，事情也早已不是当年。

虽然已经不在泰州工作，但范仲淹无时无刻不关心着朝廷关于重修捍海堰的诏令。正当他心情低落到极点的时候，宁陵家中突然又传来一个噩耗：母亲谢氏因积劳成疾，已经不治而去。范仲淹只好将一切放下，解职回宁陵丁忧。在这之前，夫人李氏已经为他生下一个儿子。范仲淹给自己的长子起名范纯祐，以示他渴望一家人能够得到上天保佑的心愿。

抛开范仲淹丁忧不说，先说说他一直为之牵挂的修堰后续。

工作调动和母亲离世并没有动摇范仲淹修复捍海堰的决心。在丁忧期间，他数次给张纶写信，请老领导一定不能放下修堰的事情。张纶被范仲淹的诚心打动，坚持不懈又接连三次上表奏请，还承诺如果朝廷同意这项工程重新启动，自己将亲自担任工程总负责人。见张纶如此保证，朝廷才终于答应这项工程重新启动。

工程重新启动后，朝廷任命张纶代理泰州知州，担任修复捍海堰的施工总负责人。史载：（1026年，仁宗天圣四年八月）丁亥，诏修泰州捍海堰。先是，堰久废不治，岁患海涛冒民田，监西溪盐税范仲淹言于发运副使张纶，请修复之。纶奏以仲淹知兴化县，总其役。难者谓涛患息则积潦必为灾，纶曰：涛之患十九，而潦之灾十一，获多而亡少，岂不可乎？役既兴，会大雨雪，惊涛汹汹且至，役夫散走，旋泞而死者百余人。众哗言堰不可复，诏遣中使按视，将罢之。又诏淮南转运使胡令仪同仲淹度其可否，令仪力主仲淹议。而仲淹寻以忧去，犹为书抵纶，言复堰之利。纶表三请，愿身自总役。乃命纶兼权知泰州，筑堰自小海寨东南至耿庄，凡一百八十里，而于运河置闸，纳潮水以通漕。逾年堰成，流逋归者二千六百余户，民为纶立生祠。令仪及纶各迁官。令仪，陈留人；仲淹，吴人也。

利国利民、惠及千秋的捍海堰工程终于艰难地再次开工了。

可惜的是，重新开工这项工程已经跟范仲淹没什么关系了，因为他早已调离泰州，根本没有机会继续参加重启后的建设活动。工程重启时，范仲淹已经身在宁陵，他不但身披重孝，而且也已经为母亲守孝很长一段时间了。

但是，所有这些并不妨碍当地人们铭记他为此做出的贡献，以及他为实现理想百折不挠的付出。也是因此，后人将仁宗天圣年间重修的这一工程称为“范公堤”。而这一光照千秋的伟大民生工程的始末，见于史册的也只有区区这一段话。

总体来说，范仲淹在兴化工作的这段时间收获不少。作为修复捍海堰的发起人和主要策划者，他不但在兴化收获了一次难能可贵的工作历练，同时还完成了一项利在千秋的杰出政绩。修好以后的捍海堰底宽三丈，广一丈，高一丈五尺，叠石以固外坡，汹涌的潮水不再直接冲刷土质的堤身。堤外修建烟墩七十余座，遇有兵变匪警，墩上即可燃起烽火报警；修建潮墩一百零三座，涨潮时人们可以逃至上面避难。

为了保护盐业的发展，筑堤时特意留下一些涵洞，海水通过涵洞即可流到河堤西侧，以供盐民们煮盐。

为了保护修好的堤堰，河流穿堤入海处，用砖石加以围衬，并在堤内大量种植草皮、柳树。很快这些草皮和柳树便长成了。遇有阴雨天气，长长的雨丝落下，沐浴在一片烟雨中的捍海堰草青柳绿，这便是“范堤烟雨”这一美景的由来。

由范仲淹发起的这项工程是苏北历史上大规模围海造田工程的开始，工程巧妙的设计使得当地农田、盐课两得其利。工程完工以后，原来的流民回归者有二千六百余户，数十万百姓开始安居乐业，当地盐税和田赋收入大大增加。

在兴化工作的那段时间，是范仲淹人生中的一段宝贵的经历。因为又能和他的老朋友滕宗谅在一起了，范仲淹非常开心。滕宗谅进入官场之后，从潍州相继调任连州、泰州。能和好朋友一起做事是非常愉快的，特别是那次事故发生以后，滕宗谅临危不乱、沉着冷静的气度，让范仲淹佩服和感动。老朋友的进步让范仲淹颇感欣慰，并肩作战的经历也进一步升华了两个人之间的友谊。

除了滕宗谅之外，范仲淹在泰州还认识了一个非常重要的朋友，这个人就是日后会成为他最出色的学生，而且还会当上大宋宰相的富弼。

来兴化之前，范仲淹在西溪结识了一个名叫富言的人。此人曾长期在吕蒙正的相府工作，后来被派到兴化做了泰州监酒，主管兴化一地的酿酒业。大家都是文化人，虽然年龄差得不少，但两个人很快就成了忘年交。富言很欣赏范仲淹的为人，他经常对范仲淹说，我有一个儿子，有机会你们一定要认识一下。

范仲淹到达兴化后，有机会见到了老同事富言的儿子富弼。

富弼，字彦国，河南（今河南省洛阳市）人，北宋著名政治家、文学家。富弼一生两度拜相，昭勋阁二十四功臣之一，去世后配享神宗庙庭，谥号文忠。因其于英宗年间曾获封郑国公，世人一直称其为富郑公。

一见到这个朝气蓬勃的年轻人，范仲淹第一眼就喜欢上了富弼。无论言谈举止还是道德文章，范仲淹称其“有王佐之才”，前途不可限量。范仲淹热情地鼓励这个比自己小十五岁的年轻人一定要好好读书，并预言其将来必成大器。

范仲淹所言非虚，富彦国后生可畏。1029 年，仁宗皇帝恢复制科，范仲淹不但力荐富弼参加了这一年的制科考试，还将他的文章推荐给宰相王曾和时任兵部侍郎、资政殿学士、翰林侍读学士兼秘书监的晏殊。第二年晏殊主持礼部贡举，成了那一年的主考官。因为范仲淹的规划和推荐，又加上晏殊的赏识，富弼顺利地“举茂才异等”，实现了他人生的金榜题名。不过，才识过人的富弼并不是通过常科步入仕途的。

可能是太喜欢富弼这个年轻人了，范仲淹索性好人做到底。经他介绍，富弼的录取恩师、与范仲淹亦师亦友的晏殊将自己的女儿嫁给了这个初露头角的年轻后生。

因此，年纪轻轻的富弼轻轻松松地一步登天。富弼是个知恩图报的人，终其一生他都对范仲淹执长辈礼，并成为范仲淹志同道合且绝对忠实的好朋友。庆历年间范仲淹领衔新政，富弼和韩琦一起作为他的得力助手，有力地推动了庆历新政的开展和实施。

除了富弼，在兴化工作期间，范仲淹还结识了一个非常有名的人：林逋。

当时，隐居在杭州的林逋已年近花甲，二十余年不入城市，其学识和风骨不但获得了士林公认，而且还得到了朝廷的认可和嘉赏。作为宋初有名的隐士，林逋一直以天下为己任，却从不追逐名利。范仲淹盛赞他“风俗因君厚，文章到老醇”。范仲淹曾经专门约朋友一起去林逋的隐居之处访贤，可惜因一场突如其来的雨没能去成。为此，范仲淹专门写了一首诗托人送给林逋，表达了自己改期拜访的愿望：

闲约诸公扣隐扃，江天风雨忽飘零。
方怜春满王孙草，可忍云遮处士星。
蕙帐未容登末席，兰舟无赖寄前汀。
湖山早晚逢晴齐，重待寻仙入翠屏。

和林逋的结交让范仲淹想起了十五年前那次终南山之行。当年年少豪情的自己曾多么仰慕大处士种放，遗憾的是过其门却未得其入。想到这里，范仲淹心中又生出些许感慨。

如今十几年过去了，自己又有幸遇到一位名动天下的大隐士。虽然都是隐士，林逋和种放追求的却是两种完全不同的人生。在不知不觉间，范仲淹将两位名士的人生进行了一番对比。也是因此，范仲淹再次对自己的人生进行了一番思索：到底种放算是真正的名士，还是林逋才算真正的名士？

放眼天下，范仲淹突然觉得，两个人都算不上是真正的名士。

他心目中真正的一代名士，到底该是什么样子呢？

第六章　学为人师

为子者孝

如果说范仲淹人生中只有一个感情最深的人，这个人一定是他的母亲谢氏。

跪在母亲灵前，范仲淹人生第一次体会到了子欲养而亲不待的滋味。回想往事，他后悔自己为什么没能在母亲身边多照顾一天。哪怕母亲不说一句话，只是看自己一眼，或者冲自己笑一笑，那都将会是他求之不得的幸福。如今，他多么想再跟母亲说说话，再拉拉母亲的手，可惜这样的机会再也没有了。

范仲淹想起了很多关于母亲的旧事。记忆中模模糊糊的苏州天平山咒钵庵，遭族人抛弃的母亲艰难地带着自己，寄居在尼姑庵里，他们相依为命，一边为父亲守孝，母亲一边教自己读书识字。再后来母亲带着自己嫁到朱家，一家人随继父工作的调动不停地搬来搬去，从平江府到宿州、安乡，再到长山。在朱家的大家庭里，柔弱的母亲不知受了多少委屈，又不知承担了多少再嫁的尴尬和难堪。嫁到朱家以后，母亲谨小慎微，处处谦让包容，母亲难啊，想想自己年轻的时候倔强不肯听话，执意要离开朱家自立门户，母亲夹在中间有多么难受，一想起这件事范仲淹就觉得对不起母亲。

后来，自己终于出人头地，把母亲接到一起生活。虽然从那以后母亲不用再受朱家子弟的气了，看到儿子这么争气她也很知足，可惜母亲在宁陵生活了没几年，自己还没来得及尽孝她就撒手而去了。范仲淹恨自己陪伴母亲的时间太少，他是如此的后悔，可惜再也没有补偿的机会了。特别是当妻子李氏告诉范仲淹，他不在家中的日子母亲每天都会为远在他乡的儿子求佛祈福时，范仲淹心中更是感觉无以回报。虽不信佛但范仲淹理解，这是心地慈悲的母亲唯一能够给予儿子的牵挂。

回忆着母亲每走一步的不容易，范仲淹终于明白当年在朱家母亲为什么总是对自己那么苛刻。之所以如此用心良苦，原来在母亲心中，一直是把自己当作最爱的亲生骨肉来看待。

想到这里，范仲淹的眼眶又湿了。他决定无论如何都要放下身边所有的一切，在接下来的时间里他要寸步不离地待在这里，心无旁骛地陪母亲待上三年的时间。

这一年，范仲淹三十八岁，母亲的离世让他所有的生活都按下了停止键。在讲韩琦丁忧的时候我们曾经讲过，一个丁忧的人，不但要远离官场的是是非非，而且还不能参加其他任何形式的活动，这一时间是整整三年。为此，从不离身的琴和剑范仲淹也收了起来。

范仲淹换上孝服，身边只有当年应天府书院读书的书籍。

一旦沉入书籍之中，范仲淹的心才真正地平静了下来。

宁陵丁忧那段时间，范仲淹日夜读书。重新翻开那些旧日的书卷，在古籍文字的字里行间，他得到了很多跟原来不一样的感悟。

放下书卷，范仲淹偶尔也会回忆一下这些年自己走过的路和做过的事。从读书台到上清宫，从醴泉寺到应天书院，从青阳、广德、亳州、西溪到兴化、楚州，前尘往事如梦境般涌上心头。从记事起他遇到过很多事很多人，奇怪的是每当想起他们，继父的音容笑貌总是会第一个浮现在他的眼前。深受朱文瀚大恩的范仲淹知道，继父是个好人，如果没有他的宽容和厚爱自己绝对不会有今天。想到这里范仲淹暗下决心，不管以后发生什么事情，自己一定要好好善待他的后人。

想起继父，范仲淹又想起母亲当年的种种不易，范仲淹再次难过得热泪长流。他在母亲灵位前郑重地点上一炷香，长跪不起，痛彻心扉。

只是不知道苦命的谢氏是否地下有知，她是否能感受到儿子心中这股痛彻心扉的疼。

有时候，范仲淹还会天真地去想象一下当年母亲和父亲一起在真定府生活的岁月。每当想到这里，范仲淹心头便泛起一丝莫名其妙的美好的感觉。这一美好的感觉是与生俱来的，同样也是不知不觉的。真定府是母亲的故乡，也是自己出生的地方，虽然自己没有任何关于它的记忆，但范仲淹相信那段生活会是母亲一生最难忘也是最幸福的时光。远在真定府的高平村到底是什么样子呢？范仲淹想，如果今后有机会，自己一定要去父母当年生活过的地方看看，去拜访一下高平村的乡亲，然后再看看父亲工作过的地方，多了解一些关于父亲的往事。顺便再去看看父亲当年主持重修的隆兴寺，看看修寺时父亲立下的石碑。如果有机会，自己还可以拜一下隆兴寺的大佛，替母亲感谢一下它多年以来的照拂和保佑。

想到这里，范仲淹心中轻松了很多。

然而在更多时候，范仲淹想到的还是自己以后的人生。马上就要进入不惑之年了，自己却还只是一个八品小官。看看别人吧，那些和自己一起高中的同年都已经混得风生水起。抛开状元哥蔡齐，好朋友滕宗谅已经是当涂知县，刘夔也已经在朝廷工作，魏介、周骙等人也都在各自的岗位取得了一定的成就。如今自己是戴孝之身，三年丁忧虽说不短，可也不长。三年以后自己的未来在哪里呢？

每当想到这个问题，身服重孝的范仲淹就烦躁得夜不成眠。不是他功利心太重，也不是他一心升官，而是他为国为民做出一番事业的欲望太强烈了。

范仲淹的世界因母亲的去世停了下来，大宋朝上自皇帝下至百姓的生活并没有停止。朝廷该运转的继续运转，大臣们该斗争的继续斗争，学子们照样寒窗苦读，以求在下一年的科举中一举高中、金榜题名。所有人都在以自己的方式有条不紊地生活着，没有一个人会格外关心与他不相关的喜怒哀乐。

范仲淹身居宁陵一门心思为母亲守孝的时候，那些与他相关的其他人都在干什么呢？

仁宗初年

仁宗初年的朝堂并不平静，不但众臣之间相互争权夺势，太后和皇帝之间的微妙较量权衡以及由太后代表的帝权和相权之间的斗争一刻都没有停止。这些斗争既相互利用，又相互排斥，它们错综复杂地纠缠在一起，成为仁宗初年朝政难以稳定的根源。

主少国疑，虽然垂帘听政的刘太后是个非常杰出的女人，但她毕竟是个女人。在她垂帘听政期间，朝廷各项诏令朝令夕改的例子比比皆是，而朝廷大员也走马灯似的流来转去。基于这一原因，作为朝廷最高权力中枢的东、西两府，更是你争我斗，好戏连连。

第一轮大浪淘沙过后，王曾以崇高的人望、过人的学识和杰出的管理能力，成功地担起了首相的重任。王曾是大宋朝继王旦之后又一位能够得到人们普遍尊重的宰相，在担任首相之前，他先是成功地设计，将权相丁谓挤出朝堂，然后和老臣冯拯一起执掌中书。没过多久，年老多病的冯拯向太后请旨申请致仕，太后照准，冯拯得以顺利退休离朝。冯拯的退休，给了在朝中深耕多年的王钦若机会。因是朝廷老臣，经验丰富而且人脉甚广，王钦若得以复相入朝。

此时，六十二岁的王钦若已是风烛残年，虽然重新拜相，但他已经开始步入了晚年。最后一次被朝廷起用以后，他仅仅工作了三年时间就离世而去。这次回到朝堂，王钦若排名于王曾之后，朝廷的政治格局不一样了，再加之上次被贬的教训，回到朝堂的他唯唯诺诺，只是低头做事，没能再翻起多大的风浪。

王钦若去世以后，太后又升在士林颇有名望的枢密副使张知白为宰相。

仁宗天圣四年（1026），不问世事的范仲淹一心一意在宁陵为母亲守孝。经过几轮大洗牌，太后和皇帝共同主政的局面终于稳定下来。因王曾领衔，这一年的大宋朝政总体还算稳定。在王曾建议下，太后不但下令将真宗皇帝原来搞迷信那一套逐渐边缘化，后来又下令彻底废除了各类进献祥瑞的活动。大宋朝在错误的道路上迷失了多年以后，正开始一步步地走向正轨。

举凡国家大事，一般都是群臣上报，由东府宰相们先行商议，拟订出初步意见后报皇帝和太后商量定夺。年幼的仁宗皇帝虽然只是个摆设，但各种诏令还是以他的名义正式下达。但是好景不长，太后刘娥虽是一个比较有见识的女人，但她同时也是一个擅长政治手腕而且比较强硬的女人。虽然除了盲目地提拔自己的亲信以外，并没有见到她过分干预朝政的痕迹。但是随着时日长久，人心难免膨胀。刘太后威望日隆，这个女人逐渐开始生出一些我慢之心。举凡她要做的事情，往往都会不惜一切代价地去实现目的。

在刘太后垂帘听政之初，因朝政还不稳定，王曾和众大臣为了整体上的平衡，时常会对她某些并不高明的决定做出让步，然而群臣的妥协让刘太后越来越膨胀且不知收敛，宰相王曾和众大臣常常是苦不堪言。

随着和太后在日常事务中的分歧越来越多，作为首席大臣，一身正气的王曾深感不能总是一味地顺着她来。于是，在一些事件的处理和一些人员的安排上，王曾提出了自己的反对意见。如此一来，刘太后和王曾之间产生了一些不可避免的裂痕。

随着裂痕的越来越深，刘太后开始对王曾越来越不满。这些不满最终成了不可调和的积怨，导致王曾于天圣七年（1029）被罢免，不过这一事件是三年以后才发生的。

此时此刻，那些日后会和范仲淹同殿称臣的人都在飞速地进步。

未来会成为他顶头上司的夏竦，这一年由户部郎中官复原职，重新回到朝中担任知制诰。这已经不是夏竦第一次担任这一皇帝近臣的职务了。夏竦一直工于心计，虽善钻营却为人忌刻自是，很多大臣都不怎么喜欢他，但这似乎并不影响他的进步。

为了追求升迁，夏竦曾上奏皇帝，请求参与编写记述真宗皇帝言行的《真宗实录》。颇具玩味的是，面对夏竦这一请求，仁宗皇帝和宰相团始终没有表态。其实没有表态就是最好的表态，记录先帝言行应该由德才兼备的大臣来完成，朝廷没有明说夏竦不能从事这一工作，只是碍于朝廷的体面和先帝的尊严。

为了升迁，夏竦曾想尽了各种办法。据说母亲去世时，夏竦嫌丁忧时间太长耽误前程，他不等丁忧结束便偷偷潜回京城谋求起复。偷偷摸摸溜回京城以后，夏竦先是找到了宦官张怀德，夏竦奉上重礼，求张怀德帮助自己运作起复的事情。可能觉得张怀德一个人的力量不够，夏竦又找到了一向比较欣赏自己的宰相王钦若。最终，张怀德和王钦若里应外合，虽然没能帮助夏竦早日夺情，却也帮他完成了高起点起复的愿望。

起复，人们通常称其为夺情起复。夺情和起复其实是两个完全不同的概念。起复是指丁忧之人结束丁忧再次回到工作岗位，而夺情则是丁忧期间朝廷下令提前结束回到工作岗位，二者有着本质上的不同。

众官员在太后、皇帝和宰相们的斗争夹缝中小心翼翼、如履薄冰地做着自己的事情。

这一年，担任大宋朝宰相的是四十九岁的王曾和七十一岁的张知白，但年纪更轻的王曾却是首相。副宰相、参知政事是和王曾同岁的吕夷简和时年六十一岁、人称“鱼头参政”的亳州人鲁宗道。西府长官枢密使为老臣曹利用和新贵张耆，担任他们的副手枢密副使的则是才惊天下、少年成名的晏殊。

春风得意的晏殊此时还不知道，因公然反对刘太后重用张耆，不久之后他就会被太后贬出京城。

人生很多美丽的相遇，其实都是一些不经意间的相逢。如果没有晏殊这次被贬，相信日后名动天下的范仲淹的人生绝对不会这么完美。因为晏殊被贬去的地方，正是范仲淹为母亲守孝的南京（今河南省商丘市）。

伊川葬母

曾经让范仲淹最头疼的事，便是把母亲葬到哪里这一问题。

从道理上讲，最好的选择当然是苏州的范家祖坟，但一想起苏州范仲淹心里就纠结。范仲淹知道，母亲当然也希望自己百年之后能够葬到苏州。晚年的母亲经常会在儿子面前讲起丈夫多年之前的故事，虽然母亲从没说过下葬的事情，但范仲淹能感觉到母亲对父亲的怀念。之所以不说母亲是怕自己为难，她怕儿子的尊严因此再次受到族人的伤害。于是，这位伟大的母亲宁可委屈自己，也不愿给儿子添一点麻烦。

范仲淹心中有数。为此，母亲下葬的事让他在很长一段时间内都愁肠百结。

人世间，有些拒绝便是羞辱，相信每个有尊严的人都深有体会。范仲淹也一样。当年父亲去世时，虽然族人不肯接纳他们母子，但那时候范仲淹还少不更事，他对此印象不深，因此也不觉得有什么。可是，十年前自己复姓回宗的事情范仲淹却刻骨铭心。这一次，他真实地领教了族人对他们母子的凉薄。想起自己再三恳求，甚至做出保证族人也不肯接纳自己的情形，让范仲淹的心凉透了。

你无法唤醒一个装睡的人，就象你无法打动一个根本就不在乎你的人是同一个道理。想到这里，范仲淹已经彻底打消了将父母合葬的想法。可母亲最终葬到何处，范仲淹一时还没有很好的选择。

多年以后，范仲淹在给他的好朋友、著名的三槐王氏当家人王素的一封信里，写出了当年他对苏州族人复杂的感情和自己坚持要独立门户的决心。写这封信的时候，范仲淹已经名震西北，且已在朝廷担任参知政事。这时，有苏州族人邀请功成名就的他回苏州修建房屋以光宗耀祖，对族人早已伤心至极的范仲淹在给好友的信中写道：

七郎云，欲南中置少屋业耳。礼制中更不迁居也，走知之矣。昔年持服，欲归姑苏卜葬，见其风俗太薄，因思曾高本北人，子孙幸预缙绅，宜复构堂，乃改卜于洛，思远图也。吴中松楸，有数房照管，又与奏官，似两不失志，仲仪以谓如何？虽立贤无妨豪杰之谓也，中人则不能逃其俗，其闻见然矣。

伤怀之深，溢于言表。

将母亲葬于宁陵只是权宜之计。俗话说叶落归根，范仲淹不想让受了一辈子苦的母亲孤零零地埋骨他乡。将母亲葬到淄州长山？范仲淹摇了摇头。母亲并非继父的原配，而且自己也已经复姓回宗，母亲是绝不可能葬到朱家的。

将母亲葬到她的原籍高平村？显然，这一想法也不太现实。听母亲说，早年她和父亲离开真定府时，已经将那里的田产家宅全部卖掉了，不但多年以来他们一直跟高平村没有任何联系，而且听母亲说谢家在高平村已经没有后人。

那到底该如何是好？范仲淹真的为难了。

事实上，范母谢氏下葬的事情直到五年之后才尘埃落定。

仁宗天圣九年（1031），范仲淹因事路过伊川，顺路拜谒了万安山下唐代名相姚崇的墓园。在姚崇身上，范仲淹突然受到了启发。

姚崇，字元之，陕州硖石（今河南省陕县）人，唐代著名政治家，开元盛世第一功臣。姚崇历任武后、睿宗、玄宗三朝宰相，为唐四大贤相之一，与房玄龄、杜如晦、宋璟齐名，因生前的巨大贡献和崇高品德，姚崇死后得到的谥号是历朝历代最至高无上的“文贞”。

大臣死后得谥以来，文贞一直是朝廷最高等级的谥号。后来到了宋朝仁宗年间，因贞与皇帝名字中的祯同音，为求避讳朝廷才把文贞这一最高谥号改为文正。因此，唐代并没有文正这一说法。也是因此，宋代名臣李昉、王旦一开始得到的谥号都是文贞，他们的谥号文正都是后来由文贞改的。

姚崇祖籍江苏吴兴，父亲姚懿去世之后，姚崇的母亲改嫁到了一户黄姓人家。因是改嫁之人，姚母死后姚家族人坚决不许其葬入祖坟。无奈之下，姚崇只好将母亲葬到了离京城不远的洛阳万安山下。为了陪伴母亲，后来姚崇自己死后也没有葬到吴兴，而是选择葬到了万安山母亲的坟茔之侧。

受此启发，范仲淹决定也效仿姚崇，将母亲葬到这里。为此，宋天圣九年（1031）范仲淹上表一道，恳请将自己得到的朝廷恩泽转赠给母亲，并请朝廷允许自己将母亲的坟茔迁葬到万安山下。

在天圣九年这道奏状里，范仲淹言辞恳切地写道：

臣窃露微衷，仰干睿听，霆威匪远，渊惧斯深。伏睹编敕节文：

一应京朝官在任未满，不因公事，朝廷非时移替，在任不曾磨勘转官者，后来同计及三周年，不以到阙在任，并与磨勘者。伏念臣自蒙恩改授京官，到今七年，除持服月日外，亦以四年余两个月，不敢侥求磨勘。今为迁奉在近，未曾封赠父母。窃念臣在襁褓之中，已丁何怙，鞠养在母，慈爱过人。恤臣幼孤，悯臣多病，夜扣星象，食断荤茹，逾二十载，至于其终。又臣游学之初，违离者久，率常殒泣，几至丧明。而臣仕未及荣，亲已不待，既育之恩则重，罔极之报曾无，夙夜永怀，死生何及！今又俯临葬礼，尚阙褒封。祭奠之间，志述之际，乏兹恩数，逼于哀诚。身则登瀛之华，亲无漏泉之泽，矧遇孝理，若为子心！今欲将磨勘改转官恩泽，乞先移赠考妣，所冀迁厝之日，得及追荣。况臣尚在壮年，序进未晚。伏望皇太后陛下、皇帝陛下深轸至仁，俯从危素，特降曲成之造，更覃广爱之风。则人子至荣，获显亲于不次；君父大赐必捐躯而是图。

臣无任。

在这封几乎可以与千古名作《陈情表》相媲美的奏状里，范仲淹用了一个很专业的词：磨勘。

磨勘是宋代官员的考绩升迁制度。

宋代的磨勘很复杂，按照制度文官的考绩升迁根据官职和官级的不同，又分为“选人”和“京朝官”两种办法。“选人”是低级文官的考绩升迁管理办法，分四等七阶，按资排辈，一步步晋升。

“京朝官”的考绩升迁则更加细致规范。

京朝官被分为“京官”和“升朝官”两类，不同类别人员有不同的考绩办法。有资格上朝议政的官员叫作“升朝官”，也称“朝官”，其他在京官员则被统一称为“京官”。

宋代文官入仕一般都是从基层做起，即先经历“选人”，才有资格进入下一阶段。选人须经过三任六考的磨勘，层层晋升。选人考核中，官员每任的任期为三年，每年一考，这一过程在当时叫作循资。

一般来讲，一名官员在入仕以后，从选人到京官是一道很难的跨越。因此，大部分官员终其一生也只能在基层转来转去。

磨勘期满之后，官员的官阶和职务必须达到一定阶层，还必须有人举荐才具备晋升京官的资格。这一晋升的过程大致是：由举荐人把自己所举荐的人选履历送到吏部南曹。南曹在宋代是一个辅助性机构，其职能是审验选人的履历。如果南曹官认为选人符合规程，可以迁调，便将其履历整合成一份公文材料，送到上一级主管部门——流内铨。吏部流内铨经审查确认无误后，再发回南曹，由南曹为选人出具证明，然后呈交中书省交宰相审批。

这一艰难的考核过程称“改官”。选人是否能如愿晋升京官，会决定他一生的仕途。在宋代，这一审批程序极为严密。为人尽其才，同时也为了掌握人事决策权，皇帝经常会对选人改官的事宜亲自过问。

升任京官以后，官员晋升的考核流程就相对简单一些了。京朝官的升迁，由吏部审官院负责考核，每三年进行一次磨勘，评定政绩优劣，察看有无过失。考核完成之后，审官院会对不同官阶和爵位的人，根据各部门的职缺拟出一份相应的任命或调动方案，然后送交中书省和枢密院审批。如果没有异议，即按拟订的方案进行升迁贬黜。

范仲淹的京官身份是天圣二年（1024）获取的。1024 年，在蔡齐的帮助下，他被朝廷任命为大理寺丞，虽然这一任命只是个虚职，但这标志着他已经有了京官的身份。这一任命在他一生的履历中看似稀松平常，实际上却是一个非常重要的身份的改变。这也是他借调秘书省时刻苦工作、努力勤恳、广结善缘的结果。

宋天圣九年（1031），朝廷被范仲淹的孝心打动，批准了他将母亲坟茔迁至洛阳的奏请。

万安山下，范仲淹为母亲选择了一处绝佳的风水宝地。这块风水宝地北依万安山，南临曲水河，西望龙门，东眺嵩岳，无论风水还是环境，都是一个绝佳的所在。决定将母亲葬到这里的时候，范仲淹已然决定自己死后也要像姚崇一样，来永远陪伴一生孤苦的母亲。多年以后范仲淹去世，范氏子孙果然遵照他的遗愿，也将他葬到了这里。

如今，洛阳伊川万安山下，姚园、范园相映相照。二位名相皆伴母长眠于此，已然成为当地一道流芳万世的节孝景观。

夺情

身披重孝的范仲淹还不知道，就在他为母亲守孝这一年，足以影响大宋朝二百年历史的西羌之乱爆发了。从此以后，接连不断的各类边乱，成为困扰在大宋王朝心头难以摆脱的一道阴影，直到这个王朝在历史的长河中消失。

西羌之乱是朝廷大事，不在他们这些人的关注范围。守在母亲陵前，范仲淹一遍遍地反思往事，并且规划自己以后的人生。

就在这时，刚刚升任枢密副使不久的晏殊，因公开反对张耆担任枢密使，被刘太后找了个借口贬出了城。

一开始，晏殊被贬为刑部侍郎，出知宣州。宣州当时属于江南路，远在千里之外，由此可以看出当时刘太后对晏殊的恼恨。很快，可能感觉如此对待这名心爱的青年才俊有些于心不忍，而且晏殊犯的也不是什么原则性的大错，刘太后心软了。她觉得对晏殊稍微惩戒一下就行了，不应该如此重罚。于是，刘太后又下令让晏殊改知近在咫尺的应天府。晏殊被贬以后，翰林学士夏竦接替了他枢密副使的职务。

贬晏殊虽然只是刘太后暴怒之下的冲动之举，但这一事件的结果直接成就了大宋王朝两位伟大人物美丽的相遇，这就是可遇而不可求的缘分。

不管对晏殊还是范仲淹，这简直是一次人生何处不相逢的惊喜。虽然在这之前，晏殊可能根本就不知道范仲淹的名字，但晏殊的名字在范仲淹心中却已经默念过千遍万遍。名满天下的晏殊，谁不羡慕？范仲淹自叹没有晏殊那样的好运，自己渴望得到宰相的赏识都求而不得，而晏殊得到的却一直是皇帝的青睐。人和人是不能比的。范仲淹怎么都没有想到，这位名动天下的大才子、位高权重的辅弼大臣有一天会来到自己身边。范仲淹眼前一亮：晏殊是天下读书人的楷模，不如趁着这个求之不得的机会，先好好向晏殊学习学习。

两座山不可能相逢，两个人总会有机会认识。缘分到了，什么问题都解决了。

这是一帆风顺的晏殊人生遭遇的第一次打击。

宋初官员升贬一向如家常便饭，到达应天府以后，有着超强第六感的晏殊在第一时间便生出了在当地大力兴办教育的想法。

有些人似乎天生就知道在什么时候该办什么事，你不服不行。高智商的人成人达己，一举多得。低智商的人胸无一策，坐困愁城。晏殊属于那种天生高智商的人，不管遇到什么事情，他总是能正确地选对方向，同时还能选对办法。晏殊在北宋教育的发展史上绝对是一个非常重要的里程碑式的人物。出知应天府以后，崇文重道的他立即大力兴学助教，将应天府书院当成了自己改革的试点。在晏殊的领导下，应天府书院的巨大成功，引领了北宋王朝轰轰烈烈兴办官办教育的局面。

晏殊做事，非同寻常。做成一件事情，最关键的是三个因素：方向、目标和办法。兴学助教只是个方向，要想达到目标只有方向没用，得有办法。什么是办法？

千年之后，一位名叫梅贻琦的人说出了一番话："所谓大学者，非谓有大楼之谓也，有大师之谓也。"大学不是有大楼，而是有大师。其实早在一千多年之前，晏殊就已经明白了这个道理。

晏殊决定：延请名师。

事情等于又有了方向。可到底需要什么样的名师，又让谁来执教呢？

晏殊之才，举世无双。人选他心中早已确定。决定这件事之前，他就已经把关注的目光落在了年长自己两岁、正在为母亲守孝的范仲淹身上。通过这段时间的了解，他对进士出身的范仲淹赞赏不已。晏殊发现，范仲淹虽然官职低微，但其不仅具有过人的学识，而且有着常人无法企及的坚强信念与道德操守，这些美好的品德是一个为人师者最重要的前提。不用再找别人了，他就是应天府书院最合适的掌学人。

很快，居丧守孝的范仲淹就接到了比自己小两岁的父母官晏殊登门拜访的帖子。

这天，宁陵城外，范母墓前，晏殊热情地拜访了一身重孝的范仲淹。

两位伟大人物的相遇，必定碰撞出炫目的火花。不出所料，二人果然是一见如故，相见恨晚。

在这之前，范仲淹不止一次地听说过晏殊的名字，畅谈之间，他发现这个比自己小两岁的晏大人果然是人中龙凤，无论谈吐、见识还是真诚谦逊的态度，都是范仲淹此前不曾遇到的。在这次如沐春风的交谈中，两个人各自说出了自己的政见，谈及了理想，还对如何办好教育进行了深入的探讨。这次伟大的探讨让范仲淹第一次产生了巨大的心理落差。虽然晏殊没有一点儿架子，话语间也没有一丝居高临下的口气，但范仲淹恭恭敬敬地站在晏殊面前，像个听话的学生。也是因此，终其一生，范仲淹在晏殊面前都执弟子之礼。

最终，晏殊向范仲淹提出了延请他去应天府书院掌学的想法。晏殊说，希文先生一腔热血，天下皆知。我相信以先生的才干，如能就此掌学，南学必当振兴。况先生出身于此，这份感情可想而知。

范仲淹没有答应，也没有拒绝，他只是静静地听着晏殊的话。

晏殊接着说，如今我被贬于此，但时刻不敢忘记国之重任，我想先生也是一样。

晏殊这句话最终打动了一身重孝的范仲淹。说起和应天府书院的感情，范仲淹就无法不为之动情。如果不是南学的栽培，自己绝对不可能有今天。如今回报的机会来了，晏殊受到这么不公正的待遇还不灰心，自己又有什么理由拒绝呢？

面对晏殊的邀请，范仲淹没有拒绝的理由。可是，范仲淹还心有顾虑，因为他孝期未满。按照朝廷规定，守孝满三年之后他才能脱下孝服。

这件事情晏殊早就替他想到了，而且还想好了解决的办法。在拜访范仲淹之前，晏殊就已经写好了让范仲淹夺情的奏折。在奏折中，考虑范仲淹身在丁忧，晏殊请朝廷允许范仲淹一边守孝，一边到应天府书院讲学。不过这件事晏殊没有跟范仲淹直说，一向话不出头的他只是含蓄地告诉范仲淹，希文兄，我来试试。兴学乃国家大事，如果朝廷答应夺情，请你一定来助我一臂之力。

以范仲淹对母亲感情之深，如果晏殊的奏请获得朝廷批复，一身重孝的范仲淹会因此夺情吗？

为师者贤

三天以后，范仲淹答应了晏殊的邀请。

能如此痛快地答应晏殊，并不仅仅因为二人一见如故、所谈甚欢，也不是因为惺惺相惜、志趣相投，更不是因为范仲淹一心成名急于求成，范仲淹之所以如此痛快地答应晏殊，更重要的一个原因是范仲淹对应天府书院的特殊感情。

毕竟晏殊提出让范仲淹掌学应天府的时候，他还有重孝在身。

这份特殊的感情对范仲淹来说太重要了。当年如果没有戚舜宾先生，没有应天府书院，也许此时的自己只是一个没见过世面的官府小吏，或者教书先生。是应天府书院五年的学习生涯，才成就了范仲淹的今天。

一个人静静地坐在母亲陵前，范仲淹回忆起了南都求学那段岁月。那时候，自己少年意气，一心想离开长山朱家。一个人、一个行囊、一张古琴、一把宝剑，他决绝而孤独地离开朱家。人不成名誓不还，是这里收留了他。在这里，他以苦为乐，艰难地度过了五年难忘的岁月。他立志苦读，夜以继日，这是他梦想起飞的地方，正是在这里他才完成了一个少年向成年的升华，也正是在这里，他才得以一步步走向属于自己的人生。

命中注定的缘分和邂逅挡也挡不住，范仲淹自言自语道，当年在这里读书的时候，自己无论如何也没想到，有一天会再次回到这里。唯一不同的是，那时候自己的身份是一名学生，如今是以校长的身份来主持工作。

看着自己的一身重孝，范仲淹心中虽然难过，但他丝毫没有犹豫就答应了晏殊。这一天，范仲淹跟九泉之下的母亲说了很多话，他相信如果地下有知，母亲一定会支持自己的选择。旁人虽无法知道，他相信母亲一定能够理解儿子心中有多么热爱这个地方。能回到久负盛名的母校任教，对一名学子来说既是一种至高无上的荣誉，又是求都求不来的宝贵机会。

范仲淹在母亲坟前叩了几个响头，起身赶奔府衙。怀着一腔眷恋之情和敬畏之心，范仲淹答应晏殊，夺情出掌应天府书院，这是范仲淹入仕后的第六个职务。

机会总是属于那些随时都做好了各种准备的人，见范仲淹已经答应，晏殊便将朝廷对此的批复拿了出来。范仲淹接过一看，原来，在他答应之前，晏大人早已为他安排好了一切。考虑到范仲淹重孝在身，朝廷破例允许范仲淹一边守孝，一边负责应天府书院的各项工作。

范仲淹心中感动，他再次抬起头认真地看了看这个比自己小两岁、官职却比自己高了很多的年轻人。范仲淹深鞠一躬：同书大人为希文考虑得如此周到，希文当鞠躬尽瘁，不负此托。

史载：**殊至应天，乃大兴学，范仲淹方居母丧，殊延以教诸生。自五代以来，天下学废，兴自殊始。**

如何才能把一所学校办好呢？范仲淹陷入了思索。做一件事要么不做，要么做好。答应晏殊以后，范仲淹并没有立即开展工作，而是全身心地投入这一思索之中。晏殊给了自己那么高的期望，如何才能不负重托？为重振南学，革弊必更新，在所难免。可到底从哪里下手呢？

作为宋代五大书院之首，应天府书院由来已久。从五代时期的一代宗师、创始人杨悫到名闻天下、开创一代文风的戚同文、戚舜宾，这些年应天府书院走过了一段非常辉煌的路。当年自己到这里求学，虽然戚同文老先生已经过世二十多年，但他光辉的思想仍深刻地影响着这里的每一位学子。天下同文，老先生在世时树立的校训让范仲淹眼前一亮。

然而，辉煌只代表着过去。如今，经历了五代十国的战乱，文风凋敝，官学不如私学。放眼天下，整个大宋只有区区五个官办书院。仅有的这几个官办书院，也是各行其是，既没有统一的教材，也没有德高望重的老师，虽然各自都培养出了一些人才，但是离朝廷和国家的要求还差得很远很远。

范仲淹深知，将一座书院办好，官府的支持是关键。如今，晏大人的支持不在话下，可如何才能重振睢阳学堂当年的雄风，如何能为国家和朝廷培养出更多经纶济世的人才，自己必须要先拿出个章程来。正确的办学方针、先进的教学机制、优秀的教育人才三者缺一不可。

上任以后，范仲淹脱下孝服，来到了熟悉得再也不能熟悉的母校。扑面而来的气息让他感觉到一股发自心底的温暖。南湖旁边，安安静静的应天府书院虽有些破旧，但在范仲淹眼中，在湖光映照下，它是那么的神圣庄严。

当时的应天府书院是大中祥符八年重修的，它三面环水，红墙灰瓦，绿树掩映，在蔚蓝色的天空下，三十余间校舍参差错落。范仲淹轻轻推开两扇厚重的朱漆大门，熟悉的场景扑面而来。进入书院，范仲淹静静地站立，闭上眼睛，十二年前的情形浮上心头。范仲淹不禁唏嘘：十二年前的音容宛在，只是一切都已经不似当年。

千年之后的今天，当地政府对应天府书院再次进行了修缮。今天的应天府书院距离当年书院旧址五百米，所有规制仿照的是其宋代极盛时期的旧貌。

未进院落，最先见到的是高大的影壁和壮观的牌楼。进入书院需要先跨过一道水上的白石桥——状元桥。这座状元桥是后人为了纪念北宋天圣五年（1027）的状元王尧臣兴建的。

范仲淹主持应天府书院的第二年，学子王尧臣就高中状元。天圣五年的科举应天府书院大获丰收，不仅二十五岁的虞城人王尧臣斩获了那一年的状元，同是虞城人的学子赵槩还将探花收入囊中。一时之间，应天府书院风头无两，天下皆知，范仲淹的大名也在一夜之间传遍天下。

过了状元桥，迎面便是两扇朱漆大门。打开大门，迎面是前讲堂。再往里走，依次是明伦堂、藏书楼等建筑。最引人注目的是坐北朝南的崇圣殿，这里供奉着孔子及弟子们的塑像。崇圣殿五开间，仿宋制，高大壮观。在崇圣殿两侧，分别建有配殿，如今这些配殿被当作了范仲淹事迹展览馆。

紧挨着崇圣殿，有座规模略小的单体建筑，它就是当年应天府书院的大讲堂，这里便是范仲淹当年讲书的地方。

如今，复制的应天府书院整体布局由南向北依次为影壁、牌楼、大门、前讲堂、明伦堂及东西配房、藏书楼、馔堂、教官宅、崇圣殿、东西偏房、魁星楼及东西廊房。整座书院整齐有序，基本还原了它当年鼎盛时的旧貌。

据明代嘉靖年间《归德府志》记载，应天府书院旧址在“州冶东北七十步”，“南门外西”，“半为城壕，半为民田”。由此可见，当时的应天府书院并不像岳麓、白鹿洞、嵩阳、石鼓四大书院一样建在远离城市的山林之地，当时的应天府书院就建在应天府的闹市区。

回到当年。

看着熟悉的学舍，范仲淹感慨万千。虽然已是十几年过去，这份浓厚的感情依然如春日的暖流一样拂过心头。当年自己曾在哪间屋子里背书，曾在哪间屋子里著文，又是在哪间屋子里和同学们畅聊人生和理想；自己从哪条小路上走过，在哪棵树下沉思，自己又是从哪个地点出发，范仲淹都记得一清二楚。

母校，我终于回来了！

陪同范仲淹一起考察的是青年教师王洙。王洙是应天府本地人，同时也是范仲淹当年求学时的故人。王洙自幼聪明好学，学问记忆远超常人。他比范仲淹小八岁，天圣元年中的进士。王洙是个很有性格的人，宋代考进士需要保荐人。据说初考进士的时候，王洙与另一名举子郭稹由同一个人保荐。倒霉的是有人控告郭稹，说他为了考进士谎称已经为祖母服孝完成。在重礼教的宋代，这可是件大事。

保荐人听说以后，不想因此连累王洙，便单独召见他说：“我不再保荐你了，你可以换一个保荐人，这样不会影响你的考试。”

王洙却说：“请您继续保荐，我不愿换人。”

结果，王洙与郭稹都被取消了那一年的考试资格。后来王洙再次参加考试，才于天圣元年考取了进士甲科。

中进士以后，王洙先是补任舒城（今安徽省舒城县）县尉，不久性格耿直的他因事被免。被免以后，王洙不得不回到应天府的家中。因赏其才学，晏殊已早于范仲淹将王洙招到书院执教。

王洙是个博学多才的人，后来他还担任了大宋朝的翰林学士，因此他可以算作应天府书院走出的杰出学子。因是人才，又有旧交，范仲淹刚一就职便对王洙委以重任，两个人开始一起研讨重振应天府书院辉煌的百年大计。

正是因为这次共同回母校执教的因缘，王洙和范仲淹结下了深厚的友谊，并成了志同道合、一生不离不弃的好朋友。

更难得的是，不但王洙在应天府书院讲书，他的父亲王砺和哥哥王渎也都在这里执教。范仲淹选对人了！对应天府书院的发展，他们父子三人当然最有话语权。

很快，在究竟如何办学的这一问题上，范仲淹和王洙父子进行了深入细致的探讨。在探讨过程中，范仲淹发现王洙父子的思路和自己的想法简直是如出一辙。

这就叫志同道合。

在范仲淹、王洙等人的努力下，应天府书院的风貌很快就焕然一新。也就是在这一年，范仲淹的第二个儿子范纯仁出生。

有感于晏殊的人格魅力和自己天下归仁的理想，范仲淹给这个儿子起名为范纯仁。

不要小看这个刚刚出生的孩子。二十二年后，年方弱冠的范纯仁在仁宗皇祐元年的科举中一举高中。高中之后，范纯仁的人生和事业一路高歌猛进，并光荣地于哲宗元祐三年和元祐八年两度拜相。

范纯仁达到了父亲范仲淹终其一生都没能达到的人生顶点。另外，范纯仁还是大宋朝有名的布衣宰相。他一生俭朴，事父至孝，见识远大且有着良好的品格操守。当年范纯仁举进士时，曾因父忧不肯入朝为官。

在父亲的影响下，范纯仁为人正派，忠孝两全。因此，元丞相脱脱在《宋史·范纯仁传》中评价他说，一生虽位过其父，却深得其父之风。

学以致用

受人之托，忠人之事，范仲淹将这一点看得很重要。另外他还有一点小小的私心：机会来之不易，一定要抓住这个千载难逢的好机会，让天下的人重新认识一下自己。

说干就干，范仲淹很快就进入了角色。他处事一向有条理、严谨而且理性，不管做什么事情，都喜欢把前因后果想明白再着手。范仲淹的才华不是白给的，才能不是白给的，多年以来积累下的兴学助教经验、基层工作经验和踏踏实实做事的精神当然也不是白给的。

范仲淹比谁都清楚，想办好一所学校最关键的问题有三个：方向、目标和办法。只要把这三件事情做好，一切都是水到渠成。

三个问题，六个字，细细想来，又是谈何容易？

首先是方向。方向即办学方针，关于办学方针，范仲淹和王洙已经达成初步共识。想把书院办好，必须要牢牢地坚持书院的传统，这一点不容商量。应天府书院由来已久，也不是没辉煌过，要想重振它的辉煌，只有进一步发扬传统，在坚持传统的基础上进一步发扬光大，才是关键中的关键。

“天下同文”是戚同文老先生几十年前的教育理念，它既是书院的宝贵传统，同时又是学子们深入人心的情怀，既然这一理念已经得到天下人认可，对此不必考虑太多，拿来就用便是。

在商定办学方针的时候，范仲淹还特意征求了王砺等一些老先生的意见。王老先生是戚同文的亲传弟子，进士出身，如今弃官回乡执教，在书院最是德高望重，对于书院的传统最有情怀也最有发言权。见范仲淹如此肯定书院的传统，王老先生简直感动得热泪盈眶。

方向性问题解决了，又一个问题摆在面前。天下同文，文同此理，理从此学。虽大家都口口声声说“天下同文”，可这个“文”到底该是什么样子呢？

范仲淹陷入了沉思，他必须为此找到精准的定位。范仲淹发现，近年来天下文风只重典籍，疏于济世，忽略了学以致用这一做学问的根本。想到这里范仲淹有主意了，他很快就提出了书院培养人才的新方向：天下危困，乏人如此，将何以救？在于教以经济之业，取以经济之才。

范仲淹这句话用今天的文字概括一下就是八个字：学有所用、学以致用。这八个字再换一个说法，即范仲淹对书院的办学方向进行了调整，他将书院的任务调整为为国家培养真正经纶济世的人才。

客观地说，当年的范仲淹绝对有点儿真本事，也有点儿真胆量。这件事别看我们今天说起来轻松，它在史书上不过是三两句话，但在当时，敢改变文风学风绝对是一件十分冒险的事。在以应试教育为主流的宋代，学校的办学能力当然也是以考试成绩说话，敢做出这一改变的人绝对是凤毛麟角。

有了这个方向以后，范仲淹和王洙等人一起重新为学子们选定了教材。

除了必考的各类传统学科，如《诗》《书》《礼》《易》《乐》和《墨子》《道德经》《春秋》等，他还选入了《艺文》等书籍作为学习科目。

不要小看这一改变，它不但将学子们从死读书、读死书向专业性、实用性进行了转化，还为宋初理学的形成奠定了一定的基础，这一影响在后文中自会讲到。

办学目标当然无须多说，不管范仲淹、王洙还是书院讲学的其他教师，大家的心愿是一致的，那就是将应天府书院办成全国第一流的书院，这一点在任何人那里都没有疑问，包括身在官府的晏殊。

方向定了，目标有了，可最难的还是办法。

办学方针明确了、办学目标明确了，如何将它们一一变成现实，考验范仲淹真才实学的时刻到了。范仲淹梳理了很久，然后决定从新选的教材着手，一面抓教师队伍，一面抓教学方法。好的教师队伍能带来好的教学方法，好的教学方法又能培养出好的教师队伍。唯有二措并举、相辅相成，才能相互促进、兼举共得。

事实证明，范仲淹的见识是深远而高明的，他的办法也是有效而且正确的。

大事定下来以后，剩下的一切交给努力和时间。在培养“经济之才”的总要求下，范仲淹以身作则，他“日于府学之中，观书肄业，敦劝徒众，讲习艺文，不出户庭”。除此之外，他还“常宿学中，训督学者皆有法度，勤学恭谨，以身先之……”因为他的负责和认真，应天府书院近者悦、远者来，胜友如云、高朋满座，“由此四方从学者辐辏”。

范仲淹在应天府书院掌学以后，整座书院学风大改，学院里里外外的风貌很快就焕然一新，一时之间，应天府闹市区的书院书声琅琅，课堂之上师生互答，争先恐后。

宋人重德，无论皇帝、官员还是仕林学子，都将个人的品德看得比什么都重要。掌学书院以后，范仲淹当然不会忽视这一点。他经常教导学生要“从德”，反复强调他们不能仅以科举仕途作为求学的最终目的。为了将德和才紧密地结合到一起，范仲淹煞费苦心地提出一套理论：“德”是一个人生来固有的本性，而“行”则是一个人“德”的外在表现。为了让学子们深刻地理解这一点，他还提出了一个叫作“为学之序”的理论：一个人为学虽然需要经历“学、问、思、辨”四个阶段，但其中每一个阶段最终都要落实到“行”上。为此，他要求学子们一定要注重道德的培养，因为朝廷选拔人才首先考虑的是一个人的品德。

范仲淹讲得没错，在我国传统文化中，一直是把做人放在第一位的。

事后转念一想，范仲淹总觉得这样不行。过多地强调个人品德，万一这帮孩子跑偏，满口都是仁义道德，肚子里却没一点儿墨水，这不是本末倒置吗？如果真是这样，那可真是违背了办学的初衷。想到这里，范仲淹再三强调：品德虽然重要，但学好知识才是一切的前提，正确的学习方法是靠知识来提升品德。

此言一出，无不叹服。

为了防止学子们只重德不重才，他还不止一次地强调一切学习要以知识为基础：“夫善国者，莫先育才，育才之方，莫先劝学，劝学之要，莫尚宗经。”在“经济之才”的总要求下，考虑到学子们的差异化，范仲淹当时还有意识地对学生进行了分科。在他的指导下，学子们会按照不同的专长入读各项分科。在范仲淹主持下，书院几乎所有的课程最终的指向都是学以致用，为了实现这一目的，他大力提倡学子们在学习的同时进行实地考察，这一办法即后世所谓的“明体达用”。

范仲淹入主之前，应天府书院的教学模式比较粗放，教师向学生讲学大多是提纲挈领，并不作逐字逐句地解释串讲。老师们在课堂上只是给学生提示，由学生提出疑难问题，然后作针对性讨论。范仲淹入主以后，在总结戚同文教学方法的基础上，为书院制定出一系列新的学规。

在教学中，为达到言传身教的效果，范仲淹要求教师们都要亲自做出表率。一件事情，如果自己都做不好，怎么有脸去教学生？为了让学生们更好地加深认识、掌握要点，每次给学生命题作赋时，亲自执教的范校长都会先作出一篇，以掌握试题的难度和落笔的重点。等学生们交卷之后，他一篇一篇地给学生们讲解，最后再拿出自己的文章跟大家一起分析，进行反复的对比和总结。

范校长这一做法在学生们中间很受欢迎，在他的亲自指导下，学生们的写作水平提高得很快。

为了拉近距离，后来范仲淹干脆住到了书院里。他制定好作息时间表，陪学生们一起读书、吃饭、睡觉，一切都严格按照时刻表，从不偷懒。

为了防止学生偷懒，每天晚上下课以后，范校长会悄悄走进学生斋舍。看到有偷懒先睡的人，范校长便叫起来诘问。

学生调皮，说：“校长，我刚才看书看累了，打了个盹儿。”

范仲淹并不责备，而是严肃地问：“你没睡之前看的什么书？”

学生胡乱地说了一本书，范校长就拿起这本书考他。结果答不出来，学生受罚，从此再也不敢偷懒。

范仲淹当然清楚，办好一所学校最重要的还是教师。既然晏大人把书院交给了自己，自己不妨大胆地对师资力量进行选择。他相信，唯有做出成绩才是对晏大人最好的报答。

有了这个想法以后，范仲淹开始大胆地为书院物色各类名师。

王洙自然是难得的可用之才，但仅有王洙一人是远远不够的，很快，范仲淹便圈定了一批有性格、有学识的青年才俊。

比如稽颖。

稽颖，应天府宋城人，字公实，新科进士。

听说稽颖中进士后还未任命，范仲淹便热情地上门，邀请这位刚刚金榜题名的青年才俊到书院来讲学。

稽颖在宋代是个非常有名的人物。中进士以后，他先是应范仲淹之邀在应天府书院讲学，然后授蔡州团练判官，历开封府推官、三司度支判官、尚书兵部员外郎等职。皇祐二年（1050），稽颖被召为翰林学士，可惜没能上任他就英年早逝。

稽颖一生谨厚笃学，颇有操守。据说有一个名叫张尧封的人，曾是稽颖的学生。后来张尧封的女儿选入宫中，深受仁宗宠幸。父以女贵，张尧封为了给祖宗添光，重金求老师为父亲整理生平，并为之写序。稽颖看不惯张尧封鸡犬升天的富贵，对此置之不理。

离开书院以后，稽颖的运气一直不错。

说稽颖运气不错，是因为他遇到了一个贵人：王曾。稽颖不但结识了王曾，而且两个人关系处得还不错。王曾贬任南京留守时，稽颖就给他留下了不错的印象。后来王曾知青州，便把稽颖召到了身边。后来王曾调到天雄军时，稽颖也不离不弃、一直跟随。可以说，稽颖是被王曾当成了心腹，不管走到哪里王曾一直都把他带在身边。

王曾的赏识绝对是宝贵而且实惠的，后来稽颖的前途果然一片光明。王曾回朝以后，在他的推荐下，稽颖先是担任太子中允、集贤校理，后又历任开封府推官、三司度支判官，擢知制诰、尚书兵部员外郎，最终荣任翰林学士。

这些只是稽颖自身的光彩。大多数人不知道的是，稽颖还是神宗时代参知政事、大名臣张方平的舅舅。在成名之前，张方平一直跟着这位舅舅读书生活。而张方平，则是一代文豪苏轼的表叔，他对苏氏三父子均有着金子般的提携之恩。

如今校舍有了，名师有了，教材有了，教学模式也有了，只要大家肯努力，相信一所学校不愁办不好。

天下没有不好的学生，只有不好的老师。只要方法得当，相信每个人都能成才。

范仲淹日夜不离书院，在他卓有成效的努力下，第二年的科举考试应天府书院大放异彩。不但学子王尧臣斩获了这一年状元，学子赵槩还摘得这一年的探花，除了这两位一甲进士，其他参加科举的学子也都表现出色。

几乎是在一夜之间，应天府书院名扬天下。

如果你认为这是应天府书院辉煌的顶点，那就大错特错了。

天圣五年的科举对应天府书院来说只是一个小小的开始。范仲淹入主以后，应天府书院陆续迎来了它群星璀璨、灿若星河的黄金时代。从这里陆续走出了王尧臣、赵槩、张方平、富弼、孙复、石介等光耀千秋的人物，在以后的几百上千年里，它还将陆续为后世培养出许许多多史册留名的伟大人物，直至科举制度在我国教育史上彻底废除。

范仲淹离开应天府书院的十五年后，因给国家做出的突出贡献和独特而重要的历史地位，应天府书院于仁宗庆历三年（1043）荣升为南京国子监。由书院升为国子监，这一荣耀是我国教育史上绝无仅有的一份辉煌与存在。

除此之外，别无二家。

世有伯乐，然后有千里马。所以，回头看看时，你无法不佩服晏殊的识人之明。

历史地位

一件事，如果你不了解它的历史和来龙去脉，你就很难知道它经历过艰难曲折与它曾经拥有的辉煌。在宋代，因范仲淹的入主，一夜成名的应天府书院不但引领了书院的发展和兴起，而且还为对宋代理学的形成打下了坚实的基础。

应天府书院整整伴随了北宋一百六十八年的政治生涯，因它的存在，对北宋政权的巩固、人才的培养和教育的普及起到了举足轻重的作用，在一千多年的中华教育史上，也没有哪个学校能够达到这份独一无二的辉煌。

对于这些史实，《宋史》给了应天府书院极高的评价："州郡置学始此"，"天下庠序，视此而兴。"

宋代以后，应天府书院仍延续着它的辉煌。

宋亡元兴，元代大书法家赵孟頫在他的《义学记》中道："宋初时天下有四大书院，应天书院为首……"

至明清时期，应天府书院在商丘一带影响依然很大。明代的应天府书院有"文武百官半江西，小小商丘四尚书"的美称。

清乾隆三十六年（1771），商丘一地中进士人数达一百七十多人，占河南省当年进士总数的五分之一。

虽然随着朝代的更替，战争和洪水让应天府书院屡遭破坏。在诸多有识之士的带领下，应天府书院屡毁屡建，从未荒废。在书院影响下，商丘一带也一直人才辈出：王尧臣、张方平、宋勋、沈鲤、侯执蒲、侯恪、侯恂、宋权、吕坤、杨东明、宋荦、汤斌、侯方域等一大批在中国历史有影响的人物从这里走出。

可以说，范仲淹当年在这里的兴学活动一直影响了上千年。

及至近代，闻名遐迩的西南联大记有碑文："书院之制……两宋为盛，应天、嵩阳、岳麓、白鹿遗迹至今犹令人想见当时风流。应天一院，尤为特别。盖应天之建，仰给贤者曹诚所捐，此华夏百姓捐助大学可考之始。"

由此可见，应天府书院在中国教育史上的影响和重要地位。当然，能够拥有一切，这与朝廷的重视和大力支持是密不可分的。据史料记载：

仁宗天圣三年（1025），应天知府李及上言："本府书院，甚有学徒，自建都（指改名南京）以来，文物尤盛，欲望量于发解进士元额之外，乞添解三人。"李及这是名正言顺地在向上级伸手要待遇。

仁宗明道二年（1033），朝廷准许应天府书院"置讲授官一员"。

仁宗景祐二年（1035），官府又拨应天府书院学田十顷，充作办学经费。

……

这种中央政府在人力、财力上的支持，不是一般书院能够得到的。

话归当年。

行家一出手，便知有没有。随着范仲淹的入主，应天府书院风貌大改，在各位同人的鼎力相助下，辉煌千年的书院开始一步步走向正轨，范仲淹功不可没，这也让一向崇文重教的晏殊喜上心头，他没有看错人。

这一天，范仲淹正在书院讲书，突然从远处来了一个衣衫破旧的年轻人。年轻人闯进书院，二话不说，直接点名要见校长。

范仲淹忙把他请到屋内。年轻人身形瘦削，一脸菜色，看上去一副好几天都没吃饭的样子。交谈之间，范仲淹见其虽破衣烂衫，却谈吐不凡。知其可能也是读书之人，范仲淹忙吩咐手下为其准备饭菜，这才问起他的来历。

原来，这个落魄的年轻人姓孙，是晋州平阳（今山西省临汾市）人。他自幼家贫，父亲早亡，只与老母相依为命。看他狼吞虎咽地吃着饭菜，范仲淹只是平静地看着。从这个年轻人身上，他想到了自己年轻时划粥断齑的苦难岁月。

等年轻人吃饱了，范仲淹这才问起他何以落魄至此。奇怪的是，年轻人对此却一个字都不肯再说，只是开口请范仲淹施舍他一些钱财。

范仲淹心中奇怪，却也没有多问。看他也是个读书人，读书人有读书人的尊严，他差人从家中取来一串千文铜钱，交到年轻人手上。

本来以为这件事情就这么结束了，哪知道不久之后，这个年轻人再次跌跌撞撞地闯进了书院。这一次，范仲淹仍厚其饭食，临去之际，年轻人又求范仲淹赠钱千缗。

范仲淹这下有点儿不高兴了：开口就要钱，你总得给我说说为什么吧！

怕伤及年轻人的尊严，范仲淹没有直说，只是装作云淡风轻地问："年轻人，看你也是个读书人，我想你一定是遇到了难处。钱我倒是可以给你，你的难处能不能跟我说说，或许我可以帮你。"

范仲淹谦和的态度似乎打动了年轻人，他犹豫了半天才告诉范仲淹说，他的名字叫孙复，确实是个读书人。

范仲淹问：第一眼我看你就不是个招摇撞骗之辈。既是读书人，为什么不好好读书而四下乞讨呢？

孙复难为情地说，小生曾四次科举不第，如今老母重病，生活无以为继，只能以乞讨为生。

范仲淹心中一疼，问道，看你也是有志气的人，你需要多少钱可以度日？

孙复想了想：每日一百钱，小生当可安心读书。

见是这样，范仲淹为孙复在书院谋求了一份职事，从此以后孙复一边工作，一边在范仲淹的指导下苦读《春秋》。后来，范仲淹守孝期满调离应天府，孙复也去职而去。

十年以后，山东泰山一带出了一位大学者，他在泰山建书院广收门徒，专门教人以《春秋》。因此开创了名动一时的泰山学派，世人皆称其为泰山先生。这位名动天下、被后人尊为"宋初三先生"之一的孙复，就是当年曾向范仲淹两次乞讨的落魄青年。想一想，如果当初没有范仲淹，孙复也许会一直乞讨到老，世间自无泰山学派，当然更无泰山先生的大名。

多年以后，范仲淹在自己的回忆录里记下了这件事。出于读书人的相互尊重，他始终没有写出孙复的名字，对其只是以孙生相称。而当年才学饱腹的孙复，一时贫穷落魄羞于启齿，也故意隐瞒了自己读书人的身份。

在宋朝开国之初，读书是件很奢侈的事情，地方州县也一般都不设学校。当时天下只有五所书院——嵩阳书院、石鼓书院、岳麓书院、应天府书院和白鹿书院。自应天府书院兴起以后，其他州县纷纷效仿，全国各地才慢慢都有了学校。

朝廷一开始对办学也不怎么重视，因此支持力度也不大。仁宗乾兴元年（1022），朝廷诏令兖州建学，开启了中央支持地方办学之先河。其后，紧跟应天府的步伐，景祐、庆历年间，不少地方开始奏请建立州学。一直到庆历年间，虽然不少地方已经建有州学，但这些学校多是以地方名义兴办，始终缺少朝廷的支持。

仁宗天圣五年（1027），范仲淹执教应天府，结识了一大批有志青年。在应天府，他广树桃李，遍结善缘，带出了一大批有作为的青年才俊。这一机缘也让范仲淹极大地扩张了他的人际关系。有状元学生没有状元老师，一位位后生可畏的青年才俊，将陆续成为范仲淹日后在北宋政坛可以依靠的有生力量。

在应天府书院教书期间，范仲淹聚拢了大量的各类人才。除了他的嫡传弟子富弼、孙复、石介、王尧臣、张方平之外，范仲淹一生还亲自或间接地教导过很多开创时代的大人物。据后人统计，北宋三大唯物主义思想家李觏、张载、王安石；三大教育家孙复、胡瑗、石介；三大军事家庞籍、文彦博、韩琦；三大现实主义诗人石延年、梅尧臣、苏舜钦；三大诗文改革家穆修、尹洙、欧阳修；四大进步政治家富弼、余靖、蔡襄、叶清臣等，都是范仲淹的门人弟子。

入主应天府书院时，范仲淹已经三十九岁，在这期间他完成了一个优秀毕业生向“范校长”的华丽转身。范仲淹这一身份的转变在他一生之中是极其重要的，它不仅让丁忧母痛的范仲淹有机会一展抱负，更是奠定了他在宋初理学形成中的独特位置。史载：“其后，宋人以文学有声于场屋者，多其所教也。”

在辛苦执教的同时，范仲淹从没忘记对自身修养的提高。在应天府书院，他一边当校长，一边忙创作，同时还写下了与《岳阳楼记》齐名的《南京书院题名记》。这篇文章是他见于典籍最早的一篇记文：

皇宋辟天下，建太平，功揭日月，泽注河汉，金革尘积，弦诵风布。乃有睢阳先生赠礼部侍郎戚公同文，以贲于丘园，教育为乐。门弟子由文行而进者，自故兵部侍郎许公骧而下凡若干人。先生之嗣故都官郎中维、枢密直学士纶，并纯文浩学，世济其美，清德素行，贵而能贫。

祥符中，乡人曹氏，请以金三百万建学于先生之庐。学士之子，殿中丞舜宾时在私庭，俾干其裕；故太原奉常博士渎时举贤良，始掌其教；故清河职方员外郎吉甫时以管记，以领其纲。学士画一而上，真宗皇帝为之嘉叹，面可其奏。今端明殿学士，盛公侍郎度文其记，前参预政事陈公侍郎尧佐题其榜。

由是风乎四方，士也如狂，望兮梁园，归于鲁堂。章甫如星，缝掖如云。讲议乎经，咏思乎文。经以明道，若太阳之御六合焉；文以通理，若四时之妙万物焉。诚以日至，义以日精。聚学为海，则九河我吞，百谷我尊；淬词为锋，则浮云我决，良玉我切。然则文学之器，天成不一。或醇醇而古，或郁郁于时。或峻于层云，或深于重渊。至于通《易》之神明，得《诗》之风化，洞《春秋》

褒贬之法，达礼乐制作之情，善言二帝三王之书，博涉九流百家之说者，盖互有人焉。若夫廊朝其器，有忧天下之心。进可为卿大夫者，天人其学，能乐古人之道；退可为乡先生者，亦不无矣。

观夫二十年间相继登科，而魁甲英雄，仪羽台阁，盖翩翩焉，未见其止。宜观名列，以劝方来。登斯缀者，不负国家之乐育，不孤师门之礼教，不忘朋簪之善导。孜孜仁义，惟日不足。庶几乎刊金石而无愧也。抑又使天下庠序规此而兴，济济群髦，咸匠于道，则皇家三五之风步武可到，戚门之光亦无穷已。他日门人中绝德至行，高尚不仕，如睢阳先生者，当又附此焉。

《南京书院题名记》思想高迈，意境深远，文中多振聋发聩的金石之句，如“九河我吞、百谷我尊”“浮云我决，良玉我切”等。另外，文中还有“博涉百家九流之说，有忧天下之心”之语，这也是后来范仲淹“先天下之忧而忧，后天下之乐而乐”这一伟大思想的肇始。

厚积薄发

范仲淹把重修捍海堰的事情忘到脑后了吗？

当然没有。

虽然说不在其位，不谋其政。但捍海堰毕竟是自己发起的，他无时无刻不关心着关于捍海堰的任何消息。在他南学执教的第二年，即仁宗天圣五年（1027）五月，朝廷终于下令同意重修捍海堰。听到这一消息范仲淹喜出望外，他第一时间给张纶写信表示祝贺，并表达了自己不能亲自助其一臂之力的遗憾。

这是他们苦苦坚持、不懈努力的结果。虽鞭长莫及，但范仲淹心中的一块石头终于落地。朝廷特意派张纶兼代理泰州知州，由张纶亲自负责捍海堰的重修，这下范仲淹就放心了。

一年多以后，一百八十余里的捍海堰修复工程完工。这项伟大工程的完成，成功地让沿海一带的百姓避免了海潮泛滥之苦，两千六百余户流民得以回归。自此以后，泰州沿海几百里成为名甲天下的富庶之地，有了捍海堰的阻隔，泰州海晏河清，百姓安居乐业，朝廷的岁赋收入也有了明显的提高。为了感谢张纶的功劳，泰州百姓甚至为张纶立了祠堂表示感谢。朝廷大喜，遂对修堰立功的张纶和胡令仪进行了嘉赏。

仁宗天圣六年（1028）七月，捍海堰修成，淮南、江、浙、荆湖制置发运副使张纶修堤有功，升任昭州（今广西壮族自治区平乐县）刺史；前淮南转运使、主客郎中胡令仪赐金部郎中。

堤修好了，范仲淹好开心。这说明自己的想法和建议是对的。虽然过程艰难曲折，而且自己也中途退出了，但潮患和内涝的解决，既造福了一方百姓，又让朝廷的税赋得到了增加，只是自己没能全过程参与稍有遗憾。

遗憾归遗憾，此时身在应天府的范校长很忙，他根本没太把这件事情放在心上。

虽然朝廷忽略了他在这件事情上所做出的贡献，但泰州的百姓并没有忘记。据说，很多百姓在当地也为范仲淹立下了生祠，以感谢他为此做出的杰出贡献。

执教南学的第三年，范仲淹不声不响地开始为自己的起复做准备了。他将自己近几年平日积累下来的文字一一整理，准备托人将其交给大宰相王曾。

王曾会重视他吗?

范仲淹心里也没底。虽然身份差得太远，但这并不影响范仲淹对王曾的好感，更不影响范仲淹想成为一个王曾那样的人。冒昧投书，不管能不能达到效果，范仲淹一定要试一试。即使失败，自己也没什么损失。这个机会一旦错过，怕是以后再也难以寻找。

也就是在这一年，范仲淹的好朋友、状元哥蔡齐也因为不得刘太后欢心被贬出了京城。蔡齐被贬的起因是得罪了刘太后。

因日夜思念去世的丈夫，刘太后下令修建了一座以真宗年号“景德”命名的寺庙——景德寺。景德寺建成以后，太后想让当时担任翰林学士的蔡齐写一篇文章，以歌颂和记录这件事的来龙去脉。为顾及体面，一向爱面子的刘太后没有直接向蔡齐表达这一想法，她让负责修建景德寺的宦官罗崇勋传话给蔡齐说：“快把这篇文章写好，太后有望升你任参知政事。”

写好一篇歌颂文章就能升副宰相，这可是人人求之不得的机会。哪知道，一向文弱听话的蔡齐对此并不领情。状元出身的蔡齐并不认可太后为真宗修庙的事，他认为这与真宗生前的天书事件没什么区别，因此颇重名声的翰林学士蔡齐不愿意捧场。

虽不敢拒绝，蔡齐却故意拖延不写。罗崇勋一连找了好几次，蔡齐只说没有思路，文章还没有写好。见碰到了软钉子，罗崇勋自感有伤尊严。见没法向太后交差，罗崇勋便开始添油加醋地在太后面前说蔡齐的各种坏话。

终于，蔡齐被罢。被罢掉翰林学士后，蔡齐降知河南府（今河南省洛阳市）。

关键时候，人称鱼头参政的鲁宗道仗义执言，他认为翰林学士就应该这么做，而不是对上意唯命是从。如果朝廷因此罢免一名翰林学士，这将会是被记入史册的一桩丑闻。为此，鲁宗道挺身而出，坚决反对太后罢免蔡齐的做法。

刘太后是什么人？她想做的事情没有一件做不到的。也许自知此事稍有不妥，太后虽没有收回成命，但禁不住鲁宗道的大义凛然，她对蔡齐的罢免稍稍做了一下变通。考虑到蔡齐父母已老，把他安排到了离老家相对近一些的密州（今山东省诸城市）担任知州。过后不久，又将其调任应天府，填补了晏殊离任的空缺。

此时晏殊已由应天府回到朝中。回到朝中以后，晏殊拜御史中丞兼刑部侍郎。大家都很清楚，太后将他贬出京城不过只是为了给晏殊一个教训，过不了多长时间他就会回来的。

在朝中，随着当初晏殊的被贬，夏竦接替了晏殊枢密副使的位置，这是善于钻营的他第一次荣登两府大员之列。

宰相之才

人生就像宇宙中的一个星球，在不停公转的同时还需要完成自转。很多时候，比低头做事更重要的是抬头看路。一个人虽然不能决定自己到底能走多远，但他可以决定自己行走的方向。晏殊离开应天府以后，范仲淹心里一直空落落的。每到夜深人静的时候，他总是把自己一个人关在屋子里，埋头整理这些年自己基层工作的所见所感。受泰州修捍海堰的启发，范仲淹把这些东西整理成一份建议报给朝廷。

一整理起来范仲淹才发现自己竟然有这么多话要说。从广德到亳州，到西溪、兴化、楚州，随着身份的变换，自己发现的问题太多了。这些事一旦说起来，左一件、右一件，滔滔不绝，简直是不知如何下手。于是，范仲淹决定先整理出一个头绪来。他首先把自己想到的这些问题一一记下来，然后逐一进行合并、分类。分好类别以后，条理就清楚了。沿着这一方向，他梳理出当下迫切需要解决的六个大问题。

范仲淹梳理出的这六个大问题分别是：言路闭塞、奸臣觊觎、兵备薄弱、任用不贤、财政浪费、基层不稳。

只会提问题的官员不是好官员。能提出问题、同时还能给出解决问题办法的才是好官员。对此范仲淹早已经胸有成竹，经过十多年的历练和思考，他当然已经满足当一名好官员的基本条件。

针对这六个问题，范仲淹又思虑良久，才逐一提出了各自不同的解决办法。范仲淹的解决办法概括起来也是六条：固邦本、厚民力、重名器、备戎狄、杜奸臣、明国听。

说得不错，乍看上去可能这些话谁都说得上来，也没有什么太大的新意。这六条貌似喊口号，都是宏观战略，是放之四海皆准的道理。有什么新奇的?

别急，如果你认为范仲淹只会喊喊口号，那你可就大错特错了。范仲淹绝对是大宋朝称职的实用型人才，针对这六条解决办法，他又结合自己的经验和想法，对其逐一进行了进一步的细化和讲解。

一篇文章整理下来，竟已有万言之多。给领导写的文章，往往都是越简单越好。领导们需要处理的事情很多，哪有那么多时间逐字逐句地看你的文章。一见字数这么多，本来范仲淹想删去一些，可他实在找不到下手的地方。他发现随便删改哪一句都会词不达意，范仲淹只好鼓起勇气硬着头皮定稿。

在定文之前，范仲淹再一次小心地推敲字句，斟酌文法，然后一笔一画地将它们誊写下来。

这封上书范仲淹没有贸然上交。完稿之后，他又沉淀了几天，直到发现再也没有任何疏漏，他才决定把它交上去。

临上书的时候，怕自己这样一个小官的言论得不到重视，为稳妥起见，范仲淹将文章誊录了几份副本，连同正本一起分别呈给了昭文相王曾、集贤相士张士逊以及东府的各位参知政事。

上书递交以后，心中虽如巨石落地，但范仲淹内心并不轻松，他感觉就像十三年前参加科举交卷后的忐忑。

等待上书消息的过程是漫长的。

一个月过去了，没有什么消息，范仲淹不心急。

两个月过去了，没有什么消息，范仲淹还是不心急。

三个月五个月过去了，还是没什么消息，范仲淹有些心急了。

是宰相们没有看到自己的上书，还是自己的上书没得到他们的认可?

后来，一连十个月过去了，上书如石沉大海，仍是不见什么消息，范仲淹心里凉了。

难道这次上书还会和上次给张知白上书遭遇一样的命运吗?范仲淹辗转反侧，夜不成眠。知道自己丁忧的身份，他不敢私自向任何人打听消息。失望至极，范仲淹只好无奈地向朝廷申报服除文书。

就在范仲淹心灰意懒不抱任何希望的时候，这年的十二月，朝中却传来一个让他喜出望外的消息：范仲淹服除，升秘阁校理。

突如其来的任命不但让范仲淹惊讶得不能自持，他简直不知道该如何面对这一惊喜了。好饭不怕晚，直到此时他才知道，怪不得他的上书迟迟没有消息，原来朝廷一直在等着他丁忧服除。不是宰相们没看到他的上书，而是他们在等着他丁忧结束。

他简直太兴奋了。

还好，范仲淹早就在兴化经历过大风大浪，兴奋之后便是阅尽世事的云淡风轻。细细想来，一定是那封上书起了作用，范仲淹肯定地告诉自己。如果不是那封上书，朝廷绝不可能突然之间给自己这样一个任命。

秘阁校理，馆职。

什么是馆职？简单一点说就是到皇帝身边去工作，这份工作不但可以直接见到皇帝，而且还有机会和皇帝进行沟通交流。在宋代，若非德高望重或才学过人，一个人要想身入馆职绝不可能。

范仲淹判断得没错，正是他那封《上执政书》起到了关键的作用。大宰相王曾看到这封来自基层官员的上书以后，感觉很是惊异。他没想到大宋朝竟有这么出色的基层官员，不但能将大宋朝各方面问题梳理得一清二楚，而且还提出了切实可行的解决方案，既入情入理，又头头是道。这可是宰相们该考虑的事情啊！

王曾对范仲淹好感顿生。在这之前，王曾也听说过范仲淹的名字，原以为这个范仲淹不过只是一个会办学的书呆子罢了，哪知道他竟然有这样的胸怀和见识！

范仲淹用一封《上执政书》打动了宰相王曾，当了解到范仲淹是晏殊提拔的人以后，王曾还专门找到晏殊，进一步了解了范仲淹各方面的情况。

客观地说，这次提拔的机会是范仲淹百折不挠争取来的，之所以能得到王曾的赏识，是范仲淹平日一点一滴的努力和苦苦争取的结果。

有了王曾的赏识，范仲淹的好运终于来了。

范仲淹不知道的是，之所以能够如此顺利地担任秘阁校理，他最需要感谢一个人。这个人不是别人，正是提拔过他的老熟人晏殊。

晏殊是范仲淹新职务的推荐人。

晏殊对范仲淹的推荐已经不是第一次了。当时秘阁缺人，已经回到朝中担任秘书监的秘阁主管领导晏殊手里有一张推荐票。

宰相王曾提醒晏殊说：范仲淹这个人想必你非常了解，你怎么不推荐他，反倒推荐了别人？

晏殊无语。

晏殊又何尝不想推荐范仲淹！只是考虑到自己已经推荐过范仲淹一次，如今人尽皆知，晏殊怕遭人诟病，所以这次的人选他没敢推荐范仲淹。

王曾拍拍晏殊的肩膀：我已经把你推荐的人选压下了，我认为你应该推荐范仲淹。

王曾的话让晏殊打消了顾虑。

赏识归赏识，再次重申，范仲淹这次被提拔归根结底还是《上执政书》起到了作用。如果不是这次重要的上书，王曾眼里的范仲淹不过是一个教书先生。身为宰相的他，怎么会动员晏殊去大胆地推荐一个教书先生担任这么重要的职务呢？请你一定要相信，这个世界上没有哪一分努力是白费的，它的回报不在今天就在明天。命运总是会垂青那些一直孜孜不倦而且刻苦努力的人。

范仲淹，好样的！你闯出来了！

这篇名为《上执政书》，在范仲淹一生之中起到关键作用的文章，被后世认为是一篇堪与诸葛亮《隆中对》相提并论的鸿篇巨制。给予范仲淹这一评价的，是元末主持编写《宋史》的一代名相脱脱。

努力不一定有收获，但机会来时，请你一定要有足够的准备去把握，这就是人们常说的厚积薄发。如今，深耕基层多年的范仲淹终于步入京城并开始真正地担任京官。尽管在这之前他早就有了京官的职衔，但他并没能真正从事京官的工作。

然而，此时的范仲淹和王曾还没有进一步的交集。他们真正的交集，还需要等到一年以后。

下面，我们将用整整一个篇章，重录一下这篇当年让范仲淹一鸣惊人的文章：《上执政书》。这篇文章的出现，标志着范仲淹政治思想的初步形成。十多年以后，范仲淹主持庆历新政，他的改革思路和举措与这篇伟大的文章基本如出一辙。

上执政书

天圣五年月日，丁忧人范某，谨择日望拜，上书于史馆相公、集贤相公、参政侍郎、参政给事：某居亲之丧，上书言事，逾越典礼，取笑天下，岂欲动圣贤之知，为身名之计乎？某谓居丧越礼，有诛无赦，岂足动圣贤之知耶？矧亲安之时，官小禄薄，今亲亡矣，纵使异日授一美衣，对一盛馔，尚当泣感风树，忧思无穷，岂今几筵之下，可为身名之计乎？不然，何急急于言哉？盖闻忠孝者，天下之大本也，其孝不逮矣，忠可忘乎！此所以冒哀上书，言国家事，不以一心之戚，而忘天下之忧，庶乎四海生灵，长见太平。况今圣人当天，四贤同德，此千百年中言事之秋也。然圣贤之朝，岂资下士之补益乎？盖古之圣贤，以刍荛之谈，而成大美者多矣。岂俟某引而质之？况儒家之学，非王道不谈，某敢企仰万一，因拟议以言之，皆今易行之事。其未行者，某所不言也。

恭惟相府居百辟之首，享万钟之厚，夙兴夜寐，未始不欲安社稷，跻富寿，答先帝之知，致今上之美。况圣贤存诚，以万灵为心，以万物为体，思与天下同其安乐。然非思之难，致之难矣。某窃览前书，见周汉之兴，圣贤共理，使天下为富为寿数百年，则当时致君者，功可知矣。周汉之衰，奸雄竞起，使天下为血为肉数百年，则当时致君者，罪可知矣。李唐之兴也，如周汉焉；其衰也，亦周汉焉。自我宋之有天下也，经之营之，长之育之，以至于太平，累圣之功，岂不大哉！然否极者泰，泰极者否，天下之理，如循环焉。惟圣人设卦观象，穷则变，变则通，通则久。非知变者，其能久乎！此圣人作《易》之大旨，以授予理天下者也，岂徒然哉！

今朝廷久无忧矣，天下久太平矣，兵久弗用矣，士曾未教矣，中外方奢侈矣，百姓反困穷矣。朝廷无忧，则苦言难入；天下久平，则倚伏可畏；兵久弗用，则武备不坚；士曾未教，则贤材不充；中外奢侈，则国用无度；百姓困穷，则天下无恩。苦言难入，则国听不聪矣；倚伏可畏，则奸雄或伺其时矣；武备不坚，则戎狄或乘其隙矣；贤材不充，则明器或假于人矣；国用无度，则民力已竭矣；天下无恩，则邦本不固矣。倘相府思变其道，与国家磐固基本，一旦王道复行，使天下为富为寿数百年，由今相府致君之功也。倘不思变其道，而但维持岁月，一旦乱阶复作，使天下为血为肉数百年，亦今相府负天下之过也。昔曹参守萧何之规，以天下久乱，与人息肩，而不敢有为者，权也；今天下久平，修理政教，制礼作乐，以防微杜渐者，道也。张华事西晋之危，而正人无徒，故维持纲纪，以延岁月，而终不免祸，以大乱天下。今圣人在上，老成左右，岂取维持之功，而忘磐固之道哉！

某窃谓相府报国致君之功，正在乎固邦本、厚民力、重名器、备戎狄、杜奸雄、明国听也。固邦本者，在乎举县令，择郡守，以救生民之弊也；厚民力者，在乎复游散，去冗僭，以阜时之财也；重名器者，在乎慎选举，敦教育，使代不乏才也；备戎狄者，在乎育将材、实边郡，使夷不乱华也；杜奸雄者，在乎朝廷无过，生灵无怨，以绝乱之阶也；明国听者，在乎保直臣，斥佞人，以致君于有道也。

夫举县令，择郡长，以救生民之弊者，何哉？某观今之县令，循例而授，多非清识之士。衰老者为子孙之计，则志在苞苴，动皆循己；少壮者耻州县之职，则政多苟且，举必近名。故一邑之间，薄书不精，吏胥不畏，徭役不均，刑罚不中，民利不作，民害不去，鳏寡不恤，游堕不禁，播艺不增，孝悌不劝。以一邑观之，则四方县政如此者十有七八焉，而望王道之兴，不亦难乎？某恐来代之书论得失者，谓相府有不救其弊之过矣。如之何使斯人之徒为民父母，以困穷其天下？

又朝廷久有择县令郡长之议，而不遂行者，盖思退人以礼，不欲动多士之心，故务因循而重改作也，岂长世之策哉！倘更张之际，不失推恩，又何损于仁乎？今约天下令录，自差京朝官外，不过千数百员，自来郊天之恩，鲜及州县。若天下令录，自大礼以前满十考者，可成资日替，与职官；七考以上，可满日循其资俸，除录事参军；则县令中昏迈常常之流，可去数百人矣。盖职官、录事参军，不甚亲民，为害亦细。此谓退人以礼，士岂有怨心哉！其间课最可尚，论荐颇多，俟到铨衡，别议畴赏。前既善退，后当精选。其判司簿尉，不由荐举。初入令录之人，并可注录事参军。如无员阙，可授大县簿尉，仍赐令录之俸。其曾任令录，有过该恩，合入本资者，可依初入之例。颁此数条，入令者鲜。然后委清望官于幕职、判司簿尉中历三考以上，具理绩举充。其川、广、福建县令，可委转运使等，就近于判司簿尉中举移，庶从人便。若此后诸处县令，特有课最可旌尚者，宜就迁一官，更留三载，庶其宣政者可以成俗，其侥幸者自从朝典。如此行之，三五年中，天下县政可澄清矣。愿相府为天下生灵而行之，为国家磐固基本而思之，不以听刍荛为之嫌而罢之，则天下幸甚幸甚！

某又观今之郡长，鲜克尽心。有尚迎送之劳，有贪燕射之逸。或急急于富贵之援，或孜孜于子孙之计。志不在政，功焉及民！以狱讼稍简为政成，以教令不行为坐镇，以移风易俗为虚语，以简贤附势为知己。清素之人，非缘嘱而不荐；贪黩之辈，非寒素而不纠。纵胥徒之奸尅，宠风俗之奢僭。况国有职制，禁民越礼，颁行已久，莫能举按。使国家仁不足以及物，义不足以禁非。官实素飧，民则菜色，有恤鳏寡，则指为近名；有抑权豪，则目为掇祸。苟且之弊，积习成风。俾斯人之徒共理天下，王道何从而兴乎！某恐来代之书论得失者，亦谓圣朝有不救其弊之过矣。

然朝廷黜陟郡长为难者，官有定制，不欲动摇，惧其招怨而速侥幸尔。故知县两任，例升通判；同判两任，例升知州。奈何在下之时，饰身修名，邀其清举；居上之后，志满才乏，愆于素持？止能偷安，未至覆悚，故贤愚同等，清浊一致。此乃朝廷避怨于上，移虐于下，俟其自败，民何以堪！故郑庄公伺共叔之自弊，而《春秋》罪焉，以其长恶也。《易》曰："履霜，坚冰至。"由辨之不早辨也。此圣人昭昭之训，岂用于先王，而废于今日哉！近年诸处郡长，以赃致罪者数人，皆贯盈之夫，久为民患。如此之类，至终不败者，岂止数人而已乎？虽转运使、提点刑狱，职在访察，其如位望相亚，怨仇可敌，非致败露，鲜有发明。宜乎论道之间，激扬天下。

古者天子五载一巡，皇上凝命，于今六载矣。以军国重大，未可行远古之道。今郊礼之余，宜宣大庆。可于两制以上，密选贤明，巡行诸道，以兴利除害，黜幽陟明。舒惨四方，岂同常务！可命御史严谕百僚与出使之官，绝书刺往还之礼，仍翌日首途，以禁请托。苟利天下，大体何伤！所出使之官，宜以宣庆之名，安远听也。其诸道知州、同判，耄者、懦者、贪者、虐者，轻而无法者，堕而无政者，皆可奏降，以激尸素；又四方利病，得以上闻。未举巡守之礼，而遣观风之使，非不典也。然后委清望官，于朝臣同判中举诸郡长，于朝臣知县中举诸同判。今后同判之官，非著显效，及有殊荐，虽或久次，止可加恩，郡国之符，不当轻授。其知县之人入同判者，宜比此例。如此行之，天下郡政其滥鲜矣。今一司一务，犹或举官，一郡之间，生灵数万，反可轻授于人乎！愿相府为天下生灵而行之，为国家磐固基本而行之，不以听刍荛为嫌而罢之，天下幸甚幸甚！

某前所谓官有定制，不欲动摇，惧其招怨谤而速侥幸者，两宫圣人临轩命使，激扬善恶，澄清天下，何怨谤之有乎！自兹以降，非举不授，举官之责，厥典非轻，何侥幸之有乎！如所举之人果成异政，则宜旌尚举主，以劝来者。圣朝未行此典，盖亦阙矣。

县令长既得其材，然后复游散，去冗僭，以阜时之财者。何哉？某观天下穀帛，厥价翔起，议者谓生灵即庶，使之然矣。某谓生者即庶，则作者复众，岂即庶之为累哉！盖古者四民，秦汉之下，兵及缁黄，共六民矣。今又六民之中，浮其业者不可胜纪，此天下之大蠹也。士有不稽古而禄，农有不竭力而饥，工多奇器以败度，商多奇货以乱禁，兵多冗而不急，缁黄荡而不制，此六民之浮不可胜纪，而皆衣食于农者也。如之何物不贵乎？如之何农不困乎？某谓榖帛之贵，由其播艺不增，而资取者众也；金银之贵，由其制度不严，而器用者众也。或谓资四夷之取而使之然，则山川之所出，与恩信之所给，自可较之，非某所敢知也。今议更张之制，繁细非一，某敢略而陈之。

夫释道之书，以真常为性，以清净为宗。神而明之，存乎其人，智者尚难于言，而况于民乎？君子弗论者，非今理天下之道也。其徒繁秽，不可不约。今后天下童行，可于本贯陈牒，必诘其乡党。苟有罪戾，或父母在，鲜人供养者，勿从其请，如已受度，而父母在，别无子孙，勿许方游，则民之父母鲜转死沟于壑矣。斯亦养茕独、助孝悌之风也。其京师寺观，多招四方之人。宜给本贯凭由，乃许收录。斯亦辨奸细、复游散之要也。其天下寺观，每建殿塔，蠹民之费，动逾数万，止可完旧，勿许创新，斯亦与民阜财之端也。

又古者兵在于民，且耕且战。秦汉之下，官库为常，贵武勇之精，备征伐之急也。今诸军老弱之兵，讵堪征伐！旋降等级，尚费资储。然国家至仁，旨在存活。若诏诸军年五十以上，有资产愿还乡里者，一可听之，稍省军储，复从人欲。无所归者，自依旧典。此去冗之一也。又诸道巡检所统之卒，皆本城役徒，殊非武士，使之禁暴，十不当一。而诸州常患兵少，日旋招致，榖帛之计，其耗万亿。以某观之，自京嚮千里之间，或多寇盗，盖创置巡检，路分颇多，而卒伍至羸，捕掩无效，非要害者，悉宜罢之。所存之处，资以禁军，训练既精，寇盗如取。况千里之内，抽发非难，又使少历星霜，不至骄惰。彼无用之卒，可减万数，庶使诸郡节于招致。此去冗之次也。又京畿三辅五百里内，民田多隙，农功未广，既已开沟洫，复须举择令长，使询访父老，研求利病，数年之间，力致富庶。不破什一之税，继以百万之籴，则江淮馈运，庶几减半，挽舟之卒，从而省焉。此亦去冗之大也。

至于工之奇器，败先王之度，商之奇货，乱国家之禁。中外因之侈僭，上下得以骄华。宜乎大变浇漓，申严制度，使珠玉寡用，榖帛为宝。此又去僭丰财之本也。今盛明之代，何事而不可行乎！曩者国家禁泥金之饰，久未能绝。一旦使命妇不服，工人不作，于今天下无敢衣者。使其余奢僭，皆如泥金之法，亦何患不禁乎！

又播艺之家，古皆督责。今国家有劝农之名，无劝农之实。每于春首，则移文于郡，郡移文于县，县移文于乡，乡矫报于县，县矫报于郡，郡矫报于使，利害不察，上下相蒙，岂朝廷之意乎！

若县令郡长，一变其人，乃可诏书丁宁，复游散之流，抑工商之侈，去士卒之冗，劝稼穑之勤，以《周礼》司徒之法约而行之，使播者艺者以时以度，勤者惰者有劝有戒，然后致天下富之寿之，彼不我富、不我寿者岂能革之哉？此则厚民力、固邦本之道也。观夫《国风》之《七月》、《小雅》之《甫田》，皆以农夫之庆为王化之基，岂圣人不思而述者乎！故周、汉、李唐，虽有祸乱，而能中兴者，人未厌德，作乱者不能革天下之心，是邦本之固也。六朝、五代之乱，鲜克中兴者，人厌其德，吊民者有以革天下之心，是邦本之不固也。然则厚民力，固邦本，非举县令，择郡长，则莫之行焉。

或谓举择令长，久则乏人，亦何道以嗣之？某谓用而不择，贤孰进焉；择而不教，贤孰继焉。宜乎慎选举之方，则政无虚授焉；孰教育之道，则代不乏人。今士林之间，患不稽古，委先王之典，宗叔世之文，词多纤秽，士惟偷浅，言不及道，心无存诚。暨于入官，鲜于致化，有出类者，岂易得哉！中人之流，浮沉必矣。至于明经之士，全暗指归。讲议未尝闻，威仪未尝学，官于民上，贻笑不暇，责其能政，百有一焉。《诗》谓长养人材，亦何道也？古者庠序列于郡国，王风云迈，师道不振，斯文销散，由圣朝之弗救乎！当太平之朝，不能教育，俟何时而教育哉！乃于选用际，患其才难，亦由不务耕而求获矣。

今春诏下礼闱，凡修词之人，许存策论，明经之士，特与旌别。天下之望，翕然称是。其间所存策论，不闻其谁，激劝未明，人将安信？倘使呈试之日，先策论以观其大要，次诗赋以观其全才。以大要定其留，以全才升其等级。有讲贯者，别加考试，人必强学，副其精举。复当深思治本，渐隆古道。先于都督之郡，复其学校之制。约《周官》之法，兴阙里之俗。辟文学掾，以专其事。敦之以诗书礼乐，辨之以文行忠信，必有良器，蔚为邦材，况州县之用乎！夫庠序之兴，由三代之盛王也，岂小道哉！孟子谓得天下之英材而教育之，一乐也，岂偶言哉！行可数年，士风丕变。斯择材之本，致理之基也。

又李唐之盛，常设制科，所得大才，将相非一。使天下奇士，学经纶之盛业，为邦家之器，亦策之上也。先朝偶属多务，暂停此科。今可每因贡举之时，申其坠典，必有国士，继于唐人，岂非国家之盛选欤？勿谓未必得人，遂废其道，此皆慎选举、敦教育之道，亦何患乏人哉！

倘国家行此数事，若今刑政之用心，则无不成焉。前代乱离，鲸吞虎噬，无卜世卜年之意，故斯道久缺，反为不急之务。既在承平之朝，当为长久之道，岂如西晋之祸，而有何公之叹者乎？愿朝廷念祖宗之艰难，相府建风化之基本，一之日图之，二之日行之，不以听刍荛为嫌而罢之，则天下幸甚幸甚！

至于岩穴草泽之士，或节义敦笃，或文学高古，宜崇聘召之礼，以厚浇竞之风。国家近年羔雁弗降，或有考盘之举，不逾助教之命，孝廉之士，适以为辱，何敦劝之有乎？

又流外之官，澄清未至，沿之则百姓受弊，革之则诸司乏人。将使群谤不兴，众心知劝，不若敦仍旧之制，加奖善之方。自簿尉两任，有举奏者，许入录事参军；录事参军有举奏者，许入职事官，或换三班使臣。既有进身之阶，岂无畏法之志！设使流内之人无迁进之望，而能尽公者必亦鲜矣。今后百司新入之人，或采其艺能，或出于仕族，行藏必审，考试必精。避役之人，无图之类，严革其弊，高为之防。既激其流，复澄其源，亦何患流外之冗乎？

某又谓育将才，实边郡，使夷不乱华者，何哉？盖闻古之善御戎者，将不乏人，则师战而不衄，边不乏廪，则城围而不下，狄疑且畏，罔敢深入，此刘汉所以长也。不善御戎者，将在贵臣，边须远馈，故战之则衄，围之则下，狄无疑畏，乘虚深入，此石晋之所以亡也。今兵久不用，未必为福。在开元之盛，有函谷之败，可龟鉴矣。何哉？昔之战者，耄然已老，今之壮者，嚣而未战。闻名之将，往往衰落，岂无晚辈，未闻边功，此必庙堂之所思也。仍闻沿边诸将，不谋方略，不练士卒，结援弭谤，固禄求宠。一旦急用，万无成功。加以边民未丰，边廪未实，下武之际，兵寡食足，如屯大军，必烦远馈。则中原益困，四夷益骄，深入之虞，未可量也。于时庙堂之上，虽有皋陶之谋，伯益之赞，不亦难乎！

夫天下祸福，如人家道，成于覆篑，败于疾雷。圣朝岂恃其太平而轻其后计？王衍之鉴，岂曰不明？清谈之间，坐受其弊。盖备之弗预，知之弗为，许下之兵，日血十万，岂不痛心哉！今西北和好，诚为令图，安必虑危，备则无患。昔成周之盛，王道如砥。及观《周礼》，则有大司马阵战之法粲然具存。乃知礼乐之朝，未尝废武。

今孙吴之书，禁而废学。苟有英杰，受亦何疑。且秦之焚书也，将亦愚其生人，长保天下；及其败也，陈胜吴广岂读书之人哉！况前代名将，皆洞达天人，嗣续忠孝，将门出将，史有言焉。今将家子弟，蔑闻韬钤，无所用心，骄奢而已。文有武备，此能备乎！今可于忠孝之门，搜智勇之器，堪将才者，密授兵略，历试边任，使其识山川之向背，历星霜之艰难。一朝用之，不甚颠沛，十得三四，不云盛乎！至于四海九州必有壮志，宜设武举，以收其遗。唐郭子仪，武举所得者也，斯可遗乎？又臣僚之中，素有才识，可赐孙吴之书，使知文武之方，异日安边，多可措任。此皆育将才之道也。又沿边知、同，精加选择，特授诏命，专谋农桑，三五年间，丰其军廪。此则实边郡之道也。将才既育，边郡既实，师战不而衄，城围而不下，狄疑且畏，敢深入乎！纵有骚动，朝廷可高枕矣。

前代御戎，其策非一。唐陆贽议缘边备守之术，请置本土之兵，勤营田之利，与今事宜相近，可约而行也。本土之兵者，若今之北边有云翼招收之军，更可增致，作为奇兵。至于营田之利，宜常兴作而加焉。愿相府为国家安危思之，五代之乱非远也；为河朔生灵思之，景德之前未久也。今相府劳一夕之思，绝百代之耻，无使中原见新羁之马，赤子入无知之俗，则天下幸甚幸甚！

圣人曰："微管仲，吾其被发左衽！"又曰："民到于今受其赐。"管仲，霸臣也，而能攘戎狄，保华夏，功高当时，赐及来代，况朝廷之盛德乎！

某又谓朝廷无过，生灵无怨，以绝乱之阶者，何哉？盖天下奸雄，无代无之。或穷为夜舞，或起为大盗。伺朝廷之过，执以为辞；幸生灵之怨，吊而称义，不然，亦何名而动哉？今明盛之朝，岂有大过？亦宜辨于毫末，杜其坚冰。或戚近挠权，或土木耗国，或禄赏未均，或纲纪未修，或任使未平，斯亦过之渐也。

某敢小举其失以言之。国家戚近之人，不可不约，除拜之际，宜量其才，非曰惜恩，惧乎致寇。若力小任重，则挠权乱法，增朝廷之过，启奸雄之志。《易》曰："小人而乘君子之器，盗思夺之矣。"所谓盗者，其奸雄之谓乎？今道路传闻，或缁黄之流，或术艺之辈，结托戚近，邀求进贡，或受恩赐，或与官爵。此挠权之渐矣，可不畏乎！夫赏罚者，天下之衡鉴也。衡鉴一私，则天下之轻重妍丑从而乱焉，此先王之所慎也。

又土木之兴，久为大蠹。或谓土木之兴，出于内帑，无伤财害民之弊，故为之而弗戒也。某谓内帑之物，出自生灵。太祖皇帝以来，深思远虑，聚之积之，为军国急难之备，非谄神佞佛之资也。国家祈天永命之道，岂在兹乎！如洞真、寿宁之宫，以延燎之灾，一夕逮尽，岂非天意警在帝心，示土木之所崇，非神灵之所据也？安可取民人膏血之利，辍军国急难之备，奉有为之惑，冀无状之福，岂不误哉？一旦有苍卒之忧，须给赏之资，虽欲重困生灵，暴加率敛，其可及乎！此耗国之大也，可不戒哉！倘谓内藏丰盈，用不可竭，则日者黄河之役，使数十州之人极力负资，奔走道路，岂惜府库之余而不用之耶！故土木之妖，宜其悉罢，岂相府之不言乎？两宫之不听乎？

又文武百官之禄，取兵荒五代之制。或职轻禄重，或职重禄轻，重轻之间，奔竞者至。大亨之世，犹患不均，岂圣朝之意乎？所宜损之益之，以建其极。

又今三司之官，差除颇异，禄赐弗轻，何知弊而不言，多养望以自进？天下金谷，决于群胥，掊克无厌，取怨四海，使先帝宽财之命，弗逮于民，和气屡伤，丰年寡遇，曾不谓之过乎？盖由三司之官，不制考限，不责课最，朝受此职，夕求他官，直云假涂，相与匿祸。天下受弊，职此之由，岂圣朝之意乎！宜其别制考课，重议赏罚，激朝端之俊杰，救天下之疲瘵，其庶几乎！

又古之勋臣，赏延于世，今则每举大庆，必行此典。自两省以上，奏荐子弟，并为京官。比于庶僚，亦既优矣。而特每岁圣节，各序子孙，谓之赏延，黩乱已甚。先王名器，私假于人，曾不谓之过乎？非君危臣僭之朝，何其姑息如是耶！遂使荫序之人，塞于仕路，曾未稽古，使之司民。国家患之，屡有釐革，然但革其下而不革其上，节于彼而不节于此，天下岂以为然哉！我相府岂惜一孺子之恩，不为百辟之表乎！

又远恶之官，多在寒族，权贵之子，鲜离上国。周旋百司之务，懵昧四方之事。况百司者，朝廷之纲纪，风教之户牖，咸在童孺，曾无激扬，使寺省之规，剥床至足，公卿之嗣，怀安败名。未尝试难，何以致远！非独招缙绅之议，实亦玷钧衡之公。

此则禄赏未均，任使未平，纲纪未修之类也。斯弊以久，何可极乎！惟我相府能革其弊，能变其极，而天下化成，不为难矣。

晋赵王伦、石勒之徒，心窥天子，口责丞相，岂非奸雄之人，伺朝廷之过乎！又今久安之民，不经涂炭，劳则易怨，扰则宜惊。猛将谋臣，威信未著。况边民尚困，边廪尚乏，苟有搔动，馈运所艰。武备未坚，狄志可骋，既挠之以征战，或以加之以饥馑，生灵穷匮，奸雄奋迅，鼓舞群小，血视千里。此五代之鉴昭昭焉，非止方册之有云，抑亦耳目之可接也。我太祖皇帝、太宗皇帝，亦尝有事四方，劳于馈运，而生灵不敢怨，奸雄不敢动者，何哉？一则五代余民久在涂炭，乍睹明盛，如子得母，纵有劳役，未甚曩昔，此生灵所以不敢怨也。又当乘天开之运，震神武之威，征伐四方，动如山压，况躬擐甲胄，备尝艰难，猛将如云，谋臣如雨，此奸雄所以不敢动也。所谓彼一时此一时尔。今朝廷岂谓当时之易，而不虑今时之难乎？

又谓保直臣，斥佞人，以致君于有道者，何哉？有若人未之病，则苦口之药鲜进焉；国未之危，则逆耳之言鲜用焉。故佞人易进，直臣易退，其致君于有道也难哉！及其既病也，药必错杂而进，故鲜效焉；及其既危也，言必错杂而用，故鲜功焉。盖佞人在矣，直臣远矣，其悔之也难哉！今朝廷久安，苦言而不用者，势使之然矣。

天深戒而不变者，祸可畏矣。伏闻京师去岁大水，今岁大疫，四方闻之，莫不大忧，此天之有以戒也，岂徒然乎？而京师之灾甚于四方，何哉？盖京师者，政教所出，君相之所居也。祸未盈而天未绝，故鉴戒形焉。不独恐惧其心，必使修省其政，国家之德尚可隆，天下道尚可行也。倘弗惧于心，弗修于政，渐盈于祸，渐绝于天，则国家四海将如何哉？或谓国家之灾，由历数之定，非政教之出。若如所论，则夏禹九畴之书果妖言耶？岂欲弃而焚之乎？苟天下有善则归诸已，天下有祸则归诸天，岂圣朝之用心？愿黜术士之言，奉先王之训，必不谬矣，必无过矣。于保直臣，斥佞人，则两宫二圣之心如日星焉，孰可蔽其明乎？纵有行伪而坚，言伪而辩，试于行事，人焉廋哉！

某往日不极言，而今极言者，学陋之人，思虑未精。又亲安之时，上惧失禄。不幸亲今亡矣，朝廷或怒之，自顶至踵惟忠也，又何忧乎？倘相府思变其道，与国家作长久之计，固其基本，一旦王道复行，使天下为富为寿数百年，则福在国家，功在相府，得与天下生灵，长见太平，幸甚幸甚！窃以五代以来，诸侯暴酷，视民如芥，生杀由之。皇朝龙兴，典章一宽。真宗皇帝至仁如天，尽心于此。内则举执法之吏，外则创按刑之司，徒流之间，无敢差者。若今于教化之道，复如刑名之用心，亦何患不至乎！今搢绅之间，多议按刑之司无益于外，亦思之未深耳。如得其人，纠察四方，绝斯民之冤，协先帝之志，岂无益乎？得人而已，不可谓川之既平，可坏其防也。今王刑既清，王道可行，此天下士人为相府惜其时也。或曰天下之事犹指诸掌，岂相府弗克行乎？亦在两宫之意尔。谓人主在上，或喜怒生杀，或好恶邪正，则谏诤之际，为臣不易也。若乃修四方之政教，正百司之纲纪，澄清风俗，相府之职也，岂必两宫之意乎？

倘相府疑某之言，谓欲矫圣贤之知，为身名之计，岂不能终丧之后，为歌为颂，润色盛德，以顺美于时；亦何必居丧上书，逾越典礼，进逆耳之说，求终身之弃，而自置于贫贱之地乎！盖所谓不敢以一心之戚，而忘天下之忧，是不为身名之计明矣。观前代国家，当其安也，士人上言论兴亡之道，非圣主贤相，则百不一采。及其往也，则后之史臣收于简策，为来代之鉴。今日之言，愿相府采其一二，为国家天下之益，不愿后之史臣收于简策，为来代之鉴。

狂斐之人，诛赦惟命。以庙堂深严，恐不得上，乃敢于相门之下，各致此书，庶有一达于聪明。干犯台严，下情无任惶恐激切之至。

不次，某死罪，惶恐再拜。

第三卷　庙堂与江湖

第一章　以退为进

保荐

年轻的仁宗皇帝坐在龙书案后面，怒气冲冲地看着手里的奏折。

这份奏折让二十岁的他越看越气，甚至气愤到了浑身发抖的地步。不等看完，仁宗皇帝便将奏折摔在龙书案上，瞪着眼睛厉声问道："此人到底是谁？"

正垂头站立的吕夷简手抱笏板，再次将身子低了低，语气温柔地说："禀太后、皇上，此人名叫范仲淹，本是先帝大中祥符八年的进士。入仕以后，此人一直担任地方官，后在南都掌学。一年前丁忧服除，目前的身份是秘阁校理。"

吕夷简的答对思路清晰、一清二楚，用三言两语便说清了范仲淹的来龙去脉。

"一个小小的秘阁校理，竟然有如此的胆量！"仁宗皇帝站了起来，虽然一副生气的样子，但他却偷看了一下不远处端坐的母后刘娥。

皇太后刘娥喜怒不形于色地坐在另一边，两个人中间隔着一道半透明的黄色珠帘。

仁宗皇帝从龙书案后一步步走下台阶，吕夷简的头垂得更低了。

"吕相，你去查查，这个范仲淹到底是谁保荐上来的！"仁宗皇帝怒气冲冲地说。

吕夷简不敢答话，群臣也噤若寒蝉。皇帝的震怒，即使是他这样的当朝重臣，也感觉雷霆万钧。

大宋仁宗天圣七年（1029），即位已经八年的仁宗皇帝赵祯虽春秋已盛，但依旧在皇太后刘娥的监督下执掌着大宋的朝政。十一月是太后的寿辰，已经垂帘听政八年之久的皇太后刘娥声望日隆，他准备率百官在会庆殿行君臣之礼，隆重地为母后祝寿。本来诏令已经发下去了，不想一个名叫范仲淹的人却封表具奏，说自己如此隆重地为太后祝寿有失礼制。范仲淹在奏折中说，身为皇帝自己不但不应该向太后行君臣之礼，而且会庆殿是处理国家大事的地方，祝寿活动也不应该在这里举行。

简直是反了。

仁宗皇帝根本就不知道这个范仲淹是谁，更不知道谁给他的胆量。敢对朝廷的事情指手画脚，这个小官员疯了吗？

当然，仁宗皇帝已经不是个孩子，他更在意的是母后的感受。自乾兴元年以来，大宋国在母后的领导下一切有条不紊，虽然随着他一天天长大，母后并没有将更多的权力交给自己，但他能理解母后对自己的良苦用心。有母后在，不管什么事情自己都不用过多地操心。突然之间，这个名叫范仲淹的人提出这个建议，母后会怎么看？

所以，不等母后发表意见，仁宗自己先发火了。此时，他需要拿出一个当儿子的态度。

散朝以后，吕夷简刚刚准备返回中书，资政殿大学士晏殊急忙走过来，低低地叫了一声：“吕相。”

见是晏殊，吕夷简当然知道他找自己是为了什么事情。

身为宰相的吕夷简早就知道，晏殊是范仲淹的保荐人。一年以前，范仲淹以一封《上执政书》名闻天下的时候，吕夷简已经是大宋宰相班子成员。他亲眼看到了范仲淹这篇文章，吕夷简为范仲淹的文章和见地叫好，但身为参知政事的他虽有赏识范仲淹的想法，却没有重用范仲淹的权力。

后来，范仲淹丁忧结束，因为晏殊的保荐，范仲淹得以升任馆职。谁也没想到一个小小的秘阁校理，竟然敢提出这样一个冒天下之大不韪的话题。

如今皇帝责问下来，追究责任已经在所难免。

吕夷简知道，不但晏殊是范仲淹的保荐人，连他丁忧期间担任应天府掌学，也都是晏殊的推荐。

晏殊在这个时候突然叫住自己，吕夷简当然知道他想干什么。

在宋代，如果被荐人出事，保荐人是需要承担连带责任的。吕夷简一向与晏殊关系不错，他当然也知道晏殊和太后、皇帝之间的关系。在未来的某一天，他很可能就是自己的接班人。吕夷简非常欣赏才满天下而又性格温和的晏殊，这些年不管什么事情，晏殊都做得头头是道，几乎所有的人都知道晏殊一定前途无量。虽然因反对张耆担任枢密使栽了个跟头，如果不是太后和皇帝的欣赏，他能这么快返回朝堂吗？如今两个人同殿称臣，晏殊既是皇帝太子时代的旧臣，同时也是太后眼中的红人。再说，这些年里晏殊对自己也照顾不少。只是吕夷简没想到，一向做事小心翼翼的晏殊竟会因这件事受连累。

自真宗皇帝去世以后，太后临朝听政已经八年。在这八年的时间里，她恩威并施，提拔了很多官员，却也毫不手软地除掉了每一个敢反对她的大臣。

就在前不久，太后的生日长宁节。经皇帝提议，由相关部门议定，皇帝以臣子的身份亲率众大臣给太后拜寿，而且按照给皇帝拜寿的规格，皇帝带头行臣子礼。

史载：*癸亥，冬至，上率百官上皇太后寿于会庆殿，乃御天安殿受朝。秘阁*

校理范仲淹奏疏言：天子有事亲之道，无为臣之礼；有南面之位，无北面之仪。若奉亲于内，行家人礼可也；今顾与百官同列，亏君体，损主威，不可为后世法。

范仲淹认为，皇帝贵为天子，对太后虽有母子之情，但不能行臣子之礼。如在宫内可以用家人礼法，但当着天下人的面，不能这么带着群臣给太后拜寿行礼，这样不但有损皇帝尊严，而且有伤国体，还不可为后世效法。

范仲淹够敢说的。

史载：疏入，不报。

这个“疏入，不报”其实是很微妙的。它首先说明了范仲淹的说法应该没什么问题，只是朝廷不能按他说的做，却又找不到驳斥的理由。听到就当没听到，不采纳、不理会同时也不表态，这是古代处理这类事情最常用的办法。

本来这是一个无可无不可的事，而且已经进行了不止一年。如今母子和谐，朝政太平。虽然大臣们对此也有人持反对意见，但谁也不敢对此表态。

哪知道，这个胆大包天的小小秘阁校理，竟然敢公开上书进行反对。臣子的上书宰相们是不能压下的，因此在看到这封奏折时，吕夷简就开始担心：范仲淹这不是挑拨皇帝的母子关系吗？

果然，皇帝恼了。

这一年，二十岁的仁宗皇帝已经在母后的光环下愉快地度过了八年的幸福时光。在这年年初，皇太后再次用她的雷霆手段除掉了真宗时代最后一名重臣曹利用。自“澶渊之盟”立功以后，曹利用官运亨通，一直担任朝廷的最高军事长官。太后临朝以后，位高权重的曹利用屡屡以勋旧功臣自居，他权倾内外，傲慢得有些忘乎所以。因他手中握有兵权，纵是太后这样的女强人对他也有些忌惮。为了拉拢曹利用，太后不但给身为武官的他赏赐了高得不能再高的荣誉称号，每次上朝时只尊称其官职“侍中”，而不是直呼其名。

也是因此，武将出身的曹利用对皇太后颇有些不以为然。尽管这样，不管是曹利用自己还是他的家人，处事一向都比较谨慎。但再小心的人也会犯错，有时候这类错误仅仅是意外。不久前，有人状告曹利用的侄子、赵州兵马监押曹汭竟于酒醉后身穿黄袍，让人呼其万岁。事情报到朝廷后，太后大怒，亲自手书给宰相王曾：“曹利用与其侄儿谋反事，理分明也，须早杀却。若落他手，悔不及也。”

见太后如此，与曹利用交好的新晋宰相张士逊小心进言：“此应曹汭一人所为，曹利用为朝廷重臣，应该不知。”

见张士逊身为宰相竟如此糊涂，刘太后又是大怒。她当然知道张士逊和曹利用的关系，因为张士逊能担任宰相就是曹利用推荐的。暴怒之下的刘太后未经商量，便将张士逊罢官并逐出京师。张士逊罢相以后，因王曾的再次推荐，刘太后升吕夷简为宰相。其实这个宰相位置本来就是吕夷简的。其实早在一年之前，吕夷简就有机会登上此位。不过他要了一个小手段，先把这个机会让出去了，此前我们已经讲过。

罢免枢密使需要宰相同意，大宰相王曾虽一向看不上一介武夫曹利用，但谋反这样的大罪，他也不敢轻易将其扣到曹利用头上。因此，对曹利用的处理王曾迟迟没有做出定夺。

刘太后见王曾如此，更是生气。一向快刀斩乱麻的她当机立断，不再与宰相商量。她不等曹利用辩解，便下旨夺去了他的兵权并逐出京城。

可惜，一代枭雄曹利用无法接受这样的结果，自尽于被贬途中。

曹利用死后，刘太后更是一言九鼎，说一不二。自垂帘听政以来，难缠如寇準，狡诈如王钦若、聪明如丁谓、强悍如曹利用，这些真宗时代的超级强人无一不败在她的手下。领教了她的雷霆手段以后，群臣无一不对其服服帖帖、唯命是从。更可怕的是，不但处理真宗时代的重臣毫不手软，对自己提拔起来的大臣，刘太后也毫不客气。枢密副使晏殊、宰相张士逊就是很好的例子。

群臣还不知道的是，收拾晏殊和张士逊其实只是刘太后的牛刀小试。就在张士逊被贬不久，因为玉清昭应宫的一场大火，大宰相王曾引咎辞职，这个女强人连眼都没眨一下就批准了。

王曾被罢的真正原因大家都心知肚明。升任大宰相以后，王曾一直有着高尚的人格操守和杰出的平衡能力。也是因此，他和太后虽积怨已久，却一直都在相互成全和迁就。大家做梦都没想到，权力如日中天的刘太后已经不允许任何人挑战她的权威，仅以一件小事就毫不客气地罢免了大宋朝堂堂宰相。

如今，一个小小的秘阁校理，朝廷上下甚至都还不知道他的名字，竟敢在这个时候提出这样一个主张，吕夷简也有些搞不明白了：他这是不要命了吗？到底是谁给他的勇气？

群臣议论纷纷，晏殊跟随吕夷简回到中书。关上房门，吕夷简发现晏殊早已紧张得满头大汗。看着晏殊心神不安的样子，吕夷简却泰然自若地笑了：

“同书，这件事你不用说，其实我早就知道。当着太后和皇帝的面没说，是因为这件事不必细说。你先坐下喝杯茶，不必大惊小怪。”

吕夷简说着拉晏殊坐下：“我不光知道这个范仲淹是你保荐上来的，我还知道真正要保荐他的人其实不是你。”

晏殊愣住了。见吕夷简这么说，显然他什么都知道了。知道自己不能再隐瞒下去，晏殊叹了口气说："吕相，我也没想到希文这个人如此冒失。如今让我如何是好？"

吕夷简考虑了半天："同书，我早就劝你闲事少管，可你就是不听。"

晏殊道："如果不是王相……"

"你不要说了，"吕夷简打断了晏殊的话，意味深长地说，"当时我就在东府，这些事情我能不知道吗？当初你就没想想，既然如此欣赏，孝先（王曾字孝先）为什么不自己推荐？同书，我劝你一句，此事只要不连累到你就好。君子明哲，以保其身。孝先是孝先，你是你。范仲淹虽然冒失，无非是好邀奇名，出出风头罢了，这件事孝先难脱干系。如今孝先被贬兖州，今后你一定不要跟他搅在一起。"

听到吕夷简的话，晏殊愣住了。吕夷简和王曾的关系可是路人皆知的，他万万没想到吕夷简此时会说出这样一番话。

看着发愣的晏殊，吕夷简说："这件事真正生气的不是皇帝，而是太后。皇帝生气，是给太后看的，这一点我想兄弟你比我还清楚。"

晏殊没有接吕夷简的话，他装作听不明白似的对吕夷简说："不管怎么说，吕相你可一定要帮帮小弟。"

"同书放心，你我相识已非一日，这件事我自会处理。"吕夷简明明已经有了主意，却不肯说出来。

晏殊还是有些不放心，有些急切地说："明天上朝，皇帝和太后问起，你怎么说？"

看着如惊弓之鸟的晏殊，吕夷简讳莫如深地笑了："同书放心，我自有安排。"

牵连

回到府中，纵是一向温文尔雅的晏殊也气坏了。

想想当初在应天府的时候，范仲淹在自己面前，是那么的知书达理，是那么的谦逊有礼，决定让范仲淹掌学南都以后，晏殊自认没看错人。范仲淹很快就用他的努力给了自己回报。他发现这个基层出身的大龄青年，不但做事踏实认真，而且处理事情有思路、有办法，确实是个难得的实用之才。

因范仲淹是自己提拔上来的人，回到朝廷以后，晏殊还多次给范仲淹写信，鼓励他一定要放开手脚，努力干、大胆干。哪知道今天事情成了这个样子！

晏殊越想越气。

如果不是大宰相王曾的推荐，说实话秘阁校理的位置晏殊并没想推荐范仲淹。眼见范仲淹服除，晏殊认为他老老实实地在应天府掌学就行了。既然会办学校，那你就好好地办学，这不管对谁来说都是件好事。

《上执政书》晏殊也听说过，那段时间，朝廷上下都在流传范仲淹写给宰相们的这封信。说实话，范仲淹这封信，晏殊没看。晏殊没看是因为他生气了。

晏殊没有想到，范仲淹会贸然给宰相们进言。此时，他已经隐约感到，这个范仲淹绝不是个甘于人下的人，敢与东府谈自己的治国理想，范仲淹越界了。

晏殊不喜欢越界。

如果不是王曾的谈话和授意，晏殊绝不可能推荐范仲淹。王曾为群臣之首，晏殊非常佩服这个比自己大十三岁的大宰相。不管是才华、能力还是做人，王曾以他崇高的人格魅力深深影响并感染着天圣年间的每一个大臣。

大宰相想提拔的人，再加上自己的提名，自然没有一个人会反对。当时晏殊天真地想，也许范仲淹在基层压抑太久了，来到中央以后，他一定会老老实实地做人、老老实实做好本职工作。哪知道他任职不到一年，就捅下了这么大一个娄子。

穷人乍富，这是他还不知道江湖险恶！晏殊恨恨地想。就在年初，因除掉了曹利用，说一不二的刘太后对东西两府的官员就进行了调整。先是东府官员宰相张士逊被罢，接着是参知政事鲁宗道去世。东府一下子失去两位大员，太后先是升枢密副使、给事中夏竦为参知政事，然后将参知政事、知开封府吕夷简升为宰相。吕夷简升职腾出来的空缺，由龙图阁学士、右谏议大夫、权三司使事老臣薛奎填补。

西府这边，由翰林学士兼龙图阁学士、右谏议大夫、权知开封府陈尧佐填补了夏竦的空缺。随着东西两府的再次洗牌，晏殊也由御史中丞、刑部侍郎升兵部侍郎、资政殿学士、翰林侍读学士。晏殊知道，太后之所以给自己这样一个任命，只有兵部侍郎的身份是最实际的，其他都是虚职，看来她最终还是想让自己去枢密院掌管军职，只是这一过程不会那么顺利，太后绝不会这么轻易让自己官复原职。

晏殊改任以后，空出来的御史中丞，太后任命给了工部侍郎、知永兴军王曙。王曙是朝中老臣，不但名声不错而且威望极高，他还是前宰相寇準的女婿。

随着吕夷简接替张士逊，东西两府的官员好不容易稳定下来。谁也没想到的是，六月的一场大火，再次改变了朝廷的格局。

这年六月，真宗皇帝耗朝廷多年之力修建的玉清昭应宫被雷电击中，一场大火将玉清宫三千六百一十间房屋几乎烧了个片瓦不留。看着只剩下一两座小殿，一是痛惜大火造成的损失，二是因此想起了丈夫真宗皇帝，刘太后当着群臣的面痛哭流涕，不知所云。

枢密副使范雍见太后似乎有意重修玉清宫，忙上言道：不如一把火都烧完了好！

睹物思人的刘太后大怒，问范雍何出此言。范雍说，先朝为修玉清宫耗尽了下天下财力物力，如今它仓促之间化为灰烬，这一定是天意，是上天的警告和惩戒。如果留下这一两间小殿，想必朝廷会再次修葺，这样一来，国家百姓都承担不起，所以不如一把火都烧光了好。

让太后生气的是，宰相王曾和吕夷简居然也认可范雍的说法，都表示同意范雍的建议。

伤心绝望之下，太后只是沉着脸默然不语。

玉清宫修还是不修，一个担任太庙斋郎名叫苏舜钦的人也上奏书言说玉清宫不当修。千万不要小看这位苏舜钦，他可是太宗年间状元苏易简的孙子、前朝大宰相王旦的外孙。苏舜钦以文名著世，不久以后，他就会和范仲淹成为亲密的至交好友。

太后很伤心。

因玉清宫的大火，有气没处撒的她想起了近些日子王曾的种种表现。虽说王曾在自己垂帘听政时立了大功，而且帮助自己除掉了不可一世的丁谓，但这段时间王曾做事越来越让人不舒服。想一想自己待王曾不薄，先升宰相，后升首相，自己对他几乎是言听计从。哪知道王曾翅膀硬了以后，竟处处跟自己对着干。不但带头反对自己在天安殿受册尊号，去年长宁节过寿，他竟然带头说以后自己过寿的仪式不能再像以前一样安排在会庆殿，而是将它安排到了其他小殿。不但如此，他还对自己的姻亲故旧指指点点，多次修改自己对他们的任命。

太后越想越恼，恰好因玉清宫大火王曾请辞，她毫不犹豫地将王曾贬到了青州。与其留一个不听话的宰相处处跟自己作对，还不如多找几个听话的大臣辅佐自己。刘太后不相信，离开王曾大宋的朝政自己会玩儿不转。

王曾的被贬对大臣们的触动很大。一时间上意难测，人人自危，谁也不敢对玉清宫的事发表意见。很快，借玉清宫的大火，太后又罢免了很多人。与王曾一起被贬的还有翰林学士、中书舍人宋绶。贬去他们两个以后，太后下令让御史台严查起火的原因。御史中丞王曙带人进行一一详查，并没找到别的毛病，只是调查到玉清宫主官道士李知损曾带着一帮道徒在宫内大吃大喝，而且还破戒吃荤。

太后不但重罚了李知损和他的徒子徒孙，还处罚了对此有责任的大内宦官。对玉清宫相关守卫人员，刘太后则毫不客气，下令将他们全部处死。

见太后如此震怒，御史中丞王曙劝太后说此为天意，春秋时鲁桓、僖二宫因火被毁，孔子认为此二宫本就当毁。汉武帝时，辽东为纪念汉高祖修建的高庙和高园便殿相继因火被毁，董仲舒劝谏汉武帝，说起火的原因是皇家的祭祀之地本就不应该建在辽东，高园的大殿更不应该建在陵墓旁边。三国时期魏国的崇华殿也曾遭遇过火灾，魏文帝想对其进行修复，大臣高堂隆劝诫未果，魏文帝没有听从高堂隆的劝告，结果崇华殿修好之后再次因火被毁。如今，玉清宫本就没有遵从礼制和经义，这是上天对朝廷的警示。如今一是不宜过多追究，二是不宜再修。

太后为王曙之言所动，决定不再处死玉清宫的守卫。如何为玉清宫善后，太后似乎也已经有了想法。

这时，右司谏范讽、监察御史张锡相继都进言，说大火属于天灾，而非人祸，太后不应如此治罪，否则会招致天怒。如今国家人力物力疲惫已尽，朝廷是否要重修玉清宫，群臣都在观望。范讽建议朝廷公告天下，不再修复玉清宫。另外，对于剩下的两间小殿，范讽还给出了他的建议：将长生、崇寿二殿进行简单修复，改名为万寿观。

太后同意了范讽的建议，直到此时，前后折腾了大宋朝二十多年，几乎将大宋朝财力物力消耗殆尽的玉清宫才正式退出历史舞台。

王曾被贬以后，唯一的宰相吕夷简开始名正言顺地担任昭文馆大学士，从这天起，一心在人生和事业上都要超越伯父吕蒙正的他正式有了首席宰相的身份。

朝堂险恶，上意难测，面对这些事情，还没有完全恢复元气的晏殊真的是战战兢兢，有了上次被贬的教训，他一句话都不敢多说。

吕夷简正式成为首相以后，为了让他更好地处理工作同时也是为了让他更好地效忠自己，刘太后将参知政事夏竦和枢密副使陈尧佐的位置对调了一下。夏竦调离东府，到枢密院担任枢密副使，陈尧佐调到东府担任吕夷简的副手参知政事。之所以这么安排，太后是考虑夏竦此前与吕夷简不和。吕夷简性情温和，夏竦则强势忌刻，夏竦一直看不上基层出身的吕夷简，太后要为自己新提拔的大宰相提供一切工作上的方便。

在吕夷简的辅佐下，太后处理政务越来越得心应手。这年九月，她特意召见了皇帝太子时代的老师李迪。当初，李迪因反对太后垂帘听政被贬出京，如今由青州改知河南府。太后无不得意地问李迪说：当初你一直拦着，不让我干预国事。我知道你也是为了我好，怕我留下骂名。如今我垂帘听政已经这么多年，你来说说，这些年我做得怎么样啊？

李迪低头无语，默然半天才不无诚恳地说，臣受先帝厚恩，当年一时糊涂，看到皇帝如今的圣明，才知道太后您圣德如此，功勋无量。

太后听了李迪的话，很开心。

人员变动虽大，但更值得注意的是，太后并没有再任命新宰相和枢密使。如今，宰相只剩下吕夷简一个人，而枢密使也只有太后的亲信红人张旻一人担任。自真宗朝以来，只有王旦任宰相的时候出现过东府只有一名宰相的情况，太后这一安排让人感觉颇具深意。

近些日子，晏殊小心翼翼地上朝下朝，唯恐哪件事做得不对惹恼了本就喜怒无常的刘太后。因此，不管在什么场合，不管对谁他都不敢多说一句话。哪知道越是小心越出问题，这个不知天高地厚的范仲淹，他到底要干什么！

越想越气的晏殊差人将范仲淹叫到府内。如果不当面兴师问罪，真不知道以后他还会闯下什么大祸。

处理

在见到晏殊之前，范仲淹还不知道发生了什么事情。

到底是什么事情，会让部门最高长官兴师动众地召见自己，而且还是到他的府上？范仲淹不敢怠慢，忙跟在下人后面来到晏府。

走进客厅，当看到面沉似水的晏殊，范仲淹方知道是自己那份奏疏闯下了大祸。

虽有些慌张，范仲淹也不是一点心理准备都没有。

见到范仲淹，晏殊好长时间没有说话。他只是抬了抬手，示意范仲淹坐下。晏殊两只眼睛像看陌生人一样看着不知所措的范仲淹。又过了许久，晏殊方说："希文，听说你上了一份奏折，这事儿有没有？"

"有的，大人。"范仲淹说。

"那我问你，你什么意思？"晏殊见范仲淹回答得挺理直气壮，本来压着的火又蹿上来了。

见晏殊火气这么大，范仲淹忙起身解释："一个小小奏折，大人何必如此动怒？"

"小小的奏折？我问你，'天子有事亲之道，无为臣之礼；有南面之位，无北面之仪。若奉亲于内，以行家人礼可也。今顾与百官同列，亏君礼，损王威，不可为后世法'，这话是你说的吧？你这话是什么意思？皇帝的家事，是你议论安排的吗？"晏殊一气之下把范仲淹奏折里的话全念出来了。

"大人，我觉得……可我觉得这不是皇帝的家事，"范仲淹一本正经地说，"身为一国之主，皇帝无私事。如今皇帝春秋已盛，我认为……"

"你认为，什么你认为！"晏殊严厉地打断了范仲淹的话，"这是你一个秘阁校理该说的话？我提拔你到这里来，是为了让你说这个的？你要不一心狂率邀名，今天如果不是吕相压着，还不知道你这个祸会闯多大。你有没有想过当初是谁保荐的你？你知道不知道，你这么做会连累很多人的！"

范仲淹面有愧意，但他随即正了正衣襟，正色对晏殊说："大人此言差矣。范某之所以会有今天，全因大人保荐栽培。如今之计，范某每日总是担心力不胜任，怕因此愧对您的赏识，因此我才上此奏请。朝廷有违礼制，范某本意只是想加以提醒，不想却因此得罪连累了您。虽过意不去，但我觉得自己做得没错。"

范仲淹的话不是没有道理。晏殊何尝能不清楚，太后左右朝政已经太久了。可这话谁又能说，谁又敢说？

"不要再强词夺理了，你是太轻率！"说到这里，晏殊站起来，"纵是你想为国报效，国家有多少事情可以说，你为什么非说这件事？朝中这么多大臣，哪个比你不如，他们谁不明白这些道理？我真是瞎了眼，自己搬石头砸自己的脚！你说说你办的这叫什么事儿！"

自从上次被贬以后，太后是晏殊心头挥之不去的一个阴影。按说，自己能算得上太后眼中比较喜欢的人了，然而天威难测，仅仅因为自己反对张耆担任枢密使，她便将自己一棍子打到了应天府。晏殊能不怕吗？

见晏殊急了，范仲淹反倒不急。"大人容我多说几句。如今朝廷尸位素餐之人太多，很多人依恋名位，所以不敢指出朝廷的错误，我想这也正是大人您重用我的原因。既然已经闯祸，范某一人做事一人当，此事与大人无关，我一人担下便是。"

见范仲淹这么说，晏殊的火气消了许多，他长叹一声："这是你一个小小的秘阁校理能担的事儿吗？"

范仲淹走后，生气归生气，晏殊知道自己没能说服范仲淹。说实话，范仲淹的话不是没有道理，可他这么做事终归是太轻率了。明天的朝堂之上，吕夷简会怎么向太后和皇帝解释？太后和皇帝又会如何处置？

思来想去的烦恼让晏殊一晚上都没能睡好。他没想到范仲淹这么有主意，还有一件事晏殊也没弄明白，那就是吕夷简为什么让自己跟王曾划清界限。大家都很清楚，虽然被贬，不出意外王曾很快就会回来的。吕夷简之所以有今天，都是王曾一手提拔的。几乎所有的人都知道，吕夷简是王曾的铁杆儿小弟，恨不得跟王曾穿一条裤子。吕夷简跟自己说那句话是什么意思？

奇怪。

想来想去，一直想到天亮晏殊才终于将事情想明白。虽然想明白了，但他实在不愿意将“过河拆桥”四个字用在吕夷简头上。吕夷简之所以跟自己说那句话，其实他的意图很清楚：此一时彼一时，朝中大宰相的位置只有一个。吕夷简虽初登高位，他已经在考虑如何把他大宰相的位子坐稳了。

想到这里，晏殊摇了摇头，如果真是这样，王曾怕是一时半会儿难以回到朝中了。

吕夷简的政治手腕果然不是盖的。第二天上朝的时候，吕夷简当着群臣的面向太后和皇帝启奏说，经过他的调查，范仲淹此人根本就没有什么背景，相关部门只是循例将其升入秘阁。进入秘阁以后，范仲淹工作还算称职，不过这个人有些好邀奇名、想出出风头罢了。太后和皇帝没必要和这样的小人物一般见识。他的奏折建议不予理会，留中不发。如果真计较起来，反倒遂了他的心愿。

太后和皇帝点头称是，一场大祸临头的灾难，就这样被吕夷简几句话轻描淡写地化解了。

晏殊自是感激万分，但出乎晏殊意料的是，吕夷简对此只是轻描淡写，按晏殊的推断，他把王曾扯进来才对。奇怪的是吕夷简不但保护了自己，而且也没有提王曾一个字。晏殊不禁疑惑：难道自己猜错啦？

晏殊并没有猜错。

吕夷简的高明，在于他不动声色地将这件事情不着痕迹地淡化掉了。既没有让太后和皇帝生气，而且还卖了前途无量的晏殊一个大人情。至于范仲淹这样一个无名小辈，只是他的运气好而已。吕夷简一直把自己隐藏得比较深，他何尝不想通过这件事来对付王曾，只是如果提到王曾，必定会连累到晏殊。他已经答应过晏殊，所以吕夷简只能将这件事压下来。再说，王曾对自己有恩人所共知，如果过早地把王曾卖出来，自己难免有过河拆桥之嫌。一个小小的范仲淹，由他去吧。

如今，吕夷简需要做的，就是进一步得到太后和皇帝的好感与认可，唯有这样他才能牢牢坐稳自己的位置。身为一国宰相，他需要做的事情是燮理阴阳、明辨是非，而不是计较个人得失争长论短。因此，他不能急于求成，特别是对恩人王曾，感激归感激，但好不容易得来的位置，谁会让出去？自己只好从长计议了。

吕夷简很清楚，当下自己最重要的任务就是牢牢坐稳自己的位置。放眼朝中，未来几年能让自己感到威胁的只有两个：其中一个是被贬在外的王曾，另一个人则是皇帝原来的老师李迪。

王曾，自己只要防着他回到朝中就行了。如果王曾回到朝中，一是他资格老；二是他威望高；三还是自己的恩人。只要他不能回朝，一切都好办。吕夷简最担心的人是李迪。李迪可是皇帝的老师呀！据说他和皇帝的感情特别深，前不久太后还特意召见了他，此人才是自己未来最大的对手。

吕夷简不相信普通进士干不过状元。虽然你们都是状元出身，奈何我老吕起步比你们早！奈何我现在在宰相的位置上了，纵使你们状元出身，只要我防范得当，你们又能如何？

这一年，吕夷简五十二岁。吕夷简是咸平三年（1000）的进士，跟他同样五十二岁的王曾则是咸平五年（1002）连中三元的状元，而比他们大七岁的李迪中状元却是在景德二年（1005）。

过后，晏殊专程向吕夷简表达了自己的感谢。吕夷简对此只是没事儿似的淡然一笑，事情就这么过去了。

虽然范仲淹的奏折留中未报，但朝臣们都已经知道了范仲淹的名字。人人都知道这个胆大包天的正八品小官冒犯天威，说出了别人想说却谁也不敢说的话。更多的人在等着看范仲淹的热闹：以刘太后的强势，她绝不可能轻易饶过这个不知天高地厚的秘阁小官。

然而，关注归关注，朝廷对范仲淹的处罚却一直没有下达。朝臣们该上朝的上朝，京官们也各自分头忙碌着自己的事情。这年十一月冬至，皇帝还是像原来计划的一样，率群臣一起隆重地给太后拜寿。太后的寿庆活动主场地选在了会庆殿，而太后接受天子和群臣跪拜的仪式，却被意味深长地安排到了天安殿。

一切该进行的还照常进行，但在朝臣心中，有些事情却不一样了。有些话一直藏着不说，可能大家都心领神会，只是谁都不愿意说破。一旦有人说出来，很多人很多事都会因此而改变。随着范仲淹捅破这层窗户纸，开始不断有人对太后长年临朝听政的做法发表看法。

像范仲淹这样的小官，根本就没有上朝的资格，因此朝中的一举一动他并不清楚。从晏府归来以后，在埋头工作的同时，范仲淹对晏殊的愧疚却越来越深。晏殊是自己的恩人，如果不是他再三保荐，此时的自己还不知道在哪个衙门里誊录公文呢。范仲淹尽一切可能地在寻找时机，他一定要好好向恩人解释一下。同时他也做好了随时被赶出京城的准备。

范仲淹的心理压力越来越大。

然而这件事完全就像没发生过一样，朝廷越不处理，他心里越是不安。范仲淹并不知道关键时刻是吕夷简帮了他一把。

被贬

转过年来，范仲淹觉得自己还是有必要跟晏殊把这件事情说清楚。为此，他专门给晏殊写了一封长信，一是表达歉意并解释原因；二是他始终认为自己做得没错。

为了说明自己没错，范仲淹不但真诚地向自己的恩人做了解释，他还在信中滔滔不绝地引经据典给晏殊讲了很多道理。范仲淹说：当公之知，惟惧忠不如金石之坚，直不如药石之良，才不为天下之奇，名不及泰山之高，未足副大贤人之清举……且当公之知，为公之悔，徜默默不辨，则恐搢绅先生诮公之失举也。如此，某何面目于门墙哉……夫天下之士有二党焉：其一曰，我发必危言，立必危行，王道正直，何用曲为？其一曰，我逊言易入，逊行易合，人生安乐，何用忧为？斯二党者，常交战于天下。天下理乱，在二党胜负之间尔……

文辞恳切，看罢文章晏殊不禁掩天长叹：我倒是小看了这个范希文！

范仲淹的文采绝对不是一般人能比的，一席话说得文惊天下的晏殊甚至开始怀疑人生。他发现不是范仲淹错了，而是自己错了。也许只有像范仲淹那样当仁不让、大义凛然才能算作朝廷的忠臣。史载：殊座愧谢焉。

见朝廷迟迟不肯处理自己，而且皇帝照样该拜寿的拜寿，该磕头的磕头，范仲淹的倔劲儿又上来了。他索性一不做，二不休，再次上书一封。

这一次，范仲淹提出的问题更尖锐：请太后还政。

反正已经得罪你们了，那索性就得罪到底。范仲淹上言道：

陛下（太后）拥扶圣躬，听断大政，日月持久。今上皇帝春秋已盛，睿哲明圣，握乾纲而归坤纽，非黄裳之吉象也。岂若保庆寿于长乐，卷收大权，还上真主，以享天下之养……

史载：疏入，不报。

如果说范仲淹第一次上书是闯了祸，这次上书简直是捅破了天。

接到范仲淹的奏请，见惯了大风大浪的宰相吕夷简也傻了。这个范仲淹到底是个什么人，竟敢接连再三地如此胡闹！明明挣着图书管理员的工资，操的却是国家大事的心，他到底是个不知死活的愣头青，还是个不出风头不罢休的沽名钓誉之辈？

范仲淹让吕夷简很反感。可身为大宋宰相，他不能跟一个这样的低级官员一般见识。但如果此事不处理，他像尝到甜头一样屡教不改，那该如何是好？吕夷简觉得，是时候应该给他一个教训了。

说实话，如果不是因为顾及晏殊，像范仲淹这样的狂率，吕夷简早就把他处理掉了。吕夷简当然知道范仲淹是王曾的人，同时他也知道以王曾之才，总有一天他还会回到朝内，他在范仲淹身上看到了王曾的影子。只是眼前应该怎么处理范仲淹，吕夷简一时还没有想好。

他要布一个很大的局。

范仲淹这一举动当然再一次惹恼了晏殊，晏殊简直都要气疯了。生气归生气，晏殊自知没有范仲淹那样的气魄和胆量，这样的事他做不出来。好在晏殊认为范仲淹这么做是对的，只是从此以后，他几乎切断了和范仲淹之间的来往。

结果，没等吕夷简处理，范仲淹见自己的奏折还是不见动静，竟自己申请辞职外任了。世界上最大的侮辱就是无视。范仲淹不能容忍自己的奏疏被朝廷一而再再而三地视而不见，既然你们都不说事儿，对不起，我不陪你们玩儿了。

范仲淹具封上奏，请朝廷批准自己离京外任。

其实，此时范仲淹主动请辞的原因还有一条，那就是他的大偶像王曾的失意。因为王曾的赏识，范仲淹得以升入内阁。如今王曾被贬，自己在朝中已经没有了靠山。与其在朝中苦苦挣扎，不如去基层做点儿实事。

吕夷简见范仲淹主动辞职，不禁大喜过望。不管他是愣头青也好，不管他是有意为之也好，一个这样的人，还是尽快让他从朝廷的视线里消失吧。

吕夷简顺水推舟，将范仲淹贬到了河中府（今山西省永济市）。

大宋仁宗天圣八年，在这一年的时间里，仁宗皇帝在母后的关心下健康地成长。尽管他是一个听话的孩子，但随着一天天长大，他和母后的关系也变得越来越微妙。

就在这年的年初，二十一岁的仁宗皇帝召见了道教第二十四代天师张正随。张正随在仁宗皇帝的父亲真宗时代就很受皇家的重视，真宗皇帝曾厚赏此人，并亲自为其赐号贞静先生。这位道教大德告诉年轻的仁宗皇帝说，我们不是可以辅政的宗教，陛下您如果能够还真返朴，行以简易，可自得天下和平。

老道士的话虽让仁宗皇帝有些失望，却就此打消了他迷信于靠宗教治理国家的可能。随着年龄越来越大，他开始暗中尝试着关注一些自己能够关注的军国大事。

这段时间，吕夷简过得并不省心。身为宰相，他不但需要经略国家大事，还要在太后和皇帝两个人的夹缝中来回穿梭，朝臣的议论他还不能置之于不顾，吕夷简太难了。

皇帝在一天天长大，吕夷简很清楚，早晚有一天皇帝会取代太后，成为名副其实的天下之主。但目前顺从太后仍是当务之急，一个人如果自身难保，他做什么事情都无从说起。皇帝和太后就像是一对与生俱来的矛盾，他们相互存在的意义好像就是为了彼此共处最终却是要彼此抛弃的。尽管皇帝表面上对太后很尊重，但最近的他似乎越来越喜欢自己独立做事。他们有时统一，有时对立，有时还十分微妙地各怀心事。如何在两个人中间做到左右逢源，绝对是一件比在刀尖上跳舞还要小心的高难度的动作。如果哪件事考虑不周，一不小心将会粉身碎骨、万劫不复，最近他几乎每天都要面临这样的挑战。

王曾的教训就在眼前。

吕夷简不是不服王曾，但他相信自己能比王曾更会处理这种复杂的关系。他发现，王曾的失败，在于只要是他认为不对的事情，便毫不客气地拒绝，一来二去把太后惹恼了。这么大一个国家，朝廷每天都有事情，如何既能委婉地纠正太后的错误，又做到不让她反感，吕夷简几乎每天煞费苦心。他谨小慎微，步步为营，既小心翼翼如履薄冰，又虚与委蛇，唯命是从。他知道，自己一个不小心就会彻底翻船。

那段时间，吕夷简将更多的时间和精力用在了处理这一复杂关系上，因此险些在一些事务性工作中马失前蹄。比如有一次为皇宫值班的宦官编队，他违反了太祖朝立下的规矩，不但错误地编排了宦官们的次序，而且也没有按规定报御史台备案。结果，吕夷简不但遭到了弹劾，而且还被朝臣们传为笑谈。

太后刚愎自用，虽不明习国政，但朝政非经她批准不可。吕夷简一面要细心处理国家大事，一方面还要小心翼翼地约束太后的放纵和独断专行。如今，他终于知道了王曾当初的难。在这种情况下，吕夷简本着公忠报国之心，殚精竭虑地处理万千事务。小事他照顾太后的颜面，大事虽不明着反对，却也开始寸步不让，时常惹得太后非常恼火。

不过，吕夷简不像王曾那样刚正。每当遇到这种情况，他总是详细剖白，再三陈述自己的意见，通过入情入理的分析迫使太后接受自己的正确意见。

真宗附庙大典时，刘太后提出要把真宗生前用过的全部东西都供在太庙，同时还要用银罩覆盖真宗的神位。刘太后这一要求很坚决，她说如果不这样做就是对真宗不敬。

见是这样，吕夷简委婉地劝谏太后说：对先帝最好的怀念，是辅助幼主治理好天下，浪费和铺张不是先帝所希望的。经过吕夷简的耐心劝说，太后终于不再坚持这一铺张浪费的做法。

吕夷简最高明之处在于不管什么事情，即使他不认可的事情，他也不会去反对，而是一圈一圈地绕，绕来绕去，道理最终绕到他这边来了。其实，这是一个态度问题，更是一种高明的情商。同一件事情，在不同人的嘴里会有不同的说法。即使同样的话，在不同人嘴里说出来，口气也是不一样的。

这就是吕夷简的情商。

时间一长，刘太后虽然也有些不满意，却又抓不住什么把柄。

总体来说，刘太后对吕夷简还是满意的。游刃有余地周旋在太后、皇帝和群臣之间，这些超高难度的操作常常搞得吕夷简疲惫不堪。

不得不说，吕夷简是大宋朝真正的宰相之才。也因此，很多时候有人诟病吕夷简贪恋权力、没有操守而且不顾吃相，这也是后人诟病他的原因之一。其实，吕夷简这是一种左右逢源的大智慧。

吕夷简的高明之处也在于他事事都能顺着太后，同时还能游刃有余地处理好各类关系，因此，在王曾和张士逊接连被罢后，刘太后居然没有补选宰相。在大宋天圣七年（1029）六月至明道元年（1032）二月这三年多的时间里，仁宗一朝的东府宰相只有吕夷简一个人。由此可见当时吕夷简获得的信任，同时也能看出他出众的理政能力。

明道初年，被贬的张士逊由定国军节度使再次入朝拜相，不过此时资格更老的他已经位列吕夷简之后了。张士逊被贬之前是集贤相，张士逊被贬之后由吕夷简接任。当张士逊回朝时，吕夷简早已经是昭文相了。

一进一出，二人的位置已然不同。辅佐吕夷简的副宰相一开始是薛奎和陈尧佐，后来王曙补入，三位老臣都和吕夷简关系处得很好，因此，以吕夷简为首的这任宰相班子一直工作了两年多都没有变动。

直到明道元年（1032），张士逊回朝，太后才对东西两府长官重新做了一番调整。她一向比较喜欢的晏殊虽然已调回朝内，但太后还没有对其进行实职性的任命。这年八月，朝廷诏晏殊官复原职，任枢密副使，不久又改任参知政事，这是晏殊第一次进入大宋朝的宰相班子。晏殊走后，太后的另一红人杨崇勋接任枢密副使。同年十一月，一直挂名枢密使的张旻官升侍中，因此杨崇勋也官升一级，正式担任枢密使。

在独立执政的这段时间里，吕夷简得心应手、游刃有余。他一边享受着独木桥上跳舞的无限风光，一边提心吊胆地周旋于太后和皇帝之间。太后毕竟是个女人，而且年岁大了，只要把她哄好，目前一切都不是问题。

不料范仲淹一封奏疏，既像扯下了大宋朝的遮羞布，又像捅开了巨大的马蜂窝，群臣一哄而上，都不甘落后地纷纷效仿。群臣的效仿是一触即发的，同时也是吕夷简事先不曾料到的。他知道，如今自己苦心经营多年、好不容易维持下来的局面正在面临随时崩盘的危险。一旦触怒太后，一切将毁于一旦。

一向温和宽厚的吕夷简火了。

那段日子，只要一想起这个叫范仲淹的愣头青，吕夷简就恨得牙根儿疼。

河中府

如今，范仲淹已经在河中府（今山西省永济市）工作了一段时间。

河中府自古就是个大地方，河中于唐代设府，治所位于蒲州。府治全境东西二百五十里，南北一百七十余里，不算小，也不算大。

河中府属于陕西路。黄河从府境北部入境，自北向南在府城西面流经。过府城之后拐了个大弯，然后折向东流。河道拐弯的地方称风陵渡，是黄河上一处非常有名的渡口。因府治西、南都紧靠黄河，河中府因此得名。

宋代的气候相对温暖，陕西路山高林密，人烟稀少，当时是盛产木材的好地方，这里每年都要向朝廷进贡很多木材。前些年东封西祀，朝廷大兴土木，作为朝廷征用木材的主产区，陕西路为此做出了杰出的贡献。成也木材，败也木材，近些年陕西路的民众因此也不堪重负、苦不堪言。

上文我们曾经说过，在范仲淹上任河中府以前，一把大火将朝廷举数年之国力修建的玉清昭应宫烧成了灰烬。虽然玉清宫没有重修，但朝廷修建各类宫观寺院的活动一直没有完全停止。因事事顶撞自己，恼羞成怒的刘太后还以玉清宫大火为借口借机罢免了首相王曾。

不过，刘太后似乎也不喜欢大兴土木劳民伤财，又加上王曙和范讽的建议，她决定不再大规模地修复玉清宫。这本来是件好事，可不知为什么，突然间太后的主意又改了。玉清宫既然已经说了不修，那就不修了，可她很快又下令修建两座宫观，太乙宫和洪福院。虽然太乙宫和洪福院的规模远远比不上玉清宫，但对早已不堪重负的陕西路百姓来说，又将是一个沉重的负担。

太后之命，谁敢不从？

很快，对刘太后唯命是从的大宰相吕夷简通过中书下令，将修建太乙宫和洪福院所用的九万四千多根木材都派给了陕西路。于是，从转运使到地方官，层层摊派，各府县都很快就领受了相应的任务。

范仲淹在河中府的具体职务是通判。通判是府衙的二把手、副长官，表面上是协助长官处理府中事务，实际上更多的是亲临一线，代表长官去做一些苦活儿累活儿。远离朝堂的是是非非未必不是件好事，范仲淹很清楚，因为自己两封上书，已经彻底忤逆了太后。王曾被贬，好朋友蔡齐也远在天边，晏殊虽然高居庙堂，最近好像处处都在躲避自己。一个小小的图书管理员，与其在京城混日子，真不如到基层来做点儿实事。

河中府地处黄河中游，朝廷摊派下来的任务很重，河中府的任务更重。见是这样，已经习惯于对各类看不惯的事情提反对意见的范仲淹当即上书，说昭应、寿宁二宫烧毁不久，如今朝廷又要破民产而大兴土木，这既不合天意，又不顺应民心。

批评的话语说完之后，范仲淹又建议道，朝廷以后不宜再搞类似大兴土木的活动，无论道观还是寺庙，它们并不能真正给国家带来好运。真正为国家带来好运的，应该是朝廷的爱民之心和施政之举。同时他还建议，以后朝廷如果需要向陕西征购木材，应该有个长远的征用计划和每次征用的限度，而且每年的征购数量只能逐年减少，不能逐年增多。

范仲淹这一思想，用今天的话说出来，大概就是建议搞木材储备制，不能总是无计划无节制地征调。

不但如此，范仲淹这说话的口吻，完全不像是下级官员给朝廷的奏请，倒像是内阁给地方下达的命令。

范仲淹又越界了。

但他觉得这越界还不够，他还有话要说。

既然上书，好不容易发一次言，只讲这一件事范仲淹感觉太亏了。于是，除了关于木材，范仲淹还讲了裁撤郡县、减轻差役等几个老生常谈的话题。为了让自己的观点有说服力，他以自己在职的河中府为例，在详细列举了两个县民户数量和民户所承担的徭役之后，范仲淹说，河中府的河东、河西二县应该合并为一个县，这样不但可以改变河西县"堪役之家，无所休息"的局面，而且还可以省去很多不必要的冗员，既减少了财政开支，又提高了工作效率。

由此可见，在河中府工作时期范仲淹对朝廷基层体制和建制就已经有了很清楚的认识，他的认识也是很深刻的。十几年后，在河中府这段工作经历，成为他庆历新政进行郡县改革重要的参考经验。

奏折交上去，仍如石沉大海，迟迟不见动静。对此范仲淹已经习以为常，虽然人微言轻，但他当说则说，万一哪一条为朝廷采纳，便将是万民之福。

虽然已经身在河中府，但是范仲淹心中还有一件事放不下，这件事就是王曾被罢免之前跟他提过的关于科举的事情。他清楚地记着，当时王曾告诉他说事情不要急，需要一件件地慢慢来。王曾还告诉他说，关于恢复制科的事情太后和皇帝都已经批准了。既然是朝廷已经批准的事情，不管王曾在职不在职，不会影响事情的安排。此时已经是五月，按原计划七月制科就要开始了，可朝廷到现在还是不见动静。这到底是怎么回事呢？

范仲淹决定投石问路。

此时的范仲淹与宰相吕夷简还没有什么交集，因为吕夷简是朝中第一人，范仲淹提笔给吕夷简写了一封信。这封信的内容主要是讨论国家关于人才的主张，以及国家恢复制科以后考试应该怎么考，考题应该怎么定，以及应该怎么录取等等。

在这封《上时相议制举书》的文章里，范仲淹向吕夷简建议，制科考试内容应该先考经，然后再考史，"该之以方略，济之以时务"。既然是国家奖拔专业人才的考试，国家应该制定好方针，培养并提拔"修经济之业，以教化为心，趋圣人之门，成王佐之器"的人才，而不能像普通科举一样只考文化知识。

范仲淹还说，作为主管选拔人才的宰相，吕夷简应该鼓励学子们把学习放在首要地位，把六经当作主课。范仲淹说："圣人法度之言存乎《书》，安危之机存乎《易》，得失之鉴存乎《诗》，是非之辨存乎《春秋》，天下之制存乎《礼》，万物之情存乎《乐》。"

这一观点的提出，也标志着范仲淹教育理论的初步形成。

范仲淹这一教育理论被后人称之为"宗经"。

收到范仲淹的上书，正焦头烂额地在群臣和太后中间周旋的吕夷简简直快疯了。他实在不知道这个叫范仲淹的人到底吃错了哪味药，竟这么喋喋不休接二连三地上书、上书又上书。他怎么这么不知天高地厚，朝廷这么多大臣，难道就他自己高明？这么几次三番地折腾来折腾去，他到底想要什么？难道贬出京城还不够吗？

吕夷简气急败坏地将范仲淹的来信摔在桌子上，等静下心来之后，吕夷简却为自己的举动感到有些惭愧。一个小小的八品官，值得自己这么生气吗？真是有失自己的宰相身份。

想到这里，吕夷简压下了范仲淹的奏折，这件事情就像完全没发生过一样。

除了上书，范仲淹在河中府的工作中规中矩，既没做出什么大的成就，也没犯什么大的过失。在不停上书的同时，范仲淹一心埋头在工作中，那段时间他的工作和生活认真、辛苦而且充实。

但行好事，莫问前程。建议交上去以后，到底会对吕夷简起多大作用，范仲淹虽然牵挂，但并不关心。他知道，自己关心这些根本就没用，很多事情不是因为他关心与否而改变的。但把自己想说的话说出来，而且不计利害，这已然是他此时对自己的最低要求。

说实话，范仲淹不关心是假的，说范仲淹不关心，是因为他已经不在乎自己做这件事情的得失与后果。每个人都一样，谁不想让自己的想法变成现实？

事实上，正如范仲淹当初的预想一样，他的上书果然没起到什么作用，宰相吕夷简也根本就没有跟他进一步互动。

让范仲淹没想到的是，他上任不久，原来在兴化曾经见过一面的富弼竟然跑到河中府看他来了。

一见故人，范仲淹喜出望外。眼前的这个年轻人不但已经比当年高大多了，而且言谈举止间已经带有一股逼人的英气。二人相见甚欢，范仲淹高兴地拉着富弼的手，一直将他带到自己的寓所之中。

促膝长谈之后，范仲淹才得知富弼此行是要去耀州（今陕西省铜川市）省亲，听说范仲淹已到河中府任职，才专程前来拜望于他。富弼这一做法让范仲淹特别感动，言谈之间，范仲淹详细询问了富弼近些年来学业和家庭情况。

范仲淹对富弼的成长和进境颇感欣慰，临行之前，范仲淹特意叫过富弼，为他指出了一条光明的人生道路：参加这一年的制科。

范仲淹为什么要劝富弼参加制科呢？

原来，在一年前的《上执政书》里，范仲淹向王曾提起过关于制科的事情。回到京城以后，王曾特意将晏殊和范仲淹叫到一起，详细讨论了范仲淹提出的那些问题。王曾先是表扬了范仲淹的远见卓识，然后说百措并举，总有开头。你不要心急，事情得一件一件来。王曾告诉范仲淹，他已经向朝廷申请恢复制科考试，而且皇帝已经答应。只是这件事情还不广为人知罢了。

作为事件的当事人，范仲淹心里有数。虽然吕夷简没跟自己回信，但范仲淹知道今年的制科考试已经势在必行。制科考试，目的就是要录取富弼这样优秀的年轻人。今年的制科开考，简直就像给富弼量身定做的一样。只要他肯参加，一定会一鸣惊人。

也许一是信心不够，二是对刚刚恢复的制科到底是什么样也不清楚，富弼心里有些犹豫。见是这样，范仲淹拍着富弼的肩膀，一边给富弼详论制科的种种好处，一边又加以鼓励。

富弼告辞，范仲淹取出一封早已写好的推荐信。将这封信交到富弼手上，范仲淹说，彦国，你一定要把握好这个千载难逢的机会。

推荐信范仲淹是写给晏殊的，如无意外，晏殊将担任这一年的主考官。

这年七月，大宋朝“恢复特招考试”的第一年，富弼就报名参加了茂才异等科的特招。在考试中，他发挥出色，得到了诸考官的一致好评并一举高中。从此以后，富弼开始了他青云直上的人生。后来，富弼两度拜相、位极人臣，身入昭勋阁并成为大宋朝一代名相。

能有如此大的人生成就，他的人生规划师范仲淹自然功不可没。

难题

在朝中，虽然已经牢牢坐稳了宰相的位子，但吕夷简日子并不好过。

每天提心吊胆地在钢丝上跳舞，让这位大宋宰相几乎每天晚上都睡不好觉。随着太后一天天老去，年轻的仁宗皇帝却越来越有主见。如何游刃有余地游离在两个人之间，做到既互不得罪又能同时得到两个人的认可，把握好这一分寸真的很难。对于吕夷简来说，最头疼的还不是这些。最让他感到头疼的是朝中那些大臣，他们哪个都不是吃素的，自己稍有不慎就会被他们说三道四，当然还有天下的百姓，百姓的口水虽不关键，却比什么都重要。一旦在百姓口中坏了名声，自己这么苦心经营还有什么意思?

宰相不能当一辈子，总有一天自己会离开朝堂，这一点吕夷简很清楚。官位不是与生俱来的，但名声会跟随人一辈子，一个人的名声一旦坏了，他所有的努力都将付诸东流。可惜身边没有一个人能理解自己，想到这里吕夷简长叹了一声。

因此在那段时间里，虽长袖善舞、处处周旋，但吕夷简也是使出了九牛二虎之力，他每日煞费苦心、不敢造次。

吕夷简告诉他们，要想成为真正的一代名相，自己绝不能再这么一味地唯命是从下去。虽然他把官位看得比什么都重要，但他知道，总有一天太后会还政给皇上。俗话说，一朝天子一朝臣，别看年轻的皇帝处处装傻，他已经试探过好几次，皇帝不是没有自己的想法。到那时皇帝会怎么评价今天的自己？吕夷简暗暗提醒自己，今天所有的一切事情都要留条后路。如果再一味地附和太后，最终自己只能是被人钉在耻辱柱上。

也因此，近两年在有意无意间，吕夷简也开始慢慢向太后灌输一些这方面的道理。遇到太后心情好的时候，她也能听得进去。但吕夷简只是点到为止，绝不明说。

很快，又一件让人头疼的事来了。

新科进士陈希亮给吕夷简惹了个大麻烦。中进士以后，年仅十七岁的陈希亮被任命为大理评事、长沙知县。按说这个陈希亮是得不到这么高规格任命的，但太后跟已去世的真宗皇帝一样，似乎骨子里就对神童有着异乎寻常的偏爱。于是，十七岁就中了进士的陈希亮直接被任命成了县官。

哪知道，担任了长沙的地方官以后，初入官场的陈希亮立即就办了一件让太后打脸的事儿。不知道年轻的小陈是为了刷存在感，还是真的在政治上不成熟，他一身正义感，不但神鬼不怕，而且见佛杀佛、见人杀人。

在长沙当地有一个和尚，人称海印国师。一个小小的和尚敢自称国师？没错，这是因为他不但和太后关系十分密切，而且还经常出入刘太后家中。正是这一特殊关系，给了和尚足够的自信，他不但以国师自称，而且朝中的大臣们也大都与其交好。

让人气愤的是，此海印仗着和太后的特殊关系，经常来京城活动。在太后面前装神弄鬼、故弄玄虚以后，回到长沙他摇身一变，方露出本来的面目。他不但掠夺田产，欺压百姓，为所欲为，还肆无忌惮地根本就不把地方官放在眼里。因为他和太后的特殊关系，地方官不但敢怒不敢言，而且还不时托海印在太后面前为自己说好话。

简直是不成体统。

疾恶如仇的陈希亮到任以后，不管三七二十一，他不但立即派人逮捕了海印，而且直接将他关进牢里。不等朝廷发话，陈希亮就按照朝廷法律《宋刑统》一一列举了海印的罪状，并毫不客气地判了刑。

年轻人意气用事，可怎么处理这件事，吕夷简颇费脑筋。按说和尚民怨极大，人人除之而后快，但打狗还得看主人，此事在太后面前如何交代？一旦她怪罪下来谁惹得起？陈希亮啊陈希亮，你也太莽撞了。

一道难题摆在吕夷简面前，这件事如何向太后汇报？如果处理陈希亮，势必遭天下人耻笑，舆论的唾沫星子都会把自己淹死。如果不处理陈希亮，一旦太后动怒，后果将不堪设想。到底该怎么跟太后解释这件事呢？

吕夷简想来想去，决定还是得保陈希亮。

第二天散朝以后，吕夷简小心地跟太后说起这件事。之所以没敢当着大臣们的面说，吕夷简是担心万一太后动怒，自己和太后都下不来台。太后听完之后，果然气得马上变了脸色。吕夷简不慌不忙地对太后说，年轻人想出名情有可原，这些年海印确实有损您的名声。他处处打着您的旗号，民怨也不是一天两天了。即使陈希亮不法办他，自然会有别人法办。僧道之流，多是招摇撞骗之辈。他已经玷污了您的名声，如果不处理，日后他不定会惹出多少乱子来。

说到这里，太后的怒气才渐渐消了一些。

吕夷简补充道：其实陈希亮早有奏折，他也是为了太后的名声。倘海印是高僧大德之流，岂会如此？太后不必在意一个海印，您需要考虑的是您的名声。

终于，太后的脸色不是那么难看了。

吕夷简又躲过一劫。

而在这年八月，曾经在少年时代给予范仲淹人生指点的姜遵死了。姜遵生前最后的职务是枢密副使兼给事中，姜遵死后，朝廷追赠了他吏部侍郎的称号和待遇。因为级别不够或褒贬不一，姜遵没能得到朝廷赐予的谥号。

这一年，身在河中府的范仲淹已经四十三岁。人到中年的他阅尽人世以后，终于不再像当年那么冲劲十足。基层的磨炼已经让他渐渐适应了远离庙堂的生活，虽然远离朝廷，但他也兢兢业业、一丝不苟，总能将自己负责的工作做得有声有色。远离朝堂，最大的好处就是可以离开那些复杂险恶的人事纷争。这一年，他的第三个儿子范纯礼出生。加上李氏此前生下的两个女儿和两个儿子，如今的范家已是一个不折不扣的大家庭。

范仲淹在河中府工作的时间并不长。这年年底，他的工作再次发生变动。范仲淹官迁太常博士，工作地点也从河中府调到了离京城不远的陈州（今河南省周口市）。在陈州的岗位仍是通判，对此范仲淹已经宠辱不惊。

在去陈州上任的路上，他有幸路过了京兆府河南县（今河南省伊川县），受名相姚崇葬母的启发，他决定效仿姚崇将母亲也葬到这里。为此，他特意上表奏请，并为母亲争取到了封号。朝廷批准以后范仲淹择地移柩，将母亲葬到万安山下。

风波

上任陈州以后，一向因喜欢发言而让吕夷简头疼的范仲淹会消停下来吗？

答案是显而易见的：当然不会。

如果就此停下来什么都不再说了，那他就不是范仲淹了。

自古就是路不平，有人踩，这些道理范仲淹早就想明白了。如果一味地保持顺从与沉默，这既不是自己想要的人生，同样也有负朝廷对自己的信任。近段时间他没少跟朋友们交流，在一封给好朋友梅尧臣的信里，范仲淹写道：宁鸣而生，不默而死。这八个字，正是此时范仲淹内心最真实的写照。

陈州南去京城三百里，属京西路。陈州地理位置优越，百姓们的生活水平也普遍不错。仓廪实而知礼节，衣食足而知荣辱，整体来说，陈州的物阜民丰会让这里更易于治理。范通判到任以后，认真地辅佐长官，宵衣旰食、任劳任怨。他只是不清楚王曾何以迟迟没能回到朝堂。不敢轻易给王曾写信，范仲淹听说应天府书院的同事稽颖最近一直跟在王曾身边，范仲淹眼前一亮，他给自己的老部下、小朋友立即写了一封信，含蓄地表达了对王曾的仰望与关心。从此以后，以稽颍为桥梁，范仲淹开始与王曾建立起了密切的互动关系。

刘太后当政以后，提拔了很多亲信。这些人素质高低不一，经常给刘太后惹各种低级乱子。众大臣都敢怒不敢言。范仲淹发现，这种风气越来越长，甚至有很多人在通过他们走太后的路子买官卖官。深居宫中的太后不但不知收敛，还往往越过中书直接任命朝廷官员。

一开始，太后任命的都是一些宫内的侍从官，如罗崇德、江德明、刘从德等，这些人都没有经过两府甄选，直接由太后手令晋升。后来，一些朝廷大臣和地方大员也开始如此任命，范仲淹看不惯了。

这是一件人人都看不惯的事，范仲淹决定就拿这件事做文章。

经过一番深思熟虑，范仲淹大胆地给朝廷写了一封奏折。在这封奏折里，范仲淹以唐代的安乐公主、长宁公主、上官婉儿为例，用她们依仗权势、纳贿卖官的行为来影射当下的政治生态。

唐中宗、睿宗时期，韦后、安乐公主、长宁公主等擅宠用事，贪污受贿，公开卖官鬻爵，经常违反正常官员任命的流程和制度来提拔官员。当时一个人如果想当官，只要送上三十万钱，就可以安排绕开组织部门考察，直接得到由皇帝亲笔任命的敕令。

本来，任命官员的敕令都是由中书省用黄纸朱笔书写，然后正印签封。为示区别，这种由皇帝直接签发的敕书由墨笔黄纸书写，同时斜封着交给中书省，所以这类官员被人们称作“斜封官”。

因为斜封官没有通过正规渠道任命，却是由皇帝亲自任命的，中书、门下两省的长官们也不敢过问，他们往往看也不看，只是机械地将任命文件向有关部门传达了事。

斜封官来路不正，官员素质自然良莠不齐，他们为官之后的所作所为可想而知。因此，当时墨敕斜封的授官方式迅速导致了朝政的混乱。另外，它不但遭到了大部分官员的坚决抵制，而且还受到了天下士林学子的强烈反对。

唐玄宗李隆基登基以后，在大宰相姚崇的协助下，才罢免了中宗以来所有的斜封官，并废除了危害朝廷多年的斜封制。

范仲淹以古比今，观点尖刻，言辞激烈，奏折很快就传到了宫内。

之所以这封奏折这么快地传到宫内，想必也是深有原因的。仔细想想，为什么范仲淹以前那些奏折迟迟不见动静？这么一想道理自然就明白了。想必是相关官员对斜封官早就深恶痛绝，只是没人敢在太后面前提这件事罢了。如今好不容易有人敢提出来了，这封奏折当然会上交得快。

再说，一封这样的奏疏按理说不会很顺利地传到太后手里的。群臣一见上奏的是这一内容，中书宰相们不但不压着，而且还会“很高兴地”直接把它传给太后，然后喜滋滋地等待太后的发落了。

绝不容许任何人挑战她至高无上权威的刘太后看完范仲淹的奏疏，自然是怒不可遏。她可算是又记住了范仲淹这个名字。上一次，就是这个人带头上书反对皇帝和百官跪拜自己。刘太后后悔：当时怎么就没好好收拾收拾他呢？

哦，对了，刘太后想起来了，是吕夷简劝自己不要跟一个不入流的小官计较。虽然当时没有计较，可这件事在太后心里还没过去呢。刘太后顿时气得浑身发抖：这个范仲淹，到底是个什么样的人，竟敢如此猖狂！

吕夷简要的就是这个效果。对斜封官他早就有看法，他也已经决定要处处想个对策。没想到主意还没想出来，这件事有人替他办了。

有困难，找宰相。

刘太后告诉吕夷简：一定要好好教训一下这个不知天高地厚的人。

吕夷简也挺狠：太后，我朝有不杀文官的祖制。

吕夷简有点儿损，他这等于是把范仲淹推到砍头的级别上去了。当然，按当时的情形，恨得牙根儿疼的刘太后杀了范仲淹都不解恨。

关键时候，又是吕夷简平息了这场风波。

看着余怒未平的刘太后，心中暗喜的吕夷简小心地说，夷简还是那句话，如果与其计较，反倒中了此人的计策。范仲淹一向好邀奇名，太后不理便是。至于内降官，臣以为此风也须约束，毕竟那些人图的是自身的荣华，败坏的却是太后的名声。

这一次，又是老吕的一句话再次挽救了范仲淹政治生涯。在这件事上，虽然吕夷简另有所图，但他绝对是功不可没。如果没有吕夷简这句话，相信范仲淹的政治前途就此葬送，他也不会有以后广阔而辉煌的人生。

吕夷简何尝不恨范仲淹！但身为宰相，他不能因小失大，他必须借此机会遏制官员内降的风气。尽管这样一来反倒便宜了范仲淹，但吕夷简也已经给范仲淹挖好了坑，他相信刘太后收拾人的办法有一百种，随便拿出哪一个来，对付这样一个七品小官都绰绰有余。

吕夷简平息这场风波的另一个原因是他曾经答应过晏殊，今后凡是遇到关于范仲淹的事情都要多多照顾。晏殊的忙吕夷简是要帮的，他都看好了，日后的晏殊一定会前途无量，他的身份和地位很可能会超过自己。如果要帮晏殊，首先必须搭救范仲淹。

那一天，宰相吕夷简耐心地跟太后又是讲大局，又是讲胸怀，又是讲历史，又是讲故事，最终讲得刘太后终于平息了心中的怒气。

史载：始，宫中未治丧，宰相吕夷简朝奏事，因曰：闻有宫嫔亡者。

太后瞿然曰：宰相亦预宫中事邪？

引帝偕起。有顷，独出，曰：卿何闲我母子也！

夷简曰：太后他日不欲全刘氏乎？

太后意稍解。

有司希太后旨，言岁月未利，夷简黜其说，请发哀成服，备宫仗葬之。

时有诏欲凿宫城垣以出丧，夷简遽求对，太后揣知其意，遣内侍罗崇勋问何事，夷简言凿垣非礼，丧宜自西华门出。太后复遣崇勋谓夷简曰：岂意卿亦如此也！

夷简曰：臣位宰相，朝廷大事，理当廷争。太后不许，臣终不退。

崇勋三反，太后犹不许，夷简正色谓崇勋曰：宸妃诞育圣躬，而丧不成礼，异日必有受其罪者，莫谓夷简今日不言也。

崇勋惧，驰告太后，乃许之。

“乃许之”的意思是“于是，太后才终于答应下来”，其中意味，读者尽可自行体会。

事后吕夷简一想，自己也不能总是惯着范仲淹这么不知悔改地胡闹。于是，老吕将晏殊请到中书，鼻子不是鼻子脸不是脸地先发了一通火儿，然后又大倒了一番苦水。

面对吕夷简诉苦、牢骚加关心式的谈话，晏殊心中也是有苦却说不出来。他只得一面诚惶诚恐地跟吕夷简道歉，一面答应说，自己一定要好好教育教育这个不知天高地厚的范仲淹。

其实晏殊心里很清楚，范仲淹说的对吗？对，可是这个问题谁也不敢说。只有范仲淹敢于指出朝政的弊端，其他所有人都在装聋作哑地看着太后出丑，并陪着吕夷简发傻。老吕你身为宰相，这些都是你该处理的事情呀！难道你就不想想，百年之后人们会怎么评价你？你是太害怕失去自己已经得到的一切了。

这些话晏殊只是在心里想想也就罢了，他可不会像范仲淹一样遇事就跟人对着干。吕夷简之所以如此给自己面子，晏殊很清楚，他这是想把自己拉到他的队伍里来。

其实，早在范仲淹之前，已经有不止一个人上奏折反对内降官了，但大家都没有说这么直接，当然也没有说这么彻底说这么坚决。还有，既能压下太后的怒火，又能将这件事情化解于无形之间，也唯有吕夷简才能做到。

一场风波就这么过去了。喜滋滋的吕夷简绝不会想到，很快就会有一个更大的雷等着他。如果事先能够预知日后所发生的一切，即便是打死吕夷简，这一次他也不会替范仲淹说半句话。

任与免

明道二年（1033）三月，权倾天下十年之久的刘太后终于死了。

这个活了六十五岁的四川女人，一生充满了各类让人想象不到的传奇。在她的有生之年，她不但成功地将大宋朝一些光耀千秋的人玩弄于股掌之间，而且还让大宋朝接连两位皇帝都对她俯首帖耳。大宋朝在位时间最长、被后世公认为一代圣主的仁宗皇帝赵祯在她去世之前，不但言听计从，而且听话得像一个没有思想的孩子。在建立起自己绝对权威的同时，她将临朝听政这一政治模式无所不用其极地发挥到了极致。

但总体来说，刘娥执政期间的作为还算不错。她成功地叫停了真宗末年的各类迷信活动，并果断地将大宋王朝的发展带回了正路。虽然迷恋权力、重用宠信，但她一生重大的政治过失并不算多。也是因此，相信在百年之后，这个名叫刘娥的女人应该有足够的脸面去地下相见与她相爱一生的真宗皇帝。

而在将要告别这个世界之前，强势的刘娥却又做了一件贻笑千古的傻事。因自己垂帘听政的成功，太后刘娥为仁宗皇帝留下一道遗命。遗命说，她死以后将由太妃杨氏任皇太后，继续垂帘听政，以辅佐始终让她感觉有些不大放心的仁宗皇帝。

对这一接力式的任命，不管是仁宗皇帝赵祯，两府长官还是满朝大臣，都感觉哭笑不得。

女人，终归还是女人。

不过，在临死之前太后也做了一件明白事。据说，当时她已经病得说不出话来了，只是用手扯着自己身上的衣服，一副有话要说却说不出来的样子。在身边服侍的仁宗皇帝不明白太后的意思，便向大臣们询问。见多识广的参知政事薛奎告诉皇帝说，我想，太后的意思应该是她不能穿着龙袍去见先帝。仁宗皇帝认可了薛奎这一说法，为太后换上了皇后应该穿的衣服，这才安排下葬。

在宣读皇太后遗命的时候，百官商定，于东门组团向新晋皇太后的杨太妃致贺。关键时刻，已经升任御史中丞的蔡齐却正告御史台所有官员说，你们不得随百官同贺！说罢，蔡齐又进宫对以吕夷简为首的宰相们说，如今皇帝已经成年，而且亲政不久，岂能让太后相继称制？

面对蔡齐这一强硬提议，宰相们竟都无言以对。

但遗命毕竟是遗命，谁敢冒天下之大不韪私自篡改？这样一来，又如何昭告天下呢？

事情虽然难办，但难办也得办。很快，仁宗皇帝便和群臣商量了一个折中的办法：太后该立得立，但杨太妃只立太后，不再临朝，也许只有这样才是最好的解决办法。于是，在宣布刘太后遗诰时，删去了“皇帝与太后裁处军国大事”这段话。

而随着刘太后的死，最先捅破的事情便是仁宗皇帝的出身问题。此时距离宸妃之死已经过去整整一年，没有一个人敢告诉仁宗皇帝他的真实出身。

刘太后去世以后，仁宗皇帝的叔叔、燕王赵元俨才将这一原委告诉了不明真相的仁宗。闻听此事，仁宗痛哭数日，追封生母宸妃为皇太后，并将其改葬于永定陵。同时，他还将当年安排生母下葬的主官由山陵使升为园陵使，同时还给了相关的所有人该有的待遇。

这时，又有人密告皇帝说，当时宸妃不但死得蹊跷，而且丧礼举办得也不合礼制。仁宗皇帝悲从中来，不禁拍案而起。他特意派自己的亲生舅舅、宸妃的弟弟李用和前去调查处理。结果，棺椁打开一看，发现宸妃容貌如生，不像意外去世的样子。另外，不管服饰还是陪葬品，规格也都很高，一切都符合皇后应该享受的规格。如此一来，仁宗皇帝向吕夷简投去了赞赏的目光。

吕夷简的先见之明让人佩服。

一朝天子一朝臣，很快，朝中便是一场暴风骤雨般的大清算，吕夷简最担心的事情还是发生了。

憋了整整十二年的仁宗皇帝终于放开了手脚，几乎在第一时间，他将刘太后时代的执政重臣悉数外贬。在这之前，他已经将老师李迪召回朝内担任工部尚书。吕夷简千防万防，最终还是没能防住李迪归朝。没过几天，六十三岁的李迪便不出意料地入阁拜相。

一开始，吕夷简并不认为自己在被贬名单中。一是自己处理皇帝生母下葬之事有功；二是拟定贬黜名单时，皇帝都是叫着自己一起商量的。他按照皇帝意思写好了一份长长的罢免和任命名单，只等着名单一宣布，他应该考虑如何操作新一届的两府班子了。

哪知道，第二天宣布名单时，第一个被贬的人就是他。

吕夷简傻了。

在这场清算中，仁宗皇帝的态度坚决而且没有任何商量的余地。将内臣驱逐出皇宫以后，那些因太后关系鸡犬升天的小人物相继得到了清算。连州（今广东省连州市）刺史王克明，是刘太后的侄女女婿。太后在世的时候，他曾经以太后有灾为名，差人入宫为太后禳灾，因此得赐白金百两。如今，有御史将此事揭发，王克明官降数级，由连州刺史被贬寿州（今安徽省凤台县）都监。

仁宗皇帝最后才动自己的两府班子。大宰相吕夷简罢为武胜节度使，判澶州；枢密使张耆罢为护国军节度使，判许州，后改判陈州；枢密副使夏竦知襄州，后改颍州；参知政事陈尧佐知永兴军，枢密副使范雍知荆南府，寻改扬州，又改陕州；枢密副使赵稹知河中府，参知政事晏殊知江宁府，寻改亳州。

这个名单很有学问，一是这些地方都远离京城；二是明明告诉你要将你贬到哪个地方，突然又改了，让人捉摸不定。

真是天威难测。

在罢免这些人的同时，仁宗皇帝早就定好了自己的宰相班子。

张士逊任首相，兼修国史。张士逊能担任宰相全是吕夷简推荐的。据说，吕夷简以为自己会稳坐大宰相的位子，便向皇帝推荐了处处能力不如自己的张士逊担任副手，结果张士逊成了首相。

和张士逊搭班子的是仁宗皇帝的老师李迪。和他们一起担任东府长官的，是原翰林侍读学士、户部侍郎王随。

西府这边，枢密直学士、礼部侍郎、权三司使事李谘为枢密副使，福州观察使王德用签书枢密院事，仁宗皇帝一开始并没有为枢密院任命最高长官。

三司使李谘高升，他留下的职位由成功反对杨太后听政的蔡齐履新。而蔡齐履新空出来的御史中丞，则由右谏议大夫范讽暂时代理。

新晋签书枢密院事王德用，武人出身。王德用也不是别人，他是晏殊的第二任岳父。在军中任上，常有拿着内降的敕令的人找王德用求得军职。王德用对此并不买账，他屡屡以军政重大为由，拒绝太后对斜封官的任命。后来兴国寺大火，太后亲信、枢密使张耆就住在兴国寺旁边。张耆是王德用的上司，下令让王德用派兵守护自己的宅院，被王德用拒绝了。太后死后，相关部门请王德用派兵戒严，王德用以无此先例为由，也拒绝了。

硬骨头。一开始，仁宗皇帝并不知道王德用这些事情。刘太后去世以后，在清理刘太后遗物时，有人发现了王德用的奏折，仁宗皇帝这才发现军中竟然有这么一块忠心耿耿、敢于直言的硬骨头。

像这样的人一定要重用。

王德用武人出身，颇有自知。得知自己被任命为枢密官后，主动向仁宗皇帝辞官说，臣武人，幸得以驰驱自效，赖陛下威灵，待罪行间足矣。且臣不学，不足以当大任。

见王德用如此忠实且能自知，仁宗皇帝更是喜爱。

在紧张的工作之余，仁宗皇帝突然想起了两个人。

这两个人一个是让他感觉印象不错的宋绶，另一个就是范仲淹。

宋绶，字公垂，991 年出生，真定赵州（今河北省赵县）人，大中祥符元年进士。仁宗初年，因忤逆刘太后，宋绶被贬离京城出知应天府。仁宗皇帝挺喜欢有学问而且一身书卷气的宋绶，他决定将宋绶召回朝内。

皇帝很想重用宋绶，他觉得宋绶适合担任三司使、御史中丞或者参知政事。既然三司使和御史中丞都已经任命了，那就让宋绶担任参知政事吧。不料，他这一想法遭到了宰相张士逊的强烈反对，老成持重的张士逊死活都看不上后生可畏的宋绶。无奈之下，仁宗皇帝没有拗着自己的宰相，只好先给了宋绶翰林侍读学士兼龙图阁学士的身份，并命他判都省、兼判太常寺（大概类似于今天的中央办公厅）、并知审官院（组织部干部局）。

这一年，宋绶四十三岁。宋绶和晏殊都是太宗淳化二年（991）出生，四十出头就担任朝廷大员，有些老官员想必会看不惯，这也在情理之中。但一个真正有本事的人，他的进步是挡也挡不住的。不久之后，张士逊因事罢相，宋绶旋即官升参知政事，正式跻身大宋朝宰相行列。

范仲淹也是因为带头反对刘太后垂帘听政给仁宗皇帝留下美好印象的。因为此时的职级太低，他还不具备担任朝官的资格。仁宗皇帝先硬生生给他官升两级，然后才安排他进入了谏院。在谏院，范仲淹的职务是正七品的右司谏。

右司谏，虽然职级不高，但这一位置绝对让人眼热。作为御史台的职业谏官，司谏不但可以批评一切而且不用承担责任，而且还可以见到皇帝，甚至还能跟皇帝说上话。

这是什么概念？会庆殿的武士，也每天都能见到皇帝，但这不管用。

仁宗皇帝的用意很明显。

你不是喜欢上言吗？来来来，朕给你这个权力，当谏官不但可以好好发挥你的特长，而且也不会再有人说你越职言事了。

仁宗皇帝对范仲淹还真不错。

终于，在奋斗多年以后，范仲淹成功地闯出了一条属于自己的路。

担任职业谏官以后，范仲淹会如何报答赏识他的仁宗皇帝？

让我们拭目以待。

第二章　再进再退

右司谏

这段时间，刚刚亲政的仁宗皇帝特别兴奋。

清算工作完成以后，扬眉吐气的他好不得意。这是二十四岁的他人生第一次享受到权力给自己带来的滋味。这愉快的感觉，就像彻底放下了一块压在心上的石头，又像是终于展开了一双飞翔的翅膀。

他第一次发现，汴京的天空真蓝啊！

接下来的日子是无比轻快的。每天，他总能很愉快地听着大臣们一一汇报着这个国家发生的每件大事，下朝以后，他会在内侍们的前呼后拥下回到让他赏心悦目的皇宫。宫内的生活不但丰富多彩，而且无拘无束。随着那个一直约束着他的人去世，他从来没有过像今天这么开心。

如今，两府官员也已经全部换上了他喜欢的人。除了张士逊年老，多少有些反应迟钝以外，其他人都是清一色的精兵强将。尤其是将老师李迪调回朝中以后，有了他的帮助，几乎所有的困难都迎刃而解，几乎所有的事情都得心应手。很多时候，自己一抬手、一沉吟、一个动作或者一个眼神，老师就能心领神会。

当皇帝原来是一件这么美好的事情。

每到夜静更深，宫中的红烛也将要燃尽的时候，他才会想起以前那些不堪回首的往事。每当想起这些事情，他的心情就会突然间变坏。但越是这样，他越是不能不去想它们。他感觉自己就像突然沉入一个无边的海里，它们不由分说地在他心里纠缠，搞得他辗转反侧，口干舌燥，甚至都不能正常地呼吸。

身为一个皇帝，何以对往事恐惧到这个地步？他一遍遍地问着自己。

好不容易从痛苦的回忆里挣脱出来，一身汗水又搞得他浑身冰凉。他越来越觉得，似乎对有些人、有些事处理还是太轻了。

等情绪稳定下来以后，他一遍一遍地反复回忆着这些年来发生过的每一件事，看看自己漏过了谁，又轻饶了谁。找到目标以后，在第二天上朝的时候，他会在有意无意之间透露出一丝信息。

不过，他已经不再像以前一样束手束脚，也不会像以前一样没有城府。赏与罚必须同时进行，而且是先赏后罚。

群臣总是能很快地捕捉到他传递出来的每一个信息，于是没等他开口，那些曾经反对刘太后垂帘听政或提议还政的人都陆续得到了升迁。哪怕是刘越、曹修古这样的小官，哪怕他们仅仅说过一句话，也都得到了朝廷的奖赏和提拔。

有赏就有罚，除恶务尽也是人之常情。群臣很快就揣摩出了年轻皇帝心中的症结，大家卖力地寻找着每一个可能的机会，不管是已经被清算的人员，还是暂时躲过一劫的人员，只要曾经阿附过太后，便不依不饶地进行坚决的攻击。

听说这几天，不知死活的张旻居然在家宅里大兴土木，仁宗皇帝不开心了。

张旻的宅院在京城的闹市区，紧邻朝廷用以祭祀的宗庙。张旻可能嫌自己的住所不够豪华，或许仅仅只是为了自己的失势寻找一丝平衡，他决定在自家宅院里修建一座高楼。

前两天上朝的时候，仁宗只是问了一句：张旻是不是在修楼？结果，第二天知谏院孙祖德就开始封奏弹劾。孙祖德说，张旻新建的楼堂直接窥视国家的祭祀重地，这是对国家社稷不尊重的表现，因此这座楼必须拆掉。

接到孙祖德的劾状，仁宗皇帝想都没想，便批准了。

这感觉真好。

按说，作为前国家最高军事长官，张旻在自己家里盖座楼根本就不是什么大事儿。但皇帝一不开心，事情就大了。皇帝想做的事没有做不到的，很快张旻的高楼没盖好就被拆掉了。

张旻的心情可想而知，而仁宗皇帝的心情更是可想而知。

刚处理完张旻，舅舅李用和又跑到宫里来告状。舅舅说，我发现好多负责章懿太后下葬的官员当时都没有认真负责，比如翰林学士冯元、内侍押班卢守勤等，他们玩忽职守、懈怠马虎，对章懿太后的葬礼根本就没有重视。

仁宗皇帝一听又恼了。

这同样是他一段不愿提起的往事，见舅舅亲自告状，他几乎没进行调查了解，就将舅舅提到的这些人一并处理。

该降级的一律降级，该罚俸的一律罚俸，该远贬的一律远贬。

依法办事，绝不客气。

群臣也都慢慢看出来了，皇帝这是在跟那些过去的事情较劲，否则他不会这么一味地事事有针对性。只是章献太后定下的事情，一概毫不客气地推翻；只要是章献太后重用过的人，一律毫不客气地贬黜。

见皇帝处理类似事情的态度过于坚决，同时又感觉杨太妃升太后的事情处理得不够好，新晋右司谏范仲淹决定该说说话了。

也是受蔡齐不让自己的下属参拜杨太妃的启发，范谏官上任后第一封奏折就是讨论关于章献太后遗命的。虽然皇帝和百官都不再提杨太妃参决国政的事情，但也已经正式将其升为了皇太后。范仲淹知道，皇帝本人并不愿意这么做，只是因为这是章献太后遗命，他没有办法。于是，范仲淹想好了自己进言的方向。

进士出身再加上多年官场的历练，范仲淹的文字功夫如今已是炉火纯青。他知道什么样的文字最能打动人，也知道什么样的话说起来最有效果。范仲淹在奏折中写道：

太后，母号也，未闻因保育而代立者。今一太后崩，又立一太后，天下且疑陛下不可一日无母后之助矣！

范仲淹短短一句话就戳到了仁宗皇帝的痛处，你不得不佩服。

接到范仲淹的奏折，仁宗皇帝虽然没有说什么，但心里一定不是滋味。

最终，范仲淹这一奏折到底起到了多大作用很难说，因为后来杨太妃顺利地成为皇太后，只是没有举办相关仪式进行册封。事情过后，也许见范仲淹敢说话，也许是欣赏他能把话说到自己心里的能力，仁宗皇帝给范仲淹加派了一个活儿：协助御史中丞范讽和天章阁待制王融一起与审刑院、大理寺详定天下配隶罪人的刑名。

这只是一次牛刀小试，见皇帝注意到了自己，范仲淹很开心。于是，在认真工作的同时他给皇帝上了第二封奏折。

范仲淹第二封奏折讨论的内容是如何处理太后时代的种种遗留问题，范仲淹告诉皇帝说，皇帝应该胸怀天下、笼络人心，应该更体面地处理这些遗留问题，而不是图一时之快、是非不分地一味否定过去。

怕皇帝误会自己的意思，对于一些原则性问题，范仲淹说，该处理的人和事都必须处理，绝不能在那些错误面前姑息让步。另外，太后执政期间虽然有诸多不是，但她也是受先皇遗命，才保佑了陛下这么多年。陛下对她应该掩其小过，保全大德，不应该总是无休止地进行诋毁和反对。还有，清算工作也不能搞得太狠，毕竟章献太后对陛下有养育之恩，同时它也关系到朝廷体面，我看这件事以后不要再提它最好。

看到范仲淹的上书，仁宗皇帝愣住了。

当初你对章献太后是什么态度？如今又这么说，范仲淹你到底几个意思？

转念仔细一想，仁宗皇帝却又明白了：范仲淹说得对，此一时也彼一时也，如今章献太后已经成为往事，相关人员也已经处理得不少了，下一阶段息事宁人才是最好的处理方式。

他实在没想到，这名小小的谏官竟然有如此胸怀和见识。

很快，在仁宗皇帝的进一步赏识下，范仲淹又被委以重任。知道他有丰富的办学经验，皇帝命范仲淹和相关部门一起去管理国子监。

不料，这一年，江南、淮南、京东三路大旱，尽管地方政府再三恳请朝廷派使安抚，但朝廷却一直没有发表什么意见。正在国子监研究办学的范仲淹坐不住了，他立即向皇帝上言道：如果宫中半天没有饭吃会怎么样？如今多地的百姓都吃不上饭，朝廷怎么能弃之于不顾呢？

范仲淹一席话说得皇帝一愣一愣的，仁宗想想也是，如果自己半天都吃不上饭，那滋味儿一定不好受，想想肚子就饿得慌。

于是，仁宗对范仲淹说，没想到这件事儿这么严重，你说得没错，那朕就派你去江淮赈灾吧！

宰相们虽然心里都很不舒服，但皇帝命令一下，谁也说不出话来了。范仲淹这话明显是说给他们听的，是他们没把老百姓的吃饭问题当回事儿。

就这样，在皇帝支持下，范仲淹当了一回赈灾的钦差大臣。

有丰富基层工作经验的范仲淹处理起此类工作当然是轻车熟路，到达灾区以后，所到之处他干脆利索地开仓放粮、捣毁迷信庙宇，并免除了一部分地区的茶税和盐税，没过多长时间，赈灾工作就轻轻松松干完了。

回朝以后向皇帝汇报工作，范仲淹特意将饥民食用的一种乌昧草拿给皇帝看。见灾民们竟然吃的是这种东西，年轻的仁宗皇帝难过得无以复加。一时之间六宫贵戚、两府大臣，看到百姓所食之物，也瞠目结舌，不知其可。

范仲淹见好就收，借此机会向朝廷提出了裁减内外奢侈之风的建议，正感动得稀里哗啦的皇帝当然是一概照准。

交差以后，范仲淹趁热打铁，决定将此行江淮的见闻，以及有关朝廷地方政策的种种思考写成一封奏折。

在这封奏折里，范仲淹一共提出了八件事，虽基本都是开源节流方面的举措，却也都字字金石：

一、裁减朝廷的奢侈用度。二、不滥赏官员。三、削减冗兵冗吏，让没有战斗力的士兵解甲归田。四、减少江淮地区粮食及货物的运输成本。五、西北地区的战马由官方饲养改由民间饲养。六、控制江淮地区因押送粮食升职的武官数量。七、合并重复设置的政府部门。八、减少寺庙等劳民伤财的工程。

奏折交上去以后，范仲淹迅速获得皇帝和大臣们的一致好评。不管皇帝、宰相还是群臣，都对他的政治才干有了进一步的认可。

紧接着，范仲淹还向朝廷保荐了一个叫吴遵路的人。

吴遵路，字安道，润州丹阳（今江苏省丹阳市）人，大中祥符五年进士。范仲淹赴江南赈灾时，吴遵路时任通州（今江苏省南通市）知州。他原本就与范仲淹相识，也是因为不得刘太后欢心才被贬到此地的。

在通州蝗旱灾害还未形成之前，有着先见之明的吴遵路便招募当地富民出海，到隔海的苏州、秀州等地购买粮食进行储备。灾害发生时，因为官府库存有充足的保证，通州的粮价一直比较稳定。灾害发生后，吴遵路召集当地的百姓割草打柴，然后由官府进行购买。百姓们得钱以后，可将这笔钱用以买粮充饥。

灾民的粮食问题解决了，但这只是吴遵路工作出色的一部分。

这年冬天，天降大雪，官府再以原价将柴草卖回给百姓取暖。过后，他又将卖柴草所得钱财用来买米，买回的米仍以平价卖出。

如此一来，虽是大灾之年，不但通州的米一直没涨价，老百姓还既不饿也不冷。

范仲淹对吴遵路这一做法就非常佩服。

别着急，这还不是吴遵路工作的全部。

因为灾害，通州当地也出现了一些流民。对于流民，吴遵路事先派人搭建了一批茅草房作为临时安置点，对流民进行收容安置。官府安置点对流民登记造册，不但管饭，还有盐、菜、药等物资免费供应。流民需要回家时，官府统一给其发放沿途伙食费。

因此，虽是大灾之年，通州全境却治理有方，秩序井然。也是因此，回朝以后范仲淹不遗余力地向朝廷推荐吴遵路，还建议朝廷向各州宣传吴遵路的事迹，并将其记入史册。

因为范仲淹的推荐，吴遵路后来得到了朝廷的重用。吴遵路死于庆历三年（1043），当时范仲淹已经担任参知政事，他不但专门为吴遵路写了祭文，还用自己的俸禄接济了他的家属。

历朝历代，粮食问题始终是朝廷需要解决的大问题。这次江淮之行，善于发现问题并解决问题的范仲淹就找到了一个解决粮食问题的好办法。

他发现，每年官府都要定期收粮，却有很多不法商人借机从中大肆牟利。粮食丰收时，农民手中有粮无钱，他们趁机压价，从急于用钱的农民手中低价购粮。购来粮食商人们并不卖掉，而是将它们囤积起来。等官府收粮时，粮食大都已被商人收走，无粮可收的官府只好高价从商人手中购买粮食。

农民赚不到钱，官府却要高价收粮，针对这一现象范仲淹提出了一个有效的解决办法：允许农民在有担保的前提下，提前从官府领钱。领到钱后，农民在一个月内将相应的粮食交给官府。这样既解决了官府的收粮难题，又压低了官府的收粮成本，不但农民得到了实惠，官府也减少了支出，可谓是一举多得。

不出意外，范仲淹这一提议又获得了朝廷的批准。

为了将工作落到实处，深谙民情的范仲淹还提出，此活动一定要以自愿为前提，各级政府不要为此强迫农民必须提前领钱。

三十六年后，一代名相、大改革家王安石所推行的青苗法，与范仲淹当年这一主张如出一辙。

朋友们

人们惊讶地发现，当年那个一身是胆、有远见卓识而且总能仗义执言的范仲淹又复活了。

那段时间，承蒙皇帝提拔重新回到朝堂的范仲淹特别活跃。

虽然已经四十五岁，范仲淹却春风得意、雄心勃勃，皇帝不断地认可让他决定一定要把握好这个来之不易的机会，放开手脚大干一场。如今，通过一件件任务的完成，他终于进一步巩固了自己在皇帝和百官心中的位置。

然而有得意就有失意，有同命却没有同运，和范仲淹一起被召回朝廷的宋绶却走得很不顺利。

一开始，仁宗皇帝想让宋绶直接进入东府，不想遭到了张士逊的坚决反对。作为东府长官，张士逊死活看不上宋绶摇头晃脑一肚子学问的样子，尽管皇帝为此都跟他说了好话，但张士逊就是不肯接纳宋绶的加入。

见张士逊这么不开面儿，仁宗也有些生气，他只好委屈宋绶先担任别的职务。

皇帝想任命一个人确实不是件太难办的事儿，没过多久，宋绶的心愿就实现了。

要想说清楚这件事，还得将话题回到这年的旱灾。

这年秋天，江淮一带发生了严重的旱灾。因粮食歉收导致物价飞涨，各地不断向朝廷送来灾情的奏章。以张士逊为首的宰相班子对此一直不怎么重视，各地官府无粮可赈，便放任大批的百姓拖家带口、饿着肚子流亡乞食。

一时之间，江淮各路流民遍野。

众官员赈灾不力的表现让仁宗皇帝很是恼火，尤其是首相张士逊，他不但没有什么有效的救灾措施，而且似乎根本就没把灾情放在心上。

张士逊的表现让皇帝怀念起被贬到陈州的吕夷简来。如果吕夷简在，以他的能力，相信事情绝不会到这个地步。尤其当想起张士逊反对自己重用宋绶，仁宗心中更加不满：身为皇帝，我竟然连个想用的人都提拔不了，这个皇帝真是白当了！

随着灾情的一天天加重，仁宗皇帝对张士逊越来越不满，因此他对吕夷简也越来越是怀念。看看张士逊吧，他的表现还是一如既往，虽嘴上不说，此时仁宗心里已经有了召回吕夷简的打算。

终于，在这年十月，当了七个月首相的张士逊被皇帝罢免了。

事情的导火线是张士逊自己犯下的一个低级错误。

这一天，百官定于洪福院为去世的章献太后谥册，首席大臣张士逊却因在枢密使杨崇勋家喝酒，把这件事情给忘了。二人你来我往，推杯换盏之间天已过午。见首相迟迟不到，到处派人也找不见，等候在洪福院的群臣只好先行散去，结果这一仪式没能搞成。

有人将这一事件报告给了皇帝，仁宗一听大怒，当即将张士逊和杨崇勋罢职。在他们的罢免文件中，既没提两个人喝酒误事，也没有提张士逊执政不力，皇帝只是说，宰相辛苦，朕为你们减轻一下工作强度。

张士逊冤不冤？

不冤。没那个本事，即使放到那个位置上也是白给。再说，自己掉链子怪不得别人。

就这样，张士逊被罢去相位，被贬到陈州的吕夷简得以回朝。

吕夷简拜相以后，仁宗皇帝借机调整了一下他的两府班子。经过这段时间的考验，他对有些人的能力有了更深入的了解。

因为拦路虎张士逊被贬，年轻的宋绶终于如愿以偿地进入了宰相班子。罗崇勋的去职让老臣王曙终于有机会升任枢密使，而王德用也由签书枢密院事升任枢密副使。和王德用一起升任枢密副使的，是近期表现出色的蔡齐。在这之前，他担任的是大宋朝的最高财税大臣三司使。

在李迪的推荐下，代理御史中丞范讽改任代理三司使，他接替蔡齐成为朝廷的财税大臣。范讽为人行事一直鬼诞专行，不但气盛而且事事计较。仗着和李迪的关系，范讽经常讥讽嘲笑别人，并故意打压比他资历深的老实人狄棐。因喜欢范讽，李迪打破常规，纵容范讽排名列于狄棐之前，这一做法遭到了很多官员的不满。

接替范讽担任御史中丞的本来应该是权知开封府程琳，但程琳无论如何都不愿意当谏官。见程琳这些年将首都治理得有声有色，皇帝也不好勉强，只好安排龙图阁待制、应天知府孔道辅来担任御史中丞。

孔道辅，兖州人，圣人孔子第四十五代孙，大中祥符四年进士。身出名门的孔道辅不但一身正气、怙恶不悛，而且性格也执拗到了不可理喻，让一个这样性格的人担任御史台的最高长官最合适不过。

孔道辅上任御史台以后，果然大开言路，御史台的工作很快就面貌一新。

有了这样一个好领导，右司谏范仲淹终于彻底放开了手脚。那段时间，在孔道辅的支持下，他知无不言、言无不尽，向朝廷提出了很多批评为政得失的建议。这些建议有的被朝廷采纳，有的却留中不报，范仲淹也不以为然。谏官的工作就是提意见，俗称骂人，不管骂得对与不对，都不需要承担责任，范仲淹对此已经了然于心。他仔细梳理着自己平日的所见所闻，认真寻找着每一个发言的机会。

人生没有那么多精彩，在平淡的日常，他认真搜集着每一条条用得着的信息，并将它们整理出自己的想法和观点。日子就这么平平淡淡地过着，此时他还不知道，不久之后，他将会跟随自己的长官，做出一件震动朝野的大事来。

在河南府（今河南省洛阳市），已经被贬多日的王曾也终于不动声色地完成了他回朝前的准备工作。此次王曾由天雄军调至河南府，这使得他和朝堂的距离更近了一步。

在天雄军工作期间，王曾不但深得百姓爱戴、让辽国人折服，他还用自己高尚的人格和度量成功地折服了桀骜不驯的陈尧咨。

陈氏三兄弟在大宋都是响当当的人物：大哥陈尧叟是太宗时期状元，后来当上了宰相，谥号文忠；二哥陈尧佐，端拱元年进士，后也官拜宰相，谥号文惠；受两位宰相哥哥的影响，老三陈尧咨更是考中真宗咸平三年的状元。

如此华丽的出身和背景，让这位陈家老三一直脾气很大。平日里，陈尧咨总爱斜着眼睛看人，是个谁都不服只服自己的角色。不管走到哪里，他都喜欢跟人争长论短，因此虽然是状元出身，陈尧咨最终却没能像哥哥一样当上宰相。

长年在军中任职的陈尧咨文武双全，尤其善射。欧阳修《卖油翁》里的陈康肃公指的就是他。

陈尧咨一向对同僚很不友好，王曾是咸平五年的状元，比陈尧咨晚了两年。王曾虽然当过宰相，但在陈尧咨眼里只是个小弟。王曾到天雄军时的职务是最高长官，陈尧咨从一把手成了二把手，心中很是郁闷。因此他对王曾敌意很大，总是故意处处刁难。

王曾比陈尧咨小八岁，却始终比较尊重陈尧咨。上任以后，王曾发现天雄军中有好多章程和规定不怎么合理，便不露痕迹地进行了改正。后来王曾离任，陈尧咨继续在天雄军当一把手。陈尧咨惊讶地发现，不但府衙所有的东西都原样没动，自己当年制定的规章制度也没有什么大的改动。直到这时，陈尧咨才真正领略到了王曾的宰相度量。

从那以后，陈家老三逢人便说：“王公宜其为宰相，我度量诚不及也！”

能让一个如此刚愎自用的人叹服，着实不易。

试问大宋朝的各位官员，除了王曾谁能做到？

这一年，初入官场的欧阳修还在西京洛阳继续放飞他放荡不羁的人生。直到不久之后，老臣王曙回朝担任枢密使，不拘一格的他才向朝廷推荐了堕落小青年欧阳修。因此机会，欧阳修得以召试学士院。通过召试以后，他很快端正了自己的人生态度，并开始了积极向上的人生。

回京以后，欧阳修官授宣德郎，先是担任馆阁校勘。早在进京之前，欧阳修就不断听说右司谏范仲淹的名字。说来也怪，虽是眼高于顶，欧阳修却不见外地给这位范大哥写了一封信。在信中，欧阳修再三鼓励这位跟自己出身差不多的老大哥说，让他一定要把握机会干好本职工作。因为这封信，两个人开始了长达二十年的患难之交。

这一年，丁忧结束的韩琦已经担任皇家小金库的主管左藏库监。在左藏库监的位置上，他成功地将原来混乱不堪的管理制度梳理一新，并因此得到了皇帝的认可。从始至终起点都比较高的韩琦很快就会升任开封府推官，榜眼出身的他进步飞快，此时已经官居五品。

这一年，因为和仁宗皇帝的特殊关系，有着良好的才名和官声的晏殊得以再次回到朝堂。入朝以后，晏殊先是担任刑部尚书兼御史中丞，接着又担任主管国家财政和税收的三司使。尽管这些年起起落落，晏殊始终没有彻底离开朝堂，作为仁宗太子时代的旧臣，他始终是皇帝心中可以依赖的亲信。

好朋友滕宗谅在两年前也已经升任京官，他的职务是殿中丞。因和秘书丞刘越一起联名奏请章献太后还政，滕宗谅虽没得到惩罚，却也进了章献太后的黑名单，而且一直过得不怎么顺利。章献太后死后，滕宗谅迁左正言，不久又进迁左司谏。

随着滕宗谅这一升职，两位当年的同榜好友官职相当、职责相同，这也是人生的一大幸事。古人以右为尊，在人们眼里，范仲淹右司谏的位置似乎更重。

可惜好景不长，不久之后滕宗谅就因直言上谏被贬出了京城。

这一年，颇受范仲淹赏识的青年王洙担任了史馆检讨，他很快就会和馆阁校勘欧阳修一起去修校朝廷的史馆藏书。他们一起编辑整理的这部巨著，日后会有一个非常响亮的名字：《崇文总目》。

这一年，后生可畏的富弼已经在官场风生水起。在范仲淹推荐他参加制科考试以后表现出色，富弼一举高中。好人做到底的范仲淹索性一不做，二不休，直接将富弼介绍给了恩师晏殊。适逢晏殊大女儿待嫁，在范仲淹撮合下，晏殊将女儿嫁给了初入仕途的富弼。

有了这样一个好岳父，富弼此后的人生进境可想而知。

据说，晏殊女儿待嫁时，曾托范仲淹物色人选。当时范仲淹向恩师提供了两个人选：富皋和张为善。范仲淹告诉晏殊说，他认为自己这两名学生都是不可多得的人才，将来都能成为一代卿相。

范仲淹请恩师二选其一，晏殊问起范仲淹对两个人的评价，范仲淹说富皋修谨，张为善疏俊，于是晏殊选定了富皋。富皋后来改名富弼，而张为善后来也改名为张方平。十几年后，两个人果然都当上了宰相。

这一年，日后会和范仲淹成为好朋友的尹洙却还只是一个不知名的地方小官，而日后会成为范仲淹好下属的狄青此时也只是一名下等兵卒。十几岁时，因与乡人发生冲突，狄青被官府捕入监牢，并在脸上刺字，注销户籍发配京师充军。狄青精通骑马射箭，很快就当上了御马直的一名骑兵。

这一年，日后同样名闻天下的横渠先生张载刚刚十五岁，他正跟随在涪州（今重庆市涪陵区）任上的父亲张迪闭门读书。

这一年，范仲淹在应天府书院接济过的穷秀才孙复已经退居泰山读书数年。据说他已经开始在泰山一带兴教办学，并且还有了一定的规模。

比范仲淹大四岁的种世衡近几年一直在西北任地方官，有勇有谋的他是前朝大隐士种放的侄子。虽然身为种家军的创始人，种世衡出身却并非武人。

跟这些好朋友比，右司谏范仲淹的职务和级别没有多高，但他的事迹却已经名扬天下。这一年的范仲淹已经四十五岁，他的职级却还只是一个七品小官。

请你牢牢记住范仲淹此时的职务：右司谏。

为什么这么说呢？

因为在右司谏任上，范仲淹很快就会做出一件轰动朝野的大事。

废皇后

重回朝堂的吕夷简最近在忙什么呢？

说出来你可能不信，他在忙着对付郭皇后。

我们知道，吕夷简上次被贬就是因为遭到了郭皇后的暗算。老吕不是个有仇不报的人，他随时警惕并严防着每一个他认为对自己有威胁的人。深谙官场之道的他很清楚，如果不在第一时间果断地打败这些人，日后他们带给自己的麻烦可能更大。

如今我吕夷简又回来了。

欠下的旧账该算算了吧？哪怕你是皇后。

在这件事情的坚决性上，吕夷简从一开始就一点儿都没有含糊。

虽然你是母仪天下的皇后，对不起，谁挡了我的路我都一样毫不客气。

扳倒皇后，吕夷简相信并不比扳倒一个政治对手更加困难，只是自己不能明目张胆地去做罢了。

于是，为报皇后的一箭之仇，吕夷简无所不用其极地施展了他所有的手段。

经过认真的总结研究，吕夷简发现郭皇后身上有两个致命的弱点：一是她嫁给皇帝已经整整九年，至今却一直没能生育。不孝有三，无后为大，常人尚且如此，对一名皇后来说无子更是最大的短板。但吕夷简觉得这一点虽大有文章可做，却不足以将她一棍子从天上打到地下。二是郭皇后是当年章献太后垂帘听政时为皇帝指定的皇后，之所以立她为后，皇帝当初只是因为要服从章献太后的安排，其实皇帝一点儿都不喜欢她。如今章献太后已死，皇帝不但无须再考虑她的感受，而且对与章献太后有关的人和事一概深恶痛绝，这一点倒是可以将其无限放大。再说郭皇后从小娇生惯养，性格强势，而且还很爱吃醋，只要利用好这一点，应该不难把她废掉。

想到这里吕夷简眼前一亮，他的主意和办法都已经有了。

女人吃醋必定是她的安全感受到了威胁，吃起醋来的女人往往会在一瞬间情绪失控，她不但变得不可理喻、歇斯底里，而且做起事来不考虑后果。想到这里，吕夷简决定双管齐下，同时拿皇后这两个弱点开始做文章。

火是需要慢慢烧的。知道靠自己一个人的力量不够，吕夷简叫来了好伙伴阎文应。二人密谋一番，相互许诺，开始里应外合地联手为郭皇后挖坑。

吕夷简纵横江湖和朝堂这么多年，年纪轻轻的郭皇后哪里是他的对手！

再说说阎文应。入内副都知阎文应是仁宗不离左右的侍从，他有陪伴皇帝并随时为皇帝伺候安排一切事情的权力。计策定好以后，在阎文应刻意安排下，在郭皇后那里享受不到女人温情的仁宗皇帝开始和后宫两位美人尚氏、杨氏打得火热。最近这段时间，只要一下朝他就跑到尚氏、杨氏宫里，一连好多天都不回正宫，当然对郭皇后也不闻不问。

见二位美人纠缠住了皇帝，阎文应开始故意在宫中散布皇帝各种宠幸二位美人的消息，搞得郭皇后很快就知道了。

郭皇后越想越气，可见不到皇帝的面她也没什么办法，有气没处撒的她只好冲身边的宫女发火。可总这么发火也不是办法，终于有一天，她忍不住找上门了。

打翻了醋坛子的郭皇后不顾众人阻拦，径直闯入仁宗正在寻欢作乐的美人宫。

美人宫内，仁宗皇帝正开心地陪尚、杨二位美人戏耍。三个人有说有笑的场面，亲密得让谁看了都眼热。不见这场面还好，一见这一场面郭皇后顿时火冒三丈：这两个贱人有什么好，怪不得你一天在我面前没有好脸色，原来你的魂儿都被她们勾走了！

见郭皇后突然闯进来，仁宗皇帝有些诧异。看到不远处连滚带爬还不时打手势的阎文应，他才明白自己的一国之母今天这是找事儿来了。

一开始，皇后没怎么敢太发火，贵为国母她需要保留自己的体面。再说，即便发火她也不敢冲着九五之尊的丈夫。于是，郭皇后上前轻轻扯住仁宗的袍袖，嘴里却冷冰冰地说，陛下，请随我回宫。

郭皇后这句话犯了仁宗皇帝的忌讳。好不容易把章献太后熬死了，他一向最不能接受的就是女人安排他的事情。

一听这话，仁宗很不高兴地说，你先回去，我过后就来。

过后是多久？郭皇后追问。

郭皇后这句话又犯了仁宗的大忌。身为皇帝，平日所有人跟他说话都是细声细语地商量，一个皇帝怎会容别人质问？

过后就是过后，你先去吧，仁宗皇帝尽管一肚子火儿，但贵为皇帝他可不能轻易地跟自己的皇后急眼，他平日的一言一行都要记录在案的。

我就不知道，这两个贱人有什么好！见皇帝这么说，郭皇后愤愤地说，到底是什么迷住了你的心？

皇后这么一骂，恃宠而骄的两位美人不干了：皇帝到我们这里来是自愿的，关你什么事？有本事你也让皇帝到你那里去呀！

美人尚氏还愤愤地小声说，生不了孩子，还敢跟万岁这么说话。

骂人怕揭短，见尚氏竟不但敢还嘴，而且还揭了自己的短处，郭皇后再也忍不住了。我不敢冲皇帝发火儿，你一个小小的美人我还怕你不成！不容多想，郭皇后挥舞双手便向尚美人扑去。

她要撕烂尚美人的嘴，而且还要挠烂尚美人的脸！

情势紧急，仁宗来不及思索，忙英雄救美地用自己的身体挡在两位美人面前。他在书上见过无数次后宫争斗，却一次也没见过皇后和美人当面动手。

早已失去理智的郭皇后手脚并用，只是歇斯底里地乱打一气。此时她已经看不清哪个是皇帝哪个是尚美人了。

于是，这个醋意大发失去理智的女人终于成功地被人挖了一个坑，然后自己主动跳进去了。

皇后闯祸了。

郭皇后不但没能打到尚美人，反倒在仁宗皇帝那张举世无双的脸上重重地来了一下。

几道抓痕，隐隐渗出血迹。

仁宗皇帝疼坏了。

当然，他也恼透了。

见皇后敢动手打自己，仁宗皇帝一下就翻脸了，他脑海中浮出了章献太后那张可怕的脸。

堂堂大宋朝皇帝竟然被人打了，朝廷体面何在？大宋体面何在？国家体面何在？

所有人都傻了。

最清楚这件事情来龙去脉的是阎文应。说实话，皇后心中忌妒的小火苗儿都是他和吕夷简一点点烧起来的。一见平日苍蝇都不敢踢一脚的皇帝被人打了，阎文应赶紧挡在皇帝和皇后中间，又是劝皇帝，又是拉皇后，忙了个不亦乐乎。

将皇帝请回宫中，余怒未消的仁宗愤愤地说，我一定要废了这个贱人！

阎文应添油加醋地说，陛下，皇后可是章献太后当初亲自为陛下……

仁宗抬手就是一记重重的耳光，你快想办法给我废了她！

皇上，废后需要遵从典制，你是不是跟宰相商量商量？阎文应捂着脸小声提醒道。

余怒未消的仁宗想想也是，于是第二天散朝之后，他单独留下了他认为最会处理事儿的吕夷简。没有留李迪，仁宗是怕这桩丑事一旦说出来，老师首先会批评自己。

在仁宗皇帝留下自己之前，所有一切吕夷简早就已经知道了。他装出一副毫不知情的样子，煞有介事地在仁宗皇帝面前表演了一番。

当仁宗将自己脸上的抓痕露给吕夷简看时，吕夷简大惊失色，一面劝皇帝消消气儿，一面说皇后是由章献太后指定的，皇帝不能随便废掉。

吕夷简不这么说还好，他这么一说仁宗的气更大了。他怒不可遏地告诉吕夷简：吕相，你好好查查史书，看这件事情办也得办，不办也得办！如果办不了，你这个宰相也别当了！

吕夷简惊在表面，喜在心中，其实他心中早已有了一个好章程。

最近吕夷简交了一个新朋友，这个人就是新晋三司使范讽。范讽本来是李迪的得意手下，此时却不时与吕夷简交结，吕夷简很清楚，他是想同时在两位宰相之间左右逢源，以求日后更进一步。

知道废皇后事关重大，吕夷简可不想自己背这个骂名。见范讽最近总想立功，而且还担任过御史中丞，既有进言的权力，也有进言的欲望。于是，他暗中将这件事情告诉了范讽。

能遇上这样的机会，范讽自然是求之不得，他哪能看不出吕夷简的用意？于是，范讽于第二天上朝的时候慨然上书：皇后婚后九年无子，应将其废掉另立皇后。

当着百官的面，吕夷简装模作样地在第一时间支持了范讽的建议。他告诉皇帝说，范讽说的也不是没有道理。汉朝的时候，光武帝就曾经因为无子骄横，有过废掉皇后的先例。

仁宗一听大喜过望，既然已经有先例，事情就好办多了。

因为范讽的上书，皇帝被打的事情很快就传遍了天下。一时之间，朝廷内外议论纷纷，搞得仁宗皇帝既心烦意乱又下不来台。

范仲淹当然也听说了皇帝要废后的事情。一开始，他觉得这件事闹闹就过去了，兹事体大，又是皇帝的家事，自己不便多言。后来，见事情炒得越来越热，范仲淹看不下去了。

范仲淹告诉皇帝说，废皇后的事情万万不可，同时还劝皇帝说应该立即下令不要再让这件事继续扩散下去了。

范仲淹说，宜早息此议，不可闻于外也。

皇帝会听范仲淹的话吗？

结果根本就不用猜测，不是郭皇后该不该废，也不是范仲淹的建议有没有道理，而是事情背后有一个一心想把皇后废掉的皇帝，当然还有推波助澜、一心要报仇的吕夷简。

家丑不可外扬，皇帝也一样。

废后就要下诏书并写进史册，皇后到底废不废，拿不定主意的仁宗还在犹豫，他毕竟需要考虑朝廷和自己的体面。

后来，因为吕夷简和范讽的推波助澜，这件事一直又讨论了很长时间，直到舆论的压力让仁宗皇帝终于不再顾忌，废掉郭皇后的事情才终于定了下来。

最终，仁宗皇帝废掉郭皇后的流程很规范，敕书措辞也很体面。为了顺利完成这一任务，吕夷简做好了足够的防范，他事先密告礼部等相关部门，凡事有关讨论废后的奏疏一概不准接纳。什么御史台，什么百官，你们想反对就反对吧，我不立案，看你们有什么办法。

吕夷简这一手儿玩得够绝的。

吕夷简等人偷偷拟定的废后诏书是怎么写的呢？

让我们进一步来领略一下吕大宰相远超常人的政治智慧。

在这封废掉郭皇后的敕书中，吕夷简只字没提皇后和皇帝打架的事儿，敕书写道：皇后高风亮节，不愿因无子影响大宋香火的延续，因此主动提出要遁世修道。为此，朝廷批准她辞去皇后的身份。诏令皇后降为净妃，同时封为玉京冲妙仙师，并赐名清悟，许其单独居住长宁宫，以专心修道。

服不服？诏称皇后以无子愿入道，特封净妃、玉京冲妙仙师，赐名清悟，别居长宁宫。

本来是惩罚，吕夷简这么一说全部变成了自愿，吕夷简给人挖坑的手段果然不是盖的。

诏书一下，堂堂一国之母就这么轻易被废掉啦？

可惜，吕夷简高兴得太早了。

闯宫门

不出吕夷简所料，当废皇后的诏令一下，果然是举朝哗然。

最生气的人当属权御史中丞孔道辅。

孔道辅是什么人？他不但是孔门后人，是礼教和圣人之道的代表人，而且还是朝廷的最高代理监察官。也就是说，他同时是仁义道德的传承人和朝廷法律规制的执行人，即民间和官方普遍认可的、根红苗正的卫道士。

除了这些身份，一身光环的孔道辅还有一个最优良的品德：总是敢于和各种不良现象做斗争，而且不惜一切代价。

圣人之后的光环让孔道辅当仁不让一身正气而且胆识过人，关于他还有一个颇具传奇色彩的民间故事。

传说真宗祥符年间，当时正年轻的孔道辅曾佐幕宁州（今云南省华宁县）。当时，宁州天庆观真武庙一带出现一条大花蛇。这条大蛇出不避人，或伸颈吐舌，或品食供物，皆大摇大摆，似有成精之势，当地人顶礼膜拜，皆称之为“神蛇”。

神蛇的出现惊动了宁州百姓，真武庙天天人拥车往，善男信女焚香拜祭，以保平安。后来，不但是宁州的百姓，就连州内很多官吏也都纷纷于早晚前去拜祭。

一日，孔道辅路经真武庙，见妖物吐舌引信，四下游走，民众皆惧之如神。孔道辅不禁大怒：蛇惑吾民乱吾俗，杀无赦！

说着，孔道辅两步冲上真武庙登阶，“以笏击蛇，碎其首”。

众人惊慌失措，目瞪口呆。

很快，此事就在当地传扬开去，孔道辅不惧鬼神敢于和妖魅做斗争的举动一时之间人人惊服。迷信已除，宁州社会秩序终于开始井然有序。

为此，孔道辅的老乡、大文学家石介特撰文一篇《击蛇笏铭》以赞其正气：

……独毙一蛇而已！轩阶之间，有罔上欺民先意顺旨者，公以此笏击之；朝廷之内有谀容；妄色附邪背正者，公以此笏击之。夫如是，则轩阶之下不仁去；庙堂之上无奸臣；朝廷之内无妄人……

孔道辅也因此迅速成为名人。一个这样的人，能眼睁睁地看着皇帝犯这样的低级错误吗？

再说，皇后虽然任性，但毕竟为一国之母，纵是不能生育也不是什么大错，即便误伤了皇帝，这也不是她的本意。再说，事情的缘起是皇帝沉溺女色在先。如果仅因为无后和误伤皇帝这两件事就废掉皇后，岂不让天下人耻笑？

听到这一消息之后，孔道辅气呼呼地回到御史台。不容考虑，他当即召集手下全部官员开会，一起商量如何劝谏皇帝的对策。

在这之前，身为朝廷最高监察官的孔道辅已经搞清楚，皇帝之所以一心要废掉皇后，是受了吕夷简和阎文应的蛊惑。联想起吕夷简再度拜相以后的所作所为，孔道辅心中更难平静。他大义凛然地告诉御史们说，如今诏令已下，以道辅一人之力，恐皇上难以收回成命。规谏皇帝过失乃台谏之责，今道辅愿以身谏主，各位如能随我一起进言者，当共商大计。东府已严令有司不受台谏章疏，当下之计，唯有闯宫死谏！

孔道辅这话什么意思？

因为吕夷简已经下令，有关劝谏废后的奏章礼部一概不接。也就是说，宰相已经禁止通过合法渠道对此事发表意见。如今诏令已下，眼见皇后就要被废掉，台谏官如果还不发表意见，一旦木已成舟，将会是台谏官的严重失职。

既然事情已经这样，台谏官们唯一能做的只有闯皇宫，当面劝谏皇帝，请他收回成命。

闯宫？死罪。

这一点大家都知道，由此可见，当时孔道辅做出这一决定需要多大的胆量！

孔道辅很清楚，当下弹劾吕夷简事在其次，首先要做的事情是先叫停废后的诏令再说。为此，他召集起御史台所有官员，决定带他们集体闯宫向皇帝请愿。怕御史们势单力孤，他还派人通知了谏院。

一听孔道辅召集大家是为了这件事，很多人打起了退堂鼓。知道事情不能强求，孔道辅也没有强迫下属们。孔道辅说，愿与我一起进谏的，请随我一起来！

说着，孔道辅正衣持笏，向皇宫方向走去。

第一个对孔道辅做出回应的当然是右司谏范仲淹。

孔道辅的话让范仲淹热血直涌，能跟着这样一个有肝胆的长官做事，值了。

范仲淹紧紧跟在孔道辅身后，很快又有几个人跟了上来。陆续响应的人有知谏院孙祖德、侍御史蒋堂、郭劝、杨偕、马绛，不过，这几个人都是御史台的高官，一行人只有范仲淹是一名低级官员。

一行人大义凛然地向皇宫走去，得知他们是因废皇后的事情要集体去劝谏皇帝，殿中御史段少连、左正言宋郊和右正言刘涣也跟了上来。

一行人在孔道辅的带领下，浩浩荡荡地来到垂拱殿。

台谏官们的一举一动吕夷简早就知道了，见这些人要闹事，吕夷简不慌不忙地命令垂拱殿的守卫官将殿门关上，并告诉他们无论什么人叫门一律不许打开。生怕惹出大乱子，吕夷简也没敢远离，他坐在垂拱殿门内，以观其变。

众人来到垂拱殿外，见大门紧闭，一时没了主意。显然，皇帝这是不愿意见他们。皇帝不敢见谏官说明他心虚，说明对废皇后的事情不够理直气壮。想到这里，孔道辅当面劝谏的决心更大了。

高大厚重的殿门挡着，一直叫了半天都没有反应，孔道辅急了。一不做，二不休，既然你们不敢开门，那我就偏不走。

想到这里，孔道辅只身上前，重重地叩打垂拱殿门上的铜环。

如果你们不开门，我就一直敲下去，我就不相信没人来开。

重重的叩击声传出很远很远，孔道辅一边叩门一边大声高喊，皇后被废，奈何不听台谏入言！

见众御史这么闹下去，仁宗不能再继续装聋作哑了。他忙差人召来吕夷简，让他想想办法去对付这些不依不饶的御史。接到诏令，吕夷简沉吟片刻，他沉了沉气，命守卫将垂拱殿大门打开一条小缝。

众人正在焦急地等着，只见垂拱殿大门微开，宰相吕夷简背着手踱着方步只身从门后挤出来。

什么人在此喧哗?

吕夷简一露面不说别的，先是斥责了一番御史们的不当行为。

见出来的人是吕夷简，孔道辅更是生气。他知道吕夷简才是这次废后事件的始作俑者，他举了举笏板，恨不能像当年击蛇一样扑上前去。但身为朝廷大臣他不能这么对付当朝宰相。于是，孔道辅耐着性子向吕夷简阐明了众谏官此行的来意。

吕夷简像模像样地装作认真听着，等孔道辅说完，他沉思片刻，才将废掉皇后的原因一一向御史们解释。当然，他说的都是诏书里那一套。

孔道辅说，吕相，身为人臣，辅佐皇帝皇后就像儿子对待自己的父母。父母不和，身为大臣的应该劝止，而不是顺从父亲将母亲赶走!

吕夷简说，好了，你不要说了。如今诏命已下，而且汉光武帝已有先例，你们回去吧。

不说这件事还好，吕夷简一提光武帝废皇后的事情可让众人抓住了把柄。台谏官们呼啦一下围上来，七嘴八舌地跟吕夷简吵了起来。

范仲淹说，吕相不过引光武帝废后的旧事，当年光武帝废皇后是光武帝失德，皇上怎么能跟他学呢？自光武帝之后，所有废皇后的都是昏君！如今皇上有尧舜之明，你这是劝皇帝学做昏君吗?

吕夷简冷眼看了看范仲淹，他早就知道这个人。面对范仲淹的指责，吕夷简没有说话。当然，没有答话更多的原因是他不愿意跟范仲淹这样的小官争论。

见宰相无言以对，众人开始起哄。

吕夷简告诉孔道辅让众人安静下来，才说，诸位听夷简一句话，我也是为各位同人考虑。如果认为废后不当，应当通过正当渠道，或者面见皇上，说说你的理由和主张，而不是在皇宫吵闹。这成何体统?

随着吕夷简一席话，众人突然觉得吕夷简说的也不是没有道理。所以派吕夷简来接待，明摆着皇帝今天是不想见他们了。既然皇帝不肯见，总这么闹下去也不是办法。

于是，一行人的情绪不再那么高涨，大家三言两语，开始探讨如何应对。

很快，大家商定明日上朝的时候，由台谏官伏阁请对，然后发动百官一起公开讨论废后的事情。无论如何，一定要让皇上收回成命。

就这样，一场突发而至的危机被吕夷简三言两语化解了。

众谏官回到御史台，开始商量明天上朝的时候如何应对。范仲淹清楚，别看自己这帮人气势汹汹地闹了一场，结果还是被人三言两语就打发回来了。

那一天，关于伏阁请对的事情孔道辅布置得很细致，下属们也都考虑得很周到。自己怎么说，皇帝怎么问，宰相又会怎么说等等，都计划得天衣无缝。他们相信，通过自己的谏言一定能让皇帝收回成命。

台谏官们信心百倍地准备在明天上朝的时候大干一场，然而蒙在鼓里的他们哪里知道，明天的早朝，他们已经连上朝的机会都没有了。

范仲淹猜得没错，吕夷简就是在拖。

见这帮人聚众闹事，这对朝廷来说可不是件小事。为今之计唯有先将他们劝走，先避免矛盾进一步激化，然后再慢慢对付。

见到皇帝，吕夷简将闹事官员的名字一一报上来。一听说台谏官们明天要伏阁请对，皇帝顿时大惊失色。伏阁请对在古代是一种非常严肃而且十分正式的政治活动，皇帝必须无条件地配合。明天上朝之后如何应对？仁宗皇帝一时没了主意。吕夷简却早已胸有成竹，他安慰皇帝道，召谏官伏阁请对固然不是什么好事，但他们也是想通过这种方式向皇帝施压。皇上不必多虑，臣已经早有主意。

说着，吕夷简将自己的对策一一向仁宗皇帝道出。

仁宗大喜：吕相高明。

第二天早朝，众人早早起床，准备大干一场的孔道辅带众人一起上朝。一行人刚刚走到供朝官临时休息的待漏院，就被人拦住了。

拦住他们的是仁宗皇帝的传旨官。传旨官带领一帮武士，当面向他们宣读了一道措辞严厉的诏令：

孔道辅，贬知泰州，不许停留，即刻上任；

范仲淹，贬知睦州，不许停留，即刻上任；

孙祖德等人，各罚铜二十斤。

孔道辅愣住了。直到这时，他才知道自己这帮人被吕夷简暗算了。别看昨天说得挺好，原来他早就计划好了。什么通过合法渠道反映问题，什么伏阁请对，如今这帮人已经上不了朝了。

被人戏耍的滋味儿不好受，孔道辅呆呆地愣在当场，他知道现在说什么都晚了。站在传旨官身后的，是如狼似虎的内廷武士，他们的任务是监督并押送孔道辅和范仲淹即刻出城。按说，作为朝廷最高监察官，御史中丞被罢需要当面向皇帝辞谢告别才能完成罢免流程，为了不让自己说话，朝廷竟然连这一环节都免了。

仓促之间，准备伏阁请对的官员被全部处理，众人都傻了。

不但他们傻了，准备上朝的百官也都傻了。

到底发生了什么事情，导致御史台主官加骨干全部被免？

这是什么节奏？

躲在幕后的操盘手吕夷简笑了，你们不是要伏阁请对吗？对不起，你们已经没有资格上朝了。诏令已下，看你们遵旨不遵旨。

如果遵旨，马上出城。

不遵旨？来来来，咱们讨论下一个问题。

吕夷简这一手调虎离山计玩儿得够绝。

孔道辅和范仲淹呆若木鸡，好半天都一句话也没说。许久，他们默默地转身回家，开始收拾行装，准备即刻离京。

由吕夷简亲自拟定的这封诏书是颇具深意的。首犯和骨干免职，其他人不予深究。为了避免后患，他同时还严令御史台：今后凡事都密具章疏，不许再伏阁请对。

谁说谏官想说什么就说什么？谁说你们人多力量大？谁说法不责众？

对付你们这帮人，朝廷有的是办法。

自知大事不好，昨天一起跟着在垂拱殿闹事的侍御史马绛和杨偕忙主动申请与长官孔道辅、范仲淹一起贬职，对此朝廷没有表态。

事后，郭劝、段少连再次上书坚持皇后绝不可废，对于他们的上书，朝廷一直都没有发表任何意见。

改年号

很快，事情就传开了。见皇帝和宰相这么办，群臣都是吃素的吗？

废后事件最先惹恼的人，是已经担任将作监丞的富弼。眼见大恩人因言获罪，一向正义感爆棚的富弼岂有坐视不管之理？

那段时间，既功成名就，又新娶了朝廷高官枢密副使晏殊女儿的富弼，人生好不得意。富弼跟岳父关系处得不错，但他更欣赏的人是恩师范仲淹。听说范仲淹如此被贬，富弼想都没想立即上书一封。

在这封奏疏中，富弼一是为范仲淹开脱，说范仲淹不应该因此被贬；二是将自己认为皇后不应被废的理由郑重其事地讲了一遍。

史载：疏入不报。

废后事件搅得朝堂沸沸扬扬，吕夷简看在眼里，喜在心头。虽然已经成为众矢之的，但有皇帝站在自己一边，吕夷简心里是踏实的。不管怎么说，也算达到了自己的目的，至少在这件事情上自己是成功的。人生在世，谁不面临压力？因此，面对群臣的轮番攻击，吕夷简稳坐相位，神色自若地看着群臣轮番弹劾。

只要皇帝的主意不改，该说的你们随便说，该闹的你们随便闹，反正没人理会你们。

仁宗皇帝和吕夷简对废后事件的冷处理很快就遭到了不少人的诟病。为了转移矛盾，吕夷简建议皇帝是不是修改一下年号。吕夷简这一提议立即得到了仁宗的同意。

说实话，年号问题一直是他的一个心病。自继位以来，他用的第一个年号是天圣，民间却一直传说天字为二人，天圣即二人为圣，意思是他和太后同时执政；第二个年号是明道，所谓明字，日月并行，与天圣的用意基本相同，这都是当时拟定年号的宰相为讨好太后才这么定的。深感屈辱的他迫切需要去掉所有太后时代的痕迹，迅速为自己建立一个真正属于皇帝的自信。

新年号很快就定下来了，景祐。这两个字还不错，一是期望得到上天的保佑；二是和父亲真宗使用过的景德只改动了一个字。

仁宗亲政之初，随着朝局的稳定，章献太后时代制定的一些政策开始逐渐废除，章献太后时代重用的大臣也都一个个远贬，年轻的仁宗皇帝正在以他帝王的胸怀，开启属于他的光辉时代。

虽然富弼的上书留中不报，但晏殊却在第一时间知道了女婿办下的这桩好事。回到府中，晏殊严厉地批评富弼道：不识时务！你跟范仲淹走得太近了！

说实话，上书之前富弼根本就没跟岳父商量。面对岳父的批评，他觉得委屈极了。虽然跟范仲淹走得近，但这根本不是自己上书的理由。见岳父这么批评自己，富弼心里很不舒服，他没想到对废后的事情岳父会是这个态度。

客观地说，也不是晏殊认为女婿不应该为范仲淹辩护，而是他感觉富弼这一举动太不成熟了。年轻人做事，总是只能看到眼前的一切，很多表面之下的关联他们并不清楚。再说，朝廷已经决定的事情，会因为你一个小小的官员说几句话就改变吗？晏殊认为，道理是明摆着的，如果仅仅想出风头，很多其他的事情都可以做，你富弼为什么非得去得罪皇帝、得罪吕夷简呢？

晏殊对富弼说，你的想法我很清楚，可是有很多事情你不清楚。

富弼不以为然地说，不就是吕夷简吗？你怕得罪他，我可不怕！几乎所有人都在说，吕夷简是奸臣，他这么做早晚有一天会遭到报应的。

胡说！晏殊怒道，你只知其一不知其二，你知道吕相搭救过范希文几次吗？如果不是我和吕相，他范希文早就被人收拾了！

说到这里，晏殊又感觉自己话说多了，晏殊缓和了一下说，彦国，你是不知吕相的高明，他做事有他的原因。我知道你和希文一向关系好，但事情不该是这么处理的。再这么下去，你迟早也会像他一样断送自己的前程！

晏殊的话让富弼若有所思，吕夷简竟然搭救过范仲淹好几次？富弼不信，自己怎么从未听说？太后时代，吕夷简就一味地顺从太后，如今皇帝亲政，他又一味地顺从皇帝。他会搭救范仲淹？打死富弼都不信。一个人肯这么做事，就是奸臣的典型特征。他实在不知道，岳父为什么处处都护着这个大奸臣。

这个吕夷简，早晚有一天不会有什么好下场，我劝你还是离他远一点儿，富弼对晏殊说。

最终两个人不欢而散。

后来，因晏殊翁婿对吕夷简看法的不同，导致了一场你死我活的斗争，这是庆历七年才会发生的事情，暂且不表。

转过年来，仁宗下令正式将这一年的年号改为景祐，朝廷下令开炉铸钱以庆改元。随着孔道辅和范仲淹的远贬，废后风波也暂时告一段落。

孔道辅被贬以后，枢密直学士、右谏议大夫、知益州韩亿担任了御史中丞。因益州地方上的事务一时难以交接，暂时由知杂御史主持御史台的相关工作。韩亿是真宗时代德高望重的大宰相王旦的女婿，在基层锻炼多年的他很快就会进入朝堂。

因废后有功，权三司使范讽被升为龙图阁学士。二月末，有人报告说在去泰州上任的路上，被贬的孔道辅故意不遵守朝廷规定，不但绕道兖州去看望了父母，还私自住了一段时间。皇帝大怒，下令孔道辅立即启程，不得耽误。不过，念及孔道辅是一片孝心，朝廷没有对其责罚。数月之后，为了方便照顾老人，仁宗才下令将其调到了近临兖州的徐州。

阳春三月，新科开考。这年的殿试，张唐卿、杨察和徐绶三位举子名列三鼎甲。为了褒奖天下各路的有才之士，除了当面召见各位新科进士，皇帝还特命追封了前朝大文人杨亿。

按照朝廷惯例，若非身居东西两府或太子东宫，四品以上的官员死后是不给予赠官的。杨亿生前是四品官，按说朝廷是不需要这么做。一是杨亿文名太盛；二是仁宗想借科举之机进一步鼓励天下士林学子好好读书，才下诏特许给杨亿赠官封号的。

杨亿能获此殊荣，还要感谢他的好朋友寇準。

虽然寇準已经过世多年，但他的女婿王曙已担任枢密使。有一天，王曙告诉皇帝说，当年杨亿曾经替岳父起草过请太子监国的诏书。当时因为奸臣当道，寇準这一计划没能实现。事败以后寇準被贬，杨亿也因受丁谓排挤，最终不得志才英年早逝的。如今，寇準已获赠中书令，朝廷对杨亿也应该进行褒奖。

仁宗一听，这不是自己的大恩人吗，他愉快地答应了王曙的奏请。

王曙还说，最初，听说岳父让杨亿代为起草太子监国的诏书，自己其实是反对的，而且还劝过岳父不要这么做。后来寇準事败，王曙便将这份诏书的副本交给了妻子藏起来。为防止泄露，夫人将诏书缝进了衣服的夹层里。后来见朝廷为寇準平反，自己才敢拿出这份诏书。如今因为时间太久，诏书上的字都已经快看不清了。

仁宗听罢，又是感慨万千。如果当年这些忠心耿耿的老臣能够如愿，自己哪会饱受这么多年的垂帘听政之苦？

于是，仁宗诏令故翰林学士、礼部侍郎、知制诰杨亿追赠礼部尚书，并追谥其号为“文”。自西周开谥以来，在我国两千多年的历史上，除皇帝之外能得到“文”这一单谥的，只有春秋时期的卫国大夫孔圉、鲁国正卿季孙行父和唐代的韩愈、白居易，以及宋代的杨亿、王安石和朱熹。

随着皇后被废，最近这段时间，再也没有什么顾忌的仁宗皇帝与尚、杨二位美人打得火热。直到今天，他才总算真正尝到了女人的滋味。二位美人日日缠在皇帝身边，身不着衣的仁宗皇帝沉溺得一发不可收拾，因此他的身体开始日渐虚弱。二十岁出头的他甚至一连几天都住在美人宫里，而且还不思饮食，一时之间朝廷内外议论纷纷。见大臣委婉的劝谏没什么效果，太后杨氏不得不以太后的身份提醒皇帝要注意影响，但如鱼得水的仁宗对此一概置之不理。

恃宠而骄是女人的天性，尚美人同样如此。很快，她就将自己的父亲、叔叔都调到了皇宫工作。这天，听说一个名叫庞籍的殿中侍御史被升为开封府判官，尚美人竟私自派内侍向庞籍传旨，说要他免去京城劳工们的税赋。

庞籍官职虽小，却骨头很硬，他不但不肯听从内侍官的安排，而且还直接把此事告诉了皇帝。后宫矫旨，既不合礼法，又坏了祖宗的规矩，皇帝一听就恼了。多年以前内降的风气还在他心头挥之不去，他气急败坏地下令杖责传旨的内侍官，却只是象征性地批评了尚美人一下，并严令各级官府以后不得接受后宫的旨意。

这位庞籍就是后来民间传说中无恶不作的庞太师的原型。其实，庞籍一生刚正不阿，不但施政有方而且为官清廉，后来还在西北战场立下过大功。庞籍最后官至枢密使，他不但一生与范仲淹、韩琦交好，还提拔了司马光、狄青等人。

有一个说法，说是庞太师的原型其实不是庞籍，而是仁宗温成皇后的伯父张尧佐，只是这一说法在民间的认可度并不高。

这年五月制科再次开科，二十八岁的张方平因看到富弼的巨大成功，也像富弼一样参加了制科的考试。和富弼一样，张方平考的也是茂才异等科。中进士入仕以后，张方平以校书郎知昆山县（今江苏省昆山市）。从此以后，张方平开始在功成名就的道路上平步青云。

废掉郭皇后以后，吕夷简在忙什么呢？

说出来你可能不信，他又在琢磨着对付人。

这一次他要对付的人是谁呢？

李迪。

能成为吕夷简的对手绝对是一种骄傲，看看他最近这些对手吧，不是皇后就是宰相。所以说，一个人身在什么样的层次，重要的不是你的朋友是谁，而是你的对手是谁，是你的对手决定了你的层次。

很早之前，吕夷简就千方百计地想办法阻止李迪回朝。但李迪身为皇帝的老师，皇帝想做的事吕夷简是挡不住的。既然挡不住，那我就想别的办法来对付你吧！

吕夷简自知跟李迪比自己有很多短处，而且自己擅长的都是一些小聪明。举凡小聪明都是不能长久的。废掉郭皇后以后，吕夷简开始琢磨如何才能去掉李迪这个对自己来说最大的威胁。在朝廷大事上，李迪向皇帝提出了许多长远的规划和布局，这一点自己就比不上。以吕夷简的了解，李迪虽是状元出身，但他根本就没这个本事。

一开始，吕夷简以为李迪身边有什么谋士，后经多方打听，才知道原来李迪有个儿子叫李柬之，那些高明的建议都是儿子帮李迪出的。

摸清李迪的底细后，吕夷简有了办法。

这天，吕夷简很随意地找到李迪说，复古（李迪字复古）兄，柬之奇才，必当大用，你应该让他为朝廷做些事情了。

一听老吕这话，李迪忙摆摆手说，不行不行，小子无才，再说我身在东府，岂能推荐自己的儿子？

吕夷简一笑：复古兄此言差矣，这事儿不用你办。提拔选用人才是夷简的本职工作，柬之这么出色，我早就想提拔他了，这事儿你就别管了。

李迪不知是计，喜滋滋地回家等消息去了。他就没想想，吕夷简为什么会突然之间对自己这么好。

后来，吕夷简果然履行了自己的诺言，在他的安排下，李柬之得到了一番眼花缭乱的提拔。太常博士李柬之先是报考学士院，获得进士身份以后，吕夷简又越级提拔，安排李柬之进集贤院，然后去邢州（今河北省邢台市）担任了地方长官。

李迪父子对吕夷简感激不尽，蒙在鼓里的他们哪里知道，这是吕夷简不露声色的调虎离山之计。吕夷简之所以这么做，为的就是把李柬之从李迪身边调走。

人人都知道，无事献殷勤，非奸即盗，可惜不是谁都有拒绝别人好意的定力。

后来，因身边缺少了最重要的谋士，不到半年李迪就被罢去了宰相。

共情

一名被贬官员能做的事情唯有洗心革面，好好做事。

为此，不管是在青州还是在天雄军，王曾对朝政几乎从不过问，倒是被贬之前结识的范仲淹这段日子一直没少跟自己联系。恰好一直跟在身边的稽颖是范仲淹在应天府的故人，这样两个人之间倒是有了互动的便利。通过稽颖王曾这才知道，当年自己的一句推荐，竟让这个官职不高的基层小官一直都这么敬重自己。

从稽颖口中，王曾还进一步听说了范仲淹做的所有事情。知道这些事情以后，王曾开始对范仲淹刮目相看。敢反对皇帝为太后拜寿，说明这个人有一定的见识，而敢于让太后还政则进一步看出了这个人的胆量和骨气。知道范仲淹和晏殊的关系，同时也知道他和蔡齐私交不错，王曾相信在不久的将来，在晏殊和蔡齐的帮助下，范仲淹一定能独树一帜，有所作为。

可惜范仲淹很快就被贬了，其实这也是情理之中的事情。在被贬之前，范仲淹曾托稽颖征求过自己的意见，他说如今自己已经直言犯上，与其在朝中混日子，还不如像孝先（王曾字孝先）公一样到地方做点事情。听到此处王曾心头一热，他知道范仲淹其实这不是在征求自己的意见，而是在向自己表达他的心迹。人和人之间最难得的就是共情，当一个人肯与你同凉热共温暖地共情，说明他已经把自己的心都交给你了。

王曾对此也没有表态，但在他心中，和范仲淹的关系又进了一步。后来，听说范仲淹贬到了河中府，很快又从河中府调到了陈州。在这期间，他坚持着自己的谏官本色，一直没少向朝廷上言进谏。人生最难得的就是能始终如一地坚持自己的本色，唯有这样的人才是一个值得尊敬的人。

可喜的是，因太后驾崩，因言获罪的他终于被调回朝内，皇帝结合他的特长，让他担任了谏官。这是一个前途无量的岗位，只要发挥得好，相信不久之后他便能担当大任。事实也是如此，王曾没有看错。对已经去世的章献太后，虽然在她在世时处处反对，但一见皇帝是非不分地否定她所有的一切，范仲淹反倒在皇帝面前说起章献太后的好话来了，这让王曾很欣慰。他知道范仲淹这么做是对的，能站在公正的角度上去看待事情，是一个人难得的优秀品质。眼见范仲淹不断被委以重任，王曾喜在心中。

让王曾没有想到的是，范仲淹大好的人生刚刚起步，却因为废皇后事件再次被贬。

王曾很清楚，这些事情都与吕夷简有关。坦夫这个人貌似温和，其实他是不允许任何人挡路的。范仲淹敢死磕皇帝和宰相，此举虽是不自量力，王曾却知道这里面其实还有一个更深层的原因。这个原因自己不说，范仲淹也不会说，只能由两个人自行体会。

这次能够担任枢密使，坦夫也出力不小，这也算是他对自己的回报。其实王曾又何尝不清楚，之所以在皇帝面前大力推荐自己，坦夫这是在防着自己进入中书。这个坦夫哪里都好，就是胸怀太小了。如果他的胸怀能够再大一些，做事能够再磊落一些，以他的能力，是不难成为一代名相的。

上任之前，王曾还收到南京留守推官石介写给他的一封信。在这封信里，石介毫不客气地对朝中形势进行了分析，并为他指出了“皇帝血气未定、沉溺于女色”的问题。石介在信中劝他说，回到朝堂你应该力谏皇帝戒色。如果皇帝肯听还好，如果皇帝不听你就以辞职相威胁，皇帝一定会就此悔悟的。

想到这里王曾笑了：如今这帮年轻人，怎么都这么急切？

回到朝中，老友故旧自是纷纷致贺。五年的时间不长却也不短，朝廷的事情他却已经生疏了很多。坦夫对自己是一如既往的热情，但言语之间，却颇有一副位极人臣居高临下的姿态。为今之计自己无须考虑太多，首先应该熟悉一下周围的环境，然后再作其他打算。石介的建议虽不无道理，但王曾没那么做，他不想刚刚回到朝中就成为皇帝的对立面，此事倒是可以从长计议。

关于立皇后的事情，皇帝曾专门征求过自己的意见。对此王曾没发表什么看法，只是感觉立一个茶商的女儿似乎不大合适。最终皇帝听从了大家的意见，将冀王的孙女立为皇后。一旦后宫和谐，相信年轻的皇帝很快就会将所有的精力都用在治理国家上。

这么想着，想着，王曾开始了对自己工作的进一步规划。

就在王曾上任枢密院不久，大宋朝就面临了一次严峻的军事考验。

这一考验来自西夏和一向素有积怨的辽国。西夏首领赵德明死后，其子元昊勇猛好斗，野心勃勃，不时侵扰大宋边界，因此西北边境小规模的军事冲突一直没有停止。偏偏在这年腊月，辽国突然聚重兵于幽、涿二州，一时之间河北路警报四起，人心惶惶。

见辽国突然间大兵压境，朝廷到底发兵还是不发兵，这是个事关生死的大问题。当年真宗皇帝订下的“澶渊之盟”已约定修好百年，双方约定互不侵扰，辽国这是要干什么？如贸然出兵对峙，想必影响两国之间的关系。可如果不出兵，辽国兵临城下的后果将不堪设想。辽国的想法到底是什么，这又该如何是好？

事关重大，一时之间皇帝和群臣都没有了主意。

关键时刻，参知政事蔡齐再三考量，断定辽国不会违约攻宋。

最终朝廷没有派兵。

过后不久，提心吊胆的大宋君臣才知道，辽国大规模地兴兵南下，只是一次普通的祭天活动。

虚惊一场。

事后，纵是料事如神，蔡齐也出了一身冷汗。

睦州

范仲淹这次被贬后的遭遇没多少曲折，他老老实实地在武士们的监督下，简单收拾了一下就踏上了前往睦州的行程。

在经历了官场的进进出出之后，他已经不在乎自己的利益得失了。只要自己认为对的事情，他就大胆地去做，成也罢败也罢，是非曲直自有世人评说。能在朝堂工作就在朝堂工作，不能在朝堂工作，我就去基层为百姓们做点实事儿。因此，第二次被逐出京城的时候，范仲淹的心态基本是平和的。

既然朝廷认为我不适合在朝中工作，我索性大大方方地来、大大方方地走，一味地考虑个人得失，最终受伤的还是自己。

范仲淹上路了。

当时的睦州（今浙江省建德市）府治位于今天的千岛湖以东，新安江绕南、东两个方向一路向北，有寿昌江、兰江汇流然后流入富春江。从京城到睦州路途遥远，需要从开封府到应天府，然后跨淮南路、两浙路才能到达睦州，两千多里的路程途经应天府、亳州、宿州、濠州、滁州、杭州，范仲淹老老实实地按照朝廷规定的行程一路南下。

出发之前，他没有准备太多的行装，除了必要的朝廷文书和必备的衣物，他的随身物品只有一张琴、一把剑，这是他多年以来从不离身的心爱之物。自从离开集庆军以后，繁忙的各种工作让自己一直没机会游历，还不如趁着这个大好的机会，好好地让自己感受一下祖国山河的壮丽。

于是，每到一站，范仲淹都会停留几天。山川壮丽，民风淳朴，各地不同的风土人情以及众生百态让范仲淹的被贬之路异常充实。一路之上，他还遍访好友，广交志士，因此，他的上任之路也就显得没有那么低落了。路过亳州时，他特意在集庆军多待了几天，这里是他当年工作过的地方。

到达睦州的时候，已经是来年的二月。

睦州此时正是草长莺飞，春光一片大好，范仲淹的心情自然也是很好。睦州虽是个小州，独特的地理位置和江南明媚的春光让久居中原的范仲淹心旷神怡。到任以后，他没有着急开展工作，他先是给朝廷上了一封谢表，然后才详细地对当地各方面的情况进行了摸排。

这是范仲淹第一次担任地方长官，掌握了州中的基本情况以后，他果断地针对民风民俗中恃强凌弱的各类现象进行了约束和制止。

一时之间，睦州民风稍和。

当然，范仲淹每到一处，将各项工作安排就绪以后，他着手要做的一大件事还是兴学。因为兴学的事情，他想起了在应天府的种种旧事，也因此想起了晏殊。

每当想起晏殊，范仲淹心里就有一丝愧意。晏殊是自己的恩人，蒙他提拔才能入进，自己却几次三番地给恩师惹麻烦。想到这里，范仲淹决定给晏殊写一封信，以表达自己这些年来的歉意。范仲淹在信中说：

二浙之俗，躁而无刚。豪者如虎，示之以文；弱者如鼠，示之以仁。吞夺之害稍稍而息，乃延见诸生，以博以约。非某所能，盖师门之礼训也。

自应天府相识以后，虽然晏殊比自己小两岁，但范仲淹一直拿晏殊当老师看。因此在晏殊面前，他始终以门人弟子自居。他对晏殊的尊敬也获得了官场士林的普遍好感，也是因此，虽然接连不断地在朝中惹乱子，晏殊也并没有真正恼恨范仲淹。

关于兴学，范仲淹思来想去，决定召集当地学子，对睦州的教育情况进行深入了解，然后再确定方向。听从了学子们的建议以后，范仲淹几经思考，终于整理出一套自己的方法。他发现睦州一地虽基础深厚，教化优良，学习风气也很好，但当地人读书的热情并不高。于是他决定树立典型，以供文人学子们景仰膜拜，从而激发当地人的求学热情。

范仲淹将目标选在了桐庐。

桐庐是分水江和富春江交汇之处，它四面环山，中部为狭小的河谷平原，其间丘陵错落，不但山川秀美、人杰地灵，而且还是东汉大隐士严子陵隐居的地方。

严光，字子陵，会稽余姚（今浙江省余姚市）人，东汉隐士。严光少有高名，不但与汉光武帝刘秀是同学，而且还是好友。光武帝刘秀即位以后，对他们这一同学加好友的情谊追怀有加，曾多次延聘大隐士严子陵入朝为官。

建武元年（25），刘秀建立东汉。听说老同学当了皇帝，严光隐名换姓，隐居在桐庐富春江畔。刘秀思贤念旧，为找到老同学，他下令按照严光的形貌在全国查访。

皇帝想找个人当然不是太难的事，终于严光被人发现了。光武帝遣使者用很高的规格，历经三聘才将严光请到朝中。

当时，朝中大司徒侯霸也与严光是老相识，听说严光被请到朝内，侯霸忙派人送信并给严光说，侯公听说先生到了京城，一心想立刻拜访，限于朝廷制度不便前来，侯公希望能在天黑后亲自来表达歉意。

严光不说话，只是将书简扔给送信的人。使者不明所以，严光不肯给侯霸回信，只是口头说，君房先生位列三公，这很好。他能怀一颗仁心辅助皇帝治理天下，这是万民之福。可拍马屁看人脸色办事，那可要身首异处了。

侯霸收到严光的回复，将严光对他的态度暗告光武帝。刘秀无不欣赏地笑道，这家伙果然还是当年的老样子！

当天，刘秀就亲自来到严光的下榻之地。当时严光正在睡觉，尽管皇帝来了，他只装作睡觉不肯起身。拿自己不当外人的刘秀直接走进严光卧室，不顾皇帝的身份，像当年一样拍了拍严光露在被子外面的肚皮：哎呀！子陵，快起来快起来，你就不能帮着我做点儿事吗？

严光只是睡觉不肯讲话。

又过了好一会儿，严光才慢慢睁开眼睛。看了皇帝好一会儿才说，当年巢父、许由听说要授给自己官职尚且洗耳为净。人各有志，何必强迫一个读书人去做官？

刘秀不解，问严光：子陵，我亲自说也不行？

严光点点头，遗憾的光武帝见状只好叹息着离开了。

后来，刘秀再次请严光到皇宫做客，两个人不再谈做官的事，只是回忆那些过去的旧交往事，两人在一起才愉快地相处了很多天。

一次，刘秀与严光同榻而卧，刘秀装作很随意地问严光：我比过去如何？

严光也很随意地答道，跟过去比，你稍稍有点儿进步。

最终，虽然又被刘秀授以谏议大夫，但严光一直没有接受。离开皇宫后，严光一直归隐于富春山耕读垂钓，后人把他垂钓的地方命名为严陵濑，又称严子陵钓台。

严子陵不图富贵、不慕名利的高尚情操不正是读书人最好的榜样吗？想到这里，范仲淹决定新建严子陵祠堂，祠堂修好之后，又安排严氏的后人来专门照奉。

祠堂修好以后，为了纪念这一盛事，范仲淹还专门写下一篇文章，名为“桐庐郡严先生祠堂记”。为永作纪念，他还特意邀请了当时的书坛大家邵竦专门为祠堂撰写牌匾。如今，严氏祠堂虽在，这一遗迹却因多年的战乱和朝代变迁已无处可寻。

据说，在赞美总结严子陵一生的高风亮节时，范仲淹最开始的用词是“云山苍苍，江水泱泱，先生之德，山高水长”。成文之后，范仲淹曾将其拿给年轻的文友李觏看。虽然认为范仲淹写得很好，但李觏总觉得“先生之德”的“德”字在此处不能言尽其意。“云山”“江水”等词从内容上说很宏伟壮观；可谓极有气派，但下面用一个“德”字来接，似乎显得局促，语句间的大气似乎被局限住了。

思来想去，李觏建议范仲淹说，不如将“德”字改为“风”字，这样似乎更好。

范仲淹一听大喜。“云山苍苍，江水泱泱，先生之风，山高水长”，他一遍遍地默念着，如此一改，果然全诗格局大升。

这就是李泰伯为范仲淹“一字之师”的来历。

李觏，字泰伯，建昌军南城（今江西省南城县）人，北宋大学问家、教育家、思想家，一代大儒，盱江书院创始人，世称盱江先生。

苏州

只有在夜深人静的时候，四十六岁的范仲淹才会想一想自己黯淡的前程。

看着镜中斑白的双鬓，回想自己四十六年来所走过的路程，范仲淹感觉到了人生的无常与不易。眼下江南的风景虽好，却安放不下自己忧国忧民的情怀。他对影自怜，抚琴叹息。当熟悉得不能再熟悉的《履霜》从指缝间流出，金石般的声响和五根琴弦所承载的，已经不再只是他简简单单的一腔愁绪。

每当沉醉于这悲怆的绝响，范仲淹心里都要难过大半天。远葬于万安山下的母亲如果地下有知，她是否知道儿子如今的一喜一忧、一颦一笑？幼年时母亲的谆谆教导历历在目，母亲花白的头发、干涸的眼神让范仲淹一想起来就痛彻心扉。

随着一曲终了，范仲淹不知不觉间已是泪流满面。早晚有一天，自己会去万安山下伴着母亲一起长眠。余生虽长，留给自己可以施展抱负的机会却已经不多。

有时，范仲淹还会小心地擦拭那把继父送给他的宝剑。每当拿起这把剑，继父的音容笑貌便立即浮现在他的面前。快意恩仇，其实只是一个遥远的梦想，看着它锋利的刃口，范仲淹意犹未尽，久久难平。当年，这把宝剑承载的不仅仅是继父给自己的寄托，还有自己所有的梦想。如今它藏于匣中，默默地任由朝堂和江湖上的风云变幻，何时才是它一展抱负的出头之日？

可惜自己跟它一样，也是一腔热血，无处报效，一身抱负，无人欣赏。

想着想着，范仲淹的心又凉了下来。

感慨过后便是孤独。那段日子，他经常一个人独坐，静静感觉内心这无边的孤独。

基层的工作简单而随意，在这期间，他又联系上了许多当年的老朋友。得知孙复在泰山讲学已经颇具规模，他甚感欣慰。他没有看错这个落魄的年轻人。他相信假以时日，孙复一定能成为一代大儒。邵竦、胡瑗都是他新认识的朋友，当地的文化名流让他感受到了一种不同于中原地区的文化。眼见没机会回到朝堂，倒不如安于当下，做个小官，踏踏实实地把教育工作做好，多为地方培养一些对国家有用的人才。

这么思来想去，范仲淹的心情才慢慢平静下来。

在工作之余，睦州的山山水水都留下了父母官范仲淹的足迹。他深入乡间，深谙百姓疾苦，走进学堂，与学子们一起读书论道。他已经习惯于这种半官半隐的生活，只是睦州的风景虽好，却难以消磨他为国为民的远大志向。

范仲淹在睦州工作不到半年，突然接到一纸调令，朝廷已经将他调到了苏州。见严先生祠堂还没有建好，临行之前，范仲淹再三嘱咐负责修建工作的下属，无论如何修建祠堂的工作一定要继续下去。他和下属约定，当祠堂修好之日，他必定会重回睦州，和他们一起庆祝这一盛事。

范仲淹调到了哪里？

苏州？

没错，尽管说出来你可能不信，但范仲淹的下一站就是苏州。

这个地方是不是很熟悉？

当然很熟悉，因为这里就是范仲淹一生为之向往而又为之伤心的老家。命中注定的不解之缘和阴差阳错的际遇，让他终于来到了这个他既想面对又不愿面对的地方。

这年六月，一到苏州，还没来得及去想想如何面对老家的族人，范仲淹就立即投入到紧张的工作之中。

这是因为这一年苏州发大水了。

苏州虽四郊平坦，但大小湖泊众多。西南的太湖烟波浩渺几百里，很多溪流都汇集至此。太湖东接松江，每遇洪水太湖便通过松江流入长江。南方湿润多雨，尤其夏秋两季，接连不断的雨水让太湖水位暴涨，松江排泄不及，又加上其他江水的汇入，一时间江水泛滥，很快就淹没了江边各县。

范仲淹到达苏州的时候，正赶上松江大水。洪水淹没了田园农舍，苏州一带正是田不得耕、民不得食的灾害时期。身为父母官的他一面带人赈灾救灾，一面着力查找灾害造成的原因。他亲自带人对苏州的水道进行了调查研究，总结出一套要想治灾必须疏导泄流的方针。为缓解太湖的压力，苏州东南的大水不再排入太湖，而是直接排入松江。而为了缓解松江的压力，苏州西北其余各江河湖溪的水流改道直接排入长江。这样疏导分流以后，太湖和松江的泄洪压力减轻了很多，一定能有效地根治当地的水患。

想法是好的，但这一办法可行吗？

类似当年修捍海堰时面临的难题再一次摆在范仲淹面前。

果然，当范仲淹的想法一提出，立即遭到了很多本地人的反对。有人说松江水位高，东南方向的水根本就排不进去，还有人说海边常有海潮反扑，长江水遇到海潮也排不到大海里去，这根本就不是解决问题的办法，甚至还有人提出，随着涨水落水，必定有泥沙沉积，时间一长河道就会淤塞，到时候内涝会更严重。

这些仅仅是对范仲淹治水方针的否定，对于他治水的想法还有一部分持反对意见的人。这些人以劳民力、费军食为由，甚至还荒唐地提出了低洼处的田地洪水一来就成汪洋，根本就挡不住，考虑治水的问题根本就没有什么意义。

听到这些讨论范仲淹很伤心。他再次想起了当年族人的凉薄，心里一阵阵难过。难怪族人凉薄，原来此地横议盛行，看来此地民风一向如此！尽管自己谨小慎微，还是遇到了这么大的阻力！

范仲淹心里堵得慌，因苏州是老家，更是事关重大，他不敢私自做主，只好给宰相吕夷简写了一封信。

在这封信中，范仲淹详陈了自己的治水方略，然后也发了一下自己的牢骚：

今之世，有所兴作，横议先至，非朝廷主之，则无功而有毁，守上之人恐无建事之意矣。

与此同时，范仲淹还向朝廷递交了一份辞呈。因为苏州是他的老家，再次领略到当地的民风以后，他不想继续干下去了。

很快，朝廷就批准了范仲淹的辞职请求，也许是朝廷考虑到范仲淹和苏州的特殊关系，决定将他由苏州调往明州（今浙江省宁波市）。

时任两浙路转运使的蒋堂知道范仲淹执意离去的原因，见他要走，蒋堂再三鼓励并再三挽留。在这之前，他看到了范仲淹的治水方略，蒋堂认为范仲淹的办法是对的，如果让他放手去干，苏州的水患一定能得到根治。为此，他上书朝廷，说范仲淹治水很有思路，请朝廷将范仲淹留下来，等苏州的治水工程完成后再走。

就这样，范仲淹不得不留了下来。

蒋堂，是废后事件时和范仲淹、孔道辅一起大闹宫门的人，当时他的身份是侍御史，即御史台的二把手。孔道辅和范仲淹被贬，吕夷简不想把人全得罪光了，所以尽管也跟着一起闹事，蒋堂当时只是被处以罚款。后来，他被派到两浙路担任地方大员。

作为老领导，蒋堂当然知道范仲淹的能力，他答应范仲淹说，希文，我知道你的心病，你安心将苏州的工程做好，到时候不用你申请，我自会上奏朝廷把你调走。

范仲淹只好埋头沉心于治水。有了蒋堂的支持，那些反对的声音已经不重要了。尽管如此，在苏州工作范仲淹仍是小心翼翼，几乎每件小事都举轻若重。

在这期间，终于传来一个他盼望已久的好消息，王曾回朝了。如果王曾能一直担任宰相，范仲淹相信当下的朝政绝对不会是现在的样子，只是这一天来得有些太迟了。

不过这也不晚，他相信王曾入朝以后，一定很快就会在朝堂有所作为。唯一的遗憾是他的职务是枢密使，虽位高权重，但毕竟不是宰相。

有了信心，事情做起来就得心应手多了。范仲淹在苏州治水工程上大显身手的同时，繁重的工作没能耽误他跟好友们的联络。和恩师晏殊的关系正在随着互动的越来越多一步步加深，而和自己的学生孙复，这段时间范仲淹也书信互答，自得其乐。对于苏州的湖光山色，范仲淹赞不绝口，一连写下了很多与此有关的诗篇。只是对于祖籍两个字，他却缄口不言。

范仲淹在苏州工作了一年多，他和族人的隔阂还没消除。出于对祖籍的向往和对族人的排斥，他用个人的俸禄在苏州南园买了一块地。范仲淹打算在此安家，他伤心地想，若干年以后，自己这支族人总算能有一个栖身之地了。

一个好事的阴阳先生找到范仲淹门上，告诉他说，这块地是块风水宝地，安家于此一定会世代公卿。

听阴阳先生这么说，范仲淹突然又改了主意。

也许是他实在不愿意在苏州安家，范仲淹说，在此安家，只有我一家显贵。那不如在此办学，那可使吴地人人显贵！

范仲淹说到做到，他当即开始个人筹资建学。

很快学舍就建好了，前来参观的朋友说这学舍建得太大太多了，范仲淹一笑：我还担心将来它不够用呢！

最终，范仲淹办学的远见卓识为他在苏州立下了一块不朽的丰碑。他以个人之力建成的这座学舍被他捐给了官府，后来成为苏州州学。借范仲淹之名，苏州州学很快就成为北宋时期最大的地方官办学校。

学校建成以后，范仲淹始终关心州学的发展，他先是请孙复前来讲学，不料此时孙复已离开泰山书院前往河朔游学，他便延请了还未成名的老朋友胡瑗到这里担任首任教席。怕学子们难以约束，范仲淹还将长子范纯祐送到了胡瑗门下。见此，苏州人也纷纷将自家的孩子送到这里。

在苏州府学执教几年后，胡瑗去职前往湖州府学任职。在苏州府学的经历为他积累了丰富的教学经验，到湖州府学以后，胡瑗独创了一套教学方法，史称湖州教法。胡瑗的湖州教法不但成绩斐然，后来庆历新政时，范仲淹还推广其作为教育改革的方略。

胡瑗，泰州人，北宋大儒，“宋初三先生”之一，因祖籍陕西子长县安定堡，世称安定先生。

范仲淹清楚地记着转运使蒋堂给自己的承诺，当时转运使大人说，治好苏州的水患以后，他会主动帮自己向朝廷申请调任。

如今水患已经治好了，蒋大人还记得他说过的话吗？

第三章　三退三进

宰相城府

后来，没等蒋堂为他奏请，范仲淹就高调回朝了。

这是怎么回事呢？

原因可能你想不到，但也可能想得到，那就是王曾又当上宰相了。王曾不是刚刚升了枢密使吗？怎么又升宰相了呢？

这是因为李迪被贬了。

先说说王曾的升职。王曾的升职需要感谢一个人：参知政事、仁宗皇帝的大红人宋绶。宋绶一直深得仁宗皇帝喜欢，但他是个比较单纯的文人，不是政治家。虽然身为副宰相，宋绶在很多时候做事并不是完全站在一个政治家的角度。他参与的事情，往往高兴怎么做就怎么来。看一个人如果顺眼，他就捧；如果不顺眼就骂，几乎从不考虑什么整体布局或利益得失。

因为同是仁宗皇帝的大红人，当上副宰相以后，宋绶和吕夷简很快就成为一对互不吃醋的好知音。两个人同在东府工作，因此经常会一起讨论问题。

有一天，宋绶不知动了哪门心思，突然跟吕夷简说：孝先想复出，相公能相容否？

宋绶一句话问得吕夷简找不到北了。

他不知道这句话是宋绶自己的意思，还是他在传达皇帝的意思。吕夷简想了半天，感觉是皇帝意思的可能性比较大。既然皇帝话已经说了，又加上王曾和自己的老关系，此时自己再不主动表表态，真的会被人骂忘恩负义了。

在日常工作中，宋绶一直很听吕夷简的话，所以吕夷简对宋绶也很宽容重视，只要是他提出来的建议一般情况下吕夷简都会答应。当然，吕夷简对宋绶这么好，最重要的原因是皇帝对宋绶的喜欢。

让王曾回朝的事吕夷简想了很多。王曾的资格、水平和能力吕夷简心里有数，在王曾面前，自己只能是个小弟，怎么才能让他不对自己构成威胁呢？

想来想去，吕夷简想出了一个好主意：让王曾进西府。这样一来，不但顺应了皇帝的意思，还可以卖宋绶一个顺水人情，同时也把王曾的旧情还了。这样一举三得的事情，自己何乐而不为呢？

吕夷简决定推荐王曾。但是事情如何做很有讲究，吕夷简又思量了很久，让王曾怎么还朝的事才拿定主意。

吕夷简找到仁宗皇帝说，王曾已经被贬多年，既是状元出身又担任过昭文相，他的能力人所共知。在基层锻炼了这么多年，也应该复出了。

见仁宗皇帝不置可否，吕夷简言辞恳切地正式奏请皇帝批准王曾回朝。

听到吕夷简的主动表态，仁宗自是大喜。看来，人人都说吕夷简处处给王曾回朝设置障碍，这事儿不一定是真的。

吕夷简见宋仁宗一脸欣喜，暗想自己果然没有猜错。这时，吕夷简玩了一手以退为进的绝招儿。深谋远虑的吕夷简告诉皇帝说，王曾的资历、能力和人望都在自己之上，又是老领导，如果王曾复出，自己甘愿让出首相的位置。

吕夷简态度这么突然一变，尴尬的人轮到仁宗皇帝了。

论能力、论资历、论人望，王曾虽然处处完胜吕夷简，但吕夷简身入东府十多年，最难得的是他总能顺着自己，不动声色间就能把朝政处理得滴水不漏。尽管这些年滋长了一些跋扈的风气，但吕夷简是个听话的好官员。本来他还想趁着王曾的复出打压一下吕夷简，让他收敛一下平日里嚣张跋扈的行径呢。见吕夷简态度诚恳地主动让贤，事情发展大出仁宗意料。

吕夷简这番表态让多愁善感而且心地善良的仁宗皇帝很感动，他觉得自己很对不起吕夷简，忙对他说，吕相忠君爱国，王曾虽然大才，但最多就是个亚相。

吕夷简一听大喜，但这样还没达到自己的目的。见皇帝脑洞开得不够大，吕夷简只好建议说，枢府已经出缺，与其让孝先入相，倒不如让其执掌枢府。孝先是朝廷重臣，又在天雄军工作多年，对于军事想必很是熟悉。

仁宗一想，也对，枢密使位高权重，手握重兵，让王曾担任枢密使绝对合适。就这样，重新回到朝中的王曾最先担任的职务由宰相变成了枢密使。

哪知道，转过年来的景祐二年，刚刚出了正月李迪就犯大错了。

因为少了儿子的出谋划策，清流代表李迪先是接二连三地在皇帝面前掉链子，甚至还主动攻击起了吕夷简。

按说，李迪的资历比吕夷简牛得多，他不但是状元出身，而且还是皇帝的老师，早在真宗时代他就已经纵横朝野。当初如果不是寇準诬陷，现在坐在大宰相位子上的不一定是谁呢。被贬出朝堂以后，李迪更是成为大宋朝的清流领袖，在朝廷上下口碑一直极好。

见亲政后的皇帝第一个重用的人就是自己的老师，敏感的吕夷简立即将李迪视为自己最大的竞争对手。

吕夷简和李迪之间虽然没有执政观念的冲突，但他不甘心首相之位被李迪夺去。于是，吕夷简开始暗中搜集证据，启动了一个针对李迪的打压计划。

吕夷简很了解李迪，他知道李迪虽然政治操守不错，但执政智慧平平。尽管这样，在处理一些大事上，李迪却常常能够说出一些见地非常独特的高论，这是怎么回事呢？

经过一番深挖，吕夷简终于挖出了李迪的儿子李柬之。

吕夷简用了一个很高调而且很无解的阳谋，轻轻松松地就把李迪的超级顾问给解决掉了，这件事在前文已经讲过。他很高兴地给李公子升了官，而且是越级提拔，放的还是外任，这让李迪父子非常高兴。李迪父子双双对吕夷简感恩戴德，根本不知道自己早已经中招。

除掉李迪的超级顾问以后，吕夷简开始转变对付李迪的作战方略。以前，吕夷简对李迪处处忍让，人前人后都很是尊敬。调走李柬之以后，朝堂议事时，吕夷简虽口头上对李迪尊崇有加，但在商议具体问题时却寸步不让，甚至好几次都公然地和李迪吵了起来。

李迪读书人出身，又自恃帝师身份，虽然面子上下不来，可又找不到合适的理由反驳。本来有儿子可以商量，如今儿子远在外地，他只能干着急没办法。

很快，经吕夷简这么来回一折腾，李迪在朝中的威信急剧下降。

偏赶上这个时候，李迪又做了一件没有远见的事情：护短。

皇帝本来就已经十分讨厌怪诞出奇而且不尊重老官员的范讽了，也不知道范讽因为什么事情得罪了庞籍，庞籍竟不达目的誓不罢休地盯着范讽死告。庞籍说，范讽不遵守礼法，如果不治其罪，势必导致朝廷上下伤风败俗。

任何人也禁不起这样的死缠烂打，范讽只好求助于李迪。李迪一向喜欢范讽，身为宰相的他不但对范讽百般庇护，而且还贬黜了庞籍。见状，吕夷简便授意庞籍继续告下去。于是，庞籍更是没完没了地弹劾范讽。

一来二去，仁宗皇帝也恼了，他不知道两个人结下的是什么死仇，当然也不知道谁对谁错。这时，范讽上书为自己辩解，并请皇帝让他与庞籍当面对质。

见此情况，贵为皇帝的仁宗不知怎么想的，居然就同意了。他下令在应天府设立公堂，命转运使黄总、提点河北刑狱张嵩主持审理二人的争讼。结果审理了半天，发现庞籍弹劾范讽多有不实，皇帝一生气将庞籍贬知临江（今江西省清江县）。打赢了官司又得理不饶人的范讽没等官司审理完毕，便喜滋滋地跑到兖州上任去了。

吕夷简一见大喜：机会来了。一是范讽和庞籍早把皇帝吵烦了；二是范讽目无法纪，竟然不等案件审理结束就去上任，这件事倒是可以好好做做文章。于是，吕夷简先在皇帝面前奏了范讽一本，又指出了李迪处处对范讽的纵容。

见恩师竟然跟范讽沆瀣一气，不但护短，而且还处处纵容，仁宗皇帝有些生气，即便你是我的老师，也不能助长这类风气呀！

结果，李迪被狠狠地批评了一通。

学生训老师这可是第一次，李迪受不了了。他知道这都是吕夷简的功劳，来而不往非礼也，李迪决定主动出击。

这一天，李迪突然找到仁宗，向皇帝提出了辞职。

仁宗很奇怪，老师到底有什么不顺心的事，竟要愤然辞职？

仁宗赶忙问起了老师，李迪哀伤而又没好气地说，自己本已年老多病，如今又受不了吕夷简的怠慢，实在是干不下去了，不如早日辞职了事。

见是这样，不明情由的仁宗忙把吕夷简叫来，问吕夷简到底有没有怠慢老师。

皇帝这么问，吕夷简能承认吗？

吕夷简当然矢口否认，他一脸冤枉地告诉年轻的仁宗皇帝说，自己对李相一直非常尊重，皇帝如果不相信可以去调查。

调查就调查，结果调查来调查去，仁宗也没发现吕夷简有什么怠慢李迪的事儿。就在这时，李迪犯了一个致命的错误，他竟然主动向吕夷简发出攻击了。

纵横官场这么多年，李迪当然不是白给的。但是，他在这方面的能力和水平跟吕夷简比起来可是差多了。让我们看看李迪具体是怎么对付吕夷简的。

知道光靠嘴上说说是扳不倒吕夷简的，必须有确凿的证据才能将其打倒。要想彻底毁掉一名宰相，有一个罪名最快，那就是私交王侯。历朝历代，皇帝最忌讳的就是大臣私交王侯，李迪想起一件旧事，他相信只要把这件事情挖出来，一定能将吕夷简置于死地。

仁宗执政期间，最风光的王爷是他的叔叔燕王赵元俨。李迪手里就有一个吕夷简私交燕王的证据，他相信有这一证据在手，自己绝对不愁扳不倒吕夷简。

不久前，燕王因给一个门生求官，曾给东府写了一张便条，当时正是吕夷简拿着燕王的条子找到了自己。碍于情面又是顺水人情，当时李迪没有反对。吕夷简分管人事工作，这一任免文件吕夷简是发起人。记得当时自己还曾天真地留了一条后路，先等吕夷简签完字再签字。万一此事日后追究起来，自己就推说根本不知道提拔的是燕王的门人，只是看到吕相起草的文件就顺手批了，自己最多不过是失察之责。而吕夷简却是结交王侯，至少要罢黜出京，甚至还有可能一撸到底净身出户。

想到这里李迪很高兴，经过一番查找，他果然找到了当初那份任命公文。见公文上有自己和吕夷简两个人的签字，李迪兴冲冲把文件拿给皇帝，并说出了前后的缘由。

仁宗一听果然大怒，立刻命人叫来吕夷简，训斥他私交王室，有负君恩。哪知道吕夷简早有准备，他面不改色地静静听仁宗训完，然后才一脸无辜地说，这份文件有自己的签名不假，但自己的名字却是李迪发布任命后补签的。吕夷简还说，对这个官员的来历自己并不知情，而且公文签署那天自己根本就没有上班，而是请假在家。皇帝如果不信，可以查一查当时的请假记录。

李迪大惊，仁宗皇帝也半信半疑。等找出请假手续，李迪傻眼了，请假条上盖有朝廷的大印，这可做不了假。

想泼人脏水却扣了自己一头，心高气傲的李迪知道自己已经没法在朝里待下去了。

原来，吕夷简做事一向小心谨慎，处处留心，从不留任何痕迹。当初接到燕王的便条，他也是苦恼不已。有心不办，燕王得罪不起；硬着头皮去办吧，却又有违人事制度。最好的办法就是拉李迪来顶缸。于是，技高一筹的他不但故意在签署公文那天请病假，而且还规规矩矩地办理了请假手续，他防备的就是翻旧账这一天。

跟吕夷简斗，李迪一个回合没下来就栽了。

回朝

李迪栽了。这一次他虽栽得冤枉，却也栽得心服口服。

愿赌服输的他不但被罢去了宰相，而且还被贬去了亳州。

李迪离去以后，为了填补空缺，仁宗需要再给自己物色一名宰相。人选其实早已呼之欲出，根本就不需要什么考虑：王曾由枢密使加右仆射，升集贤殿大学士、任宰相。当然，这么任命王曾，仁宗多少也有些制衡吕夷简的用意。

仁宗知道，只有王曾才是真正实用的宰相之才，大宋朝目前真正需要的就是这样的人，只有王曾这样的人才能更好地辅佐自己治理大宋朝的天下。因此，随着王曾的拜相，在这年二月，仁宗皇帝重新调整了一下自己的两府班子。

东府中书，宋绶副宰相的位置不变，枢密副使蔡齐加礼部侍郎、端明殿学士兼翰林侍读学士盛度加礼部侍郎，共升参知政事，三个人一起作为吕夷简和王曾的副手；西府枢密院，参知政事王随加吏部侍郎，枢密副使李谘加户部侍郎，二人并知枢密院事，签枢密院事王德用加奉国军节度使留后，韩亿自御史中丞加工部侍郎，二人同知枢密院事。

因为给王曾加了右仆射，为了安慰首相吕夷简，仁宗皇帝也给他加了右仆射的荣誉称号。虽然王曾已经拜相，但他担任的是集贤相，位置在昭文相吕夷简之下，当年两个人的上下级关系倒过来了。

不过王曾也挺开心，蔡齐从枢密院提拔进了中书，自己多了一个得力的助手。

吕夷简最近的心情非常不好。

吕夷简心情不好的原因是王曾竟然又提拔了范仲淹，这是吕夷简不能容忍的。明明是我贬下去的人，你明知道这个愣头儿青处处跟我作对，你还要提他，孝先啊孝先，你这不是摆明了要跟我作对吗?

纵是宰相城府，吕夷简也恼了。

吕夷简猜得没错，将范仲淹调回朝内就是王曾和蔡齐共同努力的结果。如今废后风波已经渐渐平息，他们不能眼睁睁地看着一身才华和抱负的范仲淹终老基层。于是，没和吕夷简商量，王曾和蔡齐直接向皇帝请示，经过皇帝的亲自批准才将范仲淹调回了京城。

范仲淹的新职衔是礼部员外郎、天章阁待制。为什么不说范仲淹的官职而说他的职衔呢，这是因为这两个身份都只是他的职衔，即寄禄官职。再说白一点，就是此时的范仲淹能领取这个岗位的工资，也能享受这个级别的待遇，但并不去担任实际职务。一直到回京以后，范仲淹的具体工作才被落实，他的具体岗位在国子监。

在宋代，国子监是朝廷最高学府和教育管理机构。范仲淹在国子监担任的是什么职务呢?

《宋史·范仲淹传》里是这么写的：**召还，判国子监。**

什么是判国子监呢？是判官吗?

答：不是。

宋代国子监设祭酒一人，为最高长官，负责总体事务。祭酒以下有主簿、录事或丞各一人，统领具体事务和各类分科，如国子学、书学、算学等；各学科设有博士、助教、生员等人，当时国子监并无判官一职。

既然不是判官，那范仲淹的“判国子监”又是什么职务呢?

“判”是唐宋官员制度中以高位兼职低级职务的说法，比如官员以京官的身份出任地方官，就统称为“判”。那时候，官员改任履新称为“除”，升职称为“进”或“迁”，兼职或获得荣誉性称号称“加”。因为有主持应天府书院的光辉历史，范仲淹“判国子监”也是考虑充分发挥他的特长。因此，“判国子监”

这一说法虽然笼统，却可见他的实际任职并不高。

不过，对范仲淹来说这已经是奇迹般的青云直上了。

因为他不但一夜之间官升六品，而且担任的还是京官。

开封府尹

朝里有人好做官，在国子监干了没几个月，范仲淹再获升迁。

在国子监工作期间，范仲淹向朝廷推荐了一个人，这个人就是他在苏州府学结识的胡瑗。此时胡瑗的身份还是一介布衣，因为范仲淹的大力推荐，胡瑗开始有了朝廷官员的身份。自此以后，胡瑗回到湖州，任湖州府学直讲，正式开启了他广收弟子、遍栽桃李的一生。

而这一次范仲淹的新职务可能打死你都不信：权知开封府，正四品。

让你更想不到的是，这一官职居然是吕夷简推荐的。

吕夷简不是恨范仲淹恨得牙根儿疼吗，他怎么会这么高风亮节地越级提拔范仲淹呢？

有些人你即使不服也得服气，这是吕夷简又一个技高一筹的政治智慧：捧杀。

作为首都，开封府的水一直深得看不到底，以范仲淹的性格，一旦回到朝中肯定还要大杀四方地不断开炮，与其让他处处跟自己对着干，不如先找份工作困住他。

又一个超级阳谋。

吕夷简想，以范仲淹的性格，肯定很快就会得罪一批人。我先有恩于你，提拔你一下，而且是越级提拔，你终归不能总是那么好意思处处跟我对着干了吧？

事儿你自己掂量着办。

从另一个角度上讲，不得不说吕夷简绝对算得上范仲淹一生中的贵人。他不但对范仲淹几次三番地进行搭救，而且对他越级进行了提拔。同时，提拔范仲淹既是吕夷简主动向王曾抛出的一根橄榄枝，同时也是他瓦解对手内部的一记高招。

范仲淹是王曾的人，大宋朝的人都知道，这早已不是什么秘密了。

范仲淹会像李迪一样中计吗？

当然不会。

如今的范仲淹早已不是当年的范仲淹，他早已有了足够的政治智慧和技巧，也有了宠辱不惊的淡泊胸怀，唯一不变的是他的见识、操守和品格。范仲淹虽然很清楚吕夷简提拔自己是不怀好意，但他却很乐于担任京城这一位高权重的职务。

投入工作以后，范仲淹很快就如鱼得水地干出了一番成绩。他不但没被京城繁重的工作困住手脚，反倒跟在京的王公大臣们都相处得不错。短短一个多月，初到开封府，大量积压的案件的确让范公有些措手不及。但多年基层工作的历练，已经让他深谙治吏之道，而曾做过大理寺判官的经历，使他很快找到了一个振兴府衙风气的突破口。

这天，伙房的厨子刚蒸了一百个馒头，悉数交给使女看管，没想到，平时从不过问日常饮食的范知府，竟然主动要求清点馒头的数量。当着全府的面，范公亲自一个挨一个地数着馒头，数来数去，发现就是少了一个。范公顿时翻脸，责问使女馒头的下落。使女大惊不已，连声喊冤。范仲淹大声喝令，拿家法来，使女连忙跪地求饶，承认是自己偷吃了一个。此时，出乎所有人的意料，范公竟然从自己的衣袖中，掏出了一个被他藏起来的馒头，大笑而去，留下府中的官吏面面相觑。

事后，范仲淹才正色说出此番缘由。近日来，他在狱中巡查时，发现很多官吏把严刑拷打视为审案的法宝，使女会因害怕皮肉之苦，而承认莫须有的罪名。狱中无辜的犯人也会承认妄加之罪。此事之后，府衙上下无不景仰范仲淹的为人，大量冤假错案得到平反。不出三个月，开封府就被治理得井井有条。在这期间，他还大胆而又突破性地处理了一些疑难杂案。

据史料记载，范仲淹知开封府期间，曾与负责纠察在京刑狱的胥偃之间发生过矛盾。胥偃本是欧阳修的岳父，他“数纠仲淹立异不循法”。所谓“区断任情”，是胥偃认为范仲淹在审判刑狱的过程中依据自己的判断而非循守常法。为此，一向支持范仲淹的欧阳修甚至还和自己的前岳父翻脸了。

王素就是他在这个时候结识的朋友。

提起王素的大名此时可能还不广为人知，但提起他的家族你一定如雷贯耳。

王素出身相门，他的父亲就是真宗时期执掌朝政十八年的大宰相王旦。王素是王旦的小儿子，如今已是三槐王家的当家人。范仲淹当年曾经多么仰望王家的门第，只是自己身贱名微，虽有意忝列门墙却一直不得其入。如今机会终于来了，以王家高尚的品德，深厚的背景和丰富的人脉，不知道有多少人恨不能识。

初次见面，二人竟有相见恨晚之意，两个人很快就成了无话不说的好朋友。不但是王素，他的大姐夫韩亿如今已由御史中丞同知枢密院，二姐夫苏耆虽然已经过世，生前却是文化大名人，他的儿子苏舜钦跟自己关系不错，这个年轻人的前途不可限量。另外，王素的小妹妹嫁给了吕夷简的儿子吕公弼，王家一门显贵，世间无双。

人的位置一高，接触的人群和层次就不一样了。除了王素，在开封府期间，除了工作关系以外，范仲淹还结识了很多在京城的达官显贵。尤其是那些比他更年轻的后学才俊，比如王质、韩琦、欧阳修、余靖、尹洙，蔡襄、苏舜钦、杨察等等，从他们身上，范仲淹感受到了不一样的力量。

这一年，首都长官府范家还住进了一个小朋友：滕元发。

滕元发是父亲范墉的外甥，即范仲淹的小表弟。见这位小表弟从小就聪慧过人，不拘小节，范仲淹见后连连称奇，便将他接到家中，与次子范纯仁一起读书。

虽是表弟，滕元发却比范仲淹小了三十一岁，可以说整整差了一代人。范仲淹有四个儿子，家风严谨。儿子们都生活节俭，学习努力，待人接物也都很厚道。范仲淹本以为表弟跟四个侄儿在一起能好好读书，哪知道从小顽劣的滕元发虽寄人篱下，却心高气傲，什么都喜欢就是不喜欢读书，而且不听任何人管教，小表弟的种种表现让范仲淹很不省心。

滕元发喜欢打球，球是木做的，有小甜瓜大小，用一根木棍击打，跟今天人们打高尔夫球差不多。范仲淹见他天天打球荒废了学业，很生气。

有一天，范仲淹让小表弟把球交出来，然后当着他的面，让手下人用铁锤把球砸碎。铁锤砸到球上，球没碎，从地上反弹起来正打在范仲淹额头上。范仲淹抱着脑袋喊疼，滕元发却站在旁边幸灾乐祸地小声说：“痛快，真痛快！”

范仲淹长叹一声，管得了儿子，却管不住兄弟。

小表弟有一个很要好的玩伴，名叫郑獬。滕元发爱吃肉，郑獬爱喝酒，两个人经常凑到一起，大碗喝酒、大块吃肉，江湖人称“滕屠郑沽”。他们曾结伴去寺庙里偷狗，被和尚们告到官府，差点儿挨板子。官府的人听说他是范仲淹的表弟，便把他放了，范仲淹对此也是无可奈何。

有天晚上，范仲淹决定给小表弟做做思想工作，便在书房里读书等候。过了很久，滕元发醉醺醺地从外面回来，见范仲淹正在挑灯读书，便作了一个揖问：“表哥读的是什么书？”

范仲淹说：“《汉书》。”

滕元发醉眼蒙眬却大言不惭地说：“汉高祖这个人你怎么看？”

范仲淹张口结舌，一时竟答不上来。

范仲淹只能报以微笑，看着小表弟大摇大摆地离去。

虽然从小顽劣，但在表哥的严格要求下，后来滕元发刻苦读书，并与侄子范纯仁一同考上了进士。据说，主试官宋祁奇其文，擢置第三。可是宋仁宗认为滕元发考卷中的一诗不合程式，于是将滕元发罢黜。滕元发没有悲观失望，反而加倍用功读书，终于在八年后再次高中第三名。两中探花，在中国一千三百年的科举史上绝无仅有。

后来，滕元发不但成为宋代名臣，而且他能文能武，三任开封府尹，并且还在宋夏战争中建立了不小军功。另外，滕元发还和大文豪苏轼是一对非常亲密的好朋友。滕元发死后，苏轼专门为他写了墓志铭。

说起范仲淹的朋友，有一个人似乎已经很久都没有露面了。

这个人是谁、这段时间他又干什么去了呢？

这个一直让我们牵挂的人不是别人，他就是晏殊。

晏殊在仁宗亲政之初就被贬出了京城，然后一直在基层锻炼。因为和太后的特殊关系，他是仁宗亲政后第一批被贬的人。在被贬亳州的第二年，晏殊将当年的新科榜眼杨察纳为女婿，随后他又被调到了陈州。因此，朝中二相争权的这几年，晏殊一直在基层默默地工作。直到被贬五年以后，晏殊才回到朝中担任御史中丞，然后又改任三司使，并于康定元年、即他五十岁这年先改任知枢密院事，半年之后荣升西府最高长官枢密使。

担任枢密使仅仅一年，晏殊以检校太尉加平章事，正式成为大宋朝的宰相。这是晏殊一生权力的巅峰，这也是他十五岁以神童入召，经真宗、仁宗二位皇帝苦苦培养最终修成的正果。晏殊的人生前段很顺，几乎所有人都知道他会是未来的宰相，但一直过了整整三十七年，他才终于实至名归。由此可见，要想成为一名宰相是多么的不易。

也就是在这一年，晏殊再一次主持了大宋朝的科举，并为朝廷挖掘和发现了一个不可世出的杰出人才：王安石。

这是后话暂且不表。只是有一个问题我们想不明白，既然晏殊与吕夷简一向交好，为什么晏殊被贬这么多年，担任大宰相的吕夷简不帮帮他呢？

说实话，当时不是吕夷简不肯帮晏殊，而是那两年吕夷简自己心里总是一团乱麻，他实在没精力和心情再管别人了。再说，吕夷简明知晏殊和范仲淹的师生之情，他纵使想帮晏殊，心里却已经没什么动力了。

为了安慰两名宰相，在这一年的十一月，仁宗同时给吕夷简和王曾加了官衔：吕夷简晋申国公，王曾晋沂国公。他不知道的是，此时王曾与吕夷简的斗争早已经激流暗涌、水火不容了。

在范仲淹身上，一向老谋深算的吕夷简失算了。

打铁还要自身硬。当初李迪之所以会败在吕夷简手下，是因为他斗争的套路不对。一旦方向和办法都不对，最终的结果只能是搬起石头砸自己的脚。一身正气、有原则有立场的范仲淹似乎有如神助，他总是能轻松地绕开吕夷简给他挖的每一个坑，这让吕夷简既怒从中来，又无可奈何。

自己刚刚推荐上去的人，总不能再想办法把他搞下来吧？

蒙吕夷简推荐上任开封府以后，范仲淹充分发挥了自己多年基层工作的特长，很快就干出了让人意想不到的成绩，因此落下了“朝廷无事有范君，京师无事有希文”的美谈。

王曾改任宰相以后，吕夷简感觉自己的好日子没了。吕夷简对王曾的气越来越大，两个人的矛盾与冲突不断升级。其实，在范仲淹提拔为代理开封府长官之前，别有用心的吕夷简曾找范仲淹进行过一次谈话。

吕夷简告诉范仲淹说，希文啊，老兄劝你一句，如今你已经不是谏官了，好好干，平时一定要少说话、多做事。

范仲淹当然知道吕夷简说这话是什么意思，他没有正面回答吕大宰相的话，而是含蓄地说：相公您放心，我一定会好好干的。待制虽属侍臣，但进言论思却正是侍臣的本职工作，希文不敢不努力工作，以尽职尽责。

见范仲淹执意如此，吕夷简知其志不可改，才决定提拔范仲淹担任权知开封府的。吕夷简一是想用繁重的工作困住范仲淹的思想，让他没时间来针对自己；二是范仲淹一旦出错，自己好有理由再将他贬出京去。

有了王曾和蔡齐的保护，吕夷简知道这个人的进步自己挡都挡不住了，唯有把他捧上去才是最好的办法。爬得越高，摔得越重。于是吕夷简索性送一个顺水人情出去，他不信范仲淹在工作中不犯错误，哪知道范仲淹就是不肯中计。眼见自己的计划一天天越来越渺茫，吕夷简的气儿就不打一处来。

这年十二月，宫中突然传来一个让人震惊的消息：郭皇后死了。

史书记载：**郭皇后暴薨**。

郭皇后？她不是出家了吗？活得好好的一个人怎么会突然死了呢？

一时之间，朝廷内外议论纷纷。

郭皇后的死因成了一个谜。有人说在郭皇后去世前几天，因身体不适，入内副都知阎文应曾经去过郭皇后的住处，还专门带太医给郭皇后看过病。

一时之间，阎文应成了疑点最大的人。

虽说只是一名被废的皇后，但毕竟当过皇后，郭皇后的死立即引起了很多人的关注。谏官姚仲孙、高若讷弹劾阎文应，一是说郭皇后死得蹊跷，众人都怀疑阎文应给郭皇后下了毒；二是阎文应平日里还有许多不法的行为，作为大内总管，阎文应专横跋扈惯了，他经常假传圣旨，搞得执政官不知真假，却也不敢反对。

仁宗见是这样，为了平息百官之怒，对阎文应并没有深究，只是免去了阎文应大内总管的职务，职衔由恩州（今广东省恩平市）团练使贬为嘉州（今四川省乐山市）防御使，并去秦州（今甘肃省天水市）担任钤辖。

过了两天，仁宗可能考虑阎文应毕竟跟了自己这么多年，对他处理得太重了，又将其改为郓州（今山东省郓城县）钤辖。为了好向天下人交代，他还下令把阎文应的儿子阎士良也一道免了。

出了这么大的乱子，作为首都的行政长官，权知开封府范仲淹当然不会坐视不管。范仲淹急了：当年废后的事情还没说清楚呢，如今你竟敢给皇后下毒，简直太无法无天了。

范仲淹决定这件事一定得好好说说，先查明郭皇后的死因，然后旧账新账一起算，一定将相关人员惩办治罪。

为表决心，范仲淹不惜绝食也要跟阎文应死磕到底。在查办案情以前，范仲淹甚至都向长子范纯祐交代了后事：吾不胜，必死之。

仁宗是个心软的好皇帝，见范仲淹这么一根筋地死磕下去不是办法，同时又不好向百官交代，只好下令将阎文应流放于岭南。

最终，阎文应不明不白地死于流放途中。

三出专城

景祐二年（1035）春天，经历了整整三年的考验与洗礼，仁宗皇帝终于将自己亲政后的第二任两府班子确定下来。

与上一个班子不同的是，这个班子的成员更加务实、更加理性，同时也更有战斗力。作为大宋朝在位时间最长的皇帝，二十六岁的仁宗皇帝决定开始全力去做一些利国利民的大事。

他先是罢停了这一年的科举和所有的庆贺活动，然后有步骤地开展了一些富有新意的改革活动。最先，他听从了度支判官许申的建议，改变了铜钱的铸造方法，一是小钱改铸大钱；二是改变铜和铁的比例。原来，铸造铜钱用料八十八两，得一千钱，实重八十两十分，其中比例为铜六成，铅、锡共三成。改铸大钱以后，用料二百四十两，得钱一千，实重一百九十两，其中铜占三成，铁占六成。

消息一出，百官们纷纷反对，说这是掠夺民财的做法。仁宗考虑再三，没有同意百官的说法。他知道，百官们只是针对这单一件事发表意见，他们根本就不知道自己要做的是什么事情。新铸钱法省去了不少铜，因此为朝廷节省了不少开支，中央财政的充足是国家进行全面改革的保障和前提。

皇帝想做一件事情不会告诉你为什么，改变铸钱方法以后，他又下令徭役不堪重负的京东路、京西路、陕西路、河北路、河东路、淮南路六路改变了徭役政策，在减轻负担的同时，让流民和百姓们居有定所，同时安居乐业。接着，他下令减免了上一年受灾严重的河北路、京东西路、江南路、两浙路和淮南路的税负。

二月春寒，宅心仁厚的皇帝下令犒劳了士兵，然后又下令重新编修了朝廷用于礼仪的雅乐，接着又让司天监校准刻漏、相关部门讨论研究朝廷用于正式场合的制度礼法。

不久，他又诏令吏部相关人员重新修订官员任职升迁制度，罢免了一些不称职的地方官员，并再次修订了皇宫禁城的出入管理制度。

四月，重整天下刑狱、平反冤假错案，为追思老臣，特意给寇準平反、赠官并追封了谥号。

仁宗皇帝这次改革活动是有计划、有步骤的，同时也是有目的而且作用也是显而易见的。所有一切都在有条不紊地进行，为了给这次改革树立信心，在这年年中，他决定于冬至南郊祭告天地，以证明自己的信心和决心。

下半年，将一些利国利民的施政举措逐渐落实以后，为了进一步为国家培养人才，仁宗开始陆续诏令各地州府兴建州学府学。

随着这项工作的一步步开展，已经有敏感的官员感觉出了什么，大家开始积极地献言献策。

被贬知兖州的孔道辅大胆地向朝廷提出了西迁都城的提议，御史中丞张观提出了关于全员任命的建议，丁度提出了国家统一计量标准的建议，叶清臣提出了解茶禁的建议，宋郊等人也提出了很多建议，在这些人中间，以右司谏韩琦提出的建议最多。

种种迹象表明，仁宗皇帝想大干一场的决心已经非常明显，然而他不知道，在朝中，自己两位宰相的争斗已经越来越白热化，甚至到了你死我活的地步。

借仁宗皇帝改革之机，吕夷简不动声色地提拔任用了很多自己的人。

转过年来，朝廷下令改议茶法，追封死去的郭皇后为皇后，仁宗皇帝继续着自己的施政改革。凡是改革都会遇到阻力，在革除冗吏一事上，朝廷碰上了一个大钉子。

原来，见三司使胥吏冗多，而且大部分都已经年老不能处理公务，朝廷也不能养闲人，于是皇帝和宰相们商量，从三司使开刀。

于是派御史中丞杜衍、入内押班岑守素会同三司使各部门负责人重新考核，择优录用。不料，这一办法遭到了三司使一帮老臣的强烈反对。他们纠集了几百人上访请愿，先是闹到了吕夷简家里，见吕夷简拒而不见，又吵着来见王曾。王曾只得好言相劝，告诉他们如果对朝廷的做法有不同意见，可以上书自陈。

见两位宰相都给不了说法，不达目的不肯罢休的群吏又来到裁员工作组组长杜衍家中，愤怒的胥吏们向杜衍家投掷石块，并且以撕毁账目相威胁。

第二天，杜衍上奏，这帮无法无天的老闲人才得到法办。

三司使这帮老员工刚刚压下去，开封府又出事了。负责纠察刑狱的胥偃状告权知开封府范仲淹，说他在很多案件的判决上不合法制，有些该重判的案子判得很轻，有些轻案却判得太重，这种标新立异的做法不应提倡，请相关部门予以裁定。

胥偃死活看不上范仲淹，见一次告状不成，就接连不停地上书进言。胥偃这一做法很快就得罪了一个人，这个人就是他的乘龙快婿欧阳修。

自范仲淹担任右司谏起，欧阳修便与他建立了亲密的关系。近几年范仲淹升升贬贬，欧阳修却一直在京城工作，因此两个人没少得了往来。见岳父与大哥不睦，欧阳修曾尝试着进行调解，但两个人都不肯让步，正义感爆棚的欧阳修一气之下，竟与自己的大恩人兼岳父决裂了。

大义灭亲。

皇帝对范仲淹的做法未置可否，在这年的五月，范仲淹却再次做了一件前无古人、后无来者，足以震动大宋朝堂的大事。

见吕夷简在朝中的势力越来越大，不但趁改革之机大肆提拔自己的亲信人员，对各项工作横加干预，而且处处刁难王曾和蔡齐。范仲淹早就看出来了，如果这么下去，正人君子王曾肯定不是吕夷简的对手，他决定帮王曾一把。特别是看到吕夷简大肆任用自己的门生亲旧，搞得王曾和蔡齐也干着急没办法时，如果这么下去，满朝岂不都成了吕夷简的人？

范仲淹看不下去了，针对吕夷简的擅权有件事情他已经谋划很久了。

知道此举事关重大，在上书之前，他决定把不建议朝廷迁都的想法先说出来。老领导孔道辅的建议也不是没有道理，宋代汴京除了一道黄河无险可守，三十多年前辽国攻宋，直接就打到了黄河边上。

范仲淹告诉仁宗说，我认为朝廷不应该迁都。目前国家太平，一是不应该有迁都的想法；二是以洛阳目前的情况，作为首都也不合适。西京是个适合退守的地方，既有险关，又有黄河。如果边境不安宁，可以退守。但是它物资空虚，也没有什么战略储备，一旦国家有难，怕是捉襟见肘。不如此时重修城池，加强储备，国家太平时皇帝居于东京，方便处理政务。一旦国家有难，可以搬到那里有险可守。

最终他说了一句意味深长的话：陛下内惟修德，使天下不闻其过，外亦设险，使四夷不敢生心。此长世之道也。

皇帝觉得范仲淹说得挺有道理，征求吕夷简的看法时，得知这一想法是范仲淹提出来的，吕夷简一哂：范仲淹，迂阔之人而已。此人只是一味地好名，没有什么真正的能力。

后来，不知这件事怎么被范仲淹听说了，范仲淹立即向皇帝提出了四条建议，以向皇帝证明自己不是吕夷简说的那样。当然，这四条建议都是针对时政，其中很多具体内容都是反击吕夷简的。

说出自己关于迁都的意见后，范仲淹没等皇帝答复，立即对吕夷简进行了反击。

范仲淹说，作为皇帝，应该把官员升迁进除的次序和权力掌握在自己手里，尤其是任免身边的工作人员，不应该全让宰相一个人说了算。如今任命官员都是宰相一个人说了算，导致有的人该提拔得不到提拔，一些不该提拔的人却得到了提拔。

仁宗皇帝最讨厌别人对自己的宰相指指点点，但身为皇帝他要耐着性子听下去。于是仁宗皇帝问：你说这些有依据吗？

范仲淹早有准备，为了证明自己的观点，范仲淹拿出一份官员名单，里面几乎列举了近期升迁的所有官员的名字，范仲淹将这份名单一一指给皇帝看。说某某官员的升迁挺合理，某某官员就违反了常理。某某官员升迁比较公正，某某官员的升迁就存有私情。

拿当朝官员举例，虽然生动，虽然有说服力，但影响之大前所未有。范仲淹已经管不了那么多了，最后他向仁宗皇帝说，这些全部是宰相的过失，皇帝不可不觉察。

针对吕夷简，范仲淹还隐晦地说，汉成帝信张禹，不疑旧家，故终有王莽之乱。臣恐今日朝廷亦有张禹坏陛下家法，以大为小，以易为难，以未成为已成，以急务为闲务者，不可不早辨也。

范仲淹直接把话挑明了：吕夷简混淆视听，糊弄皇帝，好比汉代大奸臣张禹。

一听范仲淹把自己比作张禹，吕夷简气得火冒三丈：范希文啊范希文，你这不是往死里整我吗？

但吕夷简久居朝堂，宰相城府也颇为了得，他不但没着急，反倒一副委屈的样子对仁宗皇帝说，范仲淹越职言事已经不是一次两次，这些年他荐引朋党，一直在别有用心地离间臣和您的关系。

仁宗皇帝想想旧事，觉得吕夷简说的似乎不是没有道理。范仲淹之所以敢这么一而再再而三地越职进言，是朝廷对他太宽容了。仁宗皇帝早就听说范仲淹和王曾、蔡齐是一派，搞不搞朋党不敢说，蔡齐和王曾在东府总是孤立吕夷简倒是经常发生的事情。

历朝历代，皇帝最忌讳的就是大臣搞朋党、架空帝权，想到这里仁宗皇帝对范仲淹开始不满。仁宗皇帝一急，越职言事、荐引朋党、离间君臣三顶帽子当然也就重重地扣到范仲淹头上了。

范仲淹没有给自己辩解吗？

他当然会为自己辩解，但首都行政长官只是外臣，宰相是内臣，他想见皇帝哪会像吕夷简一样方便？范仲淹只能写奏章给自己辩解。既然已经彻底撕破了脸，范仲淹话说得当然是毫不客气。本来皇帝已经对他不满了，见他如此无大臣之风，仁宗皇帝一气之下便将范仲淹贬出了京城。

范仲淹向皇帝呈递的这份名单，即大宋历史上有名的“百官图”。吕夷简给范仲淹定的这三条罪名很快就传遍了京城。当时皇帝正在打击朋党，又不敢得罪吕夷简，可惜身为首都行政长官，范仲淹被贬出京城的时候文武百官竟不敢前来为他送行。

开封城外，范仲淹孤身一人，惨淡离京。

大宋满朝官员难道一个有肝胆的人也没有吗？

也不是。

就在范仲淹失望地准备启程时，集贤校理王质抱着一大坛美酒赶来了。他亲切地拉着范仲淹说了半天话，沽酒送别，此情已表。虽意犹未尽，但远行人总归要踏上行程。就在这时，范仲淹的老同事、天章阁待制李纮也怀抱一坛美酒匆匆赶来。

范仲淹一见李纮，更是百感交集、情不自禁。

事后，有人讥讽王质给范仲淹送行，说此举有朋党之嫌，笑他不要受此连累。王质却说，希文是个大贤人，如果能成为他的朋党，实为我人生一大幸事！

王质，字子野，大名府莘县（今山东省莘县）人，进士出身。王质生于真宗咸平四年（1001），他出身名门，不但是大宰相王旦的侄子，而且他还是大文人杨亿的门生。除此之外，王质后来还成了范仲淹的次子、宰相范纯仁的岳父。

李纮，字仲纲，宋州楚丘（今河南省商丘市）人，真宗时期参知政事李昌龄的侄子，他既是范仲淹应天府求学时的旧交，同时还是范仲淹妻子李氏的堂兄。

范仲淹虽然被贬出京，大宋朝堂内外由此却引发了一场轩然大波。这一次，范仲淹明明攻击的只是吕夷简一个人，没想到皇帝却毫不客气地将他贬走。皇帝的态度和吕夷简的雷霆手段历历在目，群臣心中不由得生出唇亡齿寒的担心。

如果这么下去，谁还敢说一句对吕夷简不利的话？

百官如果还不说点儿什么，说不定下一个范仲淹就是自己。

别急。

虽然没几个人敢为范仲淹送行，但百官上言奏事的胆量还是有的。

褒贬不一

因范仲淹这次被贬，上书言事的人基本可以分为三类。

第一类是主动划清和范仲淹关系并洗清朋党嫌疑的，比如同知枢密院事的韩亿。

韩亿是王旦的女婿，在范仲淹被贬之前曾向仁宗皇帝密荐过韩亿，因此韩亿受到了皇帝的责问。

韩亿说，自己和范仲淹既不是姻亲，也不是故旧，这些年自己一颗忠心，只是努力奋斗。既没有跟任何人结党营私，更没有请托于他。范仲淹为什么推荐自己，他自己不但不清楚，而且根本就不知道，请皇帝明察。

听到韩亿的话，仁宗皇帝摆摆手：没事，我知道你跟范仲淹不是一伙的。好好干吧，日后前途无量。

第二年，韩亿果授参知政事。此后韩亿一生荣华，不但他自己当上了宰相，他八个儿子全部考中了进士，而且还有三个人当上了宰相。

韩亿，字宗魏，真定灵寿（今河北省灵寿县）人，真宗咸平五年（1002）进士。韩亿入仕以后先知永平县，后通判陈、郓、许诸州。后知洋州，又知相州。

入为侍御史，河北转运使。终拜谏议大夫、同知枢密院事，参知政事。以太子少傅致仕，去世后赠太子太保，谥号忠献。

第二类是认为范仲淹不应该被贬的人。

这类人大部分都是范仲淹的好朋友，其中有秘书丞、集贤校理余靖，太子中允、馆阁校勘尹洙，镇南节度掌书记、馆阁校勘欧阳修，西京留守推官蔡襄和光禄寺主簿苏舜钦。

余靖认为，以前范仲淹上言所奏之事，都在皇帝母子夫妇之间，皇帝尚能认为他的进言合乎典礼，并对其进行了优赏。如今范仲淹只是刺讥大臣，却遭到了贬黜。如果他说的不合陛下的意思，陛下听与不听皆可，怎么能治他的罪呢？

上言的第二天，余靖便被定为朋党，免职获罪，被贬去筠州（今四川省筠连县）担任酒税官。

而尹洙既没有为范仲淹辩解，也没有为自己辩解，他主动向仁宗皇帝说，臣很欣赏范仲淹的为人，一直与其亦师亦友，如今朝中很多人都说我也曾受范仲淹的推荐，既然他已经因朋党获罪，余靖也因此获罪，臣愿与二人同坐。

旋即，尹洙被贬为崇信军节度掌书记，去郢州（今河南省信阳市）担任酒税官。

为了给好大哥辩解，一向艺高人胆大的欧阳修依旧没有按规矩出牌，这一次他玩儿得更绝。欧阳修既没有像余靖一样为范仲淹申辩，也没有像尹洙一样自求同坐，他采用的办法很独特：围魏救赵。

欧阳修写了一封信，差人送到了右司谏高若讷府上，然后就开始坐等事情的结果了。在这篇名留后世的《与高司谏书》中，欧阳修写道：

……伏以今皇帝即位已来，进用谏臣，容纳言论，如曹修古、刘越虽殁，犹被褒称。今希文与孔道辅皆自谏诤擢用。足下幸生此时，遇纳谏之圣主如此，犹不敢一言，何也？前日又闻御史台榜朝堂，戒百官不得越职言事，是可言者惟谏臣尔。若足下又遂不言，是天下无得言者也。足下在其位而不言，便当去之，无妨他人之堪其任者也。昨日安道贬官，师鲁待罪，足下犹能以面目见士大夫，出入朝中称谏官，是足下不复知人间有羞耻事尔。所可惜者，圣朝有事，谏官不言而使他人言之，书在史册，他日为朝廷羞者，足下也。

《春秋》之法，责贤者备。今某区区犹望足下之能一言者，不忍便绝足下，而不以贤者责也。若犹以谓希文不贤而当逐，则予今所言如此，乃是朋邪之人尔。愿足下直携此书于朝，使正予罪而诛之，使天下皆释然知希文之当逐，亦谏臣之一効也。

前日足下在安道家，召予往论希文之事。时坐有他客，不能尽所怀。故辄布区区，伏惟幸察，不宣。

哪知道，接到欧阳修的信以后，高若讷不但没有按欧阳修的意思办，反倒在皇帝面前狠狠告了欧阳修一状。

高若讷一脸委屈地向皇帝说，范仲淹被贬以后，身为谏官，臣四处查访，以免朝廷误会了好人。结果，臣发现陛下贬范仲淹没错，因此臣没有说话。昨天欧阳修给我写了一封信……

说着，高若讷拿出欧阳修的得意之作呈给皇帝：陛下，欧阳修不但在信里反复地夸范仲淹，还说我身为谏官一言不发，不肯劝谏，这是不称职的表现。他，他居然还骂我……

他骂你什么？仁宗皇帝问道。

他，他骂臣不知人间羞耻！高若讷越说越激动：本来臣不准备对此发言，可欧阳修他还说，说如今陛下和宰相都因不合心意就放逐贤臣，臣这才不得不说两句。以臣之忠，如果陛下您因不合心意就放逐贤臣，臣自当上谏。如果宰相因不合心意放逐大臣，臣自会与其争辩。是臣认为范仲淹并非贤臣，当受此罪，所以才没有上谏。只是……

仁宗皇帝点点头：只是什么？你接着说。

高若讷说，只是欧阳修此举太伤臣的自尊，臣虽微贱，但也是朝廷命官，欧阳修此举亵渎朝廷体面，陛下应该让相关部门批评劝诫一下，否则……

一边听着高若讷的告状，一边看着欧阳修的信，仁宗气得七窍生烟：简直是不成体统！什么批评劝诫，把这个欧阳修直接贬走！

于是，欧阳修被贬为夷陵（今湖北省宜昌市）县令。

第三类是那些对这件事说闲话的人。

说闲话的人可以分为两类：一类是倾向范仲淹的，比如蔡襄；另一类是落井下石的，比如刘平。

当时蔡襄并未在朝中任职，他发泄不满的方式更奇特。蔡襄因范仲淹、余靖、尹洙、欧阳修的接连被贬写了一首脍炙人口的诗，诗的名字叫作“四贤一不肖”，四贤是指被贬的范仲淹、余靖、尹洙和欧阳修，一不肖指的则是右司谏高若讷。蔡襄的文才好，字又写得好，这首诗很快就传遍了士林：

先民至论推天常，补衮扶世为儒方。圜冠博带不知本，樗栎安可施青黄。

帝图日盛人世出，今吾永叔诚有望。处心学士贵适用，异端莫得窥其墙。

子年五月范京兆，服天子命临鄱阳。二贤拜疏赎其罪，势若止沸反扬汤。

敕令百执无越位，谏垣何以敢封囊。哀来激愤抑复奋，强食不得下喉吭。
位卑无路自闻达，目视云阙高苍茫。裁书数幅责司谏，落笔騄骥腾康庄。
刃迎缕析解统要，其间大意可得详。书曰希文有本末，学通古今气果刚。
始自理官来秘阁，不五六岁为天章。上心倚若左右手，日备顾问邻清光。
苟尔希文实邪佞，曷不开口论否臧。阴观被谴始丑诋，摧枯拉腐奚为强。
傥曰希文实贤士，因言被责庸何伤。汉杀王章与长倩，当时岂曰诛贤良。
惟时谏官亦结舌，不曰可谏曰罪当。遂今百世览前史，往往心愤涕洒滂。
斯言感切固已至，读者不得令激昂。岂图反我为怨府，袖书乞怜天子傍。
谪官一邑固分耳，恨不剖腹呈琳琅。我嗟时辈识君浅，但推藻翰高文场。
斯人满腹有儒术，使之得地能施张。皇家太平几百载，正当鉴古修纪纲。
贤才进用忠言录，祖述圣德垂无疆。

有个叫陈恢的人，极善投机取巧，当时他正担任泗州（今安徽省泗县）通判，看到蔡襄的诗感觉自己的机会来了。陈恢立即上奏章弹劾蔡襄，请朝廷对其治罪。当时刚升任左司谏的韩琦实在看不下去了，韩琦上言说陈恢越职邀宠，朝廷应该对其进行贬黜，以杜绝此阿谀奸诈之风。对此，朝廷视而不见，一直没有发表什么看法。

虽然因为这首诗蔡襄名扬天下，但他被贴上了朋党的标签，很快就被朝廷边缘化了。

刘平曾在真宗年间担任御史，因为被长官苏耆弹劾削去了军职。刘平一直想晋升找不到机会，听到范仲淹的事情，刘平感觉这绝对是个好机会。于是刘平上奏章说：臣听说范仲淹毁訾吕相，他背后一定有重要人物指使，这个人一定是想取吕相而代之。臣在真宗年间曾担任御史，从没听说过奸邪之人能诈忠卖直到这一地步！

明眼人一看就知道，刘平不但是在陷害范仲淹，而且还扯上了王曾，明摆着刘平这是往吕夷简心眼儿里做事，此人发现机会和把握机会绝对是非同一般。

后来，刘平果然恢复了军职，只是不知道是不是他这封奏章起到了作用。

此刘平在史上也不是凡人。

后来，大宋与西夏于西北开战，刘平一直在军中效力。在著名的三川口之战中，宋军大败，传言刘平被俘降敌，其家属被拘捕下狱。后来，两名逃回宋营的士兵却说刘平没有投降，而是战死沙场了。朝廷派人调查一番，结论是刘平没有投降，于是按战斗英雄对他进行了追封。再后来，与刘平一起被俘的另一大将被西夏放还，朝廷才知道刘平根本就没有战死，而是在被俘之后不肯投降，最终才死于敌人手中。

除此之外，刘平还与北宋另一位“知名人士”有关系，这个人就是与大文豪苏轼有过交集的刘景文。

刘景文？没错，就是大文豪苏轼传世名作《赠刘景文》的主角刘景文。

刘景文就是刘平的小儿子。三川口大败身死异乡以后，刘平家人的命运也很悲惨。刘平诸子皆早早去世，只剩下小儿子刘景文一个人活了下来。多年以后，苏轼在杭州见到刘景文时，已经五十八岁的刘景文落魄惨淡，人生光景一年不如一年。经苏轼保荐，刘景文才勉强得到一个小小的升迁，但也仅仅过了两年就死了。

苏轼诗中每句话都切合了刘景文的身世。只有了解了刘景文的出身背景，才能领略大文豪诗中的众多含义：

荷尽已无擎雨盖，菊残犹有傲霜枝。

一年好景君须记，正是橙黄橘绿时。

躲过一劫

范仲淹首都行政长官当了不到一年，就再次因言获罪被远贬饶州（今江西省鄱阳县）。这一年他已经四十八岁，虽还是琴剑在手，但此时的他早已经不是当年那个意气风发、永不言败的范仲淹了。

景祐三年（1036）五月，范仲淹起身赶赴饶州。

到达饶州已是八月。到达以后，他在第一时间写了一封谢上表。雷霆雨露皆是君恩，身为朝廷官员，他需要真诚地感谢皇帝对自己的安排。

看一个人的操守和格局，需要看他身处逆境时的表现。一是看他疲惫负重的时候；二是看他生气的时候。大家都能在云淡风轻的时候畅谈做人做事的大道理，同时也能把事情做得漂漂亮亮。身处逆境的时候，一个人的表现往往就不一样了。

远离了朝堂旋涡以后，范仲淹索性将朝中的一切放到了脑后。饶州山水秀丽，学风也颇有基础。按照惯例，将工作稳定下来以后，范仲淹开始主持兴建饶州郡学。范仲淹将新建的郡学选在了州城东南的高山之下，郡学建好以后，上有高山，下临湖水，因此山水分别得名文笔峰、砚池。因为范仲淹的到来，饶州学风渐盛。范仲淹信心满满地说，二十年后，此地当有魁天下者。

三十年后，当地学子彭汝砺果然于治平二年（1065）中状元。

工作之余，范仲淹游遍了饶州的山山水水。在这里，他还见到了前来拜访的老朋友滕宗谅，以及另一位同榜进士魏介之。老朋友已经很多年没见面了，三人一起同游丹阳，范仲淹很开心。为纪念这件事情，他特意作诗一首：

长江天下险，涉者利名驱。二公访贫交，过之如坦途。风波岂不恶，忠信天所扶。相见乃大笑，命歌倒金壶。同年三百人，大半功名呼。没者草自绿，存者颜无朱。功名若在天，何必心区区。莫竞贵高路，休防谗疾夫。孔子作旅人，孟轲号迂儒。吾辈不饮酒，笑杀高阳徒。

另外，他专门给多年不见的魏介之写了一首诗：

寒苦同登甲乙科，天涯相对合如何。
心存阙下还忧畏，身在樽前且笑歌。
闲上碧江游画鹢，醉留红袖舞鸣鼍。
与君今日真良会，自信粗官乐事多。

饶州城外五老峰上有一座亭子，在工作之余范仲淹经常到这里游玩、思考，并写下了“偶临西阁坐，五老夕阳开”的诗句。后人为示纪念，将这座亭子命名为“范公五老亭”。每年春天，当地人都有到五老峰踏青的风俗，踏青的人们必会到亭中拜谒。饶州城中有一座九贤堂，自宋初开宝年至绍圣年间，在饶州为官的共六十八人，而能跻身九贤之列的只有范仲淹一个人。

偶尔，范仲淹也会想想朝中发生的那些事情。每当想起这些他就感慨唏嘘，于是他便告诉自己尽量不要去想这些事情，为此他专门写了一首诗：

三出专城鬓似丝，斋中潇洒胜禅师。
近疏歌酒缘多病，不负云山赖有诗。
半雨黄花秋赏健，一江明月夜归迟。
世间荣辱何须道，塞上衰翁也自知。

三出专城，指的是自己三次被贬出京。第一次是河中府，第二次是睦州，第三次便是当下的饶州。

在饶州安安分分地工作了一年多，第二年年末，范仲淹向朝廷上表，请求朝廷允许自己到离家近一点的地方工作。然而，虽然范仲淹这一请示得到了批准，却差点儿又惹下一桩大祸。

按说，既然已经被贬出京了，吕夷简也解气了，再说后来吕夷简和王曾也都被贬了，这件事到此为止也就算了。让范仲淹没有想到的是，因为这次上表，他再次引起了一些人的注意。

见皇帝接到范仲淹奏请似乎有意批准，很多人心里不踏实了。

皇帝之所以同意优待一下范仲淹，是因为这年京师发生了一场大地震。

在古代，类似事件都被看作上天对皇帝执政的不满。直史馆叶清臣借机上言说，范仲淹和余靖皆因言获罪，天下人不敢议朝政已近两年。如今又发生了地震，请陛下自咎自责，重用忠直敢言之士，只有这样才能改正为政的得失。

于是，范仲淹顺利地被批准调往润州。

范仲淹在朝中得罪了不止吕夷简一个人，虽然也已经被贬，但吕夷简在朝中的羽翼众多，他们担心死灰复燃的范仲淹一旦回京，自己这帮人就没好日子过了。于是有人再次以朋党对范仲淹进行了诬陷。

仁宗皇帝最不能听的就是朋党这两个字，果然他一听这些人的话就恼了。想想范仲淹的所作所为，一气之下的仁宗皇帝决定收回成命，下令将范仲淹流放岭南。

路不平，有人踩。范仲淹此次所以躲过一劫，多亏了参知政事程琳。自朋党之议开始，大臣们怕被扣上朋党的帽子，尤其是在吕夷简和王曾被贬以后，人人避之唯恐不及，谁也不敢替他们说一句话。

只有程琳。

经过程琳的艰苦努力，仁宗皇帝终于再次收回成命，决定还按原来的安排让范仲淹改知润州。如果不是程琳，也许范仲淹的人生结局会像两年前的阎文应一样。

王曾呢？蔡齐呢？这两个人到哪里去啦？

不是王曾和蔡齐不想替范仲淹说话，而是他们已经没法说话了，因为他们早被贬了。

范仲淹被贬以后，为了斗倒吕夷简，王曾决定换换斗争的办法。

有了共同的理想就会有共同的追求，有了共同的追求就不难有共同的目标。虽说猫走猫道狗走狗道，但只要有共同的目标，大家就不难在同一条路上相遇。既然大家在同一条船上，就要和衷共济，共同努力，这是志同道合之人的共同心愿。

但王曾没这么做，斗吕夷简的事情，他始终没有把蔡齐拉进来。当然，这也是王曾棋高一着的表现。一人做事一人当，王曾想的是万一斗争失败，不至于连累蔡齐。

很快，王曾就想出了一个好办法。

说实话，这些年大家斗争的策略和方向都在不断升级，王曾这套办法对付丁谓还行，对付谨小慎微处处提防的吕夷简却有点小儿科了。吕夷简不是丁谓，没有丁谓那么自大，更何况他最擅长的就是给人挖坑。王曾斗吕夷简就像高中生遇到了祖师爷，他们的争斗从一开始就没有悬念。

功夫不负有心人，没过多长时间，宋绶给王曾带来一个人。经过一番询问，王曾大喜过望，他当晚就写好了弹劾奏章，以揭发吕夷简买官卖官、祸乱朝政的罪状。

第二天，王曾单独拜见了仁宗皇帝。王曾递上奏折说，自己也要像李迪一样辞官。仁宗皇帝忙问其故，王曾说吕夷简独断专行，买官卖官的事情实在太多，自己已经干不下去了。

仁宗皇帝也听说过有人告发吕夷简卖官，但没想到有这么严重，便问王曾：你有证据吗？

王曾当然有证据，他不但拿出了自己的证据，还提供了证人。

现任开封府尹王博文原本只是吏部一个郎官，官卑职小的他给吕夷简送了三千贯钱，吕夷简竟破格提拔他担任首都的一把手。

宋仁宗一听大惊，忙召吕夷简询问。

一听皇帝问的是这件事，吕夷简没有反驳。等皇帝说完，他神情淡定地请皇帝把这件事情交给御史台查办。事情一旦查实，自己甘愿领罪。

王曾听得有些意外：这到底是什么情况？画风不对呀！

宋仁宗却只是在旁边点头，吕夷简临危不乱，果然有宰相气度。

当时担任御史中丞的是范讽，因经常在朝堂上反驳吕夷简，和吕夷简完全不是一路人。此案由他审理，相信结果会很有说服力。

经范讽查明，向王曾、宋绶二人举报吕夷简贪污的人叫吕昌龄，是吕夷简同族的子侄，因找吕夷简要官不成，曾大闹了一番，被吕夷简派人送往官府责打，之后四处宣称要毁掉吕夷简。吕昌龄躲在吕家附近，看到有个叫作王博文的人多次出入吕府，又听到吕府下人悄悄说此人给了宰相大人三千贯钱买官，便将这件事情告诉了宋绶。

可是，当开封府尹王博文来当堂对质的时候，吕昌龄却说，自己当初见到的人并非眼前的王博文，而是一个身材高大的男人，那个人的名字仔细想想好像也不是王博文，而是王博古。范讽传召吕府的下人，下人们说三千贯钱并非别人贿赂，而是吕宰相拿出自己的工资捐赠给家乡修建学宫，王博古是这件事的经办人。

范讽派人到当地调查，果然发现当地官府确实收到了这笔款项。至于三千贯的出处，大宋宰相俸禄高，又加上皇帝常有赏赐，吕夷简为相多年，拿出三千贯钱不是什么大事。

一场惊天大案就此尘埃落定。

宋仁宗痛斥王曾和宋绶忘恩负义、人品低劣，随即将二人贬出。

事后，王曾始终想不明白，为什么吕昌龄在他们面前口口声声说是开封府尹王博文花三千贯钱买官，到了公堂之上却改口说见到的人是王博古？再说，吕夷简帮助家乡修建学宫本是正大光明的事情，为什么偏偏要背着人悄悄进行？

疑点太多了。

想着想着，王曾终于明白了，或许这个吕昌龄本就是吕夷简挖好的坑，等着自己和宋绶往坑里跳呢……

聪明可以分很多种。别人一眼就能看明白的叫小聪明；别人想半天，能看明白一点儿的叫中级聪明；别人冥思苦想，最后也能看明白的叫高级聪明。别人能看明白的聪明都叫聪明，别人看不明白的聪明才叫智慧。别人冥思苦想、绞尽脑汁最后也看不明白的，才是讳莫如深的高级智慧。

让人看不清、猜不透、想不明白，最终还看不懂的智慧才是最高级的智慧。如今，吕夷简整人和防整的技术已出神入化了，王曾只能打掉牙往肚里咽，默默离开了京城。

此事见于唐宋八大家之一、大文人苏辙的笔记小说《龙川别志》：（王曾）既至，吕公专决事不少让，二公又不协。王公复于上前求去，上问所以，对如李公去意。固问之，乃曰："夷简政事多以贿成，臣不能尽记，王博文自陈州入知开封，所入三千缗。"上惊，复召吕公面诘之。吕公请付有司治之，乃以付御史中丞范讽。推治无博文之事，王公乃请罪求去。盖吕公族子昌龄，以不获用为怨，时有言武臣王博古尝纳赂吕公者。然昌龄误以博文告，王不审，遂奏之。上大怒，遂以王公知郓州，而吕公言非全实，亦以节钺出知许州。参知政事宋宣献、蔡文忠亦皆坐此罢去。

但是，关于王曾和吕夷简同时被罢，宋人李焘的《续资治通鉴长编》却不是这么写的：

既而夷简事决，事不少让，曾不能堪，论议多不合，曾数求去，夷简亦屡匄罢。帝疑焉，问曾曰："卿亦有所不足邪？"曾言夷简招权市恩。时外传夷简纳知秦州王继明贿赂，曾因及之。帝诘夷简，至交论帝前。夷简乞置对，而曾亦有失实者，帝不悦。绶素与夷简善，齐议事间附曾，故并绶、齐皆罢。

关于这桩公案，李焘和苏辙的说法是不一样的。

苏辙认为王曾状告吕夷简是因为王继明，而苏辙则认为是王博文，不管是王继明还是王博文，苏辙文中的御史中丞范讽却是一处明显的错误。因为此时范讽早已不是御史中丞了。据考证，当时的御史中丞本为杜衍，因杜衍刚刚被贬，仁宗皇帝还没来得及任命正式的御史中丞，只是让一个叫张观的人暂时代理御史台的工作。

讲故事不察其正误，但王曾告吕夷简是不争的事实，两名宰相两个参政同时被贬也是事实。虽然苏辙与此事年代相近，但其为文人，作品又是笔记小说，属于文学作品，在经史子集分类应该归于子部。南宋的李焘虽年代较晚，但其为史官，《续资治通鉴长编》又是史书，属于学术类作品，应该归于史部。

因此，关于这桩公案李焘的说法应该更接近事实。

老实人

朋友反目，视若寇仇，这段史实被后人称作景祐党争。

因为争权，王曾和吕夷简从最初相互欣赏的一对好朋友成为两败俱伤的冤家对头。此事影响之广、影响之深，在以后的很多年里都没能消散。

不过，后来吕夷简也被罢相了。事后仁宗皇帝一想，短短半年多，吕夷简就两次受到宰辅大臣弹劾，证明这个人确实是存在一些问题的。他是不是真像李迪、王曾和范仲淹说的那样，每天都是在极力地讨好自己，大忠似奸，尤其想到范仲淹提起的奸臣两个字，仁宗皇帝心底终于动摇了。

他决定先贬掉吕夷简再说……

两年以后，吕夷简再次被召回任首相，直到去世，再也没有人能够撼动他的位置。

欧阳修曾经批评吕夷简：**其在位之日，专夺国权，胁制中外，人皆畏之**。不过，吕夷简为相二十多年，虽排除异己不遗余力，但他并不是一个以奸治国的宰相，吕夷简处理国事也基本能做到秉公办事、不偏不倚。

他为相的前十年，刘太后垂帘听政，和青年宋仁宗的关系日渐微妙，二人既是感情深厚的母子，又是权力交锋的对手。若非有吕夷简在其中斡旋调和，双方关系必然闹僵。吕夷简强烈要求刘太后厚葬宋仁宗生母李宸妃，就是其中一例。

吕夷简为相的后十年，处理国政大方得体，对于一些有才华的人，吕夷简也能量才录用，即使贬斥后也能再次起用，不搞一棍子打死。吕夷简有政治手腕，有治国方略，有宰相气度，能够纵横政坛二十多年，被后世称为名相，而非权相、奸相，由此可见一斑。

在政坛、在路线斗争上党同伐异是人之常情。不要过于高看那些身居高位的人，不要因为他们身居高位就觉得他们有多了不起，他们也有三亲六故、七情六欲，只是能把官做到这个位置，每个人都有他们的过人之处而已。

没有故事的人生过于平庸，而有起伏的生活却又过于跌宕，这不是哪个人都能承受的。

当年，因为相互争斗，仁宗皇帝贬黜王曾的同时将吕夷简也贬了。他不但将吕夷简贬了，他还将宰相班子里蔡齐和宋绶也一起贬了。这是为什么呢？

这一伟大功劳要归属于夹在王曾和吕夷简中间的老好人盛度。

盛度这个人需要好好讲讲。

如果你认为所有的老实人都好斗，你就大错特错了。有很多看上去一声不吭甚至经常被人嘲笑捉弄的老实人，往往是笑到最后的那个赢家。不是他的能力超群，也不是他的手腕够狠，而是你被他朴实的外表迷惑住了。

老实人玩阴招，往往让人防不住、挡不起，事后他们看上去还很无辜，盛度就是一个典型的这样的人。

盛度，字公量，宋开宝二年（969）出生于余杭（今浙江省杭州市）。其父盛豫曾在吴越王钱俶手下任检校太傅。钱俶献土归宋时，他是钱俶的使者。

盛度幼年起便敏而好学，科举入仕，于端拱二年（989）进士及第，历任济阴尉、封丘主簿、光禄寺丞、御史台推勘官、秘书省秘书郎、直史馆、三司户部判官、尚书屯田员外郎等职。

宋辽交战时，辽国兵临城下，盛度曾随真宗皇帝出征大名（今河北省大名县）。他数次上疏朝廷，陈述戍边之策。后奉命出使陕西，勘察疆域，参质汉唐故地，绘成《西域图》，呈献真宗皇帝。

宋真宗询问西域地理形势，盛度详细介绍了酒泉、张掖、武威、敦煌、金城（今甘肃省兰州市）等五郡之东南形势，绘出《河西陇右图》，标明山川、道路、壁垒、区聚，以供备览，且应答如流，宋真宗称其博学。累擢知制诰、右谏议大夫、翰林学士、史馆修撰、兵部郎中。

后几经谪起，寇準罢相后，盛度因结交宦官出知光州。乾兴元年（1022）贬和州团练副使。于天圣初年重新起用，复为兵部郎中，迁知筠州、知审刑院、知扬州、加集贤院学士。后复为翰林学士，迁给事中，进礼部侍郎兼端明殿学士。

景祐二年（1035），盛度任参知政事，景祐四年（1037）改任知枢密院事。后因连坐，罢为尚书左丞，先后知扬州、泰州、应天府。宝元二年（1039），辞官致仕。卒后赠太子太傅，谥号文肃。

盛度为人低调，不喜言谈，做事脚踏实地，人生经历却特别复杂，他的人生之路都是一步一个脚印地走出来的。

传说盛度中进士时，盛父仰天长啸，喜笑颜开，结果乐极生悲，竟笑死了。作为真宗时代就已经有一定名气的盛度，虽不比王旦、寇準以及正邪难分的王钦若、丁谓，但其务实济世的理政才干却不亚于同时代的任何一位名臣。

步入政坛以后，盛度从最基层做起，一步一个台阶逐级攀升。他做过基层小官，也在礼部、御史台、兵部、户部等多个部门工作过，直到跻身西府，担任知枢密使。

盛度是真宗仁宗朝非常倚重的股肱重臣，盛度为官多年，可惜真宗仁宗朝名士如过江之鲫，盛度被掩盖在其他名臣贤相巨大的光环下，再加上此人沉默寡言，不善言辞，性格乖僻，尤其不擅长人际关系，因而不被人所熟知。

关于盛度的逸闻趣事有很多，散见于宋人的各类笔记之中，现实中的盛度是一个非常有故事的人。

传说盛度体形庞大，身材肥硕，却眉清目秀，其一举一动皆滑稽可笑。盛度骑马的时候，前如俯，后如仰，一生最怕跪倒叩头，因为他每次俯下身后，久久难以起身，因此人称“盛肥”。同朝中人，丁谓骨瘦如柴，梅询则喜欢以香熏衣物，每次入室，则香溢满室。另有一个官员叫作窦元宾，此人十分邋遢，平时不洗衣服，也不爱洗澡，每次入朝时秽不可闻，此四人组合在一起，被时人称之为“盛肥丁瘦，梅香窦臭”。

盛度是个有名的大胖子，因性格好、反应慢常被人捉弄。

盛度与石中立同朝为官，都为副宰相，盛度因为体形肥大，常受石中立捉弄。有一天，盛度退朝时从前殿出，宰相随后跟随，盛度初时并没有注意到这个细节。余光瞥见后，盛度深感不安，想赶快找个地方回避一下。快步疾行百余步后，好不容易看到一间房屋，赶紧遁首隐形躲了进去。石中立看见盛度气喘吁吁，就问他何以至此？盛度告其故。石中立坏笑着说，相公问否？盛度曰：不问。别过石中立，盛度走了好几十步才终于醒悟，原来这个石中立太坏了，这是笑我气喘如牛，说不出话来呢。

不仅因体胖受戏，连盛度的名字也让爱开玩笑的石中立找到了笑资。据说有一天，盛度正在为人撰写神道碑，石中立指着盛度写的文章明知故问，谁撰？盛度不明就里，顺口接道：度撰。话音刚落，哄堂大笑。

度撰谐音杜撰，可怜盛度，莫名其妙间就被人捉弄了。

而据《青箱杂记》记载，盛度性情刚毅，桀骜不驯，脾气虽然急躁，但品行端正，甘守清廉。他在担任翰林学士时，有一个叫作孙忭的举子，想报考国家官员，就以拜师求教的名义套近乎，一边拿着自己的理论文章，一边夹带私货给盛度送礼。盛度一看礼物，连文章看都不看一眼，怒斥道：大凡送礼者皆歪门邪道之人。不但一点面子都不给，还让人赶出门外，孙忭满面羞惭，惶恐而退。

这第一次见面都没有落下好印象，考完试后，孙忭彻夜忧愁，担心这次再怎么努力都无功而返。不料，盛度见孙忭试卷上的文章不错，拔为优等上，顺利让其通过考试，公正地为国家选拔了人才。

盛度既为权力场中人，自然也无法逃脱权斗的官场大戏，这也是盛度被人非议的地方，更有人说他皮里阳秋，阴狠刻薄，平常好打小主意，谁都猜不透，而关键时候，绝不手软，稳、准、狠，一击制敌，让对手毫无还手之力。

朝廷是什么？也是江湖，凡是江湖上暗流涌动、腥风血雨、杀戮震天的时候，朝廷上也一样云谲波诡，令人防不胜防。

据《宋史》记载，盛度曾经不动声色，在运筹帷幄中用了一招“一职贬四相”的计谋，说的就是盛度成功地让仁宗皇帝一气之下贬掉大宋四名宰相的故事。下面就说说这个老实人的杰作。

景祐年间，盛度官拜参知政事，即副相，当时担任宰相的是吕夷简和王曾。而宋绶、蔡齐与盛度都是副相，官场中都有潜规则，即所谓的势力范围，王曾与蔡齐是一个圈子，而吕夷简与宋绶是另一个圈子，只有盛度无门无派，平时他故意与这四人都很疏远。

因政见不同，王曾和吕夷简斗得火热。贬黜吕夷简和王曾以后，宋仁宗问盛度，何人可继任为相？权力如春药，尝到好处的都想上位，盛度一看机会来了，自然巴望不得，可是你能举荐自己吗？这样的做法门儿都没有，一旦引起仁宗反感，估计眼前的副相都保留不了，盛度却滴水不漏地将这件事做到了。

知道宋仁宗平生最憎恨的是结党营私，把真正的主子架空。盛度大胆进言说，王相和吕相都有哪些心腹之人，我确实不知。但陛下可以让他二人分别推荐一人为相，就可以借此观察他二人是否出于公心。

仁宗认为盛度所言甚佳，却不知中了老谋深算的盛度的计策。

果然，仁宗问起王曾，王曾推荐的人是蔡齐；问起吕夷简，吕夷简自然推荐的是宋绶。仁宗一听，勃然大怒，原来江湖传说并非子虚乌有，你们都有自己的权力代言人，而朕岂非被你们玩弄于股掌之中！

仁宗一生气，后果很严重。结果吕夷简、王曾、宋绶、蔡齐四人同时被贬，东府五名相只留下了盛度一个人。

但盛度最终也没能顺利当上大宰相。因为在仁宗眼里，盛度不是宰相之才。尽管这样，盛度也从中书调至枢密院，不费吹灰之力爬到了他职业生涯的权力巅峰。

大星陨落

宝元元年（1038）春，又躲过一劫的范仲淹起身赶赴润州（今江苏省镇江市）。

从饶州到润州途中需要经过彭泽，在这里，范仲淹专程拜谒了大唐一代宰相狄仁杰的庙，并为之作记立碑。

狄仁杰九死一生，遭大奸臣来俊臣诬陷入狱，免死后曾在彭泽担任县令。从狄仁杰大起大落的一生，范仲淹联想到自己的遭遇，不禁洋洋洒洒地写下了宏文："公为大理寺丞，决诸道滞狱万七千人，天下服其平。武卫将军权善才坐伐昭陵柏，高宗命戮之，公抗奏不却。上怒曰，彼致我不孝。左右筑公令出。公前曰，陛下以一柏而杀一将军，张释之所谓假有盗长陵一抔土，则将何法以加之？臣岂敢奉诏，陷陛下于不道？帝意解，善才得恕死。于嗟乎，执法之官，患在少恩，公独爱君以仁，何所存之远乎！"

在这篇文章中，他同时还赞扬了狄仁杰"且姑与母谁亲，子与侄谁近？立庐陵王，则陛下万岁后享唐之血食，立三思则宗庙无祔姑之礼"的远见卓识，最后还写出了"我公哀伤，拯天之亡。逆长风而孤骞，溯大川以独航。金可革，公不可革，孰为乎刚？地可动，公不可动，孰为乎方？一朝感通，群阴披攘。天子既臣而皇，天下既周而唐。七世发灵，万年垂光。噫，非天下之至诚，其孰能当"，由衷表达了自己对这位唐代名臣的景仰、赞美，以及追思往事的无限感慨。

到达镇江以后，范仲淹第一站先是拜谒甘露寺，并拜谒了建在这里的唐名臣李靖的祠堂。见李靖祠堂过于狭小，他立即命人对其进行了扩建和修复。

兴学仍是范仲淹所到之处的第一要务，范仲淹向好朋友李觏发出了邀请，邀请李觏来润州府学教书。

润州是道教圣地茅山的所在地，初到润州，范仲淹就拜谒了这一名胜，并有诗作：

丹阳太守意如何，先谒茅卿始下车。展节事君三黜后，收心奉道五旬初。
偶寻灵草逢芝圃，欲叩真关借玉书。不更从人问通塞，天教吏隐接山居。

在诗中，范仲淹提到一个很重要的词：吏隐。

吏隐指不以利禄萦心，虽居官而犹如隐者。虽然在这首诗中范仲淹向往当一名吏隐，这也许只是为了表达他一时的情怀。到达润州以后，范仲淹立即给朝廷写了一封谢表，再次表达了自己要竭诚报国，不能钳口安身的志愿。对于国家大事，范仲淹最牵挂的还是提醒仁宗皇帝不能大权旁落。范仲淹说“天下有道，政不在大夫”。与此同时，他也表达了自己“敢不长怀霜洁，至效葵倾，进则持圣政之方，冒雷霆而不变；通则守恬虚之趣，沧草泽以忘忧”这一拿得起放得下的阔大胸怀。

范仲淹到润州后不久，身在湖州任职的滕宗谅和魏介之两位老朋友专程来到润州。就在去年，滕宗谅的母亲去世，范仲淹受滕宗谅之邀为其母亲作了墓志，不想两个人这么快又见面了。老朋友的造访让范仲淹很开心，他特意写了一首五言诗以作纪念：

长江天下险，涉者利名驱。二公访贫交，过之如坦途。

风波岂不恶，忠信天所扶。相见乃大笑，命歌倒金壶。

同年三百人，太半空名呼。没者草自绿，存者颜无朱。

功名若在天，何必心区区。莫竞贵高路，休防谗嫉夫。

孔子作旅人，孟轲号迂儒。吾辈不饮酒，笑杀高阳徒。

这年八月，范仲淹的另一位好朋友，新上任的江南转运副使叶清臣到达润州。范仲淹热情地接待了这位有学问、有见识的好朋友，二人畅聊甚欢。这年中秋两位好朋友互有酬答，范仲淹有诗作《依韵酬叶道卿中秋对月二首》留与后世：

其一：

天遣今宵无寸云，故开秋碧挂冰轮。

诗人不悔衣沾露，为惜清光岂易亲。

其二：

孤光千里与君逢，最爱无云四望通。

处处楼台竞歌宴，的能爱月几人同。

叶清臣是天圣二年（1024 年）的榜眼，这年的探花是范仲淹的连襟郑戬，而这一年的状元则是后来成为大宋宰相的宋庠。

史载，叶清臣能高中榜眼是因为他的策论文章。高中以后，叶清臣授太常寺奉礼郎、签书苏州观察判官事。后回京任光禄寺丞、集贤校理，又通判太平州、知秀州。然后入判三司户部勾院，改盐铁判官。出知宣州，累迁太常丞，同修起居注，判三司盐铁勾院，进直史馆。

叶清臣比范仲淹小十一岁，范仲淹特别欣赏叶清臣的抱负和见识。十一年后的皇祐元年（1049），叶清臣先于范仲淹去世。听到叶清臣英年早逝的消息，范仲淹不由得又想起了当年一起润州赏月，万里清光、诗歌互答的这段美好的往事。

这一年，虽然范仲淹远离朝堂，大宋朝的政坛依旧不得平静。

一连罢掉宰相吕夷简、宰相王曾、参知政事蔡齐和宋绶以后，仁宗皇帝升知枢密院事王随为昭文相，户部侍郎、知郑州陈尧佐为集贤相。盛度自参知政事除知枢密院事，王鬷自枢密直学士、左司郎中、右谏议大夫除同知枢密院事。韩亿自工部侍郎、同知枢密院事迁三司使，吏部侍郎程琳、翰林学士承旨兼龙图阁学士石中立，并除参知政事。

稳定下来的东府班子为宰相王随和陈尧佐，副宰相是韩亿、程琳和石中立；西府班子成员则是知枢密院事王德用、盛度，同知枢密院事为章得象和王鬷。

虽然说这些人无一不是人中龙凤，而且都有着丰富的从政经验，虽然说新搭起来的班子需要磨合，而且磨合也需要过程。

虽然说初当大任每个人也需要有个适应过程，但不得不说仁宗皇帝当初一下子贬掉四名宰相的举动确实有些轻率了。很快，他新任的两府班子遭到了许多大臣的诟病和批评。

本来，吕夷简在相位时就曾经力荐王随。吕夷简力荐王随是因为吕夷简明知道王随能力不怎么样，他只是为自己找一个帮手。长官能力平平，下属们就不服气。王随升昭文相以后，屡屡与陈尧佐、韩亿和石中立不和，甚至到了公开吵架的地步。一气之下，王随竟请病假不上班了。

病假不能不批，仁宗皇帝只好许王随五日一上朝，于上朝日处理日常事务。见王随这样，年老的陈尧佐也开始消极怠工，为避免担责任只出工不出力，天天在办公室混日子。

随着差除不力和经验的不够丰富，在一些具体事务上，中书官员总不能及时完成百官和皇帝之间的互动，以王随为首的东府受到的指责越来越多。转过年来，自然灾害一场接一场地发生，右司谏韩琦再也看不下去了，他开始接二连三地上奏弹劾。

终于，仁宗皇帝也坐不住了。在古代，天灾是上天对皇帝的警示，如果不是皇帝的过失，就是皇帝用人不当的后果。韩琦的弹劾给了仁宗皇帝宝贵的提示，他决定将自己的四名执政重臣全部罢免。

王随罢为彰信节度使，赶出朝堂；陈尧佐罢为淮康节度使，赶出朝堂；副宰相韩亿免去职务，回户部归班；石中立罢为户部侍郎。

这个工作了不到一年的宰相班子草草解散，谁来继任呢？

仁宗皇帝犯了难。

王随等人的不力让他明白了一个道理，当宰相需要经验。于是，仁宗皇帝想起了老臣张士逊，以及近年来表现不错的章得象。其实，韩琦在上言中曾委婉地向皇帝表达过自己的建议，韩琦说杜衍、孔道辅、胥偃、宋郊、范仲淹这些人都是忠正之臣，可当大用。如果皇帝感觉这些人不合适，也可以恢复吕夷简、王曾、蔡齐和宋绶的职务，这也是众望所归。

皇帝没有听从韩琦这一建议，而章得象，则是仁宗皇帝太子时代的旧臣。

张士逊和章得象为相，谁来担任副宰相呢？知枢密院事王鬷和权知开封府李若谷。章得象和王鬷都从西府调到了东府，权三司使王博文、知永兴军陈执中补入，二人并除同知枢密院事。

然而，王博文进入西府仅仅三十六天就死了，仁宗又将权御史中丞张观补入。王博文进入西府以后，很久没有在朝中露面的应天府知府夏竦接替了他的职务。而代理御史中丞张观因接替王博文，朝廷不得不再度起用了久贬在外的晏殊。不过，晏殊上任后的职务和张观不一样，他担任的不是代理中丞，而是直接任命了御史台名正言顺的最高长官：御史中丞。

张观，真宗大中祥符七年（1014）状元。

尽管新的两府班子不尽如人意，仁宗皇帝也自感有些临时拼凑的嫌疑。朝中能用的人太少了，他不得不为自己的人才储备考虑。

自宋绶贬去，仁宗皇帝很久没有自己喜欢的人了。皇帝也需要知己，但很多人走着走着就散了。很快，他发现天圣二年（1024）状元、连中三元的宋郊一直表现得比较活跃，也许他日后会是自己的栋梁之材，于是仁宗便提拔他担任了主管外制的知制诰。

担任知制诰以后，宋郊一直表现不错，仁宗皇帝便想让他进入枢密院。宰相们说，没有知制诰直接进入枢府的先例，皇帝也感觉不妥，便先将宋郊升了翰林学士。

见皇帝这么喜欢宋郊，知道他必定大用，学士李淑忌妒了。李淑是大臣李若谷的儿子，他向仁宗进言道，宋为国号，郊与交发音相同，两个字加在一起为不祥之兆，这个人不能重用。

仁宗皇帝一听，虽哈哈一笑啥也没说，回头把这件事告诉了宋郊，并劝他改个名字。

因此，宋郊改名为宋庠。

改名以后，没过一个月，王博文就去世了。因皇帝事先有交代，宰相们推荐宋庠进入枢府。不料，仁宗皇帝这时又改了主意。仁宗说，张观是前朝状元，让他先吧。就这样，张观早宋庠一步进入两府。

不过，后来宋庠的进步也不慢。有了皇帝的惦记，宋庠果然官运亨通，后来也当上了大宋宰相。

这年十月，仁宗皇帝终于向百官揭开了一个藏在他心底很久的秘密。

随着范仲淹的被贬，然后是余靖、尹洙、欧阳修等人接连贬黜，对这件事百官们一直都有看法。一年以后随着吕夷简、王曾接连罢相，紧接着是蔡齐、宋绶的罢职，一时之间人心惶惶，朝中关于朋党的言论越来越多，人人避之唯恐不及。见是这样，仁宗才向群臣说出了范仲淹当初被贬的真相：当初贬范仲淹，不是因为他冒犯诋毁大臣，而是他密奏让我皇侄为太子，你们根本就不知道是怎么回事。

史载：**冬十月丙寅，诏戒百官朋党。初，吕夷简逐范仲淹等，既踰年，夷简亦罢相，由是朋党之论兴。士大夫为仲淹言者不已，于是内降劄子曰："向贬仲淹，盖以密请建立皇太弟侄，非但诋毁大臣。"今中外臣僚屡有称荐仲淹者，事涉朋党，宜戒谕之。故复下此诏。**

见皇帝这么一说，同时又严令百官关于朋党不得再提一个字，群臣才恍然大悟。原来事情根本不是自己想象的样子，怪不得皇帝对范仲淹那么狠呢。

到此，为害大宋两年多的朋党之争才终于平息。

新任御史中丞晏殊入朝以后，始终谨慎小心，他不敢参与过多的是非，却为自己主管的御史台争回了本来属于他们的位置。早在天圣九年（1031）章献太后执政的时候，朝廷使用了一套新的礼法，御史台位列开封府之后。晏殊说，按老规矩，向皇帝奏事时御史台官员应在三司使之后、开封府之前。

仁宗皇帝一听，晏殊言之有理，马上就同意了他的提请。

十月末，西北边境传来一个坏消息，西夏元昊私自筑坛受册，他不但自封皇帝，将朝廷赐给他的年号"大庆"改为"天授礼法延祚"，还向大宋派来使者进行通告。

这简直就是造反！然而祸不单行，还没想好这件事怎么处理，先是河东路忻州地震，后广南西路安化的少数民族造反。

朝廷一边派人赈灾，一边派兵镇压少数民族。然而，征讨少数民族的军队却因为不熟悉民风和地形，屡屡被少数民族所败。

内忧外患正不知如何是好，没过几天，又一个不幸的消息从郓州传来：王曾死了。

死者为大，仁宗皇帝只好先安排王曾的后事。他下令罢朝两天以示哀悼，给王曾赠侍中，并谥号文正。后来的皇祐年间，仁宗皇帝又念起了王曾的种种旧事，不但亲自动手给王曾墓碑题字“旌贤之碑”，而且还将王曾老家所在地改名为“旌贤乡”。

据考证，这是有史以来第一个由皇帝亲自给大臣墓碑题写的赐文。

王曾，其生也光，其死也荣。

实际上，景祐党争的实质是王曾政治集团和吕夷简政治集团的相互斗争，范仲淹只是其中一颗被牺牲掉的棋子。两个政治集团斗争的根本看上去是争权，实际上是封建王朝到底应该以国家为中心还是以皇帝为中心的争论。到底皇帝应该服从国家，还是国家应该服从皇帝，两种观点的不同，既导致了王曾和吕夷简的决裂，也导致了他们的双双失败。

其实，封建时代的皇帝和国家本身就是一个统一体，如果皇帝只图一时之快，他的所作所为不是为了国家，最终受伤的还是皇帝自己。那些一味顺从皇帝的大臣往往是贪恋自己手中的权位，没有把这件事情想明白罢了。

那些年，总有一帮才华横溢的人在掌握着大宋王朝命运的走向。举凡有才华的人，多实用性不强。吕夷简就是很好的例子。

每个人格局不一样，决定他做事的高度就不一样。有的人不管走到哪里，都不会留下自己的痕迹；有的人即便打个喷嚏，也会溅别人一脸唾沫星子。这就是高段位和低段位的区别。

在真宗晚年到仁宗初年这段历史上，第一流的政治家，同样是品德和人格最高尚的当属王旦和范仲淹，因为他们几乎人人都捧，所谓近者悦远者来；第二流的是王曾、李迪、韩琦等人，这几个人人人都服。第三流才是吕夷简，人人都怕。吕夷简在历史上之所以很牛，就在于别人都干不过他。在权术方面吕夷简是一个真正的顶尖高手，很多事情，他玩过之后很久别人都想不明白。等你想明白了，人家也早就不玩了。

仁宗时期换宰相如走马灯，而在他之前的真宗时代，宰相的位置同样也换得很勤。北宋的人才太多，北宋的天才也太多，天才太多跟蠢材太多没多大区别，这也是朝政一直不稳定的原因所在。人们总是换来换去，皇帝不知道该听哪个的了。一个人一个策略，一个人一个国富民强的办法，于是朝令夕改、人人自危。

大家都觉得自己的办法对，于是就开始斗。斗争是靠实力的，退潮以后，才发现谁在裸泳。在结果面前一切手段都是小聪明。

一见西夏造反，朝廷立即向各路军马派去了朝廷重臣。前线方面，从北到南整条西线严加边防，对西北边防了如指掌的资政殿大学士范雍为振武节度使，知延州，出身军人世家的三司使夏竦知永兴军，两路人马一南一北，以观其变。

西路重兵也派去了朝廷重臣，在朝中，仁宗命御史中丞晏殊复任三司使，然后将被贬兖州的孔道辅调回朝中，官复御史中丞。担心辽国生变，仁宗又派吕夷简去天雄军坐镇。同时，为防止西南因乱生变，升交趾郡王李德政为南平王，升保顺军留后（吐蕃）唃厮啰为节度使。

很快，根据对峙的形势，朝廷再次调整命令，临危受命的夏竦升格为本路都部署，提举乾、耀等州人马，随时准备开战；泾原秦凤路安抚使范雍升格为鄜延路都部署，鄜延环庆路安抚使。

西北战场，宋夏战争一触即发。

意气难平

在润州工作了不到一年，范仲淹又改任越州（今浙江省绍兴市）。接到这一消息后，范仲淹破天荒地很开心，不管怎么说，这次调任终于不是被贬了。

时间一长，一个人经历的事多了，他的胸怀和境界自然会不一样。

由润州至越州，全程皆是水路。范仲淹一路乘船南下，经过杭州时，他专程去拜访了退休在家的胡则。德高望重的胡则为官四十七年，喜结交，尚风义，朝廷内外皆知其大名。他与人结交不看贫富贵贱，据说当年丁谓被贬崖州，众人怕受牵连，当年那些围着他转的人竟没有一个敢去看望。胡则却派人远赴崖州，专门为丁谓送去了礼物，对待失势的丁谓完全像当年一样。

范仲淹敬佩胡则的为人，同时又羡慕他的超脱圆满，特意为胡则赠诗：“朝廷三老重，乡党二疏高”，以表达对这位豁达超脱的老前辈的崇高敬意。

疏广父子皆为汉宣帝太子的老师，二人辞官回乡，日日和族人乡党邀呼来往，最终得尽天年。不幸的是，在范仲淹拜访他的第二年，这个长寿的老人就死了。胡则死后，范仲淹专门为其写了墓志铭，并称其“进以功，退以寿”。

宋代越州以会稽为治所，会稽地滨鉴湖，湖东即曹娥江。这里不但有当年范蠡的旧居，还是东晋王羲之的《兰亭序》完成的地方，同时它还是唐代大诗人、状元贺知章的故乡。到达会稽以后，范仲淹先去拜谒了本家祖先的旧居，然后拜访了贺知章的旧居天长观，见天长观过于简陋，范仲淹决定对其进行重修。

李觏的造访让范仲淹很是开心。

在润州的时候，范仲淹曾邀请李觏讲学，不巧其已赴河朔游历。河朔之行结束以后，李觏看到了范仲淹的信，不无遗憾的他听说范仲淹已赴润州上任，便不远千里地赶过来看他。

老友相见，又都是他乡故知，在愉快的相处中，范仲淹几乎忘记了王曾去世带给自己的痛苦。自王曾去世后，范仲淹的心情一直很低落，他没想到自己终生追随的大恩人王曾竟这么快就离世而去。最近心情刚刚好了一些，然而祸不单行，范仲淹还没来得及完全从王曾去世的悲伤中解脱出来，又一个噩耗突然传来：状元哥、同榜进士、好朋友、好亲戚蔡齐死了。

蔡齐的死让范仲淹的心情一下子从天上落到了地下。虽说近几年不断遇到故人逝去的消息，范仲淹已经看淡了生死，但他和蔡齐的关系跟别人不一样。

自高中进士以后，范仲淹一直拿比自己大一岁的蔡齐作为人生偶像，同时也是志同道合的好朋友。状元哥为人持重、不急不躁，起走坐立颇有长者之风。他从不多言多语，也从不给你添麻烦，却随时能帮你解决你想解决的问题。这些年结伴一路走来，他高尚的人格和厚重的品德让每一个见到他的人都称赞不已。记得刚刚入朝为官时，权倾一时的丁谓曾经授意蔡齐让他跟随自己，日后一定前途无量。状元哥并没有接受丁谓的好意。

蔡齐一生提拔了很多人，除了自己，庞籍、杨偕、刘随、段少连，这些人无一不是当朝重臣，也无一不是状元哥一手提拔起来的。

因为生前的出色表现，状元哥死后获赠兵部尚书，谥号文忠。范仲淹实在没想到，蔡齐会这么早地离世而去，他刚刚五十二岁，还没来得及施展出全部抱负，就这么抱憾而去。范仲淹心疼。

蔡齐死后，朝廷也大为震动。不仅是朝廷褒奖，很多地方官和蔡齐生前任职之地的百姓也都哀痛追怀，痛哭悲泣。

史载：及卒于官，故吏朱宷至颍，吏民见宷，泣指其所尝更历施为，曰：此蔡使君之迹也。其仁恩感人如此。

故事是说，蔡齐死于颍州（今安徽省阜阳市）任上以后，他以前的下属朱宷有天出门，当地官吏和百姓见到朱宷，纷纷哭泣指着蔡齐生前工作的地方跟朱宷说：这些都是蔡知州的遗迹呀！

这位朱宷便是范仲淹那位故人的儿子。

蔡齐死后，他的音容笑貌几乎每天都浮现在范仲淹面前。为了纪念蔡齐光辉的一生，一向不肯轻易给人写此类文章的大文豪欧阳修为他写了行状。范仲淹也主动请缨，不但为蔡齐撰写了墓表，还为他写了一篇情深意切的祭文。

欧阳修称颂蔡齐“在大位，临事不回，无所牵畏，而恭谨谦退，未尝自伐，缙绅倚以为重”。而范仲淹赞美他“浩然示至公于内外，以进贤为乐，以天下为忧。见佞色则疾，闻善言必谢。孜孜论道，以致尧舜为心。与大臣居，和而不倚，正而不讦，无亲疏之间，有方大之量”。

“月生西海初三夜，潮到东吴第一关。安得扁舟多载酒，放歌击楫浪花间”，蔡齐去世后，范仲淹一连好多天都不思饮食，他一遍遍地默念着状元哥的诗句，不知不觉间竟又是悲从中来，不能自已。

如今，王曾死了，蔡齐也死了，自己孤身一人身在越州。朝中无援，身边无友，自己只能苦苦支撑，在这个小小的地方聊度余年。

最近，范仲淹难过得琴也不弹了。听说西北战场已经狼烟四起，纵有杀敌之心，奈何身在吴越，不能报效。一有闲暇，他便抽出匣中的宝剑。这把剑已经跟了他三十多年，虽寒光逼人，却无用武之地。范仲淹感慨了半天，轻轻地将其收入匣中，寒光凛凛的宝剑隐隐已有不平之意。

不过最近也有一些好的消息。

好朋友余靖已任英州知州，尹洙和欧阳修也都得到了提拔。也许是皇帝发现当年贬黜这些人是一个错误？范仲淹自嘲了一下，历来反对派都不占优势，皇帝也一样。谁会喜欢一个反对自己的人呢？如今已是这些年轻人的天下，他相信不久之后，自己这帮年轻的朋友一定能有所作为，可他们那些逝去的年华，如何才能找回？

想到这里，范仲淹又有些愧疚。如果不是因为自己，这些人可能早就得到重用了，是自己耽误了他们的前程。可是，如果不是这些事情，他们能有这样锻炼的机会吗？人生的路很长很长，只有什么事情都经历过，一个人才能真正的强大。

如今遍视朝中，能和自己说话的，似乎只剩下韩琦和富弼两个人了。恩师晏殊越来越散淡，他似乎已经不把一切事情放在心上，他在朝中很少说话，也从不得罪人，心里的话跟他说也没有多少用处。因此，范仲淹这段时间跟晏殊的通信明显少了很多。

听说最近朝廷又进行了一次重大的人事调动，因对西夏战争没有对策，盛度被贬出枢府，参知政事程琳也被罢去职务，改知颍州。皇帝随后将副宰相王随改知枢府，并将宋庠提为副宰相。老领导孔道辅却再次因为直言上谏，遭到了宰相的暗算，并被贬知郓州。恩师倒是升了御史中丞，他还会像以前一样处处当老好人吗？

哪知道，刚刚听到老上司的消息，就是这样一个不好的消息。听说审理老上司相关案件的主办人是自己的连襟郑戬，范仲淹第一时间向郑戬了解了有关此案的详细经过。得知事情的经过以后，范仲淹大怒，想到身为昭文相的张士逊竟会做出这么下作的事情，他一定要为老领导讨个公道。

然而，还没等范仲淹想好事情怎么办，又一个噩耗传来：在去郓州上任的路上，孔道辅因不堪严寒病倒途中，刚刚行至韦城，便已经溘然长逝。

又一个老友故交去世，听到这一消息范仲淹又是热泪长流。这一年，因为诸多友人的去世，范仲淹的眼泪快流光了。

静静地坐下来想想自己，范仲淹又开始难过。也许自己真的已经到了言生论死的年龄，眼见故交好友一个个离去，这种凄凉已经让他无法承受。也许在不久以后的某一天，自己也终将老死在这里。圣人说狐死首丘，如果真有一天自己突然死在这里，在临死之前自己会甘心吗？

他自然而然地又想起了母亲，想起了高平村和万安山，想起了宁陵的岁月，然后又想起了葬在天平山从未谋面的父亲。进而，他又想起了三年前死在饶州的妻子。妻子过门以后，没跟自己过一个好日子，先是照顾母亲，后来又照顾这个大家庭。这些年自己起起落落，始终不能给她一个安定幸福的生活。她总是担惊受怕、提心吊胆的样子，让范仲淹心痛而又无可奈何。自从李氏去世以后，自己的生活突然变得索然无味。诸子幼小，家难为家，业未成业，眼见壮志难酬，范仲淹简直是心乱如麻。

近日，范仲淹突闻越州户曹参军孙居中死于任上。孙居中家贫子幼，无力为其举办丧事。同是天涯沦落人的长官范仲淹听说以后，拿出自己的俸禄，差人雇了一条大船，然后将孙居中一家老小送回了家乡。临行之前，范仲淹作诗一首交给随行的差人：如果关卡不让通过，把这个拿出来就行了。差人拿过一看，上写：

十口相携泛巨川，来时暖热去凄然。

关津若要知名姓，此是孤儿寡妇船。

事情过后，这首诗在越地乡间不胫而走，人人皆传赞范大人的美名。想到自己的境遇，范仲淹只是惨笑。或许有一天，自己将会像这名老吏一样，无声无息地湮没在越州的山水之间。

日子就这么平平淡淡地过着，突然有一天，范仲淹收到在湖州担任知州的好朋友滕宗谅的一封信。虽然去年两个人见过一次，但范仲淹并不知道老朋友的近况如何。他忙打开书信，见老朋友安好，范仲淹一颗心才放了下来。原来，滕宗谅这封信是请自己给人写墓志铭的。

墓志铭是写给范叔宽的。范叔宽是他们的同榜进士，当年曾经跟随蔡齐当过应天府的推官。范叔宽英年早逝，老家就在滕宗谅就任的湖州。滕宗谅听说其死后因家贫无力下葬，便拿自己的俸禄为范叔宽举办了葬礼。为了缅怀老友，滕宗谅特意请范仲淹为故人写一篇墓志铭以作纪念。

又是一件伤心的事情，怎么最近接二连三的总是遇到这类事情？莫非自己真的已经进入老境，将终日面对这些生离死别的悲哀与无奈？

范仲淹的心情很低落，这一年发生的生离死别太多了，它们把范仲淹心里堵得满满的。

为老朋友写完墓志铭，范仲淹背起双手，心情烦躁地在屋子里转来转去。他失望地摇了摇头，却又不甘心地问自己：

如果这么下去，今后还会有自己的出头之日吗？

第四卷　西北问兵

第一章　问兵三川口

仁宗的烦恼

自大宋宝元元年（1038）西夏李元昊僭号称帝起，一直到宝元二年（1039）年末，大宋与新成立的西夏之间虽数度交恶，双方相互诋毁，你来我往，尽管也发生了一些小规模的武装冲突，但这些冲突多发生在宋夏边境的少数民族边寨，双方往往也是一击即退，绝不恋战。

在进一步探清宋军的虚实以后，李元昊再也沉不住气了。这位野心勃勃的党项族首领深知，宋夏之间一场大战已经在所难免，要想独立，必须靠武力解决问题。

转过年来的1040年，是大宋改元的一年。这一年，仁宗皇帝诏令将年号由“宝元”改为“康定”，这一年号的改变代表了三十一岁的仁宗皇帝美好的愿望。在过去的一年里，党项人造反，天下几路大旱，天灾人祸不断折磨着他脆弱而又敏感的神经。边将的用人不力、朝中大臣的众口不一，年轻的仁宗皇帝既焦头烂额却又无可奈何。他越来越发现自己身边没有一个真正得力的大臣，他是多么怀念当初吕夷简在身边的日子。只要吕夷简在，不管什么事情他都是放心的。

如今，边将不力，两府大臣的表现也没有一个能让他满意的，他越来越思念这些旧人。他相信，如果有吕夷简和晏殊在，当下的局势绝对不会是这个样子。放下两位没作为的边将夏竦和范雍不说，说说自己的两府大臣吧！中书这边，宰相张士逊年老圆滑，装聋作哑地卖弄糊涂；章得象没什么经验，不管什么事情都不敢发言；参知政事李若谷能力有限，宋庠空有才学不是能臣；西府枢密院的两位大臣更是难当其任，夏守赟不得众望，王鬷调度无方，他们的两位助手陈执中胸无长策，张观虽然是状元出身，一旦朝廷危难，却是个只中看不中用的绣花枕头。

想到这些，仁宗皇帝就觉得自己很无能。大臣不力，身为用人者的皇帝难辞其咎。越是这么想，他越是怀念贬出去的那些旧人。眼下大战在即，难道满朝上下真没一个能打仗、会打仗的人吗？

仁宗皇帝思来想去，却发现实在找不到可用的人。

备感失落的仁宗皇帝心里再次难过起来。打仗亲兄弟，上阵父子兵，可叹自己不像当年的太祖皇帝，能有一个好兄弟帮助自己。看来，关键的时候还得是自己家里的人托底呀，这么想着想着，仁宗皇帝突然想到了一个人，也许他会是自己的可用之人。

仁宗皇帝想到的这个人不是别人，正是他的姑父、驸马都尉王贻永。

驸马都尉即我们今天所说的驸马，在古代，其实驸马都尉才是“驸马”这一身份的正式称呼。重用皇亲国戚是历朝历代皇帝的大忌，想到这里，仁宗皇帝决定先派人找出姑父的档案，他要仔细研究研究姑父的履历，看看他到底适合不适合自己的要求。

王贻永，字季长，北宋将领，大司空王溥之孙。当年王溥是后周的宰相，是他带头归顺，太祖皇帝才得以顺利继承了后周的江山。太宗皇帝即位以后，为了表示对王溥一家人的器重，于咸平年间将自己的女儿贤懿公主（郑国公主）嫁给了王溥的孙子王贻永。因此，王贻永被授予右卫将军、驸马都尉。

成为驸马都尉以后，王贻永大部分时间都在京外为官，而且多任军职。他待人谦和，不摆架子，而且治军有方，多年的军旅生涯让他在军中一直颇有声望。早在真宗年间，他就曾跟随真宗皇帝泰山封禅，任高州刺史，后来升为右监门卫大将军、奖州团练使。后来，他又请任朝外官，得以担任单州知州。

目前，王贻永的身份是成德军最高长官。

这样的履历相信百官都没有异议，只是如果重用王贻永，自己需要考虑避开任人唯亲的嫌疑。还是等合适的机会吧，如果下一步前线将帅不能有所作为，长年担任军职的姑父将会是自己对付李元昊的第一人选。

打延州

就在大宋君臣为是攻是守还在讨论不停的时候，虎视眈眈的李元昊在干什么，西夏这边又是什么情况呢？

知己知彼，百战不殆。对于接下来将要发生的这场战争，李元昊和大宋君臣的理解是不一样的。

李元昊很快就看透了宋军怯战的心理。在通过不断袭扰摸清宋军的虚实以后，李元昊拿定了一个主意：你越是打防御，我越让你防御不住，为此，他将目光投向了鄜延路地势开阔、边寨稀少、防守相对薄弱的地区。

阵地战不是党项人的强项，他决定发动一场闪电战，以迅雷不及掩耳之势一举拿下延州。天下武功，唯快不破。为此，他提前做好了充足的准备。

表面上看，西夏兵强马壮，跃跃欲试，但他们内部并不团结。在团结一心的表面之下，很多不和谐的声音始终在西夏的内部酝酿。可惜当时的夏竦和范雍并没有及时地抓住这一机会。如果在这个时候派人进行离间瓦解，相信骄横一时的李元昊一定不会如此得意，同时，康定元年三川口那场惨痛的大败也一定不会发生。

可惜，以夏竦的强悍，范雍的智谋，竟都没有想到这一点。他们从来都没有想过去主动打入敌人内部进行瓦解，让敌人自乱阵脚自顾不暇，他们只是想守住大宋的江山，与西夏划山而治。兵法没有学好，想打赢一场战争是很难的。更何况他们根本就不想去主动取胜！

《孙子兵法》说：夫用兵之法，全国为上，破国次之；全军为上，破军次之；全旅为上，破旅次之；全卒为上，破卒次之；全伍为上，破伍次之。是故百战百胜，非善之善也；不战而屈人之兵，善之善者也。故上兵伐谋，其次伐交，其次伐兵，其下攻城。攻城之法，为不得已。

面对马上就要开始的这场战争，在谋略方面大宋已经输了一筹。其次，夏竦和范雍只是一味地进行防御，想以守制攻，在气势和主动性上又输了一筹。既然是防御，被动挨打是在所难免的，因为你只能根据敌人的进攻临时制定应对策略。

因此，康定元年发生的这场战争，不用猜想其结果已经可想而知。

三川口

刚一过年，趁宋军还沉浸在新年的气氛中，李元昊便发动了猛烈的攻势。在李元昊的指挥下，大批西夏兵马兵分多路，开始向延州前哨金明寨扑来。

在正式攻打金明寨之前，西夏军队先是像模像样地佯攻了几次。因李士彬素有威名，李元昊没有贸然与李士彬交锋。他告诉属下，只要李士彬出城应战，西夏军队就佯装败退。一连几个回合下来，取得几场小胜利的李士彬对西夏军的战斗力开始掉以轻心。

李士彬并不知道，金明寨中，早先诈降的士兵早已用重金贿赂了守军的头目。只要李元昊一声令下，城中的军士即刻开城造反。之所以会出现这一情况，这也怪李士彬平日治兵甚严，同时又自视甚高，而且他手下的军兵也多是党项人。

见时机已经成熟，李元昊再次用计。他还是没有正式攻打金明寨，而是指挥另一路人马攻向了延州城另一要塞——土门寨。

消息传到延州，范雍经反复确认后，才相信李元昊果然带兵进犯的事实。范雍不敢怠慢，立即启动了他的临时指挥系统。金明寨兵强马壮，又有李士彬把守，李士彬有着丰富的对敌作战经验，一时不必担心。而土门寨兵力薄弱，范雍决定派鄜延副都部署石元孙带兵前去救援。

在派出石元孙援兵的同时，范雍又紧急征调周边其他各路军队前往救援。一时之间，环州、庆州、鄜州等各路兵马领命而动。最先赶到战场的，却是身兼鄜延、环庆二路副都部署的刘平。

刘平一马当先，带领三千骑兵急奔土门寨。然而，谁也没有料到，宋军这一救援工作从一开始就落入了李元昊的陷阱。

趁宋军各路人马急赴土门，西夏的主力大军却迅速扑向了金明寨。

金明寨是延州最重要的屏障。悍将李士彬与西夏军对峙了一个白天，敌军仍不能进步半分。好不容易挨到天黑，李士彬人困马乏，退回城内的李士彬刚要休息，之前诈降的西夏士兵便打开了金明寨的大门。

此时，如狼似虎的西夏军队不再像以前一样佯装，武力全开的他们在里应外合之下，一举攻入金明寨。

李士彬之子李怀宝战死，李士彬被擒，金明寨失陷。李士彬被李元昊割去双耳，恨透了李士彬的李元昊并没有将其杀死，为了震慑其部族军士，李元昊整整折磨了李士彬十几年，直到其病死军中。

金明寨失陷之初，李士彬决定拼死一战。他首先派人带家属逃往延州报信。逃到延州的人向范雍汇报前方敌情，一开始范雍还不相信，敌人不是要攻打土门吗，怎么会攻破了金明寨？直到李元昊攻破金明寨，兵临延州城下，范雍才确信自己已经中计。

范雍急令各路前往土门的军队回援延州。

于是，接到命令的刘平和石元孙又火速率队赶回延州。顺便说一句，石元孙当时的身份是鄜延路副都部署，即鄜延路亲自带兵作战的最高指挥官。石元孙为名将之后，他是北宋开国大将石守信的孙子。

骁勇善战的刘平带领骑兵部队冲在援军最前面。当队伍行至三川口以西约十里的地方，刘平决定短暂休整，然后从后方进攻攻打延州的西夏部队。

三川口位于今天陕西延安枣园一带，因地处延川、宜川、洛川三条河流的交汇之地，故得名三川口，此地距离延州城已是咫尺之遥。

然而，不等刘平喘息稍定，一道道火速救援延州的命令接踵而至。

传令官传达范雍的指示：西夏已兵临延州城下，进城通道狭小。范雍要求刘平以小队的形式立即驰援延州。

刘平只得改变原有计划，依令而行。他迅速以五十人为一个小分队，一连向延州派出了五十支小分队。

然而，小分队派出去了，却迟迟没有回报的消息。这时，刘平发现传令的几个使者也不见了。刘平猛然醒悟：传令官有诈，不但先前派出的小队已经羊入虎口，自己也已经中了李元昊的圈套。

于是，刘平急命大军后退十里，等到与其他增援部队会合再作打算。

很快，鄜延路都监黄德和、巡检万俟政、郭遵部各地增援部队陆续与刘平会合。他们一面侦察敌情，一边紧急地商量驰援延州的具体对策。

此时，宋军在三川口一带集结的步骑兵的数量已达万人。

宋军这支增援延州的部队中，以刘平的职务最高。考虑到延州危在旦夕，部队也有了一定规模，刘平当机立断，命令部队结成战阵，向东进发。

哪知道没有走出多远，刘平的一万宋军就与严阵以待的十万西夏大军在三川口正面相遇。史载：四山鼓角雷鸣，埃烟斗合，蕃兵墙进。

直到这时，刘平才知道自己落入了李元昊的圈套。

虽然面对铺天盖地的敌兵，刘平并不惊慌。他沉着地指挥宁军摆开偃月阵，与敌人隔河对峙。偃月阵是当时一种防守型的阵形，这是个适合长程弩箭发挥的阵形，以大将居中，两翼可以对中间的敌军发动钳形攻势。

据史料记载，当时天降大雪，“平地雪数寸”，西夏军首先渡河向宋军发起攻击。宋军郭遵、王信受命还击，他们带领两股骑兵，乘敌人渡河行至一半的时候发动了反攻。郭遵身先士卒，在敌阵中横冲直撞。西夏一员猛将前出挑衅，被郭遵一鞭砸碎脑袋。西夏兵丧命数百，其余人掉头而逃。

不久，李元昊调集了更多人马，“蔽盾为阵”，再次向宋军推进而来。宋军毫无惧色，“击却之，夺盾，杀获及溺水死者几千人”。

刘平身先士卒，带兵冲杀，夺取盾牌，杀死数千敌军。混战之中，刘平的脖子和耳朵皆被流矢射穿，血流遍体，却仍勇敢地指挥作战，西夏虽然数倍于宋军的兵力，始终无法冲破宋军阵地。

史载：……（宋军）乍为小胜。

战斗至日暮时分，一支西夏军队从西南角突入宋军队伍。神卫都头卢政带领弓弩手赶来，一通乱箭，顽强地再次将西夏军打了回去。

天渐渐黑了下来，战场上出现了短暂的安静。打了一整天，双方的阵地仍在原点。就在这时，宋军的基层军官犯了一个严重的错误，他们以为当日的战事已经结束，纷纷拿着战利品来向主将刘平报功。

宋军兵校纷纷手持人头，牵着所缴获的马匹拥至刘平面前请赏。刘平见手下将军有所松懈，忙说：现在敌人未退，你们各部先自己记下功劳，战后朝廷一定各加重赏。

刘平话音未落，西夏兵果然又发起了一轮攻势，大队西夏骑兵山呼海啸般地向宋军扑来。

因基层指挥官的懈怠，宋军的战斗序列骤然大乱。为稳固防线，宋军的阵地被迫向后稍作推移。

哪知一见如此，没打过大仗的后军都监黄德和已经吓得魂飞魄散，竟然打马带领本部人马逃跑了。

黄德和此举成功推倒了宋军溃逃的多米诺骨牌，史载：众从之，皆溃。

因黄德和带头，本来一直在搏战中不落下风的宋军竟也纷纷掉头逃跑。

刘平大惊，急派儿子刘宜孙前去拦截。刘宜孙追上黄德和，手拉黄德和的战马，苦苦求其不要逃跑。然而，贪生怕死的黄德和哪里听得进去。刘平只好再派一队人马武装拦截，却也只截回了一千人马。

刘平再次带领宋军重新投入战斗，然而敌我力量过于悬殊，刘平虽竭尽全力，却也无法挽回宋军的颓势了。

大将郭遵见势不可为，为掩护宋军，郭遵挥舞铁槊左冲右突，再次只身杀入重围。西夏军惧其悍勇难敌，只好派人马将其诱入绝地，然后调集弓箭手围射，最终郭遵力战而死。

刘平带领残军向西南方向且战且退，天黑之前，他们选择了一个背靠大山的地方结下营寨以求自守。

夜间，李元昊派人前来劝降，被刘平断然拒绝。

天明以后，刘平壮烈地带领宋军与西夏军展开了最后一战。最终，刘平、石元孙被擒，剩余宋兵全军覆没。

至此，延州虽力保不失，但三川口却全军覆没。

全军覆没

消息传到朝内，举朝震惊。

不是没问题吗？怎么一上来就全军覆没？

气急败坏的仁宗皇帝立即召开了一场由全部朝官参加的大会。在会上，主管兵事的枢密院当然首当其冲，受到了仁宗皇帝最严厉的责问和批评。自始至终，圆滑世故的大宰相张士逊不是装聋作哑，就是一言不发地任由枢密院的夏守赟、陈执中和王鬷各种解释。眼见已经吃了败仗，居中调度的他们怎么也得给皇帝一个解释。

狼狈不堪的枢密官们自知难以交代，尤其是被仁宗皇帝委以重任的夏守赟，更是无言以对、丑态百出。好在夏守赟认错的态度还不错，他郑重地向仁宗皇帝提出，请皇帝允许自己亲赴前线。见夏守赟如此身先士卒，仁宗皇帝的火气稍稍消了一些。

仗已经打败了，找到原因、总结经验并处理相关人员当然是当下最重要的任务。说实话，仁宗皇帝心里不好受，素知西夏人彪悍好斗，但是，以自己国家的实力和西北的兵力，他没想到宋军会输，而且输得还这么惨。胜负乃兵家常事，他也不是没想到过失败，但他从没想到会以这种全军覆没的方式失败。

不处理人是不行了。

在仁宗皇帝的震怒之下，大宋朝廷的奖与罚是同时进行的。事有轻重缓急，作为中原大国的一国之君，仁宗皇帝还是保留着骨子深处的体面和全局观。也因此，在奖赏和惩罚之前，他先是下了几道重要的命令。

当下，虽然宋军大败，但如何稳定好边境的形势却是最重要的。

为了进一步加强守备，朝廷再次向西北军中增派了几位年富力强的官员。进使魏昭炳、殿前副都指挥使郑守忠、马军副都指挥使高化三人一起派到前线。三位年轻人都是武官，又是皇帝欣赏的大将，到达军中以后，不但能加强前线的实力，而且皇帝本人也能及时掌握前线的每一个动态。

将防务工作安排妥当以后，仁宗皇帝雷厉风行地开始着手处理作战不力的相关人员。

二月末，对前线失利的进一步清算终于开始了。

斩首黄德和以后，振武节度使、知延州范雍被降为吏部侍郎，同时调离前线，指挥不力的范雍降级改知安州（今四川省绵阳市）；象州防御使、环庆副都部署、知环州赵振降为龙神卫四厢都指挥使、鄜延副都部署兼延州知州；捧日天武四厢都指挥使、登州防御使、秦凤路副都部署刘兴，贬为洋州观察使、环庆路副部署兼知环州。

战区负有责任的其他各地方官，如工部郎中郭劝，惠州刺史、知磁州李谓也一并降职。原州乾兴寨寨主李继明，监押孙佶坐求自保、贻误战机、拒绝救援，决定杖脊刺面，发配沙门岛。

对前敌最高指挥官范雍，善良的仁宗皇帝仍保持着他一贯的宽容之风。当时，临敌最前线的塞门、安远二寨还在敌人的围困之中，延州众将竟坐视不敢出救。临阵换帅是兵家大忌，听说范雍将要被贬，众将官一起找到新任安抚使韩琦，请求韩琦上奏朝廷，为了稳定军心，一定不能在这个时候将范雍调离。

韩琦想了想，感觉临阵换帅也不是个好办法。于是，韩琦上奏说：范雍是两府旧臣，鞠躬尽瘁，一直品行不错。为了安定军心，朝廷不宜在此时将其调离。而且在这次战斗中，将军赵振的表现也算称职，其能够堪当其任。我建议朝廷不要临阵换帅。如果朝廷认为范雍非换不可的话，臣认为，身在越州的范仲淹能当此大任。臣之所以推荐范仲淹，绝不是私交大臣。只是局势如此，臣不得不仗义执言。如臣此举涉及朋党，或耽误军国大事，臣甘愿领受诛家灭族之罪。

为了朝廷能够重用范仲淹，韩琦这话说得够狠的。遍视天下，韩琦无法找到第二个可以推荐的人。也是他对范仲淹的忠心和能力有着足够的了解，才敢在皇帝面前如此许诺。

韩琦的奏折交上去以后，朝廷一直迟迟没有消息。

系统化的战备布置停当以后，没过多长时间，痛定思痛的仁宗皇帝便对一直不能让他满意的西府班子进行了调整。

先是在这年的二月，夏守赟自知枢密院事除宣徽南院使、陕西都部署兼经略安抚使。夏守赟亲赴前线以后，三月，仁宗皇帝将另两位枢密院高官，知枢密院事的王鬷和同知枢密院事的陈执中、张观一起罢官并赶出了京城。同时，晏殊自三司使、刑部尚书，宋绶自礼部尚书、知河南府，同时担任知枢密院事。另外，打仗还得自己人，他还将姑父王贻永自保安军节度使、检校太傅、驸马都尉升为同知枢密院事。

因晏殊进入枢密院，空缺的三司使由最近一直表现出色的郑戬担任。

大任在前

将枢密院换血以后，仁宗皇帝开始慎重地考虑前线主将的人选问题。选来选去，他还是尊重了韩琦的建议，决定起用已经被他贬黜多次的范仲淹。当然，韩琦的推荐只是范仲淹得以重新起用的原因之一。如果没有韩琦的推荐，相信范仲淹一定不会得到人生再次腾跃的机会。但是，从另一个角度来讲，如果范仲淹无法得到仁宗皇帝的认可，相信即使韩琦推荐一百次，仁宗皇帝对范仲淹看也不会看上一眼的。

所以，对一个随时想进步的人来说，最关键的还是你的能力。

人品是一个人的通行证，仁宗皇帝怅然地想，自己将范仲淹贬了这么多次，虽然每一次的理由都不一样，但范仲淹从来都没有气馁过。尤其是这一次被贬之后，自己没有那么快就起用他，而且范仲淹不再像以前那么冲动，不管什么事情都喜欢来发表个意见。从另一个角度来看，这说明他成熟了，一个贬而无怨的大臣才是真正值得托付的人。如今，也到了该重用他的时候了。

驭人之术，刚柔相济，恩威并加。此时的仁宗皇帝虽然刚刚年满三十岁，但亲政后短短的几年时间，他已将帝王的驭人之术掌握得炉火纯青。

接到朝廷发来的调令，喜极而泣的范仲淹感动得热泪长流。他实在没想到，朝廷没有忘记自己这样一位身在江湖的老臣。随着王曾、蔡齐的陆续离世，他认为年轻的皇帝早已经把自己忘了。其实只有他自己心里清楚，真正让自己感动的并不是职务的提升，而是朝廷在危难时刻对自己的这份信任。当国家遇到困难的时候，皇帝居然还能想到自己，无论哪朝哪代，这都是身为臣子至高无上的荣誉和誓死报效的动力，它不需要任何解释。

就这样，本想终老吴越的范仲淹胸中那团火一下子又烧起来了。突然之间，他感觉全身上下生出了一股豪情万丈的力量。捧着这封诏书，范仲淹一个人默默地回到房间。将诏书放下，他迫不及待地从墙下取下了那柄追随了他三十多年的宝剑。轻轻地抽剑出匣，寒光凛凛的剑身隐隐已有不平之声。范仲淹挥指一弹，浑厚的响声连绵不绝、久久不歇。

这柄剑已经太久没有用了！范仲淹叹了一声，他小心地用指拭着落在上面的灰尘。自己将它带在身边已经三十多年，如今终于可以派上用场了。

他知道，在西北战场朝廷已经失利。他一定要趁着这个千载难逢的好机会，好好地施展自己的抱负，文以治国、武以安邦，这是多少人终其一生都无法实现的梦想！

这一刻，范仲淹已经等得太久了。

望着镜中斑白的双鬓，整整一个晚上，范仲淹都没能入睡。国家有难，只要一声召唤，自己绝对随时冲上去。

整整一夜，范仲淹都在默默地收拾着自己的行装，他需要即刻启程。其实，自己也没有多少要带的东西，除了从不离身的琴和剑，再有就是一大箱书。思来想去，他还给老家捎去了一封信，将自己已赴前线的消息分别告诉了身在苏州的大哥仲温和宁陵读书的几个儿子。考虑到自己身体的原因，范仲淹特意命长子纯祐接到信件便行出发，来军中照料自己的起居生活。

除此之外，他没有将自己即将离任的消息告诉任何人。即使这样，第二天天还没亮，当范仲淹轻车简从离开越州时，官衙外面还是站满了前来给他送行的越州百姓。范仲淹揖手长躬，一是表达对越州父老的怀念感谢；二是表明自己此行一定不负朝廷所托的决心。

上任的路途遥远而漫长。在这之前，他已经听说自己的好朋友尹洙已经早他一步在西北军中效力。好朋友是跟随大将军葛怀敏一起到西北军中任职的，听说他目前在夏竦手下做事，具体的职务是泾原、秦凤路经略安抚司判官。能有机会与好朋友一起共事，这是一件多么让人兴奋的事情。

因西北战备，宋代于陕西路东部置永兴军路，治所在京兆府（今陕西省西安市）。永兴军路辖境包括今天甘肃环县、庆阳、宁县和陕西省长武、武功、户县等市县以东，陕西米脂、吴旗等县以南，镇安、山阳、商南等县以北，至山西闻喜县、河津市西南，河南省三门峡市以西的地区。

当时的北宋行政区划与今天略有不同，当时永兴军路总辖两座府城：京兆府和河中府。其又分辖十五州，它们分别是陕州、延州、同州、华州、耀州、邠州、鄜州、解州、庆州、虢州、商州、宁州、坊州、丹州和环州。辖内常设驻军保安军，共八十三县。后来，延州、庆州改升为府治，又增置银州、醴州及定边、绥德、清平和庆成四支驻军。至此，永兴军路凡府四，州十五，军五，县九十。

此去永兴军，范仲淹担任的职务便是永兴军的最高长官知永兴军。这标志着朝廷不但恢复了他从四品官员的身份，而且还对他委以重任，命他前去掌管当时最重要的军州。这份信任，让范仲淹忘记了此前所有的纠结和郁闷。热泪盈眶的感动，最终将化为一心报效的动力，范仲淹，西北战场在等着你。

然而，还没赶到京兆府，命运却再次给范仲淹开了个玩笑。

朝廷对他的任命突然又变了。史载：范仲淹未至永兴，癸丑，改为陕西都转运使。

更微妙的是，接替他知永兴军的不是别人，正是当初在范仲淹被贬时一言不发、被欧阳修大骂“不知人间有羞耻事”的右司谏高若讷。如此的人事安排，让这对不打不相识的“老朋友”再次相聚于西北战场，而且还成了上下级，命运确实又跟范仲淹开了个玩笑。

在范仲淹被贬的这几年间，高若讷已经成功地升任刑部员外郎。

这一梦幻般的人事安排果然遭到了很多大臣们的反对。一位名叫梁适的谏官旧事重提，谈起了范仲淹和高若讷以往的过节。当时范仲淹被贬，二人虽然没有直接发生冲突，但此事的影响已人尽皆知。因此，二人心里一定都会有一定的阴影。梁适认为这么安排不利于西北战事，他说：仲淹前责饶州，若讷实为谏官，尝诋仲淹谋事疏阔，今俾共事，理实有嫌，宜易以近臣。

梁适说的不是没有道理，换谁心里都不会舒服。

但仁宗皇帝却不这么认为。仁宗皇帝说：朕方知仲淹、若讷以疆事，安得以旧事为嫌！

知人善任的仁宗皇帝果然没有看错，此后，范仲淹和高若讷都没有因为原来的旧怨结仇，这体现了宋代官员高尚的道德情操和以国为重的崇高品德。

范仲淹正信心勃勃地走在上任的路上，怎么对他的任命又突然改了呢？

答案也许你想不到，这是因为仁宗皇帝觉得对范仲淹的重用不够，所以没等到任范仲淹又升官了。

在宋代，转运使是正三品官员，是一路的最高长官。当初设立永兴军路单纯是因为战争的需要，才临时单独从陕西路辟出来一个军路。换句话说，陕西路是大路，永兴军路是小路。从知永兴军到陕西都转运使，这不但标志着范仲淹上一个任命还未到职就一夜之间又官升数级，而且标志着他从此正式跻身于地方大员的行列。

既然担任了陕西路最高长官，范仲淹就可以和安抚使韩琦平起平坐，而且能够一起并肩战斗了。在这之前，以知制诰身份知审刑院，后担任益、利二州体量安抚使，此时已经担任陕西路安抚使的韩琦也是正三品的官员。只是，这一年韩琦刚刚三十三岁，而白发苍苍的范仲淹却已经整整五十二岁。

从这一点看，范仲淹一生始终没有平步青云的好运气，他的每一个成功都是一步一个脚印地走出来的。

第二章　兵败好水川

前嫌尽弃

范仲淹到达西北前线，已是这一年的五月。

前面我们讲过，一开始，范仲淹被朝廷任命的职务是永兴军路的最高长官：知永兴军。但是，他还没有到达任上，朝廷便对他的职务作出了重新调整。四月，范仲淹由知永兴军改任陕西都转运使。但是，这也不是范仲淹此行西北的最终职务。

五月，他的职务又改为陕西经略安抚副使，兼总揽鄜延路的军机事务。本来，他和韩琦一个是陕西都转运使，一个是陕西经略安抚使，朝廷这么调整他们的职务是什么意思呢？

让我们细细分析。

在范仲淹由陕西都转运使改为陕西经略安抚副使的同时，韩琦的任命也改了。韩琦的新职务和范仲淹一样：陕西经略安抚副使，在这一任命的同时，两个人“同管勾都部署司事”，即同时掌管本路的军政大权。不过，韩琦分管的却是泾原路的工作。

什么是经略安抚使呢？

“经略使”一词初起于唐朝。唐初，于沿边诸军有置经略使者。唐肃宗时，贺兰进明除岭南五府经略兼节度使，此后虽有置观察使者，仍兼领经略使。

北宋仁宗时期，因对西夏用兵，始命陕西沿边大将皆兼经略。此后，朝廷多以经略安抚使为总辖一地军民方面的重臣。

宋太祖建国后，接受唐朝灭亡的教训，削夺了地方官的军权，所以宋初地方官并不能指挥军队。自李元昊造反，朝廷在河东、陕西及河北设置了三个经略安抚使司，各经略安抚使司命帅臣一人，主管一路军政，并兼管民政。

受任命的经略安抚使一般兼任所驻州府的最高长官，形式上与唐朝的方镇差不多，不过他们手中的权力却比唐朝的节度使要小得多。一是他们只有管兵而没有发兵的权力，同时还要受其他官吏的监察和制约；二是宋朝各路还设有转运使司、提点刑狱司和提点常平司，来主管一路中除兵、民两政之外的其他事务。

北宋一朝前后共设置了二十六个经略安抚使司。

如此不难看出，北宋的“经略”不仅仅是“掌管边疆军民大事”的官职，而且还是设在全国各路掌管军事民政的长官。因此，在人员任命时，一般都会选派品级较高、忠于皇室而且颇有才干的人充任经略安抚使。他们虽主管一路数州的军政、民政，却又无权过问本路的财赋、刑狱、漕运、仓储、学政等其他各方面的事宜。

经略安抚副使，即副职。协助长官处理相关工作，并分管其职权范围内的相关工作。因此不难看出，当时的韩琦和范仲淹都有着明确的分管工作，范仲淹分管鄜延路，韩琦分管泾原路。那他们的主管领导，即长官又是谁呢？

答案是夏竦。

当时，陕西经略安抚使为夏竦。换句话说，朝廷对范仲淹和韩琦的这一任命，标志着对西夏作战时前线的最高指挥官是夏竦，副指挥官为范仲淹和韩琦。大宋的前敌的整条防线分为了东西两路，韩范二人各分管一路。韩琦具体负责西部泾州至原州一线的具体工作，范仲淹具体负责东线鄜州至延州的具体工作。

夹在这两路之间环庆路由谁管呢？

一开始，环庆路是由最高长官夏竦负责全面工作。

范仲淹的职务为什么在短短两三个月之内发生了这么大的变化呢？答案或许你想不到，这又是已经回到朝中担任大宰相的吕夷简的功劳。

据司马光《涑水记闻》第八卷“吕夷简不念旧恶”记载：

范文正公于景祐三年言吕相之短，坐落职，知饶州，徙越州。康定元年，复天章阁待制、知永兴军，寻改陕西都转运使。

会许公（吕夷简封许国公）自大名复入相，言于仁宗曰：“范仲淹贤者，朝廷将用之，岂可但除旧职邪？”

即除龙图阁直学士、陕西经略安抚副使。

上以许公为长者，天下皆以许公为不念旧恶。

文正面谢曰：“向以公事忤犯相公，不意相公乃尔奖拔。”许公曰：“夷简岂敢以旧事为念邪？”

由此可见，吕夷简能够三度拜相，屡获仁宗皇帝的信任，他的胸怀和能力绝非一般人可比。

除此之外，擢升范仲淹的职务以后，吕夷简还给范仲淹写了一封信。在信中，吕夷简对范仲淹又是奖励，又是赞许。收到吕夷简的信，范仲淹忙给吕夷简回了一封信。在回信中，范仲淹被吕夷简所打动，他言辞恳切地检讨自己说：当初我是“效贾生恸哭太息”，而“朝廷方属太平，不喜生事”，因此得罪了皇帝和大臣，被世人视为“狂士”。尽管这样，但这也不过是陆龟蒙所说的“草木之性，其本不怪，乘阳而生，小已遏不伸不直，而丑彰于形质，天下指之为怪木，岂天性之然哉！”

在简单进行了解释以后，为了表明自己一心报国的心迹，范仲淹还以唐代郭子仪和李光弼来比喻自己和吕夷简的关系：“昔郭汾阳与李临淮有隙，不交一言，及讨安禄山之乱，则握手泣别，勉以忠义，终平剧盗，实二公之力。”说到这里，范仲淹对当初与吕夷简的争执已有悔意，他赞美吕夷简“有汾阳之心”，而自己却缺乏“临淮之才之力”，但自己一定会尽心尽力，争取把自己该做的工作做好。

就这样，在朝廷危难之际，两位宿有旧怨的大臣尽释前嫌、握手言和了。

然而当时的事实是这个样子吗？以范仲淹的直谅，他会向当初一心置自己于死地的吕夷简低头吗？

说出来你可能不信，当时的事实确实是这个样子。

人都是会变的。

这些年，随着年龄的增长，阅历的丰富，范仲淹回过头来去看看那些往事，他心里已经不像当年一样，见到任何看不惯的事情就义愤填膺地挺身而上。多年的官场历练，他已经能够将自己的意气收放自如，而且也能心平气和地面对，并能理智地去处理所有的事情了。

在被贬江南的这几年里，很多事情他都已经想明白了。范仲淹很清楚，回过头来看看，自己和吕夷简的斗争，从根本上来说是王曾和吕夷简斗争的延续，是报效国家的两种不同路线的斗争，以及由路线斗争涉及的个人斗争。吕夷简一心唯上，想通过顺从皇帝实现天下治理的办法，和王曾处处约束皇帝特权，以达到天下治理的办法，天生就是一对矛盾。

两种观点，两个方针，一个是以皇帝为中心，一个是以国家为中心。一个主张一切都顺应皇帝，一个主张一切顺应国家。其实两点并不矛盾。只是在执行过程中，难免会有不同的看法，自己自然而然地站到了王曾一边。又加上王曾和吕夷简之间从交好到交恶，复杂的个人关系最终导致了势成水火的局面。

党同伐异是人之常情，其实两个人谁也不是奸臣，只是他们治理天下的路线不同。吕夷简是奸臣吗？如果没有吕夷简，章献太后时代、仁宗亲政初期天下会是什么样子？

这么一想，范仲淹对吕夷简的敌意消除了很多。

王曾的一身正气无人不服，吕夷简的处处顺从，其实更是一种高明的智慧。从本质上来讲，吕夷简做的哪件事不是为国为民？

特别是王曾和蔡齐相继去世以后，范仲淹心中的这些想法越来越多。自己当初愣头青似的不顾一切地冲在前面，自己就没有做错的地方吗？自己就没有欠考虑的地方吗？如果把自己换成吕夷简，遇到这样的情况自己会怎么处理？

就这样，慢慢地，范仲淹心里释然了。特别是听说吕夷简提议重用自己，范仲淹心里的疙瘩彻底解开了。他实在没想到吕夷简会说这句话。联想到当年提拔自己知开封府，又联想到当年晏殊跟自己说过的种种旧事，范仲淹轻轻叹了一声：这么多年，终归还是自己的格局太小，终归还是自己没有真正地了解吕夷简。

当初是自己太年轻了。

想到当初的狂悖，范仲淹不禁哑然失笑。可是如果当初不是这样，自己怎么能走到今天？如果回到当年，自己一定还会那么做。有些人天生就是一对矛盾，即便他们能够相互认同。

他要迫不及待地给吕夷简写信，承认自己当年的错误，同时对他的胸怀和度量表达自己由衷的叹服。

其实，在这些年的起起落落中，吕夷简也改变了很多。他很清楚，范仲淹之所以处处跟自己作对，一切都是因为王曾。范仲淹有能力、有见识，只是他太想出名，也太想迅速地帮助王曾打倒自己。对于王曾，吕夷简始终感恩有加，但命运却偏偏把他们定义为了对手，这是任何人都改变不了的事实。当一对相互欣赏的好朋友成为对手，这种难堪的局面必定导致谁也不会轻易低头。吕夷简佩服王曾，同时也非常认可王曾的为人和他的能力，但是，在很多事情上，他并不认可王曾的做法。

天下是皇帝的，如果皇帝不顺心，一切将无从谈起。哪怕明知他的决定是一个错误，身为宰相可以慢慢来，先顺从下来，然后一点点改正，而不是处处批评和指责，这是为人臣者应该做到的事情。

当路线斗争进一步转化为个人斗争时，自己和王曾谁也不肯让步了。有时候吕夷简会想，当初如果王曾能跟自己友好相处，天下会是什么样的局面。可惜这种局面再也看不到了。王曾之死也让吕夷简感慨了许久，如果不是王曾，自己绝对走不到今天的位置。如今，自己已经实现了伯父吕蒙正当年没能实现的辉煌，作为吕氏家族的后人，自己也算是真正地光宗耀祖了，这一点他必须隆重地感谢王曾当初的知遇之恩。争权的事情，历朝历代都有，这不是他们两个人的错。

而随着王曾的去世，自己三度拜相，范仲淹也再次被朝廷委以重任。吕夷简怅然地想，当初那些旧事，会随着时间的流逝一点点烟消云散。最终能够留下的，是一个人说过的话和他走过的路。范仲淹只是王曾的小跟班，但这个人不简单，他身边团结着一大帮优秀的青年才俊，通过跟自己作对，这些年他也出尽了风头。他有着别人不可比拟的优秀能力和良好品德，如今王曾已去，只要自己肯主动示好，并加以正确的引导，相信他一定能建立一番功业，同时相信他也一定不会再计前嫌。

就这样，大宋朝两位一开始闹得不开可交的大臣握手言和了。

对于这段往事，大文豪欧阳修是最了解事实的人。若干年以后，范仲淹去世，欧阳修直言不讳地将二人和好的这段往事写进了范仲淹的神道碑，以赞美范仲淹和吕夷简二人博大的胸怀。欧阳修说：

自公坐吕公贬，群士大夫各持二公曲直，吕公患之，凡直公者，皆指为党，或坐窜逐。及吕公复相，公亦再起被用，于是二公欢然相约戮力平贼……

欧阳修写文章，是出了名的严谨认真。他花了整整十五个月，才完成了这篇神道碑铭。他用最朴实的文字记录了范仲淹的生平，直到他确认每一个字都准确无误，才把文章交给范仲淹的儿子范纯仁。哪知道，范纯仁看了欧阳修的文字之后，却对他这段话十分不满。

范纯仁认为父亲与吕夷简正邪不两立，既没有和解也不会和解。也是因为这段文字，富弼和韩琦也纷纷指责欧阳修的和稀泥。于是，在为父亲刻碑时，范纯仁自作主张删去了欧阳修这段文字。

闻听此事，坚持实事求是的欧阳修气坏了，他怒斥范纯仁道：小子，我是这一事件的亲历者，我不比你们清楚?

同时，欧阳修还放出狠话：刻在神道碑上的文章不是我的文章，我拒绝承认。各位如果想看我的作品，请以我的个人自选集为准。

在千年之后的今天，当年的恩恩怨怨以及事实真相其实已经不再重要。通过这一公案，我们能够看出的，却是范仲淹和吕夷简以国家利益为重，不计前嫌的伟大胸怀和操守。

书生带兵

一介书生去前线指挥千军万马，范仲淹能应付得来吗?

不只你在担心，当时所有的人都在为范仲淹担心。

打仗不比做文章，不管做好做坏总能将文章做出来。两军对垒，是真刀真枪的厮杀，是你死我活的较量。没有什么好与不好，也没有什么其他评价标准，或胜或败，评价战争的结果只有一个。

请你一定不要为范仲淹担心，因为此时有两个人比你更关心范仲淹的表现，这两个人分别是同意起用范仲淹的仁宗皇帝以及范仲淹的推荐人韩琦。作为任命者和推荐人，相信他们一定比其他人更关注范仲淹到达前线后的表现。

而此时的韩琦也跟范仲淹一样，他同样也是进士出身。两个人从来没有什么带兵作战的经验，书生带兵，后果难知。仁宗皇帝为什么会冒这么大的风险，大胆地起用这两个没有丝毫经验的新人呢？答案是宋代的文人不但知兵，而且个个都是饱读兵书的军事理论家。

在宋代，科举考试必考的一项就是兵书。因此，士林学子中间都以熟读兵书为荣。因此，当时也出现了许多研究兵书的大家。宋代的文官制度为朝廷培养出了许多出色的军事理论家。

打仗不是纸上谈兵，光有理论是没用的，他们的实战经验怎么样呢？

这个道理，就像今天我们经常会谈到的管理学。那些讲成功学、管理学的人，让他去做事往往未必比普通人做得更好。那些看似华丽而渊博有学问的，往往是禁不起实战检验的。

客观地说，谈起管理学其实没有那么多学问。谈到管理学无非就是四个字：布局和用人。一件事情，只要制定并把控好这两个因素，你就不难取得成功。不管是一个国家、一州一县，一件事情还是打一场战争，布局和用人，体现着对管理学最简单、同时也是最有效的理解。

再详尽地细分一下。

层层管理，就是层层布局和用人。将每层的布局和用人叠加在一起，从顶层到每一个执行层，这就是你的管理体系。衡量一个管理体系是不是有效，其标准也只有一个：实战。无论什么事情，只要把握好这两个要点，这一办法从古至今百试不爽。

对于这些事情，在基层历练多年的范仲淹有着清楚的认识。

1040 年秋天，带着朝廷殷殷重托，五十二岁的范仲淹和三十三岁的韩琦一往无前地踏上了西北战场。

到达西北以后，收拾残局、重整旗鼓是两个人当下的首要任务。

当时的西北战场是个什么局面呢？

先说说范仲淹这边。

鄜延路以延州为首，总体看来延州的兵力不多，而且防范不密。承平寨至安远寨二百余里，长宁寨至黄河一百余里，地广关疏，土地开阔。一是地形不利，而且可以据守的险关更少；二是沿边各城寨也备兵不多，又加上刚刚打了败仗，宋军将士普遍士气不振，军心沮丧。

当初李元昊攻下金明寨以后，延州北部门户大开，周边安远等诸寨被他一并攻破。可怜此时的延州城内只剩下区区几百名士兵。

在鄜延路，兵力的薄弱和防守体系不够完善是当时两个最大的隐患。直到范仲淹上任，李元昊的兵马还没有全部从国境线内撤走。当时，临敌前方的大小三十六寨几乎全部被敌人攻陷，最前方的塞门寨还在敌人手中。

亲赴延州实地调查，范仲淹对延州的现状有了初步的了解与判断。兵力不足，将领不力，将士畏战，军心涣散，整体后勤保障不力，是他总结出的几个需要解决的问题。

就在范仲淹身往前线，认真分析当下的战局和敌情的时候，韩琦已经先他一步，向朝廷汇报了他初步的观点和主张。

韩琦认为，李元昊一直以来包藏祸心，胸怀逆志，是因为朝廷多年以来对其过于宽容导致。如今西夏兵强马壮，所以才敢纠集三十万大军进攻大宋。当初，范雍仓促之间派刘平带三路人马进行防守救援，也是没有办法的办法。如今延州大败，虽州城未失，但刘平和石元孙已经被俘，其他骁勇将士被俘的被俘，战死的战死，那些当地的番民熟户也纷纷叛逃。我方士气敝丧，而敌人气焰正盛。

如今，虽然延州已经增兵，但兵力和将士还都远远不够。鄜州又难守易攻，各方面防御也很不到位。常规守城的只有三千宋兵，而且修固城池也多有不力。如果李元昊再攻延州，鄜州势必增援。此时如果敌兵派一支人马攻打鄜州，鄜州将很轻易地被敌兵攻下。如果是这样，敌人前后包抄，延州就很危险。

鄜延路历来是西夏向大宋进贡的通道，李元昊对这条道路很熟悉。它们离敌人境内的银州、夏州很近，李元昊很可能会继续攻打这两个地方，然后将其当作进攻大宋的根据地。因此，当下鄜延路的防御工作最为紧要。一旦鄜延路可以安守，敌兵将不敢深入。

环庆路的环州离敌人最近，最近朝廷新换大将刘兴镇守。庆州的防务工作也一直做得不好，守将高继隆、张崇俊不经行阵、不懂兵法、有心无力，朝廷应该换得力之人来镇守庆州。

泾原路由夏竦镇守，葛怀敏为副将。葛怀敏名气虽大，但既无经验，能力跟夏竦相比差得也不是一点儿半点儿，葛怀敏不可重用，这一点希望朝廷一定要重视。

本来，朝廷设鄜延、泾原二路，派经略安抚使进行防守，如今范雍因防御不力，损兵折将被免职，朝廷一直没有派新人到任。这样一来，鄜延路经略安抚使司已经名存实亡，它存在的意义只是让泾原路的夏竦一心求免。为此，鄜延路安抚使应该裁撤，然后两路并为一路。

西边的秦凤路，考虑其地形地势，敌人断然不会从秦凤路进攻，这一路大可安心。而东部河东路的同州、河中府离鄜、延二州不远，遇敌人进攻鄜延路，此二府可以随时策应救援。只是同州主将魏昭炳、河中府主将王克基二人未曾经历战阵，都不是合适的人选。朝廷应该考虑换其主将。

如今，各路都是分兵镇守各城寨。一州之兵，近一半的兵力都镇守在各城寨之内。这样一来，前线的军兵虽多，但有效的战斗力其实不多。在和平年代，边臣无事，他们往往修城筑寨，以此邀功领取朝廷的恩赏。一旦战斗打响，这些固守城寨的军队，只能帮助当地的番户防家，却不能上阵杀敌。这样布兵的策略一定要改一下。

另外，将帅失和也是此次作战失利很重要的原因。大多数战将用人不当，东兵骄而好走，内臣战则失利，这是当下前线部队最大的问题。

所以，目前的防御部署一定要重新调整。如果敌兵集结所有的兵力并作一路，进攻我军一路，敌众我寡，战则必败。

鉴于以上几点，韩琦提出了他的防御主张：一、派精兵三千人到五千人来镇守鄜州；二、选派有才望的大臣担任鄜延路经略安抚使，兼知鄜州；三、命大将张亢任鄜延路钤辖，镇守鄜州；四、命朱观知环州、葛怀敏任环庆部署；五、如果朝廷认为这样设经略安抚司不合规制，还可以不再设立经略安抚司，只是于鄜州增置兵马，派葛怀敏去知泾州，以代替夏竦，这样的人事安排应该看上去更合理；六、派一名有才勇的大将担任环庆部署，同时命镇守秦州的曹琮管勾泾原路兵马公事。这样一来，秦凤路无御敌任务，其多余的兵力可应援泾原路；七、沿边各堡寨，除原来屯驻兵马的大寨之外，其他各边远小寨的兵马由经略部署司统一调度管理。只留下二三十人驻守，其余人马并入大军，以增强主力部队；八、换掉河中府、同州的大奖魏昭炳和王克基；九、沿边当地招募的一线作战人员虽然勇猛，但将官不善待兵士，为了笼络军心，利用好这部分力量，今后军中不再轻易用刑。

韩琦说，口说不如亲逢，耳闻不如目见，来到西北战场之后，我才真正了解到这里的实际情况。以上就是我对当下局势的认知和见解，请皇帝定夺。臣本想亲自觐见，当面向您汇报。又大敌在前，怕贻误战机，所以才如此一奏。

仁宗皇帝细细看完韩琦的奏报，他觉得韩琦说得很有道理。这些情况在此之前他是从未听到的。韩琦对战局观察之细、考虑事情之周到，对战局布置之合理，是仁宗皇帝远远没有想到的。

仁宗皇帝轻叹了一声：还是自己当初用人不力！

想到这里，他大笔一挥，同意了韩琦上述提议。

因为韩琦这封奏报，前线战略布局再次进行了大幅度的调整。一时之间，西北的防御形势也有了很大的改观。

范仲淹到任的时候，根据韩琦的建议，这些调整工作已经基本完成。范仲淹到任以后，立即赶赴延州，经过多日深入细致的调查了解，针对当下的局势，范仲淹也提出了一份自己的临敌主张。

范仲淹说：兵家之用，先观虚实之势，实则避之，虚则攻之。今缘边城寨有五七分之备，而关中之备二三分。若昊贼知我虚实，必先胁边城。不出战，则深入乘关中之虚，小城可破，大城可围，或东沮潼关，隔两川贡赋，缘边懦将，不能坚守，则朝廷不得高枕矣。为今之计，莫若且严边城，使持久可守，实关内，使无虚可乘。西则邠州、凤翔为环、庆、仪、渭之声援，北则同州、河中府扼鄜、延之要害，东则陕府、华州据黄河、潼关之险，中则永兴为都会之府，各须屯兵三二万人。若寇至，使边城清野，不与大战，关中稍实，岂敢深入？复命五路修攻取之备，张其军声，分彼贼势，使弓马之劲无所施，牛羊之货无所售。二三年间，彼自困焉。待其众心离叛，自有闲隙，则行天讨。此进行之上策也。

又闻边臣多请五路入讨，臣窃计之，恐未可以轻举也。太宗朝以宿将精兵，北伐西讨，艰难岁月，终未收复。缘大军之行，粮车甲乘，动弥百里，敌骑轻捷，邀击前后，乘风扬沙，一日数战，进不可前，退不可息，水泉不得饮，沙漠无所获，此所以无功而有患也。

况今承平岁久，中原无宿将、精兵，一旦兴深入之谋，系难制之敌，臣以为国之安危，未可知也。然则汉唐之时，能拓疆万里者，盖当时授任与今不同，既委之以兵，又与之税赋，而不求速效。故养猛士，延谋士，日练月计，以待其隙，进不俟朝廷之命，退不关有司之责，观变乘胜，如李牧之守边，可谓善破敌矣。惟陛下深计而缓图之。

让我们认真分析一下，范仲淹到达西北军中第一封奏疏写的都是什么。

用一句话来总结，范仲淹是想告诉仁宗皇帝西北用兵不能急于求成，应该有个长远的大计，然后稳扎稳打地一步步来。

那范仲淹说的长远大计是什么呢？

大宋虽然国富民强，但现在并不是真正的国泰民安、兵强马壮。当下朝廷密集地向前线征调军队，以致后方空虚。我方军队的作战能力确实不如西夏，倘若其进犯，如果我军只是防御守城，不去应战，则敌军可长驱直入，直接占领潼关以西的地区，威胁中原。所以，敌军如果进攻，不出战是不行的。

面临这一局势，范仲淹向朝廷建议：

当下，我们应该做的是在加强边境守备、守住防线的同时，增强关内的守备。敌人最有可能会从环庆路或鄜延路进犯，西线没有作战任务的邠州、凤翔路加强备战，遇有敌人进攻，随时准备为环庆路增援。同时加派兵马，北路牢牢扼守住鄜州、延州的各个要害之地，东路的河东路把守好黄河天险，中路的永兴军同时也增派重兵把守。如果敌人进犯，坚壁清野，不与之大战。只要关中守备增加，敌人则不敢长驱直入。

同时，我方要扬长避短，对外仍宣称五路兵马，以分散敌军进攻的兵力。这样一来，敌军擅长的弓马突袭便不能有效地发挥。同时，因坚壁清野的政策，敌人纵是进攻也是一无所获。如此三年之内，敌军就会因消耗过大产生不同意见，同时有可能众叛亲离，到那时我军再进行征讨，就不愁敌军不破了。

听说很多人主张按原来的作战计划，对敌人五路发兵，大张旗鼓地进行讨伐。我认为此计不妥。当年太宗时代拥有宿将精兵，因不占地利，五路讨伐都不能将其征服。敌人境内地形复杂，机动性强，怕我军多是无功而返，一旦发兵后果也未可知。况且今天的情势与当年不同，所以我们应该行长远之计，养猛将，用谋士，等把敌人消耗得差不多了，然后将其消灭，而不是贸然的兴兵讨伐。

不难看出，范仲淹第一封奏疏全是一些战略性的建议。对于范仲淹这一提议，仁宗皇帝和两府大臣没有发表什么意见。

就在范仲淹提出这一建议的同一时间，见鄜延路换帅，李元昊感觉有机可乘，西夏军再次侵入宋境。在敌军强攻之下，安远寨失守。

朝廷一怒之下罢掉了临时派到前线的最高指挥官、知枢密院事夏守赟，同时按照韩琦的建议，重新调整了前线作战的序列。

泾原秦凤路缘边经略安抚使夏竦改任陕西都部署，兼经略安抚使、缘边招讨使、知永兴军，这意味着夏竦正式成为前线最高军事长官。代替夏竦知泾州的是他的副手葛怀敏，葛怀敏同时兼管勾秦凤路兵马事，以便调动秦凤路兵马随时应援。

这些都是韩琦当初的建议。

韩琦和范仲淹也同时担任陕西经略安抚副使，同管勾都部署司事，这标志着二人已经同时升为前线副总指挥。

调走夏守赟后，朝廷又对新指挥体系里的很多人员也都做了调整，这个焕然一新的战斗序列能为大宋打一场久违的胜仗吗?

新官上任

范仲淹新官上任以后，在修城筑寨加强防御的同时，为了提高宋军的士气，他很快就调集人马，对进犯大宋领土的西夏军队主动发起了一次攻击。

进攻的时间选在了这年的五月底。范仲淹下令，由鄜延钤辖张亢、鄜延路都监王达一起率兵，攻打被西夏军攻陷的塞门寨。在此之间，虽然西夏攻延州不成，但一小部分人马还盘踞在塞门寨。他们隔三岔五就对周围的城寨进行一次掠夺，附近番民苦不堪言。因三川口大败，塞门寨还被敌军占领，宋军竟一时不敢收复，只能眼睁睁地看着西夏军队耀武扬威地在自己国家的领土上横冲直撞。

范仲淹上任以后，他也没有急着收复失地。在重新编制并调整了作战序列，进一步巩固了防御编制，并将三军治理得井井有条之后，范仲淹令旗一挥，立志复仇的宋军在张亢的指挥下，勇猛地向塞门寨冲去。

为谨慎起见，范仲淹特命因丢掉塞门寨被贬的赵振戴罪立功，由他带领一支重兵作为后援。一旦张亢等人进攻失利，赵振部队立即进行救援。首战必胜，这次由他主动发起的战斗容不得半点马虎。

因指挥有方，调度得力，久疏战阵的宋军终于迎来了一场难得的胜利。

塞门寨被成功地拿下。

在这次战斗中，宋军不但成功地收回了失地，而且重振了军心。因此，这次战斗的意义远远大于战斗本身。事实证明，宋军不是打不了胜仗。

接下来，士气大增的宋军终于重拾信心，一时之间，宋军开始积极地备战，全方位地对西夏准备着各种大张旗鼓的攻势。范仲淹有条不紊地按照自己的攻守计划，耐心地部署着整个鄜延路的军政工作。

与此同时，鄜延路的人员结构发生了一个小小的变动。范仲淹接到朝廷命令，鄜延路副都部署、忻州团练使任福改任环庆路副都部署、庆州知州。也就是说，大将任福由鄜延路调到了环庆路，并担任庆州知州。任福，在接下来的宋夏战争中，他很快将会成为一个举足轻重的关键人物。

顺便说一句，任福为什么会从鄜延路调到环庆路呢？这件事情说起来与长官范仲淹是无关的。任福之所以会调去庆州，是因为他此前向朝廷上了一道奏表，表示自己愿意主动调到离敌人最近的庆州去。在奏表中任福说：庆州去番族不远，愿勒兵境上，按亭堡，谨斥候，因经度所过山川道路以为缓急攻守之备。

见任福有如此勇气，朝廷当然支持了他的要求。不难看出，镇守庆州是任福积极主动请命的结果。史载：上善之，听便宜从事。

一定不要小看这个“便宜从事”。在古代，朝廷“许便宜从事”是最高信任的表现，意思是你可以不用向上司汇报，可以按自己的判断去处理问题。

攻取塞门寨以后，范仲淹遇到了一个新问题。

因为西夏军队的洗劫，延州承平、南安、长宁三寨被其攻陷以后，当地居民死的死、逃的逃，城寨之中已经无人居住。这三个寨子既地处偏远，将番民们召集回来也不太现实，再说，即便召回番民，这些寨子还需要派兵。因其规模太小，寨内无法驻守太多的兵马，因此防御力量很是有限。与其将其留下，不如撤销这些偏僻小寨的编制。

于是，在众将官的提议下，范仲淹向朝廷奏报，申请废弃这些没用的偏小边寨。那些侥幸活下来的当地人民，一并搬到附近的大寨居住。这样一来，各要塞边寨在加强守备的同时，进一步加强联动。一寨有事即放烽火，周围边寨的守军即刻应援。这样一来，即使遇有西夏军队进犯，连成一线的诸寨也不会轻易陷落。

范仲淹提出的这些对于巩固边防战略性建议得到了仁宗皇帝的认可。很快，在加强军队战斗力的同时，范仲淹完成了对鄜延路整体，尤其是临敌最前方的防御布局。整条战线的链式防守，让鄜延路的防御能力迅速提升了不止一个档次。

朝廷对自己布局的认可，证明自己的思路是对的。范仲淹安下心来，开始完成自己计划内的下一个任务。

要想搞好管理，除了布局，最重要的一点就是用人。为了顺利实现自己的战略规划，将范雍留下的残局收拾停当以后，范仲淹大胆地起用了一批新人。

知人善任是一个出色管理者的基本技能，第一批受到范仲淹重用的会是哪些人呢？

范仲淹初到延州，第一个得到重用的人是他的老朋友胡瑗。

范仲淹第一个重用的人是胡瑗？他不是在湖州府学教书吗？一个教书先生，到战场上来能干什么？

没错，就是胡瑗。

虽然只是一介书生，但学识渊博的胡先生却是一个胸有万策的人。在范仲淹眼中，老朋友胡瑗属于免检，刚到西北任职，他便向朝廷推荐了胡瑗担任自己的参谋兼助理，勾当经略安抚司公事。

自己了解而且推心置腹的人用起来最是得心应手，除了胡瑗，范仲淹还隆重地向朝廷推荐了两个同样也十分重要的人，可惜阴差阳错，这两个人都没能如期到任。这两个人一个比范仲淹小 18 岁、大名鼎鼎的后起之秀欧阳修，另一个是同样与范仲淹有着患难与共经历的段少连。只是大文豪欧阳修不愿意去沾这个光，拒绝了他的邀请；而当时身为工部郎中、天章阁侍制、知广州的段少连还没接到任命就因病去世了。

范仲淹重用的第二批人是他的手下，其中包括鄜延路钤辖张亢，作战勇猛、出身低微的狄青和一直不受重用的种世衡，以及任福、周美、朱观等军中悍将。

将鄜延路的事情整顿停当以后，范仲淹意外地多了一个职务：兼知延州。这又是怎么回事呢?

此事说起来也颇具戏剧性。

当初李元昊造反，担任地方长官、陕西都转运使的是老臣张存。面对西夏造反，朝廷一时不知如何是好。当众大臣都在紧张地讨论是攻是守的时候，脑洞大开的张存却提出了一个既合情合理同时又十分荒唐的建议：讲和。

张存说：戎狄狂僭，自古有之。今大兵出征，臣恐生民徧受其弊。若元昊果有悛悔怀服之心，无他邀求，虽名号未正，臣谓亦可阔略。与其责虚名于戎狄，曷若拯实弊于生民也?

这话是什么意思?

如果李元昊只是想改个称号，我们不如答应他。为生民社稷着想，朝廷何必在乎一个小小的称号？请朝廷不要轻易用兵。

在看重名分的古代，敢有这样的想法，张存可谓是奇葩一朵。当然，说出这席话后，张存没过几天就被贬了。

张存被贬去的地方是延州。他本来就厌战，前方又刚刚打了败仗，于是他就拖延着迟迟不去上任。可总拖延下去也不是办法，只好硬着头皮来到延州。

见范仲淹来延州督兵，张存就像抓住了一根救命稻草，他亲切地拉住范仲淹的手，无比惆怅又无比可怜地说：希文兄啊，兄弟我一向没带过兵，也确实不懂如何打仗，把我放在这里不是明摆着耽误事儿嘛！你知道，兄弟的父母都已年过八十，为了照顾他们，本来我已经向朝廷申请调回内地，不想战争来了……

事实证明，稻草也能救命。

没等张存说完，范仲淹早已知道张存跟自己说这话是什么意思。范仲淹很清楚，与其让一个贪生怕死、怯敌厌战的人尸位素餐，还不如马上将其赶走，以免造成更大的损失。想到这里，范仲淹立即向朝廷请命，由自己代替张存负责延州的全面工作。

就这样，胆小鬼张存顺利地从延州卸任，这一次他一点儿也没有拖延，而是比兔子还快地跑到泽州（今山西省泽州县）上任去了。

张存，字诚之，冀州（今河北省衡水市冀州区）人，北宋景德二年（1005）进士。说起这位张存的名字或许鲜有人知，但提起他的女婿，相信你一定知道他伟大的名字：司马光。

有了知延州的身份以后，前线各项工作范仲淹安排起来更是得心应手。

深入行伍之间，范仲淹发现，部队的编制和作战序列还存在很大的问题。当时北宋的边防部队，部署统领一万人，钤辖统领五千人，都监统领三千人。遇有敌军对阵，由官职小的将官首先带兵出战。范仲淹认为，这种机械化的出战机制是宋军不能取胜的主要原因之一。真正对敌作战时，不应该以官职大小为顺序，而是要根据敌人兵力的多少派兵出战。

范仲淹决定改掉这一弊端。很快，在范仲淹主持下，镇守延州的兵马序列进行了重新调整。范仲淹大胆地将延州兵马分为六路，并任命了六名将官。每名将官统领三千士兵，士兵们在各自将官的带领下有针对性地进行训练。以后遇敌作战，视敌军多少，派出相应的兵力出城作战。

据范仲淹当时的奏议记载，当时他任命的这六位大将名单如下：第一将，如京使、鄜延都监朱吉；第二将，内殿承制、鄜延都监梁绍熙；第三将，供备库使、延州都监许迁；第四将，供备库使、延州都监周美；第五将，内殿崇班、阁门祗候、延州都监郑从政；第六将，西头供奉官、延州都监张建侯。

不久，在范仲淹及六位大将的指挥统领下，纪律严明、指挥有序的宋军形成了灵活机动而且非常有效的作战机制。李元昊派出刺探情报的密探也将这一情况报到了西夏。慑于宋军这一变化，一时之间，李元昊竟然不敢再轻易发兵进犯。

身居汴梁城的仁宗皇帝和他的大臣当然也很快就知道了范仲淹这一作为，在朝廷的大力推广下，其他各路也纷纷效仿范仲淹的治军办法。虎视眈眈的李元昊实在没想到，一个小小的范仲淹竟然给宋军带来了这么大的改变，他不得不重新面对这个同样姓范、同样也是一介书生的对手。为此，他严令麾下各部不要轻举妄动，尤其不要轻易再打延州的主意。因此，西夏各将领纷纷提醒：无以延州为意，今小范老子腹中自有数万兵甲，不比大范老子可欺也。

小范即范仲淹，大范则是他的前任范雍。

范雍因是范仲淹的前任，而且比他大八岁，所以西夏人对他们以大范、小范相称。

当时，延州的前后二任主帅范雍曾经担任过龙图阁待制，范仲淹则为龙图阁直学士，西夏人之所以称他们为“龙图老子”，是因为“老子”是当时西北羌人对宋人馆阁学士的敬称。

范仲淹的战略

随着各路兵备的逐步加强，一时之间，镇守边境的宋军陆续重拾信心。但是，各路将帅虽然都在照着范仲淹的样子练兵，各路兵马的士气也有了初步的改观。因各路将帅对敌策略的不同，在接下来的一段时间内，宋军各路兵马的防守局面和效果也不尽相同。

在鄜延路，攻克塞门寨以后，范仲淹和他的新任副手、鄜延路副都部署葛怀敏又数次带兵出击，基本扫清了盘踞在横山以南的西夏军队。

这时，第四路大将周美向范仲淹进言说，虽然我们赶走了李元昊的残余部队，但在整体战斗中，西夏人还是得势的。我敢断明，李元昊必定会再次进攻延州。金明寨首当其冲，当初金明寨失陷，如今城寨已经被毁，如果不进行加固修复，遇敌人攻击其势必还会失守。

范仲淹觉得周美的话不无道理。李元昊狼子野心，绝不会就此善罢甘休。于是，范仲淹下令由周美负责修固在战争中被破坏的金明寨。

周美得令以后，在本部各路人马的保护下，日夜加班加点，很快将金明寨修复如故。

事实证明，周美的预料果然有先见之明。就在宋军刚刚修好金明寨，在李元昊指挥下，数万西夏大军果然杀到。骄横的西夏大军如入无人之境地一直冲到金明寨外，意欲攻城。见此，周美命人燃起烽火，留下一千名宋军守城，周美一马当先地带领两千名勇士出城应战。

此时，已经训练有素的宋军早已非昨日可比，但敌我悬殊过大，这场战斗一直坚持到黄昏时分，援兵却迟迟不能到来。

见独力难支，周美心生一计。他命宋军且战且退，佯装败退到城外大山脚下。周美留下一部分士兵坚守阵地，暗中却派出一队人马迅速撤到山中，然后在半山腰摇旗呐喊。生性多疑的李元昊见宋军虽然败退却又如此淡定，又见山中风声鹤唳，怀疑自己中了宋军的计策，急命部下迅速撤军。

一无所获的李元昊并不甘心，在退守之际，他下令残暴的西夏军队洗劫沿途各个小城边寨。夏军每到一处，都遇到了早有防范的各城寨守兵的奋勇抵抗。久攻不下之际，周围山里，周美派去抄小道上山的士兵燃起火把，摇旗呐喊。夏军再次怀疑中了宋军的埋伏，无心恋战的他们只好一无所获地退去。

至此，在到任后短短的三个月内，范仲淹坚壁清野的战略已初见成效。

收复金明寨以后，为了进一步加强整条战线的防守，范仲淹特命大将种世衡去修筑青涧城。

青涧城，当时地处鄜延路东线。自安远寨、塞门寨为敌军攻陷以后，鄜延路整条东线已经没有城寨可守。因此，敌军能轻易地长驱直入，直逼延州城北的金明寨。为了加强东路的守备，范仲淹听从了种世衡的建议，在原来荒弃的宥州城所在地重新修建一座城池。此地在延州城东北方向二百余里，地处防御要害位置，可西保延安，东卫河东，向北直攻敌境的银、夏二州。为此，范仲淹郑重地将这一建议上报了朝廷，并提议由种世衡来负责修筑城池的工作。

诏命下达以后，种世衡立即带兵进驻，并投入了紧张的筑城工作。

一开始，敌军不明白宋军为什么大张旗鼓地进驻一座早已荒废的城池。随着修城工作一天天初见规模，李元昊才知道范仲淹在此地派兵的真正用意。知道此地战略位置的重要性，李元昊多次派兵袭扰。无奈，种世衡不比那些被他吓破胆的宋军将领，他一面派兵与敌周旋，一面加紧筑城工作。在种世衡的出色指挥下，很快，一座崭新的城池拔地而起。

种世衡，字仲平，洛阳人，一代大儒种放之侄。以当年终南山和种放那段错过的因缘，当时在西北军中相遇，相信范仲淹一定对种世衡怀有深切的感情，又加上能力突出，种世衡能得到范仲淹的重用自在情理之中。

据说种世衡年少时崇尚气节，不慕名利。种放无子，其死后留下的田产甚多。按理说种放留下的这些田产应该由侄子们继承，种世衡自然也有一份。据说，当年兄弟们有人想分掉种世衡该得到的田产，种世衡竟全数辞让给予，只是领取了叔父留下的一些书籍。

最初，种世衡因受叔父种放的恩荫，被补任为将作监主簿，经过多年的努力奋斗，虽不是进士出身，也一步步走上了人生的正途。

后来，种世衡曾担任泾阳（今陕西省泾阳县）知县，当时一个名叫王知谦的里胥（管理乡里事务的公差）以非法手段获取利益的事情败露，按照法令应判刑，知法犯法的王知谦竟畏罪潜逃了。后来，等到郊赦（古代帝王举行祭祀大礼时赦宥罪犯）将至时，王知谦便主动向官府自首了。

种世衡恨透了这种钻法律空子的做法，于是，种世衡不顾朝廷郊赦，下令对王知谦进行了严厉的责罚。杖击王知谦的脊背后，种世衡主动向州府请罪。知府李谘明其原委，上奏赦免了种世衡的罪过。

后来，种世衡通判凤州（今陕西省凤县）。凤州将领王蒙正是章献皇后刘氏的姻亲，所作所为一向不守法纪。王蒙正曾向种世衡求取私利，种世衡没有听从，王蒙正非常生气。于是，王蒙正诱使王知谦诉冤，自己则暗中相助。因此，种世衡被流放窦州（今广东省信宜市），后又移居汝州（今河南省汝州市）。再后来，其弟种世材自愿免去一官职来替兄赎罪，种世衡才再次被朝廷录用。

又过了很久，龙图阁直学士李纮为种世衡辩护，大臣宋绶、狄棐也相继为他说话，种世衡得以被任命为卫尉寺丞，历任随州（今湖北省随州市）监酒、同州（今陕西省大荔县）签书、鄜州（今陕西省富县）判官。

人生阅历丰富的种世衡有勇有谋，他不但经历了众多的起起落落，做起事情来也同样不负重托。没条件创造条件，有困难解决困难，是一个靠谱的人最基本的特征。

接到范仲淹的重托以后，种世衡即着力筑城。解决问题只是过程，领导交代你一件事，重要的不是你遇到了多少困难，也不是你用了多少办法去解决这些困难，最重要的是领导交代的任务你完成了没有。

领导要的是结果。

最初，种世衡筑城时遇到了一个最大的难题：无水。没有水，即使城池修好也没什么用处，不相信地下无水的种世衡带人深挖，他带人凿地一百五十余尺，一直挖到了石层，还是不见水源。这时，负责凿井的工匠绝望了。

见是这样，种世衡下令，继续开挖，而且重金酬赏，每凿挖一箕石屑赏予百钱。在种世衡坚持不懈的努力下，工匠们终于挖出了泉水。

种世衡且战且工，一座全新的城池终于修成。朝廷大喜，将此城命名为青涧城，并任命种世衡为守城主将。青涧城修好以后，种世衡又在城外开辟田地一千余顷，他招募商贾，为了吸引商人，种世衡还制定了一系列招商引资的优惠政策，并贷款给前来经商的商户。很快，因措施得力，青涧城三教九流、商贾云集，各类货物充足供应。

遇有闲暇，种世衡就深入周围的城寨，招募各番族部落，与各部落首领称兄道弟，甚至还将朝廷赐给自己的官服、玉带赠给他们。种世衡善饮，当地番民也有豪爽饮酒的习俗，每到各番落，或是番落首领前来拜访，种世衡便亲切地拉着他们一起饮酒，并赠给他们一些酒器。时间一长，沿边各番部酋长都成了他的好朋友。后来，无定河一番部袭扰，没用种世衡动手，他这帮番族兄弟利利索索地就把其解决掉了。

种世衡如此给力，范仲淹自是不惜重用。他特意上奏朝廷，将种世衡擢升为正七品的内殿承制。

见东路已定，接下来范仲淹趁热打铁，又派骁勇善战的狄青、黄世宁带兵攻克了防线西部的芦子平一带。一时之间，范仲淹和他统率的鄜延路固若金汤。连续进犯了好几次，却丝毫没占到便宜，李元昊再也不敢轻易打鄜延路的主意。

金明寨战后，范仲淹隆重地表彰了周美的有勇有谋。如果不是周美有勇有谋，指挥得力，金明寨多半已失。同时，范仲淹也毫不客气地对救援不力的相关人员进行了处罚。经请示朝廷，赵振、许怀德、史崇信、王从德、朱吉等一概降职责处。为此，朝廷严厉诏令：自今，都部署司应有寨栅申报贼寇入界，不以多少远近，并须画时救应。

转眼之间已是深秋。西北风大天寒，天气越来越冷了。长年生活在当地的西夏军队早已习惯了恶劣严寒的天气，但宋军主力部队中大部分是内地征调的士兵，显而易见的是，他们并不耐受这种恶劣复杂的天气条件。尽管朝廷及时送来了御寒的衣物和钱粮，但突然降下来的气温还是让大多数宋军感到一股强烈的无所适从。

延州的危机一时得到了缓解，范仲淹长出了一口气。然而同命没同运，此时此刻，跟他同时上任的韩琦日子却并不好过。

见鄜延路不可攻，贼心不死的李元昊出其不意地向镇戎军把守的三川寨发动了猛攻。在西夏大军的强攻之下，镇戎军西路都巡检杨保吉战死。

得知敌人进犯三川寨，泾原路都监刘继宗、李纬、王秉火速带兵救援。第二天，三位都监分别带领三路人马出城迎战，再次被西夏军队打败，刘继宗还被流矢射中了面颊。眼见敌情紧急，出战的宋军即将全军覆没，驻守泾州的大将王珪带领三千骑兵赶到。因敌我兵力悬殊，王珪的骑兵被敌军团团围住。王珪毫无惧色，一马当先地一次次冲溃了敌军的围攻。

王珪一面冲锋杀敌，一面撤退。激战了一天的王珪部队且战且退，一直冲杀到了镇戎军治所城外（今宁夏回族自治区固原市）。人困马乏的王珪请镇戎军出城应援。哪知见敌势过众，怕战败失城的镇戎军竟不敢打开城门，只是派人用绳子从城上送下来一些速食的干粮。

简单地吃了点东西，王珪将部下聚集到一起说：兵法以寡击众，必在暮。我兵少，乘其暮气之衰，可得志也。

于是，趁着敌军休息大意的机会，王珪再次带兵向敌人冲去。

见王珪带兵冲来，白色大旗下，一员西夏大将持枪高喝：哪个是我的对手？

说着，敌将持枪向王珪的前胸刺来。王珪不紧不慢地就势一躲，敌将枪伤王珪右臂。哪知这是王珪故意诱敌制胜的招数，虽右臂中枪，但王珪持鞭的左手却已手起鞭落，一下便击碎了敌将的脑袋。

这时，又一敌将冲上。敌将一枪刺来，王珪侧身一躲，用胳膊夹住了敌将的大枪，手起鞭落，一鞭再将敌将打死。

敌军大惊，纷纷败退。这时，王珪的战马被敌箭射中，他只好先退了回来。

就这样，王珪整整僵持苦战了三天，泾原路钤辖、知谓州的郭志高才带援兵杀到，三川寨之围方解。

此战过后，虽郭纶固守城寨不失，而镇守刘璠堡的王遇、刘用见敌军杀到便出城投降。除此之外，敌军还攻陷了乾沟堡、乾河堡和赵福堡。此役宋军阵亡将士五千余人。

比起范仲淹在鄜延路的连奏凯歌，韩琦的日子真的不是太好过。

韩琦的烦恼

让韩琦感觉日子更不好过的事情还在后面。

在范仲淹的苦心经营下，鄜延路兵强马壮，城池坚固，相互之间的协防工作高效有序，自边界到延州，再到鄜州，整条防线已远非当年的面貌可以相比。不但如此，鄜延路还接连打了几个胜仗，高枕无忧的鄜延路成了其他各路羡慕的对象。

不但是鄜延路，同时也让韩琦羡慕的是环庆路。

在环庆路，主动请命亲赴最前线的任福也打了一个胜仗，而且还是个大胜仗。

特别需要强调的是，任福这次不但打的是个大胜仗，而且还是主动出击，攻下了敌军境内一座非常重要的城池——白豹城。

就在大家讨论是攻是守，甚至守都守不住的情况下，任福自请亲赴环州。他不但敢主动出击，而且还能够取胜，白豹城这一胜利对于士气低迷的宋军来说，无疑等于打了一针有效强心剂。

当时，任福见西夏大军不敢再轻易进攻由范仲淹镇守的鄜延路，而是调整方向开始猛攻保安军和镇戎军，一心想立大功的任福感觉自己的机会来了。知兵善战的任福先是以巡边为名，不动声色地调动了几支自己麾下的人马。

人马集结完毕以后，这几支人马在任福的指挥下，自庆州东路的华池、凤川一带出发，再次打着巡边和牵制敌军的旗号，悄悄地驻扎到了离边境不远的柔远寨。

大军在柔远寨稍作休整，第二天，为了防止走漏风声，任福又命人在柔远寨设宴，大肆犒赏当地少数民族的熟户和番官。酒酣耳热之际，任福高声下令任何人都不准离席，却暗中派士兵监视并控制住这些和西夏人来往密切的少数民族首领。就在一干人等在帐中喝得昏天黑地、东倒西歪的时候，任福却早已经撤出帐外，布置他的军务去了。

任福的目标是敌军境内的白豹城。

此次行动，任福带领了五名将官，他们分别是都巡检任政、华池寨主胡永锡、凤川监押刘世卿、淮安镇都监刘政和监押张立。就这样，趁敌军攻打三川寨的机会，任福指挥他的大军杀向了白豹城。

大将任福打起仗来绝对是一把好手。

在此次行动之前，任福决定对白豹城分路进攻，他对攻城的各路人马进行了详细的分工。大将王怀政带兵西围白豹城，主要目标是占领攻克城内的伪太尉府；范全则自城东进攻，另两路人马由谭嘉震和张显带领，自北面进攻。另一路人马由石全正率领，自城南进攻。在这次战斗中，任福特意安排部将武英专率一支部队，这支部队在其他四支部队攻城的同时，主要负责带兵入城，一旦城池可破，这支人马只负责冲进城内，然后里应外合配合其他四路人马攻破城池。

大将任福则在城南负责坐镇指挥。

在攻城发起以前，任福又命人将那些在柔远寨喝酒的番官熟户强行带到阵前，强迫他们带领自己的武装随宋军一起攻城。当然，任福此举的目的一是为了震慑收服他们；二是胁迫他们与西夏对立的决心。

在任福有力的调度和安排下，拂晓之前，四路宋军同时向白豹城发起了猛烈的进攻。白豹城的守军做梦也没想到，像小绵羊一样的宋军竟敢主动前来攻城，等他们想明白是怎么回事并仓促应战时，白豹城已经被宋军攻破了。

由于事先安排得当，指挥有力，这天拂晓时分，势不可当的宋军一举攻克了白豹城。

平明城破，为了进一步加强对当地番人的控制，任福下令宋军全部原地待命，任由那些随战的番官带领自己的武装在城内大肆洗劫。一见如此，生性豪强的番族武装们在白豹城内大开杀戒，一把火烧光了城内的伪太尉官衙，同时还将白豹城周围四十里大小城寨都抢了个一干二净。

任福深知，敌人境内不可久留。这天天黑时分，任福下令宋军有组织地撤兵。在撤兵以前，任福料定心有不甘的敌军必定会进行追袭，他暗命部将范全在险要之处提前设下埋伏。大军退至半途，一队西夏士兵果然骑快马杀到。早有防范的范全率部杀出，先截其后路，撤退的宋军变后阵为前阵，将追袭的西夏军团团包围。白豹城大胜之后，任福又斩杀敌军四百余人，俘虏七十余人。

至此，宋军大胜而归。

此次战役，宋军以战死一人、负伤一百六十四人的代价，不但将白豹城中的房舍、酒务、粮草仓库和伪太尉府烧了个一干二净，而且同时还剿灭了敌军大小四十一个部族，杀死、烧死城中的敌军无数。最终，宋军擒获敌军番官四人，麻魁（女兵）七人，杀其部族首领七人，获敌军首级二百五十颗，马、牛、羊、橐驼七千一百八十头，兵器三百三十件，缴获敌军官印六枚。

如此辉煌的战绩，大宋已经很久很久都没有享受过了。

当白豹城大胜的消息传到朝廷，仁宗皇帝和他的大臣喜出望外。原来，我们的军队是能打胜仗、会打胜仗同时也是敢打胜仗的。大喜之下，没过几天，朝廷的嘉奖就传下来了。任福由环庆部署、忻州团练使、兼知庆州升龙神卫四厢都指挥使、贺州防御使，并改任鄜延路副都部署，正式成为大宋一路的副总指挥官。

任福的大胜给其他各路将帅都上了生动的一课。见西路状态紧急，任福破白豹城立功以后没过几天，范仲淹也带人打了一场大胜仗。

这一次，在范仲淹指挥下，大将葛怀敏带军西进，突袭了敌人位于保安军北面的木场谷和珪年岭二地。此二地虽然城池不大，但战略位置却非常重要。发兵之前，范仲淹就将攻敌策略以及遇到困难时的办法向葛怀敏进行了详细的交代。结果，葛怀敏不负众望，一举将二地攻克，并胜利班师。

顺便交代一句，葛怀敏和范仲淹的关系也不一般。据史书记载，葛怀敏和晏殊同是枢密副使王德用的妹夫，即葛怀敏和范仲淹的恩师晏殊是连襟关系。有了这层关系，二人的认可与相处自然要容易得多。

这时的节气已是十月，天气越来越冷。西北的寒冷不是随便哪个人想受就受得了的。虽然天气不利作战，但范仲淹深知，天寒地冻我军不愿作战，敌军也同样不愿作战。想到这里，明知不可为而为之的范仲淹再次决定大胆出兵。

到底攻打哪里合适呢？思来想去，范仲淹将目光投向了西夏重镇洪州（今陕西省靖边县）。洪州距离自己防线最前端的塞门寨最近，而且是敌人境内非常重要的一座城池，进可攻退可守，想到这里，范仲淹已经有了主意。

进攻目标确定以后，范仲淹开始密集地调动兵马。他命令钤辖朱观担任此次战斗的战地总指挥，由朱观带人在塞门寨集结兵马，然后趁敌军不备迅速扑向洪州。特别需要交代的是，这一次范仲淹给朱观的作战任务不是攻下洪州，而是一攻即退，不可恋战。大军攻到洪州城外即行收兵，他的目的只是想给李元昊一个严正的警告和震慑。

战术素养极强的朱观很好地贯彻了主官的意图。在朱观带领下，宋军速战速决，所到之处攻无不克、战无不胜。短短几天之内，朱观就一举攻克了宋夏边境大大小小十多座城寨，直逼敌人的东南重镇洪州城。

见宋军大举进攻，而且一路势不可当，李元昊忙派大军支援洪州。洪州城严阵以待，只等宋军攻到，然后将其一举歼灭。哪知道，正当洪州城的守军如临大敌地要与宋军展开一场恶战的时候，朱观却带兵撤退了。

此举搞得洪州守军云里雾里，茫然不知所措。

知敌境不可深入，范仲淹见好就收，他此战的目的已经达到了。

很快，在范仲淹的保举下，表现出色的朱观连升数级，他的职务由鄜延路钤辖改任崇仪使、泾原钤辖，并被派往此前一直作战不力的镇戎军担任主帅。

一场接连一场的胜利让仁宗皇帝及时认清了此前自己的不足。看来，不是宋军无将，只是朝廷用人不力。一个个捷报如雪片般地飞向朝廷，仁宗皇帝怎能不感到欣慰呢？当然，他对范仲淹的认识同时也加深到了一个层次。

见鄜延路一场场大胜，环庆路当然也不肯落后。此时任福也已经他调，统兵的钤辖高继隆也果断出兵，相继攻克敌军的经纳、旺穆等城寨。

如此一来，统领泾源路兵马的韩琦压力也太大了。

同行没同利，同命不同运。自己和范仲淹同一天上任，范仲淹捷报频传，其他各路也都在接二连三地立功，自己这边却吃了一场败仗，怎么向朝廷交代呢？

因此，在最近这段时间，韩琦的日子一直不怎么好过。是自己的能力不够，还是运气不够好呢？一心想求得一场胜利来证明自己能力的韩琦开始自问，他在做好自己本职工作的同时，努力寻找着一切可能的战机。

三川寨大败以后，身为一路长官，韩琦在第一时间向朝廷汇报了战斗的整个经过，并深刻分析了战败的各种原因。一是主将刘继宗刚上任第二天敌人就发动进攻，主将还不熟悉情况就投入战斗，事出仓促；二是另一名大将李纬根本就没打过什么仗，几乎没有什么作战经验，面对敌人的凶猛攻击，战败是必然的结果。

最终，韩琦将准备不足总结为这次战斗失利的根本原因。主观上虽情有可原，但战败的罪过太重，为此，韩琦恳请朝廷只对此二人降官，或任作他用以观后效，不再去追究他们作战失利的责任。而对于表现勇猛、杀敌无数的王珪，虽战斗失利的损失不小，但其以少敌多、冲锋陷阵的精神可嘉，同时王珪又身受重伤，韩琦请朝廷宽贷其罪，以激后进，相信此后王珪一定能感励奋身，尽死为报。

朝廷同意了韩琦的建议，赐王珪名马三匹，黄金三十两，裹疮绢百匹，并专门派使者阵前慰问看望。在沿边诸军中，广为宣扬王珪的战绩，以激励众将。同时，升其官职为本路驻泊都监，并赐其金字处置牌一面，军事诸事许其专杀不报之权。

对其他人韩琦就没这么客气了。在奏议中，一肚子火没地方撒的韩琦将自己的怒气全部撒在了手下这帮无能的部将头上。

临阵脱逃的神卫军头目杜安，被毫不客气地斩首示众。同时，在韩琦提议下，朝廷还处理了訾斌等一大批怯敌厌战的军事头目。对于不服从指挥、故意拖延、在救援工作中出工不出力的泾原钤辖、知渭州郭志高，免职并降为泾州百里镇酒税官。同时，韩琦还劾免了畏懦不堪其任的大将曹英、李知和、石平等人，为表示赏罚分明，韩琦还重赏了策应救援得力的大将刘谦和战死的杨保吉。

各种赏与罚完成以后，韩琦很快也在军中任用了一批新人。

在整体层面，一系列的胜利让宋军信心大增，同时也让仁宗皇帝和两府大臣头脑发热。眼见已近年底，仁宗皇帝派大臣晁宗慤代表朝廷赴前线慰问，顺便了解一下真实的作战情况。当然，他最关心的还是何时对李元昊发动反攻。

前线总指挥夏竦热情地接待了代表皇帝前来的参知政事晁宗慤。

夏竦托晁宗慤向皇帝汇报说：当下兵将们还没有练好，现阶段还是应以自保防御为重。请皇帝放心，等敌人士气有所降低，我军会在第一时间趁势攻击，但现在不是发兵的最佳时机。

仁宗皇帝勉强相信了夏竦的说法。

后来，见大军一直没有动静，仁宗皇帝心急了。他又特意亲自下诏询问夏竦到底什么时候发兵。见皇帝催得急，夏竦认真写了一份汇报材料和防守进攻计划，特命副手韩琦、助理尹洙一起回朝当面向皇帝汇报，并请皇帝亲自定夺发兵事宜。

夏竦的意思是当下机会还不成熟，进攻西夏需要等待时机。如果朝廷执意发兵，请皇帝亲自下令。

韩琦和尹洙飞马赶回朝内，将前线的各种情况以及夏竦的奏疏报给了皇帝。一心立功的韩琦见仁宗皇帝一心进攻，将夏竦的奏议上交以后，韩琦自己也给仁宗皇帝写了一份发兵计划。

心急的韩琦太需要一场胜利了。

对于夏竦的计划，仁宗皇帝感觉很一般，同时也很不满意。当看到韩琦的进攻计划，仁宗皇帝眼前一亮，这份计划做得太好了！如果按照韩琦的计划，必定很快就会给大宋带来一场酣畅淋漓的大胜，说不定就此可以将李元昊剿灭呢。想到这里，他几乎没加任何思索，便决定下一步进攻西夏按韩琦制订的计划进行。

皇帝拍板，事情就好办多了。

然而，最终交两府大臣讨论发兵问题的时候，尽管两府大臣也都觉得韩琦的计划可行，枢密副使杜衍却不这么认为。杜衍感觉，虽然宋军暂时取得了一些胜利，但韩琦这一计划有点急于求成，此时进攻的机会并不成熟，杜衍建议大家一定要吸取前几次失败的教训，暂时不要贸然发兵深入敌境。

忠言逆耳，一心想求得一场大胜的仁宗皇帝哪里听得进去！见一心求胜的仁宗皇帝不肯听从杜衍的建议，群臣也开始纷纷指责杜衍故意挫伤三军士气，心灰意懒的杜衍便自求辞去枢密副使的职务。还好，仁宗皇帝没有同意。

很快，迫不及待的仁宗皇帝便下了一封诏令，命鄜延、泾原二路于明年正月同时发兵，向西夏叛军发动大规模的进攻。

反对进攻

接到仁宗皇帝发动总攻的诏令以后，范仲淹并没有像韩琦一样感到兴奋。相反，他认为一开春就攻打西夏的时机并不成熟。虽然不敢说皇帝好大喜功，但范仲淹相信，仁宗皇帝和他的两府大臣一定是不了解敌我的真实状况和复杂多变的战场局势才做出如此决定。身处战争第一线的范仲淹深知，以当下的战局，一旦急功冒进，后果将不堪设想。

为此，他给皇帝和两府大臣写了一封奏疏。见总攻的命令已下，范仲淹当然不会再像当年一样大张旗鼓地反对，他采取了一种更委婉的方式，请求皇帝允许自己这一路延缓发兵，伺机而动。

一个人的政治智慧不是天生就有的，他需要在不断地面对不同的事情，同时在各类复杂的事情中一一磨炼，才能成就这些与众不同的能力。话该怎么说是一回事，事该怎么办又是一回事，这些技巧，随着当年的三起三落，范仲淹已经深有体会，而且颇有心得。

范仲淹首先认为，大战之前很早就定下日期这一点就明显不对。天时、地利、人和，三点无一不随时发生着变化。尤其是天时，过早确定进攻日期，无疑是机械的、不合实际情况的。

范仲淹上表说：昨贼界投来山遇，尝在西界掌兵，言其精兵才及八万，余皆老弱，不任战斗。始，贼深入，盖为官军以地分自守，既不能独御贼锋，又不能并力掩杀。彼得其便，继为边患，其虏劫生口、牛羊，亦不曾追夺，故安然往来，如蹈无人之境。

《孙子·谋攻》说，知己知彼，百战不殆。熟读兵书的范仲淹首先指出了敌军情况“其精兵才及八万，余皆老弱，不任战斗”，同时又一针见血地指出了导致这些情况的根本原因：“官军以地分自守，既不能独御贼锋，又不能并力掩杀。”

范仲淹这段话说得很高明，他是在告诉皇帝：一是敌人的兵力没那么可怕；二是我军原来的布防策略不对，面对敌军的进犯消极避战的方法也不对，所以才导致敌人不断进犯。

范仲淹接着说：今延州东路合隄防之处，已令朱吉与东路巡检驻军延安寨，其西路亦委王信、张建侯、狄青、黄世宁在保安军每日训练，及令西路巡检刘政在德靖寨、张宗武在敷政县密布探马，候贼奔冲，放令入界，即会合掩击。若数路并入，且并众力御敌，或破得一处，即便邀击别路。其环庆路已遣通判马端往报部署司，令一如鄜延路设备。如此，则可以乘胜而破贼。

分析完当下局势并说清敌情以后，范仲淹将自己的战略部署向仁宗皇帝做了详细介绍：请皇帝了解一下，针对这一情况我是怎么安排的。如今我军已严密布防，随时监视着敌军的一举一动。如遇敌军小股进犯，我们就放他们入境，然后将其包围掩杀。如果敌军多路进犯，我们就集齐所有的防御力量，一路一路地将其消灭。不但鄜延路如此，臣还派人前往环庆路，让他们也如此布防。

当时，范仲淹虽兼延州知州、主管鄜延路的工作，但他的身份却是前敌副总指挥官，有着总领全军的职责和义务。因此，对与自己紧邻的环庆路的防御，范仲淹也建议最高长官夏竦，让环庆路也采用了和自己相同的防御机制。

将局势分析得一清二楚之后，范仲淹向仁宗皇帝讲清了自己有备无患的战略部署，范仲淹话锋一转，委婉地向仁宗皇帝提出了自己对下一步进攻计划的研判：

今须令正月内起兵，军马粮草，动逾万计，入山川险阻之地，塞外雨雪大寒，暴露僵仆，使贼乘之，所伤必众。况鄜延路已有会合次第，不患贼之先至也。

范仲淹委婉地指出：皇帝您非要我们正月就发兵攻打，仓促之间，军马粮草动逾万计，而且那时塞外天气恶劣，这实在是不合天时和地利呀！当然，范仲淹所说的“军马粮草，动逾万计，入山川险阻之地”是不管什么时候发兵都会面临的困难，这些都是不可改变的客观因素，下一句话才是范仲淹想说的重点：“塞外雨雪大寒，暴露僵仆，使贼乘之，所伤必众。”正月发兵，塞外酷寒，又多雨雪。如此恶劣的天气不利于发兵进攻。如此恶劣的天气反倒有利于敌军防守。我军在明处，如敌人乘势袭击，我军必定伤亡惨烈。

当然，高明的范仲淹不能让仁宗皇帝误以为是自己不愿意发兵出战，紧接着他打下一个小铺垫，“况鄜延路已有会合次第，不患贼之先至也”，我们的布防工作已经完备，布防体系已安排妥当，根本就不怕敌人主动进犯。

当然，过多地渲染不主动出战的原因是没用的。不但没用，还有推诿怯敌之嫌。说出彼时不宜主动出战的主要原因以后，范仲淹紧接着提出了自己认为适合出战的时间：

贼界春暖，则马瘦人饥，其势易制。又可扰其耕种之务，纵出师无大获，亦不至有它虞。

等塞外气温回升，青黄不接，此时正是敌军马瘦人饥的时候。我军趁机出战，即便不能一举获胜，至少也可以让他们的春耕受到影响。不管什么时候，战争打的都是战备和后勤。一旦破坏春耕，敌人很快就会没有充足的粮草供应。由此可以看出，范仲淹此时已经放长了他的战略眼光。西夏本是游牧民族，粮草一向是其短板。如果不能完成春耕，给敌人造成的后果可想而知。其实范仲淹这是在暗示仁宗皇帝，等春暖发兵，即便我们一时不能取胜，我军也必定能影响敌军的根本。

三军将士连饭都吃不上了，还拿什么打仗？

讲到此处，范仲淹认为自己已经分析得够清楚了。于是，他文不加点地进一步阐述了他的战略和理由：

自刘平陷没之后，修城垒，运兵甲，积粮草，移士马，大为攻守全胜之策，非为小利而动，如重兵不时而举，万一有失，将何继之？则必关朝廷安危之忧，非止边患之谓也。苟自今贼至不击，是臣之罪也。兵法曰：“战道必胜，主曰无战，必战可也；战道不胜，主曰必战，不战可也。”臣于九月末至鄜延路，便遣葛怀敏、朱观入界掩袭族帐，盖与今来时月不同，非前勇而后怯。今若承顺朝旨，不有持重王师，为后大患，虽加重赏，不足以谢天下。若俟春暖举兵，未为失策。

范仲淹引用兵法，目的是告诉仁宗皇帝，我们不要为了打仗而打仗，取胜才是打仗的唯一目的。一场战争不能半点有失，没有全胜的把握绝不可轻易发兵。

此外，范仲淹还强调了非常重要的一点：此时前线与我刚上任时的情势已经不同。虽然那时候我打了几场小胜仗，但当下真的不是攻敌的最佳时机。

在这封奏议中，范仲淹还对宋夏战争的最终走向做出了进一步判断：

且元昊稔恶以来，欲自尊大，必被奸人所误，谓朝廷太平日久，不知战斗之事，又谓边城无备，所向必破，以恣桀慢之心，侵扰不已。今边备渐饬，度其已失本望。况已下敕招携番族首领，臣亦遣人探问其情，欲通朝廷柔远之意。使其不僭中国之号而修时贡之礼，亦可俯从。

当初李元昊之所以造反，相信他一定是被奸臣所误，认为我大宋可欺。对方打了一两场小胜仗以后，这种姿态也越来越明显。如今我军边备已整饬一新，相信他一定不会再这么看了。近期见朝廷也在不断进行各种招降活动，臣也多少了解了一些敌军各部落的真实想法。臣认为，如果元昊果真肯对大宋称臣，而且按岁进贡，建议朝廷不如同意进行和谈。

不得不说范仲淹透过现象看到本质的远见卓识，他一语言中了这次宋夏战争的最终走向和结局，不过这些都是两年多以后才会出现的局面。

为了说服仁宗皇帝，同时又避免反对圣意引起皇帝的不满，高明的范仲淹最后还向仁宗皇帝提出了一个折中的办法：

今鄜延是旧日进贡之路，番汉之人，颇相接近。愿朝廷敦天地包容之量，存此一路，令诸将勒兵严备，贼至则击，但未行讨伐，容臣示以恩意，岁时之闲，或可招纳。如先行攻掠，恐未能深据要害，徒为钞劫，损王师之体，纵能残彼妻孥，焚彼聚落，如白豹之功，官军既退，戎类复居，专心重报，增其怨毒，边患欲滋，无时敢暇。若天兵屡动，不立大功，必为远人所轻。

臣又近招张亢到延州熟议，亦稍愿与戎人相见于界上。臣所以乞存此一路者，一则惧春初盛寒，士气愈怯；二则恐隔绝情意，偃兵无期。若施臣之鄙计，恐是平定之一端，苟岁月无效，遂举重兵取绥、宥二州，择其要害而据之，屯兵营田，作持久之计。如此，则茶山、横山一带番汉人户，去昊贼相远，惧汉兵威逼，可以招降，或即奔窜，则是去西贼之一臂，拓疆制寇，无轻举之失也。

如果皇帝您坚持发兵，可以让其他各路人马先去攻打。我这路人马暂时留下，顺便也给和谈留个口儿。如果前线所有人马都去攻打，即便西夏想和谈，他们去找谁谈呢？我们得给敌人留有和谈的空间。

不过，请皇帝您一定要相信，我这路人马绝不是不敢打仗。如果等春暖之后敌人还不投降，只要朝廷一声召唤我立刻发兵，直攻敌人的绥州、宥州，将他们东南部这两座最重要的城池一举拿下。

是呀，皇帝一心想打仗，作为一军统帅你不但劝皇帝暂缓出征，而且自己这路人马还不参战。不要说皇帝怎么想，他身边那帮大臣会怎么说？大宋朝的两府大臣和满朝文武一向可都不是吃素的。

为了避免出现这种被动，范仲淹郑重地向皇帝表态说：我不是不敢打，也不是不能打，只是时机不成熟。一旦时机成熟，请你们放心，我会一举攻下敌人东南部最重要的两座城池，不信你们就看着。

为了证明自己的实力，范仲淹还在奏议中不着痕迹地提了一下当初攻克白豹城的事情。他是在暗中提醒仁宗皇帝和朝中群臣：我范仲淹不是没有能力进攻，也不是不想进攻，归根结底还是一个原因：时机不成熟。

可惜，这封奏疏交到朝内的时候，已是明年的正月了。

接到范仲淹这封奏议，不但仁宗皇帝、两府大臣，满朝文武百官果然没有一个人提出反对或异议。于是“诏从范仲淹所请”。只是，此时环庆、泾原两路兵马接到总攻命令以后，早已经箭在弦上，磨刀霍霍跃跃欲试地随时准备向西夏领土发动总攻了。

指挥者与前线作战人员不能及时地完成沟通交流、信息不对称是古代战争最大的隐患。战场上的机会往往稍纵即逝，而又随时发生着各种不可预料的变化。因此，当时很多战争都是因为这个导致失败的。很多时候，当最高决策传到军中，战场上的形势早已不是当时的样子了。尽管所有人都在避免这一情况出现，但在冷兵器时代，这一问题始终没能得到有效的解决。

如今的宋军，正在面临这一巨大的危机。

韩琦的冲动

说打说打，突然范仲淹又带头不打了，一心立功的韩琦干吗？

韩琦当然不干。

在泾原路，正摩拳擦掌准备大干一场的韩琦，一听朝廷突然间又下了这么一道命令简直都要气疯了。到底是哪里出了问题？心急的韩琦一边托人了解情况，一边心急火燎地再写奏疏。当初，自己的作战理由和作战计划已经说过的就不用再说了，他要在第一时间向仁宗皇帝陈述当下必战的理由。

将奏疏写好以后，韩琦不敢怠慢，立即派人骑快马送到了京城。

收到韩琦的奏章，仁宗皇帝再次犹豫了。

到底发兵还是不发兵？约定发兵的日期已到，眼下宋军士气高涨，这么反反复复的变化肯定有损士气。可是，转念一想，他觉得还是范仲淹说的有道理。无奈之下，他再次召集两府大臣一起讨论。

结果讨论起来也是意见不一。

当面对两种不同的意见，如何在二者中间权衡哪个更加正确，这虽然是一个皇帝需要拍板的事情，但这却不是一位皇帝一个人能够做出的选择。

结果，讨论来讨论去，又是好多天过去了，到底发兵还是不发兵的事情还是没能定下来。

而在前线，面对朝廷对鄜延路新下的这个旨意，比韩琦更理智的却是前线最高指挥官夏竦。一向以强势著称的夏竦这段时间看上去比较平静，自从来了两个得力又能干的助手以后，夏竦身上的压力减轻了不少。客观地说，他十分相信自己这两位手下的能力，但是比起韩琦的急功冒进，他更倾向于范仲淹的防守和反击策略，尽管他从骨子里一点儿也不喜欢范仲淹这个人。

夏竦比范仲淹大四岁，在这之前他跟范仲淹几乎没有过什么交集，两个人走的是完全不同的人生道路。夏竦是名门之后，他的祖上是唐代大儒夏远，别名夏光庭；他的父亲夏承皓则是真宗时代的将领，在抗击辽国的战斗中临敌不惧，战死沙场。

欣赏归欣赏，夏竦不喜欢范仲淹的做事风格。虽然自从范仲淹到达前线以后，他治军有方，防守得力，但夏竦一点儿也不喜欢他各自为政、自以为是的姿态。后来，在前线共事的这段经历，终于为两个人的交恶埋下了祸根，这是后话暂且不表。虽然不喜欢范仲淹，但夏竦明辨是非和审时度势的能力绝非一般人可比，直觉告诉他，面对当下的局势，范仲淹的计策才是最高明的办法。

身为前线主帅，面对瞬息万变的对敌形势，以及两位出色下属截然不同的态度，夏竦当然不能坐视不管。下一步到底打还是不打，什么时候打，这些问题他才是最有发言权的人。经再三考虑，夏竦决定上书仁宗皇帝，以表示自己支持范仲淹的主张，同时也不反对朝廷主动出战的要求。

虽然赞同范仲淹的建议，但夏竦对范仲淹向皇帝申请鄜延路按兵不动的做法很不高兴。我们都去打仗，你却坐在这儿等着受降？仗还没打你范仲淹就上岸了，你范仲淹也太聪明了吧？

为此，夏竦向朝廷奏议说：臣认为范仲淹的建议很有道理，在这之前，臣的想法与范仲淹的想法也是相同的，我们都认为应该暂缓一下，等待天气回暖、敌人马瘦人饥的时候再行发兵。只是对于进攻之计，臣的想法与范仲淹是不同的。臣是认为箭在弦上，攻则必攻。只是攻打西夏应该由鄜延、泾原二路同时发起，最好是由鄜延路率先主攻。因为鄜延路的兵力最强，士气又盛。臣认为可由范仲淹率部先直取横山一带各个番族部落，将这些部落荡平以后，再让他带兵攻打绥州、宥州，唯有此举才是当下的万全之策。

如果朝廷按照先前范仲淹建议、经两府大臣同意的想法，鄜延路暂不出兵，先由泾原、环庆二路进攻，我看这次出战怕是不好取胜。再者，即便如范仲淹所说，见我军进攻，到时敌军果有投降之意，朝廷临时安排人专门纳降就好了，不用担心他们连投降都找不到地方。所以，我建议鄜延路率先发兵。

夏竦这话几个意思？

范仲淹你不是不发兵吗？对不起，不行。你不但必须发兵，而且还得当主力。

在这封奏疏中夏竦还说，如果范仲淹进攻得力，而且敌军肯投降，一旦出现这样的情况泾原路就不用发兵了。

顺便交代一句，泾原路本是夏竦的旧部。

接到夏竦的奏报，仁宗皇帝又没主意了。结果这么折腾来折腾去，早先诏令发动总攻的日期已经过了。

就在大宋君臣举棋不定、左右摇摆的时候，一心想占得先机的李元昊却早已经等不及了。早已探明宋军要大举进攻，李元昊又玩起了他的老一套：诈降。

李元昊的表演天赋在当时绝对是无人能比的。

为了成功地迷惑宋军，他同时派了两名使者，分别向泾原路和鄜延路求和。值得注意的是，当时李元昊只派了求和人员，没有携带降书。当然，这种不合规矩的做法立即引起了二路长官的警惕。范仲淹和韩琦是干什么吃的，这些小伎俩怎会瞒得过他们的眼睛？

所以，当李元昊的特使高延德来到延州主动向范仲淹求和时，范仲淹没有贸然向朝廷奏报。他只是简单地接见了一下高延德，然后给李元昊写了一封戒谕书，派使者韩周跟随高延德一起回到了李元昊军中。

这封戒谕书范仲淹写得很有礼貌，同时也很不客气。

在书中，不管对方真降还是假降，身为大国之将的范仲淹首先肯定了李元昊主动求和的想法，然后直言不讳地批评了其没有求和的诚意：既然你要求和，却不递交相关文书，这既显得没有诚意，也不符合规矩。所以真要是求和的话，你就得拿出正式的求和文书。如果你想以这样的方式忽悠我，对不起，我不会上报朝廷的。

接着，范仲淹帮助李元昊回忆了一下上代人之间的传统深厚友谊，同时严厉批评了李元昊僭越称帝的做法。为了打消李元昊的顾虑，范仲淹同时还向他宣扬了大宋朝廷怀柔四海的胸怀。当然，范仲淹不能一味以示之以宽，他再次向李元昊申明了朝廷造反必杀、降顺可怀的态度，以及大宋王者之师、正义之师早已严阵以待，誓要踏平反叛武装的气魄和决心。如果你一意孤行，对不起，我们会毫不客气的。不要以为打了几个小胜仗你就扬扬得意，跟大宋强大的兵力较量，你的差距，远着呢。

除此之外，范仲淹还苦口婆心地给李元昊讲了一番“名不正则言不顺，言不顺则事不成”的道理。范仲淹告诉李元昊，历朝历代造反者都没有好下场。同时，范仲淹还警告李元昊不要以辽国为例子，辽国与大宋历来都是兄弟之邦，你跟辽国的身份不一样。所以，你不要梦想着打一仗就能自立为王。大宋不但绝不容你叛国自立，而且会不惜一切代价把你荡平。所以，在这件事情上你不要抱有任何幻想。

为了说服李元昊，范仲淹还给他讲了一个道理。如今你要反宋，如果你手下的部落都来反你，你会怎么处理呢？所以你不必纠结，也不要怪大宋，是你有错在先。

快投降吧，大宋一定会宽贷你此前的种种罪行，而且你本来就是一个臣子，这不丢人。

说到这里，范仲淹又恩威并重地正告李元昊说：你不要以为大宋无兵，也不要以为大宋无将，那几场败仗不过是朝廷用人不当，而且一直没把你当外人，对你的提防不够。现在之所以没进攻，我们只是不愿生灵涂炭，同时还不愿跟你一般见识罢了。不信你看看，如今关中一百五十万大军早就准备好了，现在只是用五十万边军在对付你。如果你一意孤行，对不起，刀剑无情，到时候你可别怪我没提前提醒你。一旦打起来，我们可是收不住的。到时候出现什么情况那可很难说了。

未战而屈人之兵，范仲淹当然不会放过这个机会。

最后，范仲淹又稍稍缓和却又不卑不亢地说：如今，你想求和的想法是好的。

但是，想求和你必须拿出求和的诚意来。要想求和，你一定要亮明态度，而且一定要说明是归顺，只有这样我们才能看到你的诚意。你不拿来正式文书，这事儿我只能以这样的方式答复你，我是不会向朝廷汇报的。

说到这里，范仲淹话锋一转：如果你肯归顺，我一定会向朝廷汇报，朝廷对你的待遇也会一如从前，这你不必顾虑。当然，如果我不汇报，朝廷一定会按期发兵的。

至于降顺与否，你自己看着办吧。

派使者将戒谕书送达李元昊的同时，范仲淹不动声色地暗中加强了临敌前线的戒备。李元昊这些小伎俩是瞒不过范仲淹的。在此之前，大意的范雍就是吃了李元昊诈降的亏，才导致了刘平等人三川口的惨败。

第三章　鏖兵麟府丰

争来争去

李元昊靠诈降忽悠和麻痹着大宋三名前线最高指挥官，作为最高领导人的夏竦也沉不住气了。眼见仁宗皇帝诏令中正月攻打的日期已过，二月中旬就要临近，这场仗打还是不打，到底怎么打，急得夏竦在大营中团团乱转。

朝廷明明已经下达了正月中旬总攻的命令，后来却又告诉范仲淹按兵不动以便纳降，前后两个命令相互矛盾，作为前线最高长官，自己该按哪个命令执行呢？

按照惯例，应该以皇帝后一道诏令为准，可是朝廷只说了让范仲淹按兵不动，又没明确地说其他两路怎么办。思来想去，处于两难境地的夏竦决定找范仲淹谈谈。

既然要商量，必须派遣一个合适的人选，夏竦自己当然不会去。人选的问题也不用考虑，他的作战参谋尹洙一向与范仲淹私交不错，夏竦相信，只要派尹洙出马，一定能说服范仲淹同自己一起发兵。对于这场大仗夏竦的信心是不够的。尽管范仲淹处处自以为是，他还是觉得范仲淹才是最靠谱的人。

无论是攻是守，夏竦一定要拉上范仲淹。

然而，事情的结果却大出意料。当尹洙到达延州，范仲淹却毫不客气地把他拒绝了。范仲淹不但拒绝了尹洙一同出兵的邀请，而且还拒绝得干脆利索，甚至没有丝毫余地。

无奈之下，夏竦只好再次上奏，请皇帝下旨让范仲淹出兵。老谋深算的夏竦深知，没有范仲淹这场仗自己根本打不赢。

收到夏竦的奏疏，也不知什么原因，仁宗皇帝也耍了个滑头。他既没有下令让范仲淹发兵，也没有说夏竦让范仲淹发兵的做法不对，脑回路清奇的仁宗皇帝直接差人将夏竦这封奏疏拿给了范仲淹。

意味深长。

也许他的意思是：朕不知前线的具体情况，当初你那么说，现在夏竦又这么说，范仲淹啊，该怎么做你自己看着办吧。

这等于是没有表态。

裁判员仁宗皇帝的不负责任，是攻是守两种截然不同的主张，让众人更不知如何是好。关于这件事情最终蹊跷而微妙的处理结果也颇为吊诡，史书的记载只有短短的七个字：诏以竦奏示仲淹。可谓是耐人寻味而又不可捉摸。

见情况如此，无奈的夏竦只好硬着头皮开始安排开战前的各种准备。见此，新任陕西转运使庞籍看不下去了。

庞籍看不下去并不是庞籍觉得皇帝这么处理事情不对，而是他觉得攻打西夏的机会并不成熟。庞籍说：然此时兴举，须为万全之策。臣谓用兵之道，必先度我将既良，我士既锐，然后料敌之虚实，乘其衅隙而一举克之。

如今，我军并不了解敌人境内的真实情况，山川地貌也不熟悉，去年吃了几场败仗士气也不怎么好，可谓既不知彼，又不占天时地利，所以不能在这个时候进行攻打。

劝了皇帝半天，庞籍还给仁宗皇帝出了一个新主意：

臣窃度庙议，以大兵屯聚已久，上费国力，下困生民，欲决于攻取之计，其如将佐士卒未能如意。或且为岁月持守之备，汰去冗兵，只留精锐在边，数少则费用日宽，兵精则足以御捍，贼地所产之物，严法以绝之，使不得与边人市易。既劫掠无所得，货利无所通，其势必日蹙，如更益练将卒，俟其衅隙可乘，然后大举，庶几有万全之策也。

庞籍不愧是一个有深谋远虑的政治家和战略家，作为旁观者，他一眼就看穿了当下敌我的形势，并研判出了损失最小而且最为高明的战略主张。眼见军费消耗巨大，一个再大的国家也消耗不起。不能图一时之快，而是要一面挑选精锐部队加强防御，一面对敌人进行经济封锁。时间不需太长，斩断敌人的经济命脉，以大宋富强的国力，很快李元昊就会撑不住的。

典型而又教科书式的大国的战争思维，无疑庞籍这一战略在当时是绝对超前的，而且是高明的。

仁宗皇帝听了吗？

说实话，关于庞籍这封奏疏的结果史书也没有记载，因此它在当时到底起到了多大作用也不得而知。不过，庞籍这一思路和范仲淹的战略是不谋而合的。当时仁宗皇帝没有表态的原因也有多个，至少有两件事情让他无法对此做出判断和决策。

一是当时复杂的西北形势瞬息万变，作为中原大国的皇帝，面对西夏的叛乱他没有退路，特别是以韩琦为代表的主战派的建议，更让他举棋不定。此时，他太需要一场压倒性的胜利了。

二是不久以前，朝廷接到了泾原路走马承受官崔宣的上报，说李元昊已经派人求和。

走马承受，宋代差遣官名。全称“都总管司走马承受公事”，为路级监察官员，其主要负责刺探军情。接到崔宣的奏报，仁宗皇帝的警惕心很强，他怀疑这又是李元昊的诈降，于是让宰相下令各路不要大意，一定要加强防备。

崔宣前脚刚走，第二天鄜延路的安仪也报来了李元昊要讲和的事情。不过，鄜延路的情况和泾原路不同。到鄜延路请降时，李元昊特意派来了大宋的降将高延德。为了解李元昊的真实想法，仁宗皇帝决定亲自见见高延德，于是下令鄜延路带高延德进京。

让仁宗皇帝生气的是，没过几天，范仲淹派人回奏说高延德已经返回西夏，而且范仲淹还派人给李元昊送去了一封戒谕书。

范仲淹的做法让仁宗皇帝很不高兴。

一是范仲淹不该不等朝廷表态就私放高延德回西夏，以致自己本来想见高延德的计划落空；二是范仲淹不该私自与李元昊通信。在我国古代，大臣没有私自外交的权力，范仲淹自作主张与李元昊通信的做法如果追究起来，可是要杀头的。

好在不高兴归不高兴，仁宗皇帝没有过多地计较，因此他也没有再说什么，但这件事日后却为范仲淹埋下了祸根。

最终，是攻是守，直到陕西经略安抚判官田况说了句明白话，才把大局定下来。田况总结了一下当下的局势说：因劳民伤财，消耗巨大，同时又防止出现其他变化，此前夏竦已奉诏作攻守之策，以求平定边患。于是，韩琦等人制订了攻和守的两条计划。其实，韩琦制订的守备计划更为齐备，不想朝廷却采取了攻策。

一旦采用进攻，则全军上下须全力进攻，无法做到攻守兼备。

既然要进攻，我们一定要吸取太宗攻李继迁的教训，可是以我们现在治军的情况，比当年太宗时代的情况有所不及。当年太宗都不能取胜，所以当下并不适合向西夏发动进攻。

当初制订攻守二计时，制订这一计划的韩琦和尹洙也感觉此计划并不完备。当时他们约定，如果朝廷明确进攻日期，而且各路军马都能全力赞同，我们就全力进攻。如果不明确日期，或者军中有不同意见，我们就放弃进攻，劝朝廷采用守策。

命令一下，鄜延路主将葛怀敏果然不积极，而且总是找这样那样的借口搪塞，就是不答应发兵进攻。既然大家不能同心协力，此时已经不宜再主动进攻。

三军之命，系于将帅。我军自恃兵多将广，但前线有几个真正能打胜仗的大将？当下能获得朝廷赏识认可的，只有朱观、王珪和桑怿三个人。前段时间朱观曾派人深入敌军境内，结果扑了个空。撤退时却遭到了伏击，以致损伤严重。一旦我们进攻，据我推演，战争基本还会是这个模式，因此这仗打起来没什么意思。

如果一时不能取胜，还有伤国体，此事不能不考虑。

还有，让这些战术素养平庸的将官带兵深入，其后果无法预料。而朝中最近派到军中的将领们又急于立功，其凶险的后果更是难以预料。如果我军贸然进攻，只能加深羌人对我们的仇怨，也有妨王师吊民伐罪的体面。

因此，臣认为范仲淹加强边备以示纳降的计策是对的。如果敌人来攻，我们就进行防御，切不要主动发动进攻。只要朝廷显示出足够的宽厚和诚意，或许敌人会知难而退，自行降顺。

听说尹洙奉夏竦之命到延州劝范仲淹一起发兵，范仲淹坚决不肯出兵。臣认为不但范仲淹不该出兵，同时泾原路也不能出兵。根据可靠情报，对我军大举进攻李元昊早有防范，他已经将多路人马并作一路，誓与我军决一死战。如果泾原路孤军深入，怕是难以抵挡。

经过一番理性的分析和详细解说，田况最终给出了一条对于当下形势最好的建议：

以臣所见，夏竦、韩琦、尹洙同献此策，今若奏乞中罢，则是前后自相违异，殊无定算，欲果决进讨，则又仲淹执议不同，或失会期。

乞召两府大臣定议，但令严设边备，若有侵掠，即须出兵邀击，以摧贼势。如复怯懦，容贼杀掠，当以军法从事。或探得贼界谨自守备，不必先有轻举，恐落奸便。如此，则全威制胜，有功而无患也。然自议攻讨以来，贼中呼集丑类，广为防守，迁徙劳扰，未尝少安，至今却有通款之意，亦不可谓之无益。至于驴畜军须之物，虚烦调发，却欲罢兵，亦是事之小者，临时分擘处置，亦不为难，所顾者安危大计尔。

乞密降朝旨下都部署司。

吵来吵去，最终不能达成定论。田况的出现及时地为朝廷解决了这一问题。看到田况的奏章，他不但全面地分析了当下的形势，而且还指出了一条可行的办法。看完之后，仁宗皇帝对于当下的局势终于有了一个比较全面而理性的认识。

终于，最后的决定出炉：罢出师。

当朝廷这一决定下达以后，无论夏竦还是范仲淹都长出了一口气，只有一心杀敌的韩琦心有不甘。眼见大军在前线消耗日日深重，而贼寇难平，韩琦心中自是意气难平。他认为后来仁宗皇帝之所以同意罢兵，全是群臣误国的表现。

李元昊精兵不过四五万，我堂堂大宋几十万精兵，还奈何不了一个小小的李元昊！

韩琦认为，前几次战斗的失败，都是因为敌人兵力集中，而我军兵力分散，而且敌人常常集中偷袭，我军防线过长救援不力造成的，只要改变这一局面就不难取胜。那些建议采用防守策略的人只是害怕失败，不敢出战。长此以往，军费消耗过大，军队的士气势必也会受到影响。因此，朝廷必须及时进攻，一举将李元昊消灭。当下最佳进攻时机已过，唯有初秋是下一个最好的机会。韩琦决定继续动员朝廷对西夏一定要在秋初发兵进攻，否则后果不堪设想。

哪知道，就在韩琦愁肠百结、殚精竭虑地想尽一切办法说服朝廷于初秋发兵进攻时，不等宋廷做出决定，李元昊就带领十万大军，以迅雷不及掩耳之势向大宋境内扑来。

好水川

宋康定二年（1041）二月，李元昊带领十万大军扑向大宋境内的渭州（今甘肃省平凉市）。

刚刚稳定不久的西北局势一时大乱。

在这之前，见朝廷决定暂时不攻打西夏的决定让爱臣韩琦老是想不开，心地善良的仁宗皇帝决定派人去给韩琦做做思想工作。选来选去，仁宗皇帝选中了环庆副都部署任福。

世上就有这么巧的事，当任福奉命赶到韩琦的行营时，韩琦竟然没在。原来，业精于勤的韩琦已经到泾州前线检查工作去了。于是，任福带着几名随从，又驰马从行营赶奔泾州。

哪知道，刚刚赶到泾州，任福和韩琦还没说上几句话，突有探马来报，说一支西夏大军突然开始向渭州方向移动，看样子是要进攻谓州。

渭州于西北方向紧邻泾州，直线距离只有百余里。敌军突然大兵压境，难道李元昊这是改变了进攻路线，要绕开宋军的主力部队，出其不意地从大宋防线背后搞突袭吗?

当时，宋军的主力部队都在正面。如果攻破渭州，敌军将直指泾、原二州，下一步再攻破宁州、邠州，那可是离永兴军路的首府长安不远了。

战情一到，便是十万火急。韩琦再也坐不住了，号角的吹起，对于一个一心求战的人来说当然是最好的召唤。眼见敌人入侵，朝廷一味地示弱，可惜自己一身抱负却无用武之地，韩琦早就按捺不住自己的斗志了。如今敌人突袭渭州，韩琦强烈地感到，自己为国立功的机会到了。看着眼前同样血脉偾张的任福，韩琦压低声音，一字一句地问道：任将军，可愿与我一并御贼？

此时，挟白豹城的大胜，任福哪有不敢应战之理？这都是求都求不来的大好机会。作为一名将领，任福一直以勇猛善战闻名。

见韩琦这么问自己，任福拍拍胸脯：属下愿随时听候差遣。

就这样，韩琦与任福一拍即合。

敌情就是战机，达成一致以后，韩琦来不及向朝廷和夏竦汇报，火速带领任福赶到了镇戎军（今宁夏回族自治区固原市）。

到达镇戎军以后，在韩琦的主持下，立即召开了一次紧急的作战会议。

在这次战情分析会上，众将官一起讨论了阻击敌人进攻的办法。大家一致商定，留下镇戎军正面与敌人大军对峙，由任福带领一支部队绕行到敌后，伺机从背后向入侵的夏军发动进攻。

方案制订下来以后，相关人员也都迅速安排到位。韩琦坐镇总指挥，镇戎军正面迎敌，知敌军强大，正面防守不敢怠慢，训练有素的镇戎军的主要任务是固守城池。这时，韩琦遇到了一个难题：镇戎军本来就兵力不多，如果再抽调人马随任福出战，守城的任务如何完成？一旦城池失守，后果谁也承担不起。

这时，有人出主意说，除了正规军，附近还有不少平日训练的预备部队，不如将他们征集起来，编入作战部队以作大用。韩琦大喜，为了保证顺利完成任务，韩琦和朱观又紧急募集了一万八千名勇士随任福出征。

任福带领的这支部队由泾原驻泊都监桑怿为先锋，泾原路钤辖朱观和泾州都监武英各带一支人马紧随其后，行营都监王珪、参军耿傅一并带领人马随战。

出发之前，韩琦特意将任福叫到近前，当面向任福等几名大将交代了作战时须注意的几个事项。韩琦告诉任福说，请将军切记，你们的大军一定要沿怀远寨、德胜寨至羊牧隆城一线行军，这样一来，我们的大军就成功地绕到了敌军背后。你们各城寨相距仅四十里，能够随时相互支援，而且各寨中粮草充足。到达目的地以后，如果发现战机不成熟，你们一定不要贸然开战。这时你们就设下埋伏，等敌军退兵时，再进行伏击掩杀。

就这样，任福领命，韩琦严阵以待，坐等李元昊的进攻。

先说任福一路。

第二天，任福带兵出征。他先是派几千名轻骑兵作为先头部队，大军一直向西奔怀远寨和捺龙川进发。在怀远寨，他们遇到了镇守此地的镇戎军将官常鼎和刘肃，常鼎和刘肃表示也愿意带军参战，于是大军一路向南，继续向德胜寨方向前进。

不料，刚过张家堡，宋军就与一小股夏军相遇。

两军相遇，二话不说即行开战。没过几个回合，夏军大败，宋军斩首敌军数百人，夏军丢盔弃甲，狼狈地向东南方向逃窜。

东南方向便是六盘山。

大将桑怿见向宋境逃窜，欲尽诛穷寇的他一马当先地带兵紧追。任福见初战大胜，也不假思索地带领主力部队紧随其后。

可惜，这股逃窜的夏军且败且退，竟一直逃到山中不见了踪影。

兵进六盘山以后，任福才警觉地发现周围好像有敌军活动。经探马侦察，方知敌兵果然在此地驻有大军，而且此地离自己行军的目的地羊牧隆城仅有五里。

任福发现自己上当了。

眼见天就要黑了，任福和桑怿当机立断，决定兵合一处，并寻找一个地形比较有利的地方驻军。经观察地形，任福选中了一个叫好水川的地方，并下令必须在天黑之前完成驻营，同时严加防备，以防敌人偷袭。

此时，由朱观和武英率领的另一支宋军兵马也马不停蹄地赶到了附近。朱观的兵马驻扎到了一个叫龙落川的地方，他们的驻地与任福的大军中间只隔着一座山，而且相距不过五里。早在分兵之前二人就已经商定，等明日天亮两军就合为一路，他们一定要将这股进犯的敌人消灭在大宋境内。

直到此时，朱观和武英还不知道，任福早已误入了西夏人的圈套。

原来，在这之前西夏军队小股人马与宋军狭路相逢，他们仓皇败退都是做样子给宋军看的。西夏军以牺牲少数兵马的代价，成功地将任福等部诱到了好水川。而李元昊声称攻打渭州也只是虚晃一枪，他早已在六盘山下埋伏重兵，只等着宋军钻入他的圈套了。

因图一时之快而纵军深入、骄傲轻敌的任福此时早已忘记了韩琦的嘱托，只是一味地想消灭掉这股进犯的敌军。也因此，宋军后续的粮草部队一直没能跟上。此时，到达好水川的宋军缺粮已近三天。

任福驻军未毕，六盘山中便杀出一队队敌兵。

说什么都晚了，打吧。

就这样，一场惨烈大战开始了。

一马当先的桑怿冲锋在前，任福紧随其后，宋军硬着头皮和敌人展开了厮杀。只是西夏以逸待劳，人困马乏的宋军却是仓皇应战，结果宋军还没排好阵形，敌人的骑兵便旋风般地冲杀而至。

这场激烈的战斗一直打了六个多小时，还不能分出胜负。后来，在任福指挥下，宋军占据了一块紧靠大山的有利地形。任福的本意是想据此地进行防守，哪知道，宋军刚刚占领这块阵地，一支西夏军队就从宋军头顶大山上俯冲杀出，结果宋军腹背受敌，混战之中大将桑怿和刘肃双双战死。

骁勇的任福一马当先，亲自带领宋军奋力拼杀。无奈敌军人数众多，又势头过猛，任福身中十余箭，仍顽强地指挥着宋军做着殊死的抵抗。

见大势已去，一名跟在任福身边的小校刘进劝任福投降，任福仰天大笑道：身为朝廷大将，如今作战失败，我自当以身报国！

说着，一身是伤的任福再次咬着牙挥舞铁锏杀入敌军。敌军将任福团团包围，可惜一代悍将在敌军的围攻之下，被铁枪刺中脸颊，然后被敌人砍断喉咙绝气身亡。

至此，好水川之战任福全军覆没。

说实话，自发兵起，韩琦就对任福一直不放心。担心一心立功的任福有勇无谋，而且他带领的又是临时拼凑起来的队伍。派任福出发以后，韩琦另派渭州都监赵律带两千多名宋军为后继应援。当赵律带领人马与朱观等人会合，他们不知道此时任福早已经战死沙场了。

全歼任福所部宋军以后，李元昊指挥大军扑向了朱观所部的驻地姚家川。

见敌军来攻，朱观紧急布阵，战斗也很快打响了。

好在朱观事先有所防范，二军在姚家川展开了一场殊死搏斗。

战斗开始不久，猛将王珪也带兵从羊牧隆城杀到。王珪立即带领四千五百名大宋勇士并入战斗，并牢牢保护住宋军的西路。因作战勇猛指挥得当，进攻宋军西路的敌军一时不能得逞。这时，提前埋伏的敌军也陆续增援，指挥宋军东路人马的武英却受了重伤不能指挥战斗。结果又激战了大半天，宋军东路终于被敌军攻破。

武英、赵律、王珪、耿傅四将全部战死，他们带领的军士也在这场战斗中悉数战死。

见大势已去，主将朱观在千余名士兵的保护下，退守到一处破败的村寨。以村寨为依托，宋军靠长弓硬弩雨点般地射击，让敌兵始终不能近前，朱观等人才保下命来。

天黑时分，泾原部署王仲宝带援兵赶到，朱观等一千余人才得以解救。直到此时，朱观才知道，不但任福已经战死，而且他所带领的宋军已全军覆没。

此战朱观所部阵亡大将四人，被俘高级军官五人，指使及军校战死数百人，军士阵亡六千余人。

又是一场惨败。

最可歌可泣的是宋军大将王珪。早在西夏突袭三川寨的时候，王珪就以作战勇猛著称而且受到了朝廷的嘉奖。在这次战役中，王珪更是临危不惧，视死如归。当战斗进行到最后一刻，见敌军重重包围之中还有主将的旗帜。只要旗帜不倒，就说明我军未败，王珪誓力夺回宋军的旗帜，下令不顾一切地冲入敌军。这时，手下军校贪生怕死，不敢舍命相拼，王珪果断地立即将其斩首。

据说在冲锋之前，王珪朝着朝廷所在的方向郑重地叩头，声色俱厉：不是臣有负重托，无奈敌众我寡，力不胜任，当下臣唯有以死报国！

说着，王珪冲入敌军，又击杀夏军数百人。

西夏军队被这种不要命的打法吓破了胆，王珪所到之处纷纷避让。杀红眼的王珪因用力过猛，手掌破裂，甚至把杀敌的铁鞭都打弯了。见王珪过于勇猛，敌人不敢近前，便改用弓箭来对付他。结果，夏军的弓箭三次射中王珪的战马，不屈不挠的王珪一连换了三次战马，最终因无马可换，他又徒步杀死数十人，直到敌人一支飞箭射中他的眼睛，王珪才壮烈地倒下。

同样大义凛然的血性男儿还有耿傅。

耿傅本是一名文官。

当时见敌众我寡，又已经陷入敌军包围，泾州都监武英知宋军必败，便劝文人出身的参军耿傅先行逃命。耿傅不答，武英又劝道：此战我武英必当以身报国，参军乃是文臣，没有战斗任务，杀敌也不是你的职责，你没必要跟我一起赴死。

哪知道耿傅虽是文人，却执意不肯临阵逃命。同样也抱有必死决心的他奋不顾身地冲在士兵前面，最终也身中数枪而死。

文人气节，时穷乃见。大宋的文臣也不都是懦弱怯敌的。

关于这位英勇赴死的耿傅，还有个后续的故事。

早在任福屯兵好水川的前一夜，当时身在朱观营中、随军督战的耿傅就给任福写了一封信。在信中，耿傅提醒任福说：其日小胜，前与贼大军遇，深以持重戒之。考虑自己人微言轻，同时又是文臣，虑事周全的耿傅特意以朱观的名义派人将这封信交给了任福。

后来，朝廷秋后算账，有人将好水川大败的原因归罪为身为文官的耿傅对任福催战太急，同时任福又不遵守韩琦的命令所致。见此，心怀正义的任福随军孔目吏彭忠拿出了此前耿傅告诫任福的文书，至此才洗白了耿傅的冤枉。

这次战役就是第一次宋夏战争中的好水川之战。

此役因任福一心立功、轻敌冒进，不但导致宋军全军覆没，而且再次滋长了李元昊对大宋的轻慢之心。

惨败之后

消息传到朝内，又是举朝震惊。本来计划得好好的，大家都还在是攻是守之间徘徊犹豫呢，怎么突然之间又出了这么大的乱子？

而作为天下第一大国的皇帝，仁宗皇帝不能慌乱。虽然战败了，但一个国家的体面还是最重要的。想到这里，他强压心头的怒火，交宰相和枢密使们详细讨论，当然首先要做的，就是安抚阵亡的将士。

宰相吕夷简、章得象，枢密使晏殊，参知政事晁宗慤、王举正，枢密副使王贻永、杜衍、任中师、任布闻听这一消息都吓出了一身冷汗。任何人都不相信，一向中规中矩的韩琦竟然有这么大的胆子，竟然捅出这么大一个娄子。

两府官员们急得团团转，眼见仁宗皇帝面沉似水，大宋群臣唯一能做的，就是默默地先为死亡的将士安排后事。

几乎是在消息传到朝内的第一时间，两府班子就拿出了对阵亡将士的嘉赏方案。根据他们生前的职位，四位阵亡的大将都相应得到了追封。主将任福追赏武胜军节度使兼侍中，王珪追赏金州观察使，赵律追赏密州观察使，武英追赏邢州观察使。

自他们以下，阵亡的桑怿、訾斌、李简、李禹亨、刘肃、刘钧、唐忠、耿傅、王贵、刘幹、白兴、杨玉等将官也一并得到了封赏。为示朝廷的恩遇，所有这些阵亡将士的母亲、妻子也同时得到了封赏，此外朝廷还破格录用了他们的子孙后代。

当然，只是封官并不能让他们的家属得到实惠，朝廷还下令在京城赏赐宅第，并按月给阵亡的将士家中发放钱米，以解决其家人的后顾之忧。

奇怪的是，这份名单并没有常鼎和刘肃两个人的名字。也许是他们本为镇戎军的序列，他们的军功当由镇戎军上报，或因其擅自跟随任福出征，虽然二人阵亡，但二人不坚守岗位，却一心立功，虽已阵亡但功不当赏罢了。

虽是全军覆没，考虑到任福是临敌受命，带领的是一支临时拼凑起来的队伍，未经整体化训练，因此整体战斗力不强，仁宗皇帝破例没有追究任福等人轻敌擅进的责任。

人已经死了，即便追究又有什么用呢？

但秋后算账是在所难免的，任福等人已死，秋后算账是给活人看的。也是因此，朝廷对相关责任人的处理也毫不客气。

当然，最先应该处理的人是韩琦。

不过，最先受到处理的人却不是韩琦，这又是怎么回事呢？

原来，好水川全歼宋军以后，趁大胜之势，西夏大军又沿六盘山攻向了距离好水川不远的刘璠堡（今宁夏回族自治区隆德县）。刘璠堡为汉代萧关之所在，自古为兵家必争之地。一时之间，刘璠堡的警报上升到了最高级别。

从延州到庆州的官道上，赶来了一个书生打扮的人，在他的背后是几个盔明甲亮的宋军士兵。这几个人打马前行，看到不远处的庆州城，几个人再次加紧了他们的行程。这个急于赶路的人不是别人，正是范仲淹的好友尹洙。

原来，早在一个月前，身为经略安抚判官的他受主管夏竦之托，前往延州劝说范仲淹一起发兵攻打西夏去了。哪知道，到达延州以后，老熟人范仲淹不但没看他的面子，反倒拿出一道圣旨，说自己已经得旨固守鄜、延二州，因此自己不会发兵。

受人之托，忠人之事。见老朋友拿圣旨说事儿，尹洙觉得以自己和范仲淹的交情最终能够说服范仲淹，于是尹洙便多在延州逗留了几日。哪知道范仲淹主意已定，任凭尹洙如何反复做思想工作，甚至两个人面红耳赤地吵了起来，范仲淹都坚决不肯发兵。见范仲淹态度如此坚决，尹洙只好无奈地决定返程。

此时，尹洙已经在延州逗留将近半月。耽误了这么长时间，又没达到目的，他只能火速地赶回复命。因此一路之上尹洙不敢停留，马不停蹄地向夏竦行营奔去。谁料，刚到庆州，尹洙就听到了任福战死、宋军在好水川大败的消息，尹洙大惊。当他又听说敌军正在围攻刘璠堡，知西夏来势汹汹，担心刘璠堡守御不力，身为前线总参谋长的尹洙来不及思索，即命镇守庆州的环庆路都监刘政带精兵火速支持刘璠寨。

可以说尹洙此举在道理上讲没有什么错误，但是尹洙这个人一生的运气都不怎么太好，这是因为刘政带兵没走出多远，进攻刘璠堡的西夏大军竟然撤了。

刘政只好带人无功而返。

换一种结果想想，如果西夏死攻刘璠堡，守军势单力孤、独木难支，恰在此时刘政带大军杀到，这又会是一种什么样的结果？

可惜，很多时候你虽然谋划得很好，但有些事情是你命里不该有的东西。即便你做出了最正确的选择，即便你不顾一切地去努力，但事情的结果却往往事与愿违。

这类事情谁都无法避免。

交给你的使命没有完成，你竟然还敢擅自调动大军，夏竦能忍吗？夏竦当然不能忍。以夏竦之强，他绝不容许下属有如此僭越的行为。夏竦面沉似水地看着唯唯诺诺不知所措的尹洙，不容尹洙解释，夏竦便毫不客气地给皇帝写了一封弹劾奏折。

很快，朝廷诏令：因擅自发兵，尹洙由陕西经略安抚判官免去军职，调任濠州担任通判。

客观地说，闻听刘璠堡有战事，尹洙果断派刘政发兵救援在情理之中。说实话，这次尹洙被贬的真正原因应该不是这件事。在夏竦眼中，游说范仲淹不成才是夏竦弹劾他的根本原因。而朝廷对尹洙的果断处理，也是因为好水川大败，气急败坏的仁宗皇帝正愁找不到人撒气，倒霉的尹洙恰好撞到了枪口上。

莫名其妙地成了好水川大败第一个受到处分的人，尹洙确实有些冤枉。处理完尹洙以后，仁宗皇帝还是拿不定主意到底要不要处理韩琦。在犹豫两可之间，朝廷对前线进行了一次人事调整，将鄜延路副都部署葛怀敏和泾原路副都部署王仲宝的位置对调了一下。之所以将葛怀敏调到泾原路，是因为葛怀敏和范仲淹的关系没有处好。

前文不是说过葛怀敏和范仲淹的特殊关系吗？没错，按照葛怀敏是晏殊的连襟，同时范仲淹又是晏殊的学生来看，本来二人的关系不难相处。但共事日久，范仲淹发现葛怀敏虽身出将门，但他脾气大，而且看不起读书人，不但平日里对自己和韩琦都极为傲慢，而且还很不礼貌，尽管一再忍让，但葛怀敏却不以为然，我行我素，一时之间弄得军中上下皆知。见实在忍不下去了，范仲淹上奏“葛怀敏猾不知兵”，也许朝廷一时也没有其他合适位置，便将葛怀敏和王仲宝的位置换了换。

朝廷对好水川大败相关责任人的处理最终还是来了。三月初，贬镇戎军主将、崇仪使、忠州刺史朱观为供备库使，暂留原任，以观后效，即降职留任。

谁也没想到的是，虽然好水川宋军全军覆没，主帅韩琦却成功地上岸了。

韩琦上岸需要郑重地感谢两个人：一个是范仲淹；另一个是夏竦。

自好水川失利以后，经过一番操作，谁也没想到韩琦成功地摇身一变，由第一责任人变成了总指挥，这一身份的转变让他暂时逃脱了受到惩罚的可能。

此战宋军吸取了深刻的教训，同时另一个问题也提上日程，如何建立并管理常规部队之外的机动部队。一开始，朝廷想去掉所有“机动部队”的番号，范仲淹提出了反对意见。范仲淹认为，不是机动部队应该裁撤，好水川的失败是因为任福不听指挥。如果他能遵从韩琦的命令，绝对不会出现全军覆没的情况。对于各种临时性作战任务，还是需要机动部队来完成的。因此，朝廷不应该裁撤机动部队，当下该做的事情是把机动部队管理好。关键时候，范仲淹这句话间接地救下了韩琦。

这段时间，几乎所有人都在有意无意地向仁宗皇帝传达这样一个信号：好水川之败不是韩琦指挥不力，而是任福骄傲大意、轻敌冒进造成的。如果按照韩琦指挥，相信这一事件绝对不会发生。因此，韩琦在好水川大败中只负领导责任，不负失败责任。

谏官孙沔、王尧臣等人也纷纷站出来为韩琦说话。

一个人这么说，两个人这么说，当所有的人都这么说，仁宗皇帝对韩琦的角色定性便慢慢地改变了。特别是夏竦还及时拿出了宋军打扫战场时，从任福身上找到的一封韩琦亲笔写给任福，告诉他临敌时一定不要贪利轻进的告诫信，仁宗皇帝最终才相信韩琦在这次事件中是无辜的。

但毕竟损失太大，如果不处理韩琦从哪方面讲都说不过去。在战斗结束一个多月以后，朝廷下旨，陕西经略安抚副使、枢密直学士、起居舍人韩琦降为右司谏、知秦州，职事如故。因此，韩琦受到的处分和朱观一样，都是连降数级并降级留任。

至于这一操作当时是怎么完成的，大家尽可以脑洞大开地去想，史书于此并无详细记载。也是因此，后世总有人诟病韩琦个人利益至上，自进入官场以后始终抱着一种精致的利己主义，从这件事情可略知一二。史载：

> 辛巳，降陕西经略安抚副使、枢密直学士、起居舍人韩琦为右司谏，知秦州职如故。任福军败，琦即上章自劾，谏官孙沔等请削琦官三五资，仍居旧职，俾立后效。会夏竦奏琦尝以檄戒福贪利轻进，于福衣带间得其檄，上知福果违节度，取败罪不专在琦，手诏慰抚之。

对有些人的能力、有些人的操作，不服真的不行。

因此，好水川大败韩琦只是被罢去了经略安抚副使，权力一点儿没变，韩琦成功地上岸。让人感到不可思议的是，在韩琦被贬的同时，范仲淹也同时被贬了。

这究竟是怎么回事呢？好水川大败明明和范仲淹一点儿的关系都没有，他为什么也一起被贬呢？

范仲淹被贬不是因为好水川。

不知大家记不记得，在这次战争开始以前，李元昊曾派人到鄜延、泾原两路诈降？这次范仲淹被贬就是因为李元昊诈降的事。

斗智

当时，李元昊派人到范仲淹军中求和，并没有献上正式文书。范仲淹以不合规制为由，派一名使者随从李元昊的使者带着自己书写的戒谕书一起赶到了西夏。其实，范仲淹这么做是欠考虑的，一心想促成宋夏和谈的他在不知不觉间犯下了一个严重的政治错误。

在古代，人臣无外交是历朝历代的惯例。无论是谁，无论什么样的理由都要上报朝廷，大臣绝不允许私自与外国政权有任何往来。急于求成的范仲淹或是想迅速与西夏达成和谈，或是为了试探一下李元昊的真实想法，便私自派使者给李元昊带去了一封戒谕书。

先礼后兵是历来的规矩，而且事情有来有往。范仲淹的使者韩周到达西夏以后，西夏人一改常态地对韩周很是尊重。有实力便会受到尊重，尽管此时李元昊已在好水川全歼宋军，但对范仲淹的使者却丝毫不敢怠慢。

韩周见到李元昊了吗?

答案是:没有。

想要见我？对不起，你级别不够。能和我平等对话的只能是大宋皇帝，或者皇帝亲派的使臣。

接见韩周的人是野利旺荣，可以说在这件事情上李元昊煞费苦心：为了表示我对你和范仲淹的尊重，我派我最亲信的大臣来见你，这你总挑不出毛病吧?我大夏也是懂规矩的。

明显地，他是想和仁宗皇帝平起平坐。

李元昊没有接见韩周，他只是下令将韩周接到夏州，韩周交上范仲淹的书信，便住进驿馆等待消息。

一直过了四十多天，李元昊才想好怎么答复范仲淹。

为了表示自己能与大宋皇帝平起平坐，李元昊没有直接回复范仲淹，而是命亲信大臣野利旺荣给范仲淹写了一封回信，并派使者陪同韩周一起回到延州。一路之上，西夏使者反复跟韩周渲染，这封回书只是野利旺荣的回复，因为范仲淹的来信言辞激烈，我们根本不敢让我们的皇帝看。

回到军中，韩周将西夏的回书拿给范仲淹。当众打开一看，范仲淹就火了。只见这封回书中全是傲慢僭越之词，这样的书信哪敢报给朝廷！

为慎重起见，范仲淹当着西夏使者的面将这封书信烧掉，同时范仲淹又命人摘抄大意，誊写了一个副本才敢将其报给朝廷。信中的文字实在不好表达，尽管删去了好多，也尽量改用委婉含蓄的言辞，但抄录下来的二十六页文字中，竟还有二十页不敢给仁宗皇帝观阅。最终，范仲淹再次命人将这一稿烧掉，又重新整理了一篇才敢上交。

收到范仲淹的上报，朝议哗然。

两府大臣们纷纷指责范仲淹不该私自与西夏通书，更不该将其原件烧掉。眼见皇帝要发火，看着跪在殿中浑身战栗的韩周，宰相吕夷简严肃地责问道：此事为何不提前禀报，又是谁给你的胆子擅入敌境？

韩周辩解说：臣在阵前，听命于经略长官。长官素有生杀之权，长官有命，臣不敢不从。

韩周说的不是没有道理，吕夷简见此奏请皇帝将韩周免职，将其贬去通州管理税务，算是暂时消了一下仁宗皇帝的怒气。

此事最终怎么处理，两府大臣又商量了半天，而事情的处理过程也可谓一波三折、险象环生。

一开始，吕夷简就已经决定替范仲淹说话，从他果断处理韩周的事情上已经看出端倪。不过，在商量如何处理范仲淹的时候，大臣们都在等着吕夷简的意见。

自吕夷简第三次拜相以来，群臣知道吕夷简的手段，对于朝中大事一向都是先征求吕夷简的意见。等吕夷简拿出意见后，群臣便附和着在文件末尾签名。只有新进参知政事宋庠不肯买老吕的账，甚至数次和他在皇帝面前争论。因此吕夷简很不喜欢宋庠，总想着把宋庠挤出中书。无奈，仁宗皇帝非常喜欢宋庠，吕夷简试了很多种办法都没能达到目的。

如今，范仲淹犯此大错，吕夷简见机会来了，便一边自言自语，一边暗示宋庠：人臣无外交，希文何敢如此？

听到吕夷简这番自言自语，同时深知吕夷简与范仲淹积有旧怨，宋庠认为吕夷简必定会借机报复范仲淹。鉴于此前自己曾数次公然跟吕夷简争论，宋庠想借机同吕夷简重归于好。就这样，对于如何处理范仲淹，宋庠已经拿定了主意。

第二天上朝，皇帝问处理意见，宋庠迫不及待地进言说：人臣无外交，范仲淹如此大胆，应该立即将其斩首。

宋庠哪里知道，他早已落入吕夷简的圈套。

见宋庠竟然建议处死范仲淹，枢密副使杜衍忙说：范仲淹一心忠于朝廷，此举是为朝廷招降叛党。他虽然有错，何以定如此大罪？

宋庠以为吕夷简早已将一切都安排好了，没想到自己的意见会有人反对。见杜衍反对自己，宋庠眼巴巴地望向吕夷简，心想吕夷简一定会站出来帮自己。哪知道，吕夷简不但一句话都没说，甚至连看都没看宋庠一眼。

二人争论不下，君臣面面相觑，都不知如何是好。自然而然地，大家一起望向了首席宰相吕夷简。

见群臣乱吵，仁宗皇帝问吕夷简：宰相是什么意见？

吕夷简装模作样地考虑了半天，然后才说：臣认为杜衍说的有道理。范仲淹虽然有罪，但其罪过不大，又是一心为国，止可薄责，不宜定罪。

吕夷简这话说得很明白，范仲淹此举失当，批评一下也就行了。

宋庠傻了。

宋庠早已浑身是汗，呆若木鸡。他不知道吕夷简为什么会这么说，他明明不是想借机报复范仲淹吗？

后来，知谏院孙沔也上书为范仲淹辩解，仁宗皇帝最终同意了吕夷简的说法。消息一经传出，群臣哗然。大家都不明白，宋庠这个人平时看上去不错呀，为什么非要一心置范仲淹于死地而后快呢？

大臣纷纷指责宋庠的狭隘忌刻，却不知道宋庠是遭到了吕夷简的暗算。

自作孽，不可活。身为堂堂的副宰相，宋庠已经没脸在朝中继续混下去了。

于是，范仲淹因私书元昊被贬。

史载：癸未，降陕西经略安抚副使、兼知延州、龙图阁直学士、户部郎中范仲淹为户部员外郎，知耀州职事如故。

在范仲淹被贬到耀州之前，朝廷已经物色好了他的接班人。接替范仲淹镇守延州的是陕西都转运使庞籍，而且庞籍也已于范仲淹被贬的前一天上任。人事安排的微妙和技巧，不是我们常人能够看明白的。

史载：壬午，陕西都转运使、礼部郎中、天章阁待制庞籍为龙图阁直学士，知延州兼鄜延路部署司事。

因好水川大败，深感自己用人不当的仁宗皇帝痛下决心，再次调整了自己任命不久的两府班子。

宰相吕夷简、章得象和枢密使晏殊留原任，罢参知政事宋庠、枢密副使郑戬，升翰林学士、兵部郎中、知制诰王举正为参知政事，枢密直学士、右谏议大夫任中师和龙图直学士、给事中任布为枢密副使。

这次郑戬被罢是躺着中枪。郑戬和宋庠同是天圣二年（1024）的进士，入仕以后二人私交甚好，不管什么事情都荣辱与共、共进共退。如今一个是副宰相，一个是枢密副使，为了防止他们相互营救，吕夷简向皇帝提出了同时罢免郑戬的建议。皇帝感觉郑戬有朋党之嫌确实应该敲打一下，但他又没明显地犯什么错误，于是破天荒地先给郑戬加了资政殿学士，然后又将其贬知杭州。

因近期见大臣私交甚密，为防止结成朋党，在吕夷简建议下，权三司使叶清臣也被罢职出知江宁府，权知开封府吴遵路出知宣州，此二人一向相交甚厚，二人当时也都位高权重，皆是朝廷重臣。

在这段时间，一个叫张方平的人进入了仁宗皇帝的视线。

最早李元昊发动叛乱，张方平就向朝廷提出了他的建议和观点。张方平说：国家自景德以来，既与契丹盟，天下忘备，将不知兵，士不知战，民不知劳，殆三十年矣。若骤用之，必有丧师蹶将之忧。民连民疲，必有盗贼意外之患。当含垢匿报，顺适其意，使未有以发，得岁月之顷，以其间选将励士，坚城除器，为必可胜以待之。虽元昊终于必叛，而兵出无名，吏士不直其上，难以决胜。小国用兵三年，不见胜负，不折则破，我以全制其后，必胜之道也。

张方平此言可谓忍辱负重、韬光养晦的谋国大道，而且对以后宋夏关系的发展方向做出了准确的判断。可惜，这一远见卓识的论断因张方平人微言轻，没有受到朝廷的重视。

后来，宋夏开战，张方平又献策十条，尖锐地指出了当下宋军的问题所在。此外，张方平还给朝廷提出了一个颇有想法的建议：宜及民力之完，屯重兵河东，示以形势。贼入寇必自延、渭，而兴州巢穴之守虚，我师自麟、府渡河，不十日可至，此所谓攻其所必救，形格势禁之道也。

啥意思？张方平建议朝廷在河东屯重兵，如果敌军从正面进犯，我们就派河东的重兵攻打其首都，看他们还敢不敢进犯我们！

据说宰相吕夷简看到张方平的建议后对参知政事宋绶说：六科得人矣！

张方平是范仲淹执教应天府书院时的学生。

当年，张方平跟他的同学富弼一样，两个人都没有考常科，而是通过制科考试入仕的。然而，张方平的想法虽好，但为慎重起见，朝廷没有采纳他这一建议。尽管没有采纳，张方平还是很快就得到了提升。在吕夷简的欣赏和安排下，张方平入宫召对，由著作佐郎、通判睦州直赐五品官服。

召对之后，仁宗皇帝也非常欣赏张方平的经略和才能。欣喜之下，仁宗皇帝立即下令两府大臣直接面试张方平于学士院。话说出来以后，仁宗皇帝又不好意思地笑了。原来张方平本来就是通过制科考上来的，此次召对已是复试。于是，直接任命张方平去集贤院上任。

很快，张方平就以出色的表现再次升任太常丞。时间不长，张方平又官至三品，升任知谏院。

在宋朝，能同时得到皇帝和宰相一致赏识的人为数不多，张方平就是其中一个。

张方平，范仲淹的学生。

也许对夏竦的工作不满意，连贬他的两名副手以后，仁宗皇帝给当时担任资政殿学士、右谏议大夫的陈执中任命了一个新职务：同陕西都部署、兼经略安抚缘边招讨等使，知永兴军。

永兴军任命了新长官，同时旧长官也不免职，朝廷这是要闹哪样？一下子有了两名长官，将士们该听谁的？一时之间，议论纷纷。

值得注意的是，当时陈执中的任命是“知永兴军”。任命陈执中以后，夏竦也得到了一封诏书，他接到的诏命是“夏竦判永兴军如故”。知和判两个字有着本质上的不同，其中用意，只能由二人自行体会。

就在大家都不知如何是好的时候，朝廷的诏令又到了。这次下发的诏书对夏竦的工作进行了明确的安排：诏陕西经略安抚缘边招讨使、判永兴军夏竦候陈执中至，领兵出巡边。

你别总是在官衙坐着了，前线各地具体是什么情况你知道吗？

虽然没有责备夏竦，但明眼人都能看出，仁宗皇帝已经明显地对他的前线最高长官夏竦不满意了。

改任

为了提升三军的士气，仁宗皇帝还为前线补充了一些新鲜的血液，一个名叫赵珣的年轻官员得到了格外的重用。

赵珣原为右班殿直、阁门祗候，此次到西北军中，担任的是陕西经略安抚招讨都监。赵珣是原鄜延路副都部署赵振的儿子，他得到重用的原因是在多年随父出征的过程中，根据自己的所见所闻，同时广为走访，为朝廷画出了一幅敌军境内山川河流的地图。

在古代，作战地图之宝贵人尽皆知。

经韩琦引荐，仁宗皇帝召见了赵珣，答对之间，赵珣还亲自指挥兵马在仁宗皇帝面前搞了一次作战演习。不但皇帝欣赏万分，连宰相吕夷简、参知政事宋庠也都十分欣赏赵珣的才能。二人联名上奏说，自西夏用兵以来，策士之言以万数，无如珣者。仁宗皇帝这才下令对其提拔重用。

这位赵珣果然不是泛泛之辈。面对皇帝的奖赐，赵珣竟辞而不受。赵珣说，自己年少新进，寸功未立，坚决不肯接受都监的职位。

见状皇帝命赵珣带兵万人，赐其御用铠甲和法杖，允许赵珣自己在将官中挑选人员，自组一军，驻泊泾原路，兼守笼竿城。

赵珣上任以后，发现笼竿城附近的少数民族部落麻氈、党留二部落残暴为患，经请示长官陈执中，赵珣带两万兵马牛刀小试，仅一个回合便将二寨荡平。

在战斗中，赵珣发现殿后的部将刘滬被敌军包围，有万夫不当之勇的赵珣旋即一人带几百轻骑救援，成功完成救援。

要理论有理论，要实战能实战，赵珣的能力迅速得到了一致的认可。上任以后，赵珣还成功地招降了原本对大宋摇摆不定的吐蕃唃厮啰的大儿子瞎毡。

此时已是五月底，随着赵珣的到任，前线将士面貌一新。夏竦与陈执中奉命各领一兵，夏竦专守鄜州，陈执中专守泾州，因好水川惨败士气大伤的泾原路的实力再次得到有力的补充。就在这时，仁宗皇帝又下了一道别人怎么也看不懂的诏令，龙图阁直学士、右司郎中、知凤翔府孙祖德升右谏议大夫，知永兴军。

群臣都看傻了，这样一来，一个永兴军竟然同时任命了三名最高长官，仁宗皇帝这是气疯了吗？

真正让人一头雾水的乱任命还在后面，你看不懂是因为你不懂皇帝的政治智慧。孙祖德刚一到任，对他的任命又改了。六月初，改新知永兴军孙祖德知河中府，新知河中府、吏部侍郎范雍知永兴军。

这到底是怎么回事儿？

原来，最早命夏竦判永兴军，后又命陈执中知永兴军，此时二人俱已专守一城，为了加强永兴军本部的防御，此次先调孙祖德、后调范雍知永兴军，就是为了加强京兆一带的防守，朝廷并无他意。虽然三人各有任务，但一府三守的局面却是自古未见。当然，把范雍调任京兆仁宗皇帝也是考虑到他此前丰富的工作经验。

自此，吸取任福好水川全军覆没的教训，朝廷下令，陕西诸路部署司，自今西贼犯塞，方得出兵排袭诸族，以牵其势，自余毋得擅行侵掠。也就是说，朝廷再次调整了对敌作战的计划，如果敌兵不进犯，不要轻易招惹。

庆历元年五月末，范仲淹的职务也得到了调动。他从耀州改知庆州，兼管勾环庆路部署司事。

范仲淹到任以后，发现庆州此前的防御工作做得不错，只是当地各少数民族部落之间的管理有些松散。如果能安抚好边民，军民一心，相信庆州的防御能力还会提升一个等级。为此，范仲淹着力将各部落首领召集到一起，为各部落制定了约束他们日常行为的乡民公约。

很快，环州一带各少数民族部落安定下来。民心一稳，治理工作就好做多了。

一开始，很多人不理解范仲淹的做法。这几年一直跟在他身边的长子范纯祐甚至不解地问：父亲，为什么花这么大精力用在这些毫无意义的事情上？

范仲淹说：朝廷派这么多兵马钱粮，一天天这么大的消耗，为的是什么？

范纯祐不假思索地说：打败西夏人。

范仲淹摇了摇头：朝廷真正想要的，并不是跟西夏人争勇斗狠，朝廷要的是胜利。

范纯祐若有所思，却没有真正明白父亲的意思。范仲淹说：你好好想想，比勇比狠，我们是斗不过西夏人的。即使杀掉一个李元昊，还会有另一个李元昊出来。朝廷想要的是长治久安，是要这些少数民族臣服，总不能将这些人杀光吧。所以说，一场战争，远没有打打杀杀那么简单，你好好想想吧。得民心者得天下，我军不占天时、不占地利，当下之计，唯有一个字，那就是困。李元昊急于求成，但西夏国力难支。他们盼着我们攻出去呢。所以在这个时候，一定要忍。一场战争，胜负不在一时。你们说的是打架，不是战争。朝廷派我到西北，也一定是这个意思。唉！只有我们自己兵强马壮，神圣不可侵犯，这些番人才会服气。

此时大宋和西夏又恢复了对峙状态。战情分析会每天必开，陕西体量安抚使王尧臣，陕西经略判官田况，鄜延路钤辖、知鄜州张亢都提出了一些有建设性的建议。

范仲淹通过长时间的观察，心中有了一个更为长远的策略。

李元昊虽擅长用兵，而且足智多谋，善用兵书，但其所学只是皮毛。不能以勇对勇，跟其争勇斗狠，这样下来即便杀敌一千，也会自损八百。李元昊只是将才，距离一个国家、一个王朝的君主，他各方面需要提高的地方还有很多。也就是说，范仲淹及时地发现，李元昊并不具备一国之主的基本素质。大宋积淀了多少年，中华积淀了多少年，对李元昊吃亏就吃在轻敌上，因为轻敌，而且将不知兵，企图以强制强，这才是问题的根本。

这些问题范仲淹不敢上报，在暗中他却开始了一番尝试。

从耀州调到庆州之前，他跟自己的老部下种世衡进行了一次密谈。如今，种世衡已将鄜延路延州以东经营得有声有色。以青涧城为中心，种世衡固城池、招兵马、营良田、重商贾，如今的青涧城由昨天的一片荒山野地成为大宋最坚固的一条防线。原来朝廷防守最薄弱的鄜延路，成了最难啃的一块骨头。

要想彻底打败李元昊，唯有在确保其不进犯的前提下，对其进行经济封锁。鄜延路封锁的效果显而易见。纵使李元昊再知兵善战，一旦西夏断粮，即便党项的士兵再勇猛，也会不攻自破。

另外，范仲淹还发现，敌人的内部并不像人们想象的那么团结。拓跋氏和其他九大家族只是以暂时的利益纠集在一起，不过是靠着李元昊的个人魅力。如果时间一长，国内各种矛盾一旦突出，相信一贯出尔反尔的西夏人必起内乱。一旦李元昊根基不稳，西夏便不攻自破。眼下，以大宋之富，只是区区两年的战争，前线各种消耗国家已经难以支撑，相信西夏一定也撑不了多久。

这些想法只是在范仲淹心里，因为职权有限，不是特别成熟他是不敢说出来的。虽然不敢说，但他叫过来种世衡，向自己最得力的大将分享了这一宝贵的心得。自己的职务调来调去，身临前线的种世衡如有机会，可以大胆地尝试一下。一旦计划成功，自己定当面报朝廷，表功请赏。

另一名爱将狄青，如今已在庞籍麾下。自从面授《春秋》以后，狄青的各方面水平都在突飞猛进。一个武人，如果肯用心读书，相信日后他的前程一定会前途无量。

日子一天天过着，谁也难以预料哪天会发生什么事情。

七月末，擅长游击战的李元昊突然兵发河东，挥师直攻大宋麟、府二州。

原来，鄜延路自范仲淹经营以来，已经牢不可破。环庆路山高地险，易守难攻，最近又新调来了范仲淹，一听到范仲淹的名字李元昊就头疼。特别是最近，接连几次自己略施小计，范仲淹却不肯中计，这让李元昊对范仲淹更是刮目相看，他特别派人打听了范仲淹的来历，他不相信这位书生出身的文官竟有如此本事，招招击中自己的软肋。如果大宋的官员都像范仲淹这样……李元昊不敢想下去了。

眼见宋军在一日日加强边防，自己出师两年多以来，虽打下了不少胜仗，但自己也损失不少，实话实说自己并没有从大宋身上捡到多少便宜。骄傲的大宋皇帝见不得一点失败，越是这样他越是心急。而他一心急，他手下那帮文官武将就不知如何是好了。自己一定要把握好这一机会，再打几次胜仗。唯有这样才是自己得以立国的根本。

放眼山外，自从在好水川大败宋兵以后，气急败坏的大宋皇帝竟然一气之下将他的最高指挥官夏竦派去巡边，这不能不算是自己计划的巨大成功。大宋皇帝越急，自己的仗越好打。只是最近泾原路也如临大敌，恼羞成怒的大宋皇帝甚至一连派了三名主帅。看上去虽然可笑，但这也正说明宋军害怕失败的心态。泾原路既已有重兵严阵以待，进攻这里当然已经不是最好的选择。

那该如何是好呢？自己必须以不断的胜利摧垮大宋君臣的信心，同时也好给自己手下那帮野心勃勃的大臣一个交代。打来打去，总是得不到什么便宜，时间一长这帮人可不是那么听话的。想到这里，李元昊将目光投向了一向不是自己攻击目标的河东路。

既然正面不好破，大宋河东一带自己从来没有进攻过，经过几次大战，相信大宋的注意力都被吸引到了正面，河东将帅一定会以为自己不敢强攻河东，趁着他们麻痹大意，倒不如趁着这个机会兵发河东。

发动进攻以前，李元昊详细地研究了河东路的地形情况。河东路有两道天险，前有长城，后有黄河，如何陆续突破这两道防线，是他这次进攻需要解决的首要问题。

西夏正东是大宋的河东路，当时大宋的河东路北起辽国宁边州，自丰州（今山西省河曲县一带）南至阳、晋二城（今山西省晋城市阳城县），东从平定（今山西省阳泉市）西至麟州（今陕西省神木市一带）、慈州（今山西省吉县一带），这一地区大概包括今天的陕西北部地区、山西大部地区和内蒙古南部的一小部分区域。或者更准确一点说，这一地区，当时大宋和西夏的分界线是自河曲到榆林的万里长城，长城以西至牸牛河这一带地区为双方不确定边界的冲突地区。

李元昊的目标是河东路黄河以西的三个州，它们分别是麟州、府州和丰州（今内蒙古自治区准格尔旗南、长城以西区域）。在李元昊眼中，面对早已被吓破胆的宋军将士，自己带领全部兵马，一鼓作气地越过长城打下麟州（今陕西省神木市）、府州（今陕西省府谷县）和丰州的问题不大。只是挥师东进最难的是如何渡过黄河。李元昊想，即便不能顺利地渡河，但如果能占领河西这部分领土，倒也是个不错的选择。

只要占领这一地区，虽黄河难渡，但宋军渡河也不容易，这倒是个扩充疆土的大好机会。想到这里，李元昊主意已定，他毫不犹豫地再次集结大军，短短几天之内就做好了进攻河东路的各种准备。

可惜，这一次李元昊的算盘打错了，接连几场胜利让他有些太小看大宋将士了。

麟府丰之战

大宋仁宗庆历元年七月底，李元昊考虑再三，决定挥师东进，直指河东。

西夏大军浩浩荡荡地向河东开进，一时之间麟州、府州、丰州全线告急。

在位于长城关口的鄜州，宋夏两国的军队打响了这次战役的第一战。李元昊兵分两路，在主力部队进攻麟州的同时，他又派出一支兵马攻打与麟州相距不远的府州。

消息传到朝内，仁宗皇帝下令，鄜延路紧急派兵支援。鄜延路接到命令以后，部署许怀德，驻泊都监任守信、刘拯，巡检黄世宁等人带一万兵马火速赶到。

西夏主力部队的战斗力不容小觑，大兵过处，捣毁城寨，抢劫牲畜，很多边寨往往都是洗劫一空。仅用了六天，西夏大军便强渡屈野河，驻扎到了距麟州城仅有十五里的白草平。

麟州城依山而建，易守难攻。西夏军并没有着急攻城，而是先攻破了近在咫尺的宁远寨。宁远寨一战，守寨宋军尽皆战死，寨中财产悉被抢劫一空。见麟州山高城固，易守难攻，西夏主力部队按兵不动，另一路人马开始攻打黄河西岸的府州城。

府州城市不大，同样也是依山而建。当时城中的宋军只有六千余人，但府州百姓平日里在官府的指导下练习打仗，因此战斗力也很强。加上此前有效地修固城池，墙固山险，府州东南又是黄河，敌人一时也难以得手。

为了拿下府州城让麟州腹背受敌，西夏人派出了一支破城小分队。这支小分队在主力部队的掩护下，企图沿城边山崖上的小路潜入城内。不料，敌人这一举动很快被宋军发现。早有防备的宋军从城上投下巨石，在弓箭手的协助下，府州军民一鼓作气将这支“特种部队”全部消灭。

见此计不成，不甘心的西夏军又转攻城北。

在城北，他们遇到了严阵以待的宋军，宋军拼死抵抗。一战下来，双方都付出了伤亡惨痛的代价，往日如入无人之境的西夏武士竟不能前进半步。

他们不清楚，宋军在什么时候有了这么顽强的战斗力，见久攻之下难以攻克，西夏人退兵了。

撤退的西夏兵将府州城外大小城寨洗劫一空后，又开始疯狂地扑向丰州。

丰州同时与西夏、辽国二国接邻，因无险可守，比起麟、府二州的防守力量相对薄弱。

此时，在麟州，西夏主力部队围城已经整整一个月了。坐镇指挥的就是一代雄主李元昊。麟州粮草充足，易守难攻。占据地利优势的宋军牢牢记着他们的职责只是守城。因此，尽管李元昊大军兵临城下，城中的宋军并不慌张。然而，时间一长，问题却来了。

原来，麟州城内缺水，城中军民百姓饮用都要到城外取水。虽然战前略有储备，随着敌军围城的时间越来越长，麟州城开始缺水了。问题越来越严重，有间谍将城中将士缺水、已近崩溃的消息密报李元昊。见宋军已经坚持不了几天了，只要再坚持几天，城中的宋军当不战自降，李元昊好不得意，他感觉已经看到了胜利的希望。望着远处麟州城头有气无力的宋军，李元昊仰天大笑：不出三天，麟州城必破！

这天，又有巡逻的士兵报信，说看到守城的宋军又开始修筑城墙。李元昊大惊，忙出营观看，只见守城的宋军果然在用黄泥加固城墙。

城中不是没水了吗？这到底是怎么回事？

事实摆在面前，生性多疑而且反应极快的李元昊转念一想，立即想明白了是怎么回事儿。不等别人发话，李元昊立即差人将给他报信的间谍杀掉。报信的间谍所说的城中缺水，这一定是假消息。如果缺水，宋军拿什么泥墙？

就这样，刚愎自用的李元昊下令从麟州撤兵。

李元昊哪里知道，他是中了麟州知州苗继宣的计策。当时，麟州城内缺水是真，见敌人久攻不去，有人给苗继宣出主意，建议苗知州派人取来城中水沟里的烂溃污泥，然后装作加固城墙。这样一来，以李元昊的多疑，他一定认为城中根本就不缺水，久围无效之下他一定会退兵，到那时此围自解。

李元昊虽熟读兵书，但在大宋人民的智慧面前，他也只是个小学生的水平。

尽管这样，西夏人的凶悍还是让宋军付出了不小的代价，丰州最终还是被李元昊攻陷了。

仁宗皇帝最不愿听到的就是这个“败”字，丰州失陷以后，他立即将鄜延路钤辖、兼知鄜州的大将张亢调任并代钤辖，专管麟府二州军马公事，在加强麟州、府州的防御工作的同时，伺机夺回丰州。

攻陷丰州以后，西夏军并没有在州城驻扎，而是疯狂地带兵在河西一带抢掠。当然占领城池也不是李元昊发兵的真正目的。他真正的目的是在于让大宋的皇帝看看他的兵力有多强大。只要肯承认西夏国和他的帝位，他就不再闹了。

此时，大宋河东路黄河以西地区只剩下了麟州和府州两座孤城，面对西夏军队的疯狂抢掠，城中守军只是紧闭城门，不敢出战。此时，两座城中也已水尽粮绝，危在旦夕。

这时，朝中有人建议不如弃掉河西地区，以保德军守黄河，宋夏以黄河为界。这一提议遭到了很多有正义感的大臣的批评，虽然这也是当初李元昊围攻麟府丰的用意。

艺高人胆大的张亢接到命令立即动身，他单人独马只身到前线上任。慑于敌人凶悍，张亢到达府州时，把守府州的宋军竟不敢打开城门。直到张亢取出朝廷的敕令并表明自己的身份，府州城门才为这位大将打开。

入城之后，张亢命人打开城门，让城中百姓先到城外取水，然后收割粮食。虽然敌军仍在不远处抢掠，但张亢毫不在乎。知兵善战的他将城中稳定下来以后，便开始着手一系列的防御工作。为了拉大战略纵深，张亢命人在府州城外修城筑寨，东修东胜堡，南修金城堡，北修安定堡，分别派兵把守。

见战败的官军被西夏人吓坏，已无斗志，张亢在当地募集了一些勇士。他将这些勇士进行简单训练，然后安排他们趁黑夜埋伏到城外的小路，遇有小股敌军，他们便出其不意地发动攻击。

天亮以后，这些临时拼凑起来的队伍往往会带着敌人的首级，或一些战利品复命。张亢对其大加犒赏，并赐给他们锦袍玉带，还故意摆在官军们面前，让官军们看。时间一长，官军们脸上挂不住了，难道我们还不如这些杂牌军吗？

于是，官军纷纷向张亢请命。

张亢也真是知兵善用，在答应官军杀敌的请求之前，他先请官军们喝了一次大酒，直到将他们骨子深处的血性彻底激发出来，张亢才答应让他们参战。

听说西夏军正驻扎在琉璃堡一带，张亢先派探马详细侦察了敌军的情况。探马回报，说他们趁晚间接近琉璃堡，正埋伏在路边的草丛中，见到有一名西夏老兵正在烧羊腿骨。

当时的西夏人有烧羊腿骨看纹路进行占卜的习惯。探报说，此老兵向他的长官说：明日会有急兵来攻，应避其锋芒。其长官只是大笑，认为胆小的宋军根本不可能敢来偷袭。

张亢一听，知道敌军没有防备，于是连夜集重兵对驻守琉璃堡的敌军发动了突袭。在张亢的英明指挥下，以雪前耻为后勇的宋军奋力直击，此战斩获敌军首级二百余颗，宋军成功夺回琉璃堡。

张亢，大将之才。

还是那句话，宋军不是不能打胜仗，只是缺乏一位知兵善任的好将领。

西夏军疯狂的掠夺活动让麟、府、丰三州的边民苦不堪言，大兵过处如风卷残云。见贼势过于凶悍，又不知敌军的下一步动向，朝廷暗命镇守黄河以东的守军积极备战，深挖战壕，同时提高警惕，准备迎接随时有可能到来的战争。

围攻了麟州和府州一个多月，虽然守城的宋军元气大伤，但李元昊也没占任何便宜。尽管攻陷了丰州，他却不敢驻守，疯狂地掠夺一番以后，李元昊收兵了。

此战过后，李元昊和他手下的将领、谋士进行了一次深刻的战斗总结。李元昊发现，这次麟、府、丰之行之所以收获不大，是因为自己的战术不对。当运动战变为阵地战，西夏人悍马快的长处受到了遏制。对付宋军，最有效的手段还是突袭。一旦运动战变为阵地战，无论兵力还是阵形，西夏战士的特长均得不到有效的发挥。可恨的是宋军后来又打起了消耗战，他们怎么都学会了范仲淹的套路？

西夏军队的特点是占据有利地形，靠快马进行冲锋，以局部优势兵力快速消灭对手。打游击、打一战即退的运动战是他们的特长。一旦运动战改为阵地战，地利的优势丧失，时间一长，随军粮草有限，纵使西夏将士再勇猛也是吃不消的，这个道理李元昊比你我都懂。

李元昊的撤兵让朝廷松了一口气，因守城有功，府州知州折继闵和麟州知州苗继宣加恩表彰，同时受到恩典的还有张旨、王凯、张岊、王吉等人。封赏众将官时，仁宗皇帝回想起了前不久受到处分的范仲淹和韩琦。当时，二人并无实罪，当时自己在好水川大败的气头上，一时对二人的降职处分太过。于是，他下令恢复了韩琦起居舍人的待遇，同时也恢复了范仲淹户部郎中的职衔。

天性仁慈的仁宗皇帝终于对无所作为的夏竦不满了。庆历元年（1041）十月，他下令将夏竦由永兴军调到了河中府，同时剥去了他在前线统军时所有的职衔。另一位永兴军长官陈执中，也被削去军职，派任陕西知州。同时担任永兴军最高长官期间，他们两个人除了相互吵架，好像并没有做出一件有意义的事情。

之所以罢掉夏竦，仁宗皇帝有着自己长远的考虑。考虑到敌人围攻麟、府、丰三州时因指挥脱节造成的被动局面，仁宗皇帝痛下决心罢掉了前线最高指挥机关，接着又在两府大臣的帮助下将原来的泾原、环庆和鄜延三路兵马拆为四路。这四路人马由四名主帅负责，各将帅独立指挥调动自己所辖兵马，既不相互节制同时也不再受最高长官的节制。一旦敌人进犯，各路兵马负责自己的职责区域，根据战斗的具体情况相互之间协同救援。

史载：枢密直学士、起居舍人、管勾秦凤路部署司事兼知秦州韩琦为礼部郎中，枢密直学士、刑部郎中、管勾泾原路部署司事兼知谓州王沿为右司郎中，龙图阁直学士、户部郎中、管勾环庆路部署司事兼知庆州范仲淹为左司郎中，龙图阁直学士、礼部郎中、管勾鄜延路部署司事兼知延州庞籍为吏部郎中，并兼本路马步军都部署、经略安抚缘边招讨使。

李元昊的智慧

李元昊气急败坏地退回本土，见河东路也不可攻，回到夏州城以后，心有不甘的他与谋臣商量着下一个攻击目标。

最接近的目标还是鄜延路，可一提范仲淹，李元昊就头疼。如今范仲淹虽然已经不在鄜延路，但他培养出来的大将种世衡好像比范仲淹还难对付。自从种世衡不声不响地修筑好青涧城，整个延州以东的地区都被青涧城牢牢地扼住，想从这里攻进去势比登天。延州城有狄青镇守，这个打仗不要命的家伙自从在范仲淹的指导下学习兵法，如今也越来越难对付了。攻打鄜延路没有胜算，范仲淹正在镇守的环庆路更是想都别想。

千万不要惹那些你惹不起的人，在李元昊眼中，范仲淹就是那个他惹不起的人。

既然鄜延、环庆二路都不可攻，目标只剩下了泾原和秦凤二路。年轻气盛的韩琦吃过自己的亏，一个像他这么聪明的人绝不会在同一个地方摔倒两次，因此李元昊也果断地把目光从秦凤路移开。将攻击目标进行一系列比较以后，李元昊发现，自己当下最好的攻击目标是泾原路的王沿。

王沿，字圣源，大名馆陶人，进士出身。除此之外，李元昊对自己将要对付的对手一无所知。虽不了解王沿，但李元昊非常了解他的副手葛怀敏。一个被范仲淹弃之不用的人，相信要比其他人好对付得多。

有了目标之后，李元昊又开始疯狂地备战。一连好几次战争，这些年积攒下来的钱粮几乎快用光了。尽管国力空虚，但仗不能不打。直到现在大宋还不肯承认自己的身份，如果就此罢休，自己如何向身后这些将领们交代？自己能不能坐得住这个位置也很难说。

说实话，李元昊也疲惫了。

他十分怀念称帝之前的那些美好的日子。

为了长远之计，同时也是为了西夏人民未来的美好生活，他要用一场大胜换来下一步和谈中的位置。

接任新职责以后，范仲淹很快向朝廷提出了自己关于当下形势的新主张。战场上的形势随时发生着变化，作为一路主帅，范仲淹的职责也发生着微妙的改变。对于职责的理解，如何更好地完成自己的任务，范仲淹下足了心思。

范仲淹坚持着自己“宜用守御，来则御之，去则勿逐”的策略，同时又敏感地发现朝廷在边境屯兵太久、军心涣散的巨大隐患：今之守边，多非士兵，不乐久戍，又无营田，必须远馈。久戍则军情以殆，远馈则民力将竭，岁月绵远，恐生他患，此守御之未利也。人无远虑，必有近忧。能及时地发现问题说明一个人居安思危的忧患意识，但解决问题才是王道。

对于攻和守，范仲淹提出了新形势下自己新的理解和建议。范仲淹认为，与其大张旗鼓地深入敌境进攻，倒不如首先收复各路之间的失地。因为这些失地，各路兵马不能及时有效地完成救援。

范仲淹建议，可以首先收复延州以西、庆州以东被敌人占领这一带区域。如果将这一区域打通，则延州和庆州可以连在一起，形成互动的防御体系。

如攻取此地，范仲淹建议朝廷可调步兵三万，骑兵五千作战。具体规划为鄜延路出步兵一万二，骑兵三千，泾原路出步兵九千，骑兵一千，环庆路选马、步兵共一万，分三路进攻，将此区域一举拿下。攻取之后，兵马镇守于大城寨之中，然后派专人镇守负责政务安抚，同时修筑城池，防止敌人反扑。如遇大股敌人反扑，一定不要轻易出战，而是坚壁清野、固守城寨，同时发号令请求附近的援兵；如有小股敌人进犯，则在险要之处设伏将其消灭。平时营田置地，加强生产，补充民用和军备。

将这一区域打通以后，延州和庆州的兵马就可以随时协防了。

领兵作战的人选，范仲淹推荐了六个人，这六个人分别是王信、狄青、刘拯、范全、刘贻孙和张建侯，此六人皆是此前对敌作战中身先士卒、表现突出的将士。关于策应的适合人选，范仲淹推荐了任守信、王逵、王遇、王文、张宗武、谭嘉震和王守恩，此六人稳健可靠，让其策应一定会人堪其任。

朝廷使臣一起参战的，可以任命张信、王进、张忠、郭逵和张信忠；战后营造城寨的任务，可由周美、李璨、李纬、杨麟、刘兼济、张继勋等人完成。

除了这一地区，环州以西、镇戎军以东的葫芦泉一带也可以作为我们的收复目标。这一带居住着不少少数民族部落，他们紧邻党项明珠、灭藏二部，同时又阻隔了环州和镇戎军之间的必经之路。自古明珠、灭藏二部与拓跋部不是一条心。如果将这一带攻下，不但打通了环州和镇戎军之间的通道，顺便还有机会收服明珠、灭藏两大党项部落。

还有，据地形观察，当年废弃的绥州（今陕西省绥德县东）一带也应该收复。因这一地区为敌人占据，前段时间敌军围困麟州，延州兵马前去支援。援军不能直发麟州，不得不东渡黄河，绕道岚、石二州，然后再过黄河，转了一大圈倒回来进行支援。如果将这一带区域拿下，鄜延路和麟州之间的通道也就打通了，一旦敌兵来攻，两地兵马也可以随时相互救援。

这三处失地，尤其是后两处并不在范仲淹的统辖区域之内。说实话，第一个进攻目标也不是范仲淹的统辖范围，但此前他曾在鄜延路工作，因此对其规划得比较具体。

攻敌策略讲完了，范仲淹又跟仁宗皇帝聊了聊防守。

范仲淹告诉仁宗皇帝说，党项民族和大宋不同，他们本是游牧民族，不管民族特点还是生活方式，一向都狡诈易变。他们一向没有统一的建制和俸禄。因此，敌军的后勤保障也没有统一的规划，多是临时征集或拼凑。因此，朝廷应该深谋远虑，不应该与其争一时之勇，即便敌人投降，也应该多加防范。当然，最好的防范手段就是稳固实力，加强防御，深化管理，同时加强保障。为了实现这一目标，范仲淹高瞻远瞩地提出了一个既老生常谈又百试不爽的建议：营田。

范仲淹说：臣观西戎居绝漠之外，长河之北，倚远恃险，未易可取。建官置兵不用禄食，每举众犯边，一毫之物皆出其下，风集云散，未尝聚养。中国则不然，远戍之兵久而不代，负星霜之苦，怀乡国之望，又日给廪食，月给库缗，春冬之衣、银、鞋，馈输满道不绝。国用民力，日以屈乏，军情愁怨，须务姑息。此中原积兵之忧，异于敌人也。

臣谓西戎纵降，塞垣须守，当务经远。

古岂无谋臣？观汉赵充国兴屯田，大获地利，遂破先零。魏武于征伐之中，令带甲之士，随宜垦辟，故不甚劳，大功克举，数年之中，所在积粟，仓廪皆满。唐置屯田，天宝八年，河西收二十六万顷，陇西收四十四万顷。

孙武曰："分建诸侯，以其利而利之，使食其地之毛实，役其人氓之力，故赋税无转徙之劳，徭役无怨旷之叹。"

臣昨在延州，见知青涧城种世衡言欲于本处渐兴田利，今闻仅获万顷。臣观今之边寨，皆可使弓手、士兵以守之，因置营田，据亩定课，兵获羡余，中粜于官，人乐其勤，公收其利，则转输之患，久可息矣。

且使其兵徙家塞下，重田利，习地势，父母妻子共坚其守，比之东兵不乐田利，不习地势，复无怀恋者，功相远矣。少田处，许番部进纳荒田以迁资酬奖，或量给价直。傥朝廷许行此道，则委臣举择官员，约古之义，酌今之宜，行于边陲，庶几守愈久而备愈充，虽敌人时为边患，不能困我中国。此臣所以言假士兵、弓手之力，以置屯田为守之利也。

然臣观前汉高帝之盛，中有萧、张决胜千里，下有百战之师，以四十万众困于平城，乃约匈奴和亲。至高后、文、景，代代如之，不绝其好。而匈奴屡变，往往犯塞，杀戮吏民，不胜其酷。至于书问傲慢，下视中国，而人主以生民之故，屈己含容，不为之动。孝文即位，将军陈武请议征讨，以益封疆，孝文曰："兵，凶器也。难克所愿，动必耗病，谓百姓远方何？今匈奴内侵，军吏无功，边民父子，荷兵日久，朕动心痛伤，何日忘之？未能消弭，愿且坚兵设候，结和通使，休宁北陲，为功多矣！且无议兵。"故百姓无内外之徭，得息肩于田亩，天下富贵，鸡鸣犬吠，烟火万里，可谓和乐者乎。司马迁以文帝能和乐天下，协于大乐，故著于律书，为后代法。

臣谓国家用攻，则宜取其近而兵势不危；用守，则必图其久而民力不匮。然后取文帝和乐之德，无孝武哀痛之悔，而天下幸甚！

营田只是手段，背后的指向是发展经济。只有经济强大了国家才能强大，国家强大国防才会有充足的保障，大宋的江山才能稳固。当下最有效的手段就是营田，让边防部队自给自足。一旦边防部队能够自给自足，军费不再成为国家的负担，大宋就能轻松自如地始终保持对西夏的高压态势，只有这样才是大宋江山永固的长远之道。

面对一个这么高明和深远的建议，仁宗皇帝听了吗？

听了。

史载：戊寅，诏陕西四路部署及转运使并兼营田使，转运判官兼管勾营田事。

接到范仲淹的奏请，仁宗皇帝喜出望外。这个建议太好了！他实在没想到，范仲淹不但会教书、能打仗，居然有着如此的深谋远虑！想想自己当年把范仲淹从应天府书院直接提任右司谏，后来把他贬出京城，又从越州调到永兴军，仁宗皇帝既温暖又兴奋。范仲淹真是用对了，好在这样一个老成谋国之才终于没有埋没。想一想范仲淹的成才之路，仁宗皇帝又想起了提拔他的王曾、蔡齐、晏殊和韩琦。王曾和蔡齐都已经死了，仁宗皇帝叹了一声，凡是忠臣都命不长久，晏殊在哪里？韩琦在哪里？朕要重重地加赏！

仁宗皇帝四下看了看，眼前只有吕夷简、晏殊等两府大臣。看着已经白发苍苍的吕夷简，仁宗皇帝有些心疼。回想起他当年和范仲淹的恩恩怨怨，这些年吕夷简殚精竭虑的日夜操劳，特别是他一次次不计前嫌地重用范仲淹，一想到这里，年轻的仁宗皇帝就感动得不知如何是好。为此他下令对百官加恩封赏，特别是老宰相吕夷简，仁宗皇帝将他申国公的封号升为许国公。

这是后世称吕夷简为许公的由来。

在这次封赏中，因首战大败被免职的范雍也升职了。被调到永兴军以后，范雍力排众议，下令修缮永兴军驻地的城墙。后来，见前线局势稍解，朝廷下令停止修城，但范雍还是顶着压力坚持完成了各军城的加固工作。不久之后西夏再次进犯，一时各路手忙脚乱地发起备战，有备无患的永兴军却没因此陷入被动。为此，朝廷不但没追究范雍抗旨的罪过，反倒将其升为资政殿大学士，尚书左丞。

天威难测，天恩难测。

一个名叫贾昌朝的人也得到了晋升。

贾昌朝，字子明，真定府获鹿（今河北省鹿泉区）人，后晋大史官贾纬的曾孙。天禧元年（1017），宋真宗曾祈谷南郊，二十一岁的贾昌朝于道左献颂词，为真宗皇帝欣赏，获得了参加召试的机会。召试以后，贾昌朝获赐同进士出身，从此步入仕途。

最近这段时间，贾昌朝在官场进步飞速，遇代理御史中丞柳植因病辞官，权知开封府的他以右谏议大夫的身份出任代理御史中丞。不久之后，随着一步步陆续升职，贾昌朝会成为范仲淹人生之中一个非常关键的人物，此是后话暂且不表。

仁宗皇帝的进一步欣赏让范仲淹在西北如鱼得水，本着攻守二策的总纲领精神，范仲淹进一步贯彻和加强了环庆路的整体防御和治理工作。自此，以他为首西北各军在加强防御的同时，将筑城和营田当成了阶段性战略核心任务。为了激励下属，范仲淹还特意向朝廷申请了一批空白的嘉奖令和任命文书，用以随时表彰有功的将士和投降归顺的各个番部。

在范仲淹、韩琦、王沿和庞籍的领导下，四路宋军在出色地完成防御任务的同时，因营田和筑城得力，大大减轻了朝廷的负担，宋夏边境也得到了暂时的稳定。

第四章　定川寨之战

辽国

好日子过了没几天，大宋的烦心事儿又来了。

这一次，让仁宗皇帝头疼的却不是李元昊，而是早已经跟大宋缔结百年之好的辽国皇帝耶律宗真。

大宋庆历二年（1042）三月，见大宋对西夏久攻不下，辽国趁火打劫，派了两名使者出使大宋，要大宋归还原本属于他们的关南十县。

这是辽国和中原政权之间积攒多年的一个历史遗留问题。关指的是瓦桥关，那关南十县又是怎么回事呢？

当年的瓦桥关位于今雄安新区雄县城的西南方向，它具体位于华北明珠白洋淀以北、拒马河以南的位置。宋代，瓦桥关据九河下游，河湖相连，水路交通十分便利。由此向西可至河北重镇保定，东循拒马河下游的大清河可以入海，北连冀北军事重镇幽州，南通河北路各个重镇。

瓦桥关一带地势低洼，到处是河湖盐碱地，居民稀少，易攻难守，一旦为敌人所乘，即可长驱直入中原。因此，此地为大宋战略要地，朝廷一直派驻重兵镇守。

而在时代更早的唐代末年，辽国已日渐强大。他们屡屡南犯，经常进攻到瓦桥关一带。后来到了五代时期，契丹激烈地向外扩张，瓦桥关一带更是战火不断。后唐同光二年，契丹悍然南侵，一举打到瓦桥关，竟屯兵不归。

后晋天福元年（936），后晋开国皇帝石敬瑭（后唐河东节度使）反唐自立，向契丹求援。契丹出兵扶植其建立后晋，辽太宗与石敬瑭约为父子（辽太宗为父，石敬瑭为子）。天福三年（938），石敬瑭按照契丹的要求把燕云十六州割让给契丹，使得辽国的疆域扩展到长城沿线，此后中原数个朝代都没有能够完全收复这一地区。

后周世宗柴荣平定天下，再次对辽用兵。显德六年（959），周世宗亲征伐辽，收复了燕云十六州中的瀛、莫、宁（今天津市静海区）三州和瓦桥、益津、淤口三关。柴荣改瓦桥关为雄州，于是瓦桥关以南始为中原国境。再后来，北宋建国。宋初国力不强，未能在这一带国境线上更进一步，当时只是采取守势，瓦桥关当时成为北宋的北方边防要地。

大宋开国之后，面对辽国铁骑由燕云十六州疾驰而至的威胁，不得不在汴京附近广植树木。宋太祖赵匡胤始终不忘收复燕云十六州，他曾在内府库专置“封桩库”，打算用金钱赎回前朝失地。另外，大宋还在河北南部兴建“北京”大名府和辽国对峙。

北宋太平兴国四年（979），宋太宗赵光义移师幽州，试图一举收复燕云地区。宋辽在高梁河（今北京市西直门外）展开激战。宋军大败，宋太宗中箭，乘驴车逃走。

为了增强边防的御敌能力，宋真宗时期，据驻防瓦桥关的六宅使何承矩提议：因陂泽之地，潴水为塞。于是，壅塞九河中徐、鲍、沙、唐等河流，形成众多水泊，河泊相连，赫然构成一条南北防线。以后这一水域逐渐增广，终于成为一道沿流曲折八百里、宽处达六十里的水上长城。这道水上长城为大宋边防助威不少，它对阻遏辽国的南侵起到了重要的作用。

之后，辽国与北宋进行了旷日持久的战争，却一直未能占领此地。景德元年（1004）宋真宗抵澶州北城，后与辽国在澶州定下了停战和议，史称“澶渊之盟”。之后，宋辽边境长期处于相对稳定的状态。

如今，辽兴宗重提旧事，想要回的就是当年周世宗夺回来的这十个县。

趁火打劫也需要借口，狡猾的辽国人见大宋对辽国疲于应付，他们是想趁着这个机会捞大宋一把。试着想想，如果历史定格到936年以前呢？是不是整个燕云十六州都要还回来？

当然，这是大宋仁宗皇帝需要讲的道理。

这一次，辽国派来的使者有两名，他们的规格都很高，一位是宣徽南院使、归义节度使萧英，另一位是翰林学士、右谏议大夫、知制诰、同修国史刘六符。二人一文一武，带着国书到大宋来谈条件了。

辽国的国书写得很客气：

弟大契丹皇帝谨致书兄大宋皇帝，粤自世修欢契，时遣使轺，封圻殊两国之名，方册纪一家之美。盖欲洽于绵永，固将有以披陈。窃缘瓦桥关南是石晋所割，讫至柴氏，兴一旦之狂谋，掠十县之故壤，人神共怒，庙社不延。

至于贵国祖先肇创基业，寻与敝境继为善邻。暨乎太宗绍基宝位，于有征之地，才定并汾，以无名之师，直抵燕蓟，羽召精锐，御而获退，遂致移镇国强兵、南北王府并内外诸军，弥年有戍境之劳，继日备渝盟之事，始终反覆，前后谙尝。窃审专命将臣，往平河右，炎凉屡易，胜负未闻。兼李元昊于北朝久已称藩，累曾尚主，克保君臣之道，实为甥舅之亲，设罪合加诛，亦宜垂报。

迩者郭稹特至，杜防又回，虽具音题，而但虞诈谍。已举残民之伐，曾无忌器之嫌，营筑长堤，填塞隘路，开决塘水，添置边军。既潜稔于猜嫌，虑难敦于信睦。傥或思久好，共遣疑怀，曷若以晋阳旧附之区，关南元割之县，俱归当国，用康黎人。如此，则益深兄弟之怀，长守子孙之计。缅惟英悟，深达悃悰。适届春阳，善绥冲裕。

自“澶渊之盟”约定，宋辽一直以兄弟相称。在这封国书里，辽国人的话虽然说得很客气，但目的却说得很直接：当年侵占我辽国的关南十县，该还给我们了。

为了达到目的，在这封国书里，辽兴宗耶律宗真还提到了李元昊造反的事情。耶律宗真说，我听说你们在发兵攻打西夏，但不知战争胜负如何。李元昊对我朝称臣已经很久了，他一直不是挺老实的吗？怎么对你们这么没规矩？你我是兄弟关系，但他和我们也是甥舅关系，不过我们是舅舅，他是外甥。如果真是其罪难容，要教训他，你们好歹也得跟我们说一声啊！

赤裸裸的嘲笑和故作姿态的低调炫耀。

仁宗皇帝感觉很屈辱。他早就料到，李元昊叛乱一日不平定，早晚有一天会影响大宋和辽国的关系。前段时间，有人报信说，心怀不轨的刘六符见宋军怯战厌兵，曾向辽兴宗建议，不如趁着大宋和西夏开战的机会，聚兵于幽、涿二州，以图收复当年被后周夺回的失地。

两位辽国使者带来的既是国书，又是战书，这一点仁宗皇帝很清楚。早在正月，辽国就派人通知大宋皇帝，他们要派使者来谈这些历史遗留问题，这让仁宗皇帝愁坏了。到底安排谁去接待傲慢的辽国使者，群臣不是推诿，就是躲避，一时之间竟找不到合适的人选。

后来，宰相吕夷简推荐了以右正言的身份担任知制诰的富弼。仁宗皇帝一想，富弼虽然年轻，但他敢说话，有胆量，倒是个不错的人选。

事实证明，仁宗皇帝这次选人选对了。

接到任命以后，富弼需要马上出发去边境迎接辽国的使者。当然知道辽国使者的来意，临行之前他大义凛然地叩谢仁宗皇帝说：主忧臣辱，臣不敢爱其死。

受命以后，富弼立即出发到边境迎接二位辽国使臣。此时，二位辽国使臣却故意推迟了约定的行程，以示对大宋的怠慢。富弼是什么人，这点儿小伎俩怎会逃得过他的眼睛？面对辽国使臣的小聪明，富弼毫不为意，他只是按规矩派随他出行的中使官前去慰劳。

不料，见到大宋的中使官，辽国主使萧英竟然说，最近自己的脚不舒服，就不行跪拜礼了。

中使官代表的是皇帝。

富弼冷冷一笑：当年我出使贵国，病得躺在车里都站不起来了。听说贵国使者驾到，我便立即起身下拜。如今我国使者代表皇帝来接你，你却称病不拜，你这是讲的哪套礼法？

富弼这么义正词严的一番话，傲慢的萧英自知失礼，忙派人搀起自己，起身下拜。

规规矩矩地履行完仪式之后，富弼出色的外交才能派上了用场。先以正义凛然的姿态给了萧英一个下马威，富弼已经在谈判中占据了主动。富弼料定，萧英等人本就对大宋有畏惧之心，周世宗收复关南十县在前，“澶渊之盟”缔结在后，辽国提出归还关南十县既有违此前签订的条约，又属于无理要求。因此，在迎使者觐见仁宗皇帝之前，富弼就把相关工作做足了。

最终，经过几个回合的接触，富弼成功地让萧英也认为，自己此行的说法属于错误的行为。

富弼强大的气场和出色的能力折服了萧英，萧英甚至向他诉苦说，此行并不是自己的想法，然后又将此行的目的向富弼和盘托出。最后，萧英甚至给富弼出主意说：两国之间千万不能伤了和气。我们提出这些条件如果能答应就答应，如果不能答应，你就换一种方式敷衍一下。不过你别让我为难，只要能让我说得过去，回国之后我自会周旋。

就这样，头到京城之前，富弼已经成功地将辽国的使臣搞定了。

萧英和刘六符来到京城，奉命接待他们的是新任御史中丞贾昌朝。贾昌朝日夜陪伴，不离左右，变相将辽国的二位使者软禁到了驿馆之内。

与此同时，结合富弼的奏报，仁宗皇帝和大臣们就此事进行了紧急商议。当然，割地是不可能的，那就按富弼所说用其他事情敷衍一下吧。商量来商量去，仁宗皇帝决定和亲加赔款，一面将堂兄赵允宁的女儿嫁给辽主耶律宗真的儿子耶律洪基，一面增加每年岁赂的数量。相信这样双管齐下，辽国一定不会再对关南十县提出什么要求。

当然，当时的赔款不能叫赔款，当时对这笔支出的称呼是岁赂。

对于大臣们和亲的建议，富弼认为并不可行，最终这次和亲也没能提上日程。不过，和亲没能成功不是因为富弼反对，而是因为在这之前，辽兴宗的弟弟耶律宗元曾私自通书大宋，欲娶僖简王赵允宁的女儿。怕惹起更大的矛盾，负责谈判的贾昌朝向刘六符提起这件事，以征求刘六符的意见。结果刘六符也不敢发表什么看法，和亲的事情双方均不再提。当时，耶律宗元倚仗母亲萧太后宠爱，处处总是与做皇帝的哥哥作对。

就这样，辽国两位使者顺利返回，一场比李元昊叛乱更可怕的危机消解于无形之中。

事后，诏命表现出色的富弼直升礼部员外郎、枢密直学士。但是，这一任命却被富弼拒绝了。史载：弼曰：国家有急，惟命是从，不敢惮劳，臣之职也，奈何逆以官爵赂之！固辞不受。

大臣之风。

对峙

处理完这场危机以后，大宋君臣如释重负，他们也再次有了把主要精力用在西北战场的喘息之机。

史书关心的不是一个国家的百姓每天会吃什么饭菜，也不是每个人或每个家庭每年收入的多少，更不是百姓的幸福感或幸福指数，它关心的是帝王的政绩、王朝的历史、重要人物的作为和一个国家经济、军事、文化、地理等诸方面的重大历史事件。所以，自古以来，一个国家领土的完整以及主权外交问题始终是各类史书重点关注和记录的对象。这类事情虽然在很多时候于国的当下意义或影响并不大，但它会成为记载和衡量一个朝代或皇帝作为的终极手段。也是因此，寸土不让成了每个王朝的一条底线，统治者总是千方百计地想尽办法，以免自己被钉在历史的耻辱柱上。

因为这次处理领土问题时的出色表现，富弼的才能、气度和谋略再一次得到了大宋君臣的一致认可，这代表着他距离更高的位置又成功地迈进了一步。

随着边防一天天的稳固，永兴军路的鄜延、环庆二路，秦凤路的泾原、秦凤二路彼此之间也形成了一个统一的防御整体。根据范仲淹的建议，各路之间陆续发动了一些小规模的战争，宋军成功地收复了部分被西夏占领的地盘。宋军各路在招降当地各少数民族番部的同时，打通了互相救援的通道，大宋西北的边防线正陆续向以横山为界的整体目标一步步推进。

这天，范仲淹像往常一样带着儿子范纯祐一起巡边。范仲淹突然觉得很对不起这个大儿子。纯祐马上就要二十岁了，近几年来军中的历练，看着年方弱冠的儿子一天天地成长，范仲淹始终将长子带在身边。不经大事，不生大智，他相信有了这段人生经历，儿子一定会练就一个与众不同的人生。只是他的身板弱了些，自小身体不好，也是自己这个当父亲的没把他照顾好。想到这里，范仲淹有些自责。

这一次，范仲淹的目的地是环州。环州是边境的最前线，这里山高水险，居住的几乎全是少数民族的番部。自李元昊叛乱以来，大大小小上百个番部就像墙头草，西夏兵攻过来就投靠西夏，宋军攻过来又改投大宋。范仲淹深知，如何将这些少数民族收服才是大宋边境治理的根本。占领并不一定意味着最终的胜利，在这穷山恶水的地区，如何让他们诚心地臣服于大宋，才是自己当下最应该做的事情。

虽然身边有儿子，也带有为数不多的兵马，范仲淹仍没敢深入这些少数民族居住的地区。番人反复无常，自己在工作中不能出任何意外。范仲淹带人直入环州城内，根据地方奏报，他详细了解了各少数民族番寨的定居情况，进一步掌握了他们的心态和动向。范仲淹发现，环州一带各个番部民心不稳，但这些番部私下之间都保持着联系，他们既不听大宋号令，也不听西夏号令，不管对大宋还是西夏，他们只是表面上的顺从，为求自保。如果这个问题不能解决，环州一带的民心就不稳定，想到这里，一个人的名字浮现在他的眼前。

种世衡。

自从跟随自己在军前效力，这些年种世衡各方面工作做得确实不错。他会打仗，而且有头脑。有着长期边境工作经验的他尤其擅长跟各个不同的少数民族打交道。特别是在自己安排下，种世衡顶着巨大的压力，克服种种困难，愣是在平地筑起了一座青涧城。那些当地的番民谁的账都不肯买，就买他一个人的账，这一点除了种世衡没有第二个人能够做到。如今，在自己的保奏下，如今种世衡已是青涧城的城主，他不但将建在不毛之地上的青涧经营得有声有色，而且将延州东路的防御工作安排得井井有条，如果将种世衡调到环州，一定会是个不错的选择。

想到这里，范仲淹不再思索，立即提笔封奏，开始向朝廷要人。范仲淹说：种世衡素得羌心，而青涧城已坚固，请调世衡知环州以镇抚之。

哪知道，这次范仲淹却遇到了难题。他遇到的最大阻力不是朝廷，而是鄜延路的最高长官庞籍。庞籍认为，青涧城非种世衡不可守，如果离开种世衡，青涧城很快将人心涣散，无法再起到扼制敌军进攻的作用。

是人才便人人喜欢，走到哪里都会得到重用，尤其是种世衡这样不可或缺的人才。见范仲淹要挖走自己手下的大将，庞籍紧急上表，请朝廷将种世衡留在青涧城，如果环州缺人，请范仲淹另选旁人。

而范仲淹见庞籍硬留也毫不让步，他再次向朝廷申明，环州的工作非种世衡不可。就这样，两位前线主帅一前一后，开始了一场互不让步的人才争夺战。

最终，也许考虑到青涧城已经完备，但环州的工作任重道远，同时种世衡又是范仲淹发掘出来的人才，朝廷下诏从范仲淹所请，命种世衡赴环州上任。

范仲淹知人善任，种世衡不负所托。到达环州没几天，种世衡就以自己出色的表现，给老领导范仲淹交上了一份满意的答卷。

听到种世衡到环州上任，居住在大山里的牛家族首领奴讹喜出望外。牛家族在当地是一个非常大的少数民族，但他们倔强独立，一向不与宋夏来往。听说种世衡要来当地方官，奴讹竟主动带人到城外迎接。

拉着奴讹的手，种世衡也很感动。你给我面子我也给你面子，这叫待人以诚。因头一天上任确实工作繁忙，种世衡告诉奴讹说，为了答谢你的好意，第二天我会去你的部落里看你。

奴讹一听大喜，他有些不敢相信，大宋一州长官会亲自到他的部落里拜访，边境各少数民族谁也没受到过这种待遇。

不巧的是，当晚北风骤起，天降大雪，一夜积雪竟深达三尺。之前本来就对内地的汉官没有信心，这样的事情他见多了，种世衡说的只是句场面话，自己不可当真。奴讹又见天气如此，积雪难行，种世衡一定不会再来了，于是奴讹连床都没有起。正当他躺在帐中呼呼大睡时，有人报种世衡已到帐外。

奴讹大惊，手忙脚乱地穿衣起床，见到种世衡，奴讹错愕地问："你……怎么来了？"

种世衡不责备奴讹，只是亲切地拉着他的手说："说过要来，我必会来的。"

就这么简单的一句话，种世衡用自己的言出必行成功地征服了桀骜不驯的牛家族。史载：奴讹大惊，率其族罗拜听命。

很多时候，征服一个人也很简单，只要你用的方法正确。说实话，见雪大风紧，路险难行，在出发以前不止一个人劝种世衡不可在如此恶劣的天气下身履险地。种世衡却说：吾方结诸羌以信，不可失期。

这就是种世衡处世以信、待人以诚的人格魅力。

用自己崇高的人格魅力征服牛家族以后，种世衡到环州以后不久，又成功地征服了另一个少数民族兀二族。

兀二族凶悍好战，一向居住在大山深处的城寨，李元昊入侵宋地，曾数次给西夏提供支援。到任以后，种世衡既往不咎，但因为自己的黑历史，兀二族不敢相信大宋官员真的会不记旧仇。因此，虽几次招降，兀二族均不为所动。见是这样，种世衡决定派兵征讨。高人一筹的是，虽派兵征讨，种世衡使用的却不是大宋军兵，而是命令番官慕恩带领一支番部人马前来攻打。这样一来，成功地避开了兀二族对宋军的敌意。

慕恩兵发兀二族首领部落，成功将其攻破。见是这样，百余帐兀二族人纷纷归顺。

收服这两个当地最大的部族以后，其他各少数民族望风而动，纷纷前来归顺。一时之间，环州的少数民族问题得到了有效的解决。

换作旁人，能做到吗？

种世衡深知，归顺不是目的，所有的事情都不在表面。下一步，他要紧密地将这些少数民族团结起来，并形成有效的战斗力。为此种世衡下令，各番落设烽火台，有紧急情况便燃起烽火。一见烽火，大宋兵马和周围部落自会来救。这样一来，这些少数民族的人都放心了。一开始，他们还担心敌军一来，自己会成为任人宰割的羔羊，这也是他们一直不敢归顺朝廷的原因。见种世衡如此布置，既解决了他们的后顾之忧，又真正地拿他们当自己人，各部落开始死心塌地地追随种世衡。

为了提高这些部落武装的战斗力，种世衡还下令鼓励教习各部落番民射箭。为达到这一目的，他建立了一套奖励办法。如果射箭水平能够达到一定成绩，就可以免除对等的罪错。如此一来，习箭之风在各部族间蔚然成风。

为了进一步鼓励全民练习弓箭，种世衡还特令，如某人有什么想法或有什么要求，一概以射箭来衡量。如果能够射中，这个人请求的事情就能答应。如果不能射中，则不答应。当时西北各地少数民族尚未开化，却又尚武好争，一时之间，人人争相习射，环州各部族的整体防御水平得到了有效的提高。

史载：由是人人自励，虽屠贩倡优皆精于射，敌不敢复近环州。

特事特办，既是一个人能力的体现，又是他解决问题的有效手段。同样的事情，同样复杂的局面，有的人一出面就迎刃而解，有的人虽忙得团团转却总是达不到目的。所以，衡量一个人是否得力，最重要的是看他是不是成功完成了任务，而不是看他在履行职责过程中付出了多少努力，范仲淹没有看错人。

其实，种世衡特事特办、处事不拘一格早已经不是第一次了。在这个世界上，很多办法虽然简单，却很有效，只是无法得到多数人的同意。

据说早在青涧城的时候，种世衡许多不合朝廷规制的做法曾遭到很多人的反对，属吏们怕担责任，有人把他告到了最高长官庞籍那里。开明的庞籍深知种世衡的不易，同时又理解他的良苦用心，庞籍说：世衡披荆棘，立青涧城，若一拘以法，则边将无所措手足。

为了不让这些人再告状，同时也为了打消种世衡的顾虑，庞籍还亲自向仁宗皇帝说明了原委。最近，仁宗皇帝不断听说有人告种世衡的状，说他在青涧城肆意妄为，其罪难容。经庞籍解释，仁宗皇帝才明白到底是怎么回事儿。于是仁宗皇帝仅用了两个字，便表达出了自己对这名得力边臣各种不拘一格行为的态度：勿问。

在帝权不容任何挑战的古代，仁宗皇帝这两个字代表的绝对是最高级别的信任。

为此，奉命调任环州以前，种世衡专程去拜谢庞籍。跪在长官面前，提起旧事种世衡感动得热泪长流。他无不感触地对庞籍说："世衡虽铁石心肠，今日为公下泪，不知所云。"

种世衡

在离开青涧城之前，种世衡还做了一件当时看起来不怎么起眼，却会影响到大宋历史进程的事情。种世衡向朝廷奏报，给一个法号为信光的和尚申请了三班借职的身份。

一个和尚，有什么来路？身为前线大将的种世衡为什么会向朝廷推荐他呢？

这个和尚不简单。

在僧人普遍不怎么受重视的宋代，一个小小的僧人得到朝廷的破格奖赏几乎是不可能的事。不过，这个名为信光的僧人不但得到了朝廷的封赏，后来还为大宋平定西夏叛乱立下了大功。

当时，种世衡为和尚请功的理由是：光信与西贼战，屡获首级。这一说法很微妙。他的微妙之处在于到底做了什么事情，竟会让大宋朝廷不惜破格改变他的出身？从字面意思上看，是和尚杀敌有功。杀敌有功的人多了，种世衡为什么不保举别人，偏偏保举他呢？就因为他是个和尚吗？

非也。

僧人信光长期在宋夏边境一带生活，不但一身武功，而且熟知边境的山川地形。种世衡一向擅长跟各种不同类型的人打交道，听说信光的大名，便把他招到门下。一开始，种世衡跟信光什么事情都不说，只是大口地喝酒，大口地吃肉，并满足信光提出的任何要求。不管什么事情，只要信光张口，种世衡全部办到。见大将军对自己这么好，却什么事也不肯说，信光都有些不好意思待下去了。

后来，遇种世衡出兵，熟悉地形的信光就主动给宋军带路。对此种世衡还是不闻不问，只是尽一切可能地满足信光的所有愿望。终于有一天，总是白吃白喝的信光再也忍不下去了，他求见种大将军，主动表示无论任何差遣，他一定全力效命。但种世衡还是装作没事儿似的，就是不肯开口。

信光急了。

直到这时，种世衡才绕了个弯子说：本来有件大事想请你帮忙，可是又怕你办不到，还是算了吧。

信光大喜：大将军请放心，只要你一声吩咐，这世上没有我信光做不到的事。

种世衡犹豫了半天，才面有难色地说：只是怕你吃不了这种苦。

信光拍拍胸脯：我信光什么都怕，就是不怕吃苦。将军快说，到底要信光做什么事？

种世衡问：你果真吃得了这种苦？如果你真可以，我必须得先试试。

试试就试试。

说试就试。种世衡一招手，帐外冲入四五名士兵。不等信光反应过来，一脚将其踹倒，五花大绑地推到帐外去了。

军士们把信光带到哪里去了？

说出来你可能不信，在种世衡的安排下，这几名军士给信光用刑去了。原来，种世衡是想用和尚做卧底，派到西夏搞间谍活动。同时，又害怕他万一被敌人觉察，一经严刑拷打经受不住考验。为了确保万无一失，他要先考验考验信光。

当时信光受到的折磨大家尽可以脑补，不过信光这个人骨头真硬，任凭如何拷打，甚至死去活来好几轮儿，和尚变成死人，死人活过来变成和尚，和尚又变成死人，反反复复试验好多次，信光就是一个字也不肯说。

最终，信光通过了种世衡的考验。考验结束后，种世衡还是什么都不说，只是大酒大肉地招待。最终，种世衡对信光也只说了四个字：汝真可也。

听到种世衡的肯定，信光咬咬牙说：将军相信我就好。

信光的伤养好以后，在种世衡的安排下，他潜入西夏，开始实施了一个日后将会导致西夏政权分裂的惊天阴谋。

在临行以前，种世衡向朝廷申请，为信光争取到了官方身份。信光本姓王，但没有名字。种世衡请朝廷赐其名为王嵩。对一个这样的可用之才，朝廷当然不会吝惜一个简单的名字和一个小小的官职。临行之前，种世衡拉着和尚的手，亲切地说：等你成功，我自会再请朝廷恩赐。

就这样，僧人信光秘密潜入西夏。

由此可见，种世衡和三教九流打交道的特长，以及善于利用各种形形色色人物的能力绝对是无人能出其右。这些本领都是谁教给他的呢？范仲淹。为什么只有他能将这些事情做得头头是道呢？

答案是待人以诚。

唯有诚心，才是这个世界上最有效，同时也是最能打动人的公关手段。日后这颗诚心将伴随种世衡走过更多的风风雨雨，直到他独镇一方，成为威震西北的种家军的一代将领。

将辽国使臣萧英和刘六符送走以后，按照规矩，大宋需要派大臣出使辽国，正式商谈下一步关于关南十县的具体章程。人选早已呼之欲出，众望所归之下，富弼光荣地接受了这一使命。和富弼搭档的是西上阁门使符惟忠，涉及军事、外交等事务，朝廷要派宦官随行是开国之初的惯例。

富弼出使辽国代表的是仁宗皇帝，因此这次出行属于两国之间一次正式的会见。这种会见按照规矩是要带上国书的。因涉及领土问题，这封国书怎么写十分关键。欧阳修的小兄弟、大连襟、已中状元十二年的王拱辰充分发挥了他妙笔生花的文字特长。因状元之才，学识渊博同时又对国史了如指掌，王拱辰一篇文章做得让人无懈可击：

昔我烈考章圣皇帝保有基图，惠养黎庶，与大契丹昭圣皇帝弭兵讲好，通聘著盟。肆余纂承，共遵谟训，边民安堵，垂四十年。

兹者专致使臣，特诒缄问。且以瓦桥内地，晋阳故封，援石氏之割城，述周朝之复境，系于异代，安及本朝！粤自景德之初，始敦邻宝之信，凡诸细故，咸不置怀。况太宗皇帝亲驾并郊，匪图燕壤，当时贵国亟发援兵，既交石岭之锋，遂举蓟门之役，义非反复，理有因缘。元昊赐姓称藩，禀朔受禄，忽谋狂僭，俶扰边陲。向议讨除，已尝闻达。杜防、郭稹传导备详，及此西征，岂云无报。

聘轺旁午，屡闻嫉恶之谈，庆问交驰，未谕联亲之故，忽窥异论，良用惘然！谓将轸于在原，反致讥于忌器。复云营筑隄埭，开决陂塘，昨缘霖潦之余，大为衍溢之患，既非疏导，当稍缮防，岂蕴猜嫌，以亏信睦。

至于备塞隘路，阅集兵夫，盖边臣谨职之常，乃乡兵充籍之旧，在于贵境，宁撤戍兵。一皆示以坦夷，两何形于疑阻。

顾惟欢契，方保悠长，遽兴请地之言，殊匪载书之约。信辞至悉，灵鉴孔昭，两地不得相侵，缘边各守疆界。

誓书之外，一无所求，期在久要，勿违先志。谅惟聪达，应切感思，甫属清和，妙臻戬穀。

自余令富弼口陈。

简简单单地把事情说清，客客气气地把道理讲明白，不卑不亢地提出自己的观点，大大方方地提出自己的要求，王拱辰不愧是状元之才。

你说当年我太宗师出无名？你怎么不说说太宗平北汉后为什么兵发燕蓟？如果不是你们明着答应不发兵，却暗中派兵援助刘继元，我们会这么做？这能算师出无名？

听说你还说我打李元昊不告诉你，当时杜防、郭稹相继出使，他们告诉你们的是什么事？你们怎么能这么说呢？

就这样，带着这封让人拍案叫绝的国书，富弼出使辽国。

吃够了西夏造反的苦头，这一次仁宗皇帝对辽国再也不敢大意。富弼出使以后，他紧急召集吕夷简、晏殊和各位参知、枢密，商讨万一谈判不成如何应对辽国可能带来的威胁。凡事要做最好的打算，最坏的准备。一旦最坏的结果出现，如果你还能应付，那么这件事情对你来说就不是个事儿了。

很快，根据两府大臣提议，那些跟辽国打过仗的老臣再次得到重用。前枢密使杨崇勋以及夏守赟、高化、刘涣，甚至连当年章献太后的宠臣张耆也被搬出来了。年轻的知谏院张方平和右正言田况又急又气，毫不客气地对此提出了批评，张方平甚至说出了“虽愚夫童子亦知其必败事也”这样的狠话。批评当然不是目的，目的是找到解决问题的办法。张方平向仁宗皇帝建议：对辽国千万不要盲目兴兵，可以不变应万变，一旦突发战事，可由西北四路人马派精兵抵挡。张方平向仁宗皇帝推荐的人选，是对付西夏作战勇猛的狄青和范全。

此时的宋夏边境果真如朝廷所料，已经偃旗息鼓了吗？

当时确实是这样。

几场大仗打下来，虽双方互有胜负，但谁也没占到什么大的便宜。不但都损兵折将不说，各自国家的内耗已经让两个国家都感觉到疲惫不堪。大宋还好，尤其是李元昊，当时西夏内部的矛盾和压力要远比范仲淹等人给他的压力大得多。

党项人勇猛好战，各部落首领反复无常，说翻脸就翻脸。李元昊深知，同仇敌忾是自己将这些人聚拢在身边的唯一理由。直到现在还不能打一场有决定意义的大胜仗，也无法取得更大的收获，大宋总是这么死拖着不肯承认西夏的地位，自己怎么向身边这些人交代呢？他们明着对自己服气，其实只仅限于自己的豪言壮语和当初立国的承诺。眼见宋军的边防越来越强大，自己折腾来折腾去什么便宜都没得到，再这么下去自己可真拖不下去了。

如今，宋军分成了四路，各路都跟着范仲淹纷纷筑城，这个范仲淹，一针见血，刀刀致命。不管对谁，自己都有的是办法，唯独对范仲淹，李元昊一点儿办法都没有。

最早的时候，李元昊虽然害怕范仲淹，但发现范仲淹权力有限。如今夏竦被免官了，大宋的兵马也分成了四路，独领一路的范仲淹做起事情来似乎更得心应手，这是李元昊最担心的地方。范仲淹绝不可轻易招惹，但其他三路未必都像他这么老辣，如何在这些人身上打开一道缺口，这才是自己破局的好办法。

最近传到耳边的，都是一些不利的消息。种世衡调到了环州，这等于是宋军把防线又向前推进了一步。鄜延路的庞籍也精明得很，他派打仗不要命的狄青带人在金明寨西北的关隘桥子谷修了一座城寨，名字居然叫招安寨。如此一来，自己进攻延州的路已经被全部堵死。后来，他又派大将周美夺回了承平寨，大将王信也修筑了龙安寨。如今，在庞籍的领导下，鄜延路的宋军已经新修城寨十一座，宋军正步步为营地一点点蚕食自己的胜利成果。眼下各种情况对自己越来越不利。如果称帝立国不成，恐怕自己只有死路一条。

其实，对李元昊更为不利的消息还在后面。这年四月末，经过数轮研判，鉴于西北前线的对敌形势以及敌我双方的实力情况，仁宗皇帝决定将西北用兵的指导方向进行战略性调整。这一调整的具体表现形式为朝廷诏令重新定义了四名主帅的身份。

史载：己亥，以枢密直学士、礼部郎中、知秦州韩琦为秦州观察使，枢密直学士、吏部郎中、知谓州王沿为泾州观察使，龙图阁直学士、吏部郎中知延州庞籍为鄜州观察使，龙图阁直学士、右司郎中、知庆州范仲淹为邠州观察使。

任命的下达，不只是四位主帅称呼的改变，同时也代表着朝廷对他们当下职责的重新调整。他们由经略、安抚、招讨改为观察，既代表着皇帝和两府大臣对前线局势的最新定义，同时也代表着四位主帅的职责将会发生战略性的转移。也就是说，经过四位主帅的辛苦经营，当时的宋军已经由被动挨打、被敌人牵着鼻子走的阶段摆脱出来，他们已经有了足够的喘息机会，以应对西夏人随时带来的威胁。

下一步，宋夏之间会长期地这么对峙下去吗？

一定不会。

不管李元昊、范仲淹、韩琦、庞籍还是王沿，他们都很清楚此时平静的对峙只是双方在为下一步的行动做着足够的准备。

可是，下一步会发生什么事情呢？

谁也难以预料。

范仲淹的智慧

自一针见血地看透西夏的弱点以后，范仲淹雷打不动地执行着自己的攻守策略。不管敌情发生什么变化，我方坚固防御的政策不变。所以，尽管李元昊花招迭出，诈降也罢，袭扰也罢，范仲淹就是不上当。随着种世衡这位得力助手的到来，环庆路的防线在一步步前移，修城筑寨工作的完善和营田也在一步步扩大。此时，环庆路军兵已经能完成初步的自给自足。在范仲淹和种世衡的用心经营下，大宋边防的各项工作得到了进一步的巩固。

所以，当朝廷的诏令再一次下达到军中，这一次范仲淹没有像往常一样愉快地接受。他不是不能接受观察使这一职务，只是范仲淹觉得将经略、安抚、招讨突然改为观察，朝廷的决策层高兴得有些太早。

高兴容易轻敌，轻敌容易吃大亏，李元昊的叛乱之所以会给大宋造成这么大的被动，就是朝廷对此准备不足。

为此，接到诏令以后，范仲淹对观察使这一身份进行了坚决的辞谢。范仲淹说：观察使位高权重，身份过于重要。臣不过只是为朝廷守边打仗，怕是没有能力担任这么重要的职务。仲淹守边数年，在这几年时间里，与西境各番族的边民们建立了良好的关系，因为臣的身份是龙图阁直学士，他们一直亲切地称臣为“龙图老子”。如果臣改任观察使，这些番民将不知道该怎么称呼我了。虽然称呼只是一个说法，但这些少数民族的人都简单直接，不易变通，他们认可的是臣“龙图老子”的身份。一旦臣的身份改变，怕会为敌所轻。再说，无功不受禄，经营边地以来，臣所做的只是当作分内之事，没什么功绩可言，也无须朝廷厚赏。

辞表交到朝廷，朝廷没批。

见朝廷不批，范仲淹再度上表，朝廷再度驳回。最终，范仲淹接连三度上表，最后朝廷才同意范仲淹仍为龙图阁直学士、三司郎中。就这样，范仲淹“龙图老子”的威名得以名副其实地继续保留下来。

对于范仲淹不接受朝廷嘉赏的高风亮节，仁宗皇帝很感动。一个人做事如果能让一个皇帝感动，相信这个人很快就会拥有锦绣般的前程。因范仲淹三辞重位，仁宗皇帝托人给范仲淹捎话说：既然你态度这么坚决，朕就不勉强你了。先委屈你安心地好好干，这些事朕心里都有数。等将来边事稍稍稳定以后，朕会亲自下令将你调到中书或枢密院。朕这个想法跟谁都没讲，既没交两府大臣拟议，也不是百官们的举荐，这纯粹是朕自己的想法，你知道就行了。

除此之外，仁宗皇帝还托人秘密给范仲淹捎话：不忙的时候，你考虑一下看看将来谁能替代你的工作，给朕推荐一下人选。为了表示对范仲淹的重视，仁宗皇帝先是派了亲信宦官陈舜封当面给范仲淹口头传旨，后来，又派入内西头供奉官麦知微将这一意思透露给范仲淹，顺便还给范仲淹捎来一盒皇帝喝的凤茶。

面对这么器重自己的皇帝，范仲淹能不好好干吗？换作是谁，面对如此的信任，都会五体投地的誓死报效。

朝廷之所以有如此的恩遇，不只是因为环庆路各项工作出色，还在于范仲淹完成了一个别人看起来根本不可能完成的任务：修筑大顺城。

当时，庆州城西北方向有个地方叫马铺寨，正位于后桥川口的位置。后桥川口已经到了敌占区，此地是大山河流的交汇之处，地理位置非常重要。如果能在此地设城为防，一夫当关，万夫莫开，西夏兵马将不能前进半步。因此，初到环庆路上任时，范仲淹就有了在此筑城为守的计划，只是时机还不成熟。

考虑到在如此险要的地方筑城必会遭到敌军破坏，在筑城之前，范仲淹做了一番详细的安排。范仲淹悄悄调动了一大批兵马，以防走漏风声，即使到了出发的时候也不交代作战任务。大军出发之前，为了锻炼一直跟随在自己身边的儿子，范仲淹命范纯祐和蕃将赵明带大军先行出发，以迅雷不及掩耳之势夺取了马铺寨。后续大军一路随行，连带兵的将官们都不知道兵发何处。行军至离马铺寨不远的柔远寨，范仲淹才将此行的目的传达下去。

前方有范纯祐和赵明带兵保护，大队宋军在范仲淹号令下开始了紧锣密鼓的筑城工作。军士们用事先准备好的木板搭成模具，日夜突击。欲善其事必利其器，有了这些工具，筑墙的工作事半功倍。范仲淹军令一下，众志成城，仅半月的时间一座崭新的城池便拔地而起。马铺寨新城修好以后，范仲淹将其命名为大顺城。

直到城池筑好，敌人才想明白是怎么回事儿。李元昊傻眼了，自己的人马傻乎乎地还等着跟宋军打仗呢，结果人家悄无声息地把城都筑好了。为了破坏新建好的城池，气急败坏的李元昊派三万骑兵大举攻击。

知道李元昊一向喜欢用诈，范仲淹严令范纯祐和赵明只需抵挡，切勿进攻。如敌军撤退，我军一定不要追击。后来，经过一番厮杀，敌军果然大举撤退。范纯祐牢牢地记着父亲的命令，下令宋军原地不动，不得追击敌兵，违令者杀。

见宋军不肯中计，事先埋伏在河对岸的西夏大军只好悻悻地自行撤退。此战过后，范仲淹料敌如神的美名传为美谈。

自大顺城修好以后，宋军的防线再次向前推进了几十公里，长城关口的白豹城和洛水金汤城的敌军竟是不敢再南进半步。

论斗智斗勇，李元昊跟范仲淹比差的不止一个段位。

比起西夏叛乱，辽国的趁火打劫让仁宗皇帝心里更不舒服。马善人骑，人善人欺，他很清楚，之所以会导致这种局面的出现，是因为这些年来大宋一直没有注重军事方面的发展，是自己的国家太友善了。为了彻底改变这一局面，在这年的七月，仁宗皇帝决定将军事工作提高到一个国家的正常日程上来。在他的主导下，大宋两府首脑们都领受了一份新职责。右仆射、兼门下侍郎、平章事吕夷简判枢密院，户部侍郎、平章事章得象兼枢密使，枢密使晏殊同平章事。

宰相兼管军事，枢密使同时也有了宰相身份，这是大宋战时才会出现的任命。其实早在李元昊叛乱之初，为了体现国家对战争的重视，富弼就曾向仁宗皇帝建议让宰相兼任枢密使，可惜当时仁宗皇帝没有答应，当时只是让宰相和枢密使一起讨论军务。后来，张方平建议废掉在宋夏战争中没有起到什么作用的枢密院，仁宗皇帝这才想起富弼此前的建议，命令宰相和枢密使同时执掌国事军事。

随着这一改命，军务工作立即上升到了大宋王朝第一要务的高度，文武百官虽人心惶惶，却又很快就安定下来。大家都知道，接下来在很长的一段时间内，朝廷将会以军事战备工作为核心，为此很多人都开始谋求属于自己的机会。

西夏的威胁还在其次，大宋最大的威胁来自北方的辽国。虽然宋辽已修百年之好，但辽国人反复无常，如果耶律宗真执意索要关南之县，一场大战在所难免。朝中几乎所有的人都在关心，出使辽国的富弼现在是什么情况。

因接待辽国使臣时的出色表现，仁宗皇帝将这一光荣而艰巨的任务交给了富弼。当然，富弼能够作为大宋的谈判使臣也是众望所归。不过，当初安排富弼出使时，这一任命却遭到了一个人的强烈反对。

反对朝廷这一任命的人是欧阳修。

欧阳修认为，如今辽国虎视眈眈，而一向敢于冒犯吕夷简的富弼被派做使臣，是吕夷简想置富弼于死地的做法。为了证实自己的说法，欧阳修还援引了当年颜真卿遭宰相卢杞暗算，晓谕叛乱的节度使李希烈，因而被李希烈杀掉的旧事。欧阳修认为吕夷简这是故意在给富弼挖坑，自从范仲淹和吕夷简和好以后，朝中敢冲吕夷简开炮的只剩下了富弼和欧阳修。

见到欧阳修的弹奏，仁宗皇帝也左右为难。他太喜欢富弼了，欧阳修的建议又让他大伤脑筋。此次出使辽国的凶险难以预料，他也不愿意让自己的大臣去冒这个险。可是这一任务除了富弼还有谁能够完成呢？

最终，仁宗皇帝没有过多地探究吕夷简派富弼使辽的用意，只是暗中祈祷一切向着好的态势发展，同时对欧阳修的奏请，仁宗皇帝也采用了“不报”的处理方式。

说实话，当时为富弼感到担心的不只是欧阳修、仁宗皇帝和关心富弼人身安全的亲朋好友，满朝大臣都在眼巴巴地盼着从辽国传来的任何一条消息。辽国人喜怒无常，说翻脸就翻脸，富弼的安危将直接关系到大宋江山社稷的安定，大臣们怎么会不关心呢？

此时，富弼和他的搭档张茂实已经抵达辽国。富弼的搭档本来不是符惟忠吗，怎么又变成张茂实了呢？

原来，在出使的路上，刚刚走到武强（今河北省武强县）境内，也许是初受大任不堪压力，符惟忠竟一命呜呼。到底谁来担任这一职务呢？仁宗皇帝破例允许富弼自己推荐一名人选。于是，富弼就近向朝廷推荐了贝州（今河北省清河县）知州、以供备库使身份担任恩州团练使的张茂实。恩州即今天的山东省平原县恩城镇一带，当时恩州属贝州管辖。

富弼此行命运如何？让我们拭目以待。

富弼的智慧

富弼此行可谓一波三折，险象环生。

到契丹后，老熟人刘六符奉命到别馆设宴接待。熟人相见，富弼当然会趁着这个机会详细了解一下谈判对手的情况。谈判过程真真假假，既不能不信，又不能全信。任你千变万化，我有一定之规。

刘六符说：我们皇帝执意要你们割地，你看该怎么办？

富弼一听，此前所做的努力完了。但转念一想，刘六符此话未必当真，便说：如果你们皇帝执意要我们割地的话，老兄，这可是撕毁条约的做法呀。如果是这样，我们皇帝肯定也不会答应，这样一来两国只能打仗了。

刘六符没想到富弼会这么强硬，他忙委婉地说：兄弟，没想到你们皇帝这么固执，一点儿都不会变通。先别说打仗呢，咱们还是考虑考虑怎么妥善处理吧！

富弼已经看出刘六符这是在故意卖关子，富弼说：“你们无缘无故地让我们割地，按说这都是兵戎相见的事儿。我们皇帝没有发兵，现在先派我来谈判，一是通婚，二是增加岁币，这是我们不变通的表现吗？”

刘六符无语，急得他满头大汗。本来收了钱财，现在事情搞成这个样子，他感觉有点儿不好跟富弼交代。

见是这样，富弼说：你别为难了，我去见你们皇帝。合适的机会你给我帮帮腔就行了。

富弼见到辽兴宗，先是不失国礼地主动问好。礼节性问候之后，谈判直奔主题。

富弼先发制人，问耶律宗真说：**两朝人主，父子继好，垂四十年，一旦忽求割地，何也？**

辽兴宗一副无辜的样子说：你们违背盟约，堵塞雁门，增加塘水，修治城湟，让老百姓成为士兵，想要干什么？群臣请求朕兴兵南下，我对他们说不如派遣使者索要土地，索求而没有获得，兴兵也不为晚。

辽兴宗的意思是：你们违约在先，如果不是我约束着，我们早就派兵打你们了。这是赤裸裸的威胁。

富弼可不怕这个，富弼说：北朝难道忘记了当年章圣皇帝（宋真宗）的大恩大德吗？澶渊战役，章圣皇帝如果听从各位将领的建议，北朝军队一个也不能脱逃。而且北朝与中原互通友好，这样作为人主能独享其好处，但臣下却一无所有。如果要发动战争，利益将会全部归于臣下，而人主就要承担祸患。因此，那些劝你发动战争的人都是替自己考虑。

你好好想想吧，一是大宋不怕你；二是你不是说你的大臣要打仗吗？大宋不怕打仗，而且你也一定要想清楚，你的大臣为什么撺掇你打仗。

富弼随机应变的能力绝非常人可比。

见富弼这么说，辽兴宗有点儿尴尬。过了许久，辽兴宗才故作惊讶地说：“你这话是什么意思？”

富弼摆出一副很真诚的样子说：当年那些事情就在眼前，既然你这么问，我就详细给你说说。当年晋高祖石敬瑭欺骗上天背叛君主，末帝昏乱，土地疆域狭小，上下离心叛乱，因此契丹能保全军队而战胜他们。当年那些是是非非咱们不再说，只说打仗这一件事。尽管辽国当年成功帮助了石敬瑭，辽国的壮士健马物资也失去了一大半。如今大宋疆域万里，精兵百万，法令严明，上下一心，北朝即使发动战争，能保证一定能获胜吗？即使获胜，损失的军队马匹，是群臣负责，还是人主负责？如果互通友好不断绝，岁币全部归人主，群臣又能享有什么利益呢？

辽兴宗似有所悟，他认真想了想，也对呀。仗打来打去，不管胜败，功劳都是臣子们的，罪过倒是皇帝一个人的，这一点他可是深有体会。于是，辽兴宗不断地点头对富弼的话加以肯定。

富弼又说：我再详细跟你说说你刚才说的那几件事。堵塞雁门，我们是为了防备元昊。塘水开始于何承矩，这件事在互通友好之前就有了。城隍都是修理好的，让老百姓当士兵也是为了补充军队的缺额，并不是违背盟约。你仔细想想，是不是这么回事儿？你不要被手下那帮别有用心的大臣给骗了。

此时，辽兴宗已经被富弼的话打动了，但他还不死心，辽兴宗说：没有你的话，我还真不知道其中的详情。这件事我还得详细了解了解，今天就不说这个事儿了。我跟你们所要的土地，这是我们祖宗过去的地盘。

富弼一听，笑了：当年石敬瑭割地给辽国，后来周世宗又攻取关南，这都是不同时代的事情。而且这些事情都在咱们两国签订盟约之前。如果两国不以盟约为准，各自翻旧账给对方索要土地，这对北朝有利吗？

辽兴宗想想也是，虽然富弼说得有道理，如果都按富弼所说，自己不是白忙活了吗？不行，转来转去自己靠谈判谈不过富弼，还得想其他办法。

两个人第一次见面就这样无果而终。

从辽兴宗处出来以后，刘六符悄悄对富弼说：彦国兄，你看到没有，我们的君主感到接受金帛是耻辱，坚决要求十县，这可怎么办？

富弼不慌不忙地说：大家都一样。我朝皇帝也说，朕替祖宗坚守国土，怎能随便将土地送给别人呢？北朝要求的，不过是租赋而已。朕不忍心多杀死两朝赤心之臣，因此委屈自己增加岁币来代替。如果一定要索取土地的话，这就是一定要破坏盟约，假借这点作为托词罢了。“澶渊之盟”，天地鬼神亲自看到了。如今北朝先发兵挑起事端，过错不在我们。天地鬼神，难道能欺骗吗？

富弼这是间接地通过刘六符传话，在领土问题上大宋绝不让步。而且一旦打起仗来，大宋绝对不会含糊。

第二天，谈判改变了一种方式，辽兴宗召富弼一起骑马打猎。此举一是缓和一下气氛；二是想借机向富弼宣示一下辽国的武力。一番冲杀之后，辽兴宗让富弼的马靠近自己，直言不讳地问起了富弼这次出使的使命。富弼说，此次出使，目的是宋辽通好，没有其他目的。

见富弼这么说，辽兴宗便又提起了关南十县。辽兴宗说，既然你是来通好的，唯有辽国获得关南十县，两国才能长久欢乐友好。

在打猎过程中，富弼毫无惧色地陪辽国君臣纵马驰骋，一点儿都不拘束。见辽兴宗还在坚持让大宋割地，富弼不卑不亢地说：我们皇帝曾经跟我说过，北朝想得到祖宗的旧地，难道南朝就该失去祖宗的旧地吗？按你所说，北朝以获得土地当作荣耀，那么我们南朝一定会以失去土地为耻辱。道理是一样的。兄弟之国，又怎能一国荣耀一国耻辱呢？所以这件事情您一定要好好想想，不要因此伤了两国和气。

富弼就是不提打仗的事儿。打就打吧，反正我们不怕。你不要以为我们怕你，当年的澶渊大战，如果不是我们网开一面……总之你好好想想吧，我们不是怕打仗，只是我们不愿意打仗，更不愿意违约。不提打仗的事，是因为大宋根本就没把打仗当回事儿。

打猎结束以后，刘六符悄悄对富弼说：我们君主听到您所说的荣辱的话，好像十分感动。他不想图你们的钱，如今只有结成婚姻能够商议了。

富弼见目的已经达到，心中自是大喜。但高明的富弼却装作不肯让步。富弼说：婚姻这种事情，容易产生埋怨隔阂。两口子之间吵吵闹闹正常不过，别因为这些事情伤了两国和气。再说，人各有命，谁能活多少年很难说，为保持两国关系，结婚不是件长久的事情，不如岁币更有效。

好不容易自家皇帝答应不再让大宋割地，见通婚的事情富弼也不肯答应，刘六符急了：你们南朝皇帝难道就没个女儿吗？

富弼见刘六符中了自己的圈套，淡然地说：我们皇帝的女儿才刚刚四岁，结婚要等十年以后，即便订婚也得等上四年到五年。你们等得及吗？

刘六符没话了。

富弼很清楚，刘六符坚持通婚的意图在于想借机多获取一些钱财，富弼说，我朝长公主出嫁，所送聘礼不超过十万缗。

听富弼这么一说，辽兴宗感觉通婚也没多大意思，也就不再坚持了。

谈判的初步结果已经有了，辽兴宗派人告诉富弼归国。富弼却不答应，富弼说，通婚和岁币这两件事还没定下来，我可不敢回朝复命。等您正式把事情定下来，我再回去。

外交打的就是智慧，富弼又把球踢了回去。是呀，皇帝派你来和谈，对方只定了一个口头协议，能这么空着手回去吗？

见富弼说的也不是没有道理，辽兴宗只好说：你先回去吧。等你再来的时候，带上你们的国书，我会选择一项能接受的条件答应你们。

得到了辽兴宗的实质性承诺，富弼这才回朝复命。不过，见事情紧急，为了节省时间富弼没等回到朝廷，便写了一封奏书，将和辽兴宗谈判的过程一一记下来，派快马将其报向朝廷。富弼建议：事不宜迟，朝廷最好尽快拿出国书，以免辽国反悔。

见辽国不再坚持让大宋割地，仁宗皇帝大喜，立即升富弼为吏部郎中、枢密直学士。按照富弼传达的意思，仁宗皇帝派吕夷简安排人草拟国书。为免夜长梦多，国书写好以后，富弼和张茂实立即赶往辽国。

这时，又出了一个小插曲。

书写国书的时候，宰相吕夷简命富弼将和辽国谈判达成的条件写下来，然后由中书相关人员誊写成文。在吕夷简安排下，大宋制国书两份，誓书三份。两份国书：一份是关于宋辽通婚的，如果通婚则不追加岁币；另一份增加岁币的国书中，大宋提出如果辽国能让西夏对大宋称臣，大宋每年增加岁币黄金二十万两，如果不能，则增加十万两。誓书的内容无非是两国签订友好互不侵犯条约，富弼报给中书的内容主要说了三条：一是两界塘淀毋得开展；二是各不得无故添屯皇马；三是不得停留逃亡诸色人。

知道吕夷简的一贯手段，这些内容给吕夷简报过去之前，富弼多了个心眼儿，让人录了一个副本。

在吕夷简安排下，朝廷紧急命人写好这五份文件，密封好连夜打马送到富弼手上。

富弼奉命再次出使辽国。

走着走着，富弼突然又觉得自己增加的那三个条款本来“澶渊之盟”里就写过了，万一国书里措辞跟原来的条约不一致，富弼担心让辽国起疑。于是，富弼立即对副使张茂实说：我作为使者而不看国书，假如国书言辞与口传之词不同，我的事情就失败了。打开了国书副本，国书中写的竟然真的跟自己谈好的条件不一样。富弼大惊，吕夷简果然又耍了手段！

见此，富弼不容多想，忙派人去找吕夷简落实。仁宗皇帝也听说了这件事，未假思索他传旨给富弼说，这三件事不必计较，你口头跟辽国皇帝交涉就行了。

事关重大，富弼无奈只好致厚礼于张茂实，请他于原地等候，自己则火速打马回到京城。

富弼回到京城时太阳已经落山，早已下朝，心急的富弼又到皇宫叩门求见。把守皇宫的守卫以不合规制为由，告诉富弼要见皇帝必须事先通报，告诉他明天再来。

事情紧急，不容商量。富弼将利害关系说清以后，守卫急奏皇帝，富弼得以入见。向皇帝说明事情原委以后，富弼说：执政固为此，欲致臣于死，臣死不足惜，奈国事何？

仁宗皇帝也急了，忙召来吕夷简等人责问。

吕夷简入见，只是很从容地说：哦，这是个笔误，改一下就行了。

富弼恼了：笔误？堂堂国书，你吕相会出现笔误？

见争执不下，一旁的晏殊忙出来给吕夷简打圆场：吕相必不会如此，只是笔误。

见老岳父不帮自己，反倒替一心置自己于死地同时又不顾国家利益的吕夷简说话，富弼再也压不住自己的怒火，富弼跪下对仁宗皇帝说：晏殊奸臣，他这是朋党吕夷简，以欺瞒陛下！

国事为重，不能吵起来没完，仁宗皇帝命王拱辰重新按富弼的意思写了一份国书，命富弼先行出发。

孰是孰非？

身为富弼的岳父，晏殊以长辈的身份息事宁人并无过错。只是他见死不救的做法让人心寒。不过，这何尝不是他以国事为重的崇高表现呢？

这笔账，日后慢慢算。

富弼等人再次到达辽国，这一次，辽国不再商议结婚之事，只是一心要增加岁币。辽兴宗说，南朝将东西给我们时言辞应当说“献”，否则就说“纳”。

辽国人鸡蛋里挑骨头的用意也很明显。

富弼为此据理力争，辽兴宗说，南朝既然害怕我们，对这两个字又有什么关系呢？如果我们率领军队南下，不后悔吗？

富弼说，本朝兼爱南北，因此惮烦于更改和约，又怎能叫作害怕呢？即使不得已要动用武力，那么应当以理由充足和无理来作为胜负，这不是出使的臣下所能知道的。

辽兴宗说：你不要固执，古代也有过这种事情。

富弼说：自古以来只有唐高祖向突厥借用军队，当时赠送东西，或许称作献纳。后来颉利被我朝太宗捉拿，难道还有这样的礼节吗？

富弼脸色言辞都十分严肃，辽兴宗知道不能改变其想法，便说：我自会派遣人商议此事，然后会派使臣过去。

富弼回朝。

回朝以后，富弼上奏说：臣下用死来拒绝他们，他们的气焰已受到遏制，对于他们要求的“献、纳”二字，可以不允许。

然而，不愿再多事的仁宗皇帝在一心息事宁人的两府大臣劝说下，竟然没有听从富弼的建议，将“纳”字赠予了辽国。

在这次漫长曲折的外交斗争中，富弼以出色的胆识完成了一个当时任何人看起来都不可能完成的任务。接受朝命以后，听说一女死亡，富弼没回家看一眼；再受朝命后，听说夫人又为他生下一个儿子，富弼也没能回家看一眼。

宋辽再次修好以后，富弼又授职枢密直学士，迁为翰林学士，都一概毫不犹豫地推辞了。富弼说，增加岁币不是臣下本来的愿望，只是因为正在讨伐李元昊，没有时间与契丹较量，因此不敢以死争执，怎敢接受朝廷恩赐呢？

自此，紧张的宋辽关系因富弼的出色表现一步步得到化解，富弼也因此成功地完成了进入两府前的各种准备。

但是，对于这些事情他一直毫不在乎。富弼是古代文人官员中为数不多的一身侠气的出色代表。有见识、有能力、有胆量、有气魄、有办法而且不在乎利益得失。

这样的人物并不多见。仁宗年代名臣辈出，如果大宋仁宗年间设一个名臣排行榜，富弼一定会名列前茅。

兵败定川寨

人都会挑软柿子捏，打仗也一样。经过长时间的观察和准备，李元昊决定孤注一掷，对大宋发动一次疯狂的攻击。

不管大宋跟辽国的谈判结果如何，发动一场攻击已经势在必行。如果宋辽和好，自己跟大宋谈判增加了一个砝码；如果宋辽开战，说不定还可以趁着大宋腹背受敌的机会更进一步。拿定主意以后，李元昊精准地将自己的攻击目标选定在泾原路。

镇守泾原路的最高长官是王沿，负责领兵的是被范仲淹称为“猾不知兵”的葛怀敏。

庆历二年（1042）九月，李元昊集结十万兵马，分两路扑向泾原路。一路直接攻击镇戎军军城；另一路负责诱敌出击，半路截杀。为了壮大声势，李元昊发兵之前甚至喊出了打败宋军、直指长安的口号。

如果长安城一旦被打破，长安城离大宋首都开封府仅有几百里，而且中间无险可守。这不但意味着整个陕西路将归于西夏，而且还意味着西夏随时能威胁大宋国的都城。

对于西夏这次突发的军事行动，泾原路最高长官王沿立即做出了反应。

王沿是个标准的文官，王沿坐镇指挥，由他的副手、大将葛怀敏领兵出战。

此处需要再详细地介绍一下葛怀敏。出身将二代的葛怀敏来西北战场之前，一直在京城的禁军工作。葛怀敏为人机敏伶俐，见人说人话见鬼说鬼话，因此深得大宋官场的喜欢。加上其父葛霸、岳父王超、大舅哥王德用和连襟晏殊在官场的人脉关系，曾经有好多人都曾向朝廷推荐葛怀敏。

如果没有李元昊叛乱，如果没来西北战场，或者如果没有李元昊这次进攻，相信左右逢源的葛怀敏一定会官越当越大，甚至早晚有一天跻身枢密院也不无可能。可惜命运对葛怀敏就是这么残酷，他不但被派到了西北战场，而且正好赶上李元昊的大举进攻。

从另一个角度讲，此时，一个广阔的舞台正向葛怀敏展开。如果他能够把握机会，带大兵阻挡住李元昊这次进攻，相信他的官运一定前途无量，超越父亲、岳父、大舅哥和连襟是计日可待的事情。

可惜，现实中葛怀敏并没有完成这一使命。

王沿胆小怕事，不分析敌情就盲目地派出葛怀敏，并全权委托他带兵出击，这次战争无论胜败，王沿有着不可推卸的责任。在出发之前，王沿没忘了再三叮嘱葛怀敏，敌军过于凶猛，而且李元昊狡诈多变，此次用兵你一定要谨慎，不到万不得已绝不能轻易出击，而且一定不要分兵。

庆历二年九月初九，葛怀敏率兵到达瓦亭寨。

在瓦亭寨驻兵以后，葛怀敏很好地贯彻了王沿的建议，他下令所有部队迅速向瓦亭寨集结。在瓦亭寨，葛怀敏又会同了瓦亭寨都监许思纯、环庆都监刘贺两支人马，此时他率领的兵力已达七万，这是自开战以来大宋兵马集结人数最多的一次。

此时，葛怀敏手下大将云集，不但有与西夏作战经验丰富的曹英、刘湛、向进、李知和，还有知兵善战的赵珣、李良臣、孟渊等上百位将官。初受大任的葛怀敏兵力强盛，他早已把王沿不要轻易出击的嘱托抛在脑后。

大军集结以后，葛怀敏当即下令：出击屯五谷口，全歼进犯的西夏军。

王沿得到葛怀敏要出击屯五谷口的消息简直要疯了，眼见葛怀敏已经发兵，再说什么也是于事无补。于是，王沿再次派人告诫葛怀敏：你一定要小心，绝不可贸然发兵，以免落入敌人的圈套。

可惜，葛怀敏自恃兵多将广，又是将门之后，他根本就没把王沿的提醒放在心上。葛怀敏没有遵从长官的命令，而是下令大兵继续前进，由此拉开了宋军因轻敌冒进导致第三次大败的序幕。

葛怀敏不但自视甚高，而且爱出风头。身为宋军主将，行军途中他发现队伍行进速度太慢，竟一马当先地率领一百多骑兵脱离大军径自冲向前方。人少马快，他们一直跑出了数十里，葛怀敏才被将官赵政拦下。

擅离帅位一直是兵家大忌，葛怀敏如此危险盲目的举动让所有人都吓坏了。如果李元昊在此埋有伏兵，估计两军还没交战就已经有了结果。还好，葛怀敏运气不错，没能罹受出师未捷身先死的悲哀。他春风得意地指挥自己的大军来到屯五谷，很快宋军的后续部队也相继赶到，大军在葛怀敏的率领下继续前进，兵发养马城。

前方不远便是养马城，在葛怀敏率领下，宋军浩浩荡荡地进入城中。奇怪的是，自从进入城中，葛怀敏突然没有了任何动静。不要以为葛怀敏忘记了他身上的任务，至此，葛怀敏似乎还能记着主帅王沿不可轻易发兵的嘱托。

葛怀敏的大军在养马城一驻就是三天，七万多宋军在养马城每天除了吃喝，就是等待。葛怀敏则每天在营中喝酒作乐，好像把打仗的事情给忘了。这时，李元昊的大军已经到了定川寨外。大将赵珣探听到敌军消息，忙向葛怀敏建议：敌兵远道而来，长途行军，此时有利于速战。敌军声势浩大，数倍于我军。不如趁其军心未稳，在天明之前集中兵力进行突袭。我们预先埋伏一路兵马埋设栅栏，截断敌人骑兵的退路，只有突发奇兵才能将其一举打败。如果不在这个时候动手，一旦其调整完毕准备充足，我军怕是难以抵挡。

葛怀敏一听，感觉赵珣说的有道理，于是马上召开了一次军事会议。在会议上，葛怀敏没有听从赵珣的建议，而是兵分四路，由四个方向分头向李元昊进攻。

愚蠢的还有葛怀敏手下的将领们，他们都盲目地认为此次宋军兵力充足，一旦打起仗来，绝对能把李元昊的大军一举击败。因此，赵珣的建议被搁置一旁。

葛怀敏见众将意见一致，下令四路带兵出击。

于是，刘湛、向进为第一路兵发西水口，赵珣为第二路兵发莲华堡，第三路曹英、李知和兵发刘璠堡，第四路兵发定西堡，由葛怀敏自己率领。四路兵马冲出养马城，从四个不同的方位向西夏大军扑去。

诡异的是，连夜发兵的宋军四路人马整整折腾了一夜，都没能见到西夏大军的影子。西夏十万人马仿佛一夜之间蒸发，这让势在必得的葛怀敏大呼奇怪。

天色将明，有人突然传来消息，兵发西水口的刘湛和向进部在赵福新堡一带中了西夏大军的埋伏。双方交战以后，宋军溃败，现正在向后方逃来。

葛怀敏大吃一惊，马上率中军扑向刘湛所部救援。与此同时，葛怀敏下令，其余两支部队迅速向赵福新堡一带靠拢，准备于此地一举击败李元昊。

这时，又一个可靠消息传来，李元昊的主力并不在赵福新堡一带，而是去攻打定川寨了。他们的先头部队已经跨过战壕，眼看就要攻入定川寨。葛怀敏大惊，忙改变作战计划，再次勒马回头，命各路军马转扑定川寨。

四路宋兵一路狂奔，准备在定川寨与西夏决一死战。哪知道，一路之上他们根本没遇到一个西夏士兵。见此，葛怀敏率诸部一路畅通地驻进了定川寨。

折腾了一夜，除了人困马乏、损兵折将以外，葛怀敏指挥的宋军一无所获。葛怀敏有些气恼。然而，还没等葛怀敏坐下来想明白敌人为什么牵着自己的鼻子白白折腾了这一大圈儿，定川寨外围，四面八方如潮水一般涌出了难以计数的西夏大军。

原来，只等葛怀敏进城，李元昊便派兵将定川寨铁桶一般围住。

李元昊的目标是全歼寨中的七万宋军。将定川寨包围以后，李元昊先派人在上游把流向定川寨的河流截断，彻底截断了定川寨的水源以后，李元昊并不急于攻城，他要坐等定川寨不攻自破。

自此，寨中的宋军开始过上了没水的日子，他们能够抵抗多久已经是显而易见了。

直到此时，葛怀敏还是没有害怕。

此时，除了在赵福新堡遭敌军埋伏的小股兵马，葛怀敏手里还有七万大军。七万不是七百，也不是七千，而是如狼似虎的七万有生战斗力量。葛怀敏很清楚，李元昊围城的只有十万人马，在兵力上自己没有多少劣势。

李元昊围城以后，葛怀敏没有犹豫，他立即打开寨门，先派出五千蕃军出敌应战。为了表示自己的名将风采，葛怀敏亲率中军出城督战。

不出所料，五千宋军战败，葛怀敏退到寨中。敌军耀武扬威地向定川寨攻来，直到这时，轻敌的葛怀敏才终于感觉有些不妙，他立即派曹英分兵三万，直扑城外的敌军。

李元昊不慌不忙地分兵迎战，同时下令一股西夏骑兵直冲葛怀敏督战的中军。当时西夏骑兵便是让人闻风丧胆的铁鹞子军，即后世所说的重甲骑兵，其冲击力和杀伤力不是宋军一时能够抵抗的。尽管这样，葛怀敏的中军还是仗着强弓硬弩不与其短兵相接。一番激战之后，西夏军丢下数百条尸体退了回去。

此时，在正面战场，曹英所部已与西夏主力部队激战在一起。杀红了眼的宋军殊死抵抗，一时之间难见高下。偏偏就在此时，中国战争史上又一幕诡异的事情发生了。一阵狂风铺天盖地席卷而来，直扑战场上的宋军，一瞬间便把宋军卷进去了。

宋军阵营立即崩溃，开始被西夏军追着四散奔逃。无数溃兵转身逃向定川寨，兵败如山倒，为了争夺道路，溃败的宋军不惜自相残杀，一时间乱成一团。

混乱之中西夏军开始放箭，宋军又死伤无数。大将曹英在混战中被一箭射中面门，被亲兵拼死救了回来。被大风刮蒙的宋军不辨方向，自相践踏，甚至还冲散了葛怀敏率领的中军。

混乱之中，葛怀敏英勇地保持着他的英雄本色，无论多少亲兵和大将劝他退回寨内，葛怀敏都执意不下战场。

眼见寨外情势危急，大将赵珣率数千刀斧手和敢死队死死守住定川寨大门，并一马当先地反扑西夏军。最终，宋军又付出上千条军士的性命，才将西夏军击退。

葛怀敏率宋军退回寨中。

当夜，西夏大军趁着夜色再次把定川寨围得水泄不通。双方再一次展开了数轮你死我活的攻防，其惨烈已经无法用文字形容。

此时，对葛怀敏来说，最明智的行为是集结兵力突围，无奈葛怀敏认为自己首战失败的原因是准备不足，他一定要挽回面子，在定川寨打败李元昊。

在这一思想指导下，宋夏双方在定川寨展开了十余天的攻防大战。在敌人重重包围、城中缺水的十余天的时间里，葛怀敏已成功把宋军的战斗力消耗殆尽。

十天之后，葛怀敏终于撑不住了。似乎直到此时他才明白当初应该突围。

这一次，昏招迭出的葛怀敏又做出了一个错误的决定，他将宋军突围后目标指向了后方的镇戎城。数次在关键时候提醒葛怀敏的大将赵珣再次反对了葛怀敏的想法，赵珣提出，突围以后不能直入镇戎城，而是先绕道退守笼竿城，以观敌军的动向。

可惜，赵珣的建议再一次被葛怀敏驳回。此时的葛怀敏还不知道，他再一次让自己丧失了一个宝贵的逃生机会。

接连战败之后，葛怀敏有些崩溃。明明决定明日天明时全军突围。下令以后，葛怀敏想了想又感觉不对。如果全军同时突围，一旦乱了阵营，影响到自己撤退怎么办？于是，葛怀敏收回军令，下令全军等中军号令再行突围。

当晚，刚过半夜，葛怀敏想了想还是觉得不保险。于是，鸡刚叫头遍葛怀敏便悄悄起床，叫起自己的中军人马和手下数十名大将，告诉他们即刻先行撤退。

葛怀敏此举是什么意思?

说白了，他是要将大宋六万多军马扔在定川寨独自逃跑。

守夜的士兵发现不对，见主将临阵脱逃，军士们冲上来拦截，葛怀敏的马缰被宋兵死死拉住。无奈之下，葛怀敏只得停下来向各将官传达突围的军令。

此时，围在葛怀敏身边的最少也有上千宋兵，葛怀敏当着他们的面对军中参谋郭京和几个大将同时下令，要他们马上回去集结军马、给养，准备天亮以前突围。

宋兵信以为真，纷纷散去做突围前的各种准备。葛怀敏看到身边已无人阻拦，当即命中军出寨突围。

这时，一位守营的小兵再次冲上来拉住葛怀敏的战马。葛怀敏勃然大怒，挥刀朝小兵砍去。趁小兵躲避，葛怀敏打马而出，身后中军人马跟着冲出寨外。

葛怀敏带人在第一时间冲出了定川寨。此时，跟在他身边的是军兵九千多人、战马四百多匹和他手下的十三员统兵大将。他成功地把六万多宋军兄弟丢在了定川寨中。

理想很丰满，现实很骨感。葛怀敏的人马还没冲出两里路，便发现前方的道路被挖断了。想退守时，后方有西夏兵马截断了退路。这时前方，也出现了拦路的西夏军马。

就这样，西夏军队再一次埋伏成功，把葛怀敏和数十名将军还有近一万兵马包在了中间。这一战再无悬念，虽然葛怀敏在最后时刻击杀数名西夏兵，但他最终却被数杆长枪刺穿身体落马而死。

此战，突围的宋军再一次全军覆没。大将曹英、李知和、赵珣、刘贺等十三位将领全部战死。

在战斗中，都监王昭明和将军官赵政侥幸逃脱，他们在突围被伏击的一开始，便由数名亲兵保护回退定川寨。回到城中以后，赵政和王昭明集结寨中兵马，准备誓死守城。

奇怪的是，击杀葛怀敏之后李元昊并没有全力攻打定川寨，而是悄无声息地从三川寨撤兵了。

从三川寨撤兵以后，李元昊随即带领大军直扑渭州。

见敌军声势过于强大，沿边各小城寨的守军不敢出城。他们任由西夏大军长驱直入，一路畅通无阻地杀到了渭州城。就这样，未遇任何抵抗的西夏军肆无忌惮地在幅员六七百里的渭州境内烧杀抢掠，如入无人之境的他们没过几天就逼近了渭州城。

驻守谓州的王沿吓出了一身冷汗。

自知难以抵挡，王沿紧急向其他各路发出救援。出乎意料的是，这一次李元昊竟然没有攻打渭州，他只是攻到城下，然后就悄无声息地撤走了。

大宋群臣不知道的是，这又是李元昊一次见好就收的智慧的表现。他这次大举发兵的目的并不是直攻长安。歼灭葛怀敏，大败宋军同时一路攻到渭州，李元昊已经达到了这次出兵的目的。如果深入宋境，一旦秦凤、环庆和鄜延三路兵马截断他的退路，后果将不堪设想。

一击即退，从不恋战，达到目的立即收兵，李元昊已经将这一手玩得炉火纯青。可惜，大宋君臣当时都没能洞悉李元昊的真正用意。

救援

李元昊成功地用定川寨一战告诉大宋：我不是不打你们，也不是没能力打你们，只是我不打你们而已。

接下来，李元昊要做什么已经不用猜测。

然而，大宋却没有一个人知道他的真实意图。

李元昊已经探明，自己攻向渭州的同时，鄜延路的庞籍派出了王信和狄青、环庆路的范仲淹已经派出了范全前来支援。一旦宋兵赶到，自己将腹背受敌，他必须在宋军的援兵到来之前完成撤退。

这只是李元昊一击即退、不敢打持久战的原因之一；另一个原因是他已经听说辽国与大宋修好。这一消息无异于晴天霹雳，李元昊怎么也没想到辽国竟然能与大宋和好。听说大宋仅派了两名使臣就把辽国搞定了，李元昊不敢相信自己听到的消息。经多方打探，这才知道是富弼为大宋完成的这一任务。如果大宋多一两个富弼和范仲淹这样的人……李元昊不敢往下想了。

他需要见好就收。

派出范全以后，经详细侦察，范仲淹发现敌人的十万大军只是在泾原路一带活动。李元昊为什么在这个时候孤注一掷地死攻泾原路，范仲淹想了半天。思来想去，他还是没能明白李元昊的意图。没明白归没明白，一个想法已经在范仲淹脑海里形成。李元昊之所以如此大张旗鼓地兵发泾原，一定有其不可告人的目的。敌人的力量过于强大，王沿一个人的力量肯定难以抵挡，为此他果断地决定派兵支援。

将环庆路各项防御工作安排妥当以后，范仲淹亲率六千精兵，分头从邠州、泾州出发赴渭州增援。此时，渭州一带除了渭州一座孤城，周围大大小小的城寨几乎全部被李元昊扫平。就在几天前，听说西夏军已经攻到泾水岸边的潘原，稳坐朝堂的仁宗皇帝再也坐不住了。他很清楚，如果敌兵过泾水一路南下，几天的时间就可以打到长安。焦急的仁宗皇帝像热锅上的蚂蚁一样团团乱转，望着眼前的山舆地图，仁宗皇帝无奈地叹了一声：若范仲淹出援，吾无虑矣！

就在仁宗皇帝刚刚发过感慨，接前线奏报，范仲淹已经兵发渭州。仁宗皇帝感动得简直不知道该说什么好了。激动了半天，仁宗皇帝才说：我早就知道，范仲淹可用，范仲淹可用！

虽然李元昊的目的只是掠夺，不是占领，但战场上的形势千变万化，从仁宗皇帝的感慨可以看出，范仲淹这一安排绝对是正确的，尽管当他带兵赶到时，李元昊的大军已经先他一步撤到塞外去了。

因救援时的出色表现，王信、狄青、范全等将官一并升职。同时，范仲淹、韩琦、庞籍等长官也都一并升职。这一次，范仲淹和韩琦同时多了一个职衔：右谏议大夫，庞籍升的则是左谏议大夫。接到诏令以后，范仲淹认为在这次战争中自己虽然已经出援，但寸功未立，不能当此奖赏，因此没有接受这一任命。哪知道仁宗皇帝对他能在关键时候的出援早已认可，说什么都不肯收回这一任命。

大宋官场有很多有意思的现象，对于朝廷的任命，出现过很多次官员力辞不受的情况。比如上一次仁宗皇帝加给范仲淹和韩琦的观察使，范仲淹认为自己不在所任，所以就没有领受这一任命。对于同一件事情，不同的人有不同的看法。尽管范仲淹没有受命，跟他一起被任命的韩琦却没有拒绝。韩琦认为，皇帝心忧边患，身为臣子要勇担其任，不应该在这个时候逃避责任。抱着这个想法，韩琦大大方方地接受了观察使的职务。

后来，见范仲淹和庞籍一连好几封辞呈，执意要辞去观察使，韩琦也跟着他们一起递交了辞呈。韩琦的理由说得也很坦诚，他辞职只是因为见范仲淹和庞籍接连辞职，如果自己执意不肯辞去这一职务，怕被别人误以为自己是贪受观察使的高位。这一年，韩琦刚刚三十五岁，而范仲淹是五十四岁，庞籍则是五十五岁。

官场之事，微妙莫测。

接到韩琦的奏请，仁宗皇帝也觉得这事儿有点儿微妙。思来想去，他下令韩琦称号不变，待遇还按原来的职衔对待。

这次迁右谏议大夫，有了上一次的教训，韩琦干脆利落地在第一时间拒绝了。韩琦的说法和范仲淹几乎完全一样：臣得还旧职固荣矣，贼犯邻境，臣虽督遣援兵，实无毫发之助，官不当复迁。

仁宗皇帝对韩琦拒绝这一任命的态度和对待范仲淹一样：不听。

对于泾原路的惨败，善后工作和赏罚工作同时进行。葛怀敏虽然全军覆没，念其已经为国捐躯，仁宗皇帝特令赠其镇西军节度使、兼太尉，并赐其谥号忠隐。葛怀敏的四个儿子都得到了封官，妻子晋封河内郡夫人。倘葛怀敏地下有知，不知他会不会惭愧，对他家人的这一厚赏，是他用自己以及数万大宋军士的性命换来的。

如地下有知，相信葛怀敏一定会含笑九泉。

同葛怀敏一起阵亡的曹英、李知和、王文、刘贺、李岳、张贵、赵璘、杨遵、许思纯、姚奭、李良臣、董谦、唐斌、霍达等人也都得到了封赏，他们的家人也都得到了朝廷的优厚抚恤。

此时，大宋还不知道李元昊此次进犯的真正意图，因此亡羊补牢是在所难免的。仁宗皇帝诏命翰林学士兼龙图阁直学士王尧臣为泾原路安抚使，洛苑使、英州团练使、内侍副都知蓝元用为副使，一起安抚善后工作。王尧臣曾在陕西工作，既熟知当地情况，又工作能力超强，派他担任这一职务是最合适的选择。渭州大败，王沿已经不能胜任，取代王沿的是河东转运使文彦博。为加强泾原路的防御，仁宗皇帝还诏令从定州路发禁军两万两千人，驻防泾原。为了鼓励禁军踊跃赴前线杀敌，对这些奔赴前线的军士每人赏钱一千五百。也许怕有人不愿意去，仁宗皇帝还下诏说，走到长安再发一千。

泾原路最高长官王沿是怎么处理的呢？

看史书的记载：丁卯，泾州观察使、知渭州王沿复为龙图阁直学士、刑部郎中，降知虢州，坐葛怀敏之败也。

由此可见，仁慈的仁宗皇帝对王沿的处理不像想象的那么重，他只是除去了王沿观察使的身份然后将王沿官复原职，待遇没变，只是具体工作的地点由渭州降到了虢州。用今天的话说，级别没降，工资和待遇没降，只是权力小了点儿，仁宗皇帝对自己的大臣可真够宽厚的。

其实，王沿也并非一点儿本事也没有，此战错就错在他对葛怀敏的任用上。有一段话《续资治通鉴长编》是这么记载的：沿始教怀敏驻军瓦亭，及怀敏趋镇戎，沿驰书戒勿入，第背城为寨，以羸师诱寇，寇至发伏击之，可有功。怀敏弗听，进至定川，果败。寇乘胜犯渭州，沿率州人乘城，多张旗帜为疑兵，贼引去。

你以为史书里这是在表扬王沿吗？

不是，因为这还没完。史书的春秋笔法需要你尽可能地去体会字里行间流露出的言外之意，讲到这里时作者突然话锋一转：

先是，沿子豫谓怀敏非将才，请沿奏易之，沿不听，故及此。

葛怀敏不是将才，他儿子都看出来了，而且还劝他了，王沿只是不肯听。

你说王沿冤不冤？

他一点儿也不冤。作为最高长官，布局和用人是你最基本的两个任务。

所以，用人不当就是长官的错，不要再找什么理由。

对王沿这一处罚显然太轻了，没过多少日子，御史中丞贾昌朝上奏，王沿在虢州节度无状，请朝廷下旨劾问。因此王沿被罢去了龙图阁直学士的身份，被降为天章阁待制。但这并不算完，也许感觉朝廷对王沿的处理还不够，贾昌朝再次上奏，说王沿待罪之人，不应该领受近职，结果，把他天章阁待制的身份也给免了。

李元昊撤兵以后，很长时间都没有动静。原州有明珠、灭藏两个羌族，他们的势力很大，每个部落都有几万人。虽然归属大宋，但是他们一直暗中与西夏来往密切。为此，泾原路想将这两个羌部彻底消灭掉。范仲淹听说以后，认为这么做不太合适，他立即向朝廷递交了一份奏表。范仲淹说，这两个羌部地处险要，不可于此时强攻。早先高继嵩也曾对他们打过主意，不但没有将其打下，反倒被敌人消灭了。这两个羌部反复无常，如果贸然进攻，他们一定据险死守，死心塌地投靠李元昊。如果他们与李元昊里应外合，又将引发一场边乱。如果想将其拿下，应该趁着李元昊大军攻打其他地方的时候，派兵占领细腰、葫芦泉二地，堵住他们出兵的路径，如此，二羌族不战自平。

范仲淹的高瞻远瞩再次获得朝廷上下的一致认可。见时机并不成熟，朝廷下令泾原路暂停进攻明珠、灭藏二部，同时伺机夺取要地，以将他们关在山中。

两年以后，宋军按范仲淹建议，扼住明珠、灭藏二部出兵要道，在此修建了细腰、葫芦二寨。自此，环州和镇戎军之间的官道已畅通无阻。

这是后话。

年底，朝廷再次对驻防西北的各路人马进行了一次调整。上任不久的文彦博从渭州调到秦州，滕宗谅升天章阁待制、环庆都部署、经略安抚招讨使，兼知庆州。带兵有方、作战得力的大将张亢升四方馆史、泾原都部署、经略安抚招讨使，兼知渭州。

一开始，见泾原路元气大伤，仁宗皇帝想让范仲淹和文彦博换防，派内侍传旨时，范仲淹认为这一安排并不合适。范仲淹建议由自己和韩琦一起在泾州开府，共同经略泾原路，由韩琦兼任秦凤路，自己兼任环庆路，这样既可以构筑一个整体化的防御体系，各路完成统一策应协防，并且自己和韩琦共事多年，也便于商讨下一步攻取横山，将敌人彻底赶出边境。同时，让庞籍在主管鄜延路的同时兼领环庆路，这样自己和庞籍之间也有个交叉，三路人马自成整体。另外，范仲淹还建议由文彦博领秦州，滕宗谅或孙沔领庆州，渭州派一名武将就可以了。

就这样，根据范仲淹的建议部署，仁宗皇帝才完成这次重要的人事调整。

老朋友滕宗谅来西北军中已经有一段时间了。

那是康定元年年末，滕宗谅应范仲淹之邀来军中效力。当时范仲淹初到西北，便向朝廷推荐了老朋友滕宗谅。在范仲淹的推荐下，滕宗谅以刑部员外郎、直集贤院的身份担任泾州知州，这一次能担任庆州知州，也是得益于老同学范仲淹的大力推荐。

庆历和议

滕宗谅也是个做事有胆识，而且敢于特事特办的人。到泾州以后，滕宗谅虽担任的是地方官，但他不仅跟长官王沿的关系处理得很好，同时还跟驻守泾州的官军们的关系也处得不错。葛怀敏在定川寨大败以后，泾州城唇亡齿寒，人人惊恐自危。西夏大军在渭州大地上纵横驰骋，泾州城也危在旦夕。

见城中兵力太少，人心惶惶，一旦敌军来攻，后果将不堪设想。滕宗谅果断地召集泾州城数千民夫，为他们配发军装，并让他们站到城墙上以壮声势。同时，又重金招募勇士，去探听敌军的每一步动向。不但为泾州城的防务操心，滕宗谅还及时地派人将敌军的情况向其他城郡通报。这一举动有效地团结并增强了宋军的整体防御。

敌军过后，泾州城安然无恙。

一名文官，能有这样的胆量和谋略，在当时的西北确属少见。

后来，范仲淹带领环庆路的兵马前来救援，泾州城的百姓才长出了一口气。九月西北的天气夜间已经十分寒冷，又赶上持续十几天阴天，宋军将士的士气非常低落。为了鼓舞宋军的士气，滕宗谅下令大设酒宴，杀了几十头牛，用美酒犒赏前来救援的环庆路将士。敌兵退去以后，滕宗谅又开城收容定川寨战败的宋军，并隆重地对阵亡的将士进行祭奠。为了抚恤阵亡将士的家属，滕宗谅用公钱发放抚恤金，此举得到了宋军将士的一致认可。很快，泾州城的军士又重拾信心，民众的情绪也稳定下来。

老朋友的一举一动范仲淹都看在眼里，历经多年官场的沉浮，老同学还是老同学，在他身上范仲淹看到了许多和种世衡相同的地方。大宋就是缺少这样有作为、敢担当的好官啊！于是，范仲淹向朝廷奏报，郑重地推荐好朋友去自己负责的环庆路，担任庆州知州。

然而，滕宗谅虽然很快获得了泾州的军心民心，但为阵亡将士发放抚恤金，同时又大肆犒赏三军将士的做法根本就不合朝廷规制。上任庆州之后不久，滕宗谅果然遭到了弹劾。因为这次弹劾，滕宗谅涉嫌滥用公款被贬为凤翔知府。

这是史上一桩有名的公案。

庆历三年（1043）九月，经略安抚招讨使郑戬告发滕宗谅在泾州滥用官府钱财，监察御史梁坚封奏弹劾，指控滕宗谅在泾州私用公使钱十六万贯。仁宗大怒，下令严查。抱着不冤枉一个好人、同时又不放过一个坏人的原则，仁宗皇帝派中使官、太常博士燕度前往邠州进行实地调查。

见朝廷派特使鞫查此事，滕宗谅一时慌乱，怕株连无辜，竟将当时发放抚恤金的账本和名单等全部烧掉。哪知道，此举反将罪名坐实。

一时之间，滕宗谅挪用公款案闹得沸沸扬扬。了解真实情况的时任参知政事的范仲淹和谏官欧阳修等人纷纷为滕宗谅辩解并极力挽救，使得滕宗谅仅官降一级，以天章阁待制的身份贬为凤翔府知府。

后来，滕宗谅又被贬为虢州（今河南省灵宝市境内）知州。

然而这还没完。

庆历四年（1044）春，因推行庆历新政，范仲淹遭到了很多大臣的敌视。为了打击范仲淹，御史中丞王拱辰不断上奏参劾滕宗谅，直到其被贬为岳州（今湖南省岳阳市一带）知州。

到岳州以后，滕宗谅不计个人得失，以国事为重，勤政为民，修筑防洪长堤、重修岳阳楼等受到百姓称赞。庆历七年（1047）春，因治巴陵有功，滕宗谅调任苏州知州，上任后不到一个月便薨于任所。

一个人一生会有很多美好的相遇，这些相遇互为原因，同时又互为结果。范仲淹与滕宗谅相遇在三十年前，如果没有那次相遇，相信一定不会发生后来的很多故事。他们携手共进、互帮互助，于是才有了后来众多的人生交集。正是有了众多的人生交集，他们彼此间的了解更深了一步，于是，才有了后来西北军中这次相遇。也正是这次美好的相遇，将他们之间伟大的友谊再次升华，从而让一对无话不说的好朋友之间更加坦荡磊落。

也正是因为这次相遇，为后世留下了一段美丽的佳话，同时也留下了一篇流传千古的文章。所以说，有些缘分本就是天生注定的。

如果不是他们一次次伟大的相遇，相信一定不会诞生《岳阳楼记》这篇伟大的文章。范仲淹、滕宗谅，历史的脚步将永久为你们而停留，尽管在当时，你们只是为了完成自己的使命，只是为了保护这份宝贵的缘分；尽管在当时，你们并没有想这么多。

而状告滕宗谅滥用公钱的郑戬，正是范仲淹的连襟。其中孰是孰非，在千百年之后的今天已经不再重要。

这一年，前线的宋军经历了第三场惨痛的失败，接连的大败让宋军在很长时间都没能从失败的阴影里走出来。自李元昊叛乱，第一仗三川口损失了刘平，第二仗好水川任福全军覆没，第三仗定川寨又阵亡了葛怀敏。一战比一战狼狈，一仗比一仗窝囊。虽然在整体形势上宋军的防御正在一步步改善，但贵为强盛的中原大国，仁宗皇帝怎么也想不明白自己的将士为什么这么不争气。

好在有范仲淹，有韩琦，有庞籍，仁宗皇帝相信，以前所有的一切都是自己用人不当，好在自己及时起用了这三个人，只要按范仲淹的战略继续坚持下去，大宋一定会取得最终的胜利。

朝中的事情他倒是不必多虑，只是吕夷简已经步入老年，不但最近朝议的时候他反应越来越慢，而且还接二连三地出一些小差错。仁宗皇帝知道，这是吕夷简老了。

看到这里，仁宗皇帝有些心疼。因为辽国国书的事情，吕夷简所犯下的错误还没来得及追究，如今见他这样，仁宗更有些于心不忍。想想这些年吕夷简的功劳，仁宗皇帝就感动得不知如何是好。如果没有吕夷简，至少自己不会这么省心。虽然他身上的毛病不少，可谁没点儿私心呢？最近听说他又得了风眩症，连走路都困难了。吕夷简几次三番地申请退休，仁宗都没有同意。

为了体现自己的厚爱，他先是升吕夷简为司空，又破例允许他三五天上班一次。听说龙须能够治病，仁宗皇帝亲自剪下自己的胡须，差人送到了吕夷简府上。见吕夷简身体实在支撑不了，关于继任人选，仁宗又征求了他的意见。

从来没有哪个宰相受到过这种待遇，吕夷简值了。

在定川寨大败宋军之后，和谈的想法开始在李元昊心中酝酿。虽一心求和，但李元昊不知从何处下手。李元昊有意地避开了范仲淹。这个人太可怕了，自己的每一步行动似乎都在他的掌握之中。韩琦远在秦凤路，跟王沿这样的人根本就谈不成什么事儿，思来想去，李元昊决定把和谈的对象选在了鄜延路。

到底谁先认尿这是个原则问题，谁主动谁吃亏是千古不变的真理。为了谋求在和谈中占据主动，李元昊也事先下足了功夫。

自宋夏开战以来，战场之外的较量一直没有停止。宋夏双方都派出了不少间谍奸细，一面侦察敌情，一面完成着各种策反工作。李元昊意欲求和之后，双方此前派出的各路奸细派上了用场。

野利氏是仅次于拓跋氏的党项望族，当时野利家族的当家人是大臣野利旺荣和他的兄弟野利遇乞。二人势力强大，不但素有才谋，而且还是李元昊的皇亲国戚。在对大宋的战争中，野利兄弟屡立战功，是李元昊身边不可或缺的股肱大臣。为了表示对野利兄弟的器重，李元昊将兄弟二人都已封王，兄弟二人目前总领灵、夏二州的兵马。

范仲淹任鄜延路统帅的时候，野利旺荣曾私自投书范仲淹，但他的态度傲慢，提出的条件也都不能接受。后来，范仲淹调到环庆路，庞籍接任。庞籍接任以后，立即开展了各种对敌的离间和策反工作。庞籍不断派人在敌人军中散布流言，说李元昊不得民心，如今西夏黄鼠食稼、天旱、赐遗、互市不通，饮无茶，衣帛贵，国内贫困等不利消息，庞籍同时还让人说野利兄弟已经决心背叛李元昊。

时间一长，西夏军心大动。

庞籍命人投书野利旺荣，说如果野利旺荣能归顺大宋，即封其为西平王。与此同时，泾原路也许以重金，开始暗中策反野利遇乞。

野利旺荣见此，也暗中派了三名奸细到青涧城诈降。这三名奸细到达青涧城以后，却被种世衡一眼识破。种世衡将计就计，不但没杀掉这三名奸细，反倒用反间计成功地将他们策反为自己的双重间谍。

都是间谍战，只是看谁更高。

将此三人成功策反以后，种世衡派信光暗中潜入西夏。

临行之前，种世衡已经为信光求得身份，并蜡书密信一封，信中说使者已到，朝廷知野利兄弟想要归顺的意思，决定任命野利旺荣为夏州节度使，同时将归顺后的待遇也故意写得一清二楚。为让其早日归附，种世衡还别有用心地在密信里画了乌龟和枣的图案，意思是早归。

野利旺荣得信大惊，怕李元昊误会自己，野利旺荣亲自将信光押到李元昊面前。此前野利兄弟降宋的消息已传得人尽皆知，生性多疑的李元昊对野利旺荣起了疑心。李元昊借机将野利旺荣软禁起来，并对信光严刑拷打，他不知道，信光在宋营中早就经历过这一训练，见信光一口咬定野利旺荣谋反，气急败坏的李元昊将信光扔到一口窨井里。

与其让野利旺荣投降，还不如自己直接投降。想到这里，李元昊派使者李文贵以野利旺荣使者的身份来青涧城，见种世衡以探虚实。

这时，种世衡已由青涧城调到环州，庞籍派人接待了李元昊的使者。使者说如今西夏国力已经空虚，综合各种情况适于讲和。庞籍不信，认为使者这是在故意戏耍，庞籍将李元昊的使者扣留在青涧城达数月之久。

见李文贵迟迟没能回来，李元昊果断地判断出宋军不肯放下架子，为了逼宋军讲和，李元昊发十万大兵进攻泾原路，大败葛怀敏以后又耀武扬威地掠夺一番，然后才回师本土。

再后来，有辽国派使者说，当初李元昊就有意求和，只是不愿主动。只要大宋主动一点，大方一点，李元昊一定会降顺的。见此，已经疲惫不堪的仁宗皇帝决定密令庞籍招降李元昊，同时也提出了议和的条件：只要李元昊肯对大宋称臣，其他一切都好商量。考虑到李元昊的感受，允许其自称单于、可汗等称号。

见李元昊定川寨大胜，庞籍没有贸然直接向李元昊提出议和的想法。想到一直囚禁在青涧城的李文贵，庞籍命人将其带到帐内，先晓以利害，以示大宋的主体地位，然后告诉他说：回去以后告诉你的主子，如能悔过从善，称臣归款，朝廷对待他会比以前更加优厚。

李文贵大喜，忙说：这正是我们日夜期盼的。请您向朝廷传达，只要大宋休兵，西夏岂能不答应！

使者临行之前，庞籍又赏李文贵以重金。

为兵者，虚则实之，实则虚之，谈判也一样。李文贵回到西夏，当即向李元昊表达了庞籍讲和的意思。见庞籍已主动议和，李元昊正中下怀。于是他迫不及待地将信光从窨井中提出来，对其厚赏并安排信光在李文贵的陪同下返回大宋。

一个多月以后，李元昊派人送来降书，双方停战，由此正式拉开了宋夏和谈的序幕。

因为双方的争议过大，而且涉及原则性的问题太多，这一和谈的过程是极其漫长的。自庆历二年年底开始，直到 1044 年即大宋仁宗庆历四年，宋夏双方才终于和谈成功。双方约定，西夏向大宋称臣，此前其夺走的宋朝军兵和百姓全部不须归还，大宋每年送与西夏白银七万两，绢十五万匹、茶叶三万斤，同时宋夏恢复边境贸易。

这次谈判为大宋换来的唯一胜利，就是李元昊终于承认了自己的臣子身份。

这一和谈史称“庆历和议”。

第五卷　忧乐人生

第一章　解甲归朝

定论

面对吕夷简贪恋权位，仁宗皇帝又迟迟不肯让其裸辞，刚刚当上谏官的蔡襄立即上言说：

夷简被病以来，两府大臣累至夷简家谘事。又闻夷简病时，陛下于禁中为之祈禳，锡与致多，眷注无比。臣窃谓两府大臣，辅陛下以治天下者，今乃并笏受事于夷简之门，里巷之人，指点窃笑。

案夷简谋身忘公，养成天下今日之患。陛下即位之初，夷简即为参知政事，遂至宰相，首尾二十余年，所言之事，陛下一皆听信而施行之，故当敦风教、正庶官、镇敌国、安百姓，而乃功业无闻，但为私计。执政以来，屡贬言者，如曹修古、段少连、孔道辅、杨偕、孙沔、范仲淹、余靖、尹洙、欧阳修等，或谪千里，或抑数年，或缘私恨，假托人主威权以逐忠贤，以泄己怒，殊不念虚受恶名。立性不臧，欲人附己，见为介特而自立者，皆以好名、希求富贵污之。善人耻此，往往退缩，以避好名、干进之毁。是以二十年来，人人不肯尚廉隅、历名节。浅者因循阘茸，深者靡恶不为，都无愧耻。但能阿附，夷简悉力护之，使奸邪不败，浸成此风，天下习以为俗。以逐利为知能，远势为愚钝。废廉耻之节，成奔竞之风。一恩之施，皆须出我门下。或先漏露其事，使人豫知；或先抑其事，后与行之。若不可行者，小则归怨同列，大则称奉圣旨。文武铨院，冗官至多，而曾不裁损，奇材异绩，不闻奖拔。贪墨昏耄之人，曾经免罢责罚，乃为雪理，务施小惠，多与收录。贪廉混淆，善恶无别。

自关陕兵兴以来，修完城垒，馈运刍粟，科配百端，悉出州郡。内则帑藏空虚，外则民财殚竭，嗟怨嗷嗷，闻于道路。不幸有水旱之灾，其变不可量也。盖由不选材贤，充三司使副，发运、转运，使非其人，但务收取人情，用为资历，才至数月，即又迁移，循环奔走，日求升进。欲以兴财利，宽民力，其可得乎？

夷简当国之后，山外之败，任福以下，死者数万人。丰州之战，失地丧师。镇戎之役，葛怀敏以下，死者又数万人。庙堂之上，成算安在？西师败没之后，契丹乘隙，遣使入朝，辄违先帝之盟，妄请关南之地，岁增金帛仅二十万，而犹勒兵压境，坚求“纳”字，凌胁中国，大为耻辱。度其祸患，譬若疽疮，但未溃耳。

夷简出入中书，且二十年，不为陛下兴利除害，苟且姑息，万事隳坏如此。

今以疾归，尚贪权势，不能力辞。或闻乞只令政府一两人至家商议大事，足验夷简退而不止之心也。伏乞特罢商量军国大事，庶使两府大臣专当任责，无所推避。

时过境迁，此时已经不再是属于吕夷简的时代了。蔡襄这封奏疏既是责令吕夷简裸辞的建议，从另一个角度讲，又是对吕夷简为相二十年的盖棺定论。文人杀人，字字见血。蔡襄成功地用自己这篇文章，一针见血地将吕夷简钉在了历史的耻辱柱上，这也是虽然大宋皇室对吕夷简评价很高、后世却对吕夷简评价不高的主要原因之一。

接到蔡襄的弹劾，吕夷简也没有继续坚持，他借机果断地卸下了所有的职务，一身轻松地回家养老去了。史载：甲子，夷简请罢预议军国大事，从之。

在他辞职的第二年，吕夷简就去世了。

随着吕夷简罢相，范仲淹回朝了。

范仲淹是和韩琦一起从前线回到朝内的。将他们同时升为枢密副使以后，因为很多工作一时不能完成交接，同时李元昊虽然答应讲和，但不管议和的态度还是议和的条件都强硬得让人没法接受。又加上本来就对李元昊的反复无常不是很放心，担心他打着议和的幌子搞偷袭，因此，范仲淹和韩琦又在西北待了很长一段时间。史载范仲淹当时曾接连五次上表，请求辞去枢密副使的任命，朝廷一直没有同意。

见二人迟迟不肯归朝，仁宗皇帝心急，谏官们也看不下去了。谏官们的职责不只是对朝廷各类事情发表反对意见，同时还得对各种不正确的现象提出合理的建议。蔡襄首先向仁宗皇帝说：一开始，臣见韩琦和范仲淹同任枢密副使，他们都以西寇未宁为由再三辞请。朝廷再下恩旨，请二位功臣归朝赴命，二人还是不肯回朝上任。见此情况，臣认为郑戬新任要职，对前线的各种情况还不熟悉，不如将他们留下一个人暂在军中效力。综合各种情况，臣认为韩琦留边，范仲淹先回朝上任。

对于蔡襄的建议，仁宗皇帝也没有采纳。最终，对西北局势仍不放心的范仲淹和韩琦只好回到朝内。

见吕夷简罢相，皇帝不但提拔了众望所归的范仲淹、韩琦和富弼，还一下子任命了四名出色的谏官，同时又贬掉了无所作为人人喊打的夏竦，如此大张旗鼓的人员任命前所未见，国子监一个名叫石介的人难掩内心的兴奋，为了记录和歌颂这一盛事，他写了一首《庆历圣德诗》，一夜之间就传遍了天下。

石介这个名字是不是很熟悉？

石介就是范仲淹的那位学生。

当年，范仲淹在应天府书院执教，石介曾跟随范仲淹读书。天圣八年（1030）年，石介考中进士，官授将仕郎、郓州观察推官。景祐元年（1034）郓州任满，石介调任南京留守推官，兼提举应天府书院。

后经人介绍，石介与和范仲淹亦师亦友的穷秀才孙复一见如故，景祐二年（1035）冬，石介在老家泰山为孙复盖了几间房子，请孙复在此讲学，因此创建了泰山书院和泰山学派。

此后，石介和孙复也成为亦师亦友的同道中人。石介是个很有性格而且特立独行的人，后来杜衍推荐他担任御史台主簿，因自己的出身问题，石介上书“以赦书不当求五代及诸伪国后”为借口，罢而不召。

宝元元年（1038），见老父亲七十岁还在嘉州担任军事判官不能退休，石介申请代父为官，被朝廷批准。哪知到任才一个月，因母亡石介又归家奔丧。

后来，石介一直垢面跣足、躬耕于徂徕山下。丁忧结束以后，石介也没有入朝起复，而是跟好朋友孙复一起讲学。

去年年底，与石介一起讲学的孙复在范仲淹、富弼的推荐下入朝为官，担任了国子监直讲。自应天府书院得到范仲淹的接济和指点以后，孙复一直退居泰山，苦读《春秋》的同时又在石介的帮助下立学讲书。当年，见孙复年过四十仍孑然一身，正担任宰相的李迪十分欣赏孙复的志向，便将自己的侄女嫁给了孙复。

见孙复满腹才学，却一直没有功名，范仲淹和富弼前后向朝廷推荐了孙复。以范仲淹和富弼当时的地位，向朝廷推荐人当然是件小得不能再小的事情，况且孙复当时名声已经得到了天下读书人的认可。

皇帝的心

回到朝堂以后，范仲淹没有一天不牵挂着前线的每一个风吹草动。

在回朝之前，他数次向郑戬和庞籍面授机宜，直到将需要交代的事情一一交代清楚，范仲淹才和韩琦一起启程。

哪知道，刚回到朝堂范仲淹就遇到一个棘手的大问题。因宋夏开战和自然灾害，这几年江、淮两路不但漕运工作一直不力，而且税收工作也很不理想。因京城军粮储备一直靠江淮供应，如今京城的粮食供应都出现了问题。

京城缺粮，仁宗皇帝正愁得眉头不展。去国子监看望老朋友孙复的时候，孙复曾向范仲淹推荐过国子监博士、宣城人许元。孙复说许元经济有术，具有经略这方面事务的才能。

经过一番考察以后，范仲淹向仁宗皇帝推荐由许元去解决这一问题。

仁宗皇帝一直比较相信范仲淹的识人之明，见范仲淹推荐，仁宗皇帝几乎没加考虑就同意了范仲淹的奏请。

许元临行之前，特意拜访了范仲淹。许元认为，以江、淮六路七十二州丰饶的物产，竟不能满足京师的供应，一定是相关官员调度不力。许元信心满满地向范仲淹保证，自己上任以后，一定能在短时间内解决京城缺粮的问题。

后来，许元果然不负重望。为解决京城的燃眉之急，到任以后，许元即命沿江各州县只留三个月的用度，其余粮食全部发船运往京城。为解决沿江各州县三个月以后的吃粮问题，许元命各其他州县按远近顺序陆续向沿江各县补粮。如此一来，许元几乎没费什么力气，仅用统筹调拨的方式，就在短短的时间内解决了京城的吃粮问题。

回到朝中，当面向仁宗皇帝复命以后，范仲淹在第一时间拜见了恩师晏殊。对于恩师，范仲淹有着极其复杂的感情。两个人自然而然地聊起欧阳修。知道恩师与欧阳修的过节，范仲淹曾尝试着为欧阳修辩解两句，见恩师似是无意谈论，范仲淹只好作罢。

庆历三年，大旱，从转过年来就没下过一场雨。眼见庄稼难收，仁宗皇帝又心急了。在古代，各种自然灾害通常被认为是上天对皇帝的惩罚。为此，仁宗皇帝开始节用蔬食，于每天早晚诚心祈祷以求上天恩泽。

新晋首相章得象表态说，老天之所以不下雨，是自己这些人为政不力给皇帝带来的烦恼。章得象诚惶诚恐，表示他一定会带领两府大臣好好干，以不负仁宗皇帝的重用。

见君臣争相自责，范仲淹也深刻地反思了自己，同时又向朝廷提出了几条类似的建议。范仲淹说，一是君臣同心修省；二是疏决刑狱；三是赈恤疾苦；四是抚恤阵亡将士；五是安抚边民；六是免除百姓所欠官府的亏空。只有这样，朝廷励精图治，才能进一步解决当下存在的各类问题。

范仲淹这一建议仁宗皇帝觉得挺有道理，于是命宰臣们详加商议。结果范仲淹的建议没提出几天，竟真的天降大雨。一时之间群臣纷纷称贺。

仁宗皇帝就此跟两府大臣自嘲了一下：朕本来准备要祭祀求雨呢，又怕你们说我崇尚这些虚妄的东西，所以不如朕一个人暗中祈祷，并好好想办法治理朝政，结果雨果然来了。

但范仲淹认为干旱或下雨都是自然现象，皇帝还是应该把主要精力放在治理朝政上。

进入枢密院以后，韩琦和范仲淹的身份和职务已经有了明显的不同。换句话说，如今他们已经是国家领导人，不但职责有了变化，而且需要他们站在更高的位置上去看待所有的一切。其实，不管在哪个位置上，世事万般变化，不变的道理还是那四个字：布局和用人。因同在枢密院，在很多事情上的看法又不约而同的一致，范仲淹和韩琦经常联名上奏。对于西线军兵的管理，以及后勤保障等方面的问题，韩琦和范仲淹接连提出了几个切实可行的建议。而对于地方事务，在基层历练多年的范仲淹似乎比韩琦更能抓住问题的根本，他一针见血地指出，各州县长官才是吏治的根本。当下朝廷亟须整顿整治，如整饬吏治，必须从州县长官下手。

范仲淹这一建议和欧阳修的想法如出一辙。

但在财税方面，深谙民生疾苦的范仲淹主张不要盘剥基层劳动者的利益，他向朝廷建议说，应该压缩商人的利润空间以补充国用。不过，这一说法没有得到广泛认可，时间一长人们也就不再提及。

参政

这年七月，朝中又出了一个让人啼笑皆非的事儿：参知政事、副宰相王举正因为怕老婆被免了。

王举正是河北路真定府人，他是真宗朝参知政事王化基的儿子，同时又是名满天下的“阆中三陈”家的女婿。

王举正是庆历元年五月当上副宰相的，在当上副宰相之前，他的职务是翰林学士、兵部侍郎、知制诰。因在任期间作为不大，仅当了两年零两个月的副宰相王举正就被人告下来了。

告王举正的人是李徽之。

李徽之是谁？

李徽之是前宰相李迪的次子，他有一个才华出众、见识过人的哥哥名叫李柬之。除了宰相的儿子，李徽之还有一个身份：“阆中三陈”的老二陈尧佐的女婿。如此一来，李徽之和王举正不是连襟吗？一对好连襟，相互帮衬还来不及呢，为什么要告对方呢？

这件事不能怪李徽之，怪就得怪王举正。因为不是李徽之先告的王举正，而是王举正先告的李徽之。

庆历三年，御史台缺一名御史，王拱辰向仁宗皇帝举荐李徽之来担任御史。本来李徽之素有才名，而且还是前宰相的儿子，加上其父李迪是仁宗皇帝的老师，这一职务本来是再合适不过的事情。哪知道半路杀出个王举正，王举正对仁宗皇帝说李徽之不胜其任，坚决反对李徽之当御史。

自己人拆自己人的台，往往比外人更可恨，总之因为王举正的反对，李徽之的御史没当成。李徽之当然不会善罢甘休，你不让我好过，我也不能让你好过。于是，李徽之也向仁宗皇帝告状，说王举正怕老婆，一个人连老婆都管不住的人，怎么能管好国家大事呢?

在古代，举凡怕老婆这类事情，是很丢人的。因此，李徽之这一状告得很有效。

为什么呢?

当时，不止李徽之一个人在告王举正。四名谏官中有欧阳修、余靖、蔡襄三个人都在不断反映王举正懦默不能胜任。能力问题只是个模糊的概念，没有确凿的界定标准，李徽之的报复一下便打到了王举正的七寸上。怕老婆这种事情外人一般不会知道，只有自己人知道。因此，李徽之的举报不但有鼻子有眼，而且可信度极高。

仁宗皇帝想了想，这两年来确实不见王举正有什么有作为的表现。正犹豫罢还是不罢的时候，王举正见谏官告自己，连襟也告自己，不但有政治上的攻击，而且还有人格上的羞辱，又恼又羞的王举正主动向朝廷递交了一份报告，辞职了。

而仁宗皇帝也竟愉快地答应了王举正的辞职申请，顺水推舟地派他以礼部侍郎的身份出知许州。

家有悍妻，未必是福。

其实，仁宗皇帝这么痛快地批复王举正的辞职申请还有一个原因，这个原因是与范仲淹有关。在建议罢免王举正的同时，三名谏官同时向朝廷推荐，说枢密副使范仲淹有宰辅之才，不应该长期在枢密院执掌兵事。仁宗皇帝想想确实也是，范仲淹对于种种国家大事的理解要远比处理军务得心应手得多。此时罢掉王举正，也正好给他欣赏的范仲淹让路。

就这样，庆历三年七月，王举正罢职，枢密副使、右谏议大夫范仲淹改任参知政事。

范仲淹调到中书，枢密院又缺人了。于是，仁宗皇帝将富弼由资政殿学士兼翰林学士、右谏议大夫升为枢密副使。

富弼的升职同样也是众望所归。

对于皇帝的任命，按惯例是需要谦让一下的。听说将自己从枢密院调到中书，范仲淹再三推辞而且不肯领命。为了说明自己不能担任如此要职的理由，范仲淹对仁宗皇帝说：哪见过谏官升执政官的？臣担任这一职务确实不合适。

富弼也认为自己当枢密使不合适。富弼玩儿得更绝，接到诰命以后，富弼拿着自己受封的诰命直接来见皇帝，将诰命还给皇帝，富弼说的还是原来那番话：跟辽国谈判是臣的职责，辽国人反复无常，因为这次谈判所以我不能升职。

仁宗皇帝有点儿烦了，佯怒道：你升职不升职跟辽国没什么关系！是朕综合考虑各方面表现才决定给你升职的。

见是这样，富弼不再坚持，但他还是逼着仁宗皇帝答应他从此以后卧薪尝胆，勤于政事，否则自己不但不接受这一任命，而且还要请皇帝放自己的外任。

仁宗皇帝见大臣们能有如此胸怀，愉快地答应了富弼的请求。皇帝的表态让富弼放下心来，富弼这才拿着自己的任命文件交回中书。

范仲淹不领命，还是像往常一样去枢密院上班，这让仁宗皇帝既欣慰又尴尬。欣慰的是手下的大臣不争权夺位，能有如此谦让之风这是一个皇帝的福气；而尴尬的是范仲淹不肯上任，参知政事的工作由谁来干呢？

与此同时，西北前线的庞籍不断发来奏报，与西夏谈判还在继续。为了达到自己的目的，同时也为了表达谈判的诚意，李元昊一下派了四名谈判使者，正式向大宋提出了他的和谈要求。

这次谈判李元昊共要求了十一件事，大宋真正关心的不是这些具体的条件，而是李元昊的态度。条件都好谈，大宋有的是钱，态度问题才是最根本的问题。结果一看李元昊的条件，大家都失望了。原来，虽然已经答应不再自称为帝，但李元昊对大宋却不肯称臣。为此他想了一个折中的办法，在今后的外交事务中，提到自己一律以“男”自称。

表面上是玩儿文字游戏，实际上还是骨子里的各种不服。在玩儿文字玩了几千年的中原王朝面前，李元昊这些小伎俩简直连小学生的水平都跟不上。上至仁宗皇帝，下至群臣都不能认可李元昊这一说法，但一时又找不到好的解决办法。

经过数次商议，有人建议不如从了李元昊这一说法。不就是个称呼问题嘛，只要他不称“朕”就可以，就表示他对大宋有敬畏之心。堂堂中原大宋，何必如此在意一个称呼？如果你非要他称臣，他不谈判了怎么办？

正当李元昊的桀骜不驯让大宋君臣无所适从的时候，韩琦站出来了。

史载：元昊既不肯称臣，如定等来，又多所要请，两府厌兵，欲姑从之，独韩琦以为不可，屡合对于上前。晏殊曰，众议已同，惟韩琦独异。

见韩琦执意反对，仁宗皇帝问韩琦为什么反对两府的和议。韩琦说，李元昊之所以敢造反，就是欺负我大宋无人。前线的情况我比谁了解得都清楚。你们不要被他打了几个胜仗就吓住了。如果这么轻易地答应他的条件，一是于国体不利；二是日后他还会造反。如果和谈，条件只有一个，那就是他老老实实地称臣纳贡，否则免谈。

韩琦这么一说，仁宗皇帝又不知如何是好了。为了尽快统一意见，仁宗皇帝对韩琦说：到底该怎么办，你跟宰相们再好好商量商量，这件事一定要达成统一的意见。

皇帝有旨了，那就商量吧。两府大臣齐聚中书，开始商量面对李元昊的无理要求该如何应对。韩琦坚持对李元昊不但不能让步，而且一定要采用强硬手段。

休兵和谈的局面来之不易，见韩琦如此固执己见，不等韩琦把话讲完，宰相晏殊气得脸都变了颜色，一拂袖子竟然走了。

对于李元昊的傲慢，不但韩琦看不惯，新任的四位谏官也都看不惯。蔡襄、余靖、欧阳修纷纷上言，力劝仁宗应该一面加强备战，一面和谈，而且在和谈的态度上一定不能让步。见此，韩琦也数次上书，摆事实讲道理，并且为仁宗皇帝做出了一个几年兵国之事的短期规划。韩琦认为虽然辽国的隐患已经消除，但西夏的事情必须要与辽国的问题结合到一起看。在外交上大宋不能再像以前一样委曲求全，一味地怀柔示弱。一旦大宋示弱，贪得无厌的辽国势必又会趁火打劫。

看到韩琦的奏折，仁宗皇帝豪情上涌，热血澎湃，他觉得应该听从韩琦的主张。就这样，大宋与西夏的谈判发展到了互不让步的阶段。

皇帝处理事情有的是办法，见范仲淹迟迟不肯领命，八月初，仁宗皇帝再次让宰相下旨调范仲淹入中书、富弼复任枢密副使。偏巧这一天李元昊的使者要回国复命，群臣在紫宸殿欢送。仁宗皇帝特意交代宰相章得象，让富弼在枢密院的队伍里就座。章得象告诉富弼说：升你为枢密副使是朝廷特命，不是因为你出使辽国。

见是这样，富弼只好无奈地接下了枢密副使的工作。

富弼的升职虽是众望所归，但他的升职却影响到了一个人。这个人不是别人，正是他的岳父晏殊。老丈人当着宰相兼枢密使，女婿又当上了枢密副使，搁谁都会眼红。为了避嫌，深谙进退之道的晏殊主动向仁宗皇帝提出了辞职。晏殊先递交申请，要求辞去宰相的职位，仁宗皇帝没有答应。接着，晏殊又递交申请，请求辞去枢密使的职务，结果仁宗皇帝还是没有答应。

至此，大宋的两府班子为宰相章得象和晏殊，枢密使为晏殊、章得象和杜衍，因晏殊和章得象都是兼职，因此杜衍是专职枢密使。副宰相、参知政事为贾昌朝和范仲淹，而枢密副使则有三人，他们分别是驸马都尉王贻永和韩琦、富弼。

这是一个老中青结合，而且是以中青年为主的两府班子。年龄在第一梯队的章得象六十六岁，杜衍六十六岁，二人老成持重，经验丰富；年龄第二梯队的晏殊五十三岁，贾昌朝四十七岁，范仲淹五十五岁，三个人不老不小，正是年富力强的黄金年龄；而第三梯队的韩琦三十六岁，富弼四十岁，两个人年轻气盛，锐意进取，可当大用。还有一个人就是驸马都尉王贻永，大家都知道王贻永是皇帝的姑父，他所以被安排在枢密院只是为了证明皇族有人，谁也没指望他能做什么大事儿。

天章阁赐对

在对付西夏方面，仁宗皇帝决定采用韩琦的外交策略。他命人措辞强硬地将几名西夏使者打发回国以后，因不知李元昊下一步会做出什么举动，仁宗皇帝又命两府给前线各将帅下令，必须紧密观察并严加防范，随时关注着敌军的一举一动。如前方有任何风吹草动，立即在第一时间上报朝廷。

与此同时，前线军备按照范仲淹的方略，开始进一步巩固防御和加强练兵。庞籍和郑戬一前一后，前线宋军时刻保持高度紧张的临战状态。永兴军路、秦凤路、河东路三路地方转运使安抚百姓，暗中做好开战前的各项准备工作，并囤积粮草。为加强保障，河北路同时也做好各种前线物资的保障供应。

八月末，西北的天气越来越凉了。

根据经验，西夏进犯的时机总是选择在天气大寒之后，或是在孟春回暖之前。耐受天寒地冻是西夏人的特长，西北漫长的冬季严寒是长期生活在这里的党项人所拥有的天时。为防不测，朝廷下令各路紧急征调棉衣、干柴、帐篷和粮食，开始有条不紊地装备着前线的大军。

经过一番紧锣密鼓却又看似不动声色的准备以后，仁宗皇帝感觉还是放不下心。为了慎重起见，他下令参知政事范仲淹和前枢密副使、负责修建北京城

（大名）的任中师一起去前线督导工作。此时的北京城已经修好，仁宗皇帝见任中师工作出色，同时也给了他一个难得的受重用的机会。这次督导范仲淹负责陕西路，任中师负责河东路。然而，因为朝中事务众多一时不能处理完毕，受命以后范仲淹和任中师迟迟不能成行。

见此，韩琦上奏说，当下李元昊请和的真正目的尚待观察。如果他真要议和，范仲淹和任中师去不去前线并不重要。我们不如暂停任命，先观察一下敌人的动静。如果其使者回去以后，李元昊见我们没答应他的过分要求，他一定会再次派兵进犯。当下之计不如改范仲淹宣抚河东，由臣宣抚陕西。任中师是朝廷重臣，又年纪大了，就别再麻烦他赶赴前线了。韩琦还说，我年轻一点，又不怕跑腿儿。如果朝廷需要我，臣愿意随时代为效劳。

其实，韩琦这话虽然没挑明，但仁宗皇帝已经听出了他的意思。一是任中师年纪大了，二是他并没有带过兵，如此重要的任务不能派他去负责。

见韩琦主动请命仁宗皇帝很是高兴，很快他就听从了韩琦的建议，改派范仲淹、韩琦两位同西夏人作战经验丰富的大臣再赴前线。

其实对这件事不止韩琦一个人是这么想的，当时欧阳修的想法大致与韩琦相同。只是欧阳修的想法是让范仲淹亲临前线，让身为枢密副使的韩琦居中调度。欧阳修认为，范仲淹与韩琦一向配合默契，范仲淹担任前线主帅，韩琦在朝中配合，这样才是最好的临战组合。欧阳修说：

风闻如定等不久放还。窃缘此来议论必未谐和，须虑骄贼猖狂，忿兵致寇，凡关边备，正要枝梧。伏睹朝旨已差范仲淹、田况等为宣抚使副，今日风闻韩琦以仲淹已作参政，欲自请行，不知是否。以臣愚见，不若且遣仲淹速去。琦与仲淹皆是国家委任之臣，材识俱堪信用，然仲淹于陕西军民恩信，尤为众所推伏。若仲淹外捍寇兵，而琦居中应副，必能共济大事，庶免后难。若陛下以新命仲淹，责其展效，则且令了此一事，俟边防稍定，不三两月，可以还朝，既先弭于外虞，可渐修于阙政。今边事是目下之急，不可迟缓，以失事机。伏望断自宸衷，趋仲淹速去，以备不虞。

什么叫知己？真正了解你的人才算知己。欧阳修这一建议虽然没有被全部采纳，但他对局势的认识和对敌我情势的判断却自有一番道理。尤其是他对范仲淹能力、人望的评价，更是恰如其分、入木三分。

朋友易找，知己难求。

就这样，归朝之后不久范仲淹和韩琦这对好搭档再次共赴前线、并肩战斗。议和就议和，既然要议和请你拿出议和的诚意；不和就打，这也没什么好说的。

此时，逐渐重拾信心的大宋对待西夏这一态度已经非常坚决。

因为朝廷这一任命，刚刚稳定不久的边境形势又突然紧张起来。

就在范仲淹刚刚奉命踏上宣抚河东的路途，有人突然给他报来一个坏消息，他的好朋友吴遵路死了。

听到这一消息，范仲淹一个人默默地难过了半天。

吴遵路是范仲淹明道二年（1033）安抚江淮两浙时交下的好朋友。当时吴遵路任通州知州，因经营调度有方，虽然江南大灾，但他治下的通州百姓却没有受灾。范仲淹回朝以后向朝廷推荐了吴遵路，并建议朝廷将他的事迹作为典型向全国推广。

从那以后，吴遵路救灾事迹开始被全国各地效法。吴遵路因此迁尚书司封员外郎，后权开封府推官、三司盐铁判官，再迁淮南转运副使兼发运司事。

因为政绩显著，吴遵路后来又迁任工部郎中、召修起居注。李元昊叛乱以后，西线告急，针对前线兵源不足、边备虚弱的不利情况，吴遵路建议恢复民兵，朝廷同意了吴遵路的奏请。因其有经济粮务之才，朝廷改授吴遵路天章阁待制，赴河东路为前线计置粮草。

到任以后，吴遵路立即在河东路组建民兵，以充实边备。这一招非常实用，其他诸路又纷纷效法。不久，工作出色的吴遵路进兵部郎中，调任权知开封府。

在开封府任上，吴遵路驭吏严肃，不阿附权贵，遭到了宰相吕夷简的忌恨。因吕夷简暗算，吴遵路被贬知宣州。虽远贬江南，吴遵路忧国忧民之情不减，对西夏战事更是关注。在这期间他写下了《御戎要略》《边防杂事》等二十篇奏疏向朝廷进言。因此，吴遵路再次受到朝廷重视，被调任陕西都转运使，迁龙图阁直学士，知永兴军。

吴遵路能到西北任职，也得益于范仲淹的大力推荐。吴遵路比范仲淹大一岁，一个这么能干的人，不想刚刚五十六岁就死了。人生最难过的事情，就是眼见自己身边的亲人和朋友一个个离自己而去。因吴遵路的死，范仲淹一直难过了很长时间。

听说好朋友得病以后还不肯放下手里的工作，当他的身体终于不能胜任工作时，吴遵路怕耽误工作又上书朝廷，自请到西京留守司御史台工作。为了肯定吴遵路这一忘我的牺牲精神，朝廷没有答应他的请求。想到这里，范仲淹又感动得不知如何是好。如果大臣们都能像吴遵路这样，何愁朝政得不到治理，何愁大宋江山不得永固！

另外，范仲淹还听说老朋友死后什么个人财产都没有留下。一个人，为朝廷经营了这么多年钱粮，死后竟然室无长物，范仲淹更是难过得无以复加。思来想去，范仲淹将自己的俸禄分作两份，拿出其中一份专门安排人员送到了吴遵路家里。

唯有这样，才能让老朋友走得安心。

虽然表面上虚张声势，大宋君臣不知道的是，当时的西夏国力已经空虚得打不起一场大仗了。李元昊虚虚实实的表演成功地将大宋君臣玩得团团转，因搞不清敌人的虚实，大宋一直在严防死守。如临大敌、又如惊弓之鸟般过了好一段日子，直到迟迟没有见到西夏使者来汴梁回命，同时也不见西夏大军有任何动静，大宋君臣一直紧崩的神经才慢慢缓解下来。

到达河东路以后，范仲淹最先到达的是并州。并州即今天的山西太原，当时是河东路的治所。听取了河东路长官的汇报以后，范仲淹在当地官员的陪同下，一一到达前线麟州、府州、丰州以及临敌各险要关口检查工作，同时又对各州城的地方官和百姓进行了安抚。在范仲淹指导下，没过多长时间，河东路各项工作整齐有序。经向朝廷请示，范仲淹回朝复命。

因为已经担任参政，朝中的事儿也是事儿。回朝以后，范仲淹立即接到了一个新任务。仁宗皇帝命他和富弼一起，会同宰相章得象一起重新制定事关国计民生各方面的政策。

时政问题是一个朝廷和一位皇帝随时关心的大问题。自范仲淹、韩琦和富弼进入两府之后，仁宗皇帝对他们三个人一直寄予厚望。一心想通过富国强兵、垂拱而治而成为一代圣主的仁宗皇帝比他的父亲的愿望更加迫切。同时，他改变局面、重用新人的态度也更加坚决。因此，每当三人觐见时，仁宗皇帝总会问及他们一些关于时政以及国家治理方面的问题，并鼓励他们多提建议，多发表自己的看法。时间一长，三位新人在皇帝的鼓励下信心满满，不约而同地准备趁着这一机会大干一场。

每当想到这些，范仲淹就感觉自己该大显身手了。见仁宗皇帝催得过急，范仲淹委婉地对人说，皇上对我的信任已经到了极点，我一定竭尽全力为皇上出谋划策。但治理国家不是心急的事儿。事有轻重缓急，朝廷积弊日久，锐意改革虽是好事，但励精图治亦非一时之功。因此朝廷应该慢慢来，将这些事情按轻重缓列出个次序，以图长远的打算。

当然，范仲淹说这些话是希望有人能把它传给仁宗皇帝。

不出范仲淹所料，他的话很快就传到了仁宗皇帝耳边。让范仲淹没想到的是，急于改变国家面貌的仁宗皇帝把范仲淹这句话理解错了。仁宗皇帝认为，范仲淹是因为有所顾忌才不敢知无不言地说出自己的施政举措。为了打消范仲淹的顾虑，仁宗皇帝立即给他下了一条手诏：

比以中外人望，不次用卿等，今琦暂往陕西，仲淹、弼宜与宰臣章得象尽心国事，毋或有所顾避。其当世急务有可建明者，悉为朕陈之。

皇帝开始催了，怎么办？

就在范仲淹还没想好该怎么办，仁宗皇帝又突然下圣旨，开天章阁，召范仲淹、富弼入阁问策。也许是怕对话的方式过于随意，两个人一时说的不够具体，又怕仓促之间他们说得不够条理，仁宗皇帝命人同时给二人准备好笔墨纸札，又给二人赐座，以从容对策。

仁宗皇帝这一手可谓用心良苦：朕催你们这么多次了，你们怎么还是不给朕交稿？是不是还有什么顾虑？既然你们不说，朕也就不问了，朕有的是办法。我干脆把你们叫过来，让你们当面把自己的对策写出来好不好？这样你们再也推辞不掉了吧？

由此可见，当时仁宗皇帝对范仲淹和富弼这对师生寄予的厚望，以及他励精图治、锐意改革的迫切和决心。

又是召对天章阁，又是赐座以对，这是历朝历代臣子从没得到过的待遇。范仲淹和富弼诚惶诚恐，他们当然不敢当着皇帝的面气定神闲地书写对策。范仲淹和富弼再三恳求，并答应一定尽快将自己的对策呈给皇帝，仁宗皇帝才放他们走。

这一盛事，就是为后世津津乐道的“天章阁赐对”。

不久，范仲淹和富弼经再三商议，反复修改，终于按照仁宗皇帝的要求交上了自己关于时政的改革建议。

这一奏议，即史上鼎鼎大名的《答手诏条陈十事》。

答手诏条陈十事

伏奉手诏“今来用韩琦、范仲淹、富弼，皆是中外人望，不次拔擢。韩琦暂往陕西，范仲淹、富弼皆在两地，所宜尽心为国家，诸事建明，不得顾避。兼章得象等同心忧国，足得商量。如有当世急务可以施行者，并须条列闻奏，副朕拔擢之意”者。臣智不逮人，术不通古，岂足以奉大对。然臣蒙陛下不次之擢，预闻政事，又诏意丁宁，臣战汗惶怖，曾不获让。

臣闻历代之政，久皆有弊。弊而不救，祸乱必生。何哉？纲纪浸隳。制度日削，恩赏不节，赋敛无度，人情惨怨，天祸暴起。惟尧舜能通其变，使民不倦。《易》曰："穷则变，变则通，通则久。"此言天下之理有所穷塞，则思变通之道。既能变通，则成长久之业。我国家革五代之乱，富有四海，垂八十年，纲纪制度，日削月侵，官壅于下，民困于外，夷狄骄盛，寇盗横炽，不可不更张以救之。然则欲正其末，必端其本；欲清其流，必澄其源。臣敢约前代帝王之道，求今朝祖宗之烈，采其可行者条奏。愿陛下顺天下之心，力行此事，庶几法制有立，纲纪再振，则宗社灵长，天下蒙福。

一曰明黜陟。

臣观《书》曰："三载考绩，三考黜陟幽明。"然则尧舜之朝，建官至少，尚乃九载一迁，必求成绩，而天下大化，百世之后，仰为帝范。我祖宗朝，文武百官皆无磨勘之例，惟政能可旌者，擢以不次；无所称者，至老不迁。故人人自励，以求绩效。今文资三年一迁，武职五年一迁，谓之磨勘。不限内外，不问劳逸，贤不肖并进，此岂尧舜黜陟幽明之意耶！假如庶僚中有一贤于众者，理一郡县，领一务局，思兴利去害而有为也，众皆指为生事，必嫉之沮之，非之笑之，稍有差失，随而挤陷。故不肖者素餐尸禄，安然而莫有为也。虽愚暗鄙猥，人莫齿之。而三年一迁，坐至卿监丞郎者，历历皆是，谁肯为陛下兴公家之利，救生民之病，去政事之弊，葺纪纲之坏哉！利而不兴则国虚，病而不救则民怨。弊而不去则小人得志，坏而不葺则王者失。贤不肖混淆，请托侥幸，迁易不已，中外苛且，百事废堕，生民久苦，群盗渐起。劳陛下旰昃之忧者，岂非官失其正而致其危耶！至若在京百司，金谷浩瀚，权势子弟长为占据，有虚食禀禄，待阙一二年者。暨临事局，挟以势力。岂肯恪恭其职？使祖宗根本之地，纲纪日隳。故在京官司，有一员阙，则争夺者数人。其外任京朝官，则有私居待阙，动逾岁时，往往到职之初，便该磨勘，一无勤效，例蒙迁改。此则人人因循，不复奋励之由也。

臣请特降诏书，今后两地臣僚，有大功大善，则特加爵命；无大功大善，更不非时进秩。其理状寻常而出者，祇守本官，不得更带美职。应京朝官在台省、馆阁职任，及在审刑、大理寺、开封府、两赤县、国子监、诸王府，并因保举及选差监在京重难库务者，并须在任三周年，即与磨勘。若因陈乞，并于中书、审官院愿在京差遣者，与保举选差不同，并须勾当通计及五周年，方得磨勘。如此则权势子弟，肯就外任，各知艰难。亦有俊明之人，因此树立，可以进用。如今日已前受在京差遣已勾当者，且依旧日年限磨勘，其未曾交割勾当。却求外任者，并听其外任。在京朝官到职勾当及三年者与磨勘，内前任勾当年月日及公程日限，并非因陈乞而移任在道月日，及升朝官在京朝请月日，并令通计。其远官近地，劳逸不同，并在假待阙及公程外住滞，或因公事，非时移替。在道月日委有司别行定夺闻奏。如任内有私罪并公罪徒以上者，至该磨勘日，具情理轻重，别取进止。其庶寮中有高才异行，多所荐论，或异略嘉谋，为上信纳者，自有特恩改迁，非磨勘之可滞也。又外任善政著闻，有补风化；或累讼之狱，能辨冤沈；或五次推勘，人无翻讼；或劝课农桑，大获美利；或京城库务，能革大弊，惜费巨万者，仰本辖保明闻奏，下尚书省集议。为众所许，则列状上闻，并与改官，不隔磨勘。或有异同，各以所执取旨，出于圣断。仍请诏下审官院、流内铨、尚书考功，应京朝官选人逐任得替，明具较定考绩、结罪闻奏。内有事状猥滥，并老疾愚昧之人，不堪理民者，别取进止。已上磨勘考绩条件，该说不尽者，有司比类上闻。如此，则因循者拘考绩之限，特达者加不次之赏，然后天下公家之利必兴，生民之病必救，政事之弊必去，纲纪之坏必葺，人人自劝，天下兴治，则前王之业，祖宗之权，复振于陛下之手矣。其武臣磨勘年限，委枢密院比附文资定夺闻奏。

二曰抑侥幸。

臣闻先王赏延于世，诸侯有世子袭国，公卿以德而任，有袭爵者，《春秋》讥之。及汉之公卿，有封爵而殁，立一子为后者，未闻余子皆有爵命。其次宠待大臣，赐一子官者有之，未闻每岁有自荐其子弟者。祖宗之朝，亦不过此。自真宗皇帝以太平之乐，与臣下共庆，恩意渐广。大两省至知杂御史以上，每遇南郊并圣节，各奏一子充京官，少卿、监奏一子充试衔。其正郎、带职员外郎，并诸路提点刑狱以上差遣者，每遇南郊，奏一子充斋郎。其大两省等官，既奏得子充京官，明异于庶僚，大示区别，复更每岁奏荐，积成冗官。假有任学士以上官经二十年者，则一家兄弟子孙出京官二十人，仍接次升朝，此滥进之极也。今百姓贫困，冗官至多。授任既轻，政事不举。俸禄既广，刻剥不暇。审官院常患充塞，无阙可补。臣请特降诏书，今后两府并两省官等，遇大礼许奏一子充京官，如奏弟侄骨肉，即与试衔外，每年圣节更不得陈乞。如别有勋劳著闻于外，非时赐一子官者，系自圣恩。其转运使及边任文臣初除授后，合奏得子弟身事者。并候到任二年无遗阙，方许陈乞。如二年内非次移改者，即许通计三年陈乞。三司副使、知杂御史、少卿、监以上，并同两省，遇大礼各奏荐子孙。其正郎、带馆职员外郎，并省府推判官、外任提点刑狱以上，遇大礼合该奏荐子孙者，须是在任及二周年，方得陈乞。已上有该说不尽者，委有司比类闻奏。如此则内外朝臣，各务久于其职，不为苟且之政，兼抑躁动之心。

亦免子弟充塞铨曹，与孤寒争路，轻忽郡县，使生民受弊。其武臣入边上差遣，并大礼合奏荐子弟者，乞下枢密院详定比类闻奏。

又国家开文馆，延天下英才，使之直秘庭，览群书，以待顾问，以养器业，为大用之备。今乃登进士高等者，一任才罢，不以能否，例得召试而补之。两府、两省子弟亲戚，不以贤不肖，辄自陈乞馆阁职事者，亦得进补。太宗皇帝建崇文院、秘阁，自书碑文，重天下贤才也。陛下当思祖宗之意，不宜甚轻之。臣请特降诏书，今后进士三人内及第者，一任回日。许进于教化经术文字十轴，下两制看详，作五等品第。中第一第二等者，即赐召试；试又优等，即补馆阁职事。两府、两省子弟，并不得陈乞馆阁职事及读书之类。御史台画时弹劾，并谏院论奏。如馆阁阙人，即委两地举文有古道、才堪大用之士，进名同举，并两制列署表章，仍上殿称荐，以充其职。如此，则馆阁职事更不轻授，足以起朝廷之风采，绍祖宗之本意，副陛下慎选矣。

三曰精贡举。

臣谨按《周礼》卿大夫之职，各教其所治，三年一大比，考其德行道艺，乃献贤能之书于王。贤为有德行，能为有道艺。王再拜受之，登于天府。天府，太庙之宝藏也。盖言王者举贤能，所以上安宗社，故拜受其名，藏于庙中，以重其事也。卿大夫之职，废既久矣。今诸道学校，如得明师，尚可教人六经，传治国治人之道。而国家乃专以辞赋取进士，以墨义取诸科，士皆舍大方而趋小道，虽济济盈庭，求有才有识者十无一二。况天下危困，乏人如此，将何以救？在乎教以经济之业，取以经济之才，庶可救其不逮。或谓救弊之术无乃后时，臣谓四海尚完，朝谋而夕行，庶乎可济，安得晏然不救，坐俟其乱哉！

臣请诸路州郡有学校处，奏举通经有道之士，专于教授，务在兴行。其取士之科，即依贾昌朝等起请，进士先策论而后诗赋；诸科墨义之外，更通经旨。使人不专辞藻，必明理道，则天下讲学必兴，浮薄知劝，最为至要。内欧阳修、蔡襄更乞逐场去留，贵文卷少而考校精。臣谓尽令逐场去留，则恐旧人扞格，不能创习策论，亦不能旋通经旨，皆忧弃遗，别无进路。臣请进士旧人三举以上者，先策论而后诗赋。许将三场文卷通考，互取其长。两举、初举者，皆是少年，足以进学，请逐场去留。诸科中有通经旨者，至终场，别问经旨十道，如不能命辞而对，则于知举官员前，讲说七通者为合格。不会经旨者，三举已上即逐场所对墨义，依自来通粗施行。两举、初举者，至于终场日，须八通者为合格。

又外郡解发进士、诸科人，本乡举里选之式，必先考其履行，然后取以艺业。今乃下求履行，惟以词藻、墨义取之，加用封弥，不见姓字，实非乡里举选之本意也。又南省考试举人，一场试诗赋，一场试策，人皆精意，尽其所能。复考校日久，实少舛谬。及御试之日，诗赋文论共为一场，既声病所拘，意思不远。或音韵中一字有差，虽生平苦辛，即时摈逐。如音韵不失，虽末学浅近，俯拾科级。既乡举之处不考履行，又御试之日更拘声病，以此士之进退，多言命运而不言行业。明君在上，固当使人以行业而进，而乃言命运者，是善恶不辨而归诸天也，岂国家之美事哉！臣请重定外郡发解条约，须是履行无恶、艺业及等者，方得解荐，更不封弥试卷。其南省考试之人，已经本乡询考履行，却须封弥试卷，精考艺业，定夺等第，进入御前。选官覆考，重定等第讫，然后开看南省所定等第，内合同姓名偶有高下者，更不移改。若等第不同者，人数必少，却加封弥，更宣两地参校，然后御前放榜，此为至当。内三人已上，即于高等人中选择，圣意宣放。其考校进士，以策论高、词赋次者为优等，策论平、词赋优者为次等。诸科经旨通者为优等，墨义通者为次等。已上进士、诸科，并以优等及第者放选注官，次等及第者守本科选限。自唐以来，及第人皆守选限。国家以收复诸国，郡邑乏官，其新及第人，权与放选注官。今来选人壅塞，宜有改革，又足以劝学，使其知圣人治身之道，则国家得人，百姓受赐。

四曰择官长。

臣闻先王建侯，以共理天下。今之刺史、县令，即古之诸侯。一方舒惨，百姓休戚，实系其人。故历代盛明之时，必重此任。今乃不问贤愚，不较能否，累以资考，升为方面。懦弱者不能检吏，得以蠹民；强干者惟是近名，率多害物。邦国之本，由此凋残。朝廷虽至忧勤，天下何以苏息！其转运使并提点刑狱按察列城，当得贤于众者。臣请特降诏书，委中书、枢密院且各选转运使、提点刑狱共十人，大藩知州十人；委两制共举知州十人；三司副使、判官同举知州五人；御史台中丞、知杂、三院共举知州五人；开封知府、推官共举知州五人；逐路转运使、提点刑狱各同举知州五人，知县、县令共十人；逐州知州、通判同举知县、县令共二人。得前件所举之人，举主多者先次差补。仍指挥审官院、流内铨今日以后所差知州、知县、县令并具合入人历任功过、举主人数闻奏，委中书看详。委得允当，然后引对。如此举择，则诸道官吏庶几得人，为陛下爱惜百姓，均其徭役，宽于赋敛，各获安宁，不召祸乱，天下幸甚。

五曰均公田。

臣闻《易》曰："天地养万物，圣人养贤以及万民。"此言圣人养民之时，必先养贤。养贤之方，必先厚禄。厚禄然后可以责廉隅，安职业也。皇朝之初，承五代乱离之后，民庶凋弊，时物至贱。暨诸国收复，天下郡县之官少人除补，至有经五七年不替罢者。或才罢去，便入见阙。当物价至贱之时，俸禄不辍，士人之家无不自足。咸平已后，民庶渐繁，时物遂贵。入仕门多，得官者众，至有得替守选一二年，又授官待阙一二年者。在天下物贵之后，而俸禄不继，士人家鲜不穷窘，男不得婚，女不得嫁，丧不得葬者，比比有之。复于守选、待阙之日，衣食不足，贷债以苟朝夕。到官之后，必来见逼，至有冒法受赃，赊贷度日，或不耻贾贩，与民争利。既为负罪之人，不守名节，吏有奸赃而不敢发，民有豪猾而不敢制。奸吏豪民得以侵暴，于是贫弱百姓理不得直，冤不得诉，徭役不均，刑罚不正，比屋受弊，无可奈何，由乎制禄之方有所未至。

真宗皇帝思深虑远，复前代职田之制，使中常之士自可守节，婚嫁以时，丧葬以礼，皆国恩也。能守节者，始可制奸赃之吏，镇豪猾之人。法乃不私，民则无枉。近日屡有臣僚乞罢职田，以其有不均之谤，有侵民之害。臣谓职田本欲养贤，缘而侵民者有矣，比之衣食不足，坏其名节，不能奉法，以直为枉，以枉为直，众怨思乱而天下受弊，岂止职田之害耶！又自古常患百官重内而轻外，唐外官月俸尤更丰足，簿尉俸钱尚二十贯。今窘于财用，未暇增复。臣请两地同议外官职田，有不均者均之，有未给者给之，使其衣食得足，婚嫁丧葬之礼不废，然后可以责其廉节，督其善政。有不法者，可废可诛。且使英俊之流，乐于为郡为邑之任，则百姓受赐。又将来升擢，多得曾经郡县之人，深悉民隐，亦致化之本也。惟圣慈深察，天下幸甚。

六曰厚农桑。

臣观《书》曰："德惟善政，政在养民。"此言圣人之德，惟在善政。善政之要，惟在养民；养民之政，必先务农；农政既修，则衣食足；衣食足，则爱肤体；爱肤体，则畏刑罚；畏刑罚，则寇盗自息，祸乱不兴。是圣人之德，发于善政；天下之化，起于农亩。故《诗》有《七月》之篇，陈王业也。今国家不务农桑，粟帛常贵。浙江诸路岁籴米六百万石，其所籴之价与辇运之费，每岁共用钱三百余万贯文。又贫弱之民，困于赋敛，岁伐桑枣，鬻而为薪。劝课之方，有名无实。故粟帛常贵，府库日虚。此而不谋，将何以济！

臣于天下农利之中，粗举二三以言之。且如五代群雄争霸之时，本国岁饥，则乞籴于邻国，故各兴农利，自至丰足。江南旧有圩田，每一圩方数十里，如大城。中有河渠，外有门闸。旱则开闸引江水之利，涝则闭闸拒江水之害，旱涝不及，为农美利。又浙西地卑，常苦水沴。虽有沟河，可以通海，惟时开导，则潮泥不得而堙之。虽有堤塘，可以御患，惟时修固，则无摧坏。臣知苏州日，点检簿书，一州之田，系出税者三万四千顷。中稔之利，每亩得米二石至三石。计出米七百余万石。东南每岁上供之数六百万石，乃一州所出。臣询访高年，则云曩时两浙未归朝廷，苏州有营田军四都，共七八千人，专为田事，导河筑堤，以减水患。于时民间钱五十文籴白米一石。自皇朝一统，江南不稔则取之浙右，浙右不稔则取之淮南，故慢于农政，不复修举。江南圩田、浙西河塘，大半隳废，失东南之大利。今江浙之米，石不下六七百文足。至一贯文省，比于当时，其贵十倍，而民不得不困，国不得不虚矣。

又京东西路有卑湿积潦之地，早年国家特令开决之后，水患大减。今罢役数年，渐已堙塞，复将为患。臣请每岁之秋，降敕下诸路转运司，令辖下州军吏民各言农桑之间可兴之利、可去之害。或合开河渠，或筑堤堰陂塘之类，并委本州军选官计定工料，每岁于二月间兴役，半月而罢，仍具功绩闻奏。如此不绝。数年之间，农利大兴。下少饥岁，上无贵籴，则东南岁籴辇运之费大可减省。其劝课之法，宜选官讨论古制，取其简约易从之术，颁赐诸路转运使，及面赐一本，付新授知州、知县、县令等。此养民之政、富国之本也。

七曰修武备。

臣闻古者天子六军，以宁邦国。唐初京师置十六将军官属，亦六军之义也。诸道则开折冲、果毅府五百七十四，以储兵伍。每岁三时耕稼，一时习武。自贞观至于开元，百三十年，戎臣兵伍，无一逆乱。至开元末，听匪人之言，遂罢府兵。唐衰，兵伍皆市井之徒，无礼义之教，无忠信之心，骄蹇凶逆，至于丧亡。我祖宗以来，罢诸侯权，聚兵京师，衣粮赏赐丰足，经八十年矣。虽已困生灵、虚府库，而难于改作者，所以重京师也。今西北强梗，边备未足，京师卫兵多远戍，或有仓卒，辇毂无备，此大可忧也。远戍者防边陲之患，或缓急抽还，则外御不严，戎狄进奔，便可直趋关辅。新招者聚市井之辈，而轻嚣易动，或财力一屈，请给不充，则必散为群盗。今生民已困，无可诛求，或连年凶饥，将何以济！赡军之策，可不预图？若因循过时，臣恐急难之际，宗社可忧。

臣请密委两地，以京畿见在军马，同议有无阙数。如六军未整，须议置兵，则请约唐之法，先于畿内并近辅州府召募强壮之人，充京畿卫士。得五万人以助正兵，足为强盛。使三时务农，大省给赡之费；一时教战，自可防虞外患。其召募之法，并将校次第，并先密切定夺闻奏。此实强兵节财之要也。候京畿近辅召募卫兵，已成次第，然后诸道放此，渐可施行。惟圣慈留意。

八曰减徭役。

臣闻汉光武建武六年六月诏曰："夫张官置吏，所以为人也。今户口耗少，而县官吏职，所置尚繁。令司隶州牧各实所部。”二府于是条奏并省四百余县，天下至治。臣又观西京图经，唐会昌中，河南府有户一十九万四千七百余户，置二十县。今河南府主客户七万五千九百余户，仍置一十九县。主户五万七百，客户二万五千二百。巩县七百户，偃师一千一百户，逐县三等而堪役者，不过百家，而所供役人不下二百数。新旧循环，非鳏寡孤独，不能无役。西洛之民，最为穷困。臣请依后汉故事，遣使先往西京并省诸邑为十县。其所废之邑，并改为镇，令本路举文资一员，董榷酤、关征之利兼人烟公事。所废公人，除归农外，有愿居公门者，送所存之邑。其所在邑中役人，却可减省归农，则两不失所。候西京并省稍成伦序，则行于大名府，然后遣使诸道，依此施行。仍先指挥诸道防团州已下，有使、州两院者，皆为一院，公人愿去者，各放归农。职官厅可给本城兵士七人至十人，替人力归农。其乡村耆保地里近者，亦令并合。能并一耆保管，亦减役十余户。但少徭役，人自耕作，可期富庶。

九曰覃恩信。

臣窃睹国家三年一郊，天子斋戒衮冕，谒见宗庙，乃祀上帝。大礼既成，还御端门，肆赦天下，曰：赦书日行五百里，敢以赦前事言者，以其罪罪之，欲其王泽及物之速也如此。今大赦每降，天下欢呼。一两月间，钱谷司存督责如旧，桎梏老幼，籍没家产。至于宽赋敛。减徭役，存恤孤贫，振举滞淹之事，未尝施行，使天子及民之意，尽成空言，有负圣心，损伤和气。臣请特降诏书，今后赦书内宣布恩泽，有所施行，而三司、转运司、州县不切遵禀者，并从违制，徒二年断，情重者，当行刺配。应天禧年以前天下欠负，不问有无侵欺盗用，并与除放，违者仰御史台、提点刑狱司常切觉察纠劾，无令壅遏。臣又闻《易》曰：“先王以省方观民设教。”故有巡狩之礼，察诸侯善恶，观风俗厚薄，此圣人顺动之意。今巡狩之礼不可复行，民隐无穷，天听甚远。臣请降诏中书，今后每遇南郊赦后，精选臣僚往诸路安抚，察官吏能否，求百姓疾苦，使赦书中及民之事，一一施行，天下百姓莫不幸甚。

十曰重命令。

臣闻《书》曰：“慎乃出令，令出惟行。”准律文，诸被制书有所施行而违者，徒二年；失错者，杖一百。又监临主司受财而枉法者，十五疋，绞。盖先王重其法令，使无敢动摇，将以行天下之政也。今睹国家每降宣敕条贯，烦而无信，轻而弗禀，上失其威。下受其弊。盖由朝廷采百官起请，率尔颁行，既昧经常，即时更改，此烦而无信之验矣。又海行条贯，虽是故违，皆从失坐，全乖律意，致坏大法，此轻而弗禀之甚矣。臣请特降诏书，今后百官起请条贯，令中书、枢密院看详会议，必可经久，方得施行。如事干刑名者，更于审刑、大理寺勾明会法律官员参详起请之词，删去繁冗，裁为制敕，然后颁行天下，必期遵守。其冲改条贯，并令缴纳，免致错乱，误有施行。仍望别降敕命，今后逐处当职官吏亲被制书，及到职后所受条贯，敢故违者，不以海行，并从违制，徒二年。未到职已前所降条贯，失于检用，情非故违者，并从本条失错科断，杖一百。余人犯海行条贯，不指定违制刑名者，并从失坐。若条贯差失，于事有害，逐处长吏，别见机会，须至便宜而行者，并须具缘由闻奏，委中书、枢密院详察，如合理道，即与放罪。仍便相度，别从更改。

滕宗谅被查

这篇影响千年、足以载入史册的文章其实不是范仲淹一个人完成的。它是由范仲淹以多年丰富的从政经验和深谋远虑，和他的学生富弼两个人合作完成的。

在这封奏议中，范仲淹既有纲领，又有细则地深刻分析了北宋王朝当下的种种社会现象、社会制度，并针对它们梳理出的一套有针对性的、切实可行的改革办法。

在以农耕经济为主要生产模式的古代，范仲淹以人为本，自官员选拔、任免与管理到国家的土地制度、税收管理、国防管理、国家用工管理等办法入手，对一个国家国计民生各领域的制度都进行了一次重新构建。这是他自真宗大中祥符八年（1015）中进士以来，以从政三十八年的经验，为一个王朝所做出的总结。

这一伟大思想，起源于他天圣六年（1028）的《上执政书》。这十五年来，范仲淹无论身在庙堂还是远在江湖，无论身在官场还是战斗在边防前线，他无时无刻不牢记着自己的使命。经过十五年的思索、调整和总结，《上执政书》中有些思想已经不符合大宋王朝的实际。时过境迁，千变万变，方向不变。这一伟大思想的总结，凝聚了他整整三十八年的心血和汗水。在交稿之前，范仲淹思忖了良久。他有一种预感，只要把它交上去，如不出所料，它很快就会为大宋王朝开辟一个崭新的时代。因此，在交稿之前范仲淹慎之又慎，他再三和富弼推敲讨论，直到两个人都认为每一处都雕琢得无懈可击，他们才如释重负地将它交到仁宗皇帝手里。

交差以后，便是如坐针毡般的焦急等待，这种心情比当年科举等待发榜还要焦灼。范仲淹很清楚，自己将要面对的是一件多么重要的大事。如无意外，在未来很长一段时间内，这些文字将会成为这个国家的执政纲领。与此同时，自己和自己的学生，也会被载入史册。

想到这里，五十五岁的范仲淹心潮澎湃，有时竟会激动得像个孩子，他已经很多年没有过这样的激动了。

不知是偶然，还是有意为之，范仲淹将《答手诏条陈十事》交上去以后，谏官欧阳修也凑热闹似的向仁宗皇帝递交了一份关于整顿吏治的建议，其大意与范仲淹的思路吻合。

范仲淹正在焦灼地等待仁宗皇帝关于自己谏言的消息，又一个坏消息从前线传来：好朋友滕宗谅出事了。

经了解，滕宗谅出事是因为葛怀敏战败，他自作主张使用公用钱犒赏抚恤军兵的事情。范仲淹实在没想到，好朋友会因为这件事被人告发，而且告发滕宗谅的人居然是自己的连襟郑戬。

其实，这件事的来龙去脉只有范仲淹最清楚，因为他是当事人。有心替好朋友说话，又怕人说自己包庇。如果不替他说话，又有谁能替他说话呢？范仲淹很为难。眼见好朋友就要受不白之冤，范仲淹真是骑虎难下，不知如何是好。

范仲淹深知，世界上最不好处理的事情就是秋后算账，因为你根本就有没机会补救。想到这里，范仲淹又有些埋怨郑戬。你不知道当时的情况，只是根据一个简单的调查结果就进行弹劾。当时镇守泾州的宋军士气已经低落到望风而逃，如果不这么做，怎么能守住泾州？这些事儿属权宜处置，睁只眼闭只眼也就过去了，但郑戬非得较真儿。范仲淹很清楚自己的连襟是什么性格，对此他也很是无奈。

范仲淹转念又想，从另一个角度讲，作为长官过问一下这件事儿也没什么问题。子京啊子京（滕宗谅字子京），你怎么这么糊涂？你最不该做的就是把账本烧掉啊！这样好了，你为自己洗白的机会都没有了。范仲淹了解滕宗谅，他知道好朋友之所以把账本烧掉，一是考虑这件事儿不宜牵连过多；二是当时自己犒赏抚恤军士的行为理直气壮。即使是这样，你不应该对抗审查呀！范仲淹相信好朋友一定没有贪污，也许他对抗审查、毁掉证据的行为才是朝廷追究他的真正原因，滥用公钱不过只是一个借口。

是呀，如果人人都这样做，朝廷怎么办？

可转念一想，天休啊天休（郑戬字天休），你抓着这个小问题不放，当初敌人大兵压境，我军情绪低落的时候，你们一个个都在哪里？

想到这里，范仲淹决定硬着头皮为好朋友辩解。见仁宗皇帝正在气头上，范仲淹没敢随即替滕宗谅解释。

第二天，等仁宗皇帝火气稍稍小了一些，范仲淹才将事情的原委一一向仁宗皇帝讲清。范仲淹说，梁坚所奏滕宗谅贱买百姓的牲口来犒赏军士，这件事确有其事。当时敌兵压境，情况紧急，情有可原，对此事不应怪罪。说滕宗谅流连歌舞，当时是我和韩琦按朝廷规定安排的慰问演出，与滕宗谅无关；至于梁坚说滕宗谅超支十六万缗军费，这一数字有误。后来经中使官查明，滕宗谅实际上只是超支了三千贯，而且这三千贯都已充作公用，另外十五万贯全系诬告。诬告的十五万贯加上超支的三千贯，也不超过十六万贯。即使这些钱都已经花了，也都是军队花的，怎么说是滕宗谅个人贪污呢？

针对梁坚的弹劾一一作出解释以后，范仲淹说，滕宗谅颇具才干，如今在环庆路工作很出色。作为边界主帅，必须敢做敢当，有便宜处置的权力，否则难以服众。如果因为这点儿小事就夺去他的官职，怕是军心不稳。滕宗谅一向疏散，又积极地追求上进，他这样的人容易招人毁谤。因此，臣认为不应该急于对滕宗谅进行处罚，而是让御史台把事情彻底调查清楚再做结论。

最后，范仲淹又言辞恳切地说：

台谏官风闻未实，朝廷即便施行。臣目击非虚，而未蒙朝廷听纳。臣若是狂妄之人，不当用在两府。既有目睹之事，岂可危人自安，误陛下赏罚。兼西北未宁，见搜求稍可边上任用之人，即加奖擢，岂宜逐旋破坏，使边臣忧惕不敢作事？虽国家威令不可不行，须候见得实情，方可黜辱。臣欲乞朝廷指挥，宗谅止在任勾当，委范宗杰在邠州，一面勘鞫干连人，并将已取到庆州钱帛、文帐磨勘。如宗谅显有欺隐入己及乖违大过，即勾宗谅勘鞫。如无乖违大过，又无欺隐入己，即差人取问，分析缘由，入急递闻奏，别取进止。所有张亢亦奉圣旨令便勘鞫，臣体量得张亢不能重慎，为事率易，昨在渭州，亦无大段过犯。乞委范宗杰一就勘鞫干连人，依勘滕宗谅事行遣闻奏，仍乞以臣此奏宣示台谏官，候勘得滕宗谅、张亢却有大段乖违过犯及欺隐入己，仰台谏便更弹劾，臣甘与二人同行贬黜。臣所以极言者，盖陛下委寄边臣，使一向外御而无内忧之祸，则边上诸路人人用心，不至解体，有误大事。

不难看出，当时范仲淹不但为滕宗谅进行了辩解，同时也对爱将张亢受到的处罚进行了解释。范仲淹拍着胸脯向仁宗皇帝保证，如果二人确有其罪，自己愿意与二人同坐。

毕竟查无实证，又有范仲淹的力保，朝廷最终只是给滕宗谅定了一个滥用公钱的罪名，职称和待遇没变，只是官降一级，贬到凤翔府做代理知府。

不过，这桩公案至此只是拉开了一个序幕，更精彩的故事还在后面。

第二章　庆历新政

祸起萧墙

大宋庆历三年（1043）十一月，接仁宗皇帝诏令，两府陆续提拔任命了一批新晋的官员。

最先得到任命的是各州路的行政长官。新晋河北都转运按察使张昷之、淮南都转运按察使王素、京东转运按察使沈邈、河东都转运按察使施昌言、陕西都转运使程戡等陆续上任，这些新任的各路大员都是范仲淹和富弼推荐的人。

择官长，是范仲淹《答手诏条陈十事》中十项纲领中的第四条，但它却是其中最紧要的一条。这一任命的开始，标志着轰轰烈烈的庆历新政拉开了序幕。

布好局的下一步就是用对人，然后再让他们去陆续布局。

除了这些地方大员，在范仲淹和富弼的推荐下，从中央到地方，朝廷陆续择优任命了一些其他地方官员。如龙图阁直学士刘沆、环庆路副都部署孙沔、代州知州康德舆、汝州知州范祥、提点荆湖南路刑狱杨畋、陕西四路部署司勾当公事姚嗣宗、大理评事黄通、秘书省正字张定方、将作监主簿姚光弼等。

范仲淹向朝廷推荐了不少有能力的官员，比如李肃之。前德州知州李肃之是前宰相李迪的侄子，同时还是与范仲淹亦师亦友的孙复的内兄。因田忠霸在夔州造反作乱，经范仲淹推荐，处理边事表现出色的李肃之改任提点夔州刑狱。除了李肃之，范仲淹还推荐了当年在应天府与他有过交集、曾传给他炼金术的朱道人的儿子朱寀兄弟。故人的两个儿子都很争气，范仲淹相继推荐他们当上了集贤校理。

不要怪范仲淹总是向朝廷推荐熟人，其实换了谁都一样。虽然说知人善任，但一个一心报国、兢兢业业勤政为民的人，不可能有太多的精力去了解更多的陌生人。

除了以上这些人，还有一些有作为的小官也得到了提拔重用。比如管理农田表现出色的郭谘和孙琳，他们也先后被委以重任，范仲淹特意许二人选择一处州田进行试验，以解决朝廷田赋不均的问题。

王素外任以后，范仲淹又向朝廷推荐了太常博士、秘阁校理孙甫补任谏官的空缺。为了从整体上整饬吏治，在范仲淹推荐下，由王质和后来会当上宰相的曾公亮着手整理近些年的朝廷敕书。近些年来，朝廷官员的任命管理工作比较混乱，重新梳理这些任命，是为了下一步规范修改官员任命和考核办法做准备。

一道道以仁宗名义下发的诏书充分体现着仁宗皇帝对范仲淹的重用和信任。

随着这些官员的陆续上任，一条条新政策的施行，朝廷又下令重新修订了多年以来混乱的官员子弟荫补得官的管理办法，同时又详细制定规程，对各级官员的职田进行了限制。

自此，大宋王朝悄无声息地开始了一场无论对当朝还是后世都影响深远的改革。

刚刚转过年，在王拱辰的策划下，滕宗谅和张亢事件进一步发酵。

尽管此前范仲淹在仁宗皇帝面前为滕宗谅说尽了好话，欧阳修等谏官们也纷纷表示了自己对此事的看法；尽管郑戬和梁坚也不再死死咬着滕宗谅不放；尽管滕宗谅和张亢都已经贬职处理。但是，以王拱辰为首的台官们并不想就此放过滕宗谅。

当初，见欧阳修也站出来为滕宗谅和张亢说话，王拱辰的火气就上来了。一旦自己人之间相互看不上眼，相互较劲甚至是相互记恨，事情往往便会到达不可调和的地步。身为御史中丞的王拱辰表面上顺水推舟，范仲淹不是说重新调查吗？好哇，那就重新调查。

就这样，御史台打着查清真相的旗号，开始重新查办滕宗谅和张亢滥用公使钱一案。在做这件事情之前，王拱辰还耍了个小心眼儿，将这件事情逼到了无路可退的地步。他以御史台的名义向仁宗皇帝建议，对滕宗谅和张亢的处理太轻，鉴于二人的罪行，必须要加重处罚。王拱辰的态度非常强硬，而且不容商量。范仲淹从大局着想，认为此事不宜纠缠过多，而且相关人员都已经得到了处罚，想劝仁宗皇帝不再深究。世间诸事，难得糊涂。结果，王拱辰怒斥范仲淹包庇下属，两个人当着仁宗皇帝的面在朝堂上当场吵了起来。

一旦开始吵架，人人都会失去理智。范仲淹虽然知道事情的来龙去脉，同时也相信老同学绝不会贪污公款。在王拱辰的步步紧逼下，最终范仲淹不惜以辞职来为滕宗谅证明清白。范仲淹甚至向仁宗皇帝说，此案如不查清，自己就辞职。

范仲淹不知道，他已经落入了王拱辰事先设好的圈套。

王拱辰的本意就是重审此案，以对付范仲淹和欧阳修。见范仲淹已经中计，已经达到目的的王拱辰却不肯轻易让步，他决定继续把戏做足。

见是不是继续查办，仁宗皇帝一时没有表态，王拱辰也学着范仲淹的样子闹起了罢工。范仲淹你不是辞职吗？如果不将这件事情查清，我也辞职。

吵着吵着，事情成了一个方向，这却把仁宗皇帝夹到中间了。查还是不查？仁宗皇帝相信范仲淹，可王拱辰也不是吃素的。眼见不治滕宗谅的罪王拱辰就当即罢朝，仁宗皇帝也左右为难。皇帝当得软，大臣就当得硬。仁宗皇帝正在犹豫不决，王拱辰竟一甩袖子下朝走了。

大家都有点儿下不来台。

第二天，王拱辰竟说到做到，真就没来上班。

说实话，不管御史台还是王拱辰，本来都和范仲淹并没有什么过节，之所以和范仲淹产生如此尖锐的对立，还是因为欧阳修和王拱辰的个人矛盾。

庆历三年（1043）十一月，欧阳修连珠炮似的那几封奏折彻底惹恼了王拱辰。大家都是台谏官，轮得着你对我指手画脚？居然还大言不惭地说近年来御史台都被一群庸才把持，监察御史们“多非其才”“无一人可称者”，我偏让你看看到底是谁任非其才！你不是保滕宗谅嘛，那我偏偏揪住这个事儿不放，让皇上看看到底谁对谁错。

就这样，明着是滕宗谅和张亢滥用公使钱的案子，实际上是谏官和御史们的矛盾，最终王拱辰和范仲淹死磕上了。一个坚持滕宗谅有罪，一个坚持滕宗谅无罪，最终的结果是此案重审。

滕宗谅和张亢都是牺牲品。

说实话，谏院和御史台都是大宋负责直言进谏的部门，如果长官们关系处得好，两个部门没事儿的时候多坐在一起喝喝茶，交流交流，商量着怎么向皇帝建言。作为兄弟单位，两个部门本应该和谐共处、同仇敌忾。而欧阳修当初的言论实在过于偏激，他的言论一出立即引发了御史台的众怒。又加上他和王拱辰的特殊关系，自此谏院和御史台势同水火，都以置对手于死地而后快。

拜欧阳修所赐，御史台从此也变成了范仲淹等革新派的死敌。范仲淹升任参知政事以后，不管提出什么主张，御史台不但不积极地支持，而且一概不分是非地反对，甚至屡屡拿着放大镜寻找新政中的不足之处。特别是《答手诏条陈十事》被仁宗皇帝当众肯定以后，朝廷开始用范仲淹的纲领对朝政进行改革，众御史一有机会就攻击范仲淹和富弼，对于他们举荐的各类人才，也是鸡蛋里挑骨头地给予格外“关照”。

你不是说我们不称职吗？那我们就先给你挑挑毛病。慢慢地，御史台和改革派之间的矛盾也在进一步加深。世界上没有绝对完美的事情，凡事有一利必有一弊，御史台这么干，改革派的日子能好过吗？就这样，针对新政的种种不足之处，众御史每天都在仁宗皇帝面前诟病，甚至动不动就拿辞职来威胁，这也是后来庆历新政失败的主要原因之一。

滕宗谅是范仲淹阵营中的成员，这是人所共知的事情，御史台当然不会轻易放过他这也在情理之中。

僵持了几天以后，仁宗皇帝的天平最终还是倒向了御史台一边，尽管他知道范仲淹说的都是气话。既然范仲淹和王拱辰两个人都要查，那就查吧。说实话，不管滕宗谅到底有没有贪污，西北战场终究没能让大宋扬眉吐气，这始终是仁宗皇帝的一块心病。这其中还有另一个原因，那就是仁宗皇帝虽然仁厚，但也记仇，当初贬郭皇后的时候，滕宗谅曾经提出过反对意见。

就这样，滕宗谅被贬凤翔府以后，他在泾州滥用公钱的事情再次被立案鞫查。

既然皇帝已经亲自下令，那就查吧。

让人大跌眼镜的是，查来查去虽然滥用军费的事滕宗谅确属冤枉，但平日里他也存在一些超越法度的小过小错，尤其是他当初私毁证据、对抗朝廷审查的做法不能为朝廷所容。最终，御史台建议朝廷必须对滕宗谅从严治罪。结果，滕宗谅先从凤翔府被贬到虢州，仅仅一个月后，又被追贬到离朝堂更远的岳州。

岳州，现在的湖南省岳阳市。在古代，岳州有一个非常美丽的名字：巴陵郡。

祸根

西北前线方面，因为大宋态度的强硬，和谈一时进入了僵持不下的局面。一连好几个月，双方既无使者来往，也没有书信交流。因摸不清李元昊下一步会做出什么举动，吃尽了苦头的宋军丝毫不敢大意，宋夏边境的气氛紧张得有些可怕。大宋总是担心李元昊会趁着天寒地冻突然发动攻击，但他们这一担心好像是多余的。

后来，事实证明也是如此。这一僵持不下的局面没能维持多久，李元昊就主动派出了使者。这一次，他的使者张延寿恭恭敬敬地来到庞籍营中，要求庞籍派人带他到东京进奏。张延寿态度温和、举止有礼，不像以往那些使者的嚣张跋扈。仁宗皇帝闻报大喜，忙命庞籍派人护送张延寿等人入京觐见。

看来，对付西夏还是强硬管事。

年关将近，只要西夏无事，双方能心平气和地坐到谈判桌上，大宋君民就能过一个安定祥和的新年。

在近几个月的时间里，随着范仲淹施政举措的一步步实施，再加上各谏官的出色表现，朝堂上下政风大改，整个国家正在朝着范仲淹最初谋划的方向一步步迈进。种种迹象表明，随着吕夷简的退休，范仲淹、富弼和韩琦的入朝，仁宗皇帝感觉自己这一次用人终于用对了。

皇帝开心便是天下之福。虽然见人就怼，逢事就批，欧阳修还是以他出色的表现获得了升职。庆历三年（1043）十二月初，欧阳修由太常丞、集贤校理、同修起居注、知谏院升任右正言，知制诰。

从天天帮着皇帝给大臣们提意见，到成为皇帝身边起草诏令的文字秘书，欧阳修只用了不到一年的时间。为了充分发挥他的特长，即使充任了知制诰，欧阳修仍带着谏官的身份。一个这么优秀的人才，仁宗皇帝一定要人尽其用、尽其所长。

欣逢盛世，又是临近过年，见皇帝锐意改革一心进取，有好事之人从沣州献来一块木头。这不是一块普通的木头，因为进献之人称天降祥瑞，这块木头上有自然形成的“太平之道”四个字。沣州的地方官想趁着皇帝心情大好，又马上过年借机讨个好彩头。

哪知道，这位不走运的官员拍马屁正拍到了马蹄子上。

仁宗皇帝不像他的父亲，对此类事物有着与生俱来的迷恋与热衷。见识过父亲晚年各种劳民伤财的迷信活动，仁宗皇帝对此表现得很冷淡。生怕年轻的皇帝因此陷入无休止的迷信活动中，欧阳修毫不客气地对此事进行了严厉的批评，并一针见血地指出了各类祥瑞的本质。

欧阳修说，沣州知州冯载本是个武人，不识大体，竟以如此手段魅惑朝廷。难道一块木头就能证明天下太平吗？真正的天下太平是四海晏然，生民万物各得其所。如今西羌叛乱尚未彻底平息，又有北方的辽国在时刻威胁，西南少数民族地区也不太平。百姓困弊，盗贼横行，我大宋如今危机四伏，远远达不到四海承平的局面。如果木头上的字真系天成，则为天意，也没什么大惊小怪的。“太平之道”这四个字是“**致太平自有其道，得其道则太平，失其道则危乱**”的意思。它是在提醒世间要行太平之道，而不是预示着大宋已经实现天下太平。

欧阳修又说：以我来看，当下“太平之道”只见其失，未见其得。愿陛下忧勤万务，举贤纳善，防患于未然，不要有侥幸自得之心。如果您真的因为一块木头的出现就认为天下太平了，这块木头就是一块耽误国家大事的妖木。请您立即叫停这类活动，冯载这样的人你也不要赏他，同时还要严令各路州府此后不得进献。

仁宗一听，欧阳修讲得很有道理，于是照章全办。

巧合的是，或是欧阳修一语成谶，或是真的上天有灵，祥木之事过去没几天，河北路突然下了一场红雪。同时，河东路又接二连三的地震，一时之间人心惶惶。种种异象搞得仁宗皇帝心烦意乱，他不知道这些事情将会预示着什么。

新晋谏官孙甫深谙五行之术，他翻经阅典，从谶书和古籍里为仁宗皇帝找到了对这些不正常自然现象的解释。孙甫说：赤雪者，赤眚也，人君舒缓之应，舒缓则政事弛，赏罚差，百官废职，所以召乱也；地震者，阴之盛也。阴之象，臣也，后宫也，兵革也。三者不可过盛，盛则阴为变而动矣。孙甫此言意在提醒仁宗皇帝虽小有所成，亦不应有舒缓之心，同时要警惕后宫。皇宫用人太多，各类用度也过于铺张。孙甫还委婉地说，尤其是张修媛这段时间屡屡宠恣市恩，祸已渐萌。

见仁宗皇帝略有所悟，孙甫进一步说：只有皇后才是正室，其余妃子实际上都是皇后的婢妾。她们的用度一是不能过于铺张；二是不超越礼制。自古以来，各种宠幸女色的行为屡屡致祸。究其原因，是因为一开始不加以制止，后来往往就制止不住了，到时候后悔也就晚了。

听到这里，仁宗皇帝想到近日刚刚升为张修媛的张美人屡屡撒娇，还缠着让自己下旨给三司、左藏库，给她进献当时十分难得的红罗，仁宗皇帝自责道：用物在有司，朕恨不知尔。

见皇帝诚恳地认错，孙甫说：世谓谏臣耳目官，所以达不知也。若所谓前世女祸者，载在书史，陛下可自知也。

史载：帝深嘉纳之。

新政悄无声息地开始以后，一直过了很长时间，才有敏感的大臣意识到皇帝这是想要进行一番彻底的改革。随着一些新制度、新办法的陆续实施，人员的任命和调动越来越多，屡屡遭到欧阳修弹劾的御史台最近也提拔了两个人。鉴于他们目前的官职不是太高，因此他们被任命的官职是监察御史里行，这两个人的名字分别叫作李京和包拯。

包拯是天圣五年（1027）的进士，他能得此任一是因为孝，二是因为廉。包拯中进士时年龄已经很大了，二十九岁。他就是史上鼎鼎大名的包青天、包龙图包大人。

有意思的是，进入官场之后，包大人很长一段时间都没在做官，而是在守孝。

中进士以后，包拯直接授任大理评事，出任建昌（今江西省永修县）知县。因父母年迈，包拯请求在老家合肥附近就职，朝廷答应了他的请求，将他改任和州（今安徽省和县）监税。哪知道父母还是不想让他离开，见这样包拯索性辞去官职，回家专门赡养父母去了。

又过了几年，父母相继去世，包拯在双亲墓旁筑起草庐，直到守丧期满，还徘徊犹豫着不忍离去，直到同乡父老多次前来劝慰勉励才肯离开。也是因此，包拯的孝名迅速传遍了天下。

直到仁宗景祐四年（1037）包拯才赴京听选，因其孝心广为人知，包拯被授天长（今安徽省天长市）知县。

在天长知县任上，包拯处理过一个十分难断的小案件。某日，有一农人来到县衙，状告歹徒割去其家耕牛的舌头，请求官府捉拿罪犯。割去牛舌并无财利可图，包拯推断此事必属仇家的报复行为。于是，他暗命农人宰牛卖肉以引罪犯上钩。宋代宰杀耕牛是犯法的，不出包拯所料，割牛舌者见牛主杀牛，果然前往县衙讼告。罪犯自投罗网，疑案不侦自破。

此案查清以后，包拯断案有方的美名传遍了天下。

于是，庆历元年（1041）包拯调任端州（今广东省肇庆市）知府。

端州出产砚台，端砚在宋代即是贡品。趁着进贡的机会，此前的各任知府一贯向民间敛取进贡数量数十倍的砚台，以送给当朝的权贵。近水楼台先得月，可见地方官以地方特产馈赠朝堂长官的行为古已有之。包拯上任以后，下令征集进贡的砚台只满足贡品的数量即可，一方也不许多置。不仅如此，包拯在端州离任时，竟没拿一方砚台回家。

也许是因为再也收不到免费的端砚了，很多朝中大员也都记住了包拯的名字。

因以孝闻名，又加上断案如神和断供砚台这样的出色表现，包拯既获得了美名，又获得了提拔。

改革必须先从人开始，经过这段时间的努力，各级官员终于在范仲淹的调整下有了一番新的变化。举凡改革，都得有属于自己的思想，而统一思想的过程绝对是个艰难而又曲折的过程。为了进一步实现自己的改革思想，范仲淹出人意料地做出了一件别人都认为不合适的事。

北宋仁宗庆历三年（1043），陕西大旱，饥民塞途。商洛人张海联盟郭邈山、党君子等人率饥民千余人在商山一带发动了一场声势浩大的农民起义。起义军纵横陕、豫、鄂诸省，他们横冲直撞地杀向富庶的江淮路，竟一路直抵淮南路的高邮（今江苏省高邮市）。

听说张海大军经过，高邮城如临大敌。因守军过于薄弱，知军晁仲约自知无法抵御，经与城中百姓商量，为避免生灵涂炭，晁仲约传令，城中士绅民众捐出钱财、置办酒肉到城外迎接并犒劳造反的农民军。

晁仲约的行为感动了张海，因此，高邮城力保不失。

听到这一战报，朝廷雷霆大怒。面对反贼，身为朝廷命官的晁仲约竟然不加抵抗，反行犒赏，简直是成何体统！盛怒之下，有人建议应立即将晁仲约斩首，就连红得不能再红的枢密副使富弼也建议：立即诛杀晁仲约，绝不能有半点含糊。

如何看待这一事件，大臣们的意见却分成了两派。

范仲淹跟大多数人的想法就不一样。

范仲淹说：倘若郡县的兵力兵械足以应战防御，遭遇贼寇却不采取积极的抵御政策，反而去贿赂对方以求自保，那么郡县长官必须处死；如今高邮的兵力明显不足，行权宜之计，用募集财物酒肉相迎的方式免遭杀戮抢劫，这样的结果也不是不能接受。如果诛杀晁仲约，实际上违背了朝廷立法的本意。

一向宽厚的仁宗皇帝也觉得范仲淹说得有道理，于是，他下令赦免了晁仲约的不抵抗之罪。

谁也没想到的是，下朝之后富弼不干了。老师你一天天教我们忠君爱国，力勤王事，而且坚持原则、赏罚分明，如今你是怎么做的？

富弼找范仲淹兴师问罪来了。

富弼怨恨地对范仲淹说：我们刚好想推行新政法令，而你却如此阻挠，这样怎能整治一众朝廷官员？

范仲淹看着自己最得意的门生，他告诉富弼先消消气，然后说：我朝从太祖太宗开始，就不曾轻易处死臣子。如今天子盛德，这一规矩为什么要轻易破坏呢？人命关天，如果随意滥用生杀大权，怕是有一天你我的性命都不能保全。

富弼半信半疑地听着老师的解释，但他一时还是不能认可范仲淹的说法。

据史料记载，当时的情形是这样的：

劫盗张海将过高邮，知军晁仲约度不能御，谕军中富民出金帛牛酒迎劳之。事闻，朝廷大怒，富弼议欲诛仲约。仲淹曰：郡县兵械足以战守，遇贼不御，而反赂之，法在必诛；今高邮无兵与械，且小民之情，醵出财物而免于杀掠，必喜。戮之，非法意也。仁宗乃释之。弼愠曰：方欲举法，而多方阻挠，何以整众？仲淹密告之曰：祖宗以来，未尝轻杀臣下。此盛德事，奈何欲轻坏之？他日手滑，恐吾辈亦未可保。弼不谓然。

及二人出按边，弼自河北还，及国门，不得入，未测朝廷意，比夜彷徨绕床，叹曰：范六丈圣人也。

富弼称范仲淹为范六丈，并非是形容范仲淹身高奇伟，而是因为富弼以晚辈自居，对范仲淹的一种称呼。“丈”在古代是对长辈的敬称，在富弼心目中，他一直是拿范仲淹和岳父晏殊等同对待的，“六”则是范仲淹在范氏家族的排行。因此，“六丈”是富弼对范仲淹的尊称。

哪知道范仲淹也一语成谶。转过年来的庆历四年（1044），因为在新政实施中范仲淹使用了大批新人，朋党之论再次在百官之间兴起。范仲淹和富弼不可避免地陷入了党议的风口浪尖。无奈之下，二人自求远离朝堂的是非旋涡，分别向仁宗申请巡边。到了庆历五年（1045），富弼从河北返京请求面圣。章得象等朝臣竟再次攻讦范仲淹、富弼二人任人唯亲，多朋党之私。耳根颇软的仁宗皇帝令富弼于宫门外待命，不许觐见。

见仁宗竟然听信谗言不肯接见自己，富弼一时无法判断皇帝的真实意图，一时之间生死难卜，他焦虑得整夜彷徨徘徊难以入睡。想起当年范仲淹说过的话，富弼不禁感叹道：范仲淹真是圣人啊！

水洛城之争

通过晁仲约事件，人们看到了一个不同的范仲淹。

宽柔相济其实是一件很难做到的事情，尤其如何在二者之间找到一个平衡点，更是一种高智商的技巧，范仲淹做得很好。庆历新政开展以来，频繁的人事调动虽然引起了很多人的不安，但大多数人还能够安心地按照既定的布置，认认真真地完成朝廷交办的各项事情。

因为仁宗皇帝的热衷、范仲淹和富弼表现得出色，宰相章得象和晏殊最近都很省心。枢密使杜衍一向和范仲淹交好，因此在大部分时间里，三位师长兼老领导均对范仲淹和富弼采取了十分宽容的态度。

凡是改革，一定会影响一些人的利益。为了达到改革的目的，必须要严刑峻法，否则任何事情都难以推行下去，这是历朝历代一条百试不爽的道理。仁宗皇帝的支持前所未有，范仲淹和富弼当然不能辜负这一千载难逢的好机会。他们都很清楚，如果自己提出的那些改革纲领都能实现，朝廷上下很快就会面貌一新。不需要几年时间，大宋一定会实现国富民强、安居乐业的局面。到那时，不管面对辽国还是西夏，大宋都不会像现在这么多交困，仁宗皇帝也不会再像今天这样软弱。

随着政令一条条下达，不管中书还是枢密院，几位老臣都静得可怕。年轻的富弼没有考虑那么多，只是范仲淹偶尔会觉得，在这丝平静背后似乎哪里有什么不对，但一心旨在改革的他一时也顾不上那么多了。

尽管已经改变了很多东西，但很多根本的问题还没有解决。范仲淹深切地认识到，不管国事还是军事，如今的大臣各怀目的、各执己见，是导致大宋虽然富足但外交一直积弱的根本原因，厌战只是一种形式。朝令夕改是执政者最忌讳的事情，如何将新政长久地贯彻下去，他看到了仁宗皇帝的决心，但是谁也不能保证明天会有什么事情发生。为此，范仲淹一连召用了好几位他认为有远见卓识的新人。他将这几位新人陆续补充到皇帝身边，及时为朝廷注入了新鲜的血液。

事实证明，这些新人比那些循吏好用多了。他们头脑灵活，做事利落，而且没有那么曲曲绕绕的麻烦。这些新人的加入，很快就有力地推动了新政的落实。

范仲淹发现，当时朝政败坏一个最重要的原因还是庸政懒政的官吏制度。只有解决这一问题才是解决了问题的根本。大宋自建国以后，武将掌权容易引起动乱，采抑武崇文的方针已近百年。朝廷只是用高爵厚禄安抚有功武将，却不授予实权，也不让他们负责具体事务，事实上他们对文官并不服气，这是前方总是打不了胜仗的根本原因。

重用文官是立国之初就定下来的事情，为此朝廷广开渠道选拔儒士，给予优厚待遇，以图构建一个文官政治的格局，八十多年过去了，文官政治虽然成功，但毛病也不少，最主要的是大家各有各的想法，始终不能统一起来。另外，多年以来，为了体现朝廷对大臣们的厚爱，“恩荫”世袭制度也成了惯例。范仲淹知道，这是朝廷想扩大并笼络士阶层的做法，这一做法本无可厚非，但这一风气愈演愈烈，导致很多不学无术的官宦子弟被授予高官，因此招致天下读书人的不满。当下人们对恩荫的诟病，跟多年以前的斜封官已经差不多了。

综合这几个原因，久而久之，官员胥吏人数激增，各种问题也随之而来。经查阅资料的范仲淹发现，仅真宗皇帝前后四十年间，朝中文武官员的数量足足翻了一番，仅三司一个部门，从朝廷到地方，官吏人数就已经超过十九万。这些年皇帝宽厚，朝廷都是赏赏赏、封封封，只要不犯什么大错，没见处罚过什么人。官员越来越多，实际上朝廷并不需要这么多人。

可是，如果大刀阔斧地进行裁撤，自己能应付得来吗？皇帝能应付得来吗？思来想去，范仲淹还是决定，欲速则不达，事情还得慢慢来。

那就先从地方抓起吧。

中书审核考评各路主要官员，各路主要官员负责审核考评下级官员。王质最近工作做得不错，自从他主持吏部考评以后，他已经将多年以来官员升迁、黜置情况梳理清楚，相信用不了多长时间，这一方面就会得到改善。

范仲淹敏锐地认识到，冗官滥吏已成王朝的沉疴积弊，而选人用人制度乃其症结。官员升迁只看资历年限，不考核政绩，所以很多人就混日子、熬年头，尸位素餐。有的人官职靠祖上功劳“继承”而来，本人却无德无才，甚至贪赃枉法。为此范仲淹再次上书，当下州县官吏中有能力的连两三成都不到，而荒政、坏政的却多达十之七八。他主张“去谬吏”“纠慢政”，对贪污腐败、昏聩无能、懒政不为乃至老迈失德的官吏，进行严厉的弹劾与罢黜。这一奏议也很快得到了仁宗皇帝的批准。

为了表达这一决心，他公开带头审核了一批地方官吏。在名册中每见德才有亏、名声不佳者，就把这人的姓名一笔勾除，不再任用。

有人劝他说，你这么轻率就决定一名官员的命运是不负责任的表现。你有没有考虑过，你大笔一勾，被勾掉的官员就断送了一世的前程，他一家人从此生活也会没有着落，这会导致他们一家痛哭绝望的。

范仲淹毫不客气地说，现在哭的是他们一家，如果让他们继续为官，痛哭的将会是一路的百姓。与其让一路百姓痛哭，不如让他们一家痛哭。

听了范仲淹的话，满朝文武默不作声。晏殊在不经意间叹了口气摇了摇头，在此之前，他也曾私下劝过范仲淹，新官上任不可操之过急，似乎范仲淹并没有在意他这句话。

这就是“一笔勾销”这一成语的来历。

据《五朝名臣言行录》记载，范仲淹在监司官吏名册中勾除不称职者，以有才能的人补任。同僚提醒他：您这一笔勾画容易，但被罢免的人势必难过，恐怕要全家都哭了。但范仲淹凛然答道：这样即使造成了一家人痛哭，也总比最终一路人痛哭好。

“路”是宋元时代高级的行政区划，大体相当于现代的“省”。因此这“一路人”实际上是指一大片区域的百姓。范仲淹对不才官吏一笔除名，必然会得罪人，他并非不知。但不得罪千百庸腐官员，就要得罪万千人民。将不称职的官员悉数罢之，百姓才有活路。当仁不让，虽万千人亦往，正是国士的担当。儒家所谓“宁取狂狷，不取乡愿”，即使执拗不为人理解，也不行误政害民的好人主义。范仲淹的耿介方正，正是难得的品质。

转眼间便到了庆历四年。

庆历四年应该是我们都很熟悉的一年，“庆历四年春，滕子京谪守巴陵郡……”对，就是这个庆历四年。

刚一过年，朝廷就颁下一道圣旨，鉴于宋夏已经休兵和谈，前线修城的所有工作暂停。诏令传到前线，却又惹了一场不小的麻烦。

此时，前线最高军事长官是前来巡边的枢密副使韩琦，而最高地方长官却是郑戬。不久以前，朝廷下令罢掉了前线四路指挥使，改郑戬担知永兴军。随着一座座战略意义重大、经济意义不大的城寨拔地而起，大宋在西北前线的防守力量确实增强了，却也消耗了巨大的人力物力。鉴于这一情况，韩琦向朝廷打了个请示，为了减轻朝廷负担，暂停各类修城的工作。

其实当时大宋很多城寨都已经修好了，正在施工的只剩下为数不多的几座，其中最大一座城池就是水洛城。眼见完工在即，朝廷却下了这么一道圣旨，总领修城工作的郑戬不干了。

军队搞防务，地方修城，前线各项工作分工明确。眼见自己功败垂成，郑戬有些生气。他当然知道这都是韩琦的主意，郑戬不能眼看着即将修好的城寨半途而废，他一面上书向朝廷说明情况，一面暗令负责修筑水洛城的大将刘滬：所有工作不能停止。

为了修好水洛城，郑戬又派董士廉带兵去给刘滬帮忙。

眼见长官违抗圣旨，手下人谁也不敢吭声。人们都知道郑戬的性格，虽然上有圣旨，但不服从命令长官当下就能处理你。

刘滬和董士廉不敢说话并不代表别人不敢说话，郑戬公然抗旨的消息传到韩琦耳边，一向不怎么喜欢郑戬的韩琦也大吃一惊，这个郑戬是吃了豹子胆吗？朝廷的话都敢不听！

韩琦一面派人去水洛城了解情况，一面派人来永兴军跟郑戬交涉。西北一盘棋，军政两条线必须保持一致，郑戬这么干是要犯错误的。

哪知道，韩琦这一做法立即把郑戬给惹恼了。眼见我的城快修好了，你不但忽悠朝廷停止修城，我还没找你算账呢，你居然又找上门儿来兴师问罪，韩琦你小子不要太猖狂了！因此，郑戬不但没有停止修城，还将韩琦派来的武官骂了一通。

自己明明是好意，见郑戬不但不识好歹，还冲自己的人发脾气，韩琦也不干了。韩琦当时的身份是枢密副使，不管官职还是名望都比郑戬高，见郑戬既不服从朝廷又不服从长官，韩琦一面向朝廷奏报，一面开始用自己的办法制止郑戬的不法行为。

秀才遇见兵，有理说不清，更何况这根本就不是秀才和大头兵之间的矛盾。韩琦榜眼出身，做事既讲体面，又讲策略，他手下那帮大头兵可不听这些。见刘滬和董士廉不肯执行朝廷命令，自己的长官又窝了火儿，时任渭州知州的尹洙决定给长官出口气。尹洙立即下令将刘滬免职，并派瓦亭寨主张忠顶替了刘滬的职务。

哪知道，刘滬并不服从尹洙的命令，这让尹洙也恼了。见刘滬抗命，尹洙急命手下大将狄青前去鞫问。结果，狄青来到水洛城二话不说，立即命人将刘滬和董士廉绑了起来，而且还关进了监狱。

刘滬，字子浚，保州保塞（今河北省保定市）人，出身于军人世家，其爷爷刘审琦、父亲刘文质都是一代名将。史载刘滬颇知书传，深沉寡言，有知略。刘滬以荫补三班奉职，累迁右侍禁。康定年间，曾经做过渭州瓦亭寨的监押，还当过静边寨的镇守。刘滬有一个黑历史，当年好水川任福战败，大宋沿边各城寨皆闭门死守，以致寨外居民畜产多为西夏军兵掠抢。为了避免更大的伤亡，脑洞大开刘滬竟打开寨门放敌军进城。

这又是一个敢玩儿开门揖盗的猛人。

不服不行，大宋的牛人就是多。结果城寨虽然保住了，刘滬却因此落下一个“刘开门”的称号。

在刘滬驻兵水洛城之前，这里本是羌族聚集的一个小城寨，城寨四周，都是羌族人的帐篷，同时还杂居一些逃荒的汉族人。到水洛以后，刘滬派人与寨主铎厮那会谈，劝他归顺宋朝。铎厮那开始答应，当刘滬领兵接收时，突然变卦，包围了刘滬部队。当时刘滬身边有战斗力的仅有千人，四顾无援。刘滬镇定自若，坚卧，令晨炊缓食，他身坐胡床之上指挥进退，一战即溃的铎厮那只好投降，接受了刘滬的统辖。

后来，刘滬又带人于城下粉碎了来犯的临洮羌兵，自此其军威大振，也彻底洗刷了自己“刘开门”的耻辱。

毫不掩饰地说，水洛城是刘滬平生最得意的一个作品。如今工程进行到一半，朝廷骤然下令停止筑城，刘滬能干吗？

见狄青抓了刘滬，尹洙没有怪罪狄青。当然，韩琦也没有怪罪尹洙。

刘滬本是朝廷命官，虽然此前名声不是太好，但自从郑戬到永兴军上任以后，各方面表现都还不错。见狄青一个大头兵动不动就敢拿人，一直喜欢占上风的郑戬哪受过这个气，就这样，因为修水洛城，韩琦和郑戬两位朝廷大员吵起来了。

新政

让范仲淹感到欣慰的是，吏部的工作最近进展不错，王质和曾公亮不但已经将多年以来官员任命文件整理完毕，而且还拿出了一套对各级官员罢免黜置的新管理办法。这让范仲淹喜出望外，他情不自禁地想起了多年以前自己被贬离京，百官无人送行，唯有王质载酒送别的往事。

想到这里，范仲淹心中便是一股暖流。不久前，次子纯仁已经和王质的女儿完婚，这门亲事是两个人深厚情谊的延续，自己也终于有幸和三槐王家结成了亲戚。跟王家成为亲戚，当年曾是范仲淹想都不敢想的事情。自结亲以后，不管王素还是韩家、苏家，当时各大家族间的关系又迈进了一步。然而，范仲淹并没有因此偏袒过任何人。后来，韩亿不争气的儿子韩纲受到处罚，范仲淹也丝毫没有客气。他不但没为其讲情，反而认为其有负父亲韩亿的一世英明，毫不客气地将其除名。

不久之后，据王质和曾公亮建议，范仲淹上报皇帝，仁宗皇帝批准了范仲淹对于吏治的整饬方案。范仲淹下定决心，下一步按照统一部署，他一定要在朝廷上下展开一番大动作，一定要将那些尸位素餐、饱食终日的人从官员队伍中清理出去。

除了吏治，范仲淹同时还在关心着大宋朝的经济。一个国家要想强大，必须搞好经济。而若想搞好经济，最重要的事情一是税收，二是计度和花销。最近这段时间，关于这些事情范仲淹想了很多。朝廷的税收主要是盐、铁和茶税，如何加大管理力度，增收节支，他需要详细地规划规划。仅搞好吏治，不是让一个国家强大起来的有效办法。

为此，范仲淹想起了两个人，范祥和程戡。范祥目前的身份是汝州知州，而程戡是陕西都转运使，两个人曾长期在三司等部门效力，有着丰富的工作经验，而且颇有政名，想必他们一定会有高明的见解。为此，范仲淹请仁宗皇帝下令，派范祥和程戡会同三司一起讨论盐法。听说范宗杰管理盐务也很有经验，他对于成本控制、交易和税收有着独特的看法。范宗杰，是范雍之子。范仲淹认真地向他们了解了关于盐务的一些情况，准备于近期细致地整理一下思路，然后正式向二位宰相和仁宗皇帝汇报。

自古以来，有提拔就有贬黜，唯有恩威并施方能管理好朝廷的文武百官。范仲淹会同欧阳修一起参劾了为政不力、渎职无能的前后两任京西按察使陈洎和张昪。

庆历三年五月，朝廷曾下旨，诸路转运使统一加按察使职衔，意在给各路长官增加一部分巡察、考核以及刑罚方面职能和任务。但陈洎和张昪均没有很好的贯彻朝廷的意思，当然更没能履行好自己的职责。半年之内，二人竟然没交一份工作报告，也没处理一个人。此前张海等人造反就出在京西路，地方官金州知州王茂先、顺阳县令李正已皆老迈无能，有事不报，以致张海等反民声势越来越大，朝廷不得不派兵镇压。对于此事，二位按察使居然没有奏报。另外，韩纲在光化军任上放任残酷，以致士兵哗变，这两位按察使竟然一点儿都不知情。

官官相护，以致朝廷法令成了一纸空文，鉴于这一情况，范仲淹立即对二人进行了处罚。此时，虽陈洎已经自京西路调任河东路任转运使，但他还是被降为怀州知州，而张昪则由京西转运使降知邓州。

自受命以来，范仲淹和富弼一师一徒，将各类国家大事经略得有条不紊，各项工作很快就取得了显著的成效。两位宰相章得象和晏殊也很省心，只要是范仲淹交上来的奏议，他们常看也不看就一概照准。此举并非二位宰相失职，而是范仲淹思虑缜密，处置得当，凡是他想好的事情一概免检。对于新政，只是另一名参政贾昌朝偶尔会不阴不阳地说几句闲话，但只要范仲淹安排的事情，他也基本不会过问。

御史台总是在不经意间挑各种毛病，不过这属于他们的职责。对于范仲淹发起的各项政策，御史台似乎没有什么意见，他们只是针对执行环节中各级官员的具体做法发表意见，从而对新政提出一些批评。同时，御史台也总会很隐晦地指出，各种不力的情况不是官员本身的问题，而是新政本身就存在一些值得商榷的地方。对于这些指责，仁宗皇帝似乎也不怎么理会。

世上哪有十全十美的事情？皇帝的信任更加振奋了范仲淹大干一场的信心。

近段时间，欧阳修摇旗呐喊配合得也很到位，只是范仲淹感觉，小兄弟总是这么旗帜鲜明地批评别人似乎树敌太多。多个冤家多堵墙，曾有好几次，范仲淹都在暗中提醒欧阳修，一是骂人不要骂得那么狠；二是得罪人不要得罪那么多。有些事说说就行了，没必要那么跟人死磕，但欧阳修似乎并不以为意。想到他也是一心为公，范仲淹有些心安，当仁不让正是为人臣者的分内之事。对欧阳修和晏殊的矛盾，它一直是范仲淹比较头疼的事情。他也曾尝试着进行调和，哪知道两个人一个比一个牛。先是欧阳修，他固执地认为自己根本就没错，写那首诗就是要批评晏殊，一个人不能因为自己的师长犯了错就不敢指责。见欧阳修比自己还有理，范仲淹索性不劝了。而在跟晏殊说起此事，身为宰相的晏殊却很豁达，他淡然而又若无其事地说，欧阳修不过是我的一个门生而已，他这人挺有才华，至于其他方面我就了解得不太多了。晏殊完全一副路人的姿态，对于欧阳修，他言谈举止间流露出的是一种赤裸裸的、居高临下的蔑视。

见谁都劝不下，范仲淹只好夹在中间继续难受。

二月末，根据奏报滕宗谅的案子也终于查清。一开始，见范仲淹和王拱辰都不让步，仁宗皇帝最终派出中使官，才真正把这件事情查清真相。结果事情根本不像御史台弹劾的那么严重。一是滕宗谅涉案金额根本就没那么多，当初梁坚把军中数月的花费都算到了滕宗谅的头上。滕宗谅违规发放的公使钱只有三千贯，而且这三千贯也有一部分有据可查，尽管有一部分证据已经被滕宗谅烧了。

既然罪过没那么大，这件事接下来如何处理呢？诬告也是需要承担责任的，梁坚虽然夸大了数目，但他也不全是捕风捉影，而且他现在也不用承担什么责任了，因为梁坚已经死了。让范仲淹生气的是御史台那些人，你们不了解情况，只是闭着眼睛瞎告。御史们可以把责任推到已经死了的梁坚头上，可滕宗谅接下来怎么处理呢？说实话，好朋友一开始的罪过并不大，他最大的错就错在不该烧掉账本和名单，销毁证据对抗审查，这一点相信任何人都不会得到宽容。

想到此处，范仲淹也不好再说什么，他只能静静地等待仁宗皇帝最终的处理意见。

案子交到中书，上报仁宗皇帝。仁宗皇帝一见滕宗谅没贪污那么多，但对抗审查的风气不能滋长。既不能不罚，又不能重罚，鉴于滕宗谅已贬知虢州，仁宗决定对其免职但不降待遇，同时从虢州贬至岳州。

这就是“庆历四年春，滕子京谪守巴陵郡”这一事件的缘起。

让仁宗皇帝欣慰的是，近期与西夏和谈的形势在一天天好转。随着使者往来越来越频繁，两国之间的气氛也越来越融洽，边境开始有居民定居。种种迹象表明，不久之后两国之间应该能够达成一个共同的目标。因前线开支太大，前段时间同两府商议罢掉了四路使，郑戬改知永兴军。这样一来，朝廷的负担立即减去了不少。

实际上，罢掉四路使的主意也是欧阳修出的。骂人归骂人，在很多事情上欧阳修不但有大局观，而且有着非常独到非常高明的见解，他常常会一针见血地指出各种问题的根本所在。不管皇帝听与不听，这些事情往往会沿着他所说的方向发展，这就是欧阳修别人无法企及的判断力。

按照范仲淹的建议，朝廷加紧了对各路官员的约束，朝堂上下风气大为改观。大家都在努力上进，但总是有那么几个不长眼的人，几乎是闭着眼睛往枪口上撞。

一个名叫张庚的官员此时就撞到了枪口上。张庚本是开封府的推官，朝廷本想派他去荆湖路担任体量安抚使。因荆湖路远离京城，而且最近这一带老是闹盗贼，朝廷本来是想让张庚前去立功，没想到张庚并不领会，接到任命以后，他不但磨磨蹭蹭地迟迟不去上任，而且还四处活动关系，想留在京城当监察御史。

仁宗皇帝气坏了，他还没见过这么拈轻怕重又没有担当的大臣。你不是不愿意离开京城吗？朕偏不让你得逞！正好滕宗谅刚刚贬去岳州，虢州知州空缺，仁宗皇帝命中书下旨直接把张庚贬到了又穷又远的虢州。御史台不是缺人吗？老臣王丝德高望重，不但是名门之后，而且谨言慎行，仁宗皇帝下令王丝进御史台，担任殿中侍御史。

最终，张庚梦寐以求的职务花落旁家。

皇帝有心

因为修水洛城的事，韩琦和郑戬还在各执己见，吵得不可开交。一个请求服从圣旨立即停止修城；另一个坚持不能半途而废，要求把剩下的工作做完。仁宗皇帝觉得两个人说的都挺有道理，两府大臣也一时拿不出高明的处置方案。

修水洛城造成的争端，范仲淹最先是听泾原路走马承受赵正说的。听说刘滬和董士廉被狄青缉拿，范仲淹感觉狄青太莽撞了，自己当时真是看走了眼，枉费心思送了他一部《春秋》。武人就是武人，狄青还是读书没读好哇，范仲淹叹道。当听说这一命令竟然是尹洙下的，范仲淹更不理解了。老朋友不该这么办啊，这到底是怎么回事呢？

事情不能总听一个人说，生怕因不了解情况造成偏听偏信，范仲淹特意又找了多人进行了解，这才发现事情根本没那么简单。原来，刘滬和董士廉原属四路都部署司节制，受部署司命令两个人才去修的水洛城，因此二人不是擅自用命自作主张。后来，朝廷罢掉了部署司，各路人马回归本路，又下旨停止修城。因完工在即，二人怕本路长官责怪，所以没有遵守朝廷命令。而且他们还一面修城，一面向朝廷做出了情况说明。在奏报中，他们自知有罪，只是盼着工程尽快完工，并希望朝廷能免除他们的罪名。因此，两个人并不是故意违抗圣旨。

于是，在仁宗皇帝征求意见时，范仲淹说，刘滬是边境名将，深得民心，而且屡立战功，其执意修城也是为国家着想，国家应该爱惜重用，不应该因此怪罪刘滬。狄青所以将他们下狱，应该只是见他们不听命令，一怒之下才行使的军法。很明显，狄青的做法有欠妥当。其实在这件事上刘滬挺冤，他本是有功之臣，如果这么处理，怕是会伤了那些沿边将士的军心。长此以往，谁还敢尽心地为朝廷效力？至于董士廉，他本是京官，不是武将，狄青竟然把他一并下狱了，狄青是个粗人，没文化，处事武断而且不通事理，只是一味地以军法从事。如果二人被杀，他们的家属势必会来告御状，大臣们也一定会争论不休。

为此，范仲淹建议仁宗皇帝不要追究刘滬等人违抗圣旨的行为，而是应该先把事情的原委查清楚再说。范仲淹说：

虽知将帅行得军法，即非用兵进退之际，有违节制，自是因争利害，致犯帅威。昔陈汤矫诏命以破敌，王濬违节制以下吴，皆释罪封侯，以劝将列。伏望圣慈，特遣中使乘驿往彼，委鱼周询、周惟德取勘刘滬所犯因依情罪闻奏，仍送邠州拘管，听候朝旨。一则惜得二人，不至因公被戮；二则惜得狄青、尹洙，免被二家骨肉称冤致讼。傥允臣所奏，事可两全，彰陛下保庇边将之恩，使武臣效死以报圣德。

刘滬和董士廉不能总在狄青的监狱里押着，经与两府大臣商量，朝廷听从了范仲淹的建议，派盐铁副使、户部员外郎鱼周询和宫苑使周惟德作为钦差大臣，前往陕西转运使司，一面商量铸钱的事情，一面实地考察并解决因修水洛城而引起的争端。

鱼周询还没到达西线，因刘滬和董士廉被狄青关押，听说知州尹洙打算以不听长官命令为由处死刘滬，那些跟刘滬关系要好的蕃部居民不干了。多年的边地经营，刘滬深得民心，有几个少数民族的首领商量一番，决定与其等着被杀头不如现在就造反。

少数民族性子直，说干就干。没几天几个城寨就反了。他们先抢粮、占城，然后杀掉了几个地方官吏。一时之间，水洛城一带警报四起。

当听说鱼周询和周惟德到达渭州，这些少数民族的首领又纷纷向其告状，请朝廷为刘滬主持公道。

知道民族地区情况复杂，鱼周询不敢大意。他一面安顿这些人的情绪，一面紧急上奏朝廷，将水洛城的情况一一奏明。二人觉得，其实水洛城已经修得差不多了，与其前功尽弃，不如把剩下的工作做完。实际上，他们等于是肯定了刘滬等人修城的做法。

消息传到朝内，仁宗皇帝当然更相信自己派出去的钦差，于是再召两府大臣定议。最终，朝廷下令释放刘滬和董士廉，并派他们继续去完成剩下的工作。

事情暂时告一段落，郑戬虽然赢了，但这口气他还是咽不下：狄青你一介武夫竟敢对朝廷命官下手，简直太无法无天了。见朝廷已经同意继续修水洛城，此事只好从长计议。

这件事情的争议，表面上看是一个小小的水洛城，实际上却是韩琦和郑戬的路线斗争，不管当事人尹洙、狄青还是刘滬、董士廉都是这场纷争中的棋子。这一纷争最终的指向是大宋边境军队和地方之间各听其命、各行其是的较量。复杂的建制，不规范的管理制度，相互之间权责的不一致以及权力交叉的混杂，是造成这一事件的根本原因。孰是孰非，在千百年之后的今天，我们仍无法准确、客观而理性地去判断这一公案，只能通过这些历史的尘埃一点点体会当年那些复杂的缘由。

最终，水洛城还是修好了。

刘滬出狱以后，立即恢复了此前暂停的筑城工程。最终，他带人顺利地修好了水洛城。工程完工以后，刘滬因违反上级节制被降职，改任镇戎军西路都巡检。但不久之后，朝廷又恢复了他内殿崇班的待遇。经历这次打击之后，刘滬身心大损，很快就因头部溃疡发作去世。

刘滬去世以后，他的弟弟准备将他的灵柩运回故里安葬，水洛城的民众闻讯堵塞道路，沿街痛哭，请求把刘滬葬在本地。

于是，刘滬被终葬水洛城。

为了纪念这位修城有功的大将，当地百姓不但感恩戴德为刘滬建了祠庙岁时祭祀，还将他下葬的这座山改称庙坪塬。

刘滬为筑水洛城罹遭磨难，却为当地人营造了一座赖以生存的家园，这一事件为水洛城的历史增添了许多悲壮的色彩。因此跟那些朝廷大员相比，水洛城的民众对刘滬更加怀念，人们对刘滬的感戴和崇奉，甚至超越了与水洛城历史有牵系的其他任何一位历史人物。

此后，刘滬受到了水洛城居民的世代敬仰。每年农历正月十二，当地各方百姓自发组织社火队进城表演，以纪念他对当地的特殊功勋。如今，这一活动已经演变发展为当地人欢度新年的重要内容。水洛城即今天的甘肃省庄浪县城，庄浪社火也已经成功地被列为国家非物质文化遗产。

时至今日，当地人对刘滬的纪念仍在继续。刘滬纪念馆位于甘肃省平凉庄浪县的水上公园，这是一座具有当地特色的城堡式建筑。馆内有刘滬兄弟的坐像，壁画、石碑上分别有刘氏兄弟收复、保卫水洛城的绘画故事和文字。县城以北的庙坪塬建有将军庙，庙后面不远处的墓地里有两座坟茔，刘氏兄弟分别安葬于此。刘滬墓前石碑上，刻有“故宋忠烈侯刘滬之墓”九个大字。

往事越千年，那些留下来的，都是人们不能忘记的。

水洛城的公案定下来之后，范仲淹立即组织相关人员讨论关于教育方面的问题。教育方面的问题主要有两个：一是大力兴学；二是讨论大宋到底应该需要什么样的教育。此时，应天府书院的工作经历成了范仲淹一笔宝贵的财富。他将自己当年的心得体会以及办学兴教的种种心得再次拿出来，一一同相关大臣进行讨论。

教育问题事关重大，因此，与范仲淹一起讨论这一问题的都是一些近臣。这几个人分别是翰林学士宋祁，御史中丞王拱辰，知制诰张方平、欧阳修，殿中侍御史梅挚，天章阁侍讲曾公亮、王洙，右正言孙甫和监察御史刘湜。此九人都是饱学之士，同时都是科举出身。内行人商量内行事，这一道理不但你知我知，千年之前的大宋也很清楚。让外行人商量、讨论或指挥内行的事，显然就是一个巨大的笑话。

经最终商议，朝廷下旨，先是明确了各州县统一立学的制度，然后规定了选聘老师的办法，同时又规定了学子们参加科举的条件：

州若县皆立学，本道使者选属部官为教授，三年而代；选于吏员不足，取于乡里宿学有道业者，三年无私谴，以名闻。士须在学习业三百日，乃听预秋赋；旧尝充赋者，百日而止。亲老无兼侍，取保任，听学于家，而令试于州者相保任。所禁有七：曰隐忧匿服；曰尝犯刑赏；曰行亏孝弟，有状可指；曰明触宪法，两经赎罚，或不经赎罚，而为害乡党；曰籍非本土，假户冒名；曰父祖干十恶四等以上罪；曰工商杂类，或尝为僧道。皆不得预。

对科举的考试和录取办法，范仲淹也进行了修改调整：

进士试三场，先策，次论，次诗赋，通考为去留，而罢帖经墨议。又以旧制用词赋，声病偶切，立为考式，一字违忤，已在黜格，使博识之士，临文拘忌，俯就规检，美文善意，郁而不伸。如白居易性习相近远赋、独孤绶放驯象赋，皆当时试礼部，对偶之外，自有意义可观，宜许仿唐体，使驰骋于其间。士子通经术，愿对大义者，试十道，以晓析意义为通，五通为中格；三史科取其明史意，而文理可采者；明法科试断案，假立甲乙罪，合律令，知法意，文理优，为上等。

这就是朝廷对范仲淹《答手诏条陈十事》中第三条“精贡举”的定议。自此，不但全国各州县开始兴教建学，科举从选拔到用人有了更规范、更合理的制度，同时古文运动得以大力倡导，欧阳修笑了。

多年以后，因为这项诏令的颁布，加上唐代的两位古人，欧阳修和他的学生会被后人冠以一个称号：唐宋八大家。这一称号将会和他们的文章一起，经久不息地闪耀在华夏文明灿烂的历史长河里。

见新政一条条颁布实施，信心满满的仁宗皇帝也坐不住了。大臣们如此给力，他也手痒了。没过几天，仁宗皇帝在迩英阁拿出了一幅他自己亲笔书写的十三卷御书，御书的内容写下了他认为自己当下应该做的三十五件事情。这三十五件事情分别是：

一曰遵祖宗训，二曰奉真考业，三曰祖宗艰难，不敢有坠，四曰真宗爱民，孝思感噎，五曰守信义，六曰不巧诈，七曰好硕学，八曰精六艺，九曰谨言语，十曰待耆老，十一曰进静退，十二曰求忠正，十三曰惧贵极，十四曰保勇将，十五曰尚儒籍，十六曰议释老，十七曰重良臣，十八曰广视听，十九曰功无迹，二十曰戒喜怒，二十一曰明巧媚，二十二曰分希旨，二十三曰从民欲，二十四曰戒满盈，二十五曰伤暴露，二十六曰哀鳏寡民，二十七曰访屠钓臣，二十八曰讲远图术，二十九曰辨朋比，三十曰斥谄佞，三十一曰察小忠，三十二曰监迎合，三十三曰罪己为民，三十四曰损躬抚军，三十五曰一善可求，小瑕不废。

能主动写出这样一篇作文，可见仁宗皇帝一定进行了深刻的思考。这表明他对作为皇帝职责的理解终于有了更加深刻的认识，最难得的却是他主动思考的态度。自乾兴元年（1022）即位到明道二年（1033）亲政，如今又经历了二十二年风雨的仁宗皇帝，终于对他的江山社稷和权力职责有了属于自己的认识。虽然文理不是很通顺，其中很多内容相互重复，但毕竟精神可嘉，这对一名皇帝来说已经很勉为其难了。

当时，大臣丁度、曾公亮、杨安国、王洙等人正在他的身边，仁宗将自己的手书交给大臣丁度后，一脸认真地说：这些年读书看奏折之余，我记下了这些，今天把这些东西赐给你们，你们也都认真看看。

很明显，仁宗皇帝这是在求表扬。

说实话，仁宗这三十五条都是纲领性的东西，几乎是人人都懂的道理，如何实现它们制定成更为详细的实施细则才是最关键的内容。众臣一面拜谢，一面点赞，同时又恳请仁宗皇帝允许大臣们制定相关的实施细则。

仁宗皇帝见大臣们如此捧场，为了让他们更好地配合自己完成心愿，他立即痛快地将这一请求答应下来。

作为一名皇帝，能主动思考并总结出这套东西实属难得。

仁宗啊仁宗，您终于有心了。

天威难测

范仲淹、富弼热火朝天地在朝堂上下大显身手之际，一双阴鸷的眼睛在亳州冷冷地观察着朝堂上的每一个变化。

这个人就是最近比较失意的夏竦。

从西线调回朝内，虽无功但亦无大过，夏竦认为自己怎么也能官复原职，至少应该能继续在枢密院担任副使。后来，事情的发展远远超乎他的意料。

夏竦是先喜后忧。一开始，夏竦不但回到了枢密院，而且还幸福地去掉了“副”字，这让夏竦瞬间欣喜若狂。要知道，大宋的西府最高长官是多少人终其一生都不能实现的梦想！

哪知道高兴了没几天，面对范仲淹、欧阳修这帮人的轮番反对，朝廷先罢了自己的枢密使，然后又被知亳州。

先喜后悲的打击还在其次，他实在不能容忍的是这帮年轻人对自己的污蔑。士可杀不可辱，范仲淹和欧阳修他们就算了，那个小小的石介，你算什么东西，居然也敢公开作诗谩骂老夫？

生气归生气，皇帝的话还是得听。夏竦咬碎了牙，默默地强作欢颜起身离京。为了排解心中的郁闷，离京之前夏竦又一连为自己物色了好几名歌伎。望着皇城高大的城墙，夏竦狠狠地说了一句：总有一天我夏某人会回来的！

到达亳州以后，夏竦几乎每天都在密切地观察着朝堂上的一举一动。眼见今天这个人升了，明天那个人降了，皇帝一道一道地下圣旨，又是修改官员的考核办法，又是诏令各州府修建官学，他知道这都是范仲淹的主意。你们就得意地跳吧，早晚有一天我会让你们知道老夫也不是好惹的。

亳州公务不多，虽然心情不好，但被贬的夏竦日子过得倒是挺舒服。每天处理完公务，喝喝酒，填填词，再跟带来的歌伎们作作乐，夏竦的生活可谓丰富多彩。朝堂上那些事情虽然跟自己关系不大，但夏竦相信，总有一天他会找到这些人的破绽。

夏竦最恨的人就是杜衍。

别看杜衍平日里不声不响，最坏的人就是他。夏竦曾经不止一次地查找自己被人暗算的原因，如果一个人被人暗算找不到凶手，不妨去看看受益者是谁。

因此，夏竦几乎想都没想就联想到了杜衍。

虽然不能断定背后暗算自己的人就是杜衍，但因自己被罢出京，最大的受益人就是他。这个杜衍，表面上看着老实，这几年仗着自己的女婿是王旦的外孙，同时又有范仲淹这帮人的支持，他简直都要上天了。

说实话，夏竦并不是怎么恨欧阳修，尽管骂自己骂得最狠的人就是欧阳修。一个小小的谏官，夏竦根本就没把欧阳修放在眼里，他充其量只是别人手里的一杆枪。除了杜衍，夏竦心中排第二位的仇家就是晏殊。虽然晏殊没有公然地跟自己作对，但如果没有晏殊，哪来的范仲淹，哪来的富弼？

夏竦暗自发狠：当初你们怎么夺走我的位置，我让你们怎么给我还回来。别看你们跳得欢，当年老夫在战场上立功的时候，你们都还是个娃娃呢！

夏竦的不满不是没有道理。

他被罢去枢密使贬知亳州，最大的受益人就是杜衍。随着新任两府班子的陆续到位，范仲淹和富弼一天天成为仁宗皇帝眼中最炙手可热的红人。眼见范仲淹在朝中的话语权越来越重，夏竦惊喜地发现两府班子也慢慢分出了派系。

首相章得象对什么事情都不闻不问，跟任何人都没什么利益冲突，他高高地坐在首相的位子上自成一派；参政贾昌朝心眼儿多，不服气，别看他现在什么都不说，贾昌朝心里装着的事儿多着呢。虽然表面上天天都围在章得象身边跑前跑后，实际上他自己是独成一派的。除了这两个人，几乎所有人都知道晏殊、杜衍、范仲淹和富弼是一派。而韩琦身在前线，驸马都尉王贻永对什么都不闻不问，身为皇亲的他只是一个置身事外的存在。

后来，随着皇帝对范仲淹的言听计从，两府竟又逐渐变成了两派：范仲淹派和支持范仲淹派。眼下你只能选择跟随范仲淹，或者支持范仲淹，根本就没有第三个选择。这个范仲淹，当初在自己手下做事，能力确实是有一些，但夏竦没想到他的能量会这么大。早知道这样，当初还真不如跟他好好培养一下关系。

现在说什么都晚了，自己只能闷闷地在这座小城里寻欢作乐，也只好既来之则安之了。尽管夏竦不相信对手们不会掉链子，但他一时还找不到什么好的机会。

最近这几天夏竦又气坏了。

夏竦生气是因为石介的升职。石介何德何能，不就会写点儿破文章吗？仅仅因为你是范仲淹的人就能得到提拔？提起石介，夏竦就恨得牙根儿疼。小人得志，这真是赤裸裸的小人得志！范仲淹啊范仲淹，你就这么任人唯亲吧，你早晚会出事的。

其实夏竦猜错了，这次石介获得提拔并不是因为范仲淹的举荐。石介本来在国子监讲学，他是因为韩琦的大力举荐才到集贤院兼职的。虽然只是个兼职，但石介却因此有了黄金般的馆职身份。只要晓以时日，不需要多长时间，他一定会达到梦幻般的锦绣前程。

夏竦这个人有个毛病，每天都离不开女人。即便在前线打仗，他身边也会带着几个女人。这次到亳州上任前，他又重新为自己物色了几个多才多艺的年轻女子，其中有一位不但会弹琴唱曲，而且还会写字。烦闷的时候，夏竦就将这位会写字的歌伎叫到房中练习书法。不想在短短的几个月内，这位聪明伶俐的歌伎竟进步飞快。

当然，夏竦自己的书法水平也一定精进了不少。

时间一天天地过着，大宋朝堂上下的事情也一件件地办着。用三十五件事向大臣们表明决心以后，仁宗皇帝又羡慕起了传说中的垂拱而治。他一连思考了好多天，还特意悄悄地观望着每天上朝时大臣们的种种表现和作为。

怎么每天的事情都那么多呢？这样下去岂不是越搞越乱？

仁宗皇帝同时发现，朝廷不但每天需要处理的事情太多，而且很多事情之间都相互交叉，这让他一时又理不出头绪来。为了尽快地实现垂拱而治的理想，他决定带两府大臣一起梳理一下思路，先将这些事情好好梳理一下，然后按照轻重缓急的程度给两府各人员做出明确的分工。

哪知道，一经梳理仁宗皇帝的头又大了。

简直是太乱了。

说实话，纷繁复杂的朝政，哪是皇帝一个人能厘清的？

见仁宗皇帝一筹莫展，谏官余靖出马了。

能当上谏官，余靖的理政能力和出色的文字功夫当然不是盖的。没过几天，余靖就整理出一篇文章交了上去。

伏见陛下屡降手诏，令两府大臣条举当今可行急务。此盖陛下久厌因循之言，思乐兴起之治，所以频回清问，用伫嘉谋，固欲极意更张，大去颓弊。大臣虽时进谋画，未副陛下之虚怀，或烦为条目，徒取众人之忿怒，宁且顾虑而不敢作事者，其故何哉？

先将仁宗皇帝捧了一番，然后肯定了皇帝的想法，余靖接着说：改革不易，自古以来历代帝王都是遇到大灾祸、大变故，为政艰难时才会想起变革这类事情。一般这时候皇帝身边既有贤人相助，同时还得有合适的机会，但万事开头难，要想变法一开始都不是那么容易的。以臣之见，不管当下的国内和国际形势，还是大臣们为政的举措和主张，都还不能达到您的希望。究其根本，臣认为这是因为朝廷不占主动的原因。为什么这么说呢？自李元昊叛乱起，辽国对我们也不怀好意，内忧外患，好像朝廷很多事情都是被逼着做的。因此，朝廷很难理性地挑选出真正优秀的人才，同时也没有合适的机会。

当初，有人把这一罪过推到了宰相张士逊和吕夷简头上，认为这一局面都是他们治国无方、执政不力造成的。吕夷简退休以后，章得象和晏殊升任宰相，宰相刚刚换人，朝政一时没有稳定下来，又不适合在这个时候大范围地修举法度，如今一年过去了，这一被动的局面仍未得到改善。当下我们在和西夏谈判。臣认为，如果谈判成功，您就可以借机立即正式下令进行各项制度的变革。

如果进行改革，臣认为最先应该做的事情是宽民役和完国用。减轻百姓的负担，同时发展好国家的经济才是当下的第一要务。事分轻重缓急，臣认为等这两件事情开展以后，再慢慢地开始其他事情，朝廷这么做才是合理的次序。讲到这里余靖又说：

臣以为国家之务，京城择诸司之长，边鄙择将帅之才，牧民选循良之官，理财委明察之吏，则兵农刑政，庶职皆修矣。去冗兵，惜冗费，谨山海之禁，则国用足矣。省配率，恤有无，去侵渔之吏，则民力完矣。当谨此事，民可致于小康，皆当因事行之，不必日阵细碎之务以取讥诮也。

说完这些，余靖没忘了鼓励一下仁宗皇帝的勇气和信心，同时又告诉他应该大胆地用人才能达到垂拱而治的境界：

夫人主之所以服天下者，威令耳。威无不慑，令无不行，臂指相制，罔有违者。今之士人，名路相轧，不顾宪章，各怀倔强，如此风俗之弊，不宜崇长。古者贤智之士，为王者羽翼，材武之臣，为王者爪牙。汉之九卿，登为三公，唐之十六卫，出领旌节，此皆储其材于待用之地也。今之临事无闻，皆储其才领京师职任，缓急有大谋议，遣大将帅，欲谁使者？臣愚以谓当今为陛下计者，但能自揽威权，大臣公行赏罚，内择百官，外择将帅，沮蛮夷之气，塞贼盗之原，宽民力，足国用，则天下久安之势也。

不得不说，余靖的文章很棒，观点也很明确，可惜仁宗皇帝没有采纳。

仁宗皇帝为什么没能采纳余靖的主张呢？

余靖这一奏疏前半段一点儿问题都没有，问题出在他最后鼓励皇帝的那段话上。“臣愚以谓当今为陛下计者，但能自揽威权，大臣公行赏罚，内择百官，外择将帅，沮蛮夷之气，塞贼盗之原，宽民力，足国用”，看到这里仁宗皇帝生气了。

这话什么意思？“**臣愚以为当今为陛下计者**”，这个“计者”是谁？让他把所有的事情都揽过去，还要我这个皇帝做什么？

仁宗皇帝竟越想越气。

本来他是想实现垂拱而治，所以把朝政捋一捋，没想到余靖本来说得好好的，最后会突然说了这么一句。

仁宗皇帝敏感地从余靖的话里觉察到一丝威胁和不安。

自从范仲淹和富弼热火朝天地进行改革，上上下下对他们的反对意见一直就没有停过。但自己喜欢他们这么干，希望他们这么干，也盼着他们能一直干下去，直到把朝廷所有的事情都干好。

可是，自己不是让他们像今天这么干的呀！

自古以来，谁见过有哪个皇帝喜欢看到大臣手中的权力过大？

所以，仁宗皇帝生气了。

余靖这么说出于什么目的？他是不是受什么人指使？仁宗皇帝越想越不舒服。

所以对余靖这封奏疏他一直压着没批。

偏偏在此时，有天上朝的时候，范仲淹竟然再次向仁宗皇帝推荐起了他的好朋友尹洙。

这天，趁着汇报其他事情的机会，范仲淹当着好几位大臣的面对仁宗皇帝说：最近大臣们一致推荐尹洙的才能和操行，这些年他各项工作一直做得不错。如果能够提拔，以他现在的官职和才能，应该担任翰林学士或知制诰了。当初臣没推荐他，是考虑到尹洙在西线镇守，当时边境不稳，不宜将其突然调走，因此耽误了他的升迁。去年春天尹洙的职衔是太常丞，职位是在本路都监许迁、张肇之下，去年秋天尹洙升右司谏，职衔已升到本路钤辖安俊之上。如果现在将其升为待制，他的职衔又超过了本路部署狄青。因此，臣觉得这个事怎么处理都不合适。如果您认为尹洙应该提拔，现在马上就要入夏了，不如趁着边境无事的机会，将尹洙召回朝廷。一是考查考查他本人；二是让他详细说说边境的防务情况。如果面试通过，便将其改职；如果您认为他不能提拔，再将他派回渭州也不耽误事儿。

范仲淹说得轻松，仁宗皇帝听得却很沉重。

早在十年之前，他就知道尹洙是范仲淹的死党。几天前余靖刚刚上了那篇文章，如今范仲淹又来推荐尹洙，你是要朕身边都换成你的人吗？

仁宗皇帝淡淡一笑，早已胸有城府的他既没有同意，也没有反对，只是对范仲淹的警惕又多了一层。

范仲淹没有想到，自己推荐尹洙的事情会遭遇仁宗皇帝的沉默。一连过去很长时间，既不见尹洙受召入朝，也见不到尹洙升官的任命，范仲淹开始有些不安了。

天威难测。

疑忌

与此同时，虽然刘滬和董士廉被朝廷释放，但水洛城事件还在持续发酵。在这个世界上，有很多事情的意义远远大于这件事情本身，也许这才是这件事情的真正意义。水洛城该不该修还在其次，狄青本是一个武官，竟敢如此大胆地处置朝廷命官，这在重文抑武的宋代，可是一个冒天下之大不韪的举动。

自开国以来，朝廷一直警惕着各路武官的一举一动，即使边防大任也多派文臣执掌。即便有几个节度是由武将担任，但那几个人无一例外的都是皇家的世交重臣。狄青打起仗来虽是一把好手，但他的胆子太大了。同样的事情文臣做出来可能没什么，但是狄青是武将，情况就不一样了。

很快，朝堂官员们开始一窝蜂似的纷纷对此事发表他们的看法，这些看法无疑都有着一个明确的指向：狄青越职擅权。

最早弹劾狄青的是谏官孙甫、余靖和欧阳修，后来百官们也谨慎地陆续上言发表自己的言论。孙甫和余靖话说得还比较温和，欧阳修对狄青可就没那么客气了。武人拥兵历来是朝廷的大忌，前枢密副使王德用只因长相雄伟，就被人参劾免职，这就是很好的证明。

欧阳修出马，连职业谏官高若讷都招架不住。面对欧阳修的炮轰，武将出身的狄青岂能招架得了？

欧阳修从一开始就非常看不惯狄青的越权行为。一个武官，刚刚立了点儿功，动不动就敢带兵抓人，这样下去怎么得了？此风绝不可长。本着这一思路，欧阳修接连上了几封奏疏，矛头直指在西北战场立下大功、已经升任泾原路副都部署的狄青。

就这样，因为水洛城事件狄青成功地为自己埋下了一个祸根。直到多年以后被贬，狄青才终于明白功高震主、鸟尽弓藏这句话的深刻含义。世上一切事情都事出有因，朝廷绝不容许一个武官如此放肆，当然也绝不容许他在军中威信过高以致坐大。当他终于想明白这个道理，同时再次想起要好好读读当年范仲淹送给他的那部《春秋》时，可惜时光不能倒流，此时他已经没有机会了。

出乎意料的是，关于水洛城事件，范仲淹从始至终几乎都没有说话。

一边是恩人兼好战友韩琦，一边是自己的连襟，而且中间牵涉到的很多人都曾是自己的手下。范仲淹埋怨狄青的莽撞，身为武官你不该动不动就捉拿刘滬，尹洙你也不该贸然给狄青下那道命令。可是是非曲直谁能说清楚呢？水洛城该不该修还在其次，最重要的是大臣们各执己见，始终不能统一看法，以致文武百官小题大做地吵个不停。如今只能让皇帝自己判断了。

真正在朝堂工作以后，范仲淹才明白宰相不好当。很多事情不再是对与错的争论，而是如何顾全大局，既要稳定朝政、尊重皇帝的想法，又要同时照顾大臣们的情绪。宰相不好当啊！因为推行新政，最近好像很多人对自己的意见都很大，而且还有不少人不停地在皇帝那里告状，越是在这个时候自己越是要顶住压力，想要做好一件事情绝没有想象中的那么容易。

人与人之间的相处有很多微妙之处，一旦一个人对另一个人有了疑忌，实际上就等于在自己心里种下了一块心病。从此以后，不管发生什么事情，不管从哪个角度去看，这些疑忌只会越来越重，不会越来越轻，直到它最终崩盘。

庆历新政开始以后不久，仁宗皇帝和范仲淹之间就产生了这样一道裂缝。

自从余靖上了那封奏表以后，仁宗皇帝突然觉得自己给范仲淹的信任太大了。回头想想这段时间大臣们不停地告状，他越来越觉得对范仲淹似乎有些失控。如今，朝廷上上下下影影绰绰的都是范仲淹的人，大宋的天下是朕的天下，还是范仲淹的天下？仁宗皇帝心里开始不舒服了。

虽然表面上什么都不说，其实仁宗皇帝已经对范仲淹有了成见。所以，他既没有按范仲淹的意思召用尹洙，也故意没有给尹洙升迁的机会。接下来，他要看看范仲淹会有什么样的反应。

这年四月的某一天，群臣按部就班地上朝。议事之后，仁宗皇帝留下了在京的两府大臣，先简单说了几件别的事情，仁宗皇帝看似漫不经心，却又突然跟范仲淹提起了关于朋党的话题。

仁宗皇帝说：朋党之说自古有之，以往小人往往结党营私，君子也会结党吗？

见仁宗皇帝莫名其妙地提出了这样一个问题，范仲淹大惊。

他知道，皇帝绝不会无缘无故地跟自己说起这么严肃的话题。景祐三年（1036），自己就是因为这一罪名被贬出朝堂的。历朝历代，不管是谁，一旦大臣被扣上这顶帽子，往往会是导致他万劫不复般灾难的开始。

皇帝为什么突然问自己这个问题？

范仲淹敏感地意识到，一定是皇帝听信了那些反对派的话，一定是他不像以前一样相信自己了。

范仲淹想了好半天，才硬着头皮说：自古以来物以类聚，人以群分。臣在前线的时候，曾见过勇猛好战的军士们自成一党。每到上了前线，这些人会团结一心，勇猛杀敌；而那些怯战懦弱贪生怕死的人也自成一党。若说在朝廷层面，大臣一向也有邪正之分。如果大臣们团结起来一心向善，这对国家来说未尝不是一件好事。朋党之说古已有之，就看陛下您怎么看了。

本来，范仲淹这话说得不卑不亢，又合情合理，但一心怀疑范仲淹结党营私的仁宗皇帝却认为范仲淹这是在有意地为自己的行为辩解。就在几天之前，夏竦上了一道奏折，在奏折中夏竦又重新提出了“朋党”这一概念。夏竦说，自两府班子换人以来，杜衍、范仲淹、欧阳修三人营私结党，杜衍、范仲淹任人唯亲，身为谏官的欧阳修则是他们的吹捧者和打手。夏竦请仁宗皇帝一定要警惕杜衍、范仲淹等人的种种危险行为，一旦大臣们结党营私，朝纲败坏，甚至有可能皇权不保。

仁宗皇帝发现，种种迹象表明，夏竦说的不是没有道理。自新政开始以来，范仲淹推荐提拔的几乎全是他的自己人。长此以往，自己这个皇帝怎么当？

见仁宗皇帝又提朋党，为了打消他的顾虑，欧阳修大言不惭地进言说，朝廷不应该避讳朋党一词。如果大臣们一心为公，朋党未尝不是件好事。为此，他还专门写了一篇文章：

臣闻朋党之说，自古有之，惟幸人君辨其君子小人而已。大凡君子与君子以同道为朋，小人与小人以同利为朋，此自然之理也。

然臣谓小人无朋，惟君子则有之。其故何哉？小人所好者禄利也，所贪者财货也。当其同利之时，暂相党引以为朋者，伪也；及其见利而争先，或利尽而交疏，则反相贼害，虽其兄弟亲戚，不能自保。故臣谓小人无朋，其暂为朋者，伪也。君子则不然。所守者道义，所行者忠信，所惜者名节。以之修身，则同道而相益；以之事国，则同心而共济；终始如一，此君子之朋也。故为人君者，但当退小人之伪朋，用君子之真朋，则天下治矣。

尧之时，小人共工、驩兜等四人为一朋，君子八元、八恺十六人为一朋。舜佐尧，退四凶小人之朋，而进元、恺君子之朋，尧之天下大治。及舜自为天子，而皋、夔、稷、契等二十二人并列于朝，更相称美，更相推让，凡二十二人为一朋，而舜皆用之，天下亦大治。《书》曰：“纣有臣亿万，惟亿万心；周有臣三千，惟一心。”纣之时，亿万人各异心，可谓不为朋矣，然纣以亡国。周武王之臣，三千人为一大朋，而周用以兴。后汉献帝时，尽取天下名士囚禁之，目为党人。及黄巾贼起，汉室大乱，后方悔悟，尽解党人而释之，然已无救矣。唐之晚年，渐起朋党之论。及昭宗时，尽杀朝之名士，或投之黄河，曰：“此辈清流，可投浊流。”而唐遂亡矣。

夫前世之主，能使人人异心不为朋，莫如纣；能禁绝善人为朋，莫如汉献帝；能诛戮清流之朋，莫如唐昭宗之世；然皆乱亡其国。更相称美推让而不自疑，莫如舜之二十二臣，舜亦不疑而皆用之；然而后世不诮舜为二十二人朋党所欺，而称舜为聪明之圣者，以能辨君子与小人也。周武之世，举其国之臣三千人共为一朋，自古为朋之多且大，莫如周；然周用此以兴者，善人虽多而不厌也。

嗟呼！兴亡治乱之迹，为人君者，可以鉴矣。

这篇文章就是流传后世、后来被选入中学语文教材的《朋党论》。

欧阳修写的文章很精彩，他既说得入情入理，又将朋党分析得头头是道。按说，看完这篇文章仁宗皇帝一定会内心释然，就此打消对杜衍、范仲淹等人的疑忌。可惜，欧阳修这篇文章不但没起到正面作用，反倒成了对手们攻击他的证据。

此文一出，欧阳修立即遭到了御史台的各种诟病和攻击。御史们或断章取义，或旁征博引，他们以欧阳修这篇文章为据，对欧阳修进行了一场疯狂的攻击。

见范仲淹在中书执政，奏折一般先由中书审阅，通过常规的手段不能达到目的。一名御史写下奏疏，用重金贿赂皇宫内侍蓝元震，托蓝元震暗中将这一奏疏直接递给了仁宗皇帝。

打蛇就打七寸，御史们的文章和观点也同样一针见血地打到了范仲淹和欧阳修的软肋上：

范仲淹、欧阳修、尹洙、余靖，前日蔡襄谓之四贤。斥去未几，复还京师。四贤得时，遂引蔡襄以为同列。以国家爵禄为私惠，胶固朋党，苟以报谢当时歌咏之德。今一人私党，止作十数，合五六人，门下党与，已无虑五六十人。使此五六十人递相提挈，不过三二年，布满要路，则误朝迷国，谁敢有言？挟恨报仇，何施不可？九重至深，万几至重，何由察知？

因为蓝元震的努力，仁宗皇帝顺利地接到了这封奏疏。接到奏疏以后，仁宗皇帝发现这位御史的上言不是没道理。但在另一方面，他又感觉范仲淹等人不是说的那样。虽然范仲淹执政以后确实提拔重用的都是他的熟人，但种种迹象表明范仲淹不像一个专权营私的人。可手里拿着御史们的奏折，仁宗心里又动摇了。转念一想，景祐三年的党争就是范仲淹引发的，没想到当时竟有那么多人为他说话。如今那些贬出去的人竟一个个都回来了，这不是明显的结党是什么？范仲淹啊范仲淹，当年的事情就因你而起，不管当年的对错，你让这些人一个个回到朝堂，你这是间接地想告诉朕点儿什么嘛！

仁宗皇帝心里很不舒服。

这时，他想起前段时间，河东转运使张奎上过一封奏折。张奎说朝廷本在晋州（今山西省临汾市）开炉铸钱，结果当地很多不法的百姓也跟着铸起了假币。另外，晋州产矾，但今年的矾产量和税收都很不好。收到张奎的奏报以后，朝廷早就想派个人去看看到底是怎么回事儿了。想到这里，仁宗又想起大臣们对孤立黄河以西的麟州也有争议，很多人建议弃掉麟州这样一座孤城，此前自己已经同意在邻近府州的地方重建一座城池，以和麟州互保。如今这一工作干得怎么样了？仁宗皇帝一直想派个人过去看看，只是还没找到合适的人选。

欧阳修虽然能干，但总是骂人，朝中对他有意见的人很多。不如趁这个机会先派欧阳修去河东经管一下这几件事情，这样也好平息一下群臣的情绪。

想到这里，仁宗皇帝的主意拿定了。

听说欧阳修要被朝廷派往河东，范仲淹忧心忡忡地没敢发表什么意见。说实话，听到这一任命范仲淹心里很不是滋味儿，他知道这是皇帝对欧阳修有看法了。他早就劝过欧阳修，不能总这么旗帜鲜明地跟人对着干，而且动不动就搞人身攻击，但欧阳修就是不听。欧阳修一去，自己不但少了一个得力的助手，而且朝堂上再也不会有人敢公开站出来为新政说话了，这才是范仲淹最担心的地方。

最近，仁宗皇帝对自己的冷淡已经让范仲淹隐约感到了一丝不祥。

第三章　再去庙堂

移桥案

范仲淹这一担心不是多余的，没过几天，因为一件小事的出现，让仁宗皇帝再次降低了他对大臣们的信任和好感。

这本来是一个看起来并不起眼的小事，却不但让御史台、三司和开封府三者吵得不开可交，而且前前后后牵涉了许多朝廷重臣。在讲这件事情之前，让我们先来看看因这件事情当时的处罚名单：代理三司使王尧臣、三司户部副使郭难、陈留知县杜衍、开封县主簿杨文仲、开封陈留等县催纲李舜举、户部判官慎钺、殿中丞陈荣古、都官员外郎王溟、卫尉寺丞卢士伦。

从受罚的名单来看，这一定又是个窝案，否则绝对不会牵连到这么多官员。那它究竟是个什么案子呢？

案子本身其实很简单，是陈留县要迁移一座桥。

引发这一案件的是开封府陈留等县催纲（负责货物运输的官员）李舜举。一开始，李舜举发现陈留县南镇的土桥桥墩过于密集，导致航道过窄，往来的船只容易撞到桥墩而翻船。为此，李舜举向开封府奏报，建议将这座土桥拆掉迁回原址。

顺便说一句，这座桥本来是真宗皇帝时期从其他地方迁到这里的。

接到李舜举的奏报，开封府知府吴育派出了开封县主簿杨文仲和陈留县知县杜衍——这位杜衍并不是枢密使杜衍，二人只是同姓同名而且同字——专门做了个调研，即我们今天所说的可行性研究。杨文仲和杜衍一看，不就是移座桥嘛，这么个小事儿，估计没怎么论证就向吴育报告说，确实存在这个问题，李舜举的建议合理，这事儿赶紧干吧。

见杨文仲和杜衍都这么说，耽误了京城物资的运输供给可是大事儿，于是，吴育一边派人拆旧建新，一边向主管物资运输的三司递交了申请。

没想到，吴育一动手拆桥，三司不干了。

当时，三司的最高长官是状元出身的代理三司使王尧臣。最近王尧臣有点儿头疼，因为近几年西北打仗几乎把国库掏空了，各地修建学校用钱，抚边安民也用钱，哪个钱拿不出来都不行，总之他手里的钱一直不够花。见开封府无缘无故地又要移桥，王尧臣的气儿就不打一处来：不当家不知柴米贵，该修的也修，不该修的也修，你们闭着眼就给三司要钱，作难的人可是我。

这桥到底该不该修？王尧臣处事一向比较慎重，他没有贸然反对吴育移桥，而是先找来了自己的心腹下属、户部判官慎钺。王尧臣告诉慎钺，前朝迁移陈留桥到此处才刚刚三十年，现在开封府又要把它迁回原址。你去详细了解一下这是怎么回事儿，如果确实该移，就移；如果没有必要，就算了。

慎钺也觉得三司不能盲目听开封府的，此事一定要认真调查一番。于是三司下文，要求开封府不得擅自损毁陈留桥，待相关部门勘验论证后方可进行。同时，由王尧臣上奏，请提点在京仓草场官陈荣古前往现场进行实地查勘。

三司的请示很快就批下来了，经陈荣古查勘，最终却提出一个与开封府不同的建议。陈荣古说，陈留桥确实存在隐患，但也不必迁移。最好的方案不是移桥，而是在河中修一座堤坝，利用堤坝把主航道的水分流至大河之中。这样一来，河里的水就小了，水流也没那么急了，往来的船只也就好走了。

少花钱多办事儿，这也是王尧臣的初衷。于是王尧臣下文，要求开封府停止拆桥。

见王尧臣突然插了这么一杠子，吴育不干了。你三司懂什么？移桥是利国利民的大好事，钱是你们家的吗？

就这样，两个人互不让步，王尧臣和吴育接连上表，一个请移桥，一个坚决不让移。最终三司和开封府吵得不可开交，吵到了仁宗皇帝那里。

为了解事情的真实情况，仁宗皇帝决定派监察御史王砺亲自去督办陈留移桥案。

这时又出了一个小插曲：朝廷派谁不行，为什么派王砺呢？欧阳修不干了。

欧阳修认为仁宗皇帝所托非人，在他眼中王砺一直是一个彻头彻尾的奸邪小人，而且据欧阳修了解，王砺当初曾受过吴育的举荐，如果王砺查办此案，他一定会向着吴育说话的。

于是欧阳修说话了。

欧阳修说：你们知不知道前朝为什么移桥？那是因为权臣收受了豪门大户的贿赂！自移桥起至今毁船太多，最终导致了百姓怨声载道！开封府这次将桥迁回旧地，为何又有人强烈反对？一定又是因为有人收了豪门大户的贿赂！

欧阳修的意思是这件事牵涉某些人的利益，而且背后有人主使。这件事看似简单，实际上涉嫌请托舞弊！既然事情已经提上日程，不如借机查清其原委。

虽然欧阳修不满，但王砺负责此案的诏令已下，欧阳修只好暂时作罢。

其实，在这件事情上欧阳修并没有什么立场。身为谏官，桥该不该移不是他需要考虑的问题，他只是感觉仁宗皇帝派王砺去查案不合适。欧阳修一向就是这样，只要他看不过眼的事情就迎头痛击，既不考虑得失，也不顾忌后果。

后来，欧阳修的预言果然一一得到了证实。

随着御史王砺的深入调查，小小的陈留移桥案又接连挖出不少猛料。据王砺奏报，有个名叫卢士伦的人，此人虽在朝里当着小官，却是陈留县的豪门大户。卢士伦家产很多，在桥下建有不少客栈。一旦迁桥，客栈是否会损毁不说，流失客源是一定的。卢士伦因不甘心生意受损，便找到都官员外郎王溟帮他想办法。

王溟是谁呢？王溟是时任三司最高长官王尧臣的同科进士，而且私交非常好。

卢士伦这次找人找对了。在卢士伦的运作下，通过王溟游说，王尧臣也认为迁桥没有必要。为了让王尧臣相信迁桥真的没有必要，王溟还谎称桥墩从来没有撞坏过船只，而且根本就不用迁移。

据王砺进一步了解，王溟之所以这么替卢士伦卖力，是因为他以前在陈留县做官时曾经租赁过卢士伦的房子，而且是低价租赁。换句话说，王溟是受了卢士伦的好处才这么做的。因此，三司反对迁桥全是猫儿腻，这才是三司反对迁桥的原委。

至于三司所说陈留桥下有官宅民屋一事，据王砺调查桥下实际上只有卢士伦的客栈。当初陈荣古查勘不实、故意瞒报，他居然说没有船撞桥墩的事故。还有，在王砺查案期间，慎钺——这是王尧臣举荐的人，他居然私底下找人向王砺打听消息，见事情败露，竟然还企图谋杀王砺。

总而言之，根据王砺调查，开封府毁桥另建的措施是对的。其余人想阻拦拆桥，是因为受了卢士伦的好处，所以才相互勾结。因此，三司反对迁桥是有阴谋的！

不管结果怎样，王砺果然在向着吴育说话，事情没出欧阳修所料。

王砺这一报告，一见有这么多要员参与其中，小事变大事，仁宗皇帝看不下去了。身为朝廷命官，这些人居然一心图谋个人私利，置国计民生而不顾！于是朝廷下令，对慎钺、陈荣古、王溟、卢士伦立案侦查、严加审讯。

结果事情越闹越大。一开始，范仲淹并没有插手陈留移桥的事。争吵之中，工程却没有停。后来，桥也迁了，工程也完工了，大臣们却还在吵个不停。

随着双方闹得越来越不可开交，范仲淹决定实地了解一下这件事的原委。通过一番调查了解，范仲淹发现事情既不是三司所说的样子，也不是开封府所说的样子，更不是御史台王砺所说的样子。于是，范仲淹向仁宗皇帝说出了另一番真相。

跟皇帝说话一定要客客气气，而且还需要简单地把自己的看法讲明。范仲淹告诉仁宗皇帝，开封府不应该轻易拆掉旧桥，三司反对移桥也完全没错，事到如今出现这种情况，都是监察御史公报私仇混淆视听。

仁宗皇帝一愣：范仲淹为什么会这么说？

于是，他下令让范仲淹详细说说他的看法。

范仲淹说，陛下您不是一直教导我们一定要知无不言、言无不尽、尽心言事吗？臣不怕别人说我朋党，今天一定要将这件事给您说清楚。关于陈留桥，当初是为了避免撞坏船只，由真宗皇帝亲自下诏才迁移到现在这个位置。后来，姚仲孙做三司使时，陈留知县杜衍请求迁回原址，姚仲孙没有同意；后来王拱辰知开封府，杜衍又向王拱辰建议迁桥，王拱辰也没有答应。现在开封府换成了吴育，杜衍又派李舜举出面请求迁桥。其实，迁桥并不是李舜举的主意，而是杜衍的主意。

当初定这件事的时候，吴育的做法确实有些不周。他只是派开封主簿杨文仲去查看了一下，见杨文仲说此桥当移便贸然上奏移桥。吴育是不知道这段历史，所以他才会同意移桥。吴育不知道事情原委，可三司是知道的！因为这样，王尧臣这才派人去调研，王尧臣这么做是尽职尽责的表现。

作为执政大臣，范仲淹不能只提问题，他还得给皇帝提出解决问题的办法。范仲淹接着说：正因为陈留桥现在的位置比较合适，所以前朝才会移桥至此。所以姚仲孙、王拱辰当初才不答应移桥。开封府吴育毁桥另建是偏听偏信，是错误的决定。

当然，敢这么说范仲淹也拿出了自己搜集的证据：历年以来，陈留桥附近损坏船只五十五艘，其中五十艘是因为自己不小心相互碰撞导致损坏，只有五艘船才是在桥墩上撞坏的。开封府把桥迁回旧地以后，不到一个月桥墩就被船只撞歪了。当初陈荣古所提分流水、不迁桥的建议才是对的！

而御史台所说的那些事情也非完全捕风捉影，三司使王尧臣确实因此事见过王溟，但他会见王溟是看过移桥资料，并做出不同意移桥的决定之后，而不是做出决定之前。因为王溟曾经在陈留为官，当时王尧臣只是事后征求了一下他的意见。王溟根本就没有请王尧臣办事，王尧臣也没有受王溟什么请托。

关于王溟，范仲淹说，当初王溟住卢士伦家客栈的时候，他已经调离陈留，不再是陈留的地方官。因此卢士伦犯不着用减房租的方式贿赂王溟，而且当时也没移桥的事。之所以将房子低价租给王溟，卢士伦是看在他曾经为官陈留，一定要借房子给他住。王溟坚决不肯白住一定要交租金，这才比正常价减收了一千文。

一千文什么概念？一个堂堂的员外郎在乎这点儿钱？这纯粹是正常的人情往来，所以对王溟不宜深究。还有慎钺，他本来就管移桥的事，王砺重新调研查勘时，慎钺也就问了问最终的调查结论，王砺却状告慎钺私罪，这算什么私罪？

最终，范仲淹说：本就莫须有的罪名，为什么王砺混淆视听，非要支持开封府和三司对着干呢？一是王砺跟王尧臣的祖父同名，二人素有过节；二是吴育对王砺有举荐之恩。

范仲淹这么一说，仁宗皇帝对此事的了解更是盲人摸象。

身为皇帝，他对所有事情的判断几乎全是靠大臣们的奏言。可想而知，大臣们哪怕瞒报或歪报一点儿内容，事情的性质就全变了。

比起王尧臣、吴育和王砺，仁宗皇帝当然更相信自己的副宰相范仲淹。直到这时他才总算明白，自己所听到的那些说法有真有假。包括自己之前做出的那些决定肯定有失公正，自己这是被人蒙蔽了。

但处罚结果已经公布，而且陈留桥也移完了，怎么办才好？

皇帝也需要找个台阶下。

最终，仁宗皇帝采用范仲淹的建议，双方各打五十大板：陈荣古、慎钺改定玩忽职守罪；王溟由暂停升迁改为罚铜二十斤；三司使王尧臣罚铜七斤，权户部副使郭难及主张移桥的知陈留县杜衎、开封县主簿杨文仲、陈留等县催纲李舜举并罚铜六斤。

这就是陈留移桥案的详细经过，这是仁宗年间文臣间又一次大规模的内斗。之所以用这么多笔墨，是因为它发生在庆历新政施行期间。

不过这还没完，见在移桥案中混淆是非的监察御史王砺没有受到处理，欧阳修当然不会放过。欧阳修进言道：王砺迎合吴育，毁谤前朝行政、造谣生事，还中伤他人。如此品质恶劣的小人，朝廷必须重罚！

在欧阳修的强烈要求下，王砺很快就被罢去御史职务，贬任邓州通判。

案件真相大白，处理完毕后，仁宗皇帝赵祯不禁大为感慨。他突然发现，朝中文武百官竟没有一只好鸟。因为陈留移桥案，仁宗皇帝想起了此前欧阳修关于君子小人的论述。欧阳修说得挺好，可他说的道理不对。看看自己身边这些大臣吧，说什么君子志同道合、小人以利相交？这些统统都是扯淡！

所谓君子之交，不过就是各自吹嘘对方的品德高尚，一旦遇事就互不相让，非要争个你死我活。如果说兴风作浪的王砺是小人，那三司使王尧臣总算是个正人君子吧，可他不也一样吹捧附和别人吗？

如果自己记得没错，王尧臣是天圣五年的状元，他和韩琦同榜。好水川兵败后，仁宗皇帝清楚地记着王尧臣曾经大力赞扬韩琦、范仲淹。开封府知府吴育好歹也算是忠臣吧，可移桥案中两人针锋相对、互不相让，简直是势不两立。难道这就是欧阳修所说的君子志同道合吗？

范仲淹、欧阳修不也一样？他们就是不食人间烟火的圣人？

这么想着想着，仁宗皇帝又联想到了滕宗谅案。在滕宗谅案中，范仲淹、欧阳修跟郑戬、王拱辰之间针锋相对地争来斗去；后来又发生了水洛城案，两个人又跟韩琦、尹洙针尖对麦芒地互不让步；现在陈留移桥案，二人再跟吴育纷争，真是没一个人是真正的正人君子！

仁宗皇帝越想越烦。

从个人品德来看，他们都是好人，而且看上去好像都好得没的说，一旦遇起事来，双方你争我斗，非得斗个你死我活，将朝廷搅个天翻地覆。因此，仁宗皇帝又想到了当年范仲淹和吕夷简的争斗，进而又想起了王曾，想起了李迪，真是越想越乱。

总之，在仁宗眼里这些人没一个是正人君子，难道只有范仲淹一个人例外？水至清则无鱼，作为一名皇帝，他需要接受大臣们的缺点，毕竟人人都不能免俗。从总体来看，范仲淹各方面的才能表现要比别人高一个层次，只要他肯尽心尽力地辅佐自己处理好朝政，而且还不专权，其他一切都是小事儿。

为此，仁宗皇帝决定要好好试探一下，看看范仲淹到底能不能禁受住他的考验。

皇帝的犹豫

很遗憾，范仲淹没能通过仁宗皇帝接下来的一系列考验。

在仁宗皇帝试探他的时候，范仲淹没有及时而完美地对仁宗皇帝的试探作出回应，他似乎并没有在意仁宗皇帝对他的警惕与提防。不久之后，一连几件小事下来，仁宗皇帝对范仲淹的表现很不满意，他不但错误地认为范仲淹有一手遮天、把持朝政的危险，而且还认为他是隐藏得太深了。尽管这样，仁宗皇帝内心还是保留了对范仲淹起码的尊重和好感，至少他感觉范仲淹这个人还不错，他不像其他人一样不顾体面。

范仲淹之所以没重视这些细节，是因为当时他一心扑在新政的推行上，从而忽略了对帝王心思的揣测，因而他也没能完成和仁宗皇帝在许多方面的细节沟通，这也是后来导致他离开朝堂的根本原因。

而更为客观地说，当时这些事情都是大宋朝的内政。其实在那段时间，仁宗皇帝最关心的事情还是与西夏的谈判。

自李元昊主动求和，两国间使者来来往往谈判已经一年多了。直到今天，谈判的事情仍没有什么实质性的进展。前段时间，辽国突然在边境集结兵马，又向大宋无理地索要起了关南十县。辽国趁火打劫的企图不言自明。文臣们不停地在朝堂斗来斗去，实际上解决不了哪怕一个根本性的问题，只有这件事情才是当务之急。

为此，仁宗皇帝暂时将自己关注的目光从复杂的朝堂斗争转移到了对外事务上。说起西北的战事，没人比范仲淹和韩琦更了解情况。于是，心烦意乱的仁宗皇帝决定正式过问一下这件事情。

怕混淆视听，这次会议他只召集了范仲淹和韩琦两个人。

这天，仁宗皇帝突然下令，让范仲淹和韩琦到崇政殿，一起跟他谈谈当下的西北局势。接到命令以后范仲淹和韩琦不敢怠慢，他们连夜进行了一番深入的交流，结合前线的各种情况，整理出一套全方位、系统化的汇报思路。

自李元昊叛变以来，朝廷数次发兵征讨，均以不利告终。后来，辽国集结数十万兵马，陈兵于宋辽边境。辽国称西夏跟他们是甥舅之亲，责备我大宋不该对西夏用兵。见此，朝廷考虑生民不易，对辽国委曲求全，增加岁币以续结盟好。如今在辽国的斡旋下，李元昊虽暂时表示愿意与大宋议和，这不过是他的计策而已。总体来说西夏虽然打了几场胜仗，但也没得多少便宜。据臣等所知，其国力疲惫，民怨已经极大，李元昊才不得不与我们讲和。一旦其物力充备，李元昊一定会再度兴兵进犯。

臣等之所以这么说，一是当时定川寨大战时，李元昊曾经招降边境各少数民族，声称自己要挥师关中；二是近年以来投靠李元昊的汉奸太多，为了邀宠，他们必定会不断游说李元昊，以当年刘元海、苻坚和元魏等少数民族入主中原的例子，不断怂恿他进攻中原以得天下。一旦李元昊攻入中原，他就会重用这些人，这也是这些人不停游说李元昊攻宋的真正原因。李元昊本人未必真心反宋，实际上他都是受了这些汉奸蛊惑。

当初久战不下时，我们曾经请辽国帮忙斡旋，如今李元昊已经请和。如果朝廷真想与李元昊议和，而且一旦议和成功，辽国一定会向大宋邀功，同时还会轻视我们；如果谈判不成，今年秋天李元昊必会再度大举兴兵。李元昊发兵之后，辽国必会立即派使者来责备我们，他们很可能像当初索要关南十县一样，派重兵对我国进行威胁。一旦辽国陈兵塞上，朝廷必定会从陕西往河北调兵防御。这样一来，一定会导致西线防御空虚。如果李元昊乘虚而入，以敌军的威猛和嚣张，西线难保，关中危急。

一旦出现这样的局面，我们将如何应对？

正是因为这样，臣等认为，当下不管谈判成功与否，都有巨大的隐患。当下之计我们应该挑选将帅，勤练兵马，不但不能放松警惕，而且应该严阵以待，随时准备进入战争状态。因此，朝廷只能把这次议和看作权宜之计，积极备战和稳固防御才是最紧要的战略方针。

退一步讲，如李元昊见我大宋有所防备，他一定不敢轻举妄动，这样也可以间接地推进促成和谈。即便李元昊不知深浅地进犯我朝，我们可以趁其轻敌与之开战。如此，即使开战相信我军也绝不会像以前一样处处被动。

将当下的局势和战略方针讲完以后，范仲淹和韩琦又详细地向仁宗皇帝汇报了他们制定的具体措施。范仲淹和韩琦的具体措施主要有四点。

第一是怎么看待李元昊的求和。当下要以讲和为主，能讲和当然是好事儿。最终看看谈判能谈到哪个份儿上。在表面上讲和的同时，我们暗地里务必要加强军备，西夏人反复无常，一定不能掉以轻心。

史载：陛下当如唐高祖、太宗，隆礼敦信，以盟好为权宜；选将练兵，以攻守为实务。彼不背盟，我则抚纳无倦；彼将负德，我则攻守有宜，此和策之得也。

第二是如何进行防御。李元昊没反叛时，朝廷对他的恩信就已经很厚了，但他还是不断袭扰我大宋边境。自其反叛以来屡战屡胜，李元昊出乎意料地突然讲和，他肯定暗存奸计。李元昊绝对不会如此轻易屈服，因此即便讲和也一定要严加提防。

西线的防守任务并不轻松。如果陕西裁兵，则守备不足，不裁兵则消耗太大，物力难济。针对这一局面，臣等认为应该加紧修固缘边各城寨，让敌人自感无机可乘。

考虑长久防计，当地山险水恶，民风彪悍，我们应该提高待遇以从当地招募士兵，同时边防军队要以营田生产和战斗相结合。当地士兵的战斗力要远远强于中原士兵，然后将中原士兵分作三路，一路原地不动，一路作为替补可在当地营田，或者直接调往关中，另一路调回京师，保护皇城。另外考虑敌兵的特点，各险要关隘增派弓箭手，可以有效抵御敌人的突袭。

对于如何进行防御，当时范仲淹和韩琦是这么说的：

彼或小至，则使属户蕃兵暨弓箭手与诸士兵，共力御之。彼或大举，则必先闻举集之期，我之次边军马，尽可驻于坚城，以待敌之进退。沿边山阪重复，彼之重兵必循大川而行，先求速战。既胜，则方敢散兵掳掠，更无顾虑。我若持重不战，则彼之重兵行川路中，刍粮无所继，牛羊无所获，不数日人马俱困，既不敢越险，又未能决胜，必不得已而散兵掳掠。我于山谷中，伏精锐以待之，使散无所掠，聚不得战；欲长驱而来，我则使诸将出奇以蹑其后；欲保师以归，我则使诸城并力以乘其敝。彼将进而无利，退而有祸，不三两举，势必败亡，此守策之得也。

有道理吗？

太有道理了。

范仲淹和韩琦很清楚，敌军进攻不是为了占领，而是为了掠夺和恐吓。我们不如以静制动，以不变应万变。加强防守，守住重要关隘，不要让敌人得逞。我们不要为了打仗而打仗，我们应该为了胜利而打仗。由此可见范仲淹和韩琦已经将西夏军队的特点和习惯摸得一清二楚，知己知彼，百战不殆，他们不但是将兵法学到家了，而且还将活学活用发挥到了极致。这样的高论，仁宗皇帝能不同意吗？

别着急，范仲淹和韩琦刚讲到第二条，他们还没说完。

讲完了防御，还要讲进攻，这是范仲淹和韩琦的第三条主张。

关于进攻，范仲淹和韩琦一致是这么理解的：李元昊的大本营其实远在河外，别看西夏军士勇猛善战，这些人其实不是李元昊的嫡系部队。李元昊进攻大宋依靠的主要兵力是横山一带的番兵，以往我们兵力不少却屡屡失利，主要原因是边界城寨太多，分兵防守兵马过于分散，而且还不知道敌军从哪里进攻，同时救援还不及时。而敌人全民皆兵，一有战事临时召集，以优势兵力猛攻我们一个点，打完就撤，所以我们才会打败仗。

分析完原因以后，范仲淹和韩琦说：为此臣等请在鄜延、环庆、泾原三路各选将佐三人至五人，使臣十人到二十人，步兵一万，骑兵三千，组成一支新的队伍，然后派人练习新的阵法，等训练成功以后，我们像李元昊进攻我们一样去攻打西夏，直取横山一带。

这三路兵马相互联动，互为策应。每到一处，如当地蕃族降服，则将其安定下来。如果其不肯降服，则将其剿灭。如果鄜延路出兵，敌人必会大举应敌。我们的兵马立即退守城寨和险要之地，切记只需对峙，一定不要与其开战。时间一长，敌军必定人困马乏，此时我们派环庆路出兵，敌军必定派兵应战，泾原路的兵马趁此时也大举进攻。这样，敌军被我们牵制着跑来跑去，其将士势必会心生不满。趁此机会，我军步步为营，一点点蚕食横山一带的各个蕃部城寨。这样一来，两三年之内横山可取。

范仲淹和韩琦特意对仁宗皇帝说，这是春秋时期吴国三师破楚的计策，只要我军顺利地夺回横山，等于是断了李元昊的一条胳膊，这样一来不愁西夏不平。

以彼之道，还施彼身，用敌人对付我们的办法去对付敌人，这一办法绝对有效。

作为副宰相和枢密副使，范仲淹和韩琦不能只看到西北一个方面的问题。如果行使这一战略，虎视眈眈的辽国也不可不防。关于如何对付辽国，范仲淹和韩琦也考虑得十分周密。他们准确地分析并判断了宋辽两国当下的形势：

北敌久强，在后唐日，以兵四十万送石高祖至洛阳，立为天子，遂与石晋为父子之邦，邀求无厌，晋不能支。一旦起，长驱直抵京师，虏石少主暨当时公卿，尽室而去，为中原千古之耻。国家始与之结合，将休兵养民，有所待也。及天下无事，人人怀安，不复有征战之议。前年北敌骤起，诡谋称兵，有割地之请。今来元昊欲议和，又因而要功，其势愈重，苟不大为之备，祸未可量。

为此，范仲淹和韩琦向朝廷提出了七条建议，一密为经略；二再议兵屯；三专于选将；四急于教战；五训练义勇；六修京师外城；七密定讨伐之谋。

这就是当时范仲淹和韩琦向仁宗皇帝提出的四条建议。不过，这几条建议都是战略性的建议，目前不是二人的主要职责。之所以提出来，是要提醒仁宗皇帝不能因为一心对付西夏而忽视辽国的威胁。

听完二位大臣的话，仁宗皇帝心情很沉重。

这才是谋国之言，这才是社稷干臣！那些斗来斗去的官员，谁能拿出一个像样的计策？

仁宗皇帝对范仲淹和韩琦的好感顿生，联想到最近范仲淹受到的非议，一个想法浮上他的心头。只是这样一来委屈了这两位难得的人才，还是观望观望再说吧。

哪知道，就在仁宗皇帝犹豫不决的时候，余靖却来了个神助攻。

见到皇帝和范仲淹、韩琦的朝议总结，余靖感觉两位前西线主帅的见识不但高明，而且实用。为了尽快地将其落到实处，余靖决定给范仲淹和韩琦帮帮腔。于是，余靖也凑热闹似的给仁宗皇帝写了一份奏疏。

结果，余靖不但成功地以一道上言再次打破了仁宗皇帝好不容易对范仲淹建立起来的好感，而且让自己成为仁宗皇帝讨厌的对象。

仁宗皇帝心中好不容易刚把范仲淹朋党的嫌疑消除，余靖这一上书又把仁宗惹恼了。自乾兴三年你和范仲淹就是一伙的，范仲淹前脚刚提出一个建议，你马上就来捧场，这是不是范仲淹事先安排好的？朕难道要被你们绑架治理国家吗？

其实仁宗早就发现了，只要范仲淹一说话，谏官们必定会为其摇旗呐喊。前有王素、欧阳修，后有余靖和蔡襄。王素出任淮南都转运按察使以后，新晋的孙甫却没像他们一样处处给范仲淹吆喝。这几个人当年是一伙儿的，现在还是一伙儿的。如果不将其拆散，日后怕是真会出现夏竦所说的局面。

算了算了，先不想了，此事也不是一天就能完成的，还是从长计议吧。

当仁宗皇帝把他关注的目光回到朝政以后，一连串的事情又搞得他焦头烂额。水洛城虽然已经修好了，但该不该修的争论一直没有停止。不但水洛城当不当修，狄青该不该抓刘滬大臣们也一直吵个不停。一边是以韩琦为首的反对派，一边是以郑戬为首的修城派，朝臣们吵来吵去，弹劾奏折一个接一个地交到中书。尤其是这个余靖，竟然连珠炮似的一连上了好几封奏折，而且每封奏折都旗帜鲜明地直接炮轰狄青。

仁宗一见大臣吵架就头疼，而且他最近特别讨厌余靖这个名字。他这么上言是不是受什么人指使？指使他的人又会是谁？他为什么这么做？

仁宗皇帝越想越乱。讨厌归讨厌，余靖是自己亲自任命的谏官，进言是他的职责，自己总不能找借口把他贬了吧？

再去庙堂

如果真像大臣们担心的那样，范仲淹和谏官们动不动就联起手来，长此以往，自己这个皇帝怎么当？这个国家怎么治理？仁宗皇帝又犹豫了。

尽管目前看不到什么迹象，为了避免出现这一被动的局面，仁宗皇帝决定先拆散范仲淹和谏官的关系。

可是从哪里找突破口呢？必须得有个体面的理由，否则自己心里也会过不去的。

当一个皇帝开始想做一件事情，所有的事情都会向这个方向靠拢。这是一个皇帝的影响力所在，而且不会容许任何置疑。

让人大惑不解的是，仁宗皇帝当时首先想到的人是王素。

为什么会是王素呢？

仁宗皇帝深知，只有王素才是这帮人的精神领袖和真正的“带头大哥”。自从范仲淹和王质结成儿女亲家以后，靠着三槐王家巨大的人望，范仲淹很快取得了朝中大部分大臣的信任。王家的影响力太大了，在朝堂上的话语权太强了，而且王素还是谏官的首领。如果不是王素的支持，相信这些人绝不会如此得意。

思来想去，他决定还是从王素开始动手。

在早些时候，因是世交又是故人，仁宗已经将王素派去淮南路担任最高长官，而且还是重用。下那道任命的时候，仁宗皇帝没想那么多。如今听说王素在淮南路总是搞无为而治，招致了很多大臣的诟病。不如趁着这个机会将王素的位置动一动，以便自己下一步的行动。

只要王素一去，其他人就好说了。

只是这些年来，自己跟王素的感情太深了。

但说干就干，当断不断必受其乱。就这样，在仁宗皇帝安排下，一切都在悄无声息间进行着。

因此，当淮南都转运按察使、兵部员外郎、天章阁待制王素升刑部郎中、泾原路经略安抚使并兼知渭州的时候，无论范仲淹、富弼还是欧阳修等人，谁也没想到这是仁宗皇帝对付他们的第一步棋。

为了将戏做足，仁宗皇帝还特意提拔了跟范仲淹关系一直不错的孙复，孙复获赐五品官服。他在国子监的学说没能得到太多人的认可，有很多大臣反对孙复与圣人之道迥异的学说，说孙复在国子监总是奇谈怪论，长此以往将误人子弟。又加上孙复功利心太强，没有将自己的一门心思扑在教育上，孙复升官之后没多长时间，朝廷就找了个理由将他免职了。

前脚刚刚将王素派往渭州，派去河东路的欧阳修后脚就回来了。欧阳修调查了一番，认为麟州城确实是个巨大的隐患，鉴于这种情况，朝廷得想一个万全的办法。经与范仲淹商量，欧阳修认为麟州不可弃，为了加强麟州的防守，不如在麟州和府州之间再建一座城池，以加强麟州及整个河东路的防守。

对欧阳修的建议仁宗皇帝想都没想，他考虑最多的是如何再把这个“刺儿头”请出去。找个什么理由合适呢？一时之间，仁宗皇帝又没主意了。

尽管皇帝想处理一个人根本就不需要什么理由，甚至上朝的时候先迈的哪只脚都会成为一个错误，但体面的仁宗皇帝为了对付欧阳修还是费了不少心思。因一时没有合适的办法，他只好找到了自己的老熟人——宰相晏殊。

晏殊与欧阳修这对师徒的矛盾早已经人尽皆知，因此，当仁宗皇帝委婉地向晏殊表达对欧阳修的不满时，晏殊一句好话也没替自己这个曾经的学生说。多年的政治生涯，数次的起起落落，最终能当上宰相真的很不容易。晚年的晏殊，除了一门心思想保住自己的位子，其他任何事情都不去想了。对于女婿富弼的激进和学生欧阳修的狂傲，晏殊有口难言。身为老师，骂自己的学生就是自己打自己的脸，尽管这样，当仁宗皇帝向晏殊表达了自己想派欧阳修外任的想法时，晏殊还是毫不犹豫地帮仁宗皇帝出起了主意。

晏殊建议说，与其让欧阳修这么肆无忌惮地在朝堂上蹿下跳，不如给他个官职放出外任。眼下河北路的任务比较重，辽国的关系不好处理，不如把欧阳修派到河北路，如此重用也一定能说得过去。

仁宗皇帝觉得晏殊的主意不错，只是担心如此重要的任务欧阳修是不是能够胜任。知徒莫若师，虽然不喜欢欧阳修，但晏殊对欧阳修的能力还是很清楚的，晏殊告诉仁宗皇帝说，放心，欧阳修一定干得了。

就这样，没过多久，欧阳修果然按晏殊的规划，升龙图阁直学士并派任河北都转运按察使。

欧阳修会同意吗？

欧阳修当然不同意，当这一任命宣布时，仁宗皇帝只好像哄小孩儿似的对欧阳修说，欧阳修啊，之所以把你派往河北，是因为当下河北的任务重大。你心里要有个准备，即便到了河北，你别做长时间在那里工作的打算。不管对什么事情有看法，你一定要像以前一样跟我说，千万不要有什么顾忌。

欧阳修很清楚，仁宗皇帝把自己撵出去是有人说了自己的坏话，欧阳修说话一向不避讳别人，他义正词严地问仁宗皇帝：是不是我不在京的这段时间有人在背后说我的闲话？臣是谏官，他们背后这么议论我，这属于越职言事，请皇帝三思。

仁宗皇帝说：事情不是你想的那样，朕意已决，你就不要推辞了。

就这样，仁宗皇帝终于把欧阳修赶出了朝堂。虽然蔡襄、孙甫再三劝说挽留，仁宗皇帝态度却异常坚决。

欧阳修非走不可。

欧阳修走后，和范仲淹交好的几位大臣也陆续被朝廷改任。先是余靖升知制诰，后来是因水洛城事件站在风口浪尖的尹洙改为龙图阁直学士，从晋州（今山西省临汾市）改任潞州（今山西省长治市），尽管此时尹洙晋州的任期未满。紧接着，蔡襄也被剥夺了谏官的身份，被派到史馆专门去修起居注去了。

此前，范仲淹曾一直向朝廷推荐尹洙，如此仓促地处理尹洙，仁宗皇帝的针对性已经非常明显。

至此，名噪一时的庆历四谏官已全部免职。

天下没有不透风的墙，很快欧阳修就知道了自己被赶出朝堂是晏殊帮皇帝出的主意。欧阳修从不是个省油的灯，毕竟已经不在皇帝跟前，说起话来不像以前那么方便了。对于老师的做法，欧阳修既急又气，但一时还找不到合适的方式回应。

同僚们一个个被从身边调走，这段时间范仲淹在忙什么呢？

说来你可能不信，当时范仲淹也离开了朝堂，被派到西北前线去了。仁宗皇帝为什么派范仲淹到西北前线，又是以什么理由将他派出去的呢？

事情还得从李元昊说起。

庆历四年五月底，李元昊终于低下了他桀骜不驯的头颅，答应向大宋称臣了，但心有不甘的他却要求大宋必须答应他以夏国主自称。朝廷又喜又怒，喜的是李元昊终于低头称臣，怒的是国主这一称呼还代表李元昊并不甘心。局面来之不易，答应他还是不答应他呢？正犹豫间，一小股西夏军兵便攻击了青涧城。虽然这一小股人马很快就被守城的宋军打跑了，但仁宗皇帝很清楚，这是李元昊又一次赤裸裸的威胁。

刚把进犯的西夏部队赶跑，边境又传来消息，辽国和西夏都在密集地征调部队，一副两国之间将要开战的样子。他们到底是为了打上一架，还是有别的企图？大宋不可不防。

怎么办呢？

仁宗皇帝想起了不久前范仲淹和韩琦那次上奏，看来西北的事情还是离不开这两个人啊。正这么想着，因新政屡屡受到攻击的范仲淹又上了一封奏折，表示自己愿意为朝廷分忧，罢去参知政事再赴西北。考虑到范仲淹熟知边务，一时又没有合适的其他人选，最难得的是范仲淹主动提出了要求，当下群臣对范仲淹的意见又太大，仁宗皇帝终于同意了放范仲淹外任的请示。不过，仁宗当时并没有罢免范仲淹参知政事的职务，因此，庆历四年（1044）六月范仲淹再赴西北的时候，他是以副宰相的身份兼职上任的。

范仲淹的奏折里是这么说的：今西人议和，变诈难信，成与不成，大须防将来之患。臣久居边塞下，诚无寸功，如言镇彼西方，保于无事，则臣不敢当，但稍知边情，愿任驱策。虽无奇効可平大患，惟期夙夜经画、措置兵骑财赋，及指纵诸将同心协力，以御深入之虞。今防秋事近，恐失于后时，愿圣慈早赐指挥，罢臣参知政事，知边上一郡，带安抚之名，足以照管边事。乞更不带招讨、部署职任。

态度诚恳，言辞无不妥当。能主动请命身赴前线，说明范仲淹是不在乎自己职位的。看到这里，仁宗皇帝感动得稀里哗啦，时穷节乃现，关键的时候，还是范仲淹啊！

就这样，范仲淹以参知政事的身份出任陕西、河东二路宣抚使，被紧急派到了西北前线，以北防辽国、西御西夏。

其实，范仲淹之所以主动请命，还有一个原因，那就是近段时间在朝堂上下传得沸沸扬扬的石介谋反案。

近些日子，一个小道消息在朝堂上下疯传，说石介曾经给富弼写了一封信，鼓动富弼大胆地趁改革之机废掉仁宗皇帝，而且还草拟了废掉仁宗的诏书。甚至还有人真见到了这封信和诏书。

这又是怎么回事呢？

范仲淹不知道，这是夏竦放出的一个大招。对付政敌，打击对手，最有效的办法就是罗织罪名。什么罪最重？皇帝最不能容忍的事有两个：一是皇族私交大臣；二是大臣阴结朋党。这两件都是皇帝最忌讳的事情。私交亲王不可能了，一是唯一能让皇帝感到威胁的八大王都快死了；二是也不好找证据，搞不好引火烧身，把自己也捎上，当年李迪斗吕夷简用过这一招，结果搬起石头砸了自己的脚。

思来想去，夏竦决定退而求其次，给这些人贴上朋党的标签，一样可以达到想要的效果。

凡事成与败皆有内因和外因，同时苍蝇也不会叮无缝的蛋。这段时间，富弼被晏殊关在家里反思，流言满天飞搞得富弼心烦意乱，无奈之下富弼只好硬着头皮找老丈人商量对策。

夏竦阴鸷地观望着朝内的一举一动。他将目光落在了富弼和一个叫苏舜钦的人身上。当然，他最终瞄向的是宰相晏殊和枢密使杜衍。要想搞掉这两个人，先将他们两个人的女婿干掉再说。另外，两对死活看不上眼的连襟，范仲淹和郑戬，欧阳修和王拱辰也是夏竦的重点利用对象。欧阳修和王拱辰死不对眼，范仲淹和郑戬面和心不和，将这一矛盾利用好，不愁自己大计不成。

只要章得象中立，自己利用好郑戬和范仲淹的矛盾，同时挑唆贾昌朝，就一定能打败范仲淹这帮人。

夏竦决定由自己对付富弼，然后想办法让对新政颇有意见的王拱辰去对付其他人。

早些时候，一心想除掉改革派的夏竦曾抓住石介写给富弼的一封信。夏竦在亳州每天都练习书法，他将那名会写字的歌伎培养成了一个仿写大师。得到这封信以后，夏竦有了一个好主意。他让歌伎模仿石介的笔迹，把石介给富弼信中“行伊周之事”篡改为“行伊霍之事”，然后将这封信件在百官中散播出来。

伊是指商朝著名政治家、改革家，一代名相伊尹。

周指的是西周开国元勋，杰出的政治家、军事家、思想家、教育家，周文王姬昌第四子，周武王姬发的弟弟姬旦。武王去世以后，因成王年幼，周公摄政。管叔、蔡叔、霍叔等不服，联合殷贵族武庚和东夷反叛。他率师东征，平定叛乱，灭奄（今山东省曲阜市东）后大举分封诸侯，营建成周洛邑（今河南省洛阳市）。

霍指的是霍光，西汉著名权臣，他人生最大的成就就是身为臣子废掉了汉宣帝。

这三个人都或主宰、或左右了国家和皇帝的命运。

周公和霍光岂能相提并论？此言一出，立即在朝堂上下引起了轩然大波。改革派这是要干什么？告状弹劾的奏折一时之间如雪片般飞到朝廷。虽然仁宗皇帝并不相信这些，但群臣的口水却已经将改革派淹没了。随着这一事件愈演愈烈，夏竦已经将整人手段运用得炉火纯青。最终，区区夏竦竟然在极度劣势之下翻盘了。

这封书信成为压死骆驼的最后一根稻草，笔迹相同，石介百口莫辩。这种事皇帝向来是宁可信其有不可信其无，就这样，范仲淹最得力的助手富弼被人暗算了。

而范仲淹和富弼当时只知道埋头做事，他们完全没有料到对手的能量。在计谋上，他们和老谋深算的夏竦还是差了一个层次。

就这样，夏竦出手就直击问题本质，利用人性的弱点一举翻盘，在极端劣势之下反杀了改革派。

史载：先是，石介奏记于弼，责以行伊、周之事，夏竦怨介斥己，又欲因是倾弼等，乃使女奴阴习介书，久之习成，遂改伊、周曰伊、霍，而伪作介为弼撰废立诏草，飞与上闻。帝虽不信，而仲淹、弼始恐惧，不敢自安于朝，皆请出按西北边，未许。适有边奏，仲淹固请行，乃使抚陕西、河东。

在舆论的重压之下，为了自证清白，庆历四年（1044）八月初富弼被迫自请外任。至此，庆历新政最主要的两个发起人和执行人相继离开朝堂。最终，轰轰烈烈的庆历新政半途而废。

对于这段往事，历史是这么记载的：

始，范仲淹以忤吕夷简，放逐者数年，士大夫持二人曲直，交指为朋党。及陕西用兵，天子以仲淹士望所属，拔用护边。及夷简罢，召还倚以为治，中外想望其功业，而仲淹亦感激眷遇，以天下为己任，遂与富弼日夜谋虑，兴致太平。然规摹阔大，论者以为难行。及按察使多所举劾，人心不自安；任子恩薄，磨勘法密，侥幸者不便；于是谤毁浸盛，而朋党之论，滋不可解。然仲淹、弼守所议弗变。

欢然相得

庆历四年是大宋历史上极为不平静的一年，内忧外患接连而至，天灾人祸也同样摧残着大宋的国民。这年六七月间，诸路大旱，各地飞蝗铺天盖地，尤其是京师一带的蝗灾最为严重，它们不但蚕食庄稼，而且蝗灾过后，赤地千里。

仁宗皇帝忧心忡忡地望着自己的大臣们，按照惯例，遇到这类情况皇帝是要进行一番自责的。他心情沉痛地仰望苍天，无奈地说：今年大旱，蝗灾又这么严重，我大宋百姓为什么会遭此劫难？都是朕一人不好，我已经祷告上天，如果有什么错，都算到我一个人头上好了！

面对皇帝的自责，无计可施的两府官员你看着我，我看着你，谁也不敢多说一句话。见此，宰相章得象只好硬着头皮，小心翼翼地向仁宗皇帝致歉：天下罹此大灾，臣等不能辅理宣化，让陛下您操心了。这都是臣子们的罪过，您说出这番话，上天一定会被您的诚意感化的！

四天之后，也不知是仁宗皇帝的诚心感动了上天，还是以章得象为首的大臣们的诚意感动了一直好像对大宋子民不怎么宽容的上天，京师一带竟真的下了一场透雨。朝廷大为感动，一时之间京师一带的旱情得到了暂时的缓解。

就在这时，据枢密副使富弼奏报，辽国和西夏之所以大举发兵，只是为了一起讨伐在当地作乱的呆儿族，并不是为了进攻大宋。

听到这个消息，仁宗皇帝一直提着的心才终于放下来。

此时，范仲淹虽已受命，但还没有动身前往西北。对于辽国和西夏的大规模军事行动，范仲淹的看法是不一样的。范仲淹坚持以稳为上，不能把国运交给敌国。为了防止辽夏生变，范仲淹决定调集兵马，严阵以待。富弼却坚持认为贸然调兵完全没有必要，因为前几次使辽的经历，富弼对辽国的情况摸得很清楚。为了说服仁宗皇帝，富弼甚至拍着胸脯保证，如果辽国入侵，所有责任均由他一个人承担。

枢密使杜衍和富弼的想法是一致的，宋辽刚刚修好不久，此时派兵对峙易生事端。结果说来说去，范仲淹和杜衍竟在仁宗皇帝面前吵了起来。

在这之前，范仲淹在杜衍面前一直以晚辈自居，他对杜衍非常尊重，甚至一直执父礼对待杜衍。但在事关国运的大事上，范仲淹却丝毫没有让步。光明磊落的人不会因公事而生私恨，虽然范仲淹言语冒犯，但杜衍似乎也不怀恨。

下朝之后，范仲淹还是坚持自己的观点，否则就要耽误国家大事。韩琦见老朋友这么固执，便劝范仲淹说：老兄，你放心吧，辽国一定不会发兵攻打我们的，你不要再争了。如果辽兵真的打来，兄弟我请命出征，我独自一人去抵挡辽兵，不需要朝廷一人一马。

见韩琦也这么说，范仲淹真生气了。范仲淹一拂袖子，没理韩琦转身走了。事后，范仲淹坚持面奏皇帝，请皇帝按自己的方案调兵，并将韩琦的玩笑话说给了仁宗。

最终，朝廷没按范仲淹的建议调兵，范仲淹也没因为这件事跟韩琦伤和气。

这才是国之大臣。

说实话，韩琦说那句玩笑话本是好意，但范仲淹认为前敌形势瞬息万变，辽国和西夏一向狡诈，枢密院盲目地认为他们不会合兵攻宋这是误国的表现。一旦出现意外，后果将不堪设想。一个西夏已经抵挡不了，更何况兵力数倍于西夏的辽国!

朝廷虽然没同意调兵，但范仲淹还是很快便到西北上任去了。离京之前，范仲淹特意在京城多住了几天，范仲淹很清楚，此时一去，想再回到朝堂已经几乎没有可能。尽管仁宗皇帝给了他足够的体面和尊严，尽管还为他保留着参知政事的职衔，而且还给了他许多份空白的任命书，但范仲淹深知自己很可能不会再回来了。自从欧阳修被派往河北路，范仲淹已经感觉到了仁宗皇帝对自己的不信任。虽然这件事情明里是冲着欧阳修来的，范仲淹知道对手的矛头指向的是自己和富弼。果然，没过几天，石介谋逆案就已经传得沸沸扬扬。推行新政，富弼是自己的爱徒，同样也是最得力的干将，尽管这段时间自己和富弼废寝忘食、夜以继日，但新政推行得并不像想象中的那么顺利。

到底是谁给富弼栽赃，一时还不清楚。

一开始，范仲淹想到了王拱辰，虽然王拱辰是欧阳修的死对头，而且还处处跟新政作对，但王拱辰好像不是做这类事情的人，而且他手下的那些御史似乎也犯不着用这种手段来对付富弼。章得象也不可能，作为首席大臣，章得象根本不需要用这种方式，如果真的反对新政，他只需要在仁宗面前说几句新政不好，或者挑几条不足之处提提意见就行了，再说以章得象的为人，他也不会这么去做。说实话，范仲淹感觉章得象基本还是支持新政的。老前辈杜衍根本就不可能，晏殊更不可能，韩琦也一样，两府官员中唯一剩下的人就是贾昌朝了。

难道是贾昌朝？对于这个比自己小几岁的同事，范仲淹真了解得不多。他只是知道贾昌朝精明能干，而且从不说得罪人的话。当年当御史中丞的时候，贾昌朝也很少弹劾别人。可是除了这些人，谁还能把这些话传到皇帝耳边呢？

范仲淹做梦也没想到，自己和富弼是栽到了夏竦手里。

为了证明自己和富弼的清白，范仲淹决定离开朝堂这一是非之地，眼见边事不稳，真不如好好替朝廷去经略一下边事。就这样，经仁宗皇帝同意，范仲淹和富弼分别出朝，由他负责对付西夏，富弼负责对付辽国。

出朝容易回朝难啊，想想自己前几次进进出出，范仲淹心中有些悲凉。不过转念一想，这些年的是是非非就像过眼云烟，当初身在越州的时候，自己已经决定终老吴越，从来没想过会有一天自己还能身居两府，想到这里范仲淹不再遗憾，此生值了。

也是因此，在离京的时候，范仲淹特意绕道郑州，去看望了一下与他恩怨纠缠多年，如今已经退休养老的吕夷简。

吕夷简已经老得让范仲淹快认不出来了，短短几个月的时间，吕夷简须发皆白，老态龙钟，当年那么强的一个人在短短几个月的时间内竟变成了这个样子，范仲淹心里感觉有些难过。

不过，吕夷简的精神状态倒是出奇的好。范仲淹见到吕夷简的时候，他发现这个跟自己纠缠了大半辈子的老人早已经不像当年。吕夷简亲切地拉着范仲淹的手，二人坐下来，竟很长时间都没有说话。

想想往事，范仲淹突然心有愧意。他不无感慨地跟这个和自己斗争了二十多年的老人说：不入中书不知道，进入中书以后，仲淹才知道为事之难。

既然都说开了，两个人索性坐下来将这些年发生的事情回忆了一番。已经见惯了朝堂风云的吕夷简无官一身轻，他早已把当年的一切放下。他知道，自己和范仲淹之间的矛盾其实都是因王曾而起。一开始，吕夷简认为范仲淹只是一个一心想出名的愣头青，看来自己小看他了，只有接近旋涡中心的人才知道里面的曲曲折折。都说范仲淹和吕夷简是一对死对头，其实吕夷简真的对范仲淹不错，两个人的关系也不像人们传说的那么夸张。

自己和王曾生来就是对头，这是命中注定的事情。政治一向都是你下我上，不容商量。胜利者只有一个，绝没有什么二者共赢。

吕夷简问范仲淹：为什么这么着急离开朝廷？

范仲淹说：最近西线局势吃紧。

吕夷简说：西线吃紧，在朝中处理起来不是更方便？

听到吕夷简这句话，范仲淹愕然半天，竟一句话也答不上来。虽然已经退休，吕夷简看事情的眼光还是那么深远，说起话来还是一语切中要害。

直到此时，范仲淹才发现自己仍远远不如吕夷简高明。也是直到此时，范仲淹才理解吕夷简一直以来的良苦用心。他折服于吕夷简的胸怀，同时又佩服吕夷简的高明。如果一切推倒重来，自己还会像当年一样处处与他作对吗？

你不了解一个人，你就无法深入他的心灵。

而对吕夷简来说，这个几乎终其一生都在跟他唱反调的范仲淹能主动登门来访就代表了一切。如果此时自己再胸狭量小，不肯原谅，那么自己就枉为大宋朝的三任宰相了。他知道范仲淹是个人才，只是不太会处理复杂的人际关系。从认识他起，他就只是靠着一颗正直的心去做事，其实大家根本没在同一条路上。换句话说，大家都是殚精竭虑地在为大宋朝卖命，只是彼此不在同一条船上。当初范仲淹跟自己也没什么深仇大恨，他带着一帮青年才俊只是为了反对自己而反对自己，因为他们是王曾的人。

推行新政是件好事，但范仲淹不懂收敛和含蓄，竟一下子用了那么多自己的人。做事不但需要能力，而且需要艺术。皇帝喜欢的是处处顺着他的人，哪怕他是错的，你也需要委婉曲折地慢慢帮他改正，而不是直言不讳地指出，或者进行胁迫与绑架。衡量一个人的能力，最主要的是看他想做的事能不能做成。一个人无法总是站在道德的制高点上，以正人君子的姿态完成他所有的任务。因为上面还有皇帝。

对待皇帝就像对待父亲，天下至理还是以顺为孝。可惜这些人虽然勇气可嘉，但他们并不真正明白这些道理。一个皇帝，怎么会喜欢处处让自己感到威胁的人？哪怕你再能干。你越是能干，朝政越有可能失控。身为大臣，你不能让皇帝感觉到你对他的威胁。

在一个合格的大臣眼里，应该只有是非，没有恩怨。吕夷简深知，以后不管自己还是范仲淹，都是会被记进历史的人，关于他们的言行，百年之后，甚至是千年之后，也一定会留下他们的影子。历史怎么写，还得看自己怎么做。

这次握手让两个人真正地冰释前嫌，也同样成就了一段美好的历史佳话。

后来，名列唐宋八大家之一、大文豪苏轼的弟弟苏辙在他的笔记《龙川别志》中记载：范文正公笃为忠亮，虽喜功名，而不为朋党。早岁排吕申公，勇于立事，其徒因之矫枉过直，公亦不喜也。自睦州还朝，出领西事，恐申公不为之地，无以成功，乃为书自咎，解仇而去，后以参知政事，宣抚陕西，申公既老，居郑，相遇于途，文正身历中书，知事之难，有悔过之语。于是，申公欣然相与语终日。申公问：何为亟去朝廷？文正言：欲经制西事耳。申公曰：经制西事，莫如在朝廷之便。文正为之愕然。故欧阳公为文正神道碑，言二公晚年欢然相得，由此故也。后生不知，皆咎欧阳公。予见张公言，乃信之。

庆历再和议

当初，随着范仲淹离开朝堂，庆历新政的推行者只剩下了富弼一个人。顶着一头脏水，富弼也一天天被挟裹进仁宗皇帝的信任危机。

总归觉得派他出去巡边有些对不起范仲淹，仁宗皇帝又下诏给范仲淹安排分工，以示其参知政事的职衔不丢。

范仲淹走后没多久，在对手接二连三的攻击之下，富弼终于招架不住了。他不得已再三请求外任，仁宗也同意了富弼出任河北宣抚使的请求。

到达西北之后，范仲淹面对的都是熟悉的老部下。此时，张亢也复职为并代路副都部署，兼代州兼河东缘边安抚事。在前线转了一大圈以后，经范仲淹奏请，泾原路开始参谋练习军阵。不管朝廷最终能不能讲和成功，新领重命的范仲淹要一步步实现自己当初和韩琦一起在仁宗皇帝面前许下的诺言：收复横山。

而在朝中，仁宗皇帝的心地善良和范仲淹、富弼的离朝而去，让庆历新政好不容易开创的局面遭到了破坏。随着各路转运按察使不断抱怨，在章得象、晏殊的劝说下，朝廷妥协了。当时，庆历新政开始以后，范仲淹和富弼从中央统一严责各路转运、按察、提点刑狱各司的做法过于严厉，虽然短期内懒政、怠政的现象解决了不少，但对官员的追究过于细致同时也过于急切，各路一时之间不知所措，各地长官人心惶惶，政务因此被耽误不少。经御史台反复勘察调研，建议朝廷稍稍放宽吏治要求，各路长官纷纷抱怨不是好事，要考虑他们的情绪，如何调动他们的积极性，更好地利用他们的主观能动性，才是治理好一个国家的最好办法。

皇帝的妥协，代表新政夭折的开始。

虽然想去挽救，但此时这些事情已经在范仲淹能力之外了。他只能痛心疾首地看着自己一手推行起来的新政一点点败亡。如今，他唯一能做的索性放下一切，做好当下。到达西北以后，范仲淹已经有了足够的心理准备，新政的失败是必然的。他佩服吕夷简的洞若观火，他也已经知道自己不懂得张弛之道和欲速则不达的道理，自己是太急于求成了。虽然这个道理人人都懂，但是不是人人都能把握好分寸。世间最难把握的，就是分寸两个字。

因此，再次回到西北的范仲淹心里很难受。

自从与吕夷简和好以后，范仲淹总是回头看看这些年自己走过的那些路。一个人年轻的时候，一定要走过许多弯路，也正是因为这些弯路，才会成就自己与众不同的人生。按部就班、千篇一律是无法成就一个人的辉煌的。

只有欧阳修还在不停地上言，范仲淹喜欢这个小兄弟，他喜欢的不仅仅是欧阳修一身的才华、对什么都不顾忌的自信和锋芒外露的个性，更喜欢的是他天性的率真和当仁不让的勇气。虽然已经担任河北路的行政长官，但欧阳修仍一点都不知道收敛，还在不知死活地跟御史台死磕。什么时候他才能明白这些道理呢？其实，即便明白了这些道理又有什么用呢？欧阳修就是欧阳修，即便碰得头破血流，他还是那个让对手闻风丧胆的勇敢斗士。

近段日子，见李元昊跟朝廷谈判的语气缓和了很多，他派来的使者举手投足之间已颇见恭顺。种种迹象表明，也许李元昊真的会见好就收，就此息兵罢战，虽然这也许只是他的权宜之计，但能够讲和也算一个不小的胜利。战争对一个国家来说消耗太大了，范仲淹深知，不但李元昊玩儿不起，大宋、辽国也一样玩儿不起。有探马来报，说辽夏在征剿呆儿族的战斗中翻脸了，这一消息还未证实。李元昊肯主动讲和，一定有背后的深层原因，但抛开一切，大宋自身的强大才是抵御一切外敌的最好办法。

考虑再三，范仲淹决定给仁宗皇帝上表一道，战略的及时调整仍是朝廷最需要做的事情。范仲淹说：

臣窃观史籍，见前代帝王与戎狄结和通好，礼意甚重，非志不高而力不足也，盖惧边事不息，困耗生民，用兵久之，必生他变，而为社稷之忧。如汉高帝、唐太宗身经百战，大胜天下，不敢黩武而屈事戎狄者，正为此也。及其国力强盛，将帅得人，则长驱破虏，以雪天下之耻。今北敌西戎，合谋并力，夹困中原，西兵数年未能平定，近方遣使往复，以议通顺，而延州塞门并河东丰州之地，旧有属户居之，则为我利，自元昊驱掠西去，遂为隙地，中国利害，不系于此。今众议须欲复得塞门，以全疆土。借如祖宗朝北陷易州，西失灵、夏，及其和好，皆略而不言，耻以前失之丑，而求无用之地也。今西戎骄慢，不足与争，但名体已顺，余可假借，以成和好。然后重议边事，退移兵马，减省粮草，苏我生民，勤我稼穑，选将练士，使国富民强，以待四夷之变。此帝王有道之术，社稷无穷之福也。如欲与敌人理曲直、决胜负，以耗兆民，以危天下，语之则易，行之实难。臣备位二府，当思安危大计，不敢避人谤议，上下其说，累陛下包荒之德，以重增宵旰之忧。

范仲淹这些话是什么意思呢？

当下局面来之不易，朝廷一定要珍惜这来之不易的局面。既然西夏已经诚意归顺言和，建议朝廷一定要抓住这一机会，不要再起一些无谓的争执。朝廷当下需要做的事情是富国强兵、居安思危。

随着范仲淹这一建议的提出，宋夏之间的和谈也很快取得了决定性的进展。宋夏各让一步，李元昊答应向大宋称臣，同时大宋答应给李元昊以夏国主的身份，同时还允许他以“男”自称。宋夏之间停战休兵，大宋每年赐予西夏绢十三万匹、银五万两、茶二万斤。另有其他岁时赏赐，合计绢十五万匹、银七万两、茶三万斤；同时开放榷场，恢复贸易，重开保安军（今陕西省志丹县）、高平寨（今宁夏回族自治区固原市）等沿边榷场贸易。

这一和议史称庆历和议。

自此，持续长达六年的宋夏战争告一段落。最终，这场劳民伤财的战争同时让两个国家元气大伤，李元昊既没能实现自己的目的，同时也将富庶的大宋王朝搞得筋疲力尽。从战略上来讲，虽然大宋从物质上受到了一些损失，但从李元昊没能称帝来看，这次战争大宋仍应该被看作最终的胜利者。很多战争，它们最初的目的不是为了财富，所以用财富的得失来衡量一场战争的胜败是一种不科学的说法。衡量一件事情的成功与否，一个最重要的标志是看看最终它有没有实现最初的目的，而不是它的过程有多么精彩。

当时的党项民族刚刚从游牧生活中脱离出来，虽然勇猛善战是他们的特长，但对于在农耕文明中积淀了几千年的中原王朝，他们仍是一个有勇无谋的典型代表。李元昊虽然雄才大略，但在范仲淹面前，在大宋群臣面前，无论智慧、谋略还是治理并领导一个国家的才能，他根本不在同一个等级。正是李元昊及时抓住了大宋君民厌战的心态，同时又抓住了宋军致命的弱点，利用自身的长处，运用了合理的战略战术，才在宋夏战争中屡屡得势。

得势不如得局仍是李元昊无法回避的悲哀。

只有大宋君臣知道，范仲淹在这场战役中起到的巨大作用。虽然战争的结果不像表面上那么光彩、没有那么夺目，但从结果上来说，大宋赢了。

评价一场战争，我们不能只看表面。谁都喜欢摧枯拉朽、酣畅淋漓的大胜。但更多时候，战争的意义在于战争开始前和战争结束以后。真正的赢家，是那个笑到最后的人，是那个达到自己目的的人。

范仲淹做到了。

李元昊称臣求和是因为他已经打不起了，而且当初自从范仲淹来到西北战场以后，朝廷开始执行范仲淹的战略以后，李元昊虽然又打了几场胜仗，但他并没有得到什么便宜。因此，尽管后世也不断有人诟病范仲淹没打过什么大胜仗，却不知道他才是一个真正伟大的战略家，正是他的战略才有效地粉碎了李元昊据国自立的阴谋。

正式签订和谈协议是在这年的十月。

而在九月，从郑州传来一个让人伤心的消息，吕夷简死了。

吕夷简的去世对仁宗皇帝的打击很大，听说这个陪伴了自己二十多年的老臣撒手西去，仁宗皇帝竟难过得热泪长流。不管大臣们如何诟病，吕夷简仍是仁宗皇帝即位以来最倚重同时也是最为信任的股肱重臣，没有一个人能像吕夷简那样让自己如此省心、如此放松。只要有吕夷简在，仁宗皇帝的心就是踏实的，虽说人固有一死，但仁宗皇帝没想到吕夷简会走得这么匆忙。

忍着强大的悲痛，仁宗皇帝说：安得忧公忘身如夷简者！不管大臣们怎么看，任何一位大臣都无法站在皇帝的角度去评价一切，这句话算是仁宗皇帝对吕夷简最真实的眷念，同时也是一位皇帝对他的宰相最贴切的评语。

于是，吕夷简赠太师，中书令，并得谥号“文靖”。多年以后，韩琦的老上司王子融请仁宗皇帝为哥哥王曾的墓碑撰写碑额，仁宗皇帝赐给一代名相王曾“旌贤碑”三字。因为王曾，仁宗皇帝又想起了跟王曾斗了一辈子的吕夷简。尽管吕家后人并没有为吕夷简请碑，仁宗皇帝还是亲自手书“怀忠碑”三字赐给了吕氏后人。吕夷简于仁宗嘉祐八年（1063）配享仁宗庙庭，并于理宗宝庆二年（1226）名列大宋昭勋阁二十四功臣之一。

历史是客观的，史书却只能记录吉光片羽，无法全方位真实地还原当年所发生的一切。为了更客观地评价吕夷简有争议的一生，史书专门用了一大段文字用以表述，也让我们从另一个角度对吕夷简刻苦精进的一生有了更全面的认识：

自上初立，太后临朝十余年，内外无间，天下晏然，夷简之功为多。其后元昊反，四方久不用兵，师出数败，契丹乘之，遣使求关南地，颇赖夷简计划，选一时有名之臣，报契丹、经略西夏，二边以宁。然建募万胜军，杂市井小人，浮脆不任战斗，用宗室补环卫官，骤增俸赐，又加遗契丹岁金缯二十万，当时不深计之，至于后世费大而不可止。夷简当国柄最久，虽数为言者所诋，帝眷倚不衰。然所斥士，旋复收用，亦不终废。其于天下事，屈伸舒卷，动有操术。后卒配食庙庭，为世名相。

随着吕夷简去世，和吕夷简一生交好的晏殊也很快就失去了他的宰相位置。从小就带着神童光环的晏殊自打进京以后，前前后后经历了无数次起起落落。这是他人生第三次被罢。

修城

庆历四年十月，宋夏终于达成一致，这一标志就是李元昊派人送来了一道大宋认为可以同意的顺表。这封顺表亦称誓书，当时它是这么写的：

两失和好，遂历七年，立誓自今，愿藏盟府。其前日所掠将校民户，各不复还。自此有边人逃亡，亦无得袭逐，悉以归之。臣近以本国城寨进纳朝廷，其栲栳、镰刀、南安、承平故地及它边境蕃汉所居，乞画中央为界，于界内听筑城堡。朝廷岁赐绢十三万匹，银五万两，茶二万斤，进奉乾元节回赐银一万两，绢一万匹，茶五千斤，贺正贡献回赐银五千两，绢五千匹，茶五千斤，仲冬赐时服银五千两，绢五千匹，及赐臣生日礼物银器二千两，细衣着一千匹，杂帛二千匹，乞如常数，无致改更，臣更不以它事干朝廷。今本国自独进誓文，而辄乞俯颁誓诏，盖欲世世遵承，永以为好。倘君亲之义不存，或臣子之心渝变，使宗祀不永，子孙罹殃。

李元昊终于以臣自称了，大宋的体面有了。既然满足了你想要的体面，你怎么也得付出点儿代价吧？所以对于钱财岁币，大宋几乎没做什么计较。即使这样，为了显示自己中原王朝的地位，朝廷没有在第一时间给李元昊回书，而是压了一段时间才派使者带着回书与西夏的使者一同回去。西夏的顺表称誓书，大宋给西夏的回书则被称为赐誓，这封以仁宗皇帝名义写的赐誓内容是这样的：

朕临制四海，廓地万里，西夏之土，世以为胙。今乃纳忠悔咎表于信誓，质之日月，要之鬼神，及诸子孙，无有渝变。申复恳至，朕甚嘉之。俯阅来誓，一皆如约。所宜明谕国人，藏书祖庙。

大宋的姿态很高，措辞很精练，话语也很简单，所表达的无非是一个意思：你要求的条件我答应你，我对你也没别的要求，你按自己说的好好做就行了。三年的战争加三年的漫长谈判，大宋和西夏各取所需，终于艰难地达成了一致。

为了表示对辽国的感谢，大宋做了一件让人大跌眼镜的事情：遣返了前来投靠的辽国驸马刘三嘏。

这是怎么回事儿，作为一国驸马，刘三嘏又是怎么偷偷跑到大宋来的？

刘三嘏，出身于契丹燕四大家族之一的刘氏家族，他的家族从唐朝五代到辽金都世代为官，刘三嘏的祖父刘景善诗文，以文学起家，是辽穆宗应历年间的翰林学士，在辽景宗时代担任过宣政殿学士和节度使。刘三嘏的父亲刘慎行则当过北府宰相，因此刘家是辽国汉官里一个举足轻重的大家族。

刘慎行有六个儿子，分别叫刘一德、刘二玄、刘三嘏、刘四端、刘五常、刘六符，相信读到这里你一定看到了一个熟悉的名字：刘六符。没错，他就是当年来大宋主持谈判的辽国重臣刘六符。此刘三嘏是刘六符的三哥，刘家的几个儿子在辽国都身居要职。不但如此，兄弟几人中，刘三嘏、刘四端、刘六符都是进士出身，其中刘三嘏和刘四端还被选为圣宗皇帝的驸马，兄弟俩分别迎娶同昌公主耶律八哥和仁寿公主耶律擘失亲姐妹俩。而刘家兄弟从来就是辽兴宗的心腹玩伴，一起吃喝玩赌。

当然，在弟兄几个中间，真正带刘氏家族走上巅峰的人，并不是老三和老四两个驸马爷，而是他们的六弟刘六符。

契丹皇室极其看重嫡庶身份，即便是皇帝之女，如果生母身份低微，也没资格封公主；如果是嫡出，即便父亲是亲王，也有资格封公主。所以，景宗嫡子孝贞太弟隆庆的嫡出女儿，就可以直接封公主，并下嫁高门后族萧氏；而圣宗的庶女们，开始却只能封县主、郡主，后来才晋封公主，嫁人也多半嫁给非后族萧氏的异族贵胄。

同昌公主耶律八哥和妹妹耶律擘失就是如此，因为她们的生母白氏地位低下，她们姐妹始封只是县主，到后来才升为公主。

刘三嘏是在开泰四年（1015）十月，因为一篇文章而被圣宗相中的，从那年八月开始，圣宗就出去打猎，一直在外面浪了两个月，其间收获颇多，曾一次射杀两只老虎，又一箭贯穿三只鹿，端的是英武不凡。十月南京科举，考官以《一箭贯三鹿》赋题，考生刘三嘏的《一矢毙双鹿赋》写得是洋洋洒洒、花团锦簇，让圣宗看得很喜欢，一查出身，原来是爱卿刘慎行的儿子。好人家啊！于是，辽圣宗就把九女耶律八哥许给了刘三嘏。

刘三嘏出身刘氏，其实不娶公主也不影响他的青云人生。娶了公主以后，却是他人生灾难的开始。

当时刘家已经够显赫了，正是皇帝对刘家的看重，才让他们两兄弟都招为驸马，在当时辽国的汉官家庭，同时出了两位驸马独此一例。

刘家不但以有学问出名，他们在辽国的外交上做出过重大贡献，刘氏后人刘云曾对宋使陈襄说过：本家有十二人曾奉使南朝，刘三嘏就是这十二人之一，他曾在重熙九年（宋康定元年，1040 年）十二月，和萧迪、耶律元方一起出使大宋，代表辽兴宗祝贺仁宗皇帝的生辰及来年的正旦。归国以后，刘三嘏又光荣地出任辽国宣徽使。

仕途顺利的刘三嘏家庭生活却一直不怎么和谐，一是他和同昌公主耶律八哥感情不和睦；二是两个人的私生活都不怎么检点。结婚以后，没过多少日子两个人都开始各自寻找自己的快乐生活。因和公主生活不和谐，刘三嘏不但偷偷纳了小妾，而且还生下了孩子。一开始，两个人你不挑我、我不挑你，各玩各的。后来见刘三嘏竟偷偷纳了小妾，同昌公主不干了。丈夫偷娶小老婆还生了庶子，对一名公主来说简直是奇耻大辱。所以，暴发的公主扬言要弄死驸马的小妾庶子，刘三嘏吓坏了。

为了保护爱妾幼子，刘三嘏趁着契丹准备对西夏用兵之际，于重熙十三年（宋庆历四年，1044 年）十月，带着小妾并庶子一行七人南逃宋朝的广信军，在大宋住下不走了。

为了让大宋收留自己，刘三嘏竭力向大宋证明着自己的价值，投宋以后他没少泄露辽国的重要机密，同时他也成为大宋一块烫手的山芋。

刘三嘏的投奔让仁宗皇帝左右为难，收留刘三嘏吧，自家违背盟约；不收留吧，刘三嘏可是主动投靠，拒绝掉大宋面子上不好看。

当初，欧阳修认为应该收留刘三嘏，还专门上书《论刘三嘏事状》，详细列出应该收留刘三嘏的五条理由。仁宗皇帝犹豫不决，又向杜衍问到底应该怎么办。杜衍认为既然签订盟约，就该信守承诺，不能做出违背誓约的事，所以，刘三嘏就不能收留，应该归还给辽国。

仁宗皇帝犹豫不决之间，有大臣说不如咱们装作不知道这件事儿，等辽国问起来再说。仁宗皇帝想想也好。没想到，没几天辽国南京留守耶律仁先就传信过来，要求大宋引渡刘三嘏。

事情瞒不住了，宋辽又刚刚修好，仁宗皇帝决定自己不能背这个雷。于是一面回文说一开始不知道这件事，后来一调查果然有这回事。大宋已经下令让广信军，将刘三嘏遣送回辽。

刘三嘏闻讯大惊失色，没想到宋国这么㞞，自知被遣返后会是什么下场的刘三嘏仓皇地带着小妾和孩子从广信军逃亡，他们一直跑到了定州地界，用重金贿赂望都人杨均庆，并藏匿在他的家里。

辽国又接连派人来大宋催着要人，大宋派人四处搜索，终于把藏匿在望都的刘三嘏一家揪出来，遣送回了幽州。

同昌公主听说后，迅速赶往幽州，杀气腾腾地等着驸马和他的爱妾幼子归国。刘三嘏的下场可想而知。回到幽州后，刘三嘏拼命维护着爱妾幼子，结果被同昌公主先斩去双足，后砍下头颅。

牺牲了一个刘三嘏，宋辽的关系却得以维持下来，历史就是这么残酷。

边事已定，使命已经完成，范仲淹何去何从？

范仲淹也在考虑自己下一步的打算。在朝廷任命下达以前，除了招降蕃部、安民事产等常规性工作，范仲淹还决定，不如趁着这一机会将河东路黄河以西与西夏交界处的大小城寨都修固一番，只有建设好稳固的家园，边民们的心才能安定下来。为此，他向朝廷上表奏请，由河东缘边安抚使大将张亢负责麟、府二州各边城的修筑工作。

诏令很快就批复了，大将张亢深知范仲淹此举的用意，立即带人开始修筑各缘边城寨。然而张亢这一举动并没有得到河东路最高长官明镐的同意。明镐认为于麟、府二州修城意义不大，数次发公文要求张亢停止修城。

手持朝廷诏书，又有范仲淹的支持，张亢接到明镐的公文以后，不但没有遵守，而且郑重地将他们放在自己的公案上。见张亢公然违抗自己的命令，气恼的明镐继续行文，数日之内明镐发来的文牒竟然堆了一大摞。有人担心张亢这么明目张胆地跟长官对着干不合适，张亢说：朝廷大还是经略司大？我奉的是朝廷的命令修建城寨，怎能因为顶头上司不同意而停止呢？即便经略司追究我的责任，我也要坚持把城寨修好！

与此同时，张亢暗中加快了修城的速度。在张亢紧锣密鼓的催促下，有些规模较小的城寨仅用不到一天的时间就修葺一新。

任务完成以后，张亢不等明镐弹劾，自己主动向朝廷写了一封奏劾，请朝廷追究自己不听从长官命令的责任。

最终，朝廷对张亢的行为保持了宝贵的沉默，当然也没有因为他不听从长官的命令追究或者责罚。

随着麟、府二州边界城寨的修复一新，数千户蕃汉民众开始安家落户，他们营田开荒，开展贸易，同时又在张亢的领导下训练民兵，加强守备。仅仅一年多的时间，大宋黄河以西紧邻西夏的这片土地就恢复了正常的生产和生活秩序。

后来到了皇祐年间，韩琦巡边，见麟、府二州的城寨规划布置得井井有条，边民安居乐业，各城寨武装力量也部署得严密有序，韩琦不禁对张亢的才干赞赏有加。

除了黄河以西的麟、府二州，范仲淹还奏请修筑完成西北又一座军事重镇、位于环庆路和泾原路中间的细腰城。修筑细腰城是范仲淹很久之前的一个想法，只是一时没有机会。这一工作范仲淹交给了自己的爱将种世衡和蒋偕。

此时，已经六十岁的种世衡的身体已经非常不好，而且还经常卧床不起。接到老领导的命令以后，老将种世衡不敢怠慢，立即带兵前往细腰城与蒋偕会合。当时宋夏边境的蕃族还没有全部收复，一向善于处理民族问题同样在少数民族中间颇得威望的种世衡一面派人日夜筑城，一面设宴款待明珠、灭藏、康奴三大部落首领。种世衡明确地告诉他们说：朝廷在此修城是为了帮助你们抵御外敌入侵，而不是为了对付你们。

以种世衡的威望和信用，又加上筑城工作安排得过于突然，三大首领还没想明白是怎么回事儿，细腰城就修好了。细腰城修成以后，范仲淹又命蒋偕在各大部落之间的交通要道修建了一些堡垒，虽然受到了一些少数民族的武装抵制，最终随着这些堡垒的落成，将当地各大小党项部落彻底隔断，自此，环庆、泾原二路才终于安定下来。

这时又发生了一件耐人寻味的事情。因为修建堡垒时不断有少数民族武装袭扰，准备不足的蒋偕一开始打了几场败仗。见蒋偕逃回搬兵，泾原路经略安抚使、渭州知州长官王素决定让其戴罪立功，而都部署狄青却认为蒋偕有勇无谋，应该将其斩首，不应再派其担此重任。见狄青如此轻率，王素怒道：杀了蒋偕你去替他?

狄青无语。

虽狄青此举过于轻率，但王素对狄青的轻蔑已可见一斑。是呀，大宋还轮不到武将当家。

据相关史料记载，范仲淹在西北工作期间，由他亲自主持，或经他建议修筑的城寨共有二十七座，史称二十七城，它们的名字分别是铁边山寨、葫芦泉寨、槐安镇、五交镇、白豹寨、金汤寨、柔远寨、槐安东峪寨、槐安西峪寨、永和寨、泥寨、雪泥寨、定边寨、风川镇、平戎寨、石昌镇、安塞寨、甜水堡、平远寨、团堡寨、木钵镇、白豹城、大顺城、业乐城、细腰城、肃远城和乌仑城。这些城寨与青涧城、水洛城等众多边塞要寨连在一起，既构成了西北强大有力的防御体系，又成为当地蕃、汉百姓赖以生存的家园。

在冷兵器时代，占领才是真正的胜利，范仲淹安心地在陕西、河东二路履行着他的职责。除了筑城安民，营田生产也是当下最主要的任务，一旦投入具体工作中，朝堂那些颇费心机的争斗便忘到了脑后。紧张的日程，高强度的工作，让范仲淹累得有些力不从心。毕竟已经是五十六岁的老人了，范仲淹虽日见消瘦，但他的精神却异常的亢奋。与西夏的和平来之不易，如今朝廷又把振兴西北的任务交给自己，他一定要趁着这个好机会报效朝廷，同时也是为了实现自己心中一个梦想。只要边界安定，只要百姓富足，只要军队强大，不管西夏还是辽国，谁敢轻易对大宋说不？

西北的天空很蓝，策马骑行在边地之上，范仲淹任由凛冽的寒风吹过自己的胸膛。多少年了，他都没像今天一样能安心地行走在苍茫的大地上；多少年了，他已经彻底忘记自己原本是多么地热爱大宋的山山水水，如今，他要在这片土地上好好地走一走、好好地看一看。他感觉自己就像一个离家多年的孩子，始终没能找到一个真正属于自己的精神家园。

如今一切都已经安定下来，故地重游的范仲淹终于有机会好好去感受一下祖国的大好河山了。

一网打尽

庆历四年（1044）十一月，又一个晴天霹雳般的消息从朝中传来，范仲淹的忘年交、刚刚当上宰相不久的杜衍突然被贬了。

宰相杜衍被贬是因为受到了他女婿的牵连。

杜衍的女婿是谁，又是怎么牵连到他的呢？

事情说来话长。

翻开史书，你会发现庆历四年大宋发生的事情特别多。庆历四年的十一月，有一件轰动朝野的史称“奏邸之狱”的案子，这一案子又是文臣之间你争我斗的结果。这一次，斗争的双方是御史台和进奏院，背后指向的却是因循守旧的官员和新政派之间的争斗。

在宋代，各路都在京城设有专门的奏事机构，称进奏院。进奏院有个叫苏舜钦的年轻人，此人虽然年轻，来头可是不小。他的爷爷是太宗时期的状元、参知政事苏易简，父亲是大宰相王旦的女婿苏耆，另外他还有个哥哥叫苏舜元。苏易简、苏舜元、苏舜钦爷孙三人被人称为“三苏”。

三苏？不是苏洵父子才被人称为三苏的吗？

没错。苏洵父子人称三苏也不假，但此三苏比彼三苏要晚得多。苏易简、苏舜钦、苏舜元被后世称为“中江三苏”，又称“铜山三苏”，因为他们的祖籍是梓州铜山，又称“北三苏”，而苏洵、苏轼、苏辙父子三人祖籍眉山，又称眉山三苏，或“南三苏”。虽然今天南三苏的名气要比北三苏的名气大得多，但当时可不一定是这个样子。

“北三苏”家世显赫，尤其是苏舜钦，更是含着金钥匙出生的少年。爷爷是状元、副宰相，姥爷是宰相，这样一个白衣飘飘的少年，年纪轻轻就以文名闻天下，后来又娶了宰相杜衍的女儿，这样顶配的人生大宋朝都找不出几个来。

大文豪欧阳修在他的《苏学士文集序》说“子美之齿少于予，而予学古文反在其后”，高度推崇了苏舜钦在诗文革新运动中的先行地位。苏舜钦为人豪放不受约束，而且跟他的爷爷一样有一个毛病：喜欢喝酒。

后人陆友仁在《研北杂志》记载了苏舜钦一个有名的故事：他在岳父杜衍的家里时，每天黄昏的时候读书，边读边饮酒，动辄就饮上一斗。岳父杜衍对此深感疑惑，于是派人去偷偷观察他。当时苏舜钦在读《汉书·张良传》，当读到张良与刺客行刺秦始皇抛出的大铁锤只砸在秦始皇的随从车上时，苏舜钦拍案叹息道：“真可惜呀！没有打中。”于是满满喝了一大杯酒。又读到张良说：“自从我在下邳起义后，与皇上在陈留相遇，这是天意让我遇见陛下呀。”他又拍案叹道：“君臣相遇，如此艰难！”又喝下一大杯酒。杜衍听派去探看的下人汇报后大笑说：“有这样的下酒物，一斗不算多啊！”

这就是“读书佐酒”这一典故的来历。

苏舜钦以书下酒，其豪放直率可爱的风采可见一斑。苏舜钦从加入大宋朝文官队伍开始，就表现出强烈的责任和担当意识，他二十二岁时上《投匦疏》《火疏》，论四制十一科取士之弊，反对重建玉清昭应宫。后来，苏舜钦以父荫补太庙斋郎后，曾被调任荥阳县尉，干了一段时间，可能觉得小小一个县尉无法实现自己的理想，“非所好也，已而锁其厅去”。景祐元年（1034），仁宗皇帝亲政后的第二年，苏舜钦又通过科举考中进士，此后数年苏舜钦一直在地方任职，历任蒙城（今属安徽省）、长垣（今属河南省）县令。

地方任职结束后，苏舜钦迁大理评事，监在京店宅务。用今天的话说就是做法官，审判犯人，同时还负责管理和维修国有房产，并向租住公房的人收取租金。

庆历三年（1043），宋夏战争告一段落，西夏与大宋开始正式和谈。范仲淹回京任枢密副使，一心想有所作为的仁宗皇帝又任欧阳修、余靖、王素和蔡襄为谏官。没过多长时间，仁宗皇帝又拜范仲淹为参知政事。这一年苏舜钦三十五岁，因为当年曾上奏章为范仲淹鸣过不平，他又是庆历新政改革派中坚人物杜衍的女婿，庆历新政开始后，苏舜钦被范仲淹推荐为集贤殿校理，监进奏院。

集贤院虽然不是什么实权高位，但毕竟是馆阁清要之选。按照惯例，如果无意外苏舜钦将很快就会有更多的机会去施展他的抱负。

然而，苏舜钦此时却掉了链子，而且掉链子的原因居然是因为饮酒。

进奏院是地方官与京官交流的场所，集贤校理又能经常接近皇帝，极能起到“上传下达”、不用出京就搜集到地方各种事务信息的作用，对苏舜钦这一职位的安排范仲淹显然是有深意的。

然而，随着庆历新政的实施，恩荫减少、磨勘严密，希图侥幸的人的既得利益受损，毁谤新政的言论逐渐增多，指责范仲淹等是“朋党”的议论兴起，范仲淹不得不请求外出巡守，紧接着富弼也被迫离京。九月，晏殊罢相，苏舜钦的岳父杜衍以同中书门下平章事兼枢密使，此时两府在朝支持庆历新政的只剩下宰相杜衍一个人。

进奏院每年公文资料成堆，废纸张、废信封多得无处可放。按照惯例，每年春秋办赛神会时，进奏院会将废旧纸张卖掉，换点酒钱，然后大家开怀畅饮一番。庆历四年（1044）十一月办赛神会时，苏舜钦派人变卖废纸，邀请王洙、王益柔、梅尧臣等官员前来饮酒聚餐。苏舜钦可能觉得卖废纸的钱太少，或者是出于避嫌，自掏银子十两，并要求来者也象征性地出点钱，大家一起凑份子喝酒。

席间，大家无所顾忌，边喝酒边吟诗，酒酣耳热之际，又唤来两名歌伎助兴，一时好不痛快。大宋优待读书人，文人聚会是很风雅的事。时任太子中书舍人的李定听说苏舜钦搞聚餐，说自己也想参加。

因苏舜钦平时鄙薄其为人，便回绝道：“乐中既无筝、琶、筚、笛，坐上安有国、舍、虞、比。”国谓国子博士，舍谓中舍，虞谓虞部，比谓比部员外、郎中。意思是说我们下等官员喝酒，怎好劳您屈尊？李定碰了钉子，恼羞成怒，怀恨在心的他设法打听到聚餐时的详情，便添油加醋地把酒宴情形描绘得下流不堪，并把此事告诉了御史中丞王拱辰。

知道苏舜钦是支持新政的人，王拱辰与新政派既有私怨又有公仇，见李定抓住了苏舜钦等人公款吃喝、伤风败俗的把柄，正好利用来整治政敌、肃清异己。

苏舜钦聚餐用了卖废纸的钱，还召伎助兴，虽然都是当时官场的“潜规则”，然而上纲上线来论确属不检点的行为。偏偏参加这次聚会的集贤院校理王益柔在酒后又吟出一首僭越的《傲歌》，这一切都让王拱辰如获至宝。

王益柔也是名门之后，他是枢密使王曙的儿子，即一代名相寇準的外孙，同时也是庆历新政重用的新人。据《宋史列传第四十五》记载：范仲淹未识面，以馆阁荐之，除集贤校理。这位背景华丽的少年最不靠谱的居然是乘醉作了一首睥睨天下的《傲歌》。王益柔的《傲歌》是这么写的：

九月秋爽天气清，祠罢群仙饮自娱。
三江斟来成小瓯，四海无过一满壶。
座中豪饮谁最多？惟有益柔好酒徒。
三江四海仅一快，且挹天河酌尔吾。
漫道醉后无歇处，玉山倾倒难相助。
醉卧北极遣帝扶，周公孔子驱为奴。

王拱辰将王益柔的诗交到朝廷，举朝哗然。宰相章得象倒是没说什么，副宰相贾昌朝却暗中运作，大臣张方平、宋祁怒不可遏，都坚持王益柔大罪当诛。关键时候，身为枢密副使的韩琦替王益柔说了一句话，才救了他的小命。韩琦说：小王只是酒后的狂言狂语，不必深究。

想起他的父亲王曙，又想起他的姥爷寇準，仁宗皇帝虽不忍深究，但还是将其贬到复州担任监酒官。见御史们纷纷攻击韩琦身为枢密副使不应该干预中书的事情，仁宗皇帝说了一句“韩琦这个人性子直”，御史们便不好再说什么了。

“醉卧北极遣帝扶，周公孔子驱为奴”，既蔑视朝廷又欺师灭祖，对王益柔这一处罚可以说已经很轻了。难怪事后仁宗皇帝感叹说：轻薄少年，不足为台阁之重。

据《宋史》第四百四十二卷记载：会进奏院祠神，舜钦与右班殿直刘巽辄用鬻故纸公钱召妓乐，间夕会宾客。拱辰廉得之，讽其属鱼周询等劾奏，因欲摇动衍。事下开封府劾治，于是舜钦与巽俱坐自盗除名，同时会者皆知名士，因缘得罪逐出四方者十余人。世以为过薄，而拱辰等方自喜曰：吾一举网尽矣。

这就是成语“一网打尽”的来历。

据史料记载，当时有十几个有名的文人因参加了这次酒会被判有罪，其中最主要的责任人是苏舜钦，他和刘巽均受到了最严厉的惩罚。苏舜钦和刘巽均以“监主自盗”的罪名被贬为平民，殿中丞、集贤校理王益柔监复州税，工部员外郎、史馆检讨王洙贬知濠州，集贤校理刁约通判海州，集贤校理江休复监蔡州税。另外，参加这次聚会的太常博士周延隽、集贤校理章岷、著作郎吕溱、殿中丞周延让、馆阁校勘宋敏求、将作临丞徐绶等人全部受到了严厉的责罚。

听到这一消息，身在西北的范仲淹感觉自己瞬间沉入了无边无际的黑暗。这帮才华横溢、前途无量的年轻人都是自己提拔起来的，有他们在，范仲淹对新政还保留着残存的希望，如今随着这些人被“一网打尽”，老上司杜衍的位置肯定已经难保了。年轻人的错误可以理解，但因此对朝廷造成的影响和损失，怕是已经永远无法挽回。

关于这段史实，史书是这么记载的，各位可细细体会：

先是，杜衍、范仲淹、富弼等同执政，多引用一时闻人，欲更张庶事。御史中丞王拱辰等不便其所为。而舜钦仲淹所荐，其妻又衍女也，少年能文章，议论稍侵权贵。会进奏院祠神，舜钦循前例用鬻故纸公钱召妓女，开席会宾客。拱辰廉得之，讽其属鱼周询、刘元瑜等劾奏，因欲动摇衍。事下开封府治。于是舜钦及巽俱坐自盗，洙等与妓女杂坐，而休复、约、延隽、延让又服惨未除，益柔并以谤讪周、孔坐之，同时斥逐者，多知名士。世以为过薄，而拱辰等方自喜曰：吾一举网尽矣！

狱事起，枢密副使韩琦言于上曰：昨闻宦者操文符捕馆职甚急，众听纷骇。舜钦等一醉饱之过，止可付有司治之，何至是陛下圣德素仁厚，独自为是何也？上悔见于色。

自仲淹等出使，谗者益深，而益柔亦仲淹所荐。拱辰既劾奏，宋祁、张方平又助之，力言益柔作傲歌，罪当诛，盖欲因益柔以累仲淹也。章得象无所可否，贾昌朝阴主拱辰等议。及辅臣进白，琦独言：益柔少年狂语，何足深治。天下大事固不少，近臣同国休戚，置此不言，而攻一王益柔，此其意有所在，不特为傲歌可见也。

上悟，稍宽之。

史书又载：时两府合班奏事，琦必尽言，事虽属中书，琦亦对上陈其实，同列尤不悦，上独识之，曰：韩琦性直。

女婿受到重罚，岳父当然不能幸免。没过多久，宰相杜衍因是苏舜钦的岳父，同时又是向范仲淹举荐王益柔的责任人，接下来杜衍的遭遇已可想而知。

庆历五年（1045）正月，杜衍在担任宰相一百二十天后罢相，离开京城以尚书左丞的身份出知兖州。

其实，苏舜钦只是一个纯粹的文人，他只是大宋文官斗争的一个牺牲品。

一场突如其来的“奏邸之狱”彻底粉碎了苏舜钦的梦想，他被除名后“散发弄扁舟”，从此飘然隐退。本来苏舜钦是削职为民，朝廷并没有把他赶出京城，但是他自己却选择离开了京城。后来，苏舜钦来到苏州，看到五代时吴越国广陵王钱元璙近戚中吴军节度使孙承祐的池馆，因感于“沧浪之水清兮，可以濯我缨。沧浪之水浊兮，可以濯我足”，苏舜钦以四万贯的价钱买下了这个园子，并为之取名为“沧浪亭”，自号沧浪翁，并作了一篇《沧浪亭记》。

欧阳修应邀也作了一首名为《沧浪亭》的长诗。在诗中，欧阳修以“清风明月本无价，可惜只卖四万钱”题咏此事。自此沧浪亭名声大振。庆历八年

（1048），朝廷复起苏舜钦为湖州长史。年底，长期抑郁酗酒的苏舜钦因病去世，年仅四十一岁。

自此，除了身在枢密院的韩琦，庆历新政的推行者和支持者已被全部贬出，改革派再也没有了直接和仁宗皇帝对话的机会。

大家都知道，韩琦和范仲淹是一对分不开的好搭档，眼见支持新政的这些人都被贬走了，料定韩琦的日子也不会好过太久。

庆历五年（1045）正月二十八日，身在西北的范仲淹被罢去参知政事，知邠州、兼陕西四路缘边安抚使。

在范仲淹被罢去副宰相的同一天，他坚定的支持者、好学生富弼亦被罢去枢密副使，改任京东西路安抚使、知郓州。

庆历五年二月初四，朝廷诏令罢磨勘新法、任子新法。

庆历五年三月初五，韩琦罢枢密副使，加资政殿学士，知扬州。

庆历五年三月二十三日，诏令废除科举新法，恢复旧制。

庆历五年八月二十一日，欧阳修罢河北都转运使，改知滁州。

至此，庆历新政彻底失败。

第四章　岁月江湖

罢职

范仲淹最终真正卸下副宰相的重担，是在庆历五年（1045）的二月。

尽管早已不在朝廷工作，尽管此前他曾数次主动辞职，为人宽厚而且心有愧疚的仁宗皇帝一直没有同意。刚转过年来，因与西夏和谈的完成，前方已无仗可打，朝廷下令罢掉了陕西、河东诸路招讨使司。见是这样，范仲淹和富弼也在第一时间向朝廷递交了辞呈，请求朝廷免去自己的战时职务。

正月十八日，诏命下达，命范仲淹以右谏议大夫、参知政事的身份改任资政殿学士，知邠州，兼陕西四路缘边安抚使。枢密副使、右谏议大夫富弼改为资政殿学士，京东西路安抚使，知郓州。自二人离开朝堂以后，朝中各种流言蜚语甚嚣尘上，为了证明自己的清白，在去年的十一月，身在西北的范仲淹曾请求朝廷罢掉自己的副宰相职务。仁宗皇帝本来想答应范仲淹的请求，但善于玩弄权术的宰相章得象却认为这么做不妥。

章得象对仁宗皇帝说：范仲淹素有虚名，虽然他自请罢职，但朝廷不宜于此时罢掉他的职务。

仁宗一愣，这话怎么说?

章得象说，如果这么痛快地答应范仲淹的请求，朝廷恐怕会落下一个轻黜贤臣的名声。

仁宗皇帝觉得章得象说得有道理，便问章得象怎么办才好。章得象说，不如先下令不允许范仲淹辞职，看他做出如何反应。如果范仲淹上谢表，说明他主动辞职根本就没有诚意，同时还有要挟朝廷的意思，这样您罢掉他就名正言顺了。

仁宗皇帝觉得章得象说得很有道理，于是便按章得象所说的做了。

收到朝廷不允许自己辞职的诏书，范仲淹感激涕零，看来仁宗皇帝并不是不相信自己，激动之下范仲淹没有考虑太多，立即给朝廷上了一封谢表。因此，范仲淹上谢表的本意是感怀仁宗皇帝对自己的信任，哪知道正中了章得象的圈套。

所谓墙倒众人推，经过章得象这么一运作，范仲淹被罢已经在所难免。读到此处，大家请注意史书中的一个用词“不允”。史书用词一向颇有深意，不是不同意，而是不允许，此中意味读者尽可自行体会。

史载：仲淹、弼既出使，谗者益甚，两人在朝所施为，亦稍沮止，独杜衍左右之，上颇惑焉。仲淹愈不自安，因奏疏乞罢政事。上欲听其请，章得象曰：仲淹素有虚名，今一请遽罢，恐天下谓陛下轻黜贤臣，不若且赐诏不允，若仲淹即有谢表，则是挟诈要君，乃可罢也。

上从之。仲淹果奉表谢，上愈信得象言。

此一时，彼一时。自出京以后不但范仲淹受到了冷遇，富弼的待遇也一样。前面我们说过，富弼从河北还朝拜见仁宗，仁宗皇帝竟然连觐见的机会都没有给他。

据史料记载，皇帝不肯接见富弼是因为右正言钱明逸。钱明逸是吴越钱家的后人，同时也是欧阳修的死对头。据说当时富弼还朝，钱明逸向仁宗皇帝进言道：富弼更张纲纪，纷扰国经，凡所推荐多挟朋党，心所爱者尽意主张，不附己者力加排斥，满朝大臣都畏其权势就像畏惧范仲淹一样。

当然，钱明逸没忘了捅范仲淹一刀，钱明逸说：仲淹去年受命宣抚河东、陕西，闻有诏戒励朋党，心惧彰露，称疾乞医。才见朝廷别无行遣，遂拜章乞罢政事知邠州，欲固己位，以弭人言，欺诈之迹甚明。乞早废黜，以安天下之心，使奸诈不敢效尤，忠实得以自立。

钱明逸人狠话不多，却说出了章得象、贾昌朝、夏竦和许多因新政失宠的大臣们不能说出的话。此后，钱明逸还会与欧阳修之间发生很多你死我活的争斗，不过这是多年以后才会发生的事情。

随着范仲淹和富弼的落职，杜衍被罢出朝堂，仁宗皇帝再次任命了自己的两府班子。庆历五年（1045）的两府人员变动是一个大幅的人员调整，调整以后，章得象继续担任首相兼枢密使，贾昌朝拜集贤相同兼枢密使。枢密副使、驸马都尉王贻永升枢密使。资政殿学士、给事中、知郓州宋庠入中书，和陈执中一起担任参知政事。枢密副使韩琦的位置不变，龙图阁直学士、左谏议大夫、知延州的庞籍和原知开封的吴育同时升任枢密副使。

然而，这个两府班子并没有运转多长时间。这年三月，水洛城纷争又起，当时被狄青下狱的董士廉状告韩琦、尹洙、狄青，导致枢密副使韩琦被罢。韩琦以资政殿学士的身份出知扬州，尹洙和狄青也受到了相应的处罚。很快，一波未平一波又起。就在这年的四月，六十八岁的大宰相章得象因执政期间无所建树而被御史孙抃参劾，章得象借此十上其表，因年龄原因申请辞职。见章得象去意已决，仁宗皇帝只好将章得象罢知陈州。

章得象罢相以后，贾昌朝升任首相，陈执中自参知政事拜集贤相，枢密副使吴育除参知政事，丁度自翰林学士承旨、端明殿学士除工部尚书、枢密副使。

至此，这一届两府班子才终于稳定下来。宰相贾昌朝、陈执中，枢密使王贻永、贾昌朝，参知政事宋庠、吴育，枢密副使庞籍、丁度。因战事已平，在这年的十月，仁宗皇帝又下诏宰臣不再兼任枢密使，自此标志着大宋又重新回到了来之不易的和平年代。

远在千里之外，范仲淹只能默默地看着朝堂之上的风云变幻，同时也只能眼睁睁地看着新政一点点葬送在这些人手里。如今，他唯一能做的就是放下一切，做好当下并回归一个正常人的生活。好在身边有书，有琴有剑，每到夜不能寐的时候，范仲淹就抚琴看剑，热血满怀。

每当想起这些，他就会想起吕夷简。吕夷简真是洞若观火，临别之前在郑州拜访，两个人谈了很多。他不但准确预料到了自己再也不能回到朝堂，而且还推心置腹地帮助自己分析了新政失败的原因。其实，范仲淹何尝不懂张弛之道，何尝不懂得欲速则不达的道理，不是他没有耐心，也不是他太急于求成，只是举凡改革，必须雷厉风行，必须铁腕手段，没能将新政进行下去确是遗憾，这是改革之痛，同样也是改革人之痛。

改革和守旧之间一向没有商量的余地，虽然这个道理人人都懂，但是不是人人都能把握好分寸。世间最难把握的，就是分寸两个字。历代改革者都没有好的结局，都是悲情人物。这也是一个注定的悲哀。因为改革的争议，要实现目的必须跟多数人对立，这是一条不能回头的路。如今，能得以善终范仲淹已经很知足了。

因此，范仲淹并没有悲伤。

从另一个角度讲，仁宗皇帝又何尝不是在保护自己呢？每当想到这里，范仲淹就有些欣慰，如果此时自己还在朝堂，那会是一个什么样的局面呢？自己能斗得过那些人吗？看看富弼，看看苏舜钦，他们的遭遇要比自己惨多了。

凡是改革都需要流血牺牲，都需要付出代价。

范仲淹已经想开了，如今远离朝堂、远离战争，自己正好可以好好地回归生活、回归心灵，同时也好好地沉淀自己。有琴、有剑、有书，回想起这些年的岁岁月月，是时候该补偿一下自己了。

唯一留有遗憾的，是直到如今还没有跟苏州的族人和解。哥哥仲温其实一直跟自己关系不错。与家族和解，就是与自己的往事和解，去原谅并接受那些自己不能接受的。想到这里，范仲淹想起了吕夷简那句话：我们注定都是会被写进历史的。范仲淹不自觉地叹了一声，总有一天，所有一切都会成为往事。到那时，人们会怎么评价自己呢？

因此，范仲淹开始整理起自己这些年来所有的书信作品，并决定再次跟当年那些老朋友重新联络联络。一个人要想完美，立德、立功、立言缺一不可。这些人生的经验、智慧和教训范仲淹没法儿讲出来，只能让后人自己去慢慢体会。

在安抚河东的这段日子里，范仲淹走过了不少地方。在并州和代州，陪他一起出行的是爱将张亢的侄子张焘。三十三岁的张焘也是范仲淹的故人，他是张奎的儿子，当年范仲淹在苏州工作的时候就与他相识。张焘是进士出身，博闻强记，不但学问很好而且脑瓜灵活，如今已经升为提点陕西刑狱官。他乡遇故知，范仲淹非常喜欢这个有知识的年轻人。一路之上，两个人经常回忆起江南的山山水水，为此范仲淹还专门写了一首诗进行怀念：

数年风土塞门行，说着江山意暂清。

求取罢兵南国去，满楼苍翠是平生。

范仲淹对张焘的才华和能力欣赏有加，他也专门给张焘写了一首长诗：

忆守姑苏日，见君已惊人。翩翩幕中画，落落席上珍。

强记及敏力，一一如精神。洎余领西帅，密与羌夏邻。

君来贰边郡，表里还相亲。有如得四支，周旋卫其身。

予始按万渠，兵行百物陈。而君主其事，进退皆有伦。

羌酋八九百，醉歌喜龂龂。传告以号令，再拜冈不驯。

作城大顺川，扼胡来路津。汉军始屯集，虏骑俄纷纶。

诸将稍畏怯，偶语辞艰辛。君跃疋马去，入险将死滨。

持挝画祸福，虎校靡不遵。呼兵就畚插，悦使咸忻忻。

画夜战且役，城成未逾旬。虏乃急攻我，万众生烟尘。

苍惶被矢石，遁走无逡巡。君驰奏阙下，感慨动中宸。

是秋怀敏败，虏势侵泾源。天地正愁惨，关辅将迸奔。

腹心苟不守，皮肤安得存。予召蕃汉兵，趋邠当北门。

诸将切切议，谓宜守塞垣。惟君力赞我，咸镐为本根。

全师遂鼓进，连城息惊喧。果释天子忧，奖诏垂明恩。

予贰机衡重，君掌食货繁。岂敢懈夙夜，未尝摅笑言。

今叨领南阳，会君乘使轩，携手百花洲，无时不开樽。

语论极今古，情契及子孙。气同若兰芝，声应如篪埙。

浩歌忘物我，剧饮无凉暄。自问平生心，此乐曾几番。

一旦改使节，匆匆指并汾。惜别固不忍，赠行当有云。

从来宿兵地，北与胡汉分。长河出紫塞，太行入青云。

天然作雄屏，览者怀忠动。行府在平阳，山川秀氤氲。

尧民击壤歌，千古犹得闻。君有经济心，润以金石文。

揽辔问风俗，坐堂精典坟。此道日益大，行行思致君。

忻州西去，便到了岢州（今山西省静乐县）。行到岢州时，范仲淹高兴地收到了老朋友庞籍寄来的诗作，以及他想要寄给远在岳州的滕宗谅的书信。三人同是大中祥符八年的同科进士，如今虽身份各异，那份感情却一直没有改变。范仲淹详读了庞籍写给滕宗谅的诗作，自己也即兴写了一首和诗：

优游滕太守，郡枕洞庭边。几处云藏寺，千家月在船。

疏鸿秋浦外，长笛晚楼前。旋拨醅头酒，新炮缩项鳊。

宦情须淡薄，诗意定连绵。迥是偷安地，仍当饱事年。

祇应天下乐，无出日高眠。岂信忧边处，胡兵隔一川。

两年以后，范仲淹又应滕宗谅之请，写下了那篇名垂千古的《岳阳楼记》。

和故人的交游虽仅限于书信的形式，但这对范仲淹来说已经很是难能可贵了。此时，他的连襟郑戬已经调任并州（今山西省太原市）知州。在这之前，虽然两个人很多事情观点并不一致，但范仲淹和郑戬既没伤和气，也互相保持着对对方的尊重。郑戬老家也是苏州人，范仲淹收到了郑戬寄给他的一首《秋晚书事》，范仲淹也愉快地和诗一首：

太原兵重压强胡，莫对秋风忆鲙鲈。

万里天声扬紫塞，十年人望在黄枢。

定应松柏心无改，自信云龙道不孤。

应笑病夫何所补，独能安坐养桑榆。

与老友故人诗文互答之间，范仲淹已经彻底从庆历新政失败的阴影中解脱出来。所以，当庆历五年（1045）二月被罢掉参知政事的时候，范仲淹并没有感到一丁点儿失落。他在谢表中说：

臣涉道尚浅，立身本孤。偶缘英主之知，获侧迩臣之列。进登二府，参预万几。议刑赏则不避上疑，革侥幸则多招众怨。心虽无愧，迹已难安。

相信此时再看到范仲淹的文字，仁宗皇帝的心情绝对会不一样的。

江湖之路

范仲淹的下一个职务是邠州知州。

邠州即今天的陕西省彬县，这里是周文化的发祥地。刚一上任，范仲淹立即给好搭档韩琦写了一封信。他跟韩琦交流了当下边境的形势，以及宋夏和好以后边境地区的现状，和他对当下局势的一些理解。

后来，当听说韩琦被贬知扬州以后，范仲淹以老大哥的身份在第一时间给这位小兄弟送去了温暖和安慰，范仲淹鼓励韩琦说：天将授任，必拂乱之增益所能尔！

说到这里，范仲淹还有些伤心却又豁达地对韩琦说，自己年岁已经大了，精力衰退，这些年经历的风雨已经不少。如果再不知进退，怕是以后会祸患无穷的。

日子一天天过着，这年秋天，从陕州（今河南省三门峡市）传来一个噩耗，亲家公王质去世了。范仲淹和王质的关系，已经不仅仅只是普通的亲家关系。在多年的交往中，两个人结下了深厚的友谊与信任。当年在范仲淹被贬离京最困难的时候，满朝大臣都不敢出头，唯有王质载酒相送。这份情谊、这份信任和担当，绝不是一般人能够做到的。在范仲淹生命中，王质和蔡齐两个人跟他的关系基本一样，他们都是肝胆相照、共进共退的好大哥、好兄弟。

因此，范仲淹不但为王质写了祭文，还郑重地写了墓志。在范仲淹一生为数不多的墓志中，给王质写的这篇墓志是篇幅较长的一篇。范仲淹深情地回忆道：

余走尘土时，公一接如旧，以道义淡交者有年矣，结二姓之好，以亲仁人。余常期公以青云之器，大有立于国朝，今不幸乃为公之墓铭。铭曰：呜呼！人之清都曰贤，国得而治恶；性之仁者曰寿，民得以庇焉。何子野之善人兮，逝矣如川。惟清方而平正兮，居人之先。在声诗之有言兮，胡不万年。忍送之于野兮，葬之于泉。徒切切于辞兮，勒石之坚。期子野之令名兮，与白日而长然。

王质的死又让范仲淹想起了很多往事，王质是他结交的三槐王家的第一个人。因此，王质不但与他是肝胆相照的好朋友，还是他工作上的好帮手，庆历新政开始以后，身在吏部的王质对整顿吏治起到了很大的作用。自从次子范纯仁娶下王质的女儿以后，二人的关系又加了一层。只是没想到王质如此命短，刚刚四十五岁就撒手西去。

范仲淹很长一段时间都处于对王质的怀念之中，在这段时间，朝廷里又发生了很多让人意想不到的变化。富弼当初的锋芒太强盛了，以致被贬出京城以后，仍有不少人死盯着他不放。当然，其中最凶的还是夏竦。自晏殊、杜衍和章得象相继被贬以后，夏竦回到朝堂的希望又死灰复燃。他死死咬住富弼谋反的罪名不放，一面造谣生事，还散布流言说富弼在外主持一路军政就是为了杀回朝廷。在夏竦的不断攻击下，富弼终于被贬到了郓州。

当然，仁宗皇帝不是傻子，虽然庆历新政失败，但也没有将范仲淹、富弼等人一棍子打死。谁是忠臣谁是奸臣，他心里多多少少还是有数的。

然而，富弼虽然逃过了杀身之祸，石介就没这么好的运气了。庆历五年（1045）十一月，徐州人孔直温煽动兵变，军士们在孔直温家里搜出了石介和孙复与孔直温所通的书信。当朝廷想去追究石介的责任时，才发现石介早在七月就已经死了。夏竦当然不信，诬陷说石介根本就没死，而是被富弼秘密派到辽国搬兵去了。按夏竦所说，富弼的计划是派石介到辽国搬兵，然后会在辽国的帮助下废掉仁宗。消息传到朝堂，仁宗皇帝虽然不信，但一切都传得有鼻子有眼，他还是派人去查证了一下石介到底是不是真的已经死了，同时还派人将石介的妻子家人都软禁了起来。最终，石介落得被开棺抛尸的下场。

经过这一番折腾，夏竦成功地官复宣徽南院使、河阳三城节度使、河东都部署、经略安抚使，改判并州。日后，在他的不断努力下，夏竦最终会身居两府，先拜相后任枢密使，并再度拜相，不过这是两年以后才会发生的事情。

欧阳修虽被贬到了河北，但他看不惯就开炮的毛病依旧没改。到河北以后，因为告别前仁宗皇帝那句话，欧阳修不管见到什么人，不管遇到什么事情，只要看不过眼就毫不客气地进行炮轰。当然，对于范仲淹、富弼、杜衍和韩琦的接连被贬，欧阳修有的是话要说。他并不认为这是仁宗皇帝的意思，相反，欧阳修感觉朝廷之所以会这么做，都是那些奸邪大臣出的坏主意。为此，欧阳修接二连三地上书建言，搞得仁宗皇帝理也不是、不理也不是。

偏偏就在此时，一桩家庭丑闻铺天盖地般地湮没了欧阳修的声音，这桩丑闻就是我们此前所说的盗甥案。主办人权知开封府的杨日严是欧阳修的仇家，谏官钱明逸又与欧阳修素有旧仇，大家新账老账一起算，欧阳修此时的处境可想而知。

虽然欧阳修平日里私生活不太检点，好在仁宗皇帝似乎不太相信他会做下这样的事情。于是，在审案时既没有让开封府审理，也没有让御史台或大理寺审理，而是派了两位钦差来审理这一案件。仁宗皇帝派出的这两位钦差的名字分别叫苏安世和王昭明，当时苏安世的身份是太常博士、户部代理发遣判官，而王昭明则是一名入内供奉官。两个人对杨日严和钱明逸交来的罪证进行了详细审理，最终得出的结论是欧阳修没有与外甥女通奸，欧阳修只是用外甥女嫁妆购买过田地，并记在了自家门下。

显然，这并不是大臣们想要的结果，至于是不是仁宗皇帝想要的结果，从史书的只言片语中我们不得而知。结果，欧阳修自河北都转运按察使、龙图阁直学士、右正言被贬为知制诰，降知滁州。

而为营救欧阳修立下大功的苏安世和王昭明，则因为从三司调取相关欧阳修购买田产的档案时没有事先请示也双双被贬。苏安世被贬为泰州盐税官，王昭明被贬为寿春县酒税官。只是不知道，此时见人杀人见神杀神怼遍天下的欧阳修会做何感想？

夜路走多了，总会遇见鬼。

在邠州，范仲淹工作了仅仅不到一年的时间。

见朝中流言四起，范仲淹数次上书，他以身体有病为由，请求朝廷罢去自己边帅的职务。庆历五年（1045）十一月，综合各种原因，朝廷罢掉了富弼的安抚使职务，自此富弼的军职被剥夺。也是在同一天，范仲淹被罢去了陕西四路安抚使的职务，同时由邠州改知邓州。

能从边地回到内地，范仲淹很开心，这是朝廷对自己的照顾。接到任命以后，范仲淹立即将手头的工作进行了交接，然后踏上了南下的行程。

北宋时期，邓州一直是朝廷大员退闲居官的处所。在北宋，有一部分州郡政务清简，民风淳朴，而且风景宜人，因此成为朝廷要员们年老退居的首选。范仲淹一生政绩卓著、品德高尚、耿直忠诚，是一个对国家社稷做出过重大贡献的老臣。虽然此时他刚刚五十七岁，还不到赋闲养老的年龄，但庆历新政和耿直的性格让他在朝堂上下得罪了不少人，能将其派到邓州任职，仁宗皇帝绝对也是真爱。

一路之上，范仲淹沿陕西南下，先是住到了京兆府。在长安城，范仲淹特意停留了一段时间。二十五年前那段往事那些故人总是涌上心头，范仲淹决定再到终南山看看。

此时的范仲淹已经不是当年的范仲淹了，终南山却仍像当年一样深邃荫翳。山间小路曲折幽长，二十五年的岁月，当年那个豪情万丈的少年如今已是两鬓斑白的老人。长空万里，山中却冷得出奇。范仲淹只带了两名随从，离开驿馆前往终南山。

山路之上，恍惚之间他看到了一个白衣骑驴的少年，仔细一看竟又空无一人。王镐、周德宝、屈元应，你们都在哪里？这些年你们过得怎么样？

寂静的终南山山高林密，范仲淹的行程孤独而寂寞。故人都已经不在了，那些逝去的光阴也已经无从找寻。他拜谒了上清宫，拜谒了种放墓，同时还拜谒凭吊了长安城内的许多古迹。一个人一旦真正放松下来，无论身体还是心灵，它都会是一种美好的享受。

一千里的路程，范仲淹整整走了一个多月。

尽管在接到任命以后范仲淹在第一时间给朝廷写了一封《谢转给事中移知邓州表》，到达邓州以后，范仲淹还是郑重地感谢了朝廷对自己的眷顾。在这封名为《邓州谢上表》的奏疏中，范仲淹写道：

臣某言：伏奉敕命，授臣给事中，依前资政殿学士、知邓州军州事，已礼上讫。琐闱清品，穰都善地。处之甚重，惴然若惊。

窃念臣志意本微，才力素寡。始于及亲之禄，俄有得君之遇。启沃无隐，出处惟命。持一节以自信，历三黜而无悔。顷以氐羌犯塞，朝廷旰食，起臣思过之地，授臣御戎之策。往罄死力，敢图生还。夙夜一心，首尾四载，仅免舆尸之祸，终无克敌之勋。一旦召还，五章陈让。惟求守塞，不敢入朝。再烦诏音，促登枢右。改参大政，俾竭微才。革姑息之风，则谋身者切齿；尚循默之礼，则忧国者寒心。退孤上恩，进敛群怨。诚难处于要路，复请行于边鄙。方陈豫备之策，俄睹绥怀之事。乃宣霈泽，以安黎元。臣以患肺久深，每秋必发，求去冱寒之地，以就便安之所，庶近医药，存养晚年。伏蒙皇帝陛下，天覆地生，云濡雨濯，进以清近之秩，付以偃息之藩。风俗旧淳，政事绝简，心方少泰，病宜有瘳。实系宽大之朝，将幸康宁之福。敢不孜孜于善，战战厥心，求民疾于一方，分国忧于千里。上酬圣造，少罄臣诚。臣无任。

字里行间，情真意切。这感觉是不是有点儿像今天的述职报告或工作总结？

确实有点儿像。

虽然多多少少有这么一层意思，但其中更多的，却是范仲淹内心对仁宗皇帝真诚的告白。

邓州的江湖

宋代的邓州即今天的河南省邓州市。

邓州位于河南西南部的南阳盆地，是河南、湖北、陕西三地的交界之处。此地南有白河，北有伏牛山，沃野百里，人烟稠密，独特的地理位置注定这里是一个山川秀美、人杰地灵的好去处。

据说当年北魏孝武帝、唐高宗、唐昭宗、宋钦宗、金哀宗都曾有过将这里定为国都的打算。北宋初年，朝廷设武胜军于邓州，总领邓州军、政各项事务。因距离京城较近，富庶的邓州是朝廷老臣们颐养天年的最佳选择。有宋一朝，在范仲淹以前，对太祖皇帝有着知遇之恩的张永德、以半部《论语》治天下的开国名相赵普、状元宰相苏易简、大名臣寇準等都曾在此地为官。范仲淹能来到邓州，显示着仁宗皇帝对他独特的恩遇。

在赶赴邓州的路上，范仲淹听说老同事田况丁忧服除，范仲淹热情地给这位在西北战场认识的好同事写了一封信。在信中，范仲淹对田况能够坚持服丧的做法很是佩服，同时也分享了一些自己关于局势的看法。

田况当年在西北的时候，担任的是夏竦的判官，当时他的许多观点和想法都与范仲淹不谋而合。听说田况服除后将要去他熟悉的渭州任职，范仲淹在信中特意强调，一定要居安思危，西北边患绝不可掉以轻心，不能以当下的屈言就和认为宋夏之间的矛盾就已经彻底解决。范仲淹鼓励田况到渭州以后，一定要有所作为，以绝朝廷的后患。

在信中，范仲淹还委婉地跟田况分享了自己关于改革的一些心得。范仲淹说仁宗皇帝总是想按老规矩办事，虽然想做改革，却不愿意接受改革带来的冲击。一面想改革，一面又总是跟着那些一心谋生的大臣转，以致错误地认为改革是图务虚名的表现。大臣爱名并没有错，关键是看大家追求的是什么名。如果追求的是英睿神武、崇俭广爱、勤政求治之名，这样的名又何尝不可？

最后，范仲淹向田况诉说了自己的近况，同时还表达了自己下一步的人生愿望。范仲淹表示，自己到邓州以后，会趁着这一难得的机会继续读读书，顺便好好地享受一下生活。

也许，范仲淹此举真正的目的是托田况给富弼捎个口信。顺便说一句，田况是富弼的妹夫，对于富弼这个自己最得意的学生，范仲淹一直心有牵挂，而且还放心不下。顾忌仁宗皇帝的警惕和猜忌，范仲淹已经很长时间没有跟富弼通过书信了。

后来，虽因富弼受到了一些影响，田况还是以自己出色的能力步步高升，陆续当上了大宋的御史中丞、三司使，最终身居枢府，成为大宋最高的军事长官枢密使。

邓州同时还是一座历史文化名城，东汉末期诸葛亮曾经隐居于此，而汉光武帝起兵，依仗的全是南阳子弟。史上鼎鼎大名的云台二十八将大部分出于南阳。一到邓州，范仲淹立即将自己的身心沉静下来，他需要好好地体会一下真正属于自己的人生。

范仲淹的前任是曾经当过谏官的老熟人孙甫，范仲淹到任之前，孙甫已经由邓州调任安州（今湖北省安陆市）。孙甫是杜衍的门生，因为直言上谏，孙甫得罪了很多权贵。因为庆历新政，欧阳修、蔡襄相继被贬出京以后，孙甫也未能幸免。范仲淹来到邓州的时候，孙甫已经将邓州的治理达到了“优游岂减居林泉、琴樽风月夕不眠”的境界。范仲淹非常乐于邓州的人文环境，他热情地给孙甫写了一封信，由衷地赞扬了孙甫的治理业绩，并表达了自己没能与之在邓州见面的遗憾。

邓州南去不远就是光化军的治地，此时知光化军的是老朋友李宗易。兴致大发的范仲淹专门写了一首诗，托人给李宗易送去。在信中，范仲淹回忆起了二人多年以来的友谊，同时也表达了能比邻为官的美好机缘：

老来难得旧交游，莫叹樽前两鬓秋。少日苦辛名共立，晚年恬退语相投。

龚黄政事聊牵强，元白邻封且唱酬。附郭田园能置否，与君乘健早归休。

此处的龚、黄指的是汉代的龚遂和黄霸，元、白指的则是唐代的元稹和白居易。龚遂时为渤海太守，曾经号召治下百姓卖剑买牛，专事耕作；黄霸当时治郡才能公认天下第一。当年白居易曾为杭州刺史，元稹为越州刺史，二人比邻为官时相唱和，结下了一段广为人知的友谊。后来元稹去世，白居易怀念老朋友的诗句“君埋泉下泥销骨，我寄人间雪满头”更是传唱千古、动人心肠。

范仲淹非常羡慕元、白这段友谊，因此也向老朋友表达了能够效仿元、白二人的美好愿望。在邓州工作期间，范仲淹与李宗易往来的诗作不少，其中比较有名的还有一篇：

南阳偃息养衰颜，天暖风和近楚关。欲少祸时当止足，得无权处始安闲。

心怜好鸟来幽院，目送微云过别山。此景此情聊自慰，是非何极任循环。

此诗不难看出，在邓州范仲淹的心情是美丽的，从另一个角度讲，范仲淹拿得起放得下的豁达已非一般人可比。想想当年名动天下的伏阁请对，西北边塞的金戈铁马，朝堂之上的指点江山，到如今的偏安一城，自得其乐，这都不是一般人能够做到的。

两年以后，听说朝廷缺人，范仲淹郑重地向朝廷举荐了李宗易。

到达邓州不久，范仲淹接待了一位专程来拜访他的老朋友：王洙。

王洙是当年范仲淹执教应天府书院时的同事，后来在范仲淹的推荐下当上了京官。因学问过人，才华横溢，王洙在官场的进步很快，没几年就担任了馆职。不幸的是，因参加了苏舜钦那个著名的酒局，王洙也遭到了朝廷严厉的处罚。参加那次宴会以前，王洙的身份是工部员外郎、直龙图阁兼天章阁侍讲、史馆检讨，出事之后他被朝廷削去侍讲和史馆检讨的职衔，仅以工部员外郎的身份出知濠州。要知道，侍讲是为皇帝讲书，史馆检讨则是史书的审核人，这是多少文人学子梦寐以求而且是终生难得的职务！当时，王洙的罪名是与歌伎杂坐，由此可见他得罪的原因是多么的牵强。如果没有参加那次酒局，不出三五年，王洙的职位一定能够更进一步，位居两府也不无可能。

可惜。

在濠州工作期满，王洙被调到襄州（今湖北省襄阳市）。邓州是濠州到襄州的必经之地，王洙特意在邓州停留，并专程拜访了自己的老领导、好兄长。多年不见的故人于他乡相见，自然又是感慨万千。范仲淹没想到自己在有生之年还能见到王洙，更没想到王洙仍没忘记当年的情谊。王洙走后，范仲淹和王洙一直保持着亲密的书信往来，这一伟大的友谊伴随着历史的长河，闪现为一首首广为传唱的诗歌。

其一：高车赴南岘，敝郊主东道。风采喜一见，布素情相好。屈指四十秋，于今岁寒保。我起为君寿，善颂复善祷。愿尽杯中物，薄言理可到。君子贵有终，功名非必早。期端卿大夫，所尚贤而老。世虑久乃周，圣门深已造。与君誓许国，无忝于祖考。洁如凤食竹，乐若鱼在藻。安得长相亲，时时一绝倒。不忘平生期，明月满怀抱。

其二：休哉羊叔子，辅晋功勋大。化行江汉间，恩被疆埸外。中国倚而安，治为天下最。开府多英僚，置酒每高会。徘徊临岘首，兴言何慷慨。此山自古有，游者千万辈。堙灭皆无闻，空悲岁月迈。公乎仁泽深，风采独不昧。于今堕泪碑，观之益钦戴。卓有王源叔，文学伟当代。借麾来襄阳，高怀极恬退。山姿列云端，江响拂天籁。行乐何逍遥，览古忽感慨。不见叔子祠，芜没民畴内。千金赎故基，庙貌重营绘。襄人复其祀，水旱有攸赖。太守一兴善，比户皆欢快。源叔政可歌，又留千载爱。

襄州曾是西晋开国元勋羊祜的治地，王洙到襄州上任以后，重修羊祜祠，范仲淹对好朋友能像羊祜一样广施善政给予了赞赏。

邓州城下有一座百花洲，范仲淹的老朋友谢绛在此为官时，曾在城头修建了一座览秀亭。登亭远望，百花洲的景色尽收眼底。谢绛不仅是范仲淹的好朋友，而且还是他与欧阳修友谊的介绍人。不幸的是，早在范仲淹来邓州之前谢绛就已经过世了。带着深深的遗憾，范仲淹派人重修了览秀亭，并想起了与谢绛之间的诸多往事。

谢绛是范仲淹的同科进士，最让范仲淹遗憾的，还有谢绛的妹夫梅尧臣。想起梅尧臣范仲淹心里就堵得慌，原来关系那么好的一对好朋友，也不知从什么时候起，两个人走着走着就散了。怪就怪自己没有向朝廷举荐他吧？范仲淹叹了一声，圣俞呀圣俞，你可知道我不向朝廷举荐你的良苦用心？

这年的中元节，范仲淹与客人趁着夜色来到邓州城头赏月，坐在新修好的览秀亭里，望着远处灯火辉煌的百花洲。在这个独特的月圆之夜，范仲淹写下了一首《中元夜百花洲作》：

南阳太守清狂发，未到中秋先赏月。
百花洲里夜忘归，绿梧无声露光滑。
天学碧海吐明珠，寒辉射空星斗疏。
西楼下看人间世，莹然都在青玉壶。
从来酷暑不可避，今夕凉生岂天意。
一笛吹销万里云，主人高歌客大醉。
客醉起舞逐我歌，弗舞弗歌如老何。

此情此景，可以忘忧。

朋友

在邓州工作期间，续娶的曹夫人为范仲淹生下了他的第四个儿子。

自从李氏夫人去世以后，范仲淹身边一直没有女人照顾。近年来，一直是长子范纯祐在照顾父亲的生活。当时范仲淹从越州调往西北，身边就带上了范纯祐。可惜年轻的范纯祐小时候身体就不是很好，西北恶劣的天气和从军的鞍马劳顿，让范纯祐的身体越来越差。到达邓州以后，也许是对中原的水土不服，范纯祐竟卧床不起。看到长子这样，范仲淹既心疼，又无奈。为了照顾子女们的生活，无奈之下，在朋友们的好心建议下，范仲淹娶下了第二任妻子曹氏。

范仲淹给这个新生的儿子起名为范纯粹。

一个人只有生活是不够的，身在邓州的范仲淹当然没有忘记工作。每到一处，范仲淹还是那个老习惯：兴学。邓州东南的百花洲是办学的一个绝佳所在，范仲淹到任以后，在这里创建了一所州学“春风堂”。春风堂得名于西汉大儒东方朔，他曾经将孔子比作“春风”，范仲淹取的也是“春风所到之处万物生长”之意。

春风堂建成以后，范仲淹经常到这里讲学，在这里受过教育的大人物有范纯仁、张载、韩维等，一时之间，南阳学子纷纷慕名到春风堂求学。

若干年以后，范仲淹去世，当地人将春风堂改名为花洲书院，同时在书院旁边建立祠堂，以祭祀和怀念范仲淹。宋绍圣二年（1095），范仲淹四子范纯粹知邓州，重修了花洲书院，自此以后，历朝历代官员到任都会重修范仲淹祠堂和花洲书院，这也使得它成为中国历史上办学时间较长的场所之一。

解去战袍，处理政务轻车熟路，范仲淹还是那个书生。

庆历六年（1046）三月，新科状元、邓州人贾黯回到故乡。贾黯受到了范仲淹的隆重接待，当新科状元请老前辈指点自己的人生时，范仲淹没有什么豪言壮语，只是送给贾黯两个字：不欺。

得到范仲淹的耳提面命，贾黯一生都牢牢地将这两个字记在心头。前辈人的只言片语，虽然简单，却是他阅尽沧桑的人生感悟，这是他经历了千百次跌倒与爬起的总结。也许你一时不能体会，请你牢牢记住他们的话。不管人生得意还是遭遇昏暗，相信它都是能够给你力量的源泉。

兴学助教只是范仲淹为邓州百姓所做的事情之一。到任以后，他勤勉政务、兴修水利、鼓励农桑、澄清吏治，短短几个月的时间邓州百姓都在传颂，邓州又迎来了一位好官。

有件事情范仲淹纠结了很久。

到邓州以后，范仲淹一直犹豫着是不是跟恩师联系一下，因为此时晏殊就在不远的陈州（今河南省周口市）。范仲淹不敢轻易联系是因为怕给恩师添麻烦。因此，这个想法一直在他心中酝酿了很长时间。后来，等春风堂建好，范仲淹终于鼓起勇气，借春风堂的名义给晏殊写了一封信。在信中，范仲淹附上了一幅百花洲的胜景图，同时还附诗一首：

穰下胜游少，此洲聊入诗。百花争窈窕，一水自涟漪。
洁白怜翘鹭，优游羡戏龟。阑干红屈曲，亭宇碧参差。
倒影澄波底，横烟落照时。月明鱼竞跃，春静柳闲垂。
万竹排霜杖，千荷卷翠旗。菊分潭上近，梅比汉南迟。
岸鹊依人喜，汀鸥不我疑。彩丝穿石节，罗袜踏青期。
素发频来醉，沧浪减去思。步随芳草远，歌逐画船移。
绘写求真赏，缄藏献己知。相君那肯爱，家有凤皇池。

在邓州期间，范仲淹不但与这些老朋友恢复了联系，他还向政坛老前辈、如今退休在家的张士逊送去了问候：

出处曾无致主功，南阳为守地犹雄。醉醒往日惭渔父，得失今朝圆塞翁。
七里河边归带月，百花洲上啸生风。卧龙乡曲多贤达，愿预逍遥九老中。

这年六月，范仲淹收到了老朋友滕宗谅的一封来信。滕宗谅贬到岳州已经四年了。老朋友到岳州以后，仅仅两三年的时间就将岳州治理得政通人和，到处一片欣欣向荣的景象。将岳州治理好以后，滕宗谅又迁建文庙，重修南湖紫荆堤，筑偃虹堤，然后重修了传统的风景名胜岳阳楼。

岳阳楼修好以后，滕宗谅不但扩大了它原来的规模，而且还在楼上镌刻了历代名人关于洞庭湖、岳阳楼的诗词歌赋，滕宗谅还请人画了一幅《洞庭晚秋图》裱于楼内。这时，滕宗谅发现少了一篇纪念这一事件的文章，于是便想起了自己患难与共的好朋友范仲淹。

接到滕宗谅托人寄来的《洞庭晚秋图》和《求记书》，范仲淹又想起了多年以前自己跟随养父朱文瀚在安乡生活的往事。八百里洞庭烟波浩渺，五十年生涯跌宕起伏，庙堂上你争我斗，守边关金戈铁马，范仲淹想说的太多了。于是，他洋洋洒洒，一挥而就：

庆历四年春，滕子京谪守巴陵郡。越明年，政通人和，百废具兴，乃重修岳阳楼，增其旧制，刻唐贤今人诗赋于其上，属予作文以记之。

予观夫巴陵胜状，在洞庭一湖。衔远山，吞长江，浩浩汤汤，横无际涯；朝晖夕阴，气象万千。此则岳阳楼之大观也，前人之述备矣。然则北通巫峡，南极潇湘，迁客骚人，多会于此，览物之情，得无异乎？

若夫淫雨霏霏，连月不开，阴风怒号，浊浪排空；日星隐曜，山岳潜形；商旅不行，樯倾楫摧；薄暮冥冥，虎啸猿啼。登斯楼也，则有去国怀乡，忧谗畏讥，满目萧然，感极而悲者矣。

至若春和景明，波澜不惊，上下天光，一碧万顷；沙鸥翔集，锦鳞游泳；岸芷汀兰，郁郁青青。而或长烟一空，皓月千里，浮光跃金，静影沉璧，渔歌互答，此乐何极！登斯楼也，则有心旷神怡，宠辱偕忘，把酒临风，其喜洋洋者矣。

嗟夫！予尝求古仁人之心，或异二者之为，何哉？不以物喜，不以己悲；居庙堂之高则忧其民，处江湖之远则忧其君。是进亦忧，退亦忧。然则何时而乐耶？其必曰“先天下之忧而忧，后天下之乐而乐”乎！噫！微斯人，吾谁与归？

时六年九月十五日。

好文不须话多，钟吕不用重叩。对这篇流传千古的佳作，我们无须多说。文章写成以后，滕宗谅清苏舜钦书丹，邵餗篆额，并请人勒石刻铭，为我们留下一段不可复制的千古盛事。滕宗谅的事迹、范仲淹的文章、苏舜钦的书法、邵餗的篆额，成为人们津津乐道的岳阳楼四绝。

这年冬天，邓州大雪，远在西北的张焘突然来访。看到自己的老领导能如此安然地享受平凡的生活，张焘才终于放心。这些年，因为承受不了贬谪的打击，很多朝廷重臣被贬出朝堂之后很快地抑郁而终，看到范仲淹的精神状态，张焘无不赞叹。

这才是一个拿得起放得下的人。

谁知道这个身形瘦弱的老人，面对如狼似虎的西夏人，是怎样地指挥着大宋的千军万马，让敌人不能前进一步？谁又知道这个瘦弱的老人，曾经在朝堂之上力敌万钧，顶着巨大的压力擘画改革的宏图？

一个人，你不了解他的往事，你就不知道他曾经拥有的辉煌。

就在《岳阳楼记》成文后不久，滕宗谅因政绩突出，从岳州调任苏州。老朋友能去自己的老家工作，范仲淹很开心。苏州富庶易治，工作相对轻松许多。哪知道，刚到苏州不到一个月，滕宗谅竟撒手而去。

滕宗谅的死对范仲淹的触动最大。

论感情，论经历，论情怀，滕宗谅都是范仲淹最知心的朋友。

然而祸不单行，就在老朋友去世的痛苦刚刚平息，又一个沉重的打击接踵而来：尹洙病重。

有人说范仲淹一生活得很累，这是因为他认为需要他照顾的人太多。当初，听说老朋友尹洙在筠州（今江西省高安市）过得很不开心，范仲淹心里也很难受。尹洙是庆历四年（1044）由渭州知州贬到筠州担任酒税官的。因是被贬官员，筠州知州赵可度对尹洙处处刁难，尹洙家贫，儿女年幼而且身体非常不好，范仲淹硬着头皮给朝廷写了一封奏疏，请求朝廷允许自己将尹洙接到邓州治病。

对于好朋友的遭遇，范仲淹心中长久难以平静。他既为好朋友的遭遇感到难过，同时又为世风日下，此一时彼一时的境遇感慨。

时间不长，朝廷居然同意了范仲淹的请求。

庆历七年（1047）初夏，年仅四十六岁的尹洙被范仲淹派人接到邓州。此时尹洙已经病得很重，但神志似乎还清楚。见到老朋友以后，尹洙没有一点悲戚之色，这让范仲淹心里更加难过。

范仲淹看着尹洙年幼的儿子，心里难过得说不出话来。他知道老朋友已经看淡了生死，便安慰尹洙说：你平生大节，立身行事，我将请稚珪（韩琦字稚珪）和永叔（欧阳修字永叔）把你的事情记述下来。身后之事不必牵挂，我们三人会把这件事担起来。

尹洙吃力地说：我想说的事你都说了，我什么话都没有了。

人之将死，其言也善。

范仲淹在邓州的前任孙甫是尹洙的好朋友，尹洙病重时孙甫曾专程看望。两个人提起了很多往事，当然也提起了尹洙的被贬。当时见朝廷要治尹洙的罪，有个叫刘湜的人罗织罪名，欲置尹洙于死地。言及往事时对刘湜尹洙只字未提，孙甫不解地问：为什么对他你一字不提呢？

尹洙说：刘湜与我并无个人恩怨，他无非是想迎合朝廷旨意，做人做事缺乏原则罢了。我不恨他。

孙甫久久无语。

尹洙死后，范仲淹给韩琦写信，请韩琦为尹洙写墓表，无不感慨地说，平时见师鲁（尹洙字师鲁）对儿女极尽怜爱，不想却这么看得开。后来，在范仲淹的安排下，尹洙葬回老家洛阳，欧阳修作墓志，韩琦作墓表，孙甫写行状，范仲淹写祭文，他同时还为尹洙的文集写了序言。

为人友者能做到如此，尹洙有范仲淹这个朋友，值了。

除了尹洙，范仲淹还特意照顾了一下自己另一位好朋友王洙。自邓州一别，王洙改任襄州。范仲淹一直对这个自己一手提拔起来的年轻人心有愧意，只是不知道如何对其帮扶。后来，王洙襄州任期结束，听说朝廷要调王洙去徐州，范仲淹心里更是不平。虽然已经看淡了功名，但王洙这样有才华的人，只因为参加了一次宴会，只是被怀疑是改革派的人就遭到朝廷弃用，岂不是太可惜了？当初被贬出去的那些年轻人，如宋敏求等，都陆续回到了原来的工作岗位，怕王洙因是自己重用过的人而有人作梗。范仲淹决定替王洙说话。

于是，范仲淹给仁宗皇帝上了一封奏折，请求把王洙召回京师，以王洙之才，即使不入台阁，至少也要担任皇帝近臣，或者掌管一路的政务。

尽管范仲淹这一请求没被批准，但几年之后，王洙还是以自己出色的能力担任了翰林学士，并成为有宋一代著名的目录学家。

顺便说一句，王洙是应天府人，他同时还是后来成为参知政事的王尧臣的叔叔。叔侄二人仅相差两岁，而且才华也不相上下，王洙是天圣二年（1024）的甲科进士，侄子王尧臣却是天圣五年（1027）的状元。王洙虽然为官政绩并不怎么突出，但其文学成就却名噪一时。有意思的是，王洙死后，朝廷一开始给王洙定的谥号为至高无上的“文”，御史台认为王洙仅以文名，生前的级别不够，这件事情最终才不了了之。

自庆历五年（1045）十一月改任，范仲淹在邓州已经有三个年头。

按照惯例，范仲淹该换地改任了。朝廷为范仲淹安排的下一站是荆南（今湖北省江陵县），邓州百姓舍不得这位好官，范仲淹也不愿意离开邓州。于是，范仲淹以长子有病和百姓不舍为由，向朝廷申请留任邓州。

出乎意料地，朝廷竟破例允许了范仲淹在邓州留任一年。

和解

人到晚年，范仲淹最放心不下的还有两件事：一是长山朱家；二是苏州的族人。继父的养育之恩何以为报，而和苏州族人之间的纠葛更是复杂。

自从身到西北，特别是当上参知政事以后，族人对自己的态度似乎变了，而且他们也有意无意间与范仲淹有了一些走动。对于上门的族人，范仲淹一概没有拒绝，却也保持着一定的距离。每到此时他总会想起母亲，想起苏州城外的天平山和咒钵庵，同时又想起自己当初复姓回宗时的屈辱。不是这些事情放不下，而是它们对范仲淹心灵的伤害太深了。如果族人能一如既往地坚持把自己拒之门外，或许范仲淹心里还好受一些。当初自己刚刚考中进士、还是个低层小官时，族人们没把自己放在眼里，当自己稍稍有了一点点进步，他们还是没把自己放在眼里。可是，当自己功成名就，这些人似乎直到这时才发现，原来自己是他们范家的人。不但如此，而且母亲到死也一直没能有个名分，想想这些范仲淹心里就疼得无以复加。

但他不能像族人们一样绝情，也因此，这些年范仲淹将自己的一些恩荫转给了同父异母的哥哥。哥哥仲温只比范仲淹大四岁，当年那些事情，他一点儿也不责备哥哥，因为哥哥当时也是个孩子。即便后来反对自己改姓回宗，范仲淹相信这也不是哥哥能够做主的。为此，在景祐二年（1035）朝廷恩补的时候，哥哥范仲温被授任将作监主簿，并在新昌县担任县尉。而后哥哥任期期满，又去宁海军担任节度推官。目前哥哥在黄岩县担任知县，听说他的身体也非常不好。

哥哥也老了。

这些年范仲淹没少主动接济哥哥，但对于苏州老家的事情，范仲淹一个字也不愿意提。所以，后来当哥哥说起族人们有意为范仲淹在老家修建一所宅院时，范仲淹毫不犹豫地拒绝了。范仲淹何尝不知道，族人们主动给他修建宅院，代表着家族对他的接纳和认可，但范仲淹不想这么做。不是他不肯原谅那些旧事，而是他内心有着另一番打算。

对于长山朱家，范仲淹除了感激之外已经没有别的。早年朱家兄弟之间那些不快他早已释怀，自己在朱家生活了二十年，到二十九岁上书执政复姓算起，朱说这个名字他用了整整二十六个年头。范仲淹六十四岁去世，在长山的二十年占去了他一生约三分之一的时间。二十年的感情，足以让一个人终生难以忘怀。

在离开邠州之前，朝廷恩泽群臣，范仲淹上表，请皇帝以自己当受的恩泽回赠继父一个官职。朝廷见范仲淹不忘旧恩，赠朱文瀚为太常博士，同时朱氏子弟以荫得官者也有三人。当时，范仲淹还出资于孝妇河南置义田四顷三十六亩，以赡长山朱氏。

这些年，范仲淹一直没断了跟朱家人的联系。对于朱氏后人的教育，范仲淹再三叮嘱劝诫侄子们要“温习文字，清心洁行，以自树立。生平之称，当见大节，不必窃论曲直，取小名招大悔矣”。又说“凡见利处便须思患，老夫屡经风波，惟能忍穷，故得免祸”。尽管这样，范仲淹还是经常跟两个儿子纯祐、纯仁反复念及当年朱家对自己的恩情，如有机会，你二人也一定不能忘了朱家的大恩。

范仲淹很想回长山看看，只是自己身在千里之外，又是老态龙钟公务在身，不知道在有生之年能不能完成这个心愿。

离开陈州一路南行，范仲淹顺路去了一趟苏州。在苏州，他看望了老朋友蒋堂。蒋堂是他当年并肩战斗的亲密战友，明道三年（1034）范仲淹任右司谏，当时蒋堂是御史台副长官，因皇帝要废掉郭皇后，是他们一起和御史中丞孔道辅大闹宫门、伏阁请对的。事后，三人都被朝廷罢免，这是当年患难与共的老战友哇，范仲淹不能不来看看。

在苏州稍作停留，范仲淹即到杭州。当时担任两浙转运使的正是孙甫，范仲淹还未到杭州，孙甫早已在城外迎接。

孙甫一直拿范仲淹当作前辈看的，因此孙甫虽然是范仲淹的上司，却一点儿也没有上司的架子。早在邓州的时候，范仲淹就是接任孙甫担任邓州知州。这些年，这一美妙的缘分继续在两个人中间维系着。

范仲淹到杭州不久，朝廷恩命他的职衔由给事中改为尚书礼部侍郎。接到这一任命，范仲淹虽宠辱不惊，但仁宗皇帝派前来传命的入内西头供奉官麦知微特意加以问候，并赐给范仲淹一盒凤茶。在宋代，龙茶和凤茶是皇家专用的一种团茶，仁宗皇帝以这种方式表达着对这位老臣的思念、褒奖和歉意。这一举动让这位饱经风霜的老臣又感动得无以复加。当然，皇帝的眷顾只是原因之一，在这之前，富弼也已官拜礼部侍郎，富弼的复职让范仲淹看到了新的希望。

这年秋天，又一个不幸的消息传来，叶清臣死了。范仲淹怅然地望着天空，泪水已经模糊了双眼。身边好朋友一个个离去让范仲淹内心无法平静，叶清臣刚刚五十岁，此前担任过三司使，也曾知永兴军。他既有朝堂的工作经验，又有地方的工作经验，如果不是英年早逝，叶清臣一定是朝廷的宰辅大才。早年叶清臣曾力谏仁宗皇帝起用范仲淹，这份情谊范仲淹终生难忘。为此，范仲淹痛心地为叶清臣写了一篇祭文。文中写道：

维皇祐元年十月日，具官范某，谨致祭于故内翰、侍读学士、谏议叶公之灵。

呜呼！贤哉道卿，钟乎粹灵。秀格峨峨，英采荧荧。濬学伟文，发于少龄。决策三篇，万儒竦听。阔视霄路，直步云庭，天然清流，不离渭泾。西垣北门，大笔未停。为藩为翰，于澶于青。乃牧京兆，关辅以宁。再主大计，寔营寔经。慷慨国论，冒于雷霆。出守河桥，期归阙庭。一夕奄去，天地冥冥。

呜呼！遘时甚盛，得主惟圣。谓道必行，谓事必正。高节莫屈，直言屡诤。朝廷风采，搢绅辉映。天子知人，期以辅政。弗谐而去，能不曰命！

呜呼！仆与公知，则相知心，蓬瀛共舍，切瑳规箴。苏秀邻邦，唱酬讴吟。相许道大，交荐言深。久要之意，不为浮沉，今也云亡，绝弦于琴。白发相失，清泪难禁。音问一断，忧愁丰侵。古之遗直，千载犹钦。生平之交，情何以任！哀哉，尚飨！

转过年来，又一场严峻的考验摆在范仲淹面前。史载：（皇祐二年）两浙路大饥荒，道有饿殍，饥民流移满路。一时之间，杭州一带粮食奇缺，粮价飞涨，很多百姓卖儿卖女。朝廷不得不下诏：两浙流民，男女不能自存者，听人收养，后不得复取。

面对饿殍遍野的大灾荒，范仲淹作为地方最高行政长官，没有沿用发粟救灾的常规之策，而是采取了不为常人理解的三大措施：

一是大兴公私土木之役。范仲淹认为，饥年工价至贱，可以兴土木之事。于是发动各地将寺庙、仓库、钱库、官舍、办公楼等地方，该修建的不该修建的，全部修葺了一遍。

二是纵民竞渡。范仲淹知道“吴人好佛事，喜竞渡”，于是“日出宴于西湖”，大搞龙舟大赛和“冲关挑战”。自春至夏，居民空巷出游，杭州旅游业大兴，贸易饮食服务业轰轰烈烈。

三是增高米价。当时一斗米一百二十钱。由于粮荒，粮食供不应求，粮价日涨。范仲淹索性将米价提高到一百八十钱一斗，并沿江张榜，大肆宣扬。外地米商听到这个消息，日夜兼程运米至杭，带动了运输业大发展。等到各地粮食充盈于市，粮价又自然回落到了每斗一百二十钱。

灾荒之年提高米价需要多大的勇气？

范仲淹采取的这三条措施，史称“荒政三策”。据说这一政策推行时，范仲淹匪夷所思、惊世骇俗的做法引得政敌们纷纷向朝廷告状。

据沈括《梦溪笔谈》记载：“监司奏劾杭州不恤荒政，嬉游不节，及公私兴造，伤耗民力。”意思是有人告范仲淹在荒灾肆虐的时候不把心思放在救灾上，整天吃喝玩乐，弄那些嬉戏游玩的东西，而且大兴土木，劳民伤财。由此，仁宗皇帝亲自过问。范仲淹上奏陈述自己的想法：“文正乃自条叙所以宴游及兴造，皆欲以发有余之财，以惠贫者。贸易、饮食、工技、服力之人，仰食于公私者，日无虑数万人。”

范仲淹认为：闹饥荒大家都缺钱，但寺庙、官府及商贾手中总是有一点钱财的。大力修葺庙宇、钱库、仓库、官舍、办公楼等，让钱流通起来，饥民可以通过劳作而获得口粮度日；大搞旅游，刺激消费，增加就业，可以解决很多人的温饱；利用市场机制，促使粮食供过于求，不但可以使粮价回落到正常水平，还由于船运、搬运、储存、用仓……带动相关百姓劳作，获得度日之粮。

看了范仲淹的奏章，仁宗龙颜大悦。没过半年，“荒政三策”立显良效：两浙地区“唯杭州晏然，民不流徙”。仁宗皇帝不断赞扬范仲淹的创新做法，并命人把“荒政三策”的相关做法写进了朝廷的赈灾条例。

这才是真正的为政有方。

很快，又是一个让人伤心的消息。当年的同科进士王丝的灵柩回老家安葬，正从钱塘江而过。范仲淹听罢没有犹豫，抱着残病之躯毅然扶王丝灵柩过钱塘江，并主动为他写了一篇墓志。

不久，听说皇帝要举大享之礼，范仲淹又给朝廷上了一封奏疏。

大享之礼即大享明堂。

大享古义一般是指祭祀先王，明堂是皇帝祭祀天地、祖先、神灵以及行施大政、会见诸侯的地方。这里是国家举办最隆重仪式的地方。千百年来，关于明堂的礼制多有争议。到底采用什么样的礼制更为合适，群臣争来争去，一时拿不定主意。

范仲淹眼前一亮。内兄李觏博学多识，对明堂制度深有研究。关于陪祀人员，范仲淹认为致仕的老臣杜衍无论才德还是威望，都是最合适不过的人选。想到这里，范仲淹迫不及待地上表仁宗皇帝，请求让李觏参与安排相关仪式，并奏请杜衍陪祀。

皇祐二年（1050）九月二十七日，仁宗皇帝大享明堂，召杜衍陪祀，祭祀仪式采用的李觏与相关人员详定的仪制。

范仲淹大喜过望，这代表皇帝并没有彻底否定力推新政的这帮人。因建言有功，范仲淹的职衔也由礼部侍郎进为户部侍郎。

这次恩赏之后，范仲淹隐约已经有了致仕之心。

见范仲淹有心退休，为了感激他的恩德，有人提出请范仲淹去西京养老。北宋时期，王公重臣退休以后一般都去洛阳养老，洛阳自古就是帝都，因此留下许多名臣的故园。有人甚至为范仲淹物色到了唐代名相裴度的“绿园”，想请范仲淹到这里居住。家中子弟也纷纷劝范仲淹去洛阳置地营产，以享天年。

说实话，范仲淹绝对配得上这个身份。

但是，范仲淹拒绝了。范仲淹的退休之地没有选择在洛阳，而是选择了苏州老家。经与哥哥商量，范仲淹拿出平生积蓄在苏州置办了一座义庄和一所义学。

义学，即由范仲淹出资，对范姓族中子弟实行免费教育。义庄中有义宅和义田。义宅，就是购买宅邸供那些住不起房子的范氏族人借居。义田，就是他拿出积蓄，买下上好的良田千亩，以其收益来保证族人天天有饭吃、年年有衣穿。如族人有需要，还可向义庄借贷。

范仲淹死后，他的二儿子范纯仁、三儿子范纯礼、四儿子范纯粹分别官至宰相、尚书右丞和侍郎，他们继承着父亲的遗志，不仅未将义庄视为私产，还纷纷拿出自己的俸禄添置新的田亩，继续赡赈，周济宗亲。尤其是范纯仁官至宰相高位，俸禄丰厚，后来他将父亲留下的义田从原来的一千多亩增至三千多亩。

范氏义庄一直延续了两百多年之久，君子之泽五世而不斩。难怪后人要感叹，那个早年对范仲淹孤儿寡母弃之不管的家族，到后来却阖族尽受着范仲淹的解衣推食之恩。

被范氏族人疑其谋财的侮辱，曾尖刀一样刺痛过这个四处漂泊的青年。直到他知杭州府，范仲淹已是闻名天下的高官显贵，他也终于有了光宗耀祖的能力，同时也给早年所受的屈辱找到了一个尽情发泄的出口。

晚年的范仲淹就是以这样一种有尊严的方式跟此前他一直耿耿于怀的家族和解了。

有些事该做就得做，如果不做，怕是以后再也没有机会了。

身后

虽然范仲淹已经决定退休，但是因为仁宗皇帝的眷顾，朝廷还是没有让这位忠心耿耿的老臣退休。

在仁宗皇帝授意下，先将范仲淹的职衔由尚书礼部侍郎升为尚书户部侍郎以示褒奖，又改任范仲淹为京东西路安抚使，负责京东西路的灾民安抚工作。同时诏命范仲淹上任青州，担任青州知州。

我们详细说一说，为什么范仲淹从礼部侍郎进户部侍郎算是朝廷的褒奖。

在我国古代，吏、户、刑、兵、礼、工六部的地位虽然名义上平等，但根据其职权不同，各部的地位还是有所差异的。吏部主管人事，因此地位公认第一。虽六部尚书都称天官，但很少有人称其他各部尚书为天官，只有吏部尚书才是真正意义上的天官。吏部以下是主管财政大权、与吏部地位相差不大的户部。吏部和户部比其他四部要高一个段位，在二者之后，依次才是刑部、兵部、礼部、工部。看一个部门的重要性，主要看它在决定其他人命运时的权重。六部虽然名义上级别一样，但含金量却有着明显的不同。

再说说青州。

北宋时期的青州是个大州，又是京东东路治所。青州又称北海郡，北宋时期各州分为六等，最高等级的州称都督州，其次是节度州、观察州、防御州、团练州和军事州。今天的山东省潍坊市北部地区的青州、密州和潍州均属于京东东路，以青州的地位最高。

青州是古代九州之一。“九州”是中国古代中原地区九个行政区域的名称，按《尚书·禹贡篇》的说法，九州的顺序依次是：冀州、兖州、青州、徐州、扬州、荆州、豫州、梁州和雍州。在华夏漫漫五千年的历史长河中，青州迭为名城重镇，有十二年国都、一千零六十五年省会、一千六百零六年府衙、两千两百一十六年县治的历史。有史以来，作为山东境内的政治、经济、军事、文化中心，青州的辉煌长达一千四百多年之久。

由于青州显要的地位，北宋初年于此设京东路，辖二十六府、州、军，八十九县，因此青州属于节度州。范仲淹能被派到青州担任知州，除了对他各方面能力的认可，同时还有为他洗去朋党嫌疑的用心，因为青州的前任就是富弼。

最近，又听说韩琦被派去了定州，范仲淹在第一时间给韩琦写了一封信。去定州上任，真定是必经之路，这让范仲淹想起了母亲口中念念不忘的故乡高平。自己出生没多少天就离开了那里，尽管一直有强烈的心愿，范仲淹却一直没机会亲自到高平去走一走、看一看。在给韩琦的信中，范仲淹深情地写道：

真定名藩，生身在彼。自识别以来，却未得一到，谅多胜赏也。

两句言辞恳切的话，既表达了范仲淹对自己出生地的神往，同时也表达了他不能亲身前往的遗憾。他相信，父亲当年一定在那里留下很多故事。

自邓州上任以来，范仲淹与韩琦的书信来往最多。范仲淹一直对韩琦寄予厚望，韩琦不但能文能武，而且见识过人，最重要的是他还很年轻。相信多经历一些基层的磨炼，韩琦一定能在朝廷身担大任。

事实果然不出范仲淹所料，六年以后的嘉祐三年（1058），韩琦拜集贤相，后又升任昭文相。韩琦一生为相十载、辅佐三朝，为大宋王朝立下了不世的功勋。

皇祐二年（1050）十一月，范仲淹任京东西路安抚使，知青州。皇祐三年（1051）三月，范仲淹抵达青州。

能到青州上任范仲淹是十分开心的，最主要的原因不是因为青州是座名城，而是因为这里距离他小时候生活的长山很近，他终于可以有机会回长山去看看了。

四十年后，能在有生之年再次回到自己当初成长的地方，这样的际遇不是随便哪个人都能拥有，范仲淹心里很满足。然而，在青州最重要的事情还是工作。就在上一年，青州一带发生了严重的自然灾害，虽然已是迟暮之年，但范仲淹不顾年老体弱，不但带病处理繁杂的公务，而且还经常微服到黎民百姓中去察访体恤民情。史载范仲淹上任之初“岁饥物贵，河朔流民，尚在村落，因须救济”。

因为灾情，大批流民滞留青州，造成粮食价格大幅上升。按照朝廷的规定，青州百姓的皇粮要跑到博州（今山东省聊城市）去缴纳，粮价昂贵，路途遥远，黄河阻拦，百姓叫苦连天。范仲淹经过调查，知道聊城的粮价比青州便宜许多。于是范仲淹决定改变以往的做法，让青州百姓按照正常年景的粮价交钱给官府，以款代粮。然后官府派人去聊城就地购粮，很快就完成了预定的皇粮任务。

范仲淹一举两得的做法既免去了百姓的长途运送之苦，又平抑了青州的粮价。而且，范仲淹还令人把剩余的钱退还给了百姓，青州百姓无不拍手称快。

因为天灾，当地还流行着一种“红眼病”，已蔓延多年，难以治愈。范仲淹亲自搜集民间药方，和郎中先生们细心研究，利用清澈的阳河泉水进行调制，合药制成一味“青州白丸”，为不少人治好了红眼病。为此，范仲淹把调制药丸的水泉命名为“醴泉”，并在醴泉上建造了一座亭子。后来，人们为感念范仲淹，把这座亭子叫作“范公井亭”。

后人在此建三贤祠，以祭礼在青州工作过的范仲淹、富弼、欧阳修三位名臣。不过，欧阳修在青州工作是熙宁元年（1068），即十五年以后才会发生的事情。

将青州的工作安排停当以后，范仲淹才起身赶往长山。在长山，虽然山山水水还是原来的模样，但当初那些熟悉的人却都已经不在了。为了此生不留遗憾，他走过了当年走过的每一个地方。

最近，范仲淹总是莫名其妙地对往事越来越怀念。有一天，他读到了韩愈的《伯夷颂》，范仲淹认真地将其抄下来，日夜诵读，不知疲倦。

伯夷是古代一个孤竹国的老王子，他爹要传位于伯夷，但他却自认为不如弟弟叔齐，便把国君之位让给了弟弟。后来，姜子牙助周武王伐纣，灭孤竹国，伯夷叔齐兄弟二人认为周武王灭商没有人臣之道，不愿归顺周武王，更不愿意做周朝的子民，甚至不肯吃周朝的粮食。于是兄弟二人跑到首阳山，以采薇为生。就这样，兄弟二人饿死于首阳山。

韩愈有感于当时唐朝士子没有伯夷这种独立之精神，只知道人云亦云，追随流俗，所以作《伯夷颂》以警醒鞭策士子。

范仲淹有感于伯夷的故事和韩愈的文章，手书写好以后，他将其赠送给了他的好友苏舜元。后来，几经辗转，这一书法前后曾被几十位大人物收藏并题字纪念。

比如北宋名相名臣文彦博、富弼、欧阳修，南宋奸相秦桧，元朝著名书法家、画家赵孟頫，明初重臣夏元吉，清朝名臣尹继善、于敏中等等。据清人统计：宋人题跋者凡二十九人，其末一人为秦桧。元人凡三十三人。明人凡十七人。清人凡十三人。共计九十二人题跋。除此之外，书卷中尚有“江宁开国”“秦氏藏书”二小印，“秋壑珍玩”“贾似道印”“秋壑”三小印。说明，南宋奸相秦桧和贾似道都曾收藏或观摩过。

范仲淹手书此《伯夷颂》，历经四朝，颠沛流离，到清朝时，又回到范家后人范叔侗手里。后来乾隆皇帝下江南，听说有此好物自然不会放过。他大笔一挥，洋洋洒洒又为其题跋。又有后人根据清代石刻拓本《御制高义园世宝》中《高义园伯夷颂题跋》统计，自乾隆帝三次御览后，《伯夷颂》又遭十数人题字，清人总题字最终为二十五家，因此，此《伯夷赋》至少被一百零四人题过字，可谓被题字最多的传世书法作品之一。

关于《伯夷颂》真迹后来落入谁手，现在还没定论，范氏子孙说，在一次祭祀活动它被误烧了。而作家李敖在世时曾说，你们都别找了，这东西我收藏着呢。

不知是真是假。

身体越来越差，范仲淹感觉自己已经无法胜任青州的工作，他向朝廷请求改任颍州（今安徽省阜阳市）。很快，朝廷就批准了范仲淹的请求。颍州是富饶的沃土之地，又是南来北往的交通要道。不但经济发达，俗话说富则易治，朝廷这么安排也是出于厚待这位老臣的目的。

临行之前，范仲淹给韩琦写了一封信。自己扶病上任，身体已经不行了。

皇祐四年（1052）五月，范仲淹自青州南下，到达徐州。五月的徐州，天已经很热，此时范仲淹的身体已经病得不能走路。当时的徐州正是范仲淹的老朋友孙沔在任，孙沔见范仲淹身体如此之差，极力将范仲淹留了下来。仁宗皇帝听说范仲淹的身体状况，立即派人为他送来了药物。

病榻之上，范仲淹自知来日无多，趁着意识清醒，他挣扎着身子给朝廷写了一封遗表：

臣闻生必尽忠，乃臣节之常守；没犹有恋，盖主恩之难忘。辄忍须臾之期，少舒迫切之恳。痛靡自觉，辞皆不伦。

伏念臣生而遂孤，少乃从学。游心儒术，决知圣道之可行；结绶仕途，不信贱官之能屈。才脱中铨之冗，遽参丽正之荣。耻为幸人，窃论国体。昨自明肃厌代之后，陛下奋权之初，首承德音，占预谏列。念昔执卷，惟虞无位之可行；况今得君，安敢惜身而少避。间斥江湖之远，旋尘侍从之班。大忤权贵，几成废放。属羌臣之负险，顾将列以难裁。乃副帅权，仍峻使任。亦尝周旋战备，指目地形。力援定川之师，始期遇敌；誓复横山之壤，亟逼讲和。虽微必取之功，多弭未然之患。预中枢之密勿，曾不获辞；参大政之几微，益难胜责。自念骤膺于宠遇，固当勉副于倚毗。然而，事久弊则人惮于更张，功未验则俗称于迂阔，以进贤援能为树党，以敦本抑末为近名。洎忝二华之行，愈增百种之谤。上系天德，终辨众谗。因恳避于钧衡，爰就班于符竹。一违近署，五易名城。虽圣恩曲示于便安，奈神道常恶其盈满。请麾上颍，盖遭抽疹之未平；息鞍东徐，益觉灵医之不效。唯积疴之见困，非晚岁之能支。神不在形，气将去干。冥冥幽壤，倏为长往之期；穆穆清光，永绝再瞻之望。肝胆摧落，精魄飞扬。

然臣起于诸生，历此华贯。雨露泽于数世，圭组焕于一门。有如臣焉，足为荣矣。当瞑目以无憾，尚贪生而有云？盖念所惜者盛时，所眷者明主。虽性命之际，已能自通。然君臣之间，岂易忘报！但无怛化，以竭遗忠。敢惮陈于绪言，庶无负于没齿。伏望陛下调和六气，会聚百祥。上承天心，下徇人欲。明慎刑赏，而使之必当，精审号令，而期于必行。尊崇贤良，裁抑侥幸。制治于未乱，纳民于大中。如此，则不独微臣甘从于异物，庶令率土永浸于淳风。

言逐涕零，命俞疏殒。臣无任惶惧战惕之至。

在这篇《遗表》里，范仲淹回顾了他一生从学入仕、数进数退的经历，特别是痛切地回顾了庆历新政的夭折，以及晚年蒙受的“百种之谤”：生必尽忠，乃臣节之常守；没犹有恋，盖主恩之难忘，这是范仲淹由生至死而不忘“忧其君”。他所希望的是君主能够“上承天心，下徇人欲，明慎刑赏而使之必当，精审号令而期于必行，尊崇贤良，裁抑侥幸，制治于未乱，纳民于大中”。可见，范仲淹的“忧其君”最根本的还是“忧其民”，而整饬吏治，“制治于未乱，纳民于大中”则是范仲淹在生死弥留之际最大的遗愿。

在这封“绝命书”里，范仲淹向朝廷没提任何要求。

另外，范仲淹还留下遗言，自己百年以后一定要葬到万安山下的母亲坟旁。因为母亲生前自己没能照顾太多，为了表达对母亲的愧疚，范仲淹对自己下葬的位置特别进行了交代。母亲坟前一定要留出一块空地，这块空地是给长子范纯祐留的。母亲生前一直是长孙在照料她的生活，身为儿子范仲淹选择了在一旁默默地陪伴。

留下遗表和遗言没过几天，范仲淹便与世长辞。

范仲淹生于正定，死于徐州，这两个地方分别是他母亲谢观音出生和他父亲范墉去世的地方，这也应验了当年大佛寺方丈那句传说中的谶言：

生在娘生之地，死于父死之所。

范仲淹以他不平凡的一生为后世树立了一道不朽的丰碑。在以做人、做事为人生基本任务的儒家价值体系里，无论做人、做事还是做官、治学，无论对于国家、百姓还是家族、家庭，无论是人生业绩还是文学成就，范仲淹都达到了旁人无法企及的顶峰。范仲淹死后，一生追随他的大文豪欧阳修为他作了神道碑铭，他平生最得意的门生富弼为他撰写了墓志，更为难得的是，贵为天子的仁宗皇帝还亲自为范仲淹的墓碑篆额盖顶，这一殊荣在华夏五千年文明的历史上也不多见。

最终，由太常寺拟定，经仁宗皇帝和中书批准，范仲淹得到的谥号为文正，这是历朝历代为人臣者能够得到的最高荣誉。

2022 年 5 月 17 日，初稿。
2022 年 6 月 7 日，二稿。
河北，石家庄。